关注软实力

——董贻正文集（1999～2013）

（下册）

董贻正　著

北　京
冶 金 工 业 出 版 社
2015

内 容 提 要

本书收录了作者离休后，1999 ~ 2013 年在钢铁和其他行业企业调研活动中撰写的各类文章共计 240 余篇。本书内容涉及企业管理、改革、创新、人力资源开发、企业文化等方面，具有强烈的时代气息和较强的指导性、针对性和实用性，为研究新时期我国冶金行业、企业发展和变化，以及今后走向提供了参考。

本书适合广大钢铁和其他工业企业管理及相关人员阅读。

图书在版编目(CIP)数据

关注软实力:董贻正文集:1999 ~ 2013:全 2 册/董贻正著．—北京：冶金工业出版社，2015.5

ISBN 978-7-5024-6880-4

Ⅰ.①关…　Ⅱ.①董…　Ⅲ.①冶金工业—工业发展—中国—文集　Ⅳ.①F426.3

中国版本图书馆 CIP 数据核字(2015)第 073293 号

出 版 人　谭学余
地　　址　北京市东城区嵩祝院北巷 39 号　邮编　100009　电话　(010)64027926
网　　址　www.cnmip.com.cn　电子信箱　yjcbs@cnmip.com.cn
责任编辑　姜晓辉　美术编辑　彭子赫　版式设计　孙跃红
责任校对　王永欣　责任印制　李玉山
ISBN 978-7-5024-6880-4
冶金工业出版社出版发行；各地新华书店经销；北京百善印刷厂印刷
2015 年 5 月第 1 版，2015 年 5 月第 1 次印刷
787mm × 1092mm　1/16；70.75 印张；1678 千字；1105 页
180.00 元（上、下）

冶金工业出版社　投稿电话　(010)64027932　投稿信箱　tougao@cnmip.com.cn
冶金工业出版社营销中心　电话　(010)64044283　传真　(010)64027893
冶金书店　地址　北京市东四西大街 46 号(100010)　电话　(010)65289081(兼传真)
冶金工业出版社天猫旗舰店　yjgycbs.tmall.com

前　言

这是一本文稿汇编，收录的文稿绝大部分写于21世纪，也就是我古稀到耄耋这个阶段。在七老八十的年龄，还能汇集近170万字的文集，确实有些出乎自己的意料。这部文集，可以说是记录了我这一时期的人生轨迹。在此之前的1999年，我也曾出版过两部文集，一部是《管理——工业发展的永恒主题》，共上下两册，收集了我在冶金工业部政策研究室（政策法规司）工作期间，以我的本名或笔名公开发表的主要文章，约70万字；另一本是接受原国家冶金局局长王万宾的建议，把我在担任中国钢铁企业管理协会副理事长期间，参加企业扭亏工作时所写文稿的辑录编撰成书，书名为《国有企业扭亏的实践和思考》，约20万字。而现在摆在读者面前的这部文集，则是在此后十几年里，我在企业调查时所写的调查报告、讲话以及一些评论和专题论文的汇集，之所以取名为《关注软实力》，是因为本书的内容主要涉及企业管理、改革、创新、人力资源开发、企业文化等软实力的内容。

1999年，对我个人来说，是具有重大意义的一年。这一年，中国钢铁工业协会成立了。由于当时民政部没有批给冶金工业部社团指标，于是将中国冶金企业管理协会（以下简称冶金企协）更名为中国钢铁工业协会（以下简称中钢协），我们这些已经过了退休年龄的冶金企协领导人全部退出，我的组织关系就在国家经贸委冶金离退休干部局（国家经贸委撤销后，改属国务院国资委），同国家冶金局和中钢协都没有了关系。以后，我再也不可能像前几年那样，或接受冶金工业部党组的委派，甚至以省、部联合调查组的名义，或以冶金企协的名义，到企业进行调查咨询了。如果继续跑企业，那完全是我的个人行为了，在工作上，我将成为一个“没有组织的自由人”了。

是乘此机会就势下坡，“刀枪入库”，还是继续应邀到企业进行调查咨询？当时，还有一些企业邀请我去调研。我从多方面考虑：第一，我还走得动，健康状况良好，到企业不会给企业添麻烦；第二，走得开，家里没有负担，随时可以出行，夫人也很支持；第三，走得好，这些年去企业，感到还是受到企业朋友们欢迎的，可以继续发挥余热；而且，这些活动，对我身心健康都有很大好处。过去是“遵命文学”，现在可以按照自己对中央方针的理解来进行工作。于人于己，于公于私，都是有利无害。因此，我决定还是继续到企业做些调查咨询工作，为企业的发展尽自己微薄之力。

但是，对我的工作方向，也听到两种意见。一位中钢协领导对我说：“老董，你岁数大了，不要再老跑企业，研究些宏观问题吧。”但我觉得，我作为一个没有组织关系的自由人，既无法掌握必要的资料，即使是过去每月都给我寄送的统计月报，由于经费问题也不再提供；至于研究成果，如果同领导部门意见一致，那有没有你都无所谓；如果不一致，未必有人愿意听取。与其如此，从我这几年和企业打交道的经验看，不如实实在在地帮助企业做一些力所能及的工作。而这些工作正是在职干部顾不上，或者没有时间去做的，这也算是拾遗补缺吧。因此，我婉言谢绝了这番好意。

还有一些朋友，建议我索性成立一家咨询公司，把一些已经退下来的、又有兴趣继续发挥余热的原冶金工业部老同事组织进来。当然，我也知道，这样能更好地发挥集体力量。但是，我已是一个古稀老人，对行政事务既无兴趣，也无精力。我只想趁我健康状况尚可的情况下，做一些个人力所能及的工作。成立公司，就要张罗一些行政事务，就要为成员们谋求一定的利益，此非我所愿也。我一个人，能干多少就干多少，自由自在，不求有多少报酬，只要看到企业有所前进，此愿足矣。

就这样，我就继续我的企业之旅，每年的日程还是排得满满的，绝大多数年份外出都在4个月以上，最多时达到半年。每年都会去十几家企业。本书中所涉及的企业及其二级单位就有近百个，其中既有宝钢（以及所属的上海部分钢铁企业）和武钢等央企，也有首钢及其在京内外的一批企业，河（北）钢下属的一批企业，以及太钢、马钢、包钢、本钢、攀钢、莱钢、济钢、南（京）钢、湘钢等其他大中型国企，还有一批经过扭亏、后来居上的水钢、萍钢、新（余）钢、南（昌）钢、宣钢、西林，以及各类非公有制企业，包括兴澄特钢、陕西龙门、汉中等，主要是冶金系统的企业，也有北汽福田、京棉集团、中钢邢机、郑州拓普等非钢铁系统企业。直到2013年，因工作业务外出降到了只有一次。

回顾这十多年，正是我国钢铁工业大发展、大调整、大变革之年。进入千禧年时，我国的钢产量已连续5年在国际上独占鳌头，当年达到1.28亿吨，到2013年，跃增到7.79亿吨，13年增长了6.5亿吨，平均每年增加5000万吨，占世界钢产量的比重从六分之一到半壁江山；技术装备结构、产品结构都有了质的飞跃，以致国际钢铁界流传这样一句话：看先进设备去中国。现在，我国已从历史上的钢材进口国转变成为全球最大的钢材净出口国。

在这些变化的背后，我看到了一桩桩感人肺腑的故事，很多过去想都不敢想的事变成了现实；我看到了精神的力量，观念转变后所迸发出来的无限的潜能；我看到了队伍的成长、成熟，他们不愧是钢铁的脊梁。这些都给我鼓舞、给我教育、给我启迪，我觉得自己有责任把它记录下来，整理出来，推介出去。我心甘情愿地为他们做“吹鼓手”，满心喜悦地为他们讴歌；把他们的先进思想、先进事迹在行业里进行传播。当然，有时也看到一些不尽如人意之处，我也会毫不回避地写出自己的观点，送给企业领导参阅。这些年里，我先后写下了上百篇的调查报告，绝大部分都收集在本书的“企业掠影”部分里。

在企业调查结束时，一般我都会应企业领导之请，在一定范围的会议上（绝大部分是中层干部会议）同企业的干部们进行交流，谈谈自己调查感观，分析当前钢铁工业的形势，提出一些工作上的建议。我自知在企业管理上，理论根基不深，又缺少实践经验，我的优势就是能有机会接触那么多的企业，能够无拘无束地同各个层次的企业领导和员工进行交谈，听取他们争先创优、同困难做斗争的故事，吸取他们的营养。企业给予我多多，我理应给以回报。因此我给自己的定位是要做好“二传手”，以各个企业的成功事例和受挫的案例，结合我所到的企业的实际，来阐明一些观点，引导他们解放思想，转变观念。既肯定成绩，又不回避问题。

2000年11月，我到马钢调研后，在中层干部会议上作了一次讲话，在充分肯定马钢进步的同时，也不回避存在的问题。这篇讲话，在马钢主要领导指示下，《马钢日报》在头版头条作了报道，并配以醒目标题：“老司长调研报告字字句句凝真情，马钢领导干部入耳入心更思再奋发”，并以整整两版的篇幅全文刊登讲话，这对我是很大的鼓舞。一次，在同一位企业领导交谈时，他说：“现在一些领导来企业讲话，没有一句错话，但也没有一句有用的话”。这话对我很有触动，我认为，我难免不说错话，但一定要多讲一些有用的话。关键在多一份实事求是之心，多一份和企业同命运之情。在水钢，我曾在干部会上推荐魏征的两篇文章：《谏太宗十思疏》和《十渐不克终疏》，和他们共勉。这样的讲话共有200多次，由于一些内容有重复，因此收入本书“挚友　诤友”部分的只有40多篇。

本书中，有一个部分“公民责任”。主要是一些以我个人名义写给上级领导部门的人民来信。其中一封是1999年在三明钢铁厂调查后，给福建省委、省政府主要领导陈明义、习近平的信，由于在四年前我到过三明，这次感到简直是前后两重天，关键是调整了领导班子，我觉得三明的经验有普遍意义，但并没有引起省里有关部门的注意。因此，我附上调查报告，建议省里派出调查组认真总结，加以推广。不久，听说《福建日报》、福建电视台都作了连续报道。三明的经验，在福建，在冶金行业，都引起了普遍的重视。

但我的这些人民来信，更多的是反映企业自身难以解决的问题，特别是某些上级领导和部门的渎职、枉法违纪行为给企业带来的伤害。其中，尤以郑州拓普生产的冷轧机产品质量问题十分突出。这里记录了我对这一事件的调查报告以及一年零八个月内同国家质检总局领导和郑州拓普领导的多封信件，从中可以看出要为受害企业讨还公道的艰难。还有几篇，目前由于多种原因，不能公开，只能暂付阙如了。

通过企业调查，除了撰写调查报告外，对一些问题还有所感，往往一事一议，写了一些小言论，这就是“以小见大”部分的由来。有些问题，积累多了，就写成对某个专题的思考，写下了一系列的专题论文，主要涉及钢铁工业的发展，人力资源开发，企业文化建设，以及创新等方面。在本书中，就是“一得之见”部分。

本书书末还收录了两篇代后记，这是我在清华大学毕业50周年和入学60周年，也就是2002年、2008年在清华大学电机系1952届级刊上发表的文章，主要是向老同学们汇报这些年自己的经历，本书的大部分文章就是在这个时期写作的。这两篇汇报性的文稿基本上说明了我为什么在七老八十时还有这么大动力去跑企业，做调查；在企业我又是抱着什么样的心情，以及我这样做的感受。可以帮助读者们了解我这个时期的心态。

我很庆幸自己的选择，在晚年有幸同企业的朋友们一起见证并参与了这个伟大的变革，共同分享夺取胜利后的喜悦；也一起经历了前进过程中的挫折，看到了为此付出的巨大代价。在携手奋进的征途中，我结交了一批朋友，他们在困难面前不退却、不低头、不气馁，自立自强，团结奋战，从他们身上，我看到了中国钢铁的前景，看到了实现中国梦的希望所在。虽然我生理年龄年年见长，但心理年龄却觉得还相当年轻，是同企业朋友的相处使我重新焕发了青春。

顺便说一句，本书收入的文稿，除了“挚友　诤友”以及“公民责任”部分外，绝大部分都已公开发表过。只是一些文稿发表时有删节，本书收入的都是未经修改的原稿。还要说明的是，书中提到的一些人，有的为企业的发展殚精竭虑，做出了很大的贡献，在个人品德上，当时我也是十分钦佩的。但是，最近从报上获悉，有个别人员被有关部门“调查”，虽然尚无最终结论，看来问题不轻。我没有把这些人的事迹从书中删除，一是保持历史的真实，不因以后的错误而否定历史的功绩；二是也可借此警戒后人，“难的是一辈子做好事”，要立志永远做“一个脱离了低级趣味的人，一个有益于人民的人”。还有在我撰写的文稿中，有些观点实践证明并不完全正确。主要是关于我国钢材需求量方面，但我还是按照当初原样收入在本书中，一是不想把自己打扮成“一贯正确”的模样；再是也可以使读者们更全面地了解我国钢铁工业发展进程中的复杂性，更有利于吸取经验教训。

最后，借本书出版之际，我向为我国钢铁工业发展付出辛勤劳动、取得重大业绩的几代钢铁大军致以衷心的敬意！我期盼着我的中国梦——中国早日成为世界钢铁强国在不远的将来成为现实！

2014年4月24日初稿

6月3日定稿

目　　录

公民责任

以小见大

一得之见

公民责任

关于住房暴利问题给朱镕基总理的一封信

朱镕基总理：

今年3月19日，您在谈到新一届政府的施政纲领时说过，要把住房建设作为今后国民经济新的增长点，并准备在今年下半年出台住房改革新政策，停止福利分房，住房分配一律改为货币化、商品化。这是一项大任务、大改革、大政策，老百姓是拥护的。

如何使住房建设真正成为可持续发展的新增长点？如何使广大老百姓买得起广厦千万间？似乎还要在住房价格上下工夫。一定要把动迁房地产业中的暴利现象和泡沫成分用铁腕解决，才能使这项大改革、大政策得以顺利推行，落实下去。

最近，我们看到上海一家房地产公司的概预算工程师王炼利写的一篇有关房地产问题的调查报告（因原文太长，贻正同志做了压缩改编）。经过详细调查与计算，作者认为上海浦东内销的多层商品住宅现行销售价格过高，利润超常，因而不可能持续启动房地产市场，也不利于老百姓居者有其房。计算的结果是，这类商品房的地产商纯利润率高达75.9%，房产开发商的纯利润率则为42.1%。这不但比社会平均利润率高出太多，而且比香港地区房地产利润回报率10%也高出太多。可以说，这是暴利，也可见其泡沫成分之大。如果属实，任其下去，于国有害，于民有害，宜及早制止。

据作者计算，即使将这类房屋的销售价砍掉一半左右，房地产商的平均利润率仍有15%。砍去暴利，薄利多销，住房建设面向广大老百姓消费者，才可能真正成为国民经济持续的新经济增长点。现在大量住房积压，空房率高，损失的是国家，而经理人员照样拿高薪。因此，经理人员并不关心如何启动市场。为此，建议您找得力人员对此报告的数据和建议，作进一步的审查、核实、研究，以便出台新的得力措施，这比取消38种税费（总数为60元左右），是有力得多，对老百姓更是真正有实惠的。据作者说，她的这篇调查报告不想送给建设部领导看，因为她觉得过去建设部机关讲空话大话多，实际调查研究少，送去怕也不解决问题。鉴于这件事关系到一个确保五项改革，所以，我们特为转呈。

以上如有不妥之处，请指示。

张信传　董贻正

1998年5月22日

（注：此件朱镕基总理于同年5月31日批示给建设部。）

关于选派企业一把手的情况和建议给朱镕基总理的信

朱镕基总理：

从去年2月起，我受刘淇同志的委托，先后带领调研组去水钢、舞钢、长特、重特等亏损大户进行调研，并在此后多次去这些企业跟踪调查。在此期间，还应新余、萍乡等一些亏损企业之邀，进行调查咨询。亲眼看到这些企业在短期内都发生了重大变化，亏损均有大幅度下降。这当然离不了上级领导、银行等有关部门及兄弟单位的支持和协助，但给我印象最深的是企业一把手对企业兴衰存亡的决定性作用。水钢就是换了个朱继民同志，水钢炼钢厂主要是请了邯钢马春林等5位同志分别担任厂长等领导职务；重特是从邯钢派了两位党政一把手苏兆贵同志和秦海同志；舞钢、长特也都是分别从邯钢及兼并单位调入了总经理，他们带去了新观念、新思路、新作风，依靠企业广大职工，立足自身，奋力拼搏，改变了企业面貌。还有像萍钢大幅度减亏，也很有典型意义。1996年，该厂几乎濒临停产，1997年3月，厂长、经营副厂长、党委书记去南昌向省政府有关部门汇报工作，途中车祸，两位厂长亡故，书记重伤。在这种情况下，副厂长涂建民受命于危难之际，短短一年间，竟然出现了令人惊叹的“奇迹”。还是那些设备，还是那些职工，企业面貌却大大变了样：高炉利用系数去年1~7月平均为1.57，今年同期提高到2.16，增长0.59，同比生铁产量增长42.48%，质量也明显提高，铁水中硅含量从0.8%降到0.4%；原有两个炼钢厂，停了有2座6吨转炉的一炼钢厂，用2座15吨转炉的二炼钢厂单独进行生产，钢产量反倒比去年两个炼钢厂生产时增长了42.68%；今年1~7月，在没有任何政策支持及消化钢材不断降价、铁路运费、电费涨价等外部不利因素6500多万元的情况下，比去年同期硬碰硬减亏2422万元，减亏率为38%。现在江西正在开展“远学邯钢，近学萍钢”的活动，推动了全省扭亏增盈工作。

但是，一把手的选择确实不易。像朱继民在鞍钢时，虽然在很多岗位上都有很好的、甚至是较突出的业绩，但在鞍钢却没能得到进一步的重用；萍钢的涂建民也是长期担任副手，如果不遇到车祸这种意外事故，他也难以脱颖而出。同时，一些不称职的一把手也因无大过错而久留要职，直接影响了这些单位面貌的改变。有的企业在原有主要领导年龄到点而进行班子调整时，选派新的一把手人选很不恰当，导致一些本来很好的企业走了下坡路（如前一段的抚钢）。最近，我在重钢调查时，又深为重钢今后一把手的选择而担忧。重钢现任董事长兼总经理郭代仪已年过六十，市里正准备调整班子。类似情况，在其他企业也有。

究竟如何才能选拔出更多更好的企业一把手，这确实是值得重视的一个大课题，我也说不出什么好意见。但就我近几年接触到的一些局部情况来看，有些单位的一把手选派不当，往往同组织部门自觉不自觉地掺杂过多的人为因素、过多的受“人情网”影响有关；

有的还同当地主要领导的个人好恶分不开；再是一些地方的领导地方主义色彩较浓，即使本地缺乏这方面的人才，也不愿意从外地引进。像吴亦侠同志这样开明的省长，就十分难得。如果不是他主动请冶金工业部派调研组，并请求为水钢选派一把手，今天的水钢就不可能出现这样的局面。顺便说一下，吴亦侠同志逝世时，我正好在贵州，听到了贵州一些干部和群众对他的高度评价。他们说，贵州盼了多少年，才盼来了这么一位好省长，没想到却走得这样早，是我们贵州人民没有福啊！这又从另一方面说明选拔一把手的极端重要性。因此，我衷心地希望有关部门，能认真总结近几年在配备国有大中型企业一把手的经验教训，进一步修订完善企业主要领导干部的考核、选拔、任免等制度。鉴于目前国企领导的任免，主要还是通过各级党委和地方政府，是否可以考虑建立相应的选人、用人的连带责任制度，对有关部门在选人、用人上因工作严重失误或徇私枉法而造成企业严重损失的，要追究其行政以至法律责任。使一些优秀人才能真正发挥其作用，做到人尽其才，脱颖而出；一些不称职的干部能及时得到调整；少数严重失职以及违法乱纪的干部受到应有的惩处，则人民幸甚，国家幸甚。

董贻正

1998 年 10 月 5 日

（注：此件朱镕基总理于 10 月 7 日作出批示：“企业一把手可以兴邦，可以丧邦，可不慎乎。”）

就北汽摩扭亏情况向北京市领导的汇报提纲

一、1998 年指标完成情况

1998 年四季度北汽摩调整领导班子以来，提出了新的奋斗目标，一是全年产销汽车从 1.1 万辆增加到 1.2 万辆；二是全年实现扭亏为盈；三是分流分离 2000 人；四是实行 4 项改革。到年底，基本上实现了预定目标，生产汽车 12168 辆，销售汽车 12023 辆，预计实现利润 1000 万元，其中主业亏损 9800 万元；分流分离人员 2046 名，机构改革也已经到位。在子目标中，对清欠任务是否算完成，还有一些不同意见，原先确定的指标是 2400 万元，现在收回的现金和抵债物品共计 530 万元，尚有 2000 多万元的债务已经在法院立案起诉。

1998 年的成绩，不仅反映在物质上，更主要的是各级领导班子和职工的思想观念和精神状态起了变化，而这些目标的实现，又进一步增强了职工改变北汽摩当前落后状况的信心。在今年 1 月 11 ~ 12 日召开的工作会议上，公司提出了 1999 年的奋斗目标：产销 2 万辆车，主业不亏损。在对与会的 150 名干部问卷调查中，对 1999 年实现目标是否有信心一栏中，选择“信心十足”的为 7.3%，认为“有难度、有信心”的 84.7%，还有 8% 认为“有难度、心里没底”，没有一个人认为目标是“天方夜谭，无法实现”的。去年 10 月底，在全公司动员大会后，在 480 份调查表中，对公司领导班子“很信任”的，占 28.3%，这次，提高到 44%；上次，选择“比较信任”的为 43.7%，这次提高到 51.3%；而认为“还得走着瞧”的，则从 25% 降到 4.6%；上次还有 0.6% 的人选择“不信任”，这次没有一人。尽管两次调查的对象不尽相同，但可以看出，经过这几个月的实践，大家的信心足了，对新班子的信任度增强了。

二、关于 1999 年北汽摩的工作问题

要实现北汽摩提出的今年工作目标，难度确实很大。原来集团公司下达的今年产销指标是 1.5 万辆，全年亏损 4500 万元。但北汽摩的领导班子认为，如果北汽摩今年主业不能扭亏，北汽摩既没有存在的可能，也没有存在的必要。因此，他们自我加压，提出了今年实现产销 2 万辆、主业不亏损的奋斗目标。这种精神是十分可嘉的。

要实现这一目标，我认为，关键是三条。

一是市场。这是大家最关心、也是最担心的。近几年来，北汽摩产品的产销量呈逐年下降的势头。1992 年最高产销量是 3.4 万辆，1995 年降到 3 万辆，1996 年为 2.8 万辆，1997 年 2.3 万辆，1998 年骤降到 1.2 万辆。今年又要跃增到 2 万辆，是否有现实可能。对此，北汽摩的同志认真总结了经验教训，认为这几年销售量下降，有这类产品市场萎缩的因素，但也确有自身工作中的问题，营销观念、营销体制、营销策略、营销网络建设、营销队伍的素质都不能适应买方市场的新形势。去年四季度起，有所转变，今年又有了新的

改进，应该能有新的起色。而且，去年说是销售 1.2 万辆，实际上还包括前年转过来的 2000 辆，总数是 1.4 万辆；而今年的 2 万辆中，2000 辆出口车全部由进出口公司承担，内销的为 1.8 万辆，较上年增长 28.6%。因此，经过努力是完全可能实现的。特别是，今年在销售体制上作了大的改革，所有北汽摩生产的车辆，全由销售公司一次买断，并将销售价降低 8%，销售公司职工的收入全部同销售数量、回款金额挂钩，这将更好地促进职工的积极性。

二是降低成本。去年四季度以来在这方面是有成绩的。目前，全年的财务报表还没有出来，但拿 11 月和 1 ~ 10 月来比较，就可以看出降低成本的幅度。销售成本率 1 ~ 10 月全公司平均是 100.56%，而 11 月降到 92.13%；管理费用 1 ~ 10 月平均为 658 万元，11 月份降到 351 万元，降低了 46.6%。今年，公司要求成本降低 20%，从配套件和原材料的采购抓起，指标不可谓不高，会上，公司和有关部门签订了承包合同。当前的要害是真正学邯钢，把这些指标层层分解，落实到每个班组、直到个人。这方面，还有大量的工作要做。

三是产品质量问题。这几年，北汽摩的汽车质量呈下滑趋势，质量问题相当严重，有的甚至可以说是“触目惊心”。但这几个月，在这方面看不出有多大进步。在质量问题上，如果不能有重大改进，要想进一步降低成本、特别是在当前市场激烈竞争的情况下，要扩大市场份额更是难以想象的。从现状分析，绝大部分质量问题通过加强管理是可以解决的。这次工作会议上，在这方面也提出了明确的要求，我认为还要加强力度，把质量当作重中之重，切实抓好，认真落实，这是北汽摩今年能不能打好翻身仗的关键所在。

此外，在开发新产品上，也作了安排，主要是根据市场需求对现有车型作些改进，但最早也要到下半年才起作用。至于新车型的推出，从北汽摩的装备现状来看，近期是无能为力的。

三、当前影响北汽摩工作的主要问题

影响北汽摩工作的主要问题：一是发展问题，二是体制问题。这两个问题目前各方面认识都不一致，需要及早统一认识，否则，不仅北汽摩下一步工作不好办，还必将影响北京汽车工业的发展。

关于发展问题。最近有三件事，在北汽摩引起强烈反响。一是集团公司搞了一个北京汽车工业改革和结构调整方案。北汽摩的同志认为，这一方案，就是要北汽摩“缴”（缴出对合企、福田的股权）、“卖”（卖市内厂区，所得款项由集团公司统一使用）、“并”（将北汽摩合并到其他企业），很难接受。1998 年北汽摩曾因集团公司要收股权问题闹过一场风波，惊动了市里领导。北汽摩的同志希望能汲取上次的经验教训，正确处理好这一问题。二是最近市经委提出，要把北汽摩列入今年第二批破产企业。对此，集团公司和北汽摩都不理解，北汽摩资产负债率还不到 50%，为什么要让它破产。北汽摩的一位全国人大代表说，市领导来帮我们扭亏，现在刚有好转，为什么有的部门却要把我们掐死。应该说，北汽摩目前的实力和技术装备条件都比不上合企和福田，也比不上刚刚通过验收的轻汽；而且北汽摩位于三环路上，紧挨京广大厦，不宜继续发展工业项目，从长远讲，应该迁移。对这一点，北汽摩的同志也是看到了的，他们正在寻找转移的场地。但至今各方面的认识并不一致。北汽摩在历史上毕竟曾是北京市汽车工业的龙头老大，在全国一度也是举足轻重的，目前，包括离退休职工近万人。因此，在北京汽车工业的全局上，北汽摩的这个棋子怎么下，是值得认真研究的大课题。其他如合企、轻汽在发展问题上，也各有各的考虑。为此，建议市领导指定有关部门的负责同志牵头，在集思广益的基础上，及早把北京市汽车工业的调整规划定下来，使各方面都有所遵循。

三是体制问题。北汽摩现在是福田和合企的控股企业。这两年，北汽摩所以还能有些盈利，相当一部分是靠这两家企业的返利。福田已经表示，今后只搞配股，不再返利；北汽摩则坚决要求返利，他们还准备派出专门人员，强化对这两家企业的资产管理，但这种做法缺乏法律依据，对方不能接受。北汽摩同集团公司的关系也不协调，在股权的收、留问题上，矛盾很大。此外，福田要配股，集团公司准备拿北汽摩的怀柔冲压厂进入，自然遭到北汽摩的反对。对今后集团公司和北汽摩的责权关系，双方的意见也不一致。因此，对北京汽车行业组织结构如何建立，也是需要抓紧研究的一个大问题。

最后，反映一个对北京工业发展的意见。近 3 个月来，我有机会同北京市企业界的同志们接触交谈，大家都很关心北京今后工业发展的前景，对市里提出发展“首都经济”的概念都十分拥护，认为北京工业的发展应该有自己的特色。同时，大家回顾北京解放以来工业发展的历程，颇多感慨。20 世纪 60 年代的手表、自行车、缝纫机，都曾显赫一时，像手表厂还引进了国外先进的生产线，但曾几何时，就偃旗息鼓。以后，电视机、电冰箱、洗衣机，也曾在全国名列前茅，但不久也节节败退；汽车工业北京起步早，但现在不仅赶不上上海，也屈居天津之后。大家认为，这里的经验教训，值得认真地进行总结，“以史为鉴”，再结合新时期的特点，走出北京自己的路子来。

董贻正

1999 年 1 月 15 日

向福建省委、省政府领导呈送三明钢铁厂的调查报告及建议

福建省委、省政府领导：

我是原冶金工业部政策法规司司长，1991 年 9 月曾随当时的冶金工业部王汝林副部长到过福建，由明义书记（时任副省长）陪同到三明钢铁厂进行调查考察；以后又于 1995 年 9 月去过三明。这次应欧阳元和厂长的邀请，于 10 月 21 ~27 日在三钢进行调查咨询，先后参观了生产现场，召开了 6 次座谈会，翻阅了今年的《三钢报》和有关文字资料及报表。在此基础上，在三钢中层干部会议上作了一次讲话，对三钢近几年来所取得的成绩作了充分肯定，并对其原因作了初步分析，对今后的工作提出了一些建议。

通过这次调查，我深深感到三钢这几年变化巨大，一些主要技术经济指标出人意料地跃居全国首位。特别是高炉利用系数连续几个月都超过了 3.0，3 座 15 吨转炉的单炉炉龄都在万炉以上，在钢材价格持续下降并提足折旧的情况下，实现利润有了大幅度增长，这在行业里都是少有的。详情可参阅调查报告（见附件，收入本书“企业掠影”中）。

三钢所以有此巨变，是同省、市党委和政府的正确领导以及各有关部门的大力支持分不开的。就三钢自身来说，我个人体会，有这样几条：一是关键在于企业一把手，去年我曾就关于选派企业一把手的问题向朱镕基总理呈报过一份报告。朱镕基总理批示“企业一把手可以兴邦，可以丧邦，可不慎乎。”三钢的经验也充分证实了这一点；二是要从转变观念入手，特别是首先要转变厂部和二级分厂领导班子的观念，这一点，三钢也比较突出；很难设想，像 1995 年时的那种思想观念和精神状态，能有今天三钢这样的成绩；三是要结合实际，真抓实干地学邯钢，三钢过去也曾多次学邯钢，但思想不对头，态度不端正，措施不落实，学邯钢也就只能挂在嘴上，写在纸上。而这几年，不仅认认真真地学，而且还结合本厂实际，有所发展，这确实是难能可贵的；四是在贯彻“三改一加强”方针时，重视创新活动，特别是在技术领域里，取得了十分可喜的成绩。当然，三钢当前也存在一些不足之处，主要是改革的力度还不够大，在建立现代企业制度方面进展较慢；在企业文化建设上较一些先进单位还有差距。这些，我在同三钢领导班子交换意见时都谈到了，三钢领导也都诚恳地表示了今后改进的初步设想。但无论如何，我认为，三钢的这些经验毕竟是十分可贵的，不仅在钢铁行业里有重要的参考价值，对其他行业也会有可资借鉴之处。三明市已于 1998 年发出“远学邯钢，近学三钢”的号召，对全市工业企业的扭亏增盈起了较好的影响。

在此，我还建议：

（1）请省委、省政府派出得力的调查组，对三钢进行全面、深入的调查总结，并根据调查材料，决定可否在全省范围内宣传、推广。

（2）请省委、省政府对三钢进行必要的政策扶持。三钢虽然是盈利企业，但要真正跻

身于一流企业的行列，今后改造、发展的任务还很艰巨，可否结合三钢的改制，协助其拓宽融资渠道。

（3）请政府有关部门采取有效措施，坚决打击省内假冒伪劣钢材。据三钢销售部门调查，目前省内约有300座中频小炼钢炉，生产总量约为30余万吨，相当三钢产量的1/4。他们并无生产建筑钢材的许可证，产品都是不合格钢材，但却凭借其生产成本低的“优势”，挤占市场，既严重危害社会，又扰乱市场价格，影响三钢效益。国家早已明令取缔，建议福建省能及早采取果断措施，坚决予以打击。

（4）采取必要措施，使给予欧阳元和的奖金能真正起到改善其物质生活的作用。去年，三明市政府给了欧阳一笔奖金，但欧阳都捐了出去，这在欧阳是无可非议的。但据说，如果欧阳现在退休了，只能拿到五六百元的退休金。这对作出如此重大贡献的企业领导来说，职工们都感到过意不去。因此，可否考虑今后对企业领导的奖励，不直接交给本人，而由有关部门暂予保存，以保证其晚年能有一个比较安稳的生活环境。

以上建议，不一定妥当，仅供参考。

董贻正

1999年10月27日

（此信送呈时任福建省委书记陈明义、省长习近平、主管工业的副省长黄小晶。不久，听说福建省的主要媒体《福建日报》、福建电视台都发表了三明钢铁厂的连续报道。）

关于通过进一步支持福田
加快北京汽车工业发展的建议

海燕副市长并刘淇市长：

这一年来，我遵照两位市长的意见，仍经常关注北京汽车行业生产经营、改革和发展情况，北汽系统的一些同志也不时同我就某些问题交换意见。最近，我又到福田的几个厂和北汽摩进行调研，对进一步加快北京汽车工业的发展形成了一些新的看法，现报告如下，供市领导决策参考。

一、北京汽车行业近几年下滑的原因

改革开放以来，北京汽车工业在汽车市场处于短缺的情况下，凭借区位优势高速发展，曾在20世纪90年代初与上海、天津一起进入全国产销量前五名。其中，1995年已生产汽车16万多辆跃居全国第二；以后逐年下降，1998年汽车产量降到8万多辆，比1995年减少了一半还多；1999年产量虽然增加到11万多辆，主要是福田的产量增长，从上年的1.7万辆增加到6.3万辆（不含农用车），其他几个厂总量还较上年有所下降。在经济效益上，1995年全行业利润为3.12亿元，1997年起开始亏损，1998年亏损2.64亿元，1999年几个整车厂虽然都有不同程度的减亏，但主业仍然亏损，唯独福田利润从1.1亿元增加到1.61亿元，增加了5000万元。

北京汽车工业的下滑趋势，从表面上看，是没有好的产品去占领市场。但从我这一年多来对北汽摩的观察，感到更为严重的是企业内部管理松弛，改革不力（应该承认，近年来北汽摩这两方面还是有不少改进，但仍然不能适应市场的需要）。再深层次地考察，我感到有3个问题值得重视。

一是缺乏一个为各方所接受的发展战略。现在，北京已形成三大整车板块并存的基本格局。即以北汽福田为主的经济型汽车（卡车和客车）生产基地，以合汽为主导的吉普车生产基地，和以北轻汽为主导的中高档轻型车的生产基地。在这三大主机板块中，吉普系列虽然在全国具有较大优势，但产品也已不能适应市场需求，今后的产品如何定位，合资各方（外方之间，中方与外方，中方内部）至今没有一个统一的意见，合汽又与其大股东北汽摩处于市场冲撞的同业竞争状态，互相争夺市场。北轻汽虽然投资11亿元，建起了先进生产线，但由于产品定位不准，至今生产能力远未发挥。目前，正在考虑引进法国雷诺车型，但业界人士持异议者颇多。目前，全国轿车生产能力约有120万辆，近几年产销量为50万辆上下，产能大大高于产量；特别是对北汽集团公司提出的，再花3亿元，即可建成3万辆雷诺车的能力这种说法，普遍认为是缺乏根据的。唯有福田以其市场营销、人才战略、资本运作和优秀的企业文化等适应市场规律的各方面优势，呈现持续高速增长的好势头。因此，在制定北京汽车工业的发展战略时，需要从当前的现实情况出发，大力扶植优势企业，逐步进行调整重组，从而加快北京汽车工业的发展。

二是体制没有理顺。1995年组建北京汽车集团总公司时，就没有理顺产权关系，以后将原属北二汽的北轻汽股份划归了总公司，但合汽和福田仍由北汽摩控股。合汽目前处于亏损状态，和北汽摩的矛盾暂时不明显，但北汽摩和福田的矛盾十分突出，特别是在北汽摩班子调整前，对福田的发展处处进行掣肘。冉绍平同志甚至于今年8月召开福田股东大会前夕，提出要罢免王金玉和福田常务副总经理张夕勇的福田董事的职务（此事并未经北汽摩领导班子讨论），最后总公司不得不采取将冉调离的措施。原先曾经考虑，将集团公司和北汽摩合并来理顺关系，这在当时北汽摩和福田关系十分紧张的情况下，不失为一种可取的方案，但毕竟不是上策。现在，调整了北汽摩领导班子，在北汽摩生产经营处于困境时，福田又给了北汽摩全力支持，2000年给北汽摩安排了1万辆卡车的生产任务，两者的关系有了很大的好转。因此，可以考虑采取更为有利于北京汽车工业发展的新方案，从体制上理顺总公司、北汽摩和福田的关系。

三是一些陈旧观念阻碍着行业的发展。福田的异军突起，成为北京汽车行业的一颗新星，一个新的经济增长点，得到了北京市领导、北京市经委、工委和各方面的大力支持。北京汽车集团总公司也在不少方面给予了支持。但是，从集团总公司到北汽摩的少数领导，仍然存在一些思想障碍，影响福田以至北京汽车工业的发展。主要是“论资排辈”论，总觉得北汽摩是北京汽车行业的龙头老大，福田原是外地的无名小辈，对福田后来居上看不惯；还有“平衡论”，在处理北汽摩和福田矛盾时，往往不是从原则立场出发，而是搞平衡，讲折中。由于这些原因，因此往往自觉不自觉地在一些问题上不能给福田以应有的支持，甚至像北汽摩的个别领导，对福田的发展处处设置障碍。事实上，目前北汽摩不仅效益远远赶不上福田，而且在企业新机制的建立、新产品的开发、市场的开拓、人力资源的开发以及企业内部管理等方面也都有很大的差距。当前，需要的是让福田带动北汽摩前进，而不是为了照顾北汽摩，让福田放慢前进的步伐。

二、北京汽车行业重组要以优势企业为龙头

这一年多来，印象最深刻的是福田的发展。一是产量有了大幅度的增长。1998年，福田生产汽车1.7万辆，农用车5.3万辆，全年销售收入22亿元；1999年全年生产汽车6.3万辆，农用车7万多辆，销售收入达到36亿元，增长71%。二是经济效益有了明显提高。1999年预计利税可以达到3.1亿元，较上年增长50%。其中，利润为1.61亿元，较上年增长37%；三是资产重组有了重大进展。今年，先后将北拖、北内五分厂（正在实施）并入，并吸收外省市货币资本1.6亿元，新组建了北京福田汽车有限公司。现在，福田及由福田控股的总资产达到25.6亿元，较上年增长90%。

福田所以能有这样快速发展，有这样好的效益，关键在于：一是有一个以王金玉同志为班长的好班子。这个班子，团结一致，年轻有朝气，勤于学习，思想观念新，敬业精神强，能带领广大职工开拓前进。在他们的带领下，二级单位的领导班子也都朝气蓬勃，干劲十足。因此，他们能够作出常人难以想象的业绩。去年我去潍坊收割机厂时，他们刚开发出联合收割机，还只小批量投放市场，接受市场的检验，今年却在“虎狼成群”的同行业（收割机行业有所谓一只虎、四匹狼、七十二头羊之称）中跃居第二，产量仅位居新疆之后，明年肯定可以大幅度地超过新疆而稳居第一。二是他们十分重视人才的开发，带出

了一支好队伍。在北京市和山东诸城、潍坊等地领导的支持下，这几年，他们先后从社会招聘各类技术、管理人员1200名，其中不少是从一汽、二汽、重汽等老厂来的专家，这为福田的持续发展打下了很好的人才基础。我曾同这批招聘来的技术和管理人员座谈过他们来福田后的感受，都觉得在福田可以充分施展他们的抱负。有的说，过去在老厂，好像掉在棉花堆里，有劲使不出；有的说，来福田一年，等于在老厂干十年的活。三是他们有很好的发展思路，而且又能迅速地转化为现实的生产力和实实在在的效益。众所周知，福田是从农用车起家的，但今年福田的汽车产量超过了北京其他几个整车厂生产汽车总量之和；2000年，他们除了农用车要增长到10万辆、较1999年又有较大增长外，汽车产量也要达到10万辆，在全国汽车厂中，将名列第五、六位；全年销售收入将达到58.2亿元。更为可喜的是，他们在引进、消化、吸收日本五十铃、丰田先进技术的基础上，明年5月份前，将批量生产具有20世纪90年代水平的新型100P轻卡和皮卡。他们还在消化吸收日本日产新型发动机技术的基础上，利用北拖、北内的存量资产，吸收全国各地的货币增量，形成新型发动机的生产能力。可以说，现在福田的技术创新能力和水平不仅远远超过北汽摩、北轻汽等企业，也超过了合汽。福田的技术研究院就有500多人，并从美国引进了先进的CAD、CAE设计分析技术。现在，福田在开发高附加值和高科技含量的产品上，有了长足的进步。可以预见，在他们实现2002年第二步发展目标时，不只是数量上的增长，更重要的是水平、档次上的提高，这也增强了我国汽车行业加入WTO后的竞争力。事实上，加入WTO后，受冲击较大的是轿车行业，对福田和北汽摩生产的轻卡、轻客、越野车这类品种，和国外同类型车相比，还是有其竞争优势的。

因此，当前要使北京汽车工业有一个较大的增长，最现实的途径就是要把有限的资源集中到像福田这样的优势企业和王金玉这样的优秀企业家去经营。以优势企业为龙头，一步步地重组北京汽车工业存量资产。

三、北京福田汽车集团有限公司重组方案

在北京汽车工业现有存量里，合汽、北轻汽、北旅都是合资企业，要重组比较麻烦，至少不是立即可行的。当前，合汽的新产品方案还未确定，即使定下来，要实现批量生产，没有两年时间也是不行的。北轻汽即使要引进新车型，可能时间还要长些。北旅至今还大量亏损，一时难有良策。北汽摩今年主业仍然亏损，明年如果没有福田1万辆卡车的生产任务，恐怕还是走不出困境。现在，北汽摩和福田实际上已经在实行联合，应该抓住这一有利时机，搞好这两家企业的重组。建议将北汽摩的零部件厂，如散热器、化油器、转向机、光华公司等全部剥离出去，上缴集团总公司直接领导，把整车部分和福田重组在一起，成立一个新公司。原北汽摩对福田的股权，收归集团总公司。应该说，这是一个合则两利的方案，北汽摩可以因此摆脱困境，联合后的新企业肯定会有更大的发展。对这一重组后新公司的名称，有的同志认为还是要冠以北汽摩的名字，这有一定的道理，毕竟在北京汽车行业里，它资格最老，历史上作出的贡献最大，而且又是福田的母公司。但是，目前无论在实力、社会知名度以及无形资产上，福田都要远高于北汽摩。因此，从长远发展来看，我认为还是以福田命名为好。这一点，通过近几个月的实践，北汽摩干部和职工的观念也在转变，再进一步地做好工作，他们也是可以接受的。对原北汽摩的房地产，建议将其大部分交给这一新公司开发，以支持他们通过搬迁调整到昌平沙河，以及北汽摩的

职工安置、偿还债务之用。今后，新公司可以通过发挥上市公司的优势，不断配股融资，并可以视具体情况，陆续吸收北京市汽车工业国有存量资产，实现可持续发展。在人事安排上，建议由王金玉同志任新组建的福田公司董事长兼党委书记，并兼任其下属福田股份公司（即现在的福田）总经理，王金玉还应参与市总公司的领导。这样，不仅有利于福田的发展，而且通过直接参与并决策北京汽车工业调整和发展等重大问题，使福田的发展同北京汽车工业的发展紧密联系起来，将能更好地推动北京汽车工业的发展。如果市领导同意两厂合并重组，建议由市经委牵头，市工委、集团总公司、福田、北汽摩参加，组成专门班子，来进行具体运作。

董贻正

2000 年 1 月 13 日

（注：此件刘淇同志在 1 月 15 日作出批示，认为“此意见可行”，阳安江、刘海燕等市领导也都有批示。）

关于北汽福田和京棉集团工作情况给北京市领导的报告

刘淇市长、海燕副市长、生官主任：

2000年，我同福田和京棉继续保持着联系。这两家企业都有新的进展。现将我调查的这两家企业的情况作一简要报告（见附件一、二），供参阅。京棉迫切需要解决“借壳上市”的问题，请求市政府能给以支持（详见附件二）。福田去年在产业结构调整、产品结构优化升级、管理区位实现了战略性转移等方面，前进的步伐都很大，但同时也暴露了一些新问题。对此，他们能正视现实，加以解决，可以预期，今年的形势将会更好。至于北汽摩和汽车集团总公司，这一年来，由于非我所能控制的原因，没有实质性的接触。但从前三季度报表反映，情况似乎仍不理想。入世在即，北京汽车行业究竟如何发展，仍然是一个亟待解决的大问题。最近，我看到汽车界老领导陈祖涛同志在去年四月给江总书记的一份报告，他提出，“我国入世在即，汽车工业将逐步面临国外产品残酷的直接竞争，中国的汽车工业将如何应对？如何在今后的五六年时间里，给我国汽车工业一个最后的机会，培养其竞争能力，使其成为中国汽车市场上的主力军。”他还建议国家采取三条措施：一是改革投资体制，允许外资加大对国内汽车工业的投资，允许民间资金进入汽车工业；二是鼓励汽车消费，尽快出台相关政策；三是改革汽车行业管理机制，由行业管理转向行业自律。同年5月，江总书记在这份报告上批示：“这是个大的政策问题。这两年我看了汽车厂，一方面感到变化很大，一方面也听到人们对参加WTO后的忧虑。我们经常说，中央领导要研究大问题，应该说这确实是个大问题，请研酌，并将意见盼告。”为此，建议市委、市政府领导能在充分调查研究的基础上，尽快对北京汽车行业的改革和发展问题作出决策。

辛巳年新春将临，祝

新春愉快，身体健康！

董贻正

2001年1月18日

附件一

关于北汽福田2000年工作情况的报告

2000年，是福田实现关键性转折的一年。主要标志有四：**一是资产重组取得重大进**

展。通过盘活存量资产，以及股权融资吸纳增量，一年多内，新增加了北京福田、发动机厂、长沙车辆厂、沈阳铸造厂、怀柔汽车厂北区（原北汽怀柔冲压厂）等5个厂区，职工人数增加了3000多人，较上年增长30%左右，特别是北内五分厂的并入，使福田有了自己的发动机生产基地；怀柔冲压厂以配股形式加入福田，又使福田冲压能力有了很大增强，具备了冲压、装焊、油漆、总装汽车行业的全部四大工艺。现在，福田形成了以汽车为主导产业，包括农业装备、建材及装备的三大产业格局。**二是实现了产品结构的重大调整**。从以农用车为主转到以汽车生产为主。1998年前，福田只能生产农用车，其中四轮农用车产量为全国之首，1998年在四轮农用车产量继续保持全国第一的情况下，开始生产经济型汽车，主要是轻卡、小卡，当年生产各类汽车1.7万辆；1999年福田生产的汽车猛增到6.3万辆；2000年汽车上升到8.1万辆，超过了农用车（4.6万辆），被誉为汽车界的一匹“黑马”。为了实现这一战略性的重大调整，去年福田投入技术改造资金2.9亿元，在行走机械方面，形成了北京厂区以中高档汽车和发动机为主、诸城厂区以经济型车为主、潍坊厂区以农业装备为主的合理生产布局。**三是新产品开发有了重大突破**。去年，福田在新产品开发上，力度之大，不仅是前所未有的，在行业里也是罕见的，先后开发了一批更新换代的车型，主要是卡车系列和乘用车系列，包括五星轻卡、五星小卡、阳光轿卡（皮卡）、风景轻客等，重型卡车的生产线也在筹建中；此外，在农业装备、建材和建材机械等方面的新产品开发也出现了很好的势头；当年开发的新产品销售收入占总销售收入的58.69%。其中，有些虽然当年还只有小批量投入市场，但为今后的持续发展打下了良好的基础。**四是完成了管理区位的战略性调整**。原在山东诸城和潍坊的公司职能部门营销公司总部及研究开发部门全部转移到北京的昌平沙河，在北京形成了经营决策中心和战略管理中心，这对福田今后发展有着深远的意义。但在短期内400多户干部及家属的搬迁，也给当年各方面工作带来一些不利的影响。

在市场竞争日趋激烈、部分产品市场总需求量下滑的情况下，去年，福田的四轮农用车产销量仍居全国第一，轻型卡车的销售量也连续两年保持全国首位，收割机械跃居全国第一，初步预计，全公司销售收入可以达到40亿元，实现利润1.2亿元。虽然这两个指标都没有完成年初制定的内部奋斗目标，但实现了北京汽车集团总公司下达的计划指标。其中，销售收入还比上年增长10%以上。这在去年产品大升级、管理区位大调整、公司职能部门人员大转移的情况下，也是很不容易的。

但是，去年效益下降的情况，以及出现一些重大的批量质量事故，除了有其客观原因外，也暴露了内部工作上的问题。从领导上来说，主要是对连年高速发展，特别是对从农用车到汽车的战略性转变和大量人员的并入所带来的生产组织、产品质量、零部件供应、销售和服务、队伍素质以及市场进入等一系列可能出现的问题事先估计不足，一些工作没有能够跟上。此外，一些干部在胜利的形势下，出现了一定程度的松劲情绪和盲目乐观情绪，还有一些干部对产业升级、产品升级所必然引发的管理升级、技术升级、质量升级等不能适应，思想观念以及实际工作落后于形势的发展。针对这些问题，福田公司要求从最高领导层起，都要本着“暴露矛盾，剖析问题”的精神来总结去年工作。在统一认识的基础上，提出了2001年的奋斗目标以及为实现这一目标的具体措施。我看了他们在今年年初召开的2001年经济工作会议的材料，公司领导和各部门的负责人都能对自身存在的问题进行实事求是的剖析。一个发展势头较好的企业，能够正视自己的问题，敢于暴露矛盾，这是走向成熟的表现。

2001 年，福田公司定为全公司的“质量年”，并确定了内部奋斗目标，主要有：销售收入 64 亿元（与上年同比增长 60%），实现利润 2. 39 亿元（同比增长 96%），主要产品四轮车产销 16 万辆，其中汽车 12. 12 万辆，比上年增长 50%，去年新开发的轿卡、轻客等将达到 2. 4 万辆，成为今年新的经济增长点；发动机经过去年的调整，今年将飞跃增长，从去年的 1562 台增长到 42960 台；联合收割机产量指标为 6500 台，同比增长 55%；建材类产品的销售收入为 1. 8 亿元，同比增长 144%；此外，还计划出口汽车和联合收割机 2000 多台。当然，这些指标都是动员职工的奋斗目标，实际考核指标要比这低一些。

这一宏伟目标能否实现，最近我专门请福田公司领导层和有关部门的负责人分别进行了座谈，他们都信心十足，认为有了去年实现的战略性大调整为今年的大发展打下了良好的基础，各级干部都能认真吸取去年的经验教训，再加上今年的措施得力，实现这一目标是完全可能的。

附件二

关于京棉集团重组脱困改制发展情况的报告

刘淇市长、海燕副市长、生官主任：

京棉集团三年来围绕脱困和改革，打好攻坚战，较好地实现了“减量增值，减员增效，减债增资，减亏增盈”，取得了明显成效。

（1）减量调整，提前完成了压锭任务。棉纺纱锭由 30 万锭减至 17 万锭；淘汰落后布机，由 5600 台减至 2200 台。规模减少了 50%。

（2）减员分流，优化职工队伍。在册职工由 1. 73 万人减至 8400 人，减员 52%。并同步改革用工制度，实行岗位培训、竞争上岗，优化队伍素质。

（3）优化品种，推进产品升级。三年内开发了新产品 208 个，2000 年新产品销售收入占总销售收入 50% 左右。与此同时，淘汰亏损微利产品 70%，产品销售利润率由 -3. 4% 提高到 22. 3%。

（4）盘活地产，实现减债增资。腾出原三棉生产区转让开发，协议转让收益 11. 7 亿元，其中 5 亿元减债，资产负债率由 90% 减至 65%。

通过上述一系列措施以及强化企业内部管理，大力降低成本，实现扭亏增盈。2000 年实现销售收入 5. 87 亿元，虽较上年略有下降，但单位产品的销售收入却比上年提高 20% 左右。全公司实现利润 814 万元，较 1999 年的 552 万元，增长 47. 5%，尤为可喜的是，2000 年主业也实现了扭亏为盈，经济运行开始步入良性循环。

京棉集团在减量调整的同时，按照进退并举的方针，立足新的发展。

一是在主业上调整和优化产品结构，将高新技术与传统产业嫁接，走科技创新之路。特别是利用北京高科技成果在京棉集团实现产业化，使京棉集团从传统产业向高附加值、高技术含量的科技纺织品转型。2000 年，京棉集团已选定并加盟四大纺织高科技、新材料项目的合作。加盟九采罗彩棉产业，京棉集团作为天然彩棉后加工基地；与英特莱特种纤维项目合作，生产特种功能的产业用纺织品；与专利发明人合作开发生产电磁波高频屏蔽绸项目；与中商世纪纳米科技公司、中科院化学所合作，推进纳米纺织品产业化项目。除纳米项目正在筹建合资公司外，其他三项有的已经投产，有的正在安装生产线。

二是充分发挥京棉人力资源的特色，向家政服务业进军。他们通过市场调查，了解到外企和外交使馆的工作人员急需高质量的家政服务员，而京棉女工多，素质较高，具有较大的优势，有关方面对此很感兴趣。他们准备结合产品结构的调整升级，调整人员结构。今年起，将相当一部分女工经过培训，向家政服务业转移，这也为今后进一步下岗分流的女工提供了一条就业的新途径。

三是在转换体制上力求有重大突破，将国有独资单一产权结构，改制为多元投资结构的股份制上市公司。京棉集团认为，对北京棉纺织这样一个竞争性强的传统产业，只有从根本上摆脱体制性障碍，才能有效地深化经营机制转换，增强企业的活力和市场竞争力。特别是面对经济全球化趋势迅速增长，我国加入 WTO 指日可待，市场竞争日益加剧的经济态势，京棉集团改制更迫在眉睫。近两年来，京棉集团聘请了和君创业研究咨询公司反复研究和积极探寻股份制改制方式，共同认定，当前京棉集团改制方式的最佳选择是“借壳上市”，并研究了“借壳”途径、“壳”资源的选择及规避风险确保成功和安全的措施。通过上市的公司壳资源，选择了数个可借壳的上市公司，进行了分析比较，认为“北京中燕”是较为理想的借壳公司。一是因为它是地处北京的上市公司，便于得到市政府的支持，运作近便，资产置换可仍留在北京；二是它是属纺织服装板块的上市公司，京棉集团与其同属一个行业，在“借壳上市”过程中，可避免行业壁垒，也便于形成产业链；三是该上市公司现已无实体支撑，2000 年度无业绩，正面临进入 ST。若证监会责令其退出上市公司，则该“壳资源”也是北京的一个损失。尽管“北京中燕”上市公司目前麻烦比较多，经过多次转让，情况比较复杂。但他们与顾问公司反复研究认为，只要决心大、下工夫，妥善地运用法律，精心筹划，周密运作，在政府支持下，有信心可以安全有效地操作好“借壳上市”的程序，规避各种风险。这样，既可使京棉集团实现“股份制上市公司”的改制，同时也可使北京的上市公司中消除这个占壳炒作，资产无序无效占用的劣质股；还可以此为契机，通过产业布局的调整，带动平谷县的经济发展。

但是，从目前情况看，这件事，光靠京棉自身努力，恐难以办成，为此，请求市政府能出面请平谷县将其在该公司的国有法人股（约占总股权的 52%）转给京棉集团，或者以京棉集团的资产进行置换。具体情况，可由京棉集团向市经委和市领导专题汇报。

以上报告，不一定妥当，供市政府领导参阅。

（注：此件上报后，刘海燕副市长有批示。）

关于房屋拆迁中存在问题的一封信

刘淇市长：

近几年，北京市每年都将道路建设和危房改造列入办实事的重要议程，取得长足进步，深受广大市民拥护。但在实施中，往往由于具体执行中的一些问题，也引发了部分市民相当强烈的不满情绪。像最近东城区金宝路扩建工程及其相邻地区危房改造，需要拆迁一批居民住房。这本来是件好事，但由于有关部门工作方法简单、粗糙，要求在宣布一个月内迁出。而目前居民随着生活水平的提高，以及住房制度的改革，已不再满足于有房住即可，而是要选择地区、房屋结构、朝向以及进行内部装修，这些很难在短短一个月内完成，特别是有些老弱病残的居民，实际困难就更多。为此，建议今后在拆迁住房时，尽可能提前出安民告示，让居民有比较充裕的时间，迁到比较满意的新居，这就更能体现市领导对市民的关爱。听说，这一地区还有二期工程，还要拆迁一批住房。如此事已经确定，是否可以早打招呼，以免有人刚花钱进行装修，不久又遇拆迁，劳民伤财，必然又会引起新的不满情绪。

以上意见，当否？供参阅。

董贻正

2001 年 1 月 18 日

对发展陕西冶金工业的几点建议

陕西省委、省政府领导同志：

我是原冶金工业部政策法规司司长、中国冶金企业管理协会副理事长。近几年来，每年都有5个月左右的时间在企业进行调查咨询。这次应陕西省冶金行业办的邀请，从9月16日到27日，先后到了略钢、汉钢、龙钢及略钢、龙钢在西安的两个轧钢厂进行调查。自1970年5月到1975年11月，我曾在宝鸡902厂工作过近6年，对陕西是有感情的。通过这次调查，虽然看到略钢、龙钢近两年来，产量有所增长，一些技术经济指标有所改善，尤以龙钢更为好些，但与行业内同类型企业相比，差距还相当大。就整个陕西钢铁工业而言，情况更令人不安。“九五”期间，各省钢铁工业都有不同程度的发展，而陕西则是处于萎缩的极个别的省份之一。2000年，陕西的钢产量还不到54万吨（指列入国家统计范围的，地条钢不在内），只占全国总产量的0.46%，今年上半年又下降到0.38%，在全国大陆30个省市区（不计西藏）中位居27，仅高于青海、宁夏、海南；而且还是两三个全行业亏损和资不抵债的省市之一；资本收益率和销售收入利润率则都处于末位；钢铁企业破产之多，在全国更是首屈一指。应该说，陕西发展钢铁工业有一定的煤、矿资源及人力资源优势，又有较好的市场前景和地域优势，理应搞得比现在更好些。这里的经验教训值得认真地、实事求是地、不讳疾忌医地进行总结，以利于今后健康、持续地发展。

从略钢和龙钢的情况来看，我认为完全有可能发展得更快些，更好些。省行业办制定了《陕西省冶金工业“十五”规划纲要》，提出到2005年，全省的铁钢材产量都要达到150万吨左右。搞好了，这个目标是可以实现的。这次在勉县，看到汉钢已由河北唐山地区的村办企业、半壁店集团租赁，更名为定军山钢铁公司，新的总经理（原半壁店钢铁公司总经理）告诉我，他们准备在3年内将定钢发展到100万吨钢。这使我很受触动。一个村办企业，有如此的魄力，为什么我们国企却裹足不前呢？对陕西冶金工业来讲，当前第一步是扭亏增盈，使钢铁行业从一个亏损源转变成经济增长点。从兄弟企业扭亏的经验看，这一点完全可以在较短期间内实现的。关键是要转变观念，立足自身，实实在在地搞好“三改一加强”。有的企业，要采取组织措施，调整领导班子。第二步，在全省范围内，组建较大的集团，实行资产重组，以较少的增量资产来盘活大量的存量资产。而当前关键的一着棋是要下决心调整略钢领导班子。

略钢过去在冶金行业属于中上游水平，但近两三年不少主要技术经济指标降到下游位置。高炉利用系数为2.136，在列入行业统计范围内的53家大中型企业中位居42，除一些大型高炉以外，在同类型高炉中，居倒数第二；炼铁综合焦比为601千克，排名50；转炉钢铁料消耗今年有较大进步，降到1091千克，位于行业中游，但冶炼时间、炉衬寿命分别位于44、45位；其他如烧结、轧钢指标大部分位居下游。特别是财务状况很不理想。过去一些巨额亏损，甚至资不抵债、濒临破产的水钢、萍钢、新余、宣钢等企业都已在1999年扭亏为盈，但在此期间，原本盈利的略钢却由盈转亏，在上述全国重点统计的普钢企业中，现在只有略钢一家亏损，今年1～8月，账面亏损为662万元，如果折旧达到行业平均水平，亏损额还将增加2000多万元。而且从财务报表分析，肯定还存在潜亏。

对这种情况，广大职工忧心如焚，深恐略钢走陕钢、西钢之路。李国清厂长在今年职代会报告中，也谈道“形势不容乐观，如果再继续这样下去，最多三四年之后，也会走上汉钢、西钢、陕钢破产倒闭之路”。报告中还提出了6项改革措施，都很必要，但目前距年底只有3个月了，大部分措施仍停留在纸面上。据干部反映，类似的措施，每年职代会都说得不少，但落实的不多。因此，在交谈中，很多干部和职工对略钢的前景十分担忧，缺乏信心。

李国清同志对略钢的发展付出了很大心血，作出了很大贡献，功不可没，至今虽年过花甲，身体又不很好，但仍然为略钢的事日夜操劳，事必躬亲，精神可嘉，但效果却不好。近几年来，在重大决策问题上颇多失误；在干部任用上又处置失当，目前厂领导班子严重老化，平均年龄58岁，8名成员中3位已到点，1位将到点，其他4位都已56岁，这种年龄结构在冶金行业里是只此一家。职能处室，除个别单位有正处长，绝大部分长期以来都是副处长主持全面工作，严重影响干部的积极性。在经营思想上，一些做法，也令人费解。略钢与过去西安冶金公司合资的西安第一轧钢，1994年投产以来，始终任务不足，1998年起，为龙钢等企业加工钢材，使困境稍有缓解，最高年产量达到10万吨。但今年起，略钢又下令不准再为略钢以外的企业加工钢材。于是出现了这样一种怪现象：一方面龙钢有钢坯而找不到加工单位，另一方面略钢宁可加工能力闲置、企业亏损、职工放假，也不接受对外加工。尽管轧钢厂领导向李国清厂长当面汇报，要求允许接受对外加工，但却不被允准。至于组建陕西钢铁集团，去年省冶金局就提出了方案，尽管有关各方都表示同意，但也因国清同志的反对搁浅。长此下去，在行业内各兄弟企业大步前进的情况下，不仅略钢的前景岌岌可危，而且还影响了全省钢铁工业的发展。

对略钢领导班子的问题，去年省冶金局未撤销前，曾提出了调整意见，但由于外部的干预，结果是被迫中止。现在，略钢确实到了生死存亡的关键时刻，必须果断地迅速调整领导班子，拖延只能加速略钢的死亡。这几年我受原冶金工业部刘淇部长的委托，曾先后担任水钢、舞钢等好几个亏损企业的调查组组长，还到过不少亏损企业进行调查，帮助他们搞好扭亏工作，深感企业一把手对企业的兴衰盛亡关系重大。为此，我曾于1998年10月向朱镕基总理写了《关于选派企业一把手的情况和建议》，朱镕基总理批示：“企业一把手可以兴邦，可以丧邦，可不慎乎！”并批给邦国副总理，及中央各有关部门领导。水钢、萍钢等一些钢铁企业就是调整了主要领导，企业面貌迅速改变，在较短期间扭亏为盈。他们的经验可供参考。现在国清同志年龄已经到点，班子调整后，对国清同志要安排好，充分肯定他对略钢的贡献。在调整班子前，还要摸清略钢真实的财务情况，做到心中有数，早作准备，以避免新班子一上台，就陷于处理这些历史问题的泥坑里。有些问题，可能还要请省上给以一定的政策支持。

此外，关于整顿钢材市场，坚决取缔地条钢的问题。陕西已做了大量工作，颇见成效。但目前西安及周边地区还有一些这样的“黑点”，在种种形式保护主义的掩护下，仍在继续生产，有的是昼停夜开，有的是停停打打。这些钢材，不只是用于农村盖房，实际上已经有相当一批进入国家正规工程，一旦出事，不仅有碍陕西形象，而且还遗患无穷。值此国家加大西部开发力度之际，对不法厂商的打击不力，甚至有意无意地支持纵容，必然会使省内外一些合法经营的投资商望而却步。为此，建议省委、省政府加大对这些违法行为的打击力度，责成有关部门牵头，一抓到底，切实抓出成效来。这也是贯彻中央关于加强和改进党的作风建设的具体体现。

以上意见，不一定妥当，供省领导参考。作为在冶金战线工作近50年、在陕西生活工作过近6年的老同志，衷心希望陕西的冶金工业能发展得更好、更快，因此，秉笔直书，不当之处，尚祈谅解。

董贻正

2001年9月28日

关于水城县政府新建办公楼严重超标给贵州省领导的一封信

运禄书记并秀诗省长：

最近，我从贵阳到水钢，晚上乘车经过水城县的双水开发区，见到公路两旁一排四五层楼的新建筑，屋顶及房体周围饰以灯光，看上去颇为气派。我以为是新建的哪家大酒店，但这么多的一群建筑物，似乎又不像是酒店、宾馆。司机告诉我，这是水城县政府及各局新建的办公大楼。日前还举行了挂牌仪式，据说花了100万元，并请外地一些大腕演员前来助兴。因为是晚上，看不清楚。以后在白天经过双水时，看到一幢幢建筑，气势宏伟，除县委、县政府、县人大、县政协是同在一座大楼外，其他各局都是一个局一座楼，有公安局、国土资源局、农业局、林业局、粮食局、建设局、交通局、民政局、财政局，等等。特别是国土资源局，其建筑面积之大，令人吃惊。一个县政府的局，究竟有多大编制，居然每个局都要盖一座大楼。特别是作为一个贫困县，竟在政府办公楼的建设上动这样的“大手笔”，敢于花大钱，不知这些决策者们是怎么想的？这些建楼的资金又是从哪里来的？这些县太爷们平时对属下“训话”大约也是三句话不离“三个代表”，但不知他们在作此决策时，在请大腕来助兴时，有没有想到锦涛同志一再强调的“权为民所用，情为民所系，利为民所谋”。为此，恳请能派有关部门进行核查。随函附上县政府和部分局机关大楼的照片，供参阅。

此致

敬礼！

董贻正

2003年11月11日

（注：此件同时报送给中纪委。）

关于进一步加强对钢铁行业宏观调控的建议

马凯主任并培炎副总理：

我是原冶金工业部政策法规司司长，离休后，应企业领导的邀请，每年还有五六个月的时间到企业作调查咨询。去年3月以来，我就调查中了解到的情况，对当时钢铁工业的无序扩张问题写了几篇文章，呼吁国家要加强宏观调控。特别是去年5月，我针对铁本的情况，在《中国冶金报》上发表了《新建民营钢铁企业资金从哪里来?》（文中没有点名，但具体事例都是指的铁本），指出：像这类企业在地方政府大力支持下，以低价甚至无偿批得土地，然后以土地证向银行抵押取得贷款；并要求设计施工部门、设备制造厂家都先行垫资参加项目建设。如果都像这样来搞项目，一旦出了问题，制造、施工单位先期投入的资金就无法收回；银行的不良资产又将大幅度增加，其结果就可能出现“拖垮国企，套住银行，影响当地财政”的景象，最终包袱还是由国家来背。后来，形势的发展证明了我的这种担忧不是没有根据的。

因此，我完全拥护中央对钢铁行业实施宏观调控所采取的措施，对宏观调控以来所取得的初步成效感到欣慰。但是，从我近年来接触的企业情况看，这股扩张的势头还不小。有的是企业自己想扩大规模，有的则是地方政府对企业提出的要求。最近，我到西南地区的一家钢铁企业，规划处长的一席话就很有代表性。他历数了周边地区几家企业的发展规划：广钢1000万吨、韶钢1000万吨、柳钢1000万吨、昆钢1500万吨、重钢800万吨，“在周围高楼大厦的包围下，我们连阳光都见不到，不加快发展不行了”，于是他们也做了加快发展的规划。当然，对上述的几家企业，我并没有去核对，是否确有其事，但至少确实有些企业已经做了可行性报告。而这几家企业目前的钢产量大体上都在二三百万吨左右，最多的也就是三百多万吨，也就是说，他们的远景规划都是当前产量的3~5倍。其实，这种情况，在其他地区的一些企业也存在。有的在二三年内不是成倍的增长，而是几倍的翻番。如果说，前两年，主要还是民营企业带动钢铁行业数量的增长。那么，现在是国有大中型企业在引领增长的热潮，由于这些企业实力远较一些民营企业强。因此，这种势头就更值得我们高度重视。

听到这样的规划，确实是忧心忡忡。到2003年底，我国钢的产能已经达到3.1亿吨，在建规模有1.5亿吨，尽管由于当前实施宏观调控，有些不一定能如期建成，但从今年钢铁行业固定资产投资预计将达1800亿元的情况看，到2005年底，钢的产能超过4亿吨是完全可能的。而且，按目前各企业制订的规划，如果全部实现，恐怕5亿吨也下不来。因此，一旦宏观调控有所松动，钢铁行业一场“争分夺秒”、“大干快上”的大跃进局面又将重现。

企业之所以对规模扩张有如此强烈的愿望，一方面是由于对我国钢材需求量的估计过高。近4年我国钢产量从1.28亿吨猛增到今年的2.6亿吨以上，平均每年增加3500万吨钢。这在世界钢铁史上是前所未有的。因此，也使某些人认为我国钢材市场还有很大的发展空间，前一阵子有些“权威”文章就一再鼓吹这种论点，一定程度上起到了误导作用。其次是对规模经济的理解不一致。由于科技的进步，钢铁工业设备大型化的趋势越来越明显，但也出现一种偏向，似乎企业规模是越大越好。其实，一定装备的配置，有其相应的合理规模；设备的大型化，也不意味着越大越经济。成功将意味着最适宜的规模而不一定是最大的规模。现在有一种形而上学的观点，把规模效益搞得有些绝对化了。新华社就播发过一篇报道，在对比了宝钢股份同其他上市的钢铁企业盈利情况后，得出的结论：“生产规模在一定程度上决定了钢铁业上市公司的盈利能力和盈利前景。”这又是一种误导。而且，国际上的特大型钢厂，都是在存量调整的基础上实行重组而成的，钢产量位居世界第一、年产量达到4600万吨的阿赛洛钢铁公司，其下属钢厂就分布在欧洲七八个国家，以及美国、巴西、泰国等地；而目前我国在钢铁产能已经超过需求的情况下，却还在走增量新建的路子！究竟是利耶、弊耶？祸兮、福兮？值得深思。当然，一些企业想扩大规模，也有其实际的考虑。有些企业领导明知这样下去，产能将大大超过需求，但“我不发展他发展，谁不发展谁受压”，再加上人员负担过重，也想通过扩大规模转移人员。

虽然，今年7月，国务院发布了《关于投资体制改革的决定》，明确规定了“新增生产能力的炼铁、炼钢、轧钢项目由国务院主管部门核准”，这对那种无序扩张会是有力的制约。但中国历来有“上有政策，下有对策”，铁本那样把项目化整为零、化大为小的做法实际上早就是地方政府和企业联手对付中央的公开的秘密。因此，真正要把《决定》贯彻到底，还需做艰巨的努力。

为此，建议对钢铁行业的数量发展及地区布局要有一个统筹规划。鉴于目前引领规模扩张的已经不是前两年的民营企业，而是国有大中型钢铁企业。因此，可否请发改委牵头，召开十几家特大型钢铁企业主要领导干部的座谈会，沟通意见，先把这股可能反弹的热劲稳住。不然，只要有一家突破，就会产生连锁反应。在此基础上，尽快制订行业发展规划。从这几年的实际情况看，钢铁企业这种超常规的发展，绝大多数都是地方政府鼓励、支持，甚至是授意的。因此，这一座谈会，也要请有关省市领导参加。当然，在实施宏观调控的过程中，也必然会出现一些负面影响。有关部门怕担责任，既不深入调查研究，区别对待，仍然是采取“一刀切”的简单做法，或者是以官僚主义的拖拉态度来对待，使一些有利于结构调整、提高品质、节能降耗等项目不能及时得到核准和必要的银行贷款。这也需要在实际工作中加以改进。

董贻正

2004年11月

贵钢调查的感受

2003年10月，我曾到贵钢同新班子的两位主要领导进行了交谈，参观了生产现场和非钢产业，看到他们当时处境虽然十分困难，但精神振作，发展思路对头，而且已经开始在一步步落实，感到贵钢还是很有希望的。以后两年，每年我都趁到水钢调查咨询之际，顺路去贵钢进行跟踪调查。接连4年的观察，特别是通过去年年底到今年年初的为期一周多的调查，使我对贵钢在新班子领导下所进行的艰苦卓绝的努力，各级干部的无私的奉献精神，以及所取得的巨大成就产生了由衷的敬意，也看到他们仍然背负着种种历史遗留下来的沉重负担，在某种情况下处于无奈的境地。对这样一个有着充满朝气、求真务实、受到广大员工信赖和拥戴的领导班子，有着热爱贵钢、在困难情况下团结奋战、默默无闻地作出自己的奉献的各级干部和员工队伍，我感到贵钢是一个虽然暂时还没彻底摆脱困境、但却有着光明前景的企业。作为在冶金战线工作了55年的老同志，我觉得有责任将自己的见闻及感受向有关领导部门反映，以期给予他们必要的支持，使贵钢在前进的道路上迈出更大的步伐，为国家、为社会作出更大的贡献。

贵钢过去在特殊钢行业中是一家颇具实力、并有相当知名度的企业，它是国内唯一的钎钢专业厂。其主导产品钎钢在国内享有很好的声誉，市场占有率达到80%，部分产品还出口周边国家，贵钢曾进入过国内500强企业之列；并在实行社会主义市场经济以来，连续10年盈利，是贵州省的盈利大户之一。但是，从2000年起，由于多方面的原因，贵钢走了下坡路。到2002年，钢产量从历史最高的22万吨骤降到5.5万吨，销售收入还不到3个亿，企业严重亏损，资金短缺，不得已欠发员工工资，造成矛盾激化，部分职工罢工、静坐，甚至游行示威，冲击省委、省政府。2002年9月，以原贵钢副总经理胡支国为董事长、党委书记，原总工程师侯羽卒为总经理的新班子受命于危难之间。新班子组建以来，卧薪尝胆，发愤图强，如今，贵钢面貌发生了巨大变化。生产稳步增长，结构调整收到明显成效，新品开发有了突破性进展，钢铁主业的技术经济指标不断得到改善，非钢产业协调发展，劳动生产率大幅度提高，下岗、待岗员工生活待遇也有适当提高，特别是各级干部和广大员工士气昂扬，心齐气顺，出现了蓬勃生机。下面几组数据的对比，就是最有力的佐证。

对比项目	历史最好水平	2002年	2006年	2006年比2002年增长/%
钢产量/万吨	22	5.5	28	518
其中：钎钢产量/万吨	1.16	1.1	5.5	500
主业销售收入/亿元	6.7	2.98	13.47	452
非钢产业收入/亿元		1.4	3.23	230
上缴税金/万元		1100	6200	563
实现利润/万元	3000	-14198	-2570	
员工总数	10079	7841	6578	-16.5
其中：主业人数	10079	4863	2140	-56
主业劳动生产率/元·人$^{-1}$	83750	38005	629439	1656

虽然，这些数字并不是最理想的，某些指标在行业中也并非处于先进水平，有些还不能尽如人意（如利润），但前后对比，也可以看出其前进步伐之大。无论是钢产量、销售收入，都创下了历史最好水平。特别是作为贵钢品牌产品的钎钢，在2002年销售收入近亿元的基础上，近几年来，每年增加一个亿，去年比历史最好水平增加了4倍还多，在国内市场是独占鳌头，在国际市场上也有一定影响，而且全部钎钢都已通过深加工，转为最终产品——钎具出厂，大大提高了产品的附加值。

一、科学的发展思路，正确的战略定位

新班子接任之初，贵钢可以说是一片凄凉。贵钢投资6亿元于2000年建成的采用“康斯迪”先进技术的二炼钢分厂以及贵钢三个轧钢厂中装备最先进的三轧分厂，在不能自主的情况下，以60万元的月租金租赁给广东一家个体老板，并带走全体员工的10%。剩下的老系统，只占贵钢总资产的20%，要以此来养活90%左右的职工，其艰难情况可想而知。但他们深知，任何埋怨、指责，都是无济于事的。要生存，必须依靠自己的努力，充分调动员工的积极性，逐步改变生存条件。以产品取胜，在市场竞争中才能站稳脚跟。

在这次调查中，我同贵钢的同志们探索贵钢巨变的根本原因，大家都认准这几个理：第一是省委、省政府领导对贵钢“求生存、保稳定、谋发展”两步走工作思路的肯定和支持。2003年3月26日，当时的陈大卫副省长在省政府主持召开了专门研究贵钢改革脱困的有关问题，省委企业工委、省经贸委、省财政厅、省劳动和社会保障厅、省冶金国贸公司、省冶金行管办、贵阳市政府等部门负责人参加了会议，会上就贵钢的技改问题、用电优惠问题、下岗职工基本生活费发放问题形成了解决意见。这是贵钢起死回生的一次转折性会议。

第二个是得益于主管部门省经贸委的大力支持。为挽救贵钢，当时的省经贸委主任李平专门赴北京邀请中国钢铁工业协会会长吴溪淳率专家组考察、会诊贵钢；后来的金隆昆主任、吴晓森副主任等省经贸委领导也果断支持贵钢，用省技改资金帮助贵钢启动了二轧650技改工程，这是贵钢从衰到兴具有转折意义的一个关键工程，它点燃了贵钢人心中的希望。从这以后的3年半时间中，贵钢一连实施了大大小小近20个技改项目，总投资1.6亿元。

第三个，就是他们班子总结的，一切从实际出发，把握行业发展趋势，坚持区域融入，将企业发展战略融入省、市发展战略，提出了“精主业、兴辅业，企业环境共和谐”的战略定位，开始了艰难的、却是大有成效的企业转型，即从污染型转为清洁型、从粗放型转为集约型、从低效型转为高效型。贵钢按照科学发展观的要求，不盲目追求规模的扩大，数量的扩张，而是在调整结构上狠下工夫，紧紧抓住品种质量这一中心环节，发挥自己的优势，走差异化道路，致力于干那些大企业不想干、小企业干不了的产品，在“专、特、精”上下工夫，在提高产品的技术含量上下工夫，追求产值的最大化。这在国内钢铁界一片“做大”的呼声中，似乎显得有些“另类”。实际上，国际上有一批“小而强”的特钢企业，像台湾的荣刚特殊钢厂，装备和贵钢差不多，年产钢10万吨左右，销售收入达到16亿元人民币，成为美国GE公司的指定供货商；意大利麦塔卡钢厂，275名员工，年产钢6万吨，销售收入1.3亿欧元，利润2600万欧元。实践证明，贵钢的这一发展思

路和战略定位是完全正确的。现在，贵钢不仅钢产量超过历史最好水平，而且品种结构调整上也取得重大进展，原先的拳头产品，钎钢生产越做越大、越做越精、越做越好；新品开发也超过了历史上任何时期。在兴辅业上，既着眼于大力盘活存量资产，还进一步拓展思路，围绕主业的需要和发展，开发主业的前延伸和后延伸市场。方向确定后，他们脚踏实地，一步一个脚印，稳健地向前迈进。实际上，这两步也不是完全割裂的，在求生存的同时，也在为发展打基础，作准备。

二、以咬定青山不放松的精神，坚持不懈地进行技术改造和技术革新，来提升产品形象

他们一方面努力改善生产的物质基础，在借贷无门的情况下，采取多种办法进行生产自救，坚持在力所能及的范围内进行必要的技术改造，并力求花最少的钱办更多的事。几年来，就是这样蚂蚁啃骨头似的，对所有分厂都进行了程度不等的技术改造，像一炼钢分厂几乎全部主体设备都已更新换代，二轧分厂650轧机的改造，实现了多种坯料的一火成材，为轧制模具扁钢创造了条件。很多项目建设快，达效快，投资回收快，有些一二年就可收回全部投资。

与此同时，他们不断推进技术革新，采用先进工艺，提升现有产品的档次。在新品开发上，舍得投入，即使在资金紧张的情况下，也想方设法为科技人员提供必要的试验条件，建立必要的机制，正确对待试验中的失败，营造宽松、宽容的科研环境，激励科技人员奋发向上，使得新品开发取得重大进展。像贵钢的品牌产品钎钢过去是用铸管法生产，现在已经试验成功采用国际上最先进的钻孔法生产，不仅效率大为提高，而且产品质量跃上了一个新台阶。在开发新产品方面，也取得了明显的成效。近3年中，贵钢开发的新产品有23种。其中，含铅易切削钢已成为贵钢的第二品牌钢；重载火车的车轴钢已取得西门子的认可，被列为国家重点新产品项目，并与铁道用弹簧钢同获省科技厅重大专项项目支持；高技术、高附加值的H13模具钢的市场也已逐步打开。“主业精”的方针正在得到体现。

三、把环境治理作为贵钢求生存的第一需要来对待，努力改变企业形象

要生存，还必须改变贵钢的环境形象。贵钢位于贵阳市中心，离省委、省政府大楼只有一千米之遥。贵阳市是全国知名的避暑之都，有“林城”之称，对环保要求越来越严。这几年，尽管贵钢资金非常困难，但是他们把环境治理作为贵钢求生存的第一需要来对待，投入大量资金来改造老设备，拆除了污染严重的小电炉，完成了中日合作的环保污染治理项目，实现了“还贵钢上空一片蓝天”的承诺。名列全国十大花鸟市场的贵阳市阳明花鸟市场2004年7月搬迁贵钢，与贵钢现代化的炼钢厂比邻而居，形成了“一刚一柔”奇特的工业文化景观。刚搬来时，花鸟市场的一些店主还忧心忡忡，生怕紧邻的炼钢厂的噪声、粉尘等影响到花鸟和宠物的健康生存。但是3年过去了，既听不到噪声，也没感受到大气的污染，花鸟生长正常，现在这一市场越来越兴旺，正在筹备扩建二期工程。由于污染得到较好治理，贵钢周边地区生机盎然，房价从每平方米1300元涨到每平方米4000元以上。事实证明，钢铁厂的污染是能够治理的。1980年，我到美国参观访问时，曾经到过有钢铁之都称号的匹茨堡，美钢联的办公大楼就在这里。过去由于钢铁厂的大气污染，

美钢联大楼的表面都是灰黑色。在治理污染后，大楼表面也重新进行清洗粉刷，多年来仍保持原貌。我相信，国外能做到的，贵钢也一定能够做到。目前，贵钢正在进一步提高环保的工作标准，盯住细节，持续改进。

四、坚持以人为本，深化改革，改变贵钢员工在社会上的形象

2002 年，贵钢职工冲击省委大楼，在社会上造成很不好的影响。其直接原因是企业经营不善，导致职工收入锐减，而且还频繁欠发。这几年，他们一方面通过深化改革，针对过去机构臃肿、人浮于事、效率低下的状况，大力精简机构、压缩人员，实施组织机构扁平化。目前，全公司在岗职工已从 2002 年底的 7841 人降到 3857 人，减幅 51%。其中，管理人员精简的幅度达到 60%。在精简人员的同时，进行了分配制度的改革，生产厂分别实行了计件工资制或岗薪制，从而更好地调动广大员工的积极性。人员减少了，员工们自觉地开展技术革新、推行精细管理，效率却大大提高了。钎钢分厂过去 140 人，月产最多 2 万支钎头，现在只有 112 人，月产达到 25 万支，工效提高了 15 倍。公司机关财务处过去有 36 人，其中副处长就有 8 人，现在减到 9 人，一专多能，一人多岗，基层反映办事效率反而高了。

对下岗及自愿办理歇岗手续的“40、50”职工，尽量广开门路，进行安置，并进行转岗培训，还制定了相对优惠的分配政策，使他们生活得以保障。以后随着生产的发展，又对这些为改革作出贡献的“40、50”职工由“歇岗”全部转入“内部退养”，增加退养待遇。随着生产形势的不断好转，公司正在陆续偿还职工生产自救借款本息、欠付职工的医药费等，还分期偿还其他应付账款。最近，还为一万多名职工（含离退休职工）办理了医保，解决了长期以来困扰职工的一大难题。而社会上对贵钢的下岗及歇岗职工的基本素质越来越看好，绝大部分“40、50”职工都在社会上重新找到了工作。

在改革中，他们坚持改革方向不动摇，但在具体实施上倡导求真务实，从实际出发。公司领导带头进行探索，缓解了当时最为紧迫的资金困扰；在对待基层改革方面，允许基层结合自身实际，不搞一刀切。该集中的权，像财务必须集中；能放的就稳妥地下放。在下放权限的同时加强监督，因此这几年来没有发生经济案件。钢管分厂设备陈旧，品种单一，市场不看好，一度曾考虑关闭。后来，该厂提出租赁承包，改变了经营体制，职工积极性大为高涨，自行改造设备，扩大了产品规格，提高了产品质量，实现了扭亏为盈，还将部分利润上交公司，公司又将利润返回分厂，进一步搞好技术改造，增强了钢管产品的竞争力。2005 年、2006 年连续两年销售收入超过亿元，使分厂步入良性循环的发展之路。近年来，钎钢分厂等 3 个分厂，围绕提高产品质量，扩大品种，职工自行募股，成立新公司，建设新的生产线，进行了投资主体多元化的尝试，既缓解了公司资金的难题，也为职工增收提供了一条新的途径。

与此同时，他们在“兴辅业”上大做文章。采取了“腾笼引鸟”的方针，根据主业发展的需要，决定将现在主业所占的 100 万平方米土地，腾出 30% 左右来开发辅业。为此，他们搬迁了原先处于临街位置的动力厂、修建厂。这些单位目前的生产条件虽然比过去差了，但职工们为了贵钢生存发展的大局，毫无怨言。现在这里除了引进花鸟市场外，还引进了皮件商场、古玩商场、书画市场、宠物市场、奇石市场、药材市场，还有大型家具城。特别是在节假日，顾客熙熙攘攘，人气很旺。对贵钢原有的已经剥离出来的辅助单

位，则倡导他们根据自己的特点，因地制宜地发展非钢产业。像负责铁路运输的运输车间，充分利用其铁路专线的优势，成立了东方金属材料交易中心。几年来，中心占地面积从原有的2.5万平方米发展到现在的近6万平方米，钢材年交易量从初期的10.5万吨钢材发展到去年的74万吨，营业额从300多万元增长到3000多万元，还安置了贵钢和社会下岗人员300人。不仅每年为公司增加了收益，还利用自己的盈利，改善了生产条件，淘汰了落后的蒸汽机车，增添了2台内燃机车。现在贵钢非钢产业的收入达到3.23亿元，占贵钢总收入的20%左右，贵钢非钢产业除自负盈亏、自给自足外，每年还能为公司提供一定的收益。非钢产业共安置员工1373人，今后他们设想把主业人员控制在2000人以下，而辅业争取安置3000人以上。

现在，贵钢内部一派生机勃勃的景象。职工思干、思变、思进，“前瞻、创新、实干、严细”的理念，敢于拚搏、顺势求变、超常思维的“亮剑”精神，“不服输、诚实干”的一轧精神，“只为成功找方法，不为失败找借口”等观念，正在逐步地深入人心，变为职工自觉的行动准则。只有105人的修建分厂，近几年，几乎承担了全公司所有技改项目的设备安装任务。年近花甲的分厂厂长、有贵钢“许振超”之称的高级技师吴立能，4年没有在家过过春节，而是利用春节期间带队伍到广东给一些民营企业检修、抢修设备，以此为企业增加一些收入。这支检修队伍被民企老板称为“技术过硬、质量过硬、作风过硬”的队伍。这种情况，在贵钢并非个别现象。但他们说：虽然累，但心情舒畅。而公司领导觉得现在各级干部和职工们都在自觉地思考问题，自发地去解决问题，过去开会公司领导是出主意，提意见，现在是听意见，选主意。

这些变化固然有多方面的因素，省市领导的关怀与支持是一个重要因素。在贵钢处于困境时，省市领导和有关部门力排众议，在技改资金上给予有力的支持；在收回出租的“大炼钢”分厂时，也给予了道义上的支持，为贵钢打通了求生存之路。但从企业内部来讲，大家异口同声地说，关键是有一个好班子，有两位好班长。他们立党为公，勤政为民，严于律己；他们思路对头，超前引路，对认准的理，看准的路，坚定不移地走下去；他们关爱员工，努力提高员工素质，使他们体现自身价值，并在力所能及的范围内，真心实意地为员工解危济困；他们“先天下之忧而忧，后天下之乐而乐”，在实施“40、50”政策时，侯羽卒总经理的夫人第一个带头申请，歇岗后在家整整待了一年多，才在社会上找到工作。分配向一线职工和基层干部倾斜，对公司领导和机关干部则暂时采取低工资政策。从2002年到2005年4年来一直发80%的不足额工资，只是到2006年情况好转后才恢复发全工资。但由于工资基数低，贵钢机关干部的月平均工资才800元左右。就是董事长和总经理的年收入还不到2万元，比生产一线的工人和分厂厂长们都低。但侯羽卒却自我解嘲地说，我的工资含金量高，还有出差补贴。

当然，贵钢并不是一切都好。他们的有些产品质量还不够稳定，新品开发还跟不上市场的需求，环境治理还有待于进一步改善，队伍素质还不能适应形势发展的需求，改革中的一些问题还有待于规范化，部分职工特别是机关干部的工资偏低等。这几年，虽然他们不再欠新账，不欠税，不欠水电费，不欠供货商款项，而且还在逐步偿还陈欠，但毕竟历史欠款的负担实在太重，至今各类债务仍高达16.38亿元，已经进入法律程序的就有1.5亿元，最近还被查封了银行账户，使贵钢的生产经营处于十分被动的境地。一旦资金链断裂，贵钢今天来之不易的大好形势就将付诸东流。

鉴于贵钢的现状：有了一个开拓创新、真抓实干、能以自己的人格魅力感染职工、带领广大职工奋力拼搏、夺取胜利的好班子；有了科学合理的发展规划和正确定位，并已经在调整产品结构上取得重大进展，开发了极具前景的好产品；有了一支坚定执着、重视学习、探索创新、能打硬仗、恶仗的职工队伍，我深信，贵钢一定会有更加光辉的明天。但也不能不看到贵钢至今仍然背负着沉重的历史包袱，阻碍着贵钢大步前进。为此，深切地期望，有关领导部门能进一步伸出援手，帮助贵钢摆脱或搁置各种债务负担，让贵钢缓过气来，轻装前进，更好地推进资产重组，走向光明的未来。

以上是我个人这几年同贵钢接触的感受，供有关领导参阅。不当之处，尚请批评指正。

董贻正
2007 年 1 月 9 日

（注：此信在贵州写成后，即发送贵州省经贸委主任李平，他接信后就近约谈一次。）

关于京唐公司目前情况的报告

家宝总理：

我是原冶金工业部政策法规司司长，离休后始终保持同企业的联系，每年还有三四个月到企业作些调查咨询。今天着重向您反映有关曹妃甸首钢京唐公司的情况，希望您能在百忙之中予以过问，使京唐公司真正能成为您所期望的那样“四个一流”的钢铁企业。

京唐公司是首钢同唐钢合资建设的，首钢占股51%，唐钢占股49%。首钢朱继民担任董事长，唐钢王天义担任总经理。在建设期间，总体来讲，双方合作还是比较协调的。但是随着投产在即，问题也逐渐暴露。首钢、唐钢在冶金行业里都是强企，在管理上也都各有特色，如能各取其长，融会贯通，自成一体，这当然好，但实际情况并不乐观。这几家企业近期我都去过，并就其内部管理等问题进行过调查，特别是首钢迁钢顺利投产后，在短短两三年内所达到的水平，获得了业内人士的高度好评。应该说，迁钢就是京唐公司的一个试验场，有理由相信，有迁钢作出的榜样，京唐公司一定能够较快地实现“四个一流”。相对来说，唐钢的管理水平就要略逊一筹。

但是，目前京唐公司的领导体制却不利于管理的集中统一。按说，有了迁钢的经验，京唐公司可以在此基础上更快实现其“四个一流”的目标。但是，现在河北是我国钢铁第一大省，唐钢在同邯钢联合组成河北钢铁集团公司后，产量上也成为国内第一钢铁大企，自然也希望在这个国内最先进的企业里展其所长。因此，在企业内部管理上，恐怕更难以统一思想，这对京唐公司的发展将会产生十分不利的影响。因为，企业管理毕竟不同于入股分红，分红要按入股比例，日常经营管理必须高度统一。否则，再先进的装备也不能发挥其作用。

由于此事直接涉及两个省市之间的关系，很难在省市一级进行协调。因此，恳请您能在政务繁忙的情况下，批示有关权威部门，进行协调，使京唐公司得以快速进入世界一流的行列，为国民经济作出其应有的贡献！

顺颂

政安！

董贻正

2009 年 3 月 27 日

（注：后来听说温家宝总理将此件批给国家发改委领导，发改委派出一位处长，到京唐开了座谈会，但对管理体制的改进并无任何改变。京唐投产后，这种“领导体制不顺，管理多元化”的矛盾逐渐暴露，生产不正常，事故频发，投产两年多，这个世界一流装备的现代化特大型国有钢铁企业，竟然连个党委都建立不起来，这不能不严重影响到职工情绪。在有关报刊进行披露后，引起中央领导的高度重视，温家宝总理又作了批示，使得这一问题得到较好解决。）

对钢铁行业“三年不建新项目”的呼应

毅中部长：

我是原冶金工业部政策法规司司长，1994 年离休后，担任中国冶金企业管理协会副理事长，此后仍没有脱离钢铁行业，不时应企业之邀，进行调查咨询，并始终关注着钢铁行业的发展动向。最近，从报上看到，您在国新办召开的新闻发布会上表示“钢铁产能过剩是最明显的”，“三年之内不要再新建项目”。就我所接触到的、在部委级领导中，这样旗帜鲜明地对钢铁行业规模扩张表明态度的，您是第一位。对此，我坚决支持。但是恕我直言，恐怕这一目标难以实现。

对钢铁工业的宏观调控，近些年来，国家已经多次采取措施，但成效不显。1999 年应该说是国家采取减产力度最大的一次，但结果却很不理想。那年，国家要求控制总量，减量保价，“钢产量在 1998 年 1. 1459 亿吨的基础上减产 10% ，吨材价格上升 50 元，全行业实现利润 50 亿元。”当时，限产成了国家冶金局的中心任务，局领导分头下到各片，进行督战，抓得不可谓不力。但结果是全年钢产量不降反升，达到 1. 2426 亿吨，增长 7. 5% ，实现利润只有 25. 39 亿元，是原计划指标的一半。为此，当时的国家冶金局局长蒲海清还受到国家经贸委主任盛华仁的严厉批评。实际上，我觉得蒲局长是尽了自己最大努力，做了他职权范围内所能做的事。

为什么会事与愿违？当年我给朱镕基总理的信中，对那次限产的做法归纳了三句话：“限大放小，限国（企）放民（企），限内放外”，重点大中型企业的产量限住了，而一些地方企业则依然我行我素；国企的产量限住了，一大批民营企业却趁着国企限产的时机，大肆扩张，逆风上扬（后来我到山西海鑫钢铁公司调查时，当时的总经理对我说：他们就是在国家对国企限产时上来的，而且一上就上大的）；国内的钢产量限住了，但当年进口的钢产量却比原计划（700 万吨）翻了一番。应该说，限产总体上是失败的。而目前的情况很可能是重蹈覆辙。

今年 4 月份，鉴于钢铁产品市场供大于求，但很多企业仍然大幅度增产，价格下滑，效益下降的情况，工信部发出了“限产令”。但曾几何时，钢产量又出现前所未有的增长幅度，6 月份的钢产量已经相当于年产 6 亿吨的水平。1999 年限产的情况似乎又在重现。我反复思考，问题究竟出在哪里？

首先，是对钢材需求形势认识不一。认识一致，尚难保行动一致，更何况认识就不统一。虽然现在谁也没有公开否认钢材市场供大于求，但却以种种措辞来掩盖这一尖锐矛盾的却大有人在，最具代表性的是中钢协某位领导的一番话。他认为，目前的供大于求并不是总体性的问题，而是一种“结构性矛盾”，就是落后的产能多了，具体来说，就是两个 20% ，一是不符合国家产业政策规定的落后产能，约占总体产能的 20% 左右；二是低水平产能，即不符合国际钢铁工业装备大型化现代化发展趋势的，如 1000 立方米以下的高炉、80 吨以下的转炉等，这部分大约也占 20% 左右。按照这种说法，只要把这两个 20% 的产能淘汰了，那目前的产能不是多了，而是少了。因此，新增产能自然是淘汰落后的题中应有之义。这种说法，实际上是在以淘汰落后为名，行产能扩张之实，是在鼓励企业继续扩张产能。

我对这两个20%是有怀疑的。拿第一个20%来说，现在6亿多吨的综合产能，居然有1亿多吨是落后产能，相当于2000年我国全部的钢产量。应该说，这些年钢铁工业新增的产能再不是过去意义上的落后水平了。因此，究竟这一亿多吨的落后产能何所指，究竟有没有这么多落后产能?

至于第二个20%，指的是不符合产业政策的非大型设备。这些装备，虽然耗能高些，但只要不违反《质量法》和《环保法》等现行的法律法规，质量能满足一定市场的需求，企业又有利润，为什么非要采取行政措施加以淘汰呢?我国各个行业浪费资源、能源的情况有不少远远超过这些不符合产业政策的冶金设备，总不能一下子都淘汰了吧。既然是初级阶段还要有一个很长时间，既然我国至今仍是不发达国家，那有什么理由一下子都要同国际标准接轨呢?更何况在一定时期内还有解决劳动力就业的任务呢。尽管这些装备迟早是要淘汰的，但有的经过改造可能还有提升空间，是否可以让市场来选择呢?

还要指出的是，现在产能过剩最为严重的，恰恰是以连轧板卷机为代表的“先进产能”。这都是近几年一些大型钢铁企业兴建的，而现在跃跃欲试、准备新建的钢铁厂，恰恰还是这些板带企业，这将更激化已有的矛盾。因此，三年不建新厂，不仅不会影响到钢铁工业的健康发展，而且还能使钢铁界集中精力致力于调整结构、提高质量、开发品种、节能减排等方面，进一步提升我国钢铁行业的市场竞争力，有利于从钢铁大国向钢铁强国的转变。

三年不建新厂，无疑是正确的决策。但从工信部的职责来讲，只能是表明一种态度，进行一种呼吁。即使国家正式作出决策，实施起来也会是阻力重重。这里主要是全局和局部的矛盾，贯穿其中的是中央和地方政府及有关企业的博弈。

从全局来讲，既然已经供大于求，没有理由在近期再建新厂。但是从地方及企业的视角来看，会有很多理由支持新建的观点。诸如地区布局，物流顺畅，城市钢厂的迁移，再是建设沿江沿海钢铁企业的合理性等。而最根本的就是带动本地经济的发展，就业的增长，政府财政收入的增加。拿河北省来说，2006年钢产量就超过9000万吨，比位居全国第二、第三位的江苏、辽宁省之和还多1000万吨。河北确实有较丰富的铁矿石资源，也有较好的港口条件，但水资源却是异常短缺的，没有能力长期持久地承担这样大的钢铁产能。因此，它自然就成为钢铁工业宏观调控的重点省，也是淘汰落后的重点省。但是到2008年，河北省的钢产量超过了1.15亿吨，两年增长了2500万吨。其中，迁安一个县级市就新增了上千万吨现代化的产能，正是越调越高，越控越大。这种情况，在任何市场经济国家里，是不会发生的，但偏偏在我国这个社会主义市场经济的国家里，却一而再、再而三地重复着。因此，对您的这番讲话，我既是衷心的拥护，又感到恐怕又是一个美好、善良的愿望!

办法不是没有，只要把过去中央的有关规定落到实处就行。比如，国务院曾经规定：“新增生产能力的炼铁、炼钢、轧钢项目由国务院主管部门核准”，但除了对国有大型钢铁企业外，这些规定究竟有多大的约束力?前几年发生的“铁本”事件，实际上是在一再被复制，但是却再没听到哪些责任人受惩处。即使是铁本的老板，最终定罪却是“偷漏税”!

因此，还有谁会再理睬那些“禁令”？此外，还有在银行贷款、供电、供水上进行制裁等举措，但真正落实的又有几家？因此，只要把过去的规定真正落到实处，对违规违纪的案件抓住典型，认真作出处理，而不是在“下不为例”的名义下，纵容地方政府和企业“一犯再犯”，问题是可以得到解决的。

我衷心希望您的登高一呼，能真正带来钢铁行业的转轨，从外延扩大再生产转到以内涵为主扩大再生产，把精力放在品种质量、节能减排、提高效益上来，用在强化研发和市场营销上来，这将必然加快从钢铁大国向钢铁强国的转化进程！

一孔之见，不妥之处，尚望海涵！

董贻正

2009年8月25日

关于郑州拓普产品质量问题的调查

围绕郑州拓普产品质量问题的纠纷，已经持续5年多了。从起初只是买卖双方之间的矛盾，以后逐渐扩展，牵涉到行业内多方面的专家、其他的冷轧机制造企业，二十余位全国人大代表，有关地方政府、法院、公安部门和国家机关某些部门，以及众多媒体。范围越来越广，人员越来越多，双方各执一词，争议旷日持久，舆论也莫衷一是，并已多次对簿公堂。同一个人，对其评价是天上地下，褒之者称之为国家功臣，贬之者则认为是行业一霸；同一件事，会有两种截然相反的意见，誉之者认为是造福社会，贬之者视作为害群之马；对同一性质的案件，不同法院会有完全对立的判决，一家判决甲方侵权，需要向乙方支付足以让甲方倾家荡产的巨额赔偿；另一家则判决甲方胜诉，判令乙方在企业网上公开向甲方道歉90天。这种扑朔迷离的状况，实属罕见。不仅模糊了人们的是非观念，影响了人们对国家权力机关的信任，也严重阻碍了这一行业的发展。现在该是还原事物本来面目的时候了！

一、郑州拓普产品质量问题的由来

郑州拓普是1995年由郑红专（公司董事长）和赵林珍（公司总经理）夫妇创建的生产冷轧机的企业。在此之前，1989年，郑红专的“一种轧辊小挠度、高刚度轧机”专利获得国家知识产权局授权，以后，于1993年、1998年，XGK-LD350轧机和XGK-LD800轧机先后通过冶金工业部组织的“科学技术成果鉴定”，获得较好的评价，为郑州拓普的创业奠定了基础。应该说，这些成果反映了他们希望在继承前人成就的基础上有所创新、有所前进的良好愿望，对冷轧机事业的发展作出了一定贡献。

不幸的是，他们从一开始，就不恰当地夸大了这项专利技术的作用，自认为它“结束了近百年来中国轧钢技术落后于世界发达国家的被动局面，同时在国际上保持了我国轧机技术的领先优势”，甚至“该设备本身以及由它轧制的高精度带钢和超薄带钢产品均达到了世界本学科领域的最高水平”，在一些媒体的追捧下，郑红专成了“世界轧机技术的领航者”、“中国轧机第一人”，该项技术也成为“国际上三五十年之内不可逾越的技术”。

这些耀眼的光环吸引着一批客户来到郑州拓普，加快了郑州拓普轧机市场化的步伐。于是，这又成为郑州拓普可以夸耀的资本；于是，在给上级的报告中及对外的宣传中，频繁出现郑州拓普轧机带来的社会效益，“已形成年产精密冷轧带钢87.8万吨的生产能力，每年为国家节省进口产品费用64.9亿元人民币”；于是，新的桂冠又开始一顶接一顶地戴在他们的头上。

但是，市场是最不容情的。专利技术毕竟不等于现实的生产力，成果鉴定还需要在市场的实践中接受检验，不符合实际的辞藻再华丽，也会在现实的考验中变成瞬息即破的泡泡。一台台出厂的轧机，由于普遍达不到设计要求，达不到合同规定的主要指标，给客户带来了巨大的经济损失。虽经客户一再要求郑州拓普按照合同规定加以解决，但却得不到郑州拓普的响应。这种情况也引起了业内专家的关注，在实地考察后，专家们在专业会议上发表了个人意见，对郑州拓普的轧机低劣状况提出了批评。有的客户，宁可损失已付的千余万元的定金，也要采购其他厂家制造的冷轧机。这些本应引起郑州拓普的认真反思，以改进自身工作来回应客户，回应社会。但令人遗憾的是，郑州拓普不仅不正视现实，而且以各种各样不正当手段，来掩饰自己的错误，打击对方。对客户在质量问题上的严正抗议，将其归结为企图抵赖未付清的尾款，甚至将其告上法院；对专家的善意批评，以“侵害名誉权”诉诸法庭；对同行厂家则以“侵权”罪名上告法庭。另一方面有人在网上以“郑州小巨人”名义，不断歪曲事实，无中生有，捏造了一个“侵权联盟”，以郑州拓普认定的“侵权”企业为主，诬陷这家企业拿出几千万元来分别收买各类人员，把对其提出意见的客户、老专家、人大代表，以及新闻媒体从业人员都划为该企业为实现其侵权而罗织起来的“枪手”。这种毫无根据的恶毒攻击不能不激起业内人士和社会各界的愤慨。

目前，围绕郑州拓普质量等纠纷还在继续扩展，恳请有关领导部门加以关注，使其得到公正解决，以维护社会正义，并为企业的合法竞争、为国产冷轧机制造事业的健康发展创造公平的环境。

二、我所见到的郑州拓普轧机的质量情况

正是在这种舆论纷杂的情况下，我听到了业内一些专家的介绍，作为一名老冶金工作者的冶金情结和作为公民的责任感，驱使我设法去弄清事实真相，以便提出建设性意见和建议。2 月上旬，我先后到广东、浙江、江苏、上海等地，对 10 家冷轧钢厂进行了实地考察，其中 8 家企业是使用郑州拓普轧机的，一家付了订金后没有购买，还有一家不是使用郑州拓普轧机的。这些购买郑州拓普轧机的企业，涵盖了 2003 年以来除天津拓普和郑州拓普回购的 2 台轧机以外的所有购买郑州拓普轧机的企业。在这 8 家使用郑州拓普轧机的企业中，只有南通和华西村两家是未经改造而在生产的，其他几家或是停产，或是再重新投资进行改造。所反映的共性问题是：产量低下、事故不断、零件损毁、马达烧焦、严重漏油、大量废品，导致企业持续亏损。

下面逐一介绍各个企业的情况。

（1）广东创志钢铁有限公司。安装调试近 4 年来，由于调试达不到要求，郑州拓普在没有达到调试目标后，就撤离现场。虽经创志多次要求，但郑州拓普却不仅不派人来继续调试，而且也不让企业自己调试，否则就认为是验收合格，致使这套轧机停产至今，有的部件已拆在一旁，投资 1 亿多元的项目如今基本泡汤。公司老总前往郑州拓普要求按合同继续进行调试，但却被公司保安推了出来，根本就不让进厂门。已经支付了 90% 的货款，却不给发票，以致所支付的款项无法核销，更无法取回几百万元的退税金。

（2）浙江创业薄板有限公司。在郑州拓普几次调试达不到合同规定的指标后，郑州拓普技术顾问王某前来公司，手持准备好的验收合格证书，上有达到的技术指标字样。创业公司领导认为不合事实，该顾问承诺签字后再来调试。但签字后，郑州拓普就再也不理不睬了。创业公司只能自行改造，现在郑州拓普的轧机只保留主机架和减速机等，其他已全部更换。

（3）浙江武义宏马铜业。由于郑州拓普调试达不到要求，事故多，一生产就亏损，现已基本停产。产品公差达不到要求，郑州拓普说是“使用的铜坯原料不合格”；轧辊座漏

油严重，他们说“全国都一样”；尽管郑州拓普派来了“高素质”调试人员，也没能完成任务，但却以“你们队伍素质差”责怪宏马公司。

（4）江苏大力神机械有限公司。2004 年 12 月与郑州拓普签订合同后，已付定金 1308 万元，还按郑州拓普建议，以 500 万元购买了一条酸洗线，结果发现是废品，无法使用。以后又发现兄弟厂购买的郑州拓普轧机都有问题，决定宁可损失 1308 万元的定金，不再续约。但赵林珍却说：就是废铁，你也得拉回去。并经郑州中级法院一审判决：大力神公司继续履行合同，就是要再付 3300 万元买回一堆低劣的产品。在大力神公司，还看到他们从其他厂家订购的冷轧机，生产很正常，经济效益很好。企业老总说：我们比兄弟企业幸运，就是因为没有购买郑州拓普的轧机。

（5）江苏华西彩镀钢板有限公司。三台轧机在同一厂房，其中一台是郑州拓普的，产量低，检修时间长，板型不能保证，产品成本高，吨材加工成本为 750 元，其他 2 台分别是 450 元和 350 元。郑州拓普的设备事故多，一套辊系只能干两三天就要拿下来检修，为此专门配备一个五六个人的修理组，还忙不过来，而另两台轧机则很少修理。这台轧机所以还能勉强维持生产，是因为他们花了 1800 万元高价配了 3 套辊系，而一般情况下只需配一套辊系。

（6）江苏江阴三洲。郑州拓普的 2 台轧机都停产了，设备锈迹斑斑，有些部件已经不能使用了，不得已再购买一套五机架连轧机。这家公司的领导 2008 年 11 月去郑州拓普，发现郑州拓普的 2 台轧机都停在那儿，其中一台还有蜘蛛结着网。

（7）上海诚通。同浙江创业一样，经过彻底改造，绝大部分零部件都不是郑州拓普的了。公司老总说：我们所以能自己动手改造，就是因为我们没有签署郑州拓普的“卖身契”（指“保密协议”）。因为一旦签署这一协议，即使达不到设计水平，除非你违心承认验收合格，否则不允许你自行改造。

（8）上海众拓。目前已被郑州拓普回购。我们以上厕所的名义通过门卫进入厂内，只见厂区冷冷清清，出来时同门卫闲聊，说是回购后一直停产，工人都在上海丰钢干活，这里只有少量维修人员。最近郑州拓普又发布信息，该厂新轧机一次投产成功。

（9）南通刚正薄板有限公司。一进厂房，最触目的是拓普轧机边上堆积如山的断头钢卷，主要是由于轧机经常断带造成的。据公司领导和车间生产工人讲：轧机速度只能达到设计的三分之一，而且事故不断，生产很不正常。为此，吨钢生产成本大约在 750 元，已经超过了从热轧原料转化为冷轧成品的市场差价。

这次我们还顺路参观了一家购买被郑州拓普状告其专利侵权的企业所生产的轧机，看到生产现场红红火火。企业老总很满意地说，号称“世界轧机技术领航者”的郑州拓普轧机发生了这么多问题，给买方带来这么多困扰，而被称为侵权产品，却是生产正常，服务周到，使企业收到实惠。从中也可看出问题之所在。他还认为，这两种轧机根本上是按照两种不同思路设计的。哪来的侵权行为？拓普轧机的设计从理论上来说就是错误的，无非是郑州拓普自己干不好，还不让人家干的变态心理在作怪。

这些情况，无论是谁，只要到现场亲自看看，就会了解事情的真相。但郑州拓普对自己产品的严重问题避而不谈，把质量问题说成是对方为抵赖拖欠的尾款而有意捏造的。试问有谁会因为几百万的款项而使投入一二亿元的厂房设备闲置？即使是对方没有付清尾款，也是按合同执行的。合同规定，只有在设备调试合格后，买方才将最后

10%的款项进行结算。现在既然郑州拓普没有尽到责任，怎么就要对方付清这个尾款呢？要说违约，是郑州拓普违约在先。而且，按合同规定，如果3个月内调整不好，郑州拓普要把设备运回，重新发货。但对客户来说，面对郑州拓普这种霸道作风，根本就不敢作此妄想。

如果是个别轧机质量有问题，还可以说是有一定的偶然性，但普遍都有问题，说明这一专利技术经不起实践的检验，需要进一步改进。明知有问题而加以掩盖，继续进行销售，这起码是反映了企业和企业的领导者诚信的缺失，社会责任的缺失；而且也不能不令人怀疑，这是不是一场把专利作为沽名钓誉、愚弄公众、牟取暴利的手段，成为控制用户、排斥同行、操纵市场的“利器”。

郑州拓普还说是由于同行的侵权，造成了客户的减少。是否侵权，既已诉诸法律，那就等待法庭做出公正的判决。但按郑州拓普所说，先是偷盗图纸（此案海淀法院和北京中院已做出否定的判决），后又说是“侵权”企业与郑州拓普的客户勾结，对拓普轧机私自进行测绘。但为什么被称为“侵权”企业生产的轧机，却为客户所欢迎，生产情况良好，给用户能带来经济效益，而拓普轧机却如此声名狼藉？

郑州拓普的所作所为，不仅直接影响到其用户的利益，而且已严重阻碍冷轧机行业的进步，影响到社会的和谐安定，必须引起有关方面的高度重视，严肃对待。

三、问题复杂化的根源在于政府个别权力部门的干预

本来是简单的产品质量问题，现在变得如此错综复杂，关键在于一些政府部门不恰当的介入、干预；偏听偏信，盲目支持，护短纵容，使郑州拓普有恃无恐，为所欲为。下面请看几个典型事例。

（1）市政府。鉴于多家使用郑州拓普轧机的企业，普遍反映轧机质量低劣，不少企业处于严重亏损状况，2006年12月16～17日，“拓普轧机质量分析暨如何使企业走出破产困境研讨会”在广东省中山市黄圃镇召开。12月15日，有个自称是郑州市人民政府工作人员的谢国胜，向会议主办方递交一份郑州市人民政府给中山市人民政府的公函，认为拓普轧机“并非质量原因，而是中国最大知识产权侵权案败诉方北京泰隆公司唆使和双方债务纠纷引起的”，召开这次会议“将给郑州拓普公司带来不良影响”。作为一级政府，竟对就一家企业产品质量问题举办的研讨会如此敏感，已使人感到不太正常。但接连而来的还有一些怪事：由于盖有郑州市人民政府印章的公函竟然没有文号，这不能不使人怀疑这份公函的真实性，与会人员向公安局报案，公安局把公函传真至郑州市政府值班室，值班室答复：“经查对发文记录，该公函不是郑州市人民政府所发，谢国胜不是郑州市人民政府工作人员。但为保证答复准确，待仔细核对后再告”。以后又来电确认：“经详细核对，该公函不是郑州市人民政府所发”。而这位自称为郑州市政府工作人员的竟是郑州拓普的副总经理；等他悄然离开后，郑州市政府又来电确认这封公函是他们发出的。其中奥妙，明眼人恐怕都会看得出来。与此同时，郑州高新区管委会也同时发来一份没有文号的、内容相同的信函，建议中山市黄圃镇政府“取消本次研讨会”。

（2）国家质检总局。对郑州拓普的轧机质量，国家质检总局在郑州拓普的用户、业内专家强烈呼吁以及15位全国人大代表的建议和监督下，于2006年10月组成以国家冶金重型机械质量监督检测中心为主的7人专家组，到郑州拓普推荐的2家用户（华西村和南

通）进行冷轧机质量的调查，并形成了长达29页的“专家检测报告”。这份报告，在全国人大代表孔令宏的一再要求下，质检总局让他看过，据孔令宏代表讲：“专家检测报告”中列举的事实证明郑州拓普轧机确实存在严重问题，与他们了解的情况完全一致。但奇怪的是国家质检总局的态度：一是报告内容不准外泄；二是虽经全国人大信访局毛春秋副局长以及有关人士一再催促，要求公布，国家质检总局还是置之不理。直到2008年3月3日，全国人大开幕前2天，才致函孔令宏代表，声称“对于该设备涉及的质量事宜，应按合同法有关规定，通过协商、仲裁、乃至司法方式处理”，仍然回避郑州拓普轧机质量实质问题。2008年10月23日，质检总局在答复有关方面提出的“政府信息公开书”时，称此调查报告“属于内部研究性质，且涉及权利人买卖双方合同中价格、设备等商业秘密”，继续将拓普轧机质量问题掩盖起来。更令人不解的是，在质检总局千方百计掩盖拓普轧机严重质量问题的同时，却又公开在质检总局的网站上，竭力吹嘘拓普这个“好典型”，“带动我国冷轧精密钢带产业发展”，并批准郑州拓普为“中国精密钢带质量标准与国际先进标准接轨新体系构建研究”项目的“独立承担单位”、“全国冶金设备标准技术委员会轧钢机械分技术委员会秘书处承担单位”，以及负责起草制订“轧钢机械”、“精密钢带”国际标准。以后，后两项由于有关部门的反对而未果。

从上述一系列质检总局对郑州拓普的态度分析，国家质量监督总局不仅没有吸取“三鹿”事件的教训，加强对产品质量的监管，相反，在明知企业产品低劣的情况下，一意袒护，还违背事实，颠倒是非，对接连6封要求政府信息公开书采取回避、蒙混，甚至公然撒谎。在2009年4月1日《每日经济新闻》发表长篇报道：“6次拒绝公开　质检总局深陷‘报告门’”后，有关司局及处领导竟然否定有这样一份“专家检测报告”。我们恳挚地希望，质检总局领导能正视现实，切勿被少数腐败分子蒙骗，担当起自己应该担当的职责来，则企业幸甚，行业幸甚，国家幸甚！

（3）省知识产权局。该局早在2004年11月9日以豫知（2004）74号文回复国家知识产权局领导关于郑州拓普事件的有关批示，连续3天召集省公安、法院、律师、中介机构、郑州市高新区管委会、新闻媒体等部门进行研讨。在这份报告中，基本上是按照郑州拓普的一贯观点和提供的材料偏听偏信，误导上级。一味指责因购买郑州拓普轧机而蒙受重大损失的轧钢企业和刊登郑州拓普轧机质量真实情况的新闻媒体，对反映郑州拓普轧机质量低劣的专家们进行人身攻击，把郑州拓普由于其轧机质量问题严重而又拒不认账，以致不再有客户来订购其轧机的情况归之于省外一些新闻媒体的如实报道，甚至建议对法院已经判决郑州拓普侵犯其名誉权的、原郑州拓普副总经理胡玉秀由郑州市公安部门对其进行立案侦查。在此报告中，还极力夸大郑州拓普“第六代轧机”的功能，声称其“将进军世界钢铁工业目前尚未攻克的无焊缝船板、艇板、航空母舰板、整体轿车外壳等国际空白技术领域”。

（4）市中级法院。我查阅了这几年围绕郑州拓普轧机问题的争议，在各地各级法院立案的共有10余起，除北京市高级法院关于专利无效案件尚在审理中之外，凡是郑州开发区法院及中院诉讼的，无一不是郑州拓普胜诉，对被告来说，可以说是逢郑必败。而在外地法院以及郑州市金水区法院诉讼的，又都是郑州拓普败诉。无怪乎郑州拓普在同客户签订合同时，都规定遇有争议，无论是仲裁还是诉讼，要求在郑州法院进行诉讼。同一案件外地法院一审判决后，郑州拓普必想方设法在郑州中院起诉，其结果是在外地败诉的案件到郑州中院都能翻盘。有的客户已在当地企业上诉，并已由上级法院判定由当地法院办理，但郑州法院还是要去争夺这一案件的管辖权。其中用意，也昭然若揭。

（5）中共河南省委宣传部。中共河南省委宣传部也曾于2006年12月20日致文“全国新闻战线‘三项学习教育活动’领导小组办公室”，要求对揭露郑州拓普轧机质量问题的“有关新闻单位撤回记者，并对此事不作公开报道”。当然，如果记者报道不实，或者违反职业道德，捏造事实，完全可以摆事实，讲道理，以理服人，甚至诉之法律，何须采用行政手段？

四、值得吸取的几点教训和建议

郑州拓普轧机问题所暴露的绝不是简单的质量问题，其中有很多教训值得吸取。

（1）谁来监督企业自我宣传的真实性？现在对虚假广告造成的危害性已经引起有关部门的重视，但对非广告形式的自我宣传却没有任何监督，完全是听之任之。比如，郑州拓普一再宣扬其“专利轧机以及由它轧制的高精度带钢和超薄带钢产品均达到了世界本学科领域的最高水平”，“国际上三五十年之内不可逾越的技术”，并称：“困扰全世界上百年的无焊缝船板、航母板，整体轿车外壳、整体飞机外壳用铝合金板等的宽钢板将变为现实”。事实当然绝非如此，但这也足以误导一些客户。很多客户就是在这样的宣传下，从而采购郑州拓普轧机的，以致造成经济上的巨大损失，时间上的极大浪费。因此，监管这种企业行为应该提到议事日程上来。

（2）如何加强科技成果鉴定的科学性、公正性？郑红专、赵林珍夫妇起家的“原始资本”应该是1993年由当时冶金工业部科技司组织的“技术鉴定”。在“鉴定书”中，确实不乏溢美之词，有些以后被事实证明是不恰当的。但此后这些评价就成为郑州拓普轧机质量优越的最有力的证明。尽管在鉴定书中含蓄地指出了需要改进之处，但轻描淡写，引不起重视。这种鉴定会的方式，确实存在诸多弊端。据当时参加鉴定的专家回忆，在当时冷轧机全是依靠进口的情况下，能够出现国产轧机的研究成果，理所当然地引起业界重视。正是从关心轧机事业国产化的良好愿望出发，与会专家给予较大的鼓励，但有些确实言过其实。有的专家回忆，当时在现场虽也发现一些蛛丝马迹，表明轧机并没有像郑州拓普所提供的数据那样好，但一来时间紧，在现场只待了10来分钟，就被工作人员催促着到会场了，二来也不怀疑郑州拓普会弄虚作假，因此就签字通过。以后郑、赵夫妇却在鉴定基础上不断进行吹嘘、夸大，一些新闻媒体又发挥“倍加效应”，进一步夸大其词，从而赢得了从中央部门到地方政府的多种荣誉。他们的资本也就越来越大。因此，如何改进鉴定制度，加强其科学性、公正性，是一个值得重视的问题。

（3）政府机关等权力部门（也包括各级法院）如何支持先进事物？在郑州拓普轧机事件上，不少政府部门的行为是起了负面作用的，这不能不使人感到遗憾。应该说，这些部门当初的用意确实是出于对先进单位的支持和关爱，而且郑州拓普创业之初也有其值得支持之处。但当如此大量的负面质量信息反馈时，却仍然偏听偏信，不作实地考察，不听取各方意见，就断定是：诸多客户都是为赖账而有意丑化轧机质量，是同行企业为实施侵权而挑动客户对郑州拓普进行的挑衅行为。这客观上只能是纵容郑州拓普沿着错误的道路下滑。当然，各个企业情况不一。有的虽然后来也发现一些问题，但对问题的严重性认识不足，重视不够，况且树立一个先进典型也不容易，因此较多地采取容忍的态度，结果可能是传递了一种错误的信息，客观上助长了他们的错误，好心办成了坏事，反而违反了本意，虽曰爱之，其实害之；有的则是出于狭隘的小团体利益以及地方保护的目的，自觉不自觉地为郑州拓普的错误行为打掩护，沦为下属单位为非作恶的防空洞、保护伞，演出了一场不光彩的节目，有的已构成渎职行为；至于个别人出于个人私利，不惜违反法纪，颠倒黑白，甚至触犯刑律，堕入罪恶深渊，更要引起我们警觉！这一方面要靠法制和道德教育，更重要的还是要在建立机制上下工夫。

（4）关于新闻媒体从业人员的道德操守问题。这次关于郑州拓普轧机质量问题，国内相当多的新闻媒体是介入了的。初期，对拓普轧机质量完全是一片叫好声，这是可以理解的。但当在客户对郑州拓普轧机质量发出严重不满的声音后，一些媒体进行了认真的调查，以实事求是的态度，改变了自己的观点；但还有部分媒体（主要是河南省内的媒体）却在不作任何调查的情况下，继续以郑州拓普的观点以及所提供的材料作为自己报道的依据，误导读者。当然，有的是由于个别上级领导施加的压力而不得不作违心之言。

此外，还有值得注意的是，在这场企业间的纠纷中，看到了黑社会势力介入的影子。在郑州中院审理与郑州拓普有关的案件期间，曾发生了3起暴力行为，3位被郑州拓普起诉的被告分别在2006年末到2007年初，遭受暴徒袭击，导致伤残。其中北京泰隆董事长王宇在家门口被3名歹徒袭击，连砍20多刀，全身刀伤长度累计1.25米，幸亏抢救及时，累计输血5800毫升，虽保住了性命，但导致终生残疾。被郑州拓普告以偷盗拓普专利的原郑州拓普副总经理胡玉秀也在郑州中院开庭的当晚，被3名暴徒用凶器猛击头部，血流满面，昏倒街头，右眼缝合6针。同郑州拓普有合同纠纷的江苏大力神公司的董事长曹晓国在去郑州中院返回途中，下车时遭歹徒围堵，用铁器猛击胳膊和手臂，被打成骨折。这几起案件，都未发生抢劫财物，报案至今，没有下文。现在一些同郑州拓普有过纠纷、“得罪”过郑州拓普的企业领导和专家，普遍感到缺乏安全感，不知道哪一天会突然大祸临头。

鉴于国家质检总局已经组织专家对郑州拓普轧机进行调查，建议全国人大督促国家质检总局立即公布“调查报告”，不要再以任何借口进行推托阻挠，以澄清事实。如果国家质检总局坚持不公布这份“调查报告”，建议全国人大组织有全国人大代表参加的专家审议此报告，做出是否适宜公布的结论；或者另行组织专家再次进行调查，并公布调查结果。

对上述政府权力部门等所发生的怪事，责成有关上级领导部门认真进行查处，对有关人员进行严肃处理，并从体制、机制建设上采取措施，以免类似问题的再次发生，这也是政府机关建设的大事。

最后需要说明的是，这次调查，我本想去郑州拓普，当面听取他们的意见，但鉴于一些客户及专家曾遇到的不幸遭遇，很多友人都劝阻我前去。如果郑州拓普领导人确有诚意，我也愿意当面进行沟通。

2009年4月

附件一：

调查后记

郑州拓普这份调查报告写成后，我发送给了国家质检总局局长王勇、河南省主管工业的副省长史济春，并附了一封信。

王勇是接替因“三鹿事件”去职的李长江局长的，他原是国务院副秘书长，应该说和拓普没有什么瓜葛，我相信他能够秉公办事；史济春是原安阳钢铁公司总经理，我们比较熟。我多次去安钢调查，职工们反映史济春自律很严，他在职工中口碑很好。因此，我认为他定能公正处理这一事件。

出乎意料的是信件发出后，却渺无音讯。后来，又接连听到客户企业反映：国家质检总局有个别人一方面在答复“政府信息公开”函中，声称对专家写成的“调查报告”，只要是司法部门提出申请，就可以提供。但另一方面当外地有关法院前来要求查阅报告时，质检总局工作人员仍以种种借口，不予提供。国家质检总局有关人员还一再通过电话，阻挠地方质监部门提供真实信息。因此，我又写了《致王勇局长的第二封信》。这封信的命运同上一封一样，也是有去无回。

通过正式渠道不起作用，我只能求助于网络。在我的表妹王炼利的帮助下，6 月 29 日，《博客中国》网和《凤凰博报》网刊登了我致国家质检总局王勇局长的两封信（见附件二、附件三）。没想到网友的反响是如此强烈，点击上万，点评几百条。接着在 7 月 2 日，我又在网上发表了《我为什么要“跳”出来?》（见附件四）。

很快，两个多月来保持沉默的国家质检总局给我来电话了，要求进行沟通。7 月 9 日，我应邀只身来到国家质检总局办公大楼，对方出席见面的有 3 位司长、3 位处长。他们说要听取我的意见。我说，要说的话都在九千多字的“调查报告”和给王勇局长的信中说了，现在是我想听听总局对我的调查有何意见?

他们几位的发言归纳起来，大体是：第一，感谢我到用户单位做的实地调查，总局领导对这一事件一贯十分重视，2006 年就组织了调查组；第二，调查组的报告是内部资料，不宜公开；第三，拓普产品是大型非标设备，没有统一的标准，是由双方通过合同确定设备各种参数。因此，是一种市场化的商业行为，应由双方通过法律途径解决；第四，总局决无偏袒郑州拓普的意向和行为。当然，我也列举事实，进行质疑。交谈毫无进展。

最后我表示：既然总局领导认为你们已经做了所有该做的事，但现在的问题是，客户并不认同，希望总局领导能直面现实，真正把好质量监督的关口，不要在生产领域里重蹈“三鹿事件”的覆辙。我还会继续寻求舆论做出公正的评判，继续向上级领导部门反映意见，求得问题的彻底解决。

7 月 23 日，我在首钢迁钢出差，接到国家质检总局刘春燕副司长的电话，告诉我总局决定就拓普轧机质量问题再次组织联合调查组，参加调查的有国家质检总局、工信部、公安部、人大常委办公厅、河南省人民政府等 5 个单位，由国家质检总局党组成员、总检疫师项玉章任组长，全组 10 人。除项总外，还有 3 位局级干部、6 位处级干部，明天就出发。这个调查组规模之大，规格之高，确实出乎意外。看来，国家质检总局要动真格的了。

8 月 13 日，国家质检总局约请我参加他们调查结果通气会，出席会议的还有部分用户代表。这次调查了近两个星期，基本上调查了所有郑州拓普的客户。会上质检总局拿出来一份调查报告，罗列了客户和郑州拓普所陈述的情况和观点，但恰恰没有大家期盼的权威性的结论意见，理所当然地引起了大家的不满，认为这份报告貌似客观，实质上是偏袒郑州拓普。

会上，刘春燕副司长说了一句话：项总在同郑州拓普董事长郑红专个别谈话时，批评得很严厉："你这样搞，百分之百死定了。"我私下问项总：你为什么说这样重的话？他说："他们这样搞，在河南行得通，在外地能行吗？"看来，对郑州拓普的这一套，项总是心知肚明的。但为什么不可以在正式的调查报告中如实反映呢？我不怀疑质检总局主要领导对搞好这次调查的真诚愿望，所以派他这位总检疫师、而不是总工程师作为调查组长，恐怕也是为了避嫌。对项总个人来说，这件事与他绝无牵扯。但我难以理解的是，为什么客观真实地表态就这样难？

在此期间，质检总局有关领导询问我，愿不愿意去郑州拓普作些调查。我表示，只要郑州拓普邀请，我愿意前往。于是在国家质检总局办公厅副主任杨学文的陪同下，我去了郑州，随行的还有《中国商界》杂志社副社长宋举成。在生产现场，我看到郑州拓普自己的轧机无论从运行状况，还是产品质量，都较客户购买的好。说明郑州拓普还是有能力，按照合同要求，为客户改善设备状况的，他们所以不愿这样做，恐怕是出于利益考虑。

在同郑红专等郑州拓普领导交谈时，我毫无隐讳地劝说他们要改变"三霸"作风。郑红专马上说：起诉专家我是反对的。当时我不在家，回来后听说这事，我立刻要求撤诉。我说，你是法人代表，谁能不经你授权，进行法律诉讼。你既然不同意，为什么不追查越权人的责任。他无言以对。他还让工作人员立刻拿来申请撤诉的公文，落款日期是 2008 年 5 月 28 日。可笑的是，后来法院找到被诉专家的代理律师，送达的批准撤诉文件落款日期居然是 2007 年 10 月 8 日，比郑州拓普申请撤诉时间整整提前了半年多。这就是郑州高新区法院的司法公正性！被告律师理所当然地拒绝签字。

就这样一来二往的，我同质检总局前后交谈了十多次，发去邮件近十封总计近两万字，有时是到总局开会商讨，有时是同项总个别交谈，项总也两次来我家，主要是就如何督促郑州拓普领导认识其所作所为的错误，以实际行动来加以改正。郑州拓普的态度基本上是表面认账，实际不动；会上认账，会下推翻；今天认账，过后变卦，在实际行动上毫无进展。唯一得到一些实惠的是江苏大力神集团，郑州拓普同意退还约三分之一的轧机预付款（1308 万元），即 450 万元，但还要分两年还清，不再无理取闹地要求"是废铜烂铁也要背回去"。

2010 年国庆前，质检总局给我送来一本经过一再修改补充的《关于郑州拓普轧机有关问题的调研报告》，正文加附件厚达 313 页，基调还不离 2009 年 8 月的那份调查报告，虽然内有"用户反映基本属实"的字样，但淹没在如此洋洋洒洒的大块文章中，很不显眼。在这本报告扉页上赫然写着："此调研报告为内部资料，仅供参考。未经联合调查组同意，不得以任何方式转为他用。"我理所当然地把我的意见写成书面文件，发给了质检总局，没有反馈。很快，10 月 1 日，新华网上刊发了一条几百字的消息，记者以鲜明的标题，点出"郑州拓普轧机质量　客户反映基本属实"，这大概算是质检总局对社会各界批评的回复吧？多少平息了客户的怨气，但郑州拓普如何对客户做出补偿，还是一纸空文。

一年零八个月的维权行动，在我总算是告一段落。国家质检总局也终于可以缓一口气，但客户的利益又有谁来保障呢？一些客户还在继续为自己的权利，千方百计地跳出郑州拓普设置的藩篱，在郑州法院系统以外，诉求法律支持，已经取得了初步成效。前面提到的广东创志，他们在广东省法院起诉郑州拓普轧机质量问题，要求郑州拓普退货返还货款，并终审胜诉，但郑州拓普至今不履行法院判决。

应该说，当初郑红专夫妇在冷轧机国产化上，还是做了一些可贵的探索。但是，他们在取得一些成绩后，却私欲恶性膨胀，妄图依靠大树，唯我独霸，违背职业道德，突破道德底线，到处树敌，与客户为敌，与专家为敌，与同行为敌，最后终于被市场所遗弃。现在郑州拓普的冷轧机已经退出了国内市场，而郑州拓普那些售出轧机的严重质量问题仍未得到解决。

在这场斗争中，我尽了自己的绵薄之力。

还应该提到的是，在这场斗争中聚集了一批为正义、公道而战的人们，他们之中有第九、十届全国人大代表孔令宏等；冶金系统的一些轧钢专家，包括北京钢铁研究总院轧钢室原主任张树堂、冶金设备研究所原副所长钱文君、北京钢铁设计总院原轧钢总工程师宋佳、中国金属学会轧钢分会秘书长周积智、冶金工业部科技司原轧钢处处长肖治维等；以及原冶金工业部政策研究室我的同事王琦律师。还有一批尽责守则的新闻工作者，在主流媒体哑声的情况下，他们以其职业操守和良知，向社会揭露事实真相，他们同样功不可没。

附件二：

致国家质检总局王勇局长的两封信

王勇局长：

我是原冶金工业部政策法规司司长，离休后至今仍在冶金企业作些调查咨询，一直没有脱离冶金行业。最近看到《每日经济新闻》长篇报道：“6 次拒绝公开　质检总局深陷‘报告门’”，深感震惊。此事主要是由××轧机质量引起的，而我近期曾对××轧机质量问题做过一番调查，因此想趁此机会，向您陈述一些个人意见，供您参考。

前些日子，听到一些轧钢方面的老专家谈到××生产冷轧机的质量问题，以及××对客户、专家等的恶劣态度，起初我是将信将疑。因为，在社会主义市场经济下，对客户采取这样霸蛮的态度，确实令人难以置信。

问题的起因在于客户对××生产的轧机质量低劣提出批评，××不仅不加改进，反而以多种“罪名”先后将一些客户和老专家告上法庭。出于一个老冶金工作者的责任感，我到了 2003 年以来购买××轧机的全部企业（除天津××和××回购的 2 套轧机外）进行了调查。这次调查，虽然是粗线条的，但所见所闻，××轧机质量的低劣，以及对客户态度之蛮横，也够触目惊心的。现将调查报告送上（见附件），供参阅。

××轧机问题，国家质检总局是介入了的。但恕我直言，质检总局个别部门领导在这次事件中扮演了一个不怎么光彩的角色，纵容了产品低劣的企业更加有恃无恐，使得本来很简单的事情弄得越来越复杂。先是对业内专家请求查处质量低劣的××轧机的呼吁不予理睬；后来虽然在全国人大代表的监督和建议下，启动了对××轧机质量的调查程序，但在发现××轧机质量存在严重问题后，却拒不公布调查结果；以后又在“政府信息答复书”中，继续坚持错误做法，回避××轧机质量的实质性问题，一再以该报告属于“内部研究性质”、“涉及商业秘密”等为借口，拒不公开，甚至一位司局级领导竟公然否认有此报告。

与此同时，在质检总局的公开网站上，又一再对××褒扬有加。两两对比，也不能不令人怀疑，作为国家最高一级的质量监管部门，究竟是在为谁服务？其中又隐藏着什么样不可告人的秘密。

比起“三鹿事件”来，××轧机事件也许是小巫见大巫。但这是一桩“三鹿”事件在生产资料领域的重演，而当事人手段之恶劣，更甚于“三鹿”。对这一事件能否正确处理，不仅关乎有关企业的兴衰存亡，直接影响到行业的健康发展；更严重的是，直接关乎党和国家的声誉，关乎人民群众对国家机关的信任度，关乎人们对建设法治社会的信心。衷心希望国家质检总局领导能从谏如流，迅速查处××轧机质量事件，公布调查结果，秉公执法，则人民幸甚！国家幸甚！

出乎公心，坦陈己见，容有不当或冒犯之处，尚祈谅解！

顺颂

祺安！

董贻正（原国家冶金工业部政策法规司司长，离休干部）

2009 年 4 月 22 日

附件三：

王勇局长：

4 月 22 日，曾就××产品质量以及国家质检总局对此事的态度问题发送一函，至今已近二月。此事从轧钢专家、全国人大代表向贵局反映情况起，至今已将近 3 年；贵局组织调查组前去××的客户处调查也已逾 8 个月，不知为何迟迟得不到回复。特别是看到贵局答复“政府信息公开”函，明显感到是在推脱搪塞。对这份 29 页的调查报告，贵局在复函中，声称只要是司法部门提出申请，就可以提供。但事实是，对前来要求查阅报告的如东县法院，贵局工作人员却以种种借口，不予提供。仅此一事，足见贵局言行不一。如此，则贵局信誉何在？

更有甚者，贵局工作人员对基层法院依法请求有资质证书的单位对××轧机质量作出鉴定时，这些单位都无一例外地接到以贵局名义的电话指令，强令这些单位退出。这更是典型的以势压人。不知何故要对一个质量低劣的产品如此关怀？而对受到损害的客户以及司法部门依法作出的鉴定行动却一概封杀。

俗话说：狗急尚且要跳墙，何况人乎？从贵局这种极端蔑视法制的行为，也使我深切地感受到为什么会出现“官逼民反”的情况。贵局的这些动作，绝非一个中央国家机关的正常行为。不知这些动作，是出于贵局主要领导的旨意，还是下属人员妄自为之。如此种种，更使人感到贵局至少已有某些有影响力的官员陷入泥潭，不能自拔。既然贵局自身处理有困难，那只能将这些情况送呈有关上级领导部门查处，并通过网络媒体以求舆论作出公正评论。

尽管这一案件比起“三鹿事件”，以及其他已公布的动辄几亿、几十亿元的大案来，是小巫见大巫，但作为中央国家机关，竟然听任、纵容违法案件，打击伸张正义的诉求，也并不多见。

我虽已年近耄耋，但为了公理、正义的伸张，为了企业合法权益的保护，为了党和国家的声誉，尽管有三起暴力事件前车之鉴，我愿以老迈之躯，誓与这种腐败行为斗争到底。

但我还是衷心希望贵局能以执政为民的理念，以公正、公平、公开的态度来妥善处理这一生产资料领域的“三鹿事件”。

顺颂

祺安！

董贻正（原国家冶金工业部政策法规司司长，离休干部）
2009 年 6 月 12 日

（注：发表这一公开信时，为了给郑州拓普留一点面子，对其名称均以××代之。）

附件四：

“我为什么‘跳’出来？——一个‘体制内’老司长的自白”

6 月 29 日，《凤凰博报》网和《博客中国》网刊登了我致国家质检总局王勇局长的信。反响之强烈出乎我意料。这不仅是对我个人的支持，更重要的是全党、全社会反腐败的民意体现。在此，我这个将近耄耋之年的老人感谢众多网民朋友了！

作为长期在中央国家机关工作的“体制内”的领导干部，我已经养成了循规蹈矩的“体制内”的工作习惯：对职责范围内的工作，兢兢业业不推诿；遇到问题了，一方面积极寻求解决之道，同时向上级部门反映。用上网的方式寻求支持，我原先根本没有考虑过。我是被“逼上梁山”的。

我 1952 年从清华大学电机系毕业后，工作始终没有离开冶金系统，1992 年离休后也一直没有“休”掉冶金工作，离休 17 年以来每年最少有三四个月在冶金企业（以国企为主，也包括民企）作调查研究，每年还有五六万字的调查报告或专题论文公开发表，冶金同行们就没有因为我退出行政职位多年而对我“陌生”。所以，这次就一家冶金企业的质量问题，同行们让我一起参与过问。

我想得挺简单：不就是一家企业的产品质量问题嘛？凭着以往经验，这种事情不难解决。不想，一调查，才发现不仅这家企业产品质量低劣，而且对客户、对专家、对同行一贯采取蛮不讲理的态度，而这家企业之所以敢为所欲为，关键在于一些领导部门的袒护、纵容。按照我多年在“体制内”形成的工作习惯，就向有关上级部门反映，我认为在事实面前，这些领导总能秉公处理。没想到我发出的多封信件，竟如石沉大海！无奈中我才下决心跳出“体制内”的圈子，求助于网络，以取得公众的评判，在排山倒海的民意呼应面前，我被网络世界的“有力”所震撼，同时为“体制内”的“无力”而悲哀！

这两封信登出后，惊动了我的同行和朋友——大多是奔七奔八甚至奔九的“老朽”，有的表示支持和声援；有的劝我：当今之世，何必多管闲事，还是含饴弄孙，安度晚年吧；还有的认为我这个现代“堂·吉诃德”，根本无力撼动腐败大树，并还有可能将老命搭进去。因此，我必须说一说非要这样做的理由。

我在解放前就参加了革命，党龄已有57年。1996年在企业做调查时，曾就一些地方政府官员的违法乱纪情况向当时的国务院主要领导反映。我在信中写道：我们这些人，所以在解放前会接触进步思想，并不是因为对共产党有多少了解，也不是对共产主义有什么信仰，而是国民党的腐败把我们这些具有正义感的青年学生推到了共产党这边。现在共产党执政了，如果也在那里搞腐败，人民群众会还是跟着党走吗？这封信，他批转给了另外两位中央主要领导，他们也都圈阅了。

眼下，质检总局对此事的做法，不就是对我们当初参加革命动机的嘲讽吗？这样腐败下去，恐怕真的会动摇我们为之奋斗了一辈子的事业的根基。

因此，我们这些当年痛恨国民党政府腐败透顶的单纯学生既然参加了共产党，并誓言为人类最美好的理想奋斗终生，我们就应该言行如一，我们就应该为构建反腐败的大厦添砖加瓦。

至于一些朋友担心我此举可能会搭上老命。他们的担心并非杞人忧天——就在法院审理这家企业和其他企业的纠纷案件期间，发生了3起暴力行为，3位与这家企业有纠葛的老总，分别在2006年末到2007年初，遭受暴徒袭击。其中一位在家门口被3名歹徒连砍20多刀，全身刀伤长度累计1.25米，输血5800毫升才保住了性命，却连凶手都无法找到！不过，我已是78岁的老人，年龄已超过中国人平均寿命，如果真有人愿以自己年富力强的身躯，来换我这老迈之躯，那么，“苟利国家生死以，岂因祸福避趋之”，林则徐的这两句话今天对我有着极强烈的现实意义。

“团结就是力量”，在解放前的学生运动中，我唱着这首歌参加了革命，今天我们还是要接着唱下去。为了反腐败、为了坚持科学发展观唱下去！

团结就是力量！团结起来，向腐败势力斗争到底！

斗出一个更加明朗的天空！斗出一个更加洁净的大地！斗出一个更加和谐的人间！

一个老共产党员　董贻正

2009年7月2日

以小见大

怀念吴亦侠省长[1]

9月15日早上，在水钢招待所院内散步时，传达室的黄师傅对我说，吴亦侠省长去世了，刚才贵州台已经广播了。虽然上个月我来水钢时，就听说吴省长得了不治之症。但知道他去世的消息时，仍然觉得太突然了。因为从我内心深处，希望他得到健康，水钢职工太需要他了，贵州人民太需要他了。

我同吴省长初次相见是1987年2月21日。在此之前，我受冶金工业部部长刘淇的委派，于2月13日带领调查组到水钢，主要是调查水钢巨额亏损的真实原因及下一步减亏扭亏的对策。2月20日，刘淇同志和贵州省副省长莫时仁等一行到达水钢。当天下午，听取了调查组的汇报。吴亦侠省长因参加省委常委会，当晚才赶到水钢。第二天，他听到省里同志向他讲到昨天调查组汇报的情况，他请刘淇部长告诉我，向他单独进行汇报。那天从10点到中午12点，一直谈了两个小时。中间还请邯钢刘汉章总经理一起参加。他对一些情况问得很细。谈话快结束时，他问我，还有什么问题需要省里办的。当时，我根据下面听到的反映，说担心新经理就任后，在改革过程中，包括干部聘用、下岗分流中会不会受到外部干扰。他当即果断地说，这事我来办。下午干部会上，我就宣布。从水钢出去的干部不准干预水钢的人事安排问题。回贵阳后，我还找有关同志个别打招呼。他不仅在当天下午的干部会上严正地做了宣布。第二天，也就是影响水钢命运的“2·22”大会上他又再次宣布了这一决定，博得了全场千余名职工热烈的掌声。就在那次会见结束时，他拿出名片，亲自写好他在贵阳住处的电话、他的秘书郑文凯同志在贵阳宿舍的电话，以及北京家里的电话。还写上“早七点前，晚十点后”。嘱咐我有事直接在这段时间内和他联系。他这种对我高度的信任感确实令我十分感动。

2月22日大会后，省部领导离开了水钢，我又继续在水钢工作了10天，帮助新班子做一些协调工作。还参加了水钢举办的第一期中层干部学习班。在这10天内，看到水钢各项工作在朱继民同志领导下，有条不紊地进行着。公司领导及二级班子的思想观念有了比较明显的变化。回北京后，正好是全国人大会议期间，我在电话里向他汇报了水钢这一段的情况。他听了很高兴，并再次约我过些日子再去水钢看看，有情况直接向他汇报。

6月下旬，我再次去水钢。时隔3个月，水钢无论是生产情况，还是各项经济指标以及干部职工的精神面貌，都发生了十分明显的变化。而且变化之大，变化之快，出乎意料。这次在水钢又耽误了一周时间。临行前，听说水钢下届党委名单已经报出。一了解，是清一色的原班人马，除个别成员是20世纪50年代初期出生的，其余全是40年代出生的，没有一名年龄在40岁以下的。由于名单已正式上报省委组织部，一旦批复，立刻就要召开党代会，这将对水钢今后一个时期产生相当的影响。经过慎重考虑，我决定直接向吴省长反映这一情况。当晚十时许，在和吴省长通话时，我一方面汇报了水钢3个月来发

[1] 本文先后刊载于1998年9月1日《水钢日报》和1998年10月27日《中国冶金报》。

生的重大变化，同时建议新的领导班子成员应该考虑年龄结构。他听后立刻表示同意。并问我，还来得及来不及。我说还来得及。他说这事我立刻告诉省委组织部和冶金厅。第二天我到贵阳时，冶金厅厅长王林全就和我说，昨晚吴省长来了电话，要我们和组织部重新研究水钢领导班子问题。他这种从谏如流及高效率的精神给我留下极深的印象，其作风令我十分敬佩。以后，水钢新的领导班子中就增加了 3 名 40 岁左右的年轻干部。现在这个班子深受水钢职工的信赖和拥护。

此后，我虽又几次去水钢，但因没有必须麻烦吴省长的事，也就没有同他联系。今年 8 月下旬，就听到吴省长得了癌症的消息，住北京 301 医院。我趁 9 月 1 日返京参加中国冶金企协理事长会议时，打电话给文凯同志，告诉他我刚从水钢回来，水钢的同志们都惦念吴省长，衷心希望他早日康复。我还说，如果方便的话，我想去看望吴省长。文凯同志说，根据吴省长的病情，医生不让探望，我会趁他精神好转时转告他你的问候。我听了，觉得这不是吉祥之兆，更深深地为他的病情担忧。回水钢后，我和水钢的同志谈起吴省长的病情，大家都深为吴省长担忧。所有我遇到的同志都说，水钢今天的变化是同吴省长分不开的。的确，没有吴省长的主动提议，冶金工业部不可能派调查组来水钢，也不会从鞍钢调朱继民同志任水钢的总经理，也不会有邯钢马春林同志到水钢炼钢厂任实职，这样也就没有水钢的今天。

吴省长离我们而去了。但是，他的精神、他的作风将永远铭刻在我们心里。我们将以提前实现水钢扭亏为盈的目标，来告慰吴省长的在天之灵。

好一个“干部离线检验法”[1]

“干部离线检验法”，这是水钢二轧厂厂长仇雅鸣的一个创造。意思是在一个重大任务开始时，把有关的领导干部调离现场，而由主管人员按原定计划进行具体指挥，以检验这项工作安排的落实程度。他们第一次实施这个办法是在全厂设备大修时，当天早上，仇厂长把有关的厂部科长和车间主任统统调开，他亲自带队到对面山上去“郊游”。可以想见，在这种情况下，又有谁有兴致去欣赏山川风光，真是身在山上，心系厂内。有位同志带的手机就成了抢手货，纷纷打电话回去了解情况。好不容易熬到下午3点，回厂后一检查，总算没出什么大问题，才把忐忑不安的心放了下来。以后，他们又搞了一次，情况比上次更好。

干部离线检验法，好就好在促使了各项工作的层层落实。通过这两次检验，极大地增强了各级干部的责任感和主动性，此后，凡是厂部布置的各项工作都能做到层层落实，“领导在和领导不在一个样”。

干部离线检验法，好就好在使职工队伍得到了更好的锻炼。职工都认识到，今后在一些关键时刻，很有可能找不到领导，需要自己独立作战，这不仅激发了他们的自觉性和积极性，也在实践中提高了他们独立处理问题、解决问题的能力。

干部离线检验法，好就好在使各级领导干部能摆脱具体事务，使他们有更多的时间来考虑有关全局的一些大事。现在，干部有时间学习了，思想更开阔了，不仅着眼于当前一些具体问题，而且更注意队伍建设、技术改造等这样一些影响今后发展的重大问题。

干部离线检验法的出现，给了我们以新的启示，管理创新固然要学习借鉴国外的先进经验，但更要重视我们自己的经验；既要从书本上得到启发，更要眼睛向下，从实践中求真知；管理创新不必刻意追求形成体系，实际上所谓体系，也是建筑在一系列具体经验的积累和深化上。因此，对于企业领导来讲，必须善于发现、总结基层在管理创新上的经验，加以深化、提高，从而推动全局，向更高的层次攀登。

[1] 原载于1997年11月7日《中国冶金报》。

学邯钢　真学真有效[1]

1992 年来，冶金行业学邯钢先后掀起了几次高潮。随着学邯钢活动的不断深入，成效也越来越显著。最近，国务院几位领导同志又多次在不同场合强调全国各行各业都要进一步深入学邯钢。这是国民经济实现两个根本性转变的需要，是提高企业经济效益的需要，也是国有大中型企业扭亏解困的需要。

尽管，很多企业学邯钢的大量实践已经无可辩驳地证明了学邯钢的必要性、重要性和有效性。但是，我们仍然看到，在一些企业里，特别是在一些企业的领导层中，对学不学邯钢、如何学邯钢还存在着种种疑虑，虽然也开大会、作动员、发文件，但抓而不实，甚至虚晃一招。因此，几年下来，江山依旧，面貌未改；有的虽然领导带队，多次到邯钢学习取经，但总自觉不自觉地强调本单位的特殊性，因此行动迟缓，甚至犹豫动摇；有的企业放不下架子，觉得自己也有过辉煌的历史，也曾创造过先进经验，在学邯钢上不深入，不认真。对这些企业来讲，进一步端正思想，统一认识，就成为当前学邯钢的一项特别重要的任务。

在最近国家冶金局召开的“学邯钢经验现场交流会”上，一些企业领导的发言，从不同侧面回答了这些问题，对我们提高认识，大有帮助。

（1）先进企业要不要学邯钢？首钢总经理罗冰生以首钢的实践作了响亮的、肯定的回答。众所周知，首钢自改革开放以来，在冶金系统首先推行了经济责任制，有力地强化了企业管理，他们的经验在行业内外都引起了强烈的反响。他们的“包保核”、“纵向到底，横向到边”的指标分解体系、严格的考核制度等至今仍然在不少企业里推行。但是，后来首钢的主要领导把首钢的经验抬高到了一个不恰当的高度，排斥了兄弟企业的先进经验，甚至连国际通行的“全面质量管理”等提法都不准见诸于首钢的文件上。但是，近两年来，首钢的新领导班子不仅放下了大厂的架子，领导亲自带队去邯钢学习，而且真抓实干，学了就用。比如，过去首钢只实行一种“包保核”奖，今年，他们听了刘汉章同志在北京市的讲话后，就参照邯钢的经验，按不同的目标，设置了多层次的奖励制度。对必保目标，还是实行“包保核”考核，完成任务者奖，完不成者罚。在此基础上，还制订了增收节支目标，只奖不罚，而且是重奖，拉开差距。二级单位的领导，其奖金可以高出职工平均奖金的数倍。最近，首钢召开了隆重的奖金兑现大会，二季度全公司 17 家二级单位获奖，奖金最高的是材料处领导，人均得奖 11400 元；也有一些主要生产厂矿分文未得；对未认真开展增收节支活动的 3 个二级单位，调整了领导班子。这对全公司各级领导和广大职工是极大的震动，进一步促进了增收节支活动的深入开展。

（2）现代化企业该不该学邯钢？像宝钢这样的现代化企业，实行的是现代化管理，在成本管理上，采取了标准成本。因此，在学邯钢前期，有人认为，宝钢学邯钢是倒退。理

[1] 原载于 1998 年 8 月 27 日《中国冶金报》。

由是，标准成本是同国际接轨的先进办法，而“模拟市场核算”则是中国社会主义初级阶段的产物。但宝钢的领导和有关部门的同志却并不这样想，他们认真地领会邯钢经验的精神实质，认为，学习邯钢经验，并不是照搬照套其具体做法，而是要结合本单位实际情况，取人之长，融合提炼，否则就成了“邯郸学步”，没取到真经，反倒丢掉了自己的特色。在这次会议上，宝钢副总经理郭廉高对此作了一个很好的发言。他说，标准成本同模拟市场核算两者并不矛盾，学邯钢并不是要放弃宝钢原来实行的标准成本这一套，而是以邯钢经验的精神，来完善、丰富标准成本制度。标准成本是基于标准化作业和计划值的原则而制订出来的，一经确定，就不允许再作变更，更不允许随意突破。但如何使标准成本制订得更科学合理，邯钢经验就大有可学之处。邯钢人的精打细算精神，邯钢发动群众，层层分解指标、落实指标的做法，对宝钢都是有帮助的。过去，宝钢制订标准成本，就是自上而下。现在，则是两上两下，这样，就更好地发动了群众，各项成本指标的确定也更切合实际。他在发言中，还找了宝钢在学邯钢上的不足之处，主要是在技改资金的使用上，不如邯钢那样精打细算，投资效果不如邯钢。事实证明，现代化企业不仅同样可以、而且也需要学邯钢，至于邯钢那种“自我加压”、“自觉挖潜”、“自觉奉献”的“三自”精神，更是具有普遍意义的。

（3）特钢企业能不能学邯钢？这是冶金行业的一个特殊问题。由于特钢企业钢材品种多，在进行模拟市场核算及指标分解时，确实要比普钢企业复杂得多，这给特钢企业学邯钢增加了一些实际困难。但是，有的同志过分强调这方面的特殊性，甚至作为学邯钢不力的借口。对这个问题，实际上，有些特钢企业已经作了很好的回答。像大冶钢厂，1995 年就用了几个月的时间，对他们生产的所有品种成本都进行了测算，共处理了 5000 多个数据，扎扎实实地推行邯钢经验，取得了很好的效果。这次，重庆特钢总经理苏兆贵在会上就他们学邯钢的情况作了一个鼓舞人心的发言。大家都知道，去年，重特产钢 10.7 万吨，当年亏损却高达 5.23 亿元。他们也曾多次去邯钢学习，但效果如此，其学习情况可想而知。今年 3 月，重特新班子用两周时间，把 72 个钢号的目标成本、119 个品种规格的半成品内部价格、49196 个指标分解到厂、处和分公司，其中生产厂 20553 个，处室 13583 个，分公司 15060 个；然后又用 10 天时间分解到 2453 个岗位上去，人均承担 3.8 个指标。3 月份，我在重特调研时，看到有的轧钢厂停机去吃午饭，加热炉就在那儿烧着。我问工人，为什么不轮流去进餐，他们说，多少年就是这样干的。这真像汉章同志所说的，是把大把大把的钞票往火里扔。6 月份再去时，看到的情况就大不一样了。工人们处处精打细算，干活时分秒必争。有的工人同我说，早这样学邯钢，重特也不至于到今天。今年 1 ~ 7 月，重特亏损额逐月递减，从 1 月份的 3116 万元降到 7 月份的 800 万元，1 ~ 7 月，累计亏损 12180 万元，同比减亏 18650 万元。他们深有体会地说，邯钢经验，真学真灵。

全国学邯钢，邯钢也在向其他先进企业学习。今年一季度，邯钢累计实现利润 4135 万元，远低于预定利润目标。他们在全公司开展了“全国学邯钢，邯钢怎么办”的大讨论，把全国最先进水平作为学赶目标，各项指标进一步上台阶、创一流。4 月份以来，月利润超过 5000 万元，1 ~ 7 月，累计实现利润 2.5 亿元，创造了新的奇迹。我们相信，只要冶金行业能够真心实意地学邯钢，扎扎实实地学邯钢，并结合实际、创造性地学邯钢，钢铁行业一定会走出困境，不断攀登新的高峰。

“认真”和“认假”[1]

某省一位主要领导在谈到目前干部作风中的一些问题时说，现在有些同志在工作中不是认真，而是认假。乍一听，还转不过劲来；细一琢磨，觉得真是一语中的，鞭辟入里。

君不见，当前认假之事比比皆是：明知所辖管区内假货充斥，造假卖假，但却听之任之，甚至变相怂恿；明知下面报来的数字水分大，但却睁一眼、闭一眼，只要上面不查，就照报不误；明知部下汇报情况不实，既不追问，也不核查，认为得放手时且放手。凡此种种，不一而足。

认真，按说应该是共产党干部的一大特色。“世界上怕就怕认真二字，共产党员就最讲认真”。这句曾经激励过无数共产党员的伟人语录，为什么现在好多党员干部却放之脑后，甚至公然认起假来了呢？这不能不引起人们的深思。

分析起来，原因可以列举很多。有的是“老好人主义”，明知不对，也你好我好，大家都好，求得平安无事；有的是“体谅”下情，认为下有下的难处，假有假的原因，比如，实行工效挂钩，不做盈，职工就发不了奖金；要上项目，报亏就得不到批准；结果是，下面造假，上面认假，你越认，他就越造。还有的更是为了自己的“政绩”，造假售假，可以“活跃”市场，既可“富民”，又可创税，何乐而不为。还有些“假”，本来就是自己支持、甚至怂恿造成的，焉有不认之理？

认假，也许可以得益于一时，得利于一地，但最终必然是误国、误民、误己。越认假，假越泛滥，结果是“假作真时真亦假”，搅乱了市场，破坏了经济，败坏了党风、民风。因此，对认假这种恶劣作风，必须要群起而攻之。一是在舆论上要造成“老鼠过街，人人喊打”的氛围；二是要在立法上采取措施，使由于认假而造成国家经济损失者，承担法律责任；三是要严肃政纪考核，使那些希图以认假作为升官之道者得到应有的惩处。因为，偶尔认假者，也许可能是好心办坏事；而屡犯者，必然是一些心术不正、投机取巧之辈，那么，“机关算尽，反误了卿卿性命”，这也许是他们应有的下场。

---

[1] 原载于1998年7月30日《中国冶金报》。

谈谈管理创新[1]

“创新是一个民族进步的灵魂”。一个民族、一个国家长期墨守成规，没有创新，就不可能自立于世界之林。对一个企业来说，同样也有一个创新问题，制度要创新，技术要创新，管理也要创新。

（1）管理创新是形势发展的需要。任何一种管理理论、管理方法、管理手段，都只能适应于一定的历史时期，它们各自都会有一个萌芽、成长、成熟、衰退的过程。在某个时期能较好地起作用的管理上的一些做法，随着时间的变迁，有的可能不再起作用，有的可能还会起到负面的影响。这几年，企业感受最深的就是在向市场经济转化过程中，再以计划经济的那一套来管理企业，就会经常出现碰壁；比如，在工厂制情况下企业管理的一些做法，显然不适应公司制的需要，更不适应集团制企业的要求。这些，都提出了管理创新的问题。

（2）管理创新也是科技进步的需要。当前，科学技术突飞猛进，而科学技术是最活跃的生产力之一，科学技术的发展必然对社会生活的各个方面都带来十分深刻的影响。对一个企业来说，新技术的采用不可避免地要求在管理上作出相应的改进。有的企业在使用小高炉、小转炉生产时，各项技术经济指标都比较先进，但一旦改造成现代化大型炉子后，这些指标就急剧下滑。这里固然有技术掌握问题，也有一个管理没能跟上的问题；又如，连铸连轧对管理的要求必然不同于模铸开坯；特别是计算机技术的发展，对企业管理肯定会带来革命性的变革。

（3）管理创新更是市场竞争的需要。市场竞争逼着企业要努力提高自己的决策水平，不断降低成本、改善产品和服务质量，这就要求企业全方位地改进自身工作，而向管理要质量、向管理要效益，已成为当前最实际、最有效的措施，这个观点在企业界已经成为共识。谁能在管理上推出有效的新招，谁也就能在市场上站稳脚跟。这几年，宝钢、邯钢、武钢等国内一些先进企业，纷纷从自己的实际情况出发，在管理上进行创新，取得了很好的成效。其他如机械、家电行业等，也都有一批很好的经验，为我们树立了榜样。

正因为如此，我们就必须十分重视管理创新。对一个企业来说，能不能在管理上有所创新，取决于多方面的因素。

首先，企业领导要有强烈的创新意识。熊彼得曾指出，企业家与经营者的区别，在于前者的本质是创新。实践也证明了，谁在这个问题上停滞不前，谁就会被时代所抛弃，为市场所淘汰。近些年来，西方国家企业界、经济界不断对此发表论文介绍经验，也充分反映了他们在这个问题上的紧迫感、危机感。美国一位被誉为现代管理大师的彼得·圣吉博士就曾在他的一本权威性著作《第五项修炼》中，转引了一句话：“我们遇到敌人了，敌人就是我们自己”，以此来提醒大家，在企业管理上，必须同自己思想上的保守自满、不

[1] 原载于1998年第6期《冶金管理》。

求改革创新等习惯势力作斗争，战胜自我，超越自我，才能在事业上有所突破，有所前进。此话确实是现有经验的深刻总结，令人振聋发聩，值得我们认真思考。

其次，管理创新必须要从实际出发。管理创新，绝不是为创新而创新，管理创新必须有利于更好地调动广大职工的积极性，发挥他们的聪明才智；有利于提高企业的经济效益；有利于增强企业的市场竞争力。这就要求管理创新必须有很强的针对性，要从本单位的实际出发，针对本单位的主要问题，力求在改进管理的主要措施上有所突破。像宝钢一期建设，全部引进新日铁的成套先进设备，这就决定了必须采取相应的现代化管理；邯钢“模拟市场，成本否决”，就是为了解决当时由于分厂同市场隔绝，因而出现“分厂报盈，总厂报亏”的不正常现象而采取的措施。而其他企业学习这些经验，所以能取得成效，也无一不是结合各自的具体情况加以运用的。现在有些同志，看到西方企业的一些新做法，甚至西方报刊上的一些新名词，就奉为圭臬，生拉硬套地想往中国的企业里搬，这当然不会有好的效果。应该看到，中国企业的现状同西方发达国家的企业相比，无论在企业内部治理结构、管理人员和员工的整体素质、企业的外部条件等方面都有很大的差别。因此，对外国企业管理上的一些经验和做法，必须区别对待，有些固然可以直接“拿来”；有些则要创造条件，然后再进行学习；有些就不宜搬用，橘逾淮为枳，以及邯郸学步的教训，值得我们深思。

第三，要重视点滴管理经验的创新，不要盲目追求整个体系的创新。中国有句古话，叫“积小胜为大胜”；日本企业界也有一句类似的话：“小改革的积累是实现超一流的前提”，管理创新也是同样的道理。宝钢这几年就是这样做的。宝钢引进的新日铁的管理模式中，有一条就是点检制，这些年在宝钢的设备管理上起到了很好的作用，但随着自动化技术的推广应用以及经验的积累，宝钢最近又对此进行了改革，把主要零部件的定时检修改为适时检修，进一步降低了成本；在劳动人事制度上，宝钢在试点三年的基础上，今年开始全面试行区域工制，这对提高员工队伍整体素质、实现减员增效必将起到更好的作用。可以预见，宝钢这些方方面面管理上的创新，最终定将引起质的飞跃。但是也有一些同志，一讲创新，就想来个体系的创新。一般来说，体系的创新是一个长期积累的过程。实践也证明了，过于追求体系的创新，必然会导致排斥异己，图虚名、遭实祸的不良后果。前些年，有家大型钢铁企业把一切管理工作都纳入到“包、保、核”的承包体系中去，甚至提出“承包万岁”，结果走向了反面。

第四，要善于学习兄弟单位管理创新方面的经验，而不必事事都求自我创造。兄弟单位的经验，无论是国内的，还是国外的，只要对我适用，于我有利，就可以实行“拿来主义”，再结合自身的实际，加以应用，这同样也是创新。像一些冶金企业学习推广宝钢的集中一贯制、作业长制、点检制等后，使企业管理水平有了新的提高；更多的企业学习邯钢模拟市场经验后，不仅提高了成本管理水平，而且使企业整体管理水平也有了很大提高。对照这些企业的过去情况，这应该说也是一种创新。如果什么都要自己创造，才算创新，那就只能阻碍自己的进步。上面提到的这家大型钢铁联合企业，本来曾经创造过经济责任制等很好的经验，在全行业进行过推广，取得良好的效果。但是，后来他们走向了极端，拒绝接受外界的新鲜经验和新生事物，比如，他们虽然也抓质量管理，但却根本不允许在本企业内提“全面质量管理”，以显出其独创性；这实质上只能反映出这家企业的主要领导同志思想观念上的狭隘性，同真正的创新精神是格格不入的。

第五，讲管理创新，绝不能忽视一些行之有效的传统管理的好做法。创新是在前人打下的基础上再向上攀登的过程，创新不是简单地否定过去，更不是为新而新，以新为荣。即使像我国这样经历从计划经济转向市场经济的剧变，在管理思想、管理理念等各方面都发生了重大的变化，但仍然有其不变之处。比如，依靠广大职工办好企业，从严治厂等。特别要强调的是，管理创新绝不能放松基础管理。有的企业在管理上，新名词讲得不少，新点子用得也不少，但就是没有抓好计量、台账、定额等这些至关紧要的基础管理，班组建设也无人过问。在这种情况下，去奢谈什么管理创新，无异于是空中楼阁。因为，在沙滩上是建不成高楼大厦的。当然，我们说，不能放松基础管理，并不等于在这方面一切照旧，基础管理也同样要适应新的情况，不断有所改进。

第六，关键在于提高员工队伍的素质。很难想象，一个低素质的职工队伍，在管理上会有什么创新。因此，提高劳动者的素质，应该摆在所有企业领导人的议事日程上来，特别是各级领导，不要忘了自身素质的提高。实际上，素质提高同管理创新两者是相辅相成，互相促进的。素质的提高必然会推动管理的创新，而管理的创新又会促进素质的提高。同时，还要看到，管理创新同制度创新、技术创新也是密切不可分的，这就提示我们，在抓管理创新时，不要陷于单打一的圈子里，同样需要做到相互促进，实现螺旋式的上升。

管理者要不断“充电”❶

年轻时读郭沫若的《女神》，其中转引了一位外国诗人的几句诗，至今记忆犹新：“轮船要煤烧/我的头脑中每日至少要/三四立方公尺的新思潮”。新思潮靠什么来获取，就是像诗中那个形象的比喻，要不断地加煤，也就是要坚持不懈地学习、学习、再学习，用现在的流行话来说，就是要不断进行“充电”。

从理性上来说，没有人会否认学习的重要性。但在实践上，能真正处理好学习和工作关系的经营管理人员还并不普遍。这里且不说那些浑浑噩噩、无所用心的人，也不说那些狂妄自大以及贪图私利的人，而是确实以事业为重、勤勤恳恳的经营管理人员。就笔者观察，大约有如下几种常见病。

一是强调工作忙，没有时间学，自觉不自觉地把学习和工作对立起来。的确，对一个大型企业的领导和管理人员来说，每天需要处理的事情数不胜数，对他们来说，时间总是感到不够用。有些人，甚至可以说是一个“工作狂”，几乎全身心地投入到工作上。我们可以经常在生产现场、各种会议室、商务谈判桌上看到他们忙碌、甚至疲惫的身影，什么“潇洒走一回”，在他们看来，仅仅是一句歌词而已。但令人遗憾的是，他们辛勤的劳动往往并没有得到令人满意的回报。由于认识跟不上急剧变化的新形势，以致在一些重大问题上的决策上经常失误，好心没办成好事。究其原因，很重要的一条就是不重视学习。他们中的不少人，对任何脱产学习，总是能推则推，能拖则拖。因此，人们很少能在学习班的课堂里看见他们到场。我们必须清醒地看到，在当前知识爆炸的时代，新事物层出不穷，单凭个人的老经验是难以应付的。现在，中央委员、省长、部长都定期、不定期地参加党中央、国务院举办的学习班，我们企业各级领导和高级管理人员又有什么理由不抽出一点时间来认真读点书，学习一点新东西呢？在国外，我曾问过一些大企业的高级主管人员，他们也有一些强制性的学习制度，并且作为考核晋升的条件之一。由此可见，对现代企业来讲，能不能认真组织各级领导和管理人员进行学习，也是提高企业竞争力的一个重要方面。当然，为了要搞好学习，各级领导都要从思想上真正重视起来。同时，还要善于分权，学会弹钢琴，不要集大小事务于一身。

二是把学习看作单纯的新知识的补充，没有同总结自身的经验教训结合起来。对企业管理人员、特别是高级管理人员来说，都有一定的实践经历，其中既有成功的经验，也有失败的教训。对他们来说，学习并不是简单地在一张白纸上作画写字，充实一些新的知识，而是同时要以学到的理论和知识来对自己进行一番反思。“学而不思则罔，思而不学则殆”，早在两千多年前，我国伟大的思想家、教育家孔子就辩证地指出了学习和思考的关系。我们也应该以此来指导自己的行动，真正做到勤于学习，善于思考。这就要求我们能结合学习，严格地剖析自己。否则，就必然会自觉不自觉地抵制那些不符合自己观点的

❶ 原载于1998年第7期《冶金管理》。

新思想以及他人的先进经验，结果，即使是自己过去成功的经验也往往会成为今后失败之母。相反，如果处理得当，就能使失败成为成功之母。当然，学和思不仅局限于总结历史经验教训上，反思更是为了前瞻。特别是当今世界科学技术突飞猛进，经济竞争打破国界，光凭自己的狭隘经验是根本无法适应的，我们必须通过学习，来开阔自己的眼界，拓展自己的思路，研究自己的对策。这样才能减少失误，取得胜利。

三是要防止学习上的片面性，进行全方位的学习。也就是说，既要在有条件时参加脱产学习，更要在日常工作中挤时间来学习；既要向书本学习，也要重视在实践中加强学习；既要学习借鉴兄弟单位的好经验，又要通过总结自身工作中的经验教训进行学习；既要向上级学习，还要向下级和基层单位进行学习。这里，我想特别强调一下向下级学习的重要性。作为上级单位的领导和管理人员，对下级单位既有指导、服务的职能，也有学习的义务。这是因为，很多实际的经验都是来自基层，领导者的责任就是在向这些基层单位学习的基础上，及时总结他们的先进经验，加以推广。这些经验看得见、摸得着，便于为其他单位所接受。这比领导同志干巴巴地作几条原则指示要有力得多。这就要求我们各级领导和管理人员深入实际，深入基层，及时发现基层单位的闪光点，用典型来指导工作。同时，还要看到，“风起于青苹之末”。在企业里，越是接近生产经营的一线，就越是能比较清醒地感到事物的变化。美国英特尔公司总裁葛洛夫就曾说过：“战壕里的士兵总是更早地得知战局即将发生的变化。销售人员比管理人员更快看到顾客需求的变化；财务分析人员是看到企业根本转变的第一人。”因此，向下级学习，就要倾听下级的反映和呼声，及时捕捉事关企业全局的重大信息，从而再来指导全局。

越来越多的事实告诉我们，今后无论是国家间、还是企业间的竞争，归根结底还是人才的竞争。有资料表明，目前，像美国这样的发达国家，每年用上千亿美元的资金投入到再教育工程上。其中，相当一部分是用于提高工商产业界人士的素质。尽管我国财力状况不可能同他们相比，但我们必须采取符合我国实际情况的有效措施，大大加强这方面的工作力度，增强各级领导和管理人员的学习自觉性，使我国企业管理的水平和职工队伍的整体素质能有大幅度的提高，在激烈的国际竞争中站稳脚跟，守住阵地，拓展市场。

让“先进帮后进”之风吹得更强劲[1]

写下这个题目，犹豫了一下。现在是搞市场经济了，讲的是经济规律、经济手段，还说什么“先进帮后进”？但是，再一想，我之所以要写这篇文章，确实是有感而发。近两年的所见所闻和亲身感受，深深感到当前在企业里，十分有必要提倡“先进帮后进”，这是利国、利厂、利己的大好事，同市场经济绝不是对立的。相反，通过先进帮后进，可以促使企业间在更高水平上开展竞争，共同提高。

事情要从水钢的减亏扭亏说起。1997 年 2 月，应贵州省领导的邀请，邯钢派出 11 人的咨询组，随同冶金工业部的调研组，一起到水钢，帮助水钢改变严重亏损的局面。邯钢咨询组的同志深入现场，广泛接触工人，查阅大量资料，细致观察生产操作情况，提出了很多很好的建议，对水钢的职工教育很深。水钢新领导趁热打铁，再次邀请邯钢派精兵强将到水钢当时最薄弱的环节——炼钢厂来担任实职。3 月中旬，邯钢派了以一炼钢厂副厂长马春林为首的 5 位同志，到水钢炼钢厂分别担任厂长、党委书记、厂长助理。他们在就任后的半个月里，就使钢产量达到年产 50 万吨的水平，不仅比 2 月份年产 30 万吨的水平提高了一大步，而且还打破了建厂十几年来的纪录（年产钢 44.1 万吨）。接着，又于五六月份分别打出了年产 60 万吨和 65 万吨的水平，第一次超过了设计能力。与此同时，各项主要技术经济指标也都有了大幅度的改进，成本明显下降。炼钢厂的巨变推动了炼铁、轧钢，全公司“远学邯钢，近学炼钢”，出现了水钢建厂以来前所未有的好形势。今年，水钢又请首钢的专家到炼铁厂、二轧厂担任实职，使这两个厂的面貌也很快得到改观。在此期间，舞钢、重特、长城特钢等企业也分别请邯钢、上钢的专家进行咨询或担任实职，都在短期内取得较大的进展。

这一连串令人振奋的事实，生动地向我们揭示了，在企业里确实蕴藏着有待挖掘的极大的潜力，而通过先进帮后进这种方式，可以大大缩短后进单位同先进单位差距的时间，从而使中央提出的、使大多数国有大中型亏损企业在三年内走出困境这一战略任务得以较好地实现。

要使“先进帮后进”较快地取得成效，首先是被帮单位要端正思想观念。有些企业之所以长期处于后进状态，一个重要原因是在思想上重外轻内，过分强调外部客观因素对自己的不利影响，而忽视了自身工作中的严重问题。在这种情况下，兄弟单位的经验再好，也会自觉不自觉地进行抵制，既入不了耳，更进不了心。水钢过去也曾请过兄弟单位的专家来进行指导，但收效不大，原因就在这里。事实证明，单纯地就事论事，不解决自身的问题，即使给予好的政策，也会像沙滩注水似的，很快就会流失得无影无踪。这次，水钢公司更换了主要领导，新领导班子一上任，按照省、部领导的指示精神和部调研组以及邯钢咨询组报告中提出的问题和建议，在全体职工中开展了转变观念的大讨论，使各级领

[1] 原载于 1998 年第 8 期《冶金管理》。

导，特别是公司领导和广大职工都充分认识到，再不肃清“外因论”的影响，从改进自身工作做起，水钢将永无翻身之日。在这种情况下，邯钢同志的到来，才真正起到“雪里送炭”的作用。否则，即使上级指定“一帮一”，没有被帮单位心悦诚服的配合，也不会取得理想效果的。实践证明，只有被帮单位的“虚心学”和帮助单位的“诚心帮”相结合，“先进帮后进”才能真正发挥其作用。

其次，要把“先进帮后进”看作是人才资源优化配置的一种好形式。要实现两个根本性转变，必须进行生产要素的优化配置。现在，大家对资金、技术设备和其他物质资源的优化配置，相对来说，还比较重视，但对人才资源如何优化配置，缺乏认真对待。总认为本单位缺人才，外单位又进不来，像20世纪五六十年代那样，凭一纸调令，就可以把各类人员在全国范围内进行大调动，这种事，今天就难以做到了。因此，总觉得人才资源优化配置，难度太大。现在，采取邯钢帮水钢这种方式，请先进单位派出优秀人才，到困难企业在一个时期内担任实职，不转关系，不带工资，并提出具体要求，实现目标后，再回原厂；如果进驻单位欢迎，本人又愿意，也可留下。这样，既不伤派出单位的元气，又增强了被帮单位的实力。至于进行短期咨询活动的，更不会有什么问题了。作为行业管理，我认为，当前要把这项工作列入重要议程上来；对先进企业来说，也要像邯钢刘汉章同志那样，把帮助后进作为自己应尽的义务。同时，在帮助别人中进一步提高自己。

第三，还要看到，“先进帮后进”也是锻炼、培养干部的一种有效途径。先进企业之所以成为先进，一个重要原因就是在实践中，锻炼成长了一批优秀干部和职工。但是，正因为在这些企业里，人才济济，反而使他们中的一些人，没有脱颖而出的机会。在帮助后进单位的艰苦环境中，给了他们以施展抱负的新机遇，使他们内在的潜力进一步发挥了出来，他们在新单位的业绩往往使原单位的领导和同事都感到意外，这在近两年“先进帮后进”的活动中已经不是个别的事例了。这就是说，新的环境又造就了一批更高层次的优秀干部。而且，这些同志又以他们符合市场经济的新观念和真抓实干的好作风，影响着进驻单位的干部和职工，带动他们较快地提高自身的素质。因此，我认为，今后应该更有意识地选调一些先进企业的优秀后备干部到后进单位任职，这既是对后者的实际帮助，也是为前者自己培养了人才。一举两得，何乐不为。

“先进帮后进”，并不只是单方面受益的事。在先进的帮助下，有的被帮单位很快地得到提高，反过来又促使先进单位更上一层楼。今年，水钢炼钢厂吨钢钢铁料消耗指标降到1107千克，邯钢总经理刘汉章就以此来告诫邯钢炼钢厂的同志，鞭策他们不断前进。这个事例，也雄辩地证明了中共中央十四届六中全会决议中所指出的，搞社会主义市场经济，必须引导人们正确处理竞争和协作的关系。从这个意义上讲，“先进帮后进”，可以说，是通过协作，再进行高层次上的竞争。这必将有利于我国国民经济整体素质的提高。

小议“外来和尚好念经”❶

近两年来，一些亏损企业在调整领导班子时，由当地政府商同行业主管部门，从外单位选派人员担任主要领导，像水钢、舞钢、长特、重特都是。水钢等还主动请求邯钢、首钢等先进单位派出专家到二级厂担任主要领导，都取得了很好的效果。因此，在一些人心目中，认为要解决困难企业的问题，还是要靠外来干部，“外来和尚好念经”嘛。

外来和尚好念经，有其主客观的原因。

首先，从上述企业来看，这些“外来和尚”确实有较深的“道行”。他们都具有较强的整体素质，较高的领导才能，较新的思想观念，为人正派，作风踏实。从总体上讲，比起原单位的领导班子确实是高出一筹。他们到了新单位，带来了新观念、新思路、新作风，引进了新机制，并能团结原有班子成员，共同带领广大职工自立自强，奋力拼搏，开拓前进，从而取得了令人振奋的新效益，这自然就会受到广大职工的拥戴，做到上下一心，令行禁止。如果外来的是个“歪嘴和尚”，又怎么能念好经呢？

其次，“外来和尚”与原单位没有瓜葛，有利于从严治厂。大量事实说明，亏损大户一般都是内部管理松懈，而管理不严又同原先的领导不敢触动“关系网”，在管理上掺杂了过多的“人情因素”，甚至本身就陷入“人情网”中有关，以致使一些本应调整的不称职干部仍然安居其位，对职工严重违章违纪的也因为有什么背景而不敢处理，其结果是上行下效，规章制度就形同虚设，从严治厂也成为一句空洞的口号。而且在一个人身上丢掉原则，必然丧失一片民心。日久天长，职工积极性必将受到严重挫伤。一个不能取得广大职工支持的领导又怎能带领职工斩关夺隘、争取胜利呢？有的企业广大职工强烈要求上级领导选派新领导来，一个很重要的原因就在于此。而外来干部正因为其“外”，同原先企业内部盘根错节的各种关系网没有关系，这就为从严治厂提供了有利的条件。当然，敢不敢真抓真管，还取决于本人的素质。

第三，外来和尚好念经，确实有其特殊的条件。本地和尚大家都相处久了，一些老印象难以改变，特别是过去连年亏损，“香火不盛”，即使现在改弦更张，也不易取得内外的信任。同一句话，同一个意见，出自不同和尚之口，实际效果往往大相径庭。这也可以说是“外来和尚”的一个优势吧。

但是，我们也不能把“外来和尚好念经”绝对化。近几年来，有的地区也从外面向企业派进了主要领导干部，结果在不长的时间内，反把一个好端端的企业搞败了，或者使本已危机丛生的企业雪上加霜，几临崩溃。这在冶金行业里已有先例。由此可见，并非只要是外来和尚，就都能念好经的。再往深里说，即使外来和尚确实带来了真经，搞活了企业，但是，有些外来和尚终会有一天要“挂单而去”的，迟早要本地和尚来接班。现在，有的企业同志听说外面派来的领导要调回，就忧心忡忡，担心“红旗还能打多久？”这本

❶ 原载于1998年第10期《冶金管理》。

身就反映了“等靠要”的思想在一些同志中还有较深的影响。既然外来的领导能在较短期间，使企业面貌有一个大改观，作为本地干部，就应自觉学人之长，努力攻己之短，不断提高自身素质，适应新的形势，要有志气、有信心接过接力棒，继续往下传，保持并发展现有的好势头。

至于说，外来干部好办事，能不受“关系网”的约束，按这种思路，就是本地干部建网，等外地干部来破网。那么，一旦“外来和尚”在本地安营扎寨了，是否还要再请新和尚进驻呢？同时，我们还要看到，对量大面宽的多数单位来讲，还是要靠本地和尚来主持工作的，本地和尚同样可以念好经，而且由于其土生土长，了解厂情、民情，只要自己思路端正，解放思想，求真务实，以身作则，照样可以走出一条新路来。最近，我去江西新钢、萍钢，对此就感受颇深。

去年三月，萍钢厂长、经营副厂长和党委书记因车祸两死一重伤，副厂长涂建民受命于危难之际，出任厂长，短短一年多时间，使一个濒临倒闭的企业起死回生，各项技术经济指标大幅度提高。如高炉利用系数去年1～7月，平均为1.57，今年同期平均达到2.16，其进步幅度之大，为同行业中所罕见。与此同时，亏损大幅度下降，成为推动江西冶金行业减亏扭亏的排头兵，厂长在全厂员工中享有很高的威信。原因何在？除了新班子带头转变观念，扎扎实实地贯彻“三改一加强”方针，在一些重大问题上决策正确外，一个重要原因是己身正，要求职工做到的首先自己身体力行，新班子就任之初，就发布了约束领导自身行为的“十不准”，要求职工监督；在下岗分流时，8名厂领导中6位（包括厂长），其妻子都按规定下岗；一位领导的两名亲属，由于涉及一件原材料弄虚作假案，照样按章处理。因此，新班子在全厂员工中有很强的号召力、凝聚力，队伍的战斗力自然就大大提高。还有像新钢烧结厂，去年他们结合用工制度、分配制度的改革，狠抓劳动纪律、工艺纪律的整顿，上半年处理了700多人次（全厂共1100人）违章违纪事件，不仅没有引起职工情绪波动，而且由于严得有理，严得合法，严出了效益，各项技术经济指标都有明显上升，使职工也得到了实惠。现在广大职工都能自觉从严，保证了生产效益稳定上升。

由此可见，对外来和尚问题，必须要正确对待。一方面在暂时难以从本单位选出合适领导人员时，由外面选派领导是必要的；即使是原班子不作调整的单位，也可从自身的实际出发，聘任兄弟单位专家来本单位任职，以人之长，补己之短；同时，先进企业也有责任帮助暂居后进地位的企业，携手并进。但不管是什么情况，作为本单位的干部，都要自立自强，认真总结经验教训，自觉转变观念，转变作风，奉献敬业，尽职尽责。我们相信，一定能够带领广大员工，逐步走出困境的。

向时间要效益[1]

在近两年国内不锈钢产量持续下降的同时，上海五钢集团不锈钢产量却连年上升，市场占有率也有了明显提高。问其诀窍，说主要是缩短了生产周期，确保了合同执行率。过去，不锈钢供货周期一般为 90 天，现在压缩到了 20 天：炼钢 3 天，开坯 7 天，轧钢 10 天。这不仅使生产厂可以减少资金占用，加速资金周转，并使合同履约率得到更好的保证；而且对用户来说，基本上可以做到随用随订，从而吸引了相当一批用户，即使价格稍贵一些，用户也乐于使用。在目前市场激烈竞争的情况下，这就是优势，这就可以出效益。那么，五钢为什么会有这么大的变化？是不是工艺流程有了改进？回答是否定的。五钢的同志告诉我，关键在于管理有了改善。再说白一点，就是强化了生产调度，使各个工序环节衔接得更紧凑，使市场和现场配合得更密切。

这件事，给人的启示是多方面的。

首先，应该看到，向时间要效益是当前改进和强化管理的一个重要内容。我们常说，时间就是金钱。但是，我们却又经常会发现，成千上万的金钱就在我们眼前悄悄地流走了。对一种产品来说，生产周期长意味着什么？就是资金的超量投入和资金的长期积压。在目前企业资金普遍十分紧张、大量依靠贷款的情况下，这就必然会由于财务费用的增长而导致成本的升高，从而减弱了企业在市场上的竞争力。不仅如此，对一些企业来说，资金状况的恶化，还会使借贷无门，从而使整个生产经营处于恶性循环的困境中。这样的企业，就谈不上会有什么效益。面对这种情况，有的同志总强调，要缩短生产周期，就必须改进生产工艺和技术装备。我们支持企业采取技术进步的一切措施，从长远来讲，这是企业提高经济效益、扩大市场占有率的必经之路。特别是，对那些花钱不多、作用不小的小改小革更要大力提倡。但是，在当前不少企业资金紧张的情况下，还不可能在这方面花大量的投资，而通过加强管理来向时间要效益，并不需要花什么钱，就能收到很好的效益，这方面的潜力是很大的。五钢的事例已经为我们提供了很好的榜样。过去，不少企业对此重视不够，今后一定要认真研究，找出在时间利用上的薄弱环节，大力提高时间效益。

其次，向时间要效益，必须同习惯势力和长期形成的惰性作斗争。五钢这个看来并不算十分复杂的管理上的改进，为什么在相当长的一段时间里却做不到，而且至今很多企业还不敢问津呢？从外部原因来说，是市场竞争的压力还不够大；从企业自身的原因来分析，则是习惯势力这个惰性在作祟。因为这种管理上的改进，必然要求加快生产节奏，提高操作水平，特别是要求上下工序都树立整体观念，进行密切配合。这对那些安于现状、满足于四平八稳、并习惯于只从本单位小集体利益出发的人来说，就会自觉不自觉地进行抵制，使一些本来完全可以做到的事情却难以实现。现在市场的压力把问题尖锐地摆在面前，或者维持现状而被淘汰出局，或者改变现状、奋发图进而在风云变幻的市场中站稳脚

[1] 原载于 1998 年第 10 期《冶金管理》。

跟。五钢正是适应了市场经济的新形势，把市场的激烈竞争作为一种机遇，因势利导，抓紧企业内部管理的改进，既扩大了市场占有率，又锻炼了队伍，提高了职工素质，一举两得。他们的经验对我们很多企业都是有借鉴意义的。

第三，向时间要效益，还必须贯穿在生产经营的全过程中。现在，很多企业市场观念、竞争观念、效益观念确实有了很大的增强，相对来说，时间观念就要差些。他们没有充分意识到，时间观念上的落后，必然会导致效益的丢失，在市场竞争中处于不利地位。有些同志很强调一个铜板要掰成两半花，这当然是好的；但他们却往往缺乏加快资金周转的时间观念，不善于把一个铜板当成两个铜板花。有些同志在采购物资时，很注意精打细算，努力降低采购成本；但对一些物资长期积压、挤占资金的情况却往往熟视无睹。有些同志在销售产品时，为了卖得一个好价钱，宁可让产品存放在仓库里，也不愿以合理的价格及时回收资金，结果甚至丢失了时机，反而吃了大亏。特别要指出的是，我们有些企业的领导，在当前市场竞争日趋激烈的情况下，由于时间观念不强而造成用户的大量流失，已不乏先例，更要引起我们足够的重视。一次，到某个企业，问起他们的合同执行率，回答是99%，但当具体查问每个月的合同执行率时，结果都只有百分之七八十。这就是说，有相当一部分用户不能按时拿到钢材，但这家企业的领导却还自我感觉良好。试问，该3月份提货的，却拖到9月份才能拿到，这对用户会造成多大损失。这样的企业，客户还会继续光顾吗？因此，加强时间观念已成为当前企业从领导到职工的一项紧迫任务，要采取一切措施，向时间要效益。

不是结束的结束语[1]

——写在《冶金管理》“管理漫谈”专栏结束之时

去年下半年，《冶金管理》杂志刘逊同志约我为该刊写些管理漫谈的文章，我欣然同意了。这几年常到企业调查，既看到不少好的经验，也感到有些问题值得重视，写出来和大家共同探讨，也许不无裨益。就这样，当年一连写了几篇，1997 年发了 2 篇。1998 年前半年，除威钢调查外，保持了每期 1 篇，但慢慢感到接着写下去，有些力不从心了。这时，刘逊同志又来催稿，希望我还能每期供一篇稿件。驽马加鞭，只能接着往前走。这对自己倒也是一种鞭策，促使我要更多地观察、思考，总算维持到 1998 年的 12 期。除去中间的一篇威钢调查以及第 9 期太钢专刊外，一共写了 12 篇。对我自己来说，这也是一个学习提高过程，至于能不能对读者有所帮助，观点有没有错误，就请读者批评指正了。至于今后，我想，只要自己有所感，还会写下去的，但不可能再像今年那样，每期一篇。也就是说，作为连载的这种形式，是结束了。但是总体来讲，并没有结束。这也就是本文标题起名的本意。

正因为这些文章并不是有计划地、按照一个什么提纲写下来的，而是想到什么就写什么，因此显得有些杂乱。于是，自己又抽时间把这些文章重新通读了一遍，理一理自己的思路。

就我近几年的调查观察，凡是效益好的企业，无一不是重视并切实加强内部管理的，而且比较注意探索社会主义市场经济下企业管理的新内涵、新途径，还能较好地处理管理和其他各方面的关系；而一些经济效益差的企业，往往在处理一些关系问题上，犯有片面性的毛病。这些关系，主要是：

（1）管理和改革的关系。应该说，管理和改革这两者是不可分的。从计划经济向市场经济转变过程中，企业的经营体制和机制都在变革，管理本身也需要改革。改革推动了管理的强化。同样，改革的成果需要通过管理来巩固。这两者是相辅相成，互为促进的。但是，前一时期有些企业自觉不自觉地把改革视作企业唯一的出路，甚至以改代管，导致管理滑坡，效益下降，这个教训是深刻的，也是沉痛的。既然管理是永恒的主题，管理只能随着时代的进步而赋以新的内容，绝对不能因为改革而放弃管理，或者认为改革可以自然而然地促进管理。有的同志片面强调转机制，一度把产权明晰作为国有企业走出困境的首选方案，或者又走入“一股就灵”的误区。固然，我们要十分重视搞好机制转换工作，不能否认产权明晰的重要性，更不否认股份制的优越性。但是，如果因此而放松管理，其结果必然是南辕北辙。西方国家企业的产权应该说是够明晰的了，但不照样每年有不少企业破产吗？美国克莱斯勒汽车公司在连年亏损之后，请艾科卡出任总裁，他的主要经验不就

---

[1] 原载于 1998 年第 12 期《冶金管理》。

是“在管理上多下工夫”吗？因此，在所有企业里，都必须把改革和管理紧密结合起来，把机制的转换和管理的强化紧密结合起来，这样，才能相得益彰，不断前进。

（2）改造和管理的关系。当今世界科学技术突飞猛进，企业必须跟上科技进步的新潮流，不断进行技术改造。这一点，已经成为大家的共识。但是，如何搞好技术改造，使技改项目真正符合“先进、经济、适用”的原则，这就离不开科学决策；特别是要使技改项目更好地发挥作用，更离不开科学管理。先进技术装备为产品更新换代、扩大市场占有份额、提高经济效益创造了条件，但要把这种可能性变为现实性，还有赖于管理的加强。前些年，有的企业在技术改造上，几乎是集中当今世界先进技术的大成，但却并没有拿出世界一流的产品，也没有取得良好的经济效益。相反，有的企业在技术改造的决策上，从国情、厂情出发，不盲目追求最新技术而是依靠科学管理和职工素质的提高，充分发挥这些改造项目的作用，取得了投入少、产出多、回报快的良好效益。然后，在积累资金的基础上，滚动发展，不断改造，一步步攀向新高峰。这些企业，为我们提供了很好的、值得借鉴的经验。

（3）创新和继承的关系。在市场经济条件下，企业从过去单纯的生产型向生产经营型转变，而且还在向资产经营型转化；不少企业从单一生产发展到多元化经营；一些大型企业还从单体经营发展到组建集团；还有相当一部分企业从单纯地面向国内市场转到面向国内外两个市场。这些，都必然会对企业管理提出很多新课题。因此，管理必须适应新的形势而进行创新，无论是管理理念、管理方法、管理手段、管理组织都要变。不变革，不创新，仍然抱着计划经济时的老一套，企业就难以在激烈的市场竞争中取得一席之地。但是，创新并不等于丢弃好的传统，我们绝不能重犯那种泼脏水把婴儿一起倒掉的错误。对企业管理的一些基本原则不能丢，依法治厂不能丢，从严管理不能丢，基础管理不能丢。变中有不变，不变中有变。把继承和创新更好地结合起来，这样就会如虎添翼，生机勃勃。

（4）领导与群众的关系。在计划经济下，企业管理主要是生产管理，重点放在现场。因此，一讲管理，往往就成了对职工的管理。但是，在市场经济下，企业成为“四自”的主体，企业的效益首先取决于决策的正确与否。一旦决策失误，靠其他管理的加强是难以弥补的。所以，领导者首先要加强自我管理，建立科学化、民主化的决策机制，尽量避免决策上的重大失误，这是领导者不可推卸的职责。在生产经营活动中，领导者也必须严格要求自己，成为职工的表率，这样才能调动广大职工的积极性，增强企业的凝聚力。同时，作为领导者，还必须真正做到依法治厂，敢抓敢管。严格来讲，不敢从严管理的领导，就不是一个称职的领导。有的同志光埋怨职工不听管、不服管，而不去认真检查一下自己是否按照厂纪厂规真抓真管了。我深信，只要领导者自己能够以身作则，秉公办事，敢抓敢管，对职工的管理就好办多了。

（5）管人与管物的关系。企业里日常生产经营大量接触的是各种各样的物资，从原料采购、制造加工到产品销售，都要和各类物资打交道。因此，必须要通过制订各种规章制度，对物流过程进行严格管理。对绝大多数的企业来说，这类规章制度，都可以成本地拿出来。但从一些亏损大户的调查来看，这些本本往往是有名无实。这些企业不是无法可依，而是有章不循。因此，要管物必须先管人。同样，对信息流的管理也一样，有些企业信息管理薄弱，甚至处于混乱状态，也是同对职工队伍缺乏有效的管理分不开的。这里，我们所说的管人，并不是对职工实行什么“管卡压”，而是要坚持“以人为本”的原则，依靠广大职工，调动广大职工的积极性，使他们自觉地按照科学实践总结出来的各项规章制度办事，从而使生产经营各项活动都能沿着健康有序的轨道进行。同时，还要鼓励广大职工，像宝钢开展“自主管理”那样；像邯钢通过模拟市场核算，发动职工人人理财那样，结合自己的岗位实践，不断根据新情况，提出新建议，推动科学管理和技术革新等各项工作登上新台阶，为企业提质降耗、增加效益作出新贡献。

（6）政府、中介机构和企业的关系。企业管理自然是企业自身的行为，但不能说和政府无关。政府的导向对企业行为起着直接的作用。比如，有的地方政府追求产值、发展速度，这就必然会对企业管理行为发生误导作用；有的地方政府对企业进行诸多不恰当的干预，影响企业的正常决策。因此，政府部门要按照“政企分开”的原则，履行好自己的职责。但是，也要看到，目前有的企业由于决策失误、管理混乱，以致成为亏损大户。在这种情况下，显然，单靠企业自身的力量是难以改变面貌的。由地方政府和行业主管部门联手，对这些企业在调查研究的基础上，帮助企业转变观念、调整领导班子，并给以必要的政策支持，是十分必要的，水钢、舞钢、长特、重特等企业都是这样做的，取得了很好的效果。至于中介机构，诸如行业性的协会、学会等，他们都拥有一批富有经验的专家，企业要善于运用这支力量，为改进自身的管理服务。

总之，企业管理既不能就事论事，也不能单打一，而是要作为一种系统工程，把各方面的工作有机地结合起来，这样就能事半功倍，发挥更大的作用。

让利与让市场[1]

是把市场摆在第一位还是把利润放在首位，这对每个企业来说，都是经常会碰到的实际问题。从理论上说，企业就是要追求最大利润，而丢失了市场，利润也就无从谈起。因此，这两者应该是一致的。但在实际工作中，往往又会发生矛盾。前几年，有的企业在钢材价格下降时，为了保住所谓的利润，宁可使钢材大量压在库内，也不愿降价销售，结果是市场被人家挤占了，自己又因资金拮据而使生产经营陷入困境。无情的事实使这些企业的领导认识到，宁让利也不能让市场。

但是，近两年来，钢材市场又有新的变化。在钢材价格已经持续下降4年后，1997年国内外一些专家开始预测钢材价格将会稳中有升。然而，在人们焦急而热切的期盼中，钢材价格却仍然直线下滑。尽管很多企业通过“三改一加强”，成本有了较大幅度的下降，但仍然抵不过价格的降幅，以致相当一部分企业由盈变亏，有的则增加了亏损额度。

在这种情况下，有的企业仍然死守“让利不让市场”的信条，甚至在市场上和竞争对手展开了“肉搏战”，你降我也降，而且比你降得更凶，大有不把对方挤出市场心不甘之势。但在几家实力大体相当的情况下，这种恶性竞争的后果只能是几败俱伤。

这就不能不引发我们的思考。从原则上讲，没有市场就谈不上利润，所谓“皮之不存，毛将焉附”，也就是这个道理。问题是以什么代价来占领这个市场，如果为了得到这一市场份额，而使自己伤筋动骨，大伤元气，那就值得考虑了。本来自己体质已经相当羸弱，哪经得起这样的拼杀。因此，我们切不可机械地、静止地看待“让利不让市场”这一原则，必须根据客观情况和自身实力，决定具体的策略，该让则让，该进则进。有时让利是为了保住市场，以便今后获得更多的利润；而有时退出某一局部市场，正是为了保存自己的实力，以利再战。但有退还要有进，光退不进，必然落得两手空空。进，也要预为之计。比如，有的可以退远进近，把伸出去的五指收回来，握成拳头，集中占领周边地区的市场。应该说，当地企业比起外地企业来，在同等条件下，还是有相当优势的，关键是有些企业无论在认识上和工作上都没有跟上。在这方面，杭钢“种好身边自留地”的经验值得我们借鉴。还有，就是要在调整产品结构上求进退，根据市场需求，努力开发有前景、有效益的新产品。这当然有一定的难度，但也是企业求生存、图发展的必由之路。我们要充分认识到，在目前市场激烈竞争的情况下，要想靠一条什么捷径来摆脱困境，只能松懈斗志，结果必然是事与愿违。

[1] 原载于1999年10月23日《中国冶金报》。

知耻近乎勇[1]

——一个砸了牌子的企业是怎样重新获得市场青睐的

江西新余钢铁公司（简称新钢）有一个钢管公司，其前身是原江西钢厂的钢管分厂。20世纪80年代中期曾经有过辉煌的历史，是当时江西钢厂的一棵摇钱树，他们的事迹曾经上过《冶金报》头版头条。但是，后来因为管理滑坡，质量意识淡化，产品质量急剧下降。于1991年被××锅炉容器厂行文全国同行，建议停购他们的产品，导致江西钢厂钢管分厂的市场大量丢失。从1993年3月起，被迫断续生产近两年。

1996年4月，新钢任命原开坯厂厂长路维华为钢管厂厂长，并于同年8月将钢管厂改制为全资子公司。鉴于钢管厂的历史教训，路维华厂长坚定不移地走质量兴厂之路。他找到当年××锅炉容器厂的那份“红头文件”，将全文抄录下来向全厂公开，在厂门口树立起质量警示牌，并在全厂开展全员性的质量大讨论。在此基础上，制定了一系列保障措施：将职工收入同质量挂钩；实行内外部质量赔偿制度，对客户做出“双倍赔偿”的承诺，产品出现质量问题，给客户换一件再送一件；要求全体员工严格执行“三不两废”制度（不合格的管坯不准进炉，不合格的荒管不准进入下道工序，不合格的产品不准流向客户，废除协议管的生产和废次管的出厂）。他们还确定了3个企业目标：1997年“雪耻图新，重塑形象”，1998年“自强不息，内抓外拓”，1999年“循序渐进，重铸辉煌”。

为了塑造新形象，重新夺回市场，他们“内抓外拓”。一方面抓好内部管理，提高产品质量，降低产品成本，搞好销售服务；另一方面主动开拓市场。1997年10月，全国电厂锅炉行业年会在无锡召开。他们主动向会务组缴纳了3万元资助费，只要求在会上发言10分钟。在发言中，他们一是对过去产品质量问题影响用户使用表示道歉；二是介绍现在的产品情况；三是向用户做出质量承诺。这一举动在全国锅炉行业引起强烈反响。他们说到做到，一次冷轧精密管发到四川一家客户，因为产品表面出现少量锈斑，客户要求适当降价。钢管公司却按照“双倍赔偿”的承诺，赔一送一，取得了客户的信任，当即增加了订货合同量，并表示“我们用定了你们的钢管了。”同时，他们对尚未发出的同类产品拆包逐根检查，重新加工。

今年以来，钢管公司销售的产品全部做到“三无”，即无质量异议，无索赔，无退货，重新受到用户的青睐。钢管的销量逐年增长，1996年销售7420吨，1997年是7652吨，今年1~8月已达到9220吨。一家客户到钢管厂提货，看到他们的生产现场管理和厂门口的警示牌，说：“就凭这块警示牌，就值得同你们合作。”以前曾行文全行业拒购他们产品的××锅炉容器厂总工程师，看到警示牌后表示佩服钢管公司的勇气和决心，并说：“只要你们这样抓下去，到年底我再过来，在警示牌旁再立一块优质工程牌。”

[1] 原载于1998年9月22日《中国冶金报》。

有进有退　有所为有所不为[1]

——浅谈钢铁工业的结构调整

党的十五届四中全会决定中，在谈到调整国有经济布局时，明确提出，要“坚持有进有退，有所为有所不为”的方针。这“四有”方针，既符合事物发展的客观规律，也充分体现了辩证精神，对我们钢铁工业结构调整也有极其现实的重大指导意义。

我国今年钢产量预计可以达到1.2亿吨，当之无愧地是世界钢铁大国。但认真分析这1.2亿吨的内涵，就会发现存在“三多三少”的现象：一是大路货的钢材多，特殊性能的钢材少；二是低附加值的钢材多，高附加值的钢材少；三是同类产品和国外先进企业相比，性能价格比低的多，高的少。

要解决这“三多三少”的问题，必须下大决心、花真工夫，抓好结构调整。其实，结构调整，对钢铁工业来说，并不是什么新鲜事。20世纪90年代初期，党中央、国务院以及当时的冶金工业部，都已一再重申，而且也采取了不少措施，取得了一定进展，但不能尽如人意。重要原因之一，就是相当一些企业在调整问题上，是只想进，不想退；认为“进”才有出路，才有业绩，而“退”则意味着无所作为。为什么重复建设的现象屡禁不止，其思想根源概在于此。

无数历史事实告诉我们，尽管世界潮流的大方向始终是向前进的，但在具体事物上，可以说从来没有只进不退、有进无退的。钢铁工业发展过程中的三次大调整，都同在“进”与“退”的关系上处理不当分不开的。因此，在当前钢铁工业面临新的转折时期，我们必须认真学习、深刻领会党中央的这一指示精神，在实际工作中贯彻落实。

但是，我们也必须充分估计到贯彻“四有”方针的艰巨性。长期以来粗放经营的习惯势力的影响，绝不能低估。在当前，眼前局部利益的驱动也是不可忽视的一种阻力。某种产品，本来在有的企业并不具备什么优势，但只是因为近期效益较好，却列入了“十五”发展的重点。在不少企业的规划中，较多地感受到的是他们雄心勃勃的前进姿态，而却很少看到如何在某些领域收缩战线，以便集中力量，更有效、更健康地前进。像特钢行业，尽管大家都认为必须走专业化之路，但在“十五”规划中，一些企业仍然是抱着“大而全”、“小而全”的老路子不变，甚至八大钢类，样样都要形成特色。这种全面出击的做法恐怕很难真正发挥他们自身的优势。

但是，就钢铁行业而言，要搞好产品结构的调整，必然要涉及企业结构的调整。通过调整，一方面形成若干实力雄厚、竞争力强的大型企业和企业集团，有的还可以成为“四跨”（跨地区、跨行业、跨所有制、跨国经营）的大企业集团；另一方面，要帮助一批中小企业向“专、精、特、新”的方向发展，同大企业建立密切的协作关系，提高生产

[1] 原载于1999年11月9日《中国冶金报》。

的社会化水平；对有些企业，可以通过兼并、联合等形式进行资产重组，在盘活存量资产的同时，搞好结构调整。至于那些产品没有市场、长期亏损、扭亏无望的企业以及技术落后、质量低劣、资源浪费、污染严重的小企业，必须退出历史舞台，实行破产、关闭。要做到这一点，关键是各级地方政府都要从国家的全局和国民经济的整体利益出发，自觉地同形形色色的地方保护主义作不懈的斗争，退此进彼，退劣进优，总会闯出一条新路子来的。

面向市场 服务用户
宝钢不断探索营销工作新路子[1]

1978年12月23日，宝钢动工兴建了。现在，整整20年过去了，宝钢已经成为我国钢铁工业现代化的一面旗帜，宝钢的营销工作也不断为全行业提供新的经验。

宝钢投产是在1985年9月，当时我国国民经济基本上还是处于计划经济时期。宝钢由于其建设过程中的特殊性，可以说是得风气之先，较早地接受市场经济的熏陶，从投产之日起，就按照市场经济的规律来指导生产经营的运作；而且随着我国建立社会主义市场经济体制的进展，宝钢更自觉地面向市场，研究市场，服务用户，受到用户的好评，从而不断开拓新的市场。

市场经济就是竞争经济，就是要以自己的产品质量、价格和服务来争得用户的满意，从而夺取市场的份额。宝钢的产品从投产开始，就是国内市场的俏货，其产品质量居于国内钢铁企业的首位，“要好钢，找宝钢”，这句话已经成为用户的共识。但宝钢并不因此而自满。相反，他们提出，要以用户的要求作为产品的标准，并且在出口钢材甚至赔钱的情况下，坚持每年至少把10%的产品出口到用户最挑剔的国家，接受检验，听取用户的意见，并进行跟踪服务，根据反馈的信息，不断改进自身的工作。这一举措对促进宝钢市场竞争力的提高起到很好的作用。

当然，宝钢的钢材也不是全都符合用户的要求，他们也有过“走麦城”的教训。但宝钢可贵的是他们对用户的批评不护短、不掩盖，更不文过饰非，而是公开在《宝钢报》和宝钢电视台上曝光，开展群众性的大讨论，并以此为契机，切实提高全体员工的市场观念、用户至上的观念、质量第一的观念。过去，一般都是销售部门走访用户，现在对重要客户和关键产品，生产一线也派出工程技术人员和作业长到用户单位，直接听取用户意见，冷轧厂厂长办公室还安装了用户热线电话，他们把用户需求看成是冷轧厂的“尚方宝剑”，向一切影响为用户服务的思想观念、工作作风、规章制度“开刀”，使自己在激烈的市场竞争中赢得用户的青睐。

宝钢为用户服务，不仅停留在听取用户意见上，而是提到一个新的高度。宝钢的领导曾说过这样一段话：“用户是我们的老师、镜子，用户的现场是培养我们队伍的课堂，是我们新工艺、新技术的开发场所。为用户服务，不能停留在热情接待、及时处理异议上，而要真正了解用户对产品的用途，掌握用户的潜在要求，加强对用户技术的研究；还要让用户得到实惠，真正想用户之所想，急用户之所急，与用户结成利益共同体。”

正是在这种思想指导下，宝钢实施了按用户最终用途进行质量设计的工作。目前，已有10多大类、50多个牌号的钢材就是这样干的，年产量达到70多万吨，超过宝钢总产量

---

[1] 原载于1999年12月17日《世界金属导报》。

10%以上。为了满足用户的不同需求，宝钢克服了生产组织的种种困难，承受了增加自身成本的压力，以300吨大转炉和大型连轧机接受了大量的小批量合同。今年1~8月，冷轧厂30吨以下的合同比上年同期增长52%，5吨以下的合同就有76份；钢管分公司今年有的月份生产的品种高达208种，最小的一份合同只有1根钢管；他们甚至对完全符合合同要求、而且已经用户复检合格，但在使用中又提出新要求的40吨钢管从四川运回再行加工，并且承担全部运费和加工费。这种为用户高度负责的精神深深感动了用户，他们表示，今后将长期使用宝钢的产品。

宝钢还曾发生过一件“三亿元买信誉”的故事。那是在1992年底，当时钢材价格还实行“双轨制”，但国家已经决定从1993年起，钢铁企业正式执行《钢铁产品价格放开的改革方案》。当时，一些钢铁企业就有意将按计划价当年要执行合同推迟到第二年，以获取较多的利润。但宝钢却坚决按合同办事，尽管这样做，要减少收益3亿元，但宝钢领导认为，这叫花钱买信誉，值得。多年来，宝钢坚持严格按合同组织生产，视合同为法律，始终做到100%履行合同。现在，宝钢更加重视企业形象的建设，其核心就是尽最大努力服务用户，取得用户的高度信任。

宝钢营销工作的内涵和特色远远不止这些，特别是成立国贸总公司以来，在这方面又有新的进展。比如，内外贸一体化，产销研一体化，以及他们的“车马炮”营销策略等，尽管这些都是为了宝钢自身开拓市场的需要，但也都是立足于尽最大可能满足用户需求这一基本任务的，这篇短文就不一一介绍了。我们相信，随着宝钢的进一步发展，宝钢的营销工作一定会取得新的成就，创造出新的局面。

企业调查随感3则[1]

不讲客观与实事求是

在学邯钢中，很多企业深为邯钢严格考核的精神所折服，对邯钢考核时实行不讲客观等“四不”，从感到难以接受到坚决执行，促使大家尽可能发挥自己的主动性，努力挖掘各自的潜力，确实起到了很好的作用。事实证明，过去有些同志强调客观条件不具备、外部环境不利等等，主观上也许是想为本单位职工创造较好的生产经营环境，但实际上往往压制了广大职工的积极性和首创精神，使得好多本来可以做到的事情没能干成，企业经济效益也得不到应有的提高，自然也影响到职工的收入。邯钢的经验使大家受到启发，观念有了转变，工作也有了起色。

但是，最近到有的企业，看到对“不讲客观”有点绝对化了，产生了一些负面影响。有家特钢企业，按规定炼合金钢时应该使用返回料，但因为供应部门采购不到，全部给的是合金料，以致炼钢厂成本超支，工人只能拿到210元的最低生活费。本来这个企业的职工工资就低，近40多个月全公司人均月工资只有460多元，如果这类事偶尔发生，也许可以“不讲客观”，但多次发生，都这样处理，职工就不会服气，职工气不顺，就谈不上发挥什么积极性，就有可能使生产走下坡路。这类事，在其他企业也有发生。因此，实事求是地对此进行分析研究，就十分必要了。

“不讲客观”，起码要有一个必要的前提，就是生产条件基本正常。这样，外部条件偶尔有些变化，在考核时不予考虑，职工可以接受。邯钢就是这种状况。但是，如果有的单位，生产条件基本上不正常，今天停电，明天原料供不上，以致使生产成本高于计划指标。在这种情况下，作为企业领导，必须尽最大努力创造正常生产的基本条件，特别是由于机关职能部门工作不到位而带来的问题，更不能简单地转嫁给基层。邯钢马春林同志刚到水钢就任炼钢厂厂长时，月产钢只有2.5万~3万吨（设计能力为5万吨），他并没有硬按原定指标进行考核，而是在调查研究的基础上，同大家一起来解决影响生产的一些关键问题，把生产搞上去，然后再实施成本否决这一套。用他的话来讲，就是开始“紧发条”了，职工们都心服口服。

由此还想到，邯钢还有一些说法，比如，“不讲道理就是最大的道理”，这是针对有些单位明明有潜力，却总是在指标上讨价还价，最后，公司领导就拍板定案了，结果这些指标也都完成甚至超额完成了。有的企业领导学习邯钢经验后，觉得这一条挺管用，克服了自己过去看似很讲道理、认真考虑了基层同志的意见，修订了指标，但实际上反映了自己心中底数不大，以致有潜力却没能挖出来。但是，如果不加分析地随意套用这句话，那不就成了“人有多大胆，地有多大产”的主观唯心主义，鼓励瞎指挥和胡蛮干吗。

---

[1] 原载于2000年第1期《冶金政工研究》。

列宁说过："譬喻总是跛腿的"。在学习兄弟单位经验时，同样要注意这一点。我们既不能以"实事求是"为借口，拒绝接受行之有效的先进经验；也不能脱离实际情况硬加套用，背离了"实事求是"这一马克思列宁主义的基本原则。这里用得上古人的一句话："运用之妙，存乎一心"。

变"看得惯"为"看不惯"

同水钢一轧厂党委书记袁国雄交谈时，他说，过去生产不正常，一进车间，到处都是问题，谁都会觉得看不惯。现在，生产正常，各项工作基本上都按部就班，秩序井然。于是，在一些干部和职工中，"差不多"的思想又开始抬头了，进现场看不到问题，一切都平平静静，平平稳稳，似乎什么问题都没有了，于是也就停滞不前了。为了改变这种状况，他们提出了，要变"看得惯"为"看不惯"。这个提法实在是好。

说这个提法好，好就好在它打破了平静。按理说，现在的平静意味着从过去的"乱"到今天的"治"，是一种进步。过去，现场乱糟糟的，当然谁也看不惯；现在，一切都井然有序，看着当然顺眼。但什么都看得惯了，就会不思变革，反过来又会阻挠事物的前进。特别是在当前市场竞争激烈的情况下，停顿就意味着落后；变革才有出路。而满足于"看得惯"，就意味着停顿，就是落后的开始。

变"看得惯"为"看不惯"，虽然只是一字之差，但却意味着自我加压，要求自我超越，反映了人们精神状态的升华。本来生产工作都很正常，却偏要鸡蛋里挑骨头，从稳定中找出不稳定的因素，从满意中挑出不满意的事物。这就要求人们站在更高的起点，用新的参考系来重新审视自己的工作，从而为攀登新的高峰创造条件。

从"看得惯"到"看不惯"，这最多只能说是一个新的开始。透过"看不惯"使我们看到了潜力，但真正要把这一潜力转化为现实的效益，还必须要把"看不惯"再转化为"看得惯"，这样才完成一个新的飞跃，使各项工作又在新的起点上前进。然后再从"看得惯"中寻找"看不惯"的地方，使"看不惯"又转化成"看得惯"。如此周而复始、螺旋式地上升，人们的思想境界不断得到提高，改变客观事物的能力不断得到提高，必然使各项指标不断登上新台阶、攀上新高峰。

车把式和奔驰车

在一家亏损企业的炼钢车间里，谈到目前产品质量不尽如人意，一些技术经济指标仍然处于落后状态时，有人说，现在是一流装备，二流原料，三流管理，四流素质，质量怎么能上去，效益又怎么能提高呢？特别是在谈到职工队伍素质时，说了一句话，让甩鞭子的车把式去开奔驰车，也不太难为他们了吗？

这里就产生了两个问题，一是为什么要让车把式去开奔驰车，二是车把式能不能开好奔驰车。

第一个问题给我的回答是，原来车间里的炉前工都是技校毕业生，但是后来有"路子"的都调到机关或其他部门去了，新补充的工人素质较差，需要有一个熟悉过程。显然，对这种做法，车间领导是不满意的，但胳膊拧不过大腿，也只能忍气吞声，无可奈何。这属于少数领导不正之风的问题，本文就不多说了。但令人遗憾的是，新中国成立都50年了，居然还发生让车把式去开奔驰车的事情，这甚至使人感到愤慨。

那么，车把式能不能开好奔驰车呢？这就要具体分析了。第一，刚放下鞭子的车把式是肯定开不了奔驰车的；第二，车把式经过培训，是完全可以驾驭现代化技术的，这无论在中外历史上，都是有很多先例的。新中国成立初期，苏联援建的156项现代化的大工程，喷气式飞机，各种装备先进的大炮、坦克，绝大部分都是由刚放下锄头的“泥腿子”和“车把式”经过短期培训来操作的。但是，时代不同了，现在还提出这个问题，不能不说是一个极大的讽刺。

再回头来看一看“一、二、三、四”的问题，这倒具有一些普遍性。现在，不少企业在上技改项目时，都争着要先进装备，这也没有错，我们就是要立足高起点嘛。问题在于既然设备是一流了，为什么不把掌握设备的人员也朝一流的方向使劲呢？按照“木桶理论”的说法，木桶的容积是由最短的那块木板决定的，这就是说，用高昂代价买来的一流的设备配以四流的人员，就不可能发挥其应有的作用。

当然，人和设备不同。设备是只要有钱，就可以买到；而人的培养以及所达到的效果，会受到内外部环境各方面的影响，这就需要我们花更大的精力去关注。但遗憾的是，有些企业的领导，仍然存在比较严重的“见物不见人”、“重物轻人”倾向。在某一企业的财务报表中，我看到不少项目都是超预算的，而职教经费的支出却远远低于预算。当然，给了钱不等于重视，花了钱也不等于就一定出成效，这还需要从建立合理的激励机制、分配机制以及加强思想工作等多方面着手。在这篇短文里就不涉及了。

“鞭打快牛”辨[1]

“鞭打快牛”，一般来说，含有贬词的意味。通常指的是上级领导对干活积极的，频加压力，反倒使下面的干部产生“惜力”思想，甚至一种逆反心理，使得有些本来能干成的事没有办成。因此，好多同志经常提醒有一些企业领导，不要“鞭打快牛”，我自己也曾有过这种想法。

这次去萍钢，在同二级单位领导座谈时，不少同志都提到这个词，但完全不是上面所说的意思。他们说，“宁做快牛挨鞭打，不做懒牛被淘汰”，言谈中很以做挨鞭打的快牛为荣。

是什么使他们改变了习惯思维呢？是他们亲自的实践。大家都知道，萍钢原先是一个资不抵债的亏损大户。1997 年，新的主要领导就任后，带领大家转变观念，真抓实干，很快改变了企业的面貌。现在，不计政策的因素，已经实现了当月扭亏。前后对比，使他们深刻地认识到，一个落后的单位要想立足于强者之林，必须要用加倍的努力，以超乎常人的速度迎头赶上，慢步走路固然不行，即使跑步还是不行，必须要大步快跑。

但是，人的惰性往往是相当顽固的。在取得成绩后，松懈情绪时有出现，有的放慢了前进的步伐，这就意味着退向落后的开始。厂领导不失时机地扬起鞭子，提出新的奋斗目标，结果三年规划的任务一年多完成了，修改后的两年目标又在一年内实现了。在此期间，绝大多数的同志冲了上去，也有少数同志被淘汰出局，等待他们的是一纸下岗通知书。

实践使大家更深刻地认识到，对于一个国家来说，落后就要挨打；对于个人来说，落后就意味着宝贵的工作岗位的丢失。实践也使大家看到了企业存在的巨大潜力和自己身上的潜能；亲身感受到了随着企业形势的好转，个人的实惠也增加了。因此，不少职工发出了“今天有多大劲，不等明天使”的响亮口号，使自己同企业真正结成“命运共同体”。

当然，这种观念的形成，也是同新的分配机制和用工制度的建立分不开的。如果快牛只有挨鞭打的份，而懒牛却仍然怡然自得，那么，还有谁甘心当这种快牛呢？而当这种观念和机制形成后，成为企业内部的一种理念，那就必然会出现“不用扬鞭自奋蹄”的令人鼓舞、振奋的场景。

---

[1] 原载于 2000 年 1 月 25 日《中国冶金报》。

慎防“3C”[1]

作为全球十大超级智囊团之一的美国兰德公司，在对企业进行大量的咨询诊断中，发现不少有成就的大企业，通常会渐渐滋生出一种特有的思维模式——“3C”思维模式。所谓“3C”，就是3个以英文字母C打头的词，即complacency（自满）、conservation（保守）、conceit（自大）。这个论断，对我们很有启示。

的确，对一个取得重大业绩的企业来讲，往往会产生一种成就感、自豪感，这原本是无可非议的。但自豪离自满往往只有一步之差，稳健和保守两者之间也没有什么不可逾越的界限，自信和自大也不是截然分明的。因此，警惕这“3C”的影响，就成为我们所有有成就的企业共同的任务了。

实际上，这“3C”已经在我们一些企业里产生了影响。有的企业小变即满，自我加压少了，强调客观多了；对自己取得的进步，津津乐道；对自己存在的问题，开始轻描淡写；对兄弟企业的成绩和经验，过多地看到他们外界条件的有利一面；而对自己的差距和不足，又不恰当地强调客观条件的不利一面。这样，必然放慢了前进的步伐。而市场竞争不进则退，进慢了也会从先进转为落后。于是，昔日的成功就成为明天失败的先导。

现在，很多企业的领导对此已经有了高度的警觉，他们不断提出“反骄破满”的要求。但光有一般的号召还不行，必须提出扎扎实实的措施。三明钢铁厂的做法值得我们借鉴。他们提出了是否真正做到“反骄破满”的三条标志。一是能不能找出本单位存在的问题。因为，只有发现自己的问题，才能去着手解决问题；二是能不能看到兄弟单位的长处。因为，只有看到对方的长处，才能心悦诚服地去学习、去追赶；三是能不能找出自己继续前进的突破点。因为，只有找准了工作上的突破口，才能乘胜前进，扩大战果。这三条提得好，体现了一种不断超越自我的思想境界，体现了虚怀若谷的精神风貌，体现了务真求实的工作作风。有了这种精神，我们就能够从胜利走向新的胜利。

[1] 原载于2000年3月3日《中国冶金报》。

三谈“关小”❶

清理整顿小钢铁厂势在必行
——一谈“关小”

在钢铁工业实施控制总量的关键时刻，国务院办公厅发出了《通知》，转发国家经贸委《关于清理整顿小钢铁厂的意见》。这一通知，十分必要，十分及时，必须坚决贯彻执行。

众所周知，目前，钢铁工业处于结构性供大于求的状况，以致钢材价格持续下跌，严重影响钢铁企业的效益。为此，从1999年起，国家要求钢铁工业必须控制总量，大企业带头限产；在限大的同时，还要关闭工艺装备落后的小钢厂。尽管这项任务1999年完成得不好，全国的钢产量不仅没有降下来，还比1998年有所增长，特别是小钢厂增长的幅度远远超过大厂增长的幅度。今年前两个月，大厂确实按照原定计划进行了限产，钢产量较去年同期有所下降；但一些小厂却趁机而起，一、二月份都大大超产。由此可见，当前钢铁工业能否把总量控制住，关键在于能否把一大批工艺装备落后的小钢厂关停下来。

关停小钢厂，不只是单纯地控制数量问题，更主要的是优化钢铁工业结构的需要，是整顿市场秩序的需要，是治理环境污染的需要。尽管有些小钢铁厂办得很有特色，效益也是不错的。但是，就总体而言，绝大多数小钢厂工艺落后，装备陈旧，产品质量差，能耗又高，环境污染严重，只是由于种种合法和非法的原因，产品价格低。因此在市场上还能占有一席之地，甚至出现“劣币排斥良币”的不正常现象。特别是其中相当一部分钢材是废次品，有些还是完全不符合工艺要求的地条钢，这些钢材，既是扰乱市场的罪魁祸首，又是一些“豆腐渣工程”的物质基础，还是引发某些部门的腐败源头，必须坚决取缔。

现在，国务院发出了《通知》，这对治理整顿小钢厂是副对症的良方。我们必须按照国务院的统一部署，统一思想，提高认识，加大执法监督的力度，做好宣传教育工作，妥善处理关停小钢厂工作中出现的各种矛盾和问题，保证这项工作的顺利进行。

关停小钢厂为什么这样难？
——二谈“关小”

小钢厂的兴起，并不是这几年才有的事。20世纪80年代，在1981年和1989年两次国民经济调整和治理整顿时，国家也要求一批小钢铁厂关停并转；1989年国务院还发布了《关于当前产业政策要点的决定》，对钢铁工业在明确提出要重点支持大中型炼铁、炼钢建设的同时，要求停止和严格限制小高炉、小转炉、小电炉的建设，这对小钢厂的建设起到

❶ 3篇短文先后刊登在2000年3月14日、15日、17日的《中国冶金报》。

了扼制作用。但“野火烧不尽，春风吹又生”，形势一有变动，又死灰复燃。

为什么“关小”就那么难，关键在于利益驱动，1981 年和 1985 年，笔者就在《冶金报》和《人民日报》上发表过两篇文章：一篇是“积极引导，防止重复建设小轧机”，另一篇是“‘电炉热’要降温”，反映了当时这一问题已经相当严重。尽管那时还处于计划经济时期，重复建设的原因和现在不尽相同，但有一点是共同的，就是利益驱动。这里既有这些小厂的自身利益，也有当地政府部门一些短期行为的考虑。这些小钢厂，由于其设备简陋，建设费用少；雇用的一般是农村临时工，劳动力成本低；税收政策宽松，多数是包税制；再加上没有什么社会负担，因此所生产的钢材成本低，特别是目前在相当一部分建筑市场尚不规范的情况下，施工单位层层承包，层层克扣费用，使最终承包单位只能采购廉价钢材，以获取一定的利润，这就为这些小厂假冒伪劣钢材的存在提供了条件。在法制建设不健全的地方，这些小厂又是某些部门“创收”的据点，正因为这些小厂存在的不合法性，他们才千方百计寻求保护，有的是公然行贿、受贿；而有的有关部门则是利用手中之权，进行权钱交易，如开具临时生产许可证，出具产品质量检验合格证，从而使这些不合格产品能公然、“合法”地进入市场。而有些地方政府又把这些小厂作为解决部分职工就业、增加税收的“经济增长点”，自觉不自觉地进行保护，使这些单位更加有恃无恐。

显然，要解决这一问题，单靠行业主管部门或某个业务部门都是无能为力的，必须要使各级地方政府承担起责任来，并纳入到政绩考核中来。在各级政府的统一领导下，组织各有关部门，在统一认识的基础上，相互配合，各司其职，锲而不舍地抓下去，才能取得应有的效果。

统一行动，各司其职
——三谈“关小”

国务院文件下达后，一些地方政府和部门已经作出了积极的响应。像有的省政府明确表示，全省小钢厂除保留一家以生产金属制品为主的企业外，其余小钢厂统统关停；有的地方也准备进一步修改规划，加快淘汰落后小钢厂的步伐。但是，也有一些地方较多地强调困难，思想上犹豫动摇，行动上迟疑不前；有的是领导决心很大，但下面有的部门缺乏协调一致。因此，要贯彻好国务院的《决定》，还要作大量的艰巨工作。

首先，要统一思想，提高认识。要充分认识到，这次清理整顿小钢厂，并不是不分青红皂白，统统一刀切；而是按照国家的有关法律法规，对部分落后的生产设备予以关停。这是事关全局长远利益的大问题，如果容忍这些小钢厂继续存在、甚至进一步发展，尽管暂时可能会在局部利益上有所增加，但必将更大地污染市场环境，污染自然环境，弊大于利。在这个问题上，必须局部服从整体，坚决同中央保持一致。

其次，要认真落实责任制。国务院《通知》中，已经明确规定了地方各级政府和有关部门以及各有关单位在整顿小钢铁厂的职责。对此，必须坚决执行。过去，有些地区也曾采取一些措施，来治理整顿小钢厂，打击假冒伪劣，但在落实到行动时，有关部门往往文齐武不齐，锣响鼓不敲，协调不够，有的甚至暗中作梗，使这些活动无效而终，更助长了这些不法小钢厂的气焰。我们要吸取以往的教训，对不按《通知》规定履行其职责的单位，进行必要的惩处。

第三，要贯彻执行好各项政策。清理整顿小钢厂的工作，涉及面广，政策性强。各地、各部门都要按照《通知》中规定的政策，不折不扣地予以兑现。但目前钢铁“关小”，还不同于纺织压锭。纺织压锭，设备就地销毁，国家和地方政府给以适当补贴；而对小钢铁厂关停后的设备，也要求就地拆除报废，不得出租、变卖和易地使用，但至今尚无政策上的支持，这将不利于这些设备的销毁。建议在国家还没有明文规定前，地方可否结合本地区的情况，暂先作些政策规定。

新产品开发重在实效[1]

在当前钢材市场竞争趋于白热化的情况下，很多企业的领导都深刻地认识到，要使自己的产品能在市场中具有较强的竞争力，必须要本着“人无我有，人有我好”的原则，大力开发新产品。这既是调整结构的需要，也是提高自身经济效益的需要。现在很多企业把开发新产品放在重要地位来抓，有的已经取得了较好的效果。但是，也有一些企业，在这方面不能说没有下工夫，却效果不大。总结这些企业的经验教训，窃以为有下面三点.

（1）适应市场需要是新产品开发的最重要的原则。开发新产品，目的就是为了满足市场需求，而市场需求也是推动新产品开发的唯一动力。恩格斯早就说过：“社会一旦有技术上的需要，则这种需要就会比十所大学更能把科学推向前进。”攀钢近几年在新产品开发上所以取得较好的成效，就是因为他们始终密切关注着市场，只要用户提出要求，就千方百计地去满足，这就促使他们在开发新产品的工作上，路子越走越宽，效果越来越好。但是，也有的企业，在开发新产品前，缺乏市场调查，只是凭一些支离破碎的信息，就想当然地去进行研究开发，结果即使拿出了产品，也不一定为市场所接受。

（2）新产品的开发必须把技术和经济紧密结合起来。在计划经济下，一种新产品的开发，往往可以不计成本。但在市场经济下，任何一种产品要想在市场上取得成功，就必须在价格上具有竞争力。前几年，我曾遇到过这样一位负责炼钢的副总工程师，不知道每吨钢的生产成本是多少。这种情况，现在当然很少了。但是，技术和经济脱节的现象仍然存在。有的新产品，从技术上来说，是成功的；但是从经济上来评价，则又是另一回事了。因此，作为新产品开发工作来讲，必须从一开始，就将技术和经济结合起来。不仅要技术上可行，而且要经济上合算。只有这样，才能说是成功的。

（3）要使开发的新产品真正能成为企业新的经济增长点，必须要搞好各项基础工作。有的企业，新产品开发成功了，价格也具有一定的优势，受到用户的欢迎。但是，好景不长，不久，就出现了门前冷落车马稀的场面。原因何在？就是因为产品的质量不稳定。小批量生产时，还能勉强保持质量要求，一旦转入大批量生产，就纰漏百出。其实，这个问题，不仅反映在新产品上，也是相当一部分企业正常生产时的通病。关键在于标准化作业贯彻得不好，生产操作上的随意性没有得到有效的克服。因此，认真地加强各项基础工作，是保证新产品开发能够顺利占领市场的必要前提。

---

[1] 原载于2000年3月25日《中国冶金报》。

愿我们有更多谭丽丽式的好干部[1]

2月23日《中国冶金报》的第四版，以整版篇幅刊登了长篇通讯“谭丽丽其人其事”。感谢作者马金山同志以炽烈的感情、生动的语言向我们全面地介绍了武钢财务部预算合同处处长谭丽丽同志的先进事迹，我看了一遍又一遍，深深为她的先进事迹所打动，从心底发出呼喊：我们多么需要谭丽丽这样的好干部啊！

谭丽丽事迹感人之处，比比皆是。对工作执着的敬业精神，使她在诸多不同的岗位上，都作出了惊人的业绩；对事业的高度责任感，导致她经常处于高效率运作之中，以致人们称她为“工作狂”；她勇于创新，在平凡的日常会计工作中，和几位同事一起搞了一项发明，在我国财会界第一个获得了国家专利；这位人称“有情有义的好处长”，却自称“组织上安排我到这个位置上，是让我作猫子的啊”，为了捍卫武钢和国家的利益，哪怕是至亲好友，也容不得以私损公；她疾恶如仇，即使在大街上路见不平，竟然敢以一个弱女子之身，去主动抗击强暴；……。

但是，最使我感动的是马金山文章的最后一节“情女”。“新千年的前夜，谭丽丽用一个晚上的时间给全处的66名同事每人打了一张贺卡。除最后一句‘衷心感谢一年来对我工作的支持’外，66张贺卡66个内容，表达了她与她的同事们心与心的呼唤，情与情的交融。”接着，作者转引了12份贺卡的内容。正像作者所概括的，“这一张张贺卡，有文采，有诗意，有哲理，有温情，有热情的鼓励，有殷切的期望，有委婉的规劝，有深情的祝福。”无怪乎不少职工读后流下了眼泪。我相信，不管是谁，看了这些贺卡，也都不会无动于衷的。

这些贺卡，也从另一个侧面反映了谭丽丽对事业的执着精神，体现了她对同事们炙热的关爱之情。能够在一个晚上写出这样出自肺腑、内容各异且具有极强针对性的贺卡，没有对事业强烈的责任感，没有平时对同志们深刻的了解，没有出自内心的对同志们的真切关怀，既不会去写、也写不出来的。这些贺卡，也使我明白了，为什么谭丽丽走到哪儿，都能带出一支高素质的队伍，都会使这个单位进入先进的行列；为什么在无记名民意测评中，她的满意率达到100%。她不仅以自己的言传身教，为大家作出表率；她还像一团火，温暖了人们的心；像一盏灯，为同事们指引了前进的航向。

伟大的事业造就了一大批优秀干部，伟大的事业也呼唤更多优秀干部的出现。愿我们的干部队伍中涌现出更多的谭丽丽式的好干部！

---

[1] 原载于2000年3月29日《中国冶金报》。

不找领导找先进[1]

宣钢曾是冶金系统的一家特困企业，累计亏损一度超过10亿元，最高年份亏损3.8亿元，1994年到1998年上半年，先后欠发了13个月工资。但是，从2000年起，他们实现了扭亏；2001年，在不计政策因素的前提下，实打实地扭亏为盈，而且还还清了建设转炉的1.8亿元集资款本金，并正在逐步偿还欠发工资；近两年，除了国家经贸委给了2000万元贷款用于喷煤项目外，还依靠自己的积累，投入2亿多元用于技术改造，取得了可喜的成绩。

宣钢能够扭亏，原因是多方面的，但是，最重要的一条，是从上到下思想观念的转变和精神状态的振作。过去，公司下达降低成本的各项指标时，下面感到有难度，往往就找公司领导或有关部门讨价还价，要求往低处调整；而现在，再遇到这种情况，他们就先接下来再说，有困难，不找领导找先进。

不找领导找先进。这句话说得何等好啊，具有很深的含义。这反映出一种自立自强的精神，一种藐视困难的勇气，一种学习先进、勇攀高峰的气概！尤其是对特困企业来讲，要想扭亏，要想继续在激烈的市场竞争中保持一席之地，必然要付出比正常情况更多的辛勤，更多的汗水，更多的脑汁。舍此，别无他途。过去，遇到困难找领导，无非是摆出种种理由，要求上级减指标，给条件，尽管有些也不无道理，但这样做，能够使企业及早扭亏脱困吗？

现在，不找领导找先进，就是拿更高的标准来要求自己，通过学习先进，进一步找出自己的不足和差距，特别是从先进单位的业绩中，可以启发自己的思路，扩展自己的视野，学到宝贵的经验，找准自己努力的方向。这种思想境界的升华，就必然会导致广大职工潜能的发挥，转化为巨大的物质财富。宣钢的经验具有很强的说服力，值得我们学习借鉴。

---

[1] 原载于2001年1月12日《中国冶金报》。

入世了，我们该做什么？[1]

经过了几多曲折，经历了15个年头，中国终于正式成为WTO的成员国了。尽管此时此刻，我们有万千的感慨，无数的思虑。但当前最关紧要的是，要严肃认真地考虑一个共同的问题：入世了，我们该做什么？

入世，意味着我们在经济全球化的进程中又迈出了关键性的一步。虽然目前对经济全球化有褒有贬，看法不尽相同，但无论如何，经济全球化毕竟是人类社会发展进程的必然趋势，从理论上来说，这种趋势会使人类的各种资源得到最佳的配置，最合理有效的利用。但是，由于不公正的国际政治经济秩序没有得到根本改变，经济全球化也加剧了各国、各地区发展的不平衡性，尤其是使南北的发展差距、贫富差距进一步扩大。正如江泽民同志在2001年财富全球论坛开幕式上发言时指出的，经济全球化是一把“双刃剑”，既会给发展中国家的发展带来新的机遇，也带来新的挑战。

对中国的企业界来说，当前不是去评价入世的利弊得失的时候，更不要沉湎于“入世”后可能给我们带来的种种商机；而是要认清形势，正视现实，宁可把挑战看得更严峻些，进一步做好各方面的准备，在全球化浪潮中抓住机遇，发展自己。当前，要做的事情很多，但以下几点还是有其共性的。

首先，要树立国际化的观念。在全球经济一体化的趋势下，每个企业、每位老总都要反思自己的思维方式是否具有全球性。我们不仅要把目光盯着国内市场，而且要关心国际经济的动荡变化对我们的影响。特别是钢铁工业面临全球化产能过剩，中国这个大市场必然会成为国外一些钢铁企业关注的重点，我们该如何应对；面对国际钢铁界的大整合、大调整，我国钢铁界也必须破除小生产的观念，下决心调整企业结构，绝不能再以小舢板来同艨艟巨舰相抗衡。尤其是一些大型企业集团，更要把自己摆在世界经济这个大棋盘上来思考问题，寻求对策。宝钢最近提出，将全球化经营作为自己的战略目标，实现由产品输出到全球化经营转变，并积极探索利用宝钢的装备和技术方面的优势，加快发展国际技术贸易。可见，只有具备比较开放、全面的思维方式，才能使自己在激烈竞争的国际市场上站稳脚跟，发展壮大。

其次，要进一步了解熟悉世界经济的游戏规则，加快培养相关人员。WTO制定了一系列的国际经贸条例和规则，涵盖面广，且具有法律效力。入世后，我们必须遵守这些规则，违规者，必然自取其咎，这已经有不少先例。特别是当前国际市场竞争愈益激烈的情况下，一些发达国家贸易保护主义抬头，利用技术壁垒和反倾销等手段对我进行限制。一方面我们要改进自身的工作，不让对方抓住把柄；另一方面，还要善于运用WTO的有关条款，研究趋利避害的措施，以保护自己；并利用入世的有利条件，积极参与制定规则。为此，必须抓紧培养一批外向型经营人才，他们不仅要懂得外语，熟悉国内情况，还要熟

[1] 原载于2001年第6期《冶金经济研究》。

悉国际贸易的种种业务和法规条例，真正做到知己知彼，这样才能在异常激烈的国际商战中克敌制胜。

第二，最主要的是，要以入世为契机，自觉地改进我们各项工作。入世了，固然会带来不少机遇，我们要努力抓住；但我们更应看到的是严峻的挑战。入世了，就要“与狼共舞”。要共舞，除了要懂得舞蹈规则外，还要有舞蹈的水平，才能与之相匹配。我国入世谈判的第一阶段，用了 6 年时间，就是为了“市场经济”这 4 个字。这个教训要深刻吸取。入世以后，更要自觉地按照市场经济的规律办事，要“从那些不合时宜的观念、做法和体制中解放出来”，进一步深化以三项制度改革为重点的企业内部改革，以调动广大职工的积极性；要抓紧产业结构的调整，围绕产品品种、质量、成本、服务以及环保治理，搞好技术改造，强化企业管理，不断提高企业的经济效益；要按照经济规律来组建大型企业集团，提高企业的综合竞争力；并大力整顿不规范的市场，健全社会主义的市场机制。还要实施“以人为本”的方针，大力开发人力资源，倡导有利于企业发展和人才成长的企业文化。

总之，世界上没有免费的午餐。加入 WTO 不是我们努力的结束，而是新的进程的开始。作为一个发展中国家，我们更应奋起直追，善于利用各种机遇，同世界各国既有竞争，又有合作，扬长避短，趋利避害，努力拼搏，使我国早日进入强国之列。

人才的浪费比短缺和流失更为严重[1]

入世了，我国人才问题的紧迫性也越来越凸显了。去年，朱镕基总理在南京举行的新华商大会上说："目前我们最缺乏的不是资金，而是人才"，"我们今后改革开放的重点不是吸引资金，而是吸引人才和技术"，这清楚地表明了中央领导对人才问题的高度关注。

当前，在人才问题上，存在三种值得注意的现象。一是人才短缺，二是人才流失，三是人才浪费。应该承认，同发达国家相比，我们无论是在科学技术上，还是经营管理上，人才都是短缺的，特别是面临知识经济的新时代，世界经济一体化的新形势，原有人才的知识和经验许多都不适应了，需要加大人力资源开发的力度，加快人力资源开发的进度，通过各种渠道，重点培养一批短缺人才。

还要看到，我国入世后，在经济全球化的同时，人才市场化的进程也会加速，人才的竞争将更为激烈，发达国家早就凭借其经济优势，在全球范围内争夺人才，占领人才市场。世界最大的跨国猎头公司都瞄准了中国。众多的跨国公司更是把眼光盯住中国，他们在人力资源上实施的是本土化的策略，基本上是就地取材。因此，国内企业，特别是国有企业的人才流动是大势所趋。最近，参加我国入世谈判的极少数的国内 WTO 专家之一就被外企挖走了。可见国际化的趋势已导致中国国内人力资源竞争格局出现了新变化，人才的流动给我们带来了挑战也带来了机遇。激烈的国际人才竞争如同"入世"一样，是一把双刃剑，它一方面会导致我国优秀人才的进一步流失，另一方面必然会冲击那些陈旧的人才观念和人事制度，促使我们加快人事制度的改革，为员工营造良好的提升自己才能、体现自身价值的良好环境，从而更好地留住人才，并进一步发挥他们的专长。

人才的短缺和外流是有形的，比较容易引起人们的重视；而人才的浪费则是无形的，不易引起人们足够的关注。在某种意义上来说，我国人才浪费的问题要比人才短缺和流失更为严重，有时就是由于人才的浪费直接导致人才的短缺和流失。日本索尼公司的董事长曾和人力资源经理亲自与公司中层以上的管理人员逐一谈话，谈话后他感到企业里 1/3 的人放错了位置，没能充分发挥出每个人的潜力，没有人尽其用。我国这方面的问题就更为严重些。与缺乏人才相比，我国更缺乏的是让人才脱颖而出的环境和机制。对很多企业来讲，当前的问题不是没有人才，而是没有发现人才。正像罗丹所说的："世界上不是缺乏美，而是缺乏发现"。经常可以看到这种情况，有的单位一方面喊叫缺乏人才，另一方面却有大量人才没能发挥作用。有的人在原单位是一只虫，出去后却成了一条龙。这种情况可以说比比皆是。

要发挥人才的作用，最主要的是各级领导都要把"以人为本"的思想真正落实到各项工作中去，不仅要经常思考如何让员工努力为企业服务，更要考虑和研究企业应对员工承担什么义务和责任，真正把人才这个第一资源最大限度地开发、管理好，使员工的个人发

---

[1] 原载于 2002 年第 3 期《冶金经济管理》。

展与企业发展高度关联，把企业进步与个人价值的提升高度融合起来。具体来说，一是不论什么岗位，都要有责有权，责权利要结合，要使他们感到在这个岗位上能体现自身的价值；二是不要使人们满足于例行公事，要为他们提供能够发挥他们创造性的舞台，诸如尽可能吸引他们参加各种技术攻关的活动，人人身上有课题；三是实行竞争上岗、末位淘汰的激励和约束机制，通过外部的压力，来激发他们自身的潜力；四是改革分配制度，使各类人员都能各得其所，像宝钢有“局级工人”。有的专家可以拿总经理一样的工资，这就改变了过去千军万马去挤“当官”这一座独木桥，以致人才潜能得不到充分释放的弊端。五是重视人才的培训，不断提高职工素质。特别是岗位职工如何适应技术改造后的新形势，尽快提高技术业务水平和操作水平，已成为当前急迫的任务。

当然，人力资源的开发，也不仅仅是组织上的事，职工个人也要适应竞争愈益激烈、科技日新月异的新形势，不断提高自己的技术业务水平，拓宽自己的视野和业务领域，努力成为复合型的人才和某一方面的能手和专家。宝钢、武钢等企业提出“知识型人才、智能型岗位、学习型班组”的要求，促使职工自觉加强学习，努力成才。他们的经验可供各企业借鉴。

西部大开发　更要西部大开放[1]

西部大开发，这是党中央在新的历史时期作出的重要战略决策。

西部大开发，当然需要各方面的支持，事实也是如此。这几年，国家制定了大量扶植西部发展的政策，加大了对西部地区基础开发的投入力度。但是，西部大开发，更需要西部各级政府、企业和所有部门以及全体人民自身的努力，特别是观念的转变。其中十分重要的一条就是要坚定不移地走开放之路。

我国改革开放20多年的历史，充分证明了开放带来了竞争，竞争带来了发展，带来了效益。但是，由于东西部经济发展的不平衡性，这种开放在一定时期、在某些方面会给西部一些地区带来相当大的压力，这就是挑战，但机遇也正孕育于挑战之中。拒绝了这种挑战，也就意味着丢失了机遇。

对西部来说，我们不能只是要从外面引进资金，而排斥外部产品的进入。任何形式的地方保护主义，尽管暂时可以使本地的落后企业得以生存、本地的差次产品得以保有市场，但从长远来讲，从根本上来讲，这样的保护只能使企业丧失活力，最终会由于缺乏竞争力而受到市场的无情淘汰。

最近，看到一个西部大省的一位省级领导，在一次会议上的发言，更使人感到开放之不易。他在讲话中批评了“在同等条件下整机企业少买或不买本省产品配套件和材料，流通销售渠道少进少销本省产品的怪现象”；并且提出，要“制定相应的市场监管措施”。在讲话中，尽管他也说道“以不搞地区封锁为前提”，是在“同等条件下，提倡本省人消费本省货”。但其中的真意，应该说是很清楚的了。据说，这个讲话受到绝大多数当地企业的拥护。这就不能不令人忧虑。

首先，要搞清楚这里所说的“怪现象”到底怪也不怪？比如说，家电产品国内知名的品牌就有好几个，那个省也有。应该说这些产品还是各有所长，但谁优谁劣只能由市场说了算。那么，由谁来判定是否属于“同等条件”呢？是由本地企业自己来定呢，还是由握有行政实权的政府部门说了算。如果是这样，那么，我们究竟是搞市场经济呢？还是依然走计划经济的老路？

其次，这位省领导说了提倡“本省人用本省货”，地市领导、甚至县区领导是不是也会仿效呢？这样，又将会出现一个什么样的局面呢？其结果必然是层层保护，本来应该是统一的市场，最终形成了各自为政、分散割据的场面。这样，经济能发展起来吗？

第三，你这个地区，可以这样做，难道其他感到受排斥的地区不可以“以其人之道还治其人之身”吗？在这样闭关自守的市场环境下，又怎样能够吸引发达地区的企业来投入资金，共同开发呢？其结果究竟对自己是利大，还是弊大？答案应该是很清楚的了。

当然，由于西部地区的经济相对落后些，在一定时期，采取某些保护措施也是无可厚

[1] 原载于2002年3月2日《中国冶金报》。

非的。就像我国入世后，对 WTO 某些条款的执行有一个过渡期一样。但基本原则不能动摇。

因此，我认为这种观点，是不利于西部大开发的。特别是现在我国已经是世贸组织的成员了，如果一方面我们在国际场合中，接受了 WTO 的原则；另一方面在国内的经济交往中，又大肆推行地方保护主义，这岂不是南辕北辙吗?

最近，在北京的媒体上，看到有人呼吁："要 WTO，先要 CTO、BTO"，意思是要进入世界统一市场，先要进入中国统一市场，北京统一市场。诚者斯言！这对西部地区更有借鉴意义。

有感于宝钢的“局级工人”❶

在宝钢，只要你有真才实学，并且真正为企业效益的增长作出了贡献的，不管你在什么岗位，都可以得到相应的报酬。工程技术人员可以拿到总经理的工资待遇，工人可被评为技能专家的，可享受局级干部的住房、出差待遇，人称“局级工人”。去年，这样的“局级工人”在宝钢集团内就有9名，他们成为广大工人心目中的榜样。

谁都知道，一个企业要提高其市场竞争力，不仅要有一批优秀的管理人员，优秀的技术人员，还必须要有一批优秀的技术工人。但是，相当一个时期以来，在企业里，担任行政职务的干部要比只有技术职称的干部不仅收入高，而且其他物质待遇也要高得多；至于操作工人，即使确有突出专长的，更要相差得多。有的企业为了提高工人的“地位”，打破了干部和工人之间的界限，把全体职工都称为“工作者”。但是，并没有从分配机制上进行改革。因此，这种做法实际上并没有起到多少作用。相反，现行的很多措施，客观上是引导人们通过行政这条通道来体现自己的价值，这就使得有些工人不是在提高自己的业务技术水平上下工夫，而是力求在行政职务上有所提升，结果在一些企业里，高中级技术工人成长缓慢，有的大型钢铁企业高级技工占职工总数不到0.1%，中级技工不到0.5%，已经严重影响到生产的发展和技术的创新。宝钢的这一做法有助于激励广大工人钻研技术，提高自身素质，从而有利于企业效益的增长。

现在，像石（家庄）钢等一些企业，也已在分配制度上作了改革，他们将全体人员分为领导系列、非领导系列、操作系列，不担任领导职务的专家、高级技工，只要能给企业创造高效益，同样可以拿高层行政领导的薪金，这就改变了过去千军万马去挤“当官”这一座独木桥，造成一方面人才短缺，另一方面大量人才浪费的不正常现象；促使各类人员都能爱岗敬业，不断超越自我，在各自的岗位上为企业的发展作出自己的贡献。

当前，各企业在研究如何加快人力资源开发的步伐时，一定要把培养高级技术工人纳入规划，并采取切实措施，包括建立必要的激励机制，促进这方面人才的快速成长。

❶ 原载于2002年3月26日《中国冶金报》。

于细微处见精神❶

——说说宝钢运输部的精品意识

现在，很多企业都在建设精品基地，使自己的产品能以精品形象进入市场，来博取客户的青睐。这确实是一件大好事。但是，有些企业在塑造企业精品形象时，主要把精力放在生产环节上，对一些辅助环节重视不够，结果，往往出厂时的“精品”到了用户手中，却有些变样，引起用户的不满。

近日，《宝钢日报》连续三天在头版刊登宝钢股份公司运输部创建形象工程的长篇报道，三期的大标题都很吸引人，分别是：“搬精品像搬豆腐”、“运焦炭像运鸡蛋”、“进厂房像进客厅”。细读之下，更为其内容所感动。这不是哪位秀才在“作秀”，而是工人们实实在在的操作方针。过去，铁路成品库装运产品时，求快不求稳，结果导致运送精品过程中外包装、甚至产品损坏的现象。现在，他们不仅把昔日被称为“草窝”的库房整治成摆放精品的“金窝”，而且在操作中精益求精，且看记者的描述：“记者正听着介绍，一辆装载镀锡板的平板车驶入厂区，一瞬间，库区行车运行声、吹哨声立即响了起来，工人们各就各位。‘嘟……嘟……’，行车已开到平板车上，吊钩慢慢放下，两位挂钩工上前把尼龙吊带挂在两包镀锡板上，到吊绳即将绷紧时，挂钩停了下来，行车工开始用点动方式进行调整，确认吊钩与镀锡板垂直时，挂钩才缓缓上升，上升了4米左右挂钩又停了下来，行车开始平移，行至存放点位置时，行车再度停下，挂钩开始缓缓下降，到地面还有0.5米时，挂钩又停了下来，站在地面的两位挂钩工上前小心翼翼地扶住镀锡板两侧，行车工这才启动行车，将镀锡板稳稳放到地面。一旁的作业长介绍说：‘这就是我们把精品当作豆腐搬的全过程。虽然操作时间要比过去长，但装运过程中引起的质量事故彻底杜绝了’。”

再来看看他们又是如何做到“进厂房像进客厅”的。当记者来到宝钢股份冷轧厂1550单元，正巧一辆运输部汽车大队的装卸车，在9-1号大门前缓缓停下。“卷帘门渐渐开启，但车没有立即进入。只见司机从车上跳下，拿着一块抹布钻到车子底下，擦拭黏附在车轮上的泥水，确认擦干净后，司机才上车，将车慢慢驶入厂区。10分钟左右，司机卸完车后，从原路返回，车出了厂门，却没有开走，这次司机拿了把拖把下车，擦干了刚才车辆驶过后留下的水迹。”实现了进出1550厂房必须做到“轮无泥、斗无尘、地无迹”的承诺。

我之所以大量引述记者的报道，因为我深深被记者的叙述打动了。我相信任何读者看了这些报道，也会对宝钢运输部的工人们表示真诚的敬意。宝钢的产品所以能在市场上受到好评，就是同宝钢全体职工这种精品意识分不开的。但直到现在，仍然有些同志，一提

❶ 原载于2002年6月20日《中国冶金报》。

起宝钢，就认为他们好就好在有一流的装备，却忽视了宝钢在长期的发展实践中，锤炼了一支一流的队伍。要知道，光有一流的装备，不一定就能拿出一流的产品；而有了一流的队伍，即使在条件不十分具备的情况下，也会创造出令人惊叹的奇迹。宝钢运输部的工人同志们正是这样，只要企业需要，他们就会果断地摒弃那些不符合时代要求的旧的操作习惯，采取全新的作业方式。如果我们的企业，所有的工序环节都能像他们一样，何愁建立不了精品基地呢！在对宝钢运输部的员工表示敬意的同时，我还想提一个小建议：在吊装稳、准的前提下，能不能通过技术革新来提高操作的效率，使之稳、准、快能够并举呢？我相信，作为学习型企业成员的宝钢人一定能够不负众望，创造出新的业绩来的！

100个99%意味着什么[1]

在百分制里，如果得到99分，应该说是很优秀的了。但是，且慢高兴，如果你做一件事，总共有100道相互衔接的环节，每一个环节你都得了99分，那又会是什么样的结果呢？用数学的公式来计算，就是0.99的100次方，即0.99^{100}，答案甚至可以说是令人沮丧的，因为结果是只有36分，距离及格的分数还差得远呢！哪里还有什么优秀的影子呢？

在现代化企业里，一件产品往往是由成千上万个元件组成的，其中很多元件相互形成串联的关系，而每个元件又是经过很多道工序完成的。因此，这件产品的最终性能就可以大略地通过上面所说的公式而得知。元件越多，工序的道次越多，要求的质量标准就越高。有人计算过，如果我们每件工作或每项产品都达到百分制里的99分标准，全世界每小时就有20000件邮件被误投，每天水管中有15分钟的水是不能安全饮用的，每周有5000个外科手术有问题，每天有2架飞机在着陆时会发生问题，每年有200000张药方是开错的。无怪乎美国通用汽车公司（GE）等一些企业都采用6西格玛标准，就是说，只允许有百万分之3.4的差错率。这听起来好像有些天方夜谭似的。但正因为这些企业做到了这一点，才确保了他们的产品质量在市场竞争中的优势地位。达到了这个标准，那么，上面列举的几个事例也就发生了变化，每小时只有7件邮件被误投，水管中流的水每7个月中仅有1分钟流的是不能安全饮用的，每周仅有1.7个手术有问题，每5年才会有1架飞机在着陆时会发生问题，每年开错的药方仅68张。而前面所讲的数据，只是达到了6西格玛标准。可见，在工作质量上，一丁点儿都马虎不得的。

现在，很多企业都在推行标准化作业，其用意是要求各项工作都按照规定的标准来进行，以工作质量来确保产品质量。这项工作应该说取得了很大成绩。但有些单位、有些部门、有些岗位，纸上说的是标准化，实际上并不标准；而且即使实现了规定的标准，离世界一流水平还是有不小的差距。要真正成为一流的精品基地，还要下很大的工夫。这当然需要进一步搞好技术改造，但不断提高管理水平，特别是要破除“99分”观念，树立更高的目标，也是当务之急。

[1] 原载于2003年1月31日《中国冶金报》。

两个80%：20%带给我们的思考[1]

——企业的成功取决于什么？

"我们的成功20%来自新技术，80%来自我们公司的企业文化。"说这句话的是国际钢铁界人士都十分熟悉的、以率先使用最先进的薄板坯连铸连轧工艺技术装备而闻名全球的美国纽柯钢铁公司。如今，纽柯在美国的商学院已经成为通过开拓新技术来破除旧秩序的典范。

"企业的成功80%取决于人，20%取决于设备"。这是另一家钢铁公司总结的经验之谈，它就是同样在国内外享有盛誉的德国巴登钢厂。不同于纽柯的是：它的规模不大、装备不新，但它在欧洲同类型企业中却是佼佼者，被誉为"高效率工厂"。

这两个80%值得我们深思。为什么这些在技术上都是十分成功的企业，却对技术在企业发展中的位置摆得并不高？美国斯坦福大学商学院的吉姆·柯林斯教授对纽柯公司7名重要主管和董事会成员进行访谈时，包括公司的CEO在内的6位领导成员都没有将技术列为促使纽柯从一个优秀企业转变为卓越企业的5大因素之一，只有1位将技术列于第四位。是他们轻视技术的作用吗？回答当然是否定的。纽柯的态度很明确："技术很重要——你不可能处于落后的状态，还期望成为卓越的公司。"巴登钢厂之所以能在20世纪60年代制造的主体设备基础上，发展成为世界闻名的钢铁企业，一个重要原因就是不断进行技术改造。

既然如此，那为什么这些企业都没将技术列为成功的主要因素呢？这就值得我们深思。因为，同"人"这一因素相比，技术就占不到主要位置了。技术是由人掌握的，也是由人来发展的。同样的技术装备，在不同的企业，起到的作用却大不一样，这里的关键就在于人；还是这些装备，还是这些人，一旦观念得到转变，精神状态起了变化，过去认为达不到的指标、办不成的事，都一一实现了。这样的事例这几年我们还见得少吗？但"一个公司之所以平庸，最重要的原因是管理不善，而不是技术落后"；而管理则更多是人的因素。在一个企业的兴衰过程中，"技术起到的是加速器的作用，而永远不是它兴盛或灭亡的主要原因。"

近几年，我国钢铁企业的技术改造取得了重大进展，我们已经拥有一批国际先进的技术装备，这为我国向钢铁强国迈进打下了很好的物质基础。在技术装备改善的同时，人员的素质也在得到提高。对这些成绩应该给以充分的肯定。但是，当前还应该重视另一种倾向。我们要重视技术，但绝不能为技术而技术。现在，有的企业一味追求最新、最先进技术，甚至动不动就以自己引进的装备是"集当今世界最新技术之大成"为荣。当然，比起过去"要看国际上已被淘汰的设备到中国"，一变而为"要看最先进的装备到中国"，这

[1] 原载于2003年5月15日《中国冶金报》。

是一个飞跃，是一个巨大的进步。但是需要我们深思的是：为什么我们花了巨额资金买回来的这些最先进的装备却没能拿出最先进的产品来？为什么人们只是说到中国看最先进的设备却没有人说："要看最先进的产品到中国"？看来，关键还在于"人"。因此，我们必须摆正"人"与"技术"、"人"与"装备"的关系。企业必须把"人"放在企业发展的战略位置来考虑。

在这方面，雀巢公司的CEO最近发表的一篇文章也许会对我们有所启发。雀巢公司是一个有23万员工、生产几千种产品、年销售收入超过610亿美元、利润达到48亿美元的跨国公司；它在世界各地建有500多家工厂、17个研发部门。为了满足各地消费者的不同需求和爱好，他们不断地开发新品种。这当然要依靠技术。但这位CEO却说："今天，人人开口闭口谈技术，并在技术上投入大量精力，人人都叫嚷着要让技术成为战略的核心。这种事永远不会在我们这里发生。我们公司的核心就是人、产品和品牌，仅此而已。雀巢公司尊重技术，但并不把技术视为战略核心。我们运用技术创造出更好的产品，以便更好地为顾客服务。但是，我们不会让技术牵着鼻子走，我们只是把技术当成一个工具，而不是战略目标。我们希望人们谈论的是人，以及如何最好地为客户服务的产品。我们并不是缺乏核心技术，我们只是给技术一个合理的定位。"在他的这篇文章里，更多地谈论的是企业文化、企业理念、人力资源开发等这样一些问题。

由此，我想我们可以得到一些启迪。对一个企业来讲，技术装备绝对是重要的，但要使技术装备充分发挥作用，使技术装备不断得到改进，关键还在于人。让我们更多地关注"人"，在提高技术装备的同时更多地关注人员综合素质的提高，关注人员的全面成长；在增加各种硬件投入的同时，也要考虑增加以提高人员素质为主的各项软件的投入；在重视物质文明建设的同时，千万不要忘了加强企业文化建设。

要重视基层的管理创新[1]

在《宝钢日报》上经常可以看到宝钢的一些基层单位，从自身的实际出发，对某些原来的管理制度进行改革，实施创新，取得了很好的效果。比如，目前很多单位都在推行标准化作业。但在实际操作中，由于每个员工对标准化的理解可能有差异，操作习惯也可能不一样。因此，尽管大家都认为自己的操作已经符合标准了，但实际上往往还是各行其是。宝钢股份铁路站工艺线作业区通过人人演示“标准化”，让大家来品头论足，相互借鉴，结果发现了6大类62个方面的问题。针对问题，对症下药，进行改正。宝钢炼铁部原烧设备车间烧结电气作业区，一直强调点检的“三率”，即“到位率、命中率、有效率”。但由于点检线路长，作业区难以有效掌握点检员“三率”情况，致使考核办法无法落实。作业长在认真调查研究的基础上，制定出具有该作业区特色的考核方案：以上一年该设备故障次数（时间）为参数，确定品质基数；每月汇总点检员自己发现以及生产方在其责任区内发现的设备问题的数量；确定发现问题的性质及是否及时采取了有效纠正措施；以点检员对自己责任区内发现问题为正数，他人发现问题为负数，再乘以解决问题的难易系数和设备的品质基数，进行考核，且与奖金直接挂钩。实施以来，点检人员的责任心普遍增强，点检质量得到明显改善，也促进点检人员业务水平的提高。还有像炼铁厂炼焦区域推行“三方互检制”，改变了过去生产方巡检人员、设备管理日班人员和设备车间点检人员各查各的，信息沟通不及时以及相互推诿等现象，实施半年来没有发生一起因巡检、日检、点检不到位而产生的设备故障，设备故障检出率达到99.5%以上，焦炉、煤焦、干熄焦等设备的完好率达到99.5%以上，设备开机率达100%，有效地保证了生产的稳定顺行。

我之所以大段地引证这些事例，因为至少我是从这些发生在企业最基层的、看起来很平常的小事中，感受到了一些重大的信息：

（1）要高度重视基层的管理创新活动。不要把管理创新搞得神秘化，上述事例充分证明了管理创新并不是高不可攀的。管理创新的课题就在我们周围，现场的问题就是创新的课题，而且我们也完全有能力来实施管理创新。尽管对基层单位来讲，不大可能通过管理上的一些改进，一鸣惊人，但“小改小革的积累是创一流的前提”。只要形成创新的氛围，使人人都来关心管理创新，就一定能出现新的突破。

（2）千万不要满足于已经制定了规章制度，满足于表面的统计数据，就以为万事大吉了。从规章制度的制订到真正落实，还有相当的距离。即使从表面上看，似乎也落实下去了，也有了反馈，但实际效果又如何呢？要像上述几个单位那样，一不怕暴露矛盾，二不

---

[1] 原载于2003年5月16日《中国冶金报》。

要满足于现状，深入实际，到最基层检查效果，发现问题，才能有针对性地研究解决问题的方案。

（3）企业中还存在很大的潜力，即使像宝钢这样在管理方面处于行业内领先地位的企业，其管理的先进性、科学性、严格性备受同行的称誉，仍然还有不少需要改进之处。上述这些事例，也充分证明了这一点，他们仅仅通过管理的改进，就使有关的指标得到明显的提高。宝钢如此，更何况管理相对落后的单位呢?!

优秀是卓越的大敌[1]

这个题目是借用来的。它是《从优秀到卓越》这本书的第一章第一节的第一句话。乍看之下，确有振聋发聩之感。书的作者是美国斯坦福大学商学院教授、世界著名的管理权威吉姆·柯林斯。

“优秀是卓越的大敌”。这句话，似乎有些不合逻辑。按正常的推理，优秀应该是通向卓越的必经之路，离卓越大约就是多少步之遥的事了。不经优秀，哪来卓越？但优秀并不一定都能成为卓越，而且真正成为卓越的还是极少数。柯林斯教授率领的一个研究团队对1965年以来《财富》历年500强的1435家公司按照一个透明度很高、又很严格的标准进行认真的4轮筛选，最后才选定了11家是“从优秀到卓越”的企业。

为什么大量优秀企业不能成为卓越企业呢？当然，不能否认有外部条件的影响。但从企业自身而言，关键在于“安于现状”这一顽疾。因此，并非“优秀”本身是“卓越”的大敌，而是处于优秀地位后所产生的自满，自满才是使优秀成为卓越的大敌。作为全球十大超级智囊团之一的美国兰德公司，在对企业进行大量的咨询诊断中，发现不少大企业在取得重大成就后，往往会渐渐滋生出一种“3C”的思想情绪。所谓“3C”，就是以3个英文字母C打头的词，即complacency（自满）、conservation（保守）、conceit（自大）。因为自满，于是就产生保守思想，安于现状，进取心减弱了；而对别人的成就则往往还不以为然，这种自大情绪更妨碍了自己的进步。

今日的优秀不能保证明日依旧优秀，更不等于拿到迈入卓越的通行证。优秀而自满，危机感减少了，前进的动力减弱了，结果必然是停顿不前，至少会放慢前进的步伐。这时，昔日的优秀就成为前进道路上的绊脚石了。要使优秀成为卓越，必须树立更宏伟的目标，不断进取，持续创新。否则，会眼看身旁的“万木皆春”，“千帆竞过”，自己却逐渐向“病树”、“沉舟”的行列走去。不亦悲乎！

---

[1] 原载于2003年5月20日《中国冶金报》。

为“诚信设备”喝彩❶

5月15日的《中国冶金报》刊登了一篇报道，题目是“没有‘诚信’的设备，就没有‘诚信’的产品”。说的是华菱湘钢二高线厂开展的“诚信设备”活动，要求凡是上线的设备必须是“诚信设备”。所谓“诚信设备”就是无论是设备整体还是某个零部件，以及安装运行，都必须符合各项规程的要求，对用户（包括下道工序）讲究“诚信”。他们认为：波动的设备是“不诚信的设备”，是生产不出好产品的。要生产出满足用户要求的“诚信产品”，就必须要有“诚信设备”作为保证。“诚信设备”活动推动了“诚信产品”，创造了“诚信效益”。自去年下半年推行以来，取得了很大成效。

读了这一报道，不禁要为这一活动大声喝彩。近几年，随着观念的转变，一些管理举措的实施，过去冶金系统长期存在的设备和生产的矛盾已经有了较大程度的改进，设备管理得到了强化，从而对企业生产的高效运行，产品质量的稳定提高，企业效益的增长，都起到了很好的作用。现在，湘钢二高线的领导和员工们，又为设备管理注入了新的理念，把设备管理推向一个新的高度，为冶金行业提供了新的经验。

使我感触更深的是，二高线的同志们不仅在工作中为自己立了一个新的高标杆，自我加压，自我超越；而且把管理同企业文化建设紧密地结合在一起，把队伍建设贯穿到各项具体工作中去，把为人和做事有机地统一到一起。“做诚信记录，做诚信事，更做诚信人”，这是他们提出的口号。事实正是这样，要做诚信事，先做诚信人。若无诚信员工，何来诚信设备？我深信，有了这样一支诚信队伍，二高线不仅能够创造诚信效益，而且必将在各方面实现新的突破，创造新的奇迹！

愿“诚信”的旗帜在所有冶金企业里高高飘扬！愿诚信队伍前赴后继地茁壮成长！

❶ 原载于2003年6月4日《中国冶金报》。

做鲶鱼式的干部❶

有家企业的老总，号召干部们要做“鲶鱼式的干部”。乍听时，似乎难以理解。到底要向鲶鱼学些什么呢？

原来，过去渔夫捕捞沙丁鱼后，回到岸上，大部分沙丁鱼已奄奄一息。可是有位渔夫的沙丁鱼却一直是活蹦乱跳的。秘密在哪里？结果发现这位渔夫在存放沙丁鱼的水槽里，放进一条鲶鱼，由于鲶鱼的“不安分”，在水槽里来回活动，使整个水槽里的沙丁鱼也只能不停地游荡，可以把整个水槽“搞活”。

当然，比喻总是跛腿的。人和鲶鱼毕竟不能相提并论。鲶鱼的这种行动，是出于它的本能，但其效果却给渔夫带来很大的利益；企业的管理者要做“鲶鱼式的干部”，就是要取得鲶鱼的效应，使自己的部下始终保持活力。

第一，要有明确的目的性。我们要搅动什么？不是胡搅，更不是蛮干。萍钢总经理涂建民要干部们“不停地搅动思想，不停地用新观念来统一全公司员工的思想”。我们所说的“激活”也好，“搅动”也好，就是要使广大员工都明白，当我们一旦走上市场经济这条路，终身伴随我们的将是竞争、竞争、再竞争。谁如果安于现状，其结果必然是在激烈的市场竞争中被淘汰出局。我们一定要使员工的思想观念不断跟上形势发展的需要，保持“与时俱进”的精神状态。要始终保持一种“危机感”，居安思危，居危思进，不仅要对比先进找差距，与竞争对手比；更要激发员工的创造力和创新精神，不断超越自我，挑战极限，从而确保企业不断攀登新的高峰。

第二，自己要有活力。可以设想，如果鲶鱼自身就是气息奄奄的，又怎能来搅活沙丁鱼呢？自己的脑袋里是死水一潭，都是陈词滥调，又怎能激活旁人呢？有位企业领导曾经同我说过这样一句使我终生难忘的话：“现在有的领导讲话，没有一句错话，但也没有一句有用的话”。这样的干部，无论是说话、办事，都是四平八稳，要想靠他们带出一支生龙活虎的队伍，可以说是南辕北辙。这固然有其自身的作风问题，但一个很重要的原因在于自己脑子里没有货色。因此，对每一个干部来说，都要把“学习、学习、再学习”作为自己的座右铭，不断进行充电，就像郭沫若在80多年前一首诗中引用司汤达所写的：“轮船要烧煤，我的脑子，每天也要三四百立方米的新思想。”

第三，如果在内部一时找不出鲶鱼式的干部，怎么办？其实，我们不应担心没有这样的干部，更不该埋怨这个单位没有人才；而是要反思为什么这样的干部起不来，根子很可能还是在上面。要设法改变机制，营造氛围，自然会出现鲶鱼式的干部。如果确实暂时发现不了，也不要紧，可以适当引进人才，来激活本单位的员工，使他们感到紧张和压力，再转化为拼搏进取的动力。像首钢二耐从民企引进了一名操作工，其工效之高，大大超过了二耐原有的高手，从而激发了二耐职工的竞争意识，提高了全员的工效。当然，也不要盲目地引进“鲶鱼”，而把自己的“鲶鱼”当成沙丁鱼。

❶ 原载于2003年第2期《冶金政工研究》。

想起了《十渐不克终疏》❶

到一些企业，看到公司领导班子由于年龄关系，作了一些调整。刚退下来的几位主要领导，在位时为这些企业的发展作出了很大贡献，在企业里可以说是绝对权威。但这次当我问起他们的情况时，有的同志却欲言还止，有的是顾左右而言他，有的则颇有微词，同前几次去这些企业时的情况大不一样。

是什么原因造成这样的反差？其中一个重要原因是这几位领导在位的后期，工作、生活不那么检点了。比较普遍、又引起员工意见的是：家属，包括子女、兄妹、亲属以及其他有关人员，违反“公平、公正、公开”的原则，以种种名义，参与企业的经营活动，获取个人的私利；有的则凭个人好恶，任免干部；还有极个别的涉及经济问题和生活问题。这些问题必然也会反映在企业的决策上。尽管有些问题在位时也有人提出过意见，但往往收效甚微，有的甚至遭到一些不公正对待。长此以往，就很少能听到逆耳之言了。事实上，这些企业在他们执政的后期，一些潜藏的问题已经逐步显现出来了。因此，一旦情况发生了变化，这些意见自然会以各种形式出现。

这不由使我想起了近1400年前魏征给唐太宗的著名奏章——《十渐不克终疏》。应该说，唐太宗李世民在封建帝王中，可算是一位不可多得的杰出人才。他在位23年，形成了著名的“贞观之治”。但在前期取得巨大政绩后，他开始骄傲自满起来，逐渐改变了过去的一些好作风。贞观十一年，魏征上奏了一篇《谏太宗十思疏》，提出要“居安思危，戒奢以俭”，以历史上的君王“善始者实繁，克终者盖寡”为鉴，提出在谦冲自牧、虚心纳下、慎始敬终、知人善任等十个方面请太宗深思。

两年后，他又写了《十渐不克终疏》这封奏章。在这一奏章中，魏征更尖锐地、直截了当地指出了太宗十个方面不能善始善终的事例，包括好尚奇异，“骄奢之情日异”；“昵近小人，疏远君子”；任用官员是“由心好恶”；持功长傲，使“亲狎者阿旨而不肯言，疏远者畏威而莫敢谏”，……。据史载，唐太宗看到这份奏疏后，先是勃然大怒，甚至还动了要杀魏征的念头；但最后却将这份奏章书录于寝宫的屏风上，以便朝夕阅读，引起警惕。他还赏赐魏征黄金十斤，马两匹，并亲自向魏征表示：“朕今闻过能改，庶几克终善事，若违此言，更何颜与公相见？”

可见，居功而傲，可以说是人性一大弱点，古今中外，比比皆是。有的甚至因此而晚节不保。当然，时代不同，身份不同，不能简单地把我们社会主义企业的领导同封建帝王对比，但我们至少可以从中获得一些有益的启示。

一是要高度警惕取得重大成功以后自身心理上可能发生的消极变化，随时以“三个代表”的这一重要思想来指导自己的行动。随着企业的发展；事业的成功，赞誉声越来越多，威望越来越高，在自信心大大增强的同时，有的开始滋长了自满情绪，居功自傲，从

❶ 原载于2003年9月25日《中国冶金报》。

初期的能够集思广益到不愿听不同意见、听不进不同意见，到最后自以为“一贯正确”，只愿听顺耳之言，自我陶醉情绪极度膨胀，不自觉地走上独断专行之路。同时，也放松了自我约束，甚至脱离了正道。这种情况，在冶金系统里已经发生多起了。历史的教训值得重视，我们都要引以为戒，始终不忘肩负的历史使命，牢记要使自己的言行“始终代表中国最广大人民的根本利益”，努力跳出“善始者实繁，克终者盖寡”的怪圈。

二是要充分认识外部条件发生的变化所带来的负面影响，注意防微杜渐。创业初期，即使想骄奢也缺乏物质条件；随着企业经济实力的增强，社会习气的变化，必然会在国有企业领导干部的思想上有所反映。在此期间，家庭状况也发生了变化，子女长大了，也会提出一些新的要求。新中国成立初期，周总理对各级领导干部提出的要过“家庭关”、“亲友关”等告诫又有了新的内涵。一些企业领导对此认识不足，把一些不正常的经济关系误认为、或者是自欺欺人地以为是市场经济的产物，心安理得地干起了违纪违法的勾当。对此，各级领导都要高度重视，自觉地加以约束。

三是要建立企业内部的自我约束和监督机制。有人说，各个单位多一些现代的魏征就好了。当然，如果魏征多了，领导搞违法违纪的事就会多一分顾忌。但魏征要真正起作用，还在于李世民有从谏如流的气魄。否则，可能提一条意见，就会撤一名干部，“玻璃小鞋”更使你有口难言。因此，还是要从机制上来解决。通过改制，建立现代化企业制度，实施产权多元化，可以更有效地进行相互监督。但是，也不能陷入“机制万能论”的误区，美国安然公司等的丑闻，也从反面给我们敲起了警钟。除企业内部改制外，还有赖于外部的制约，包括社会舆论、上级监督机构的监督等。但是，我们更要提倡的是，主要领导同志要能针对自己的弱点，防患于未然，建立起相应的自我约束机制。在这方面，第二次世界大战时的英国首相丘吉尔的事例也许对我们会有启发。丘吉尔个性很强，他害怕自己的个性会使最坏的消息不以最坏的形式传到他的耳中。因此，战争一开始，他就在普通渠道之外又建立了一个完全独立的部门，命名为“统计局”。其主要的职能就是向他提供完全没有修饰过的战况。这对他在战争期间正确决策起到了不可估量的作用。

“企业一把手可以兴邦，可以丧邦，可不慎乎！”朱镕基同志的这一批示，不仅要体现在对一把手的选用上。同时，也是对企业一把手的一个警示。“成也萧何，败也萧何”；可不慎乎！

从首钢学水钢想到的[1]

从《首钢日报》上，看到首钢最近由公司党委副书记姜兴宏同志带队，组织一批公司党群部门和基层领导到水钢学习，回来后在《首钢日报》连续发表5篇水钢经验的报道，配以多篇评论员文章；接着又看到很多二级单位的领导撰文，结合自身实际，谈体会，找差距，定措施，情真意切，阅后颇有所感。

首钢，是中国钢铁企业里的龙头老大之一，在冶金行业里具有举足轻重的地位。首钢曾创造出很多很好的经验，在冶金行业甚至在全国工交系统都有很大的影响。当然，也毋庸讳言，首钢在相当一段时间里，闭关自守，很少向外单位学习。但近两年，首钢在这方面有了很大的变化。他们不仅由主要领导带队，到宝钢等大型钢铁企业去学习先进经验；而且，还到一些先进地区学习，甚至还到其他行业的先进企业学习。去年，在公司召开的党委扩大会议上，请了山东潍坊市委宣传部长和北汽福田的总经理来传经送宝，在公司内部震动很大。公司领导还联系首钢实际，提出“八破八树八做到”，推动全公司“学习创新发展”活动向纵深开拓。

但是，首钢这样大张旗鼓地学水钢，却有些使人始料不及。水钢在某种意义上说，还是首钢的“弟子”。想当初，水钢在扭亏进程中，就得到了首钢的鼎力相助。水钢的4个主体厂，一度有3个是请外单位来担任一把手的，其中炼铁厂和二轧厂就是请首钢的老厂长、老专家来当厂长的。他们的到来，给水钢带去了新的观念、新的思维，新的作风以及各方面的好经验，这对水钢的扭亏脱困和创新发展都起到了十分有益的作用。现在，水钢的员工谈起首钢，还都怀着感激之情。他们没想到，老师居然登门造访，来向学生请教来了。而这种情况，对首钢来说，几年前也是不可想象的。

首钢的这一举动，体现了首钢领导的一种胸怀，一种情操，一种思想境界。朱继民同志曾经说过：“一个人有多高的境界，就思考多大的问题；有多大的胸怀，就会干出多大的事业”。敢于放下架子，向过去的学生学习，这需要一些勇气。1200多年前的韩愈早就说过：“圣人无常师”，“弟子不必不如师，师不必贤于弟子，闻道有先后，术业有专攻”，“是故无贵无贱，无长无少，道之所存，师之所存也”。首钢也正是这样做的，这不仅无损于首钢的声誉，相反，却更博得了兄弟企业的崇敬。位于潍坊的北汽福田下属的农业装备公司的总经理就同我说过：没想到首钢这样一个全国知名的大企业居然还到我们这样的小单位来学习，使我们更增加了对首钢的亲近感，对首钢的尊敬。

现在，首钢内部向先进学习已经形成了一种风气，首钢的一些干部也同我说起：越学先进，越感到自己的不足，越增加身上的压力，促使自己更加奋发向上。“海纳百川，故能成其大”。我希望，首钢人能将这种好作风进一步发扬光大，把国内外的适合自己情况的先进经验都能学到手，并在实际工作中有所创新，有所发展，为把首钢建成世界一流的

[1] 原载于2004年4月20日《首钢日报》，2004年4月23日《水钢报》。

钢铁企业而努力奋斗！同时，我更希望其他钢铁企业也能有首钢这样的气派，博采众长，助我腾飞。要以人之长，补己之短，不断创新，加速自己的发展；切勿以己之长，遮己之目，阻碍自己的前进。

回头再来说说水钢。水钢从一个连续多年亏损的企业在短期内迅速成为全国扭亏企业的典型，省部多次在水钢召开现场会议推广水钢经验，以后水钢又荣获全国“五一劳动奖状”，前后两任总经理还都获得了全国“五一劳动奖章”。这些殊荣是水钢广大员工共同努力的结果，水钢人受之无愧。去年我在水钢，遇见重庆钢铁设计院院长赵克斌，他说：水钢是全国同等规模钢铁企业中自然地理环境最差的企业，对水钢能在这种条件下取得如此好的业绩，深为钦佩。这说明水钢的广大员工为了水钢的振兴是作出了加倍的努力，付出了重大的代价的。趁此机会，我向水钢全体员工表示真挚的敬意。但是，我们更要清醒地看到，当前水钢面临的形势仍然十分严峻，水钢要在异常激烈的市场竞争中站稳脚跟，继续前进，依然需要保持高度的危机感，作出不懈的努力。想一想，老师都不远千里，登门请教；作为学生的，该怎么办？从老师的这一行动中该获得什么样的启迪？是不是可以对照老师的这一行动，认真地找一找自己的差距，进一步把老师（当然也包括其他兄弟企业）的先进经验学到手，以人之长，补己之短，使水钢在新的起点上更大踏步地前进，夺取更大的胜利！

“二次跨越”“跨越”什么?[1]

最近，看到一些钢铁企业在制定新的发展目标时，提出了“二次跨越（有的是三次跨越）”或“二次创业”，这反映了这些企业的领导和广大员工不满足于现状，不满足于已有的成就，勇于进取、不断前进的思想境界和精神状态。这种不断提出新目标、追求新愿景、攀登新高峰的精神值得称道。

从企业所表述的“跨越”或“创业”的内容来看，有的内涵比较全面，既包括生产规模的新跨越，也包括产品结构的新拓展，还包括支撑体系的新构建；但有的则侧重于规模的扩张和新基地的建设（多半是板材基地）。而按照《国务院关于投资体制改革的决定》，“新增生产能力的炼铁、炼钢、轧钢项目由国务院投资主管部门核准”。但据了解，这些项目基本上都还没有得到核准。当然，这不妨碍前期工作的进行。如果这一规划得到核准，应该说确实是这些企业发展史上一个值得大书特书的新的里程碑。因此，以此作为“二次跨越”标志性的目标之一，是无可厚非的。

但是，“二次跨越”不能仅仅停留于此。“二次跨越”应该是就这些企业整体而言的。一方面要使这些新的生产线具有更先进的水平，为企业在国内外市场的激烈竞争中提供有利的物质装备基础。并且，通过新基地和新生产线的建设，实现“新厂新体制”，在改革和管理上也要实现新的跨越，登上新的平台；另一方面，在某种意义上说，甚至是更重要的，则是对现有存量部分，也要明确地提出实现新跨越的目标，使现有装备的能力充分地、高质量地、高效地释放出来，使各项工作达到一个新的水平，使企业从总体上跃升到一个新的高度。这样，才能更充分地调动全体员工的积极性，来共同参与这一事关企业生存和发展的大事，团结一致地实现这一伟大使命。

之所以这样说，是因为近几年，我国大部分大中型钢铁企业经过大规模的改造，技术装备有了显著的提高。其中，不少已达到世界一流水平，同前几年相比，不可同日而语了。现在国际钢铁界甚至有这样一种说法：看先进的装备到中国去，就充分地说明了这一点。应该说，这对提高产品档次、节能降耗、改善环境都起到了很好的作用。但是，同国际上具有同等装备的企业相比，我们不少一流的装备并没有拿出相应的一流的产品，取得一流的效果。如果这一问题得不到很好的解决，又怎样保证作为“二次跨越”标记的新的生产线的投入，能在国际上取得领先地位呢？因此，“二次跨越”的最重要任务之一就是要巩固并发扬前一次创业和跨越中取得的成果，使现有的先进技术装备充分发挥其应有的作用，变“看先进的装备去中国”为“看先进的产品去中国”。

要重视现有产能的配套建设。现在，一般来说，主体厂的规模早已形成，但真正要把企业做强，还有相当的设施需要配套。有一家大型企业，中和料场至今未建，而这家企业的铁矿石又是多渠道进入。因此，影响“精料”方针的贯彻实施，不仅直接影响到节能降

[1] 原载于2004年12月7日《中国冶金报》。

耗和产品质量，也会影响到产量的增长。虽然，这家企业早就提出要建料场，但结果是“八五”推“九五”，“九五”推“十五”，看来“十五”又要“黄”了，理由是资金不足。有的企业对一些必要的试验仪器和检测设备也总是能拖则拖。实际上这些投入，无论是对企业效益还是社会效益的增长都是很有利的。当然，目前企业是百业待兴，各方面都需要投入资金，确实要权衡轻重。但我们要吸取过去有些企业片面地重主体轻辅助、以致妨碍主体发展的教训，做到主辅协调发展，以主带辅，以辅助主。

一流设备要实现一流效益，还必须抓住“管理”这一永恒的主题，使各项管理工作上升到一流水平。改革开放以来，经过几茬人接力棒式的努力，冶金企业的管理水平有了明显提高。但我们也不可估计过高，而且随着市场竞争的日趋激烈，现代化装备水平的提高，以及企业规模的扩大，要求企业管理的理念、组织、方法、手段都要进行相应的改进和创新。国际权威管理大师德鲁克曾经说过：“未来10年的中国是管理的10年”，也可见加强管理对中国企业的重要性。同时，还要看到，一些企业，由于近几年领导精力主要放在新上项目，一定程度对内部管理有所放松，以致一些主要技术经济指标近年来有所下降，这更要引起我们高度重视。

实现新的跨越，最根本的还是要有一流的人才。没有人才的跨越，就谈不上企业的跨越。要掌握最先进的技术装备，需要一流的人才；要在引进的技术装备基础上进行革新、改造，形成自己的知识产权，更需要一流的人才；要开发市场需要、又具有高附加值的产品还是需要一流人才。尽管，近几年，冶金企业对人才的重视程度有了很大的提高，“人力资源是第一资源”的意识大为增强，但是在一些企业里，重物轻人、重拥有人才轻使用人才、重有形资产轻无形资产等现象仍时有发生。各级领导、特别是一把手要在人才问题上投入真情，把发现人才，用好人才，培养人才作为自己义不容辞的神圣职责，在形成人才激励机制、营造学习氛围、促进人才成长上下大工夫，真正在人力资源开发上实现大的跨越。

时代呼唤实现新跨越，企业的生存和发展更要求实现新跨越。让我们在科学发展观指导下，树立新观念，建立新机制，实现新的跨越，攀登新的高峰！

烤面包与烤红薯[1]

读了11月20日的《中国冶金报》刊登的“志在奋飞——话说‘精品湘钢’”一文，颇有感触。其中，湘钢党委书记赵振营有句话：“我们不能指望用烤红薯的炉子烤面包。反过来，我们也不能拿烤面包的炉子来烤红薯”，说的是企业里技术装备和产品的关系，很形象，也很贴切。而这句话本身，也道出了湘钢近几年来发展变化的深刻体会。

湘钢建厂46年来，有过辉煌的历史，但也曾由于种种原因，一度在技术改造上落后了。20世纪90年代初，当钢铁界人士大声疾呼淘汰平炉时，湘钢却建起了我国最后一座平炉，尽管当时有资金等方面的因素，但不能不说这是技术改造上的一个败笔。但是，湘钢人能够正确地吸取经验教训，特别是在进入新世纪后，围绕“精品战略”，遵循“低投入、高位势”的投资方针，使湘钢的主体技术装备进入到世界一流行列。

“红薯炉”升级换代了，换成了“面包炉”，这是烤面包的必要条件。但能不能烤出色、香、味俱佳的面包来？这对所有企业来说，都是一个新的考验。湘钢人以实际行动作出了响亮的回答：“能”。现在，湘钢的主导产品还是棒材和线材，但品种结构却有了根本性的改变，4年前建筑用材占湘钢总产量的85%，现在正好倒个个儿，机械加工材占到了五分之四以上，并且打造出了一批拳头产品，赢得了市场的青睐，年产30万吨以上的冷镦钢被全国用户委员会授予“全国用户满意产品”称号。出口产品逐年增加，今年可以达到60万吨，约占年产量的五分之一，在冶金行业里名列前茅，其中相当一部分是销往发达国家，全年创汇2.5亿美元已成定局。

当然，湘钢的变化不是轻易得来的。今年上半年，我曾去湘钢进行调查考察，给我感受最深的有这样几点。

首先，是有一个既能鼓舞士气、又实事求是的战略定位。装备升级了，产品也必须在适应市场需求的前提下，进行升级。这就是说，再不能拿烤面包炉来烤红薯了。但是，要烤出什么样的面包，这里有个目标问题，也就是产品的战略定位问题。湘钢在市场需求调研的基础上，明确提出要从以建筑用材为主转变到以机械加工材为主，并制定了实施这一差异化战略的具体目标。尽管这样做，难度不小，而且在建筑钢材市场仍然紧俏的情况下，这种转轨会带来一定的风险，甚至在一个时期内要影响到效益的增长。但实践证明，正是因为有了这样一个明确的目标，再加上落实的措施，调动了广大员工的积极性和创造性，才能取得如此重大的成效。

其次，关键在于人才。要使面包炉能烤出好面包，关键还在于有好的面包师。湘钢在这方面是下了大工夫的。他们为人才成长创条件，建机制，造氛围，抓培训。为他们提供施展才能的舞台，保护他们创新的积极性，给他们以应得的奖励和报酬，“让人才名利双收”。对拔尖的优秀人才，采取“特人特薪”，按3个档次给以不同津贴，最高一级专业带

[1] 原载于2005年1月8日《中国冶金报》。

头人享受集团公司副总经理职位的岗位工资待遇。对操作层的尖子人才，也制定了相应的激励机制。科技攻关项目有功人员，按照验收评审效益给以适当提成。尽量体现技术、管理等生产要素按其贡献参与分配的原则。同时，对员工敢于严要求，严首先是从干部严起，敢于动真格。湘钢实施末位淘汰，首先从处级干部开始，再向科级干部推开；起初是将所有处级干部捆在一起考核，结果总是辅助部门的领导得分少，淘汰的比重大。以后又按主业、机关、非钢三大块，分别按比例进行淘汰，更具有公正性。对事故处理，不护短，不袒护先进单位，体现了“规章制度面前人人平等”；并经常在《湘钢报》上，抓住一些典型事件，不回避，不遮掩，开展群众性的讨论、剖析，提高认识，统一思想。通过对干部的严要求，真考核，一级带一级，锤炼出了一支能打硬仗、恶仗的员工队伍。

第三，管理的改进和创新。有了面包炉，面包师，还要提高烤面包的效率，增加烤面包的透明度，这就要进一步在管理上加以改进和创新，使管理思想、管埋理念、管理组织、管理手段适应现代化装备的需要，充分发挥现代化装备的性能和作用。在这方面，集中体现在 ERP 的实施上。湘钢领导对此认识高，起步早，在行业里是走在前面的。ERP 工程从 2001 年下半年就开始启动，2002 年 6 月正式上线运行，两年多来，已经取得明显效果。现代化管理信息平台的建立使得基于流程管理的业务处理过程逐步规范化，管理信息透明化，管理控制的有效性大大加强，控制和效率的矛盾得到改善，促进了企业基础管理工作的加强，还促进了企业管理的变革和创新，极大地提高了业务和管理工作的效率，如在财务人员减少的情况下，会计报表编制时间由 8 天缩短到 4 天；产品交货期由平均 60 天左右缩短到平均 20 天左右，7 天以内交货的占 40%；进厂物资从检验到结果判定由 3 天缩短到 1 天。

第四，大力培育优钢文化。湘钢的领导班子是一个善于两手抓、重文化的班子。他们一手抓物质建设，一手抓文化建设，企业文化越来越受到重视，正在努力建设具有湘钢特色的“优钢文化”。“善于学习，不断创新，争创一流”的湘钢精神，“优钢必先优人”等理念正在逐步深入人心。一些二级单位也在湘钢总体理念的指导下，在文化建设上进行了有益的探索。比如二高线厂提出了“厚德、诚信、博学、戒浮”的“二高线精神”，开展“诚信设备”活动，还推行“三只眼”理论，一只眼睛盯着现场、现物、现实；一只眼睛盯着效益的提升；“第三只眼睛”盯着人的品质的提升。优钢文化的推行，必将对湘钢发展战略目标的实施，对建设一支高素质的职工队伍，提升企业核心竞争力起到积极的不可替代的作用。

湘钢在大踏步前进，湘钢的前景更加令人鼓舞。今年 6 月，湘钢总经理曹慧泉在回答全国 46 家知名媒体“湖南行”记者团采访时，讲了一句掷地有声的豪言壮语：“今后不仅是到中国看先进装备，看先进产品也要来中国”！应该说，这也是中国钢铁界普遍的心愿。我深信，这一天必将到来，更期盼通过钢铁战线广大员工的共同努力，这一天早日到来！

大提素，好！[1]

在首钢，初次听到“大提素”时，有些不解，钢铁企业又不是铁路，搞什么“提速”？原来是自己误会了，把“提素”当成“提速”了。

“提素”就是“提高素质”的简称。这是首钢在创建学习型企业活动深入开展中，基层厂矿同志们概括出来的。外界有人听说后，感到很不理解：首钢5高炉都停炉了，首钢大院也都将先后停产，还搞什么学习型企业，说什么“大提素”？

在有些人想象中：首钢现在大约是冷冷清清，少数人准备转到曹妃甸新建大厂，大多数人是维持现状，等着一座一座炉子、一台一台轧机停产，自己也跟着下岗、另行安置或自谋出路。

但现实情况又是怎样呢？进入首钢大院，你就会被一派热气腾腾的景象所感染，被首钢人那种执着、激情、高昂的情绪所打动。已经停了一座高炉的炼铁厂，是首钢内部首先提出“大学习、大提素”的基层厂之一。他们的“提素”活动，不仅着眼于技术业务的提高上，而且把改善心智模式，强化系统思考作为“提素”的重点，促使职工们从眼睛向外到“不归罪于外”，从适应性思维到超前性思维，从自我封闭到思维开放，从单项思考到系统思考，不断实现自我超越。在年初原燃料条件有较大变化的情况下，各项技术经济指标又有新的改善，分别进入行业的前三、前五、前八。

尽管三炼钢厂很可能是两个炼钢厂中将要先停炉的单位，但在三炼钢，根本看不到一丝消沉的情绪，全厂上下，正在为“打造精品文化，追求卓越质量”而奋勇拼搏。他们提出了“一个碳”的理念，就是在代表三炼钢产品水平的“拳头”产品生产中，用高于行业标准的“正负一个碳”控制钢水成分，体现了他们对卓越质量的追求。今年上半年，他们的品种钢产量占钢产量的60.78%，拳头产品又占品种钢的80.52%，都创投产以来的新水平。

作为首钢落实科学发展观、实施战略结构调整、坚持走新型工业化道路的典范——地处秦皇岛的首秦公司，自去年9月以来，生产长期处于高效稳产状态，高炉没有损坏一个风口，非计划休风率一直保持为“零”；炼钢转炉及板坯连铸机的作业率达到94%，创造了行业领先水平。现在，他们正在通过创建学习型企业，来进一步加快创新发展的步伐。

首钢的“大提素”，既是顺应当前国内外钢铁业激烈竞争的需要，更是首钢自身发展的迫切要求。众所周知，国务院已经批准了首钢钢铁业搬迁调整规划，批准首钢在河北曹妃甸建设当今国际先进水平、体现循环经济要求、节能环保生态型的钢铁精品生产基地。毋庸置疑，新建大厂的装备肯定是世界领先的；但单靠一流的装备，未必能建成一流的企业。因此，在人才“提素”上下大工夫，尽快掌握和驾驭高端的生产技术和管理，自然就成为当务之急了。

---

[1] 原载于2005年8月9日《中国冶金报》。

首钢的“大提素”，也是近几年来坚持不懈地开展“学习创新发展”活动的必然结果。特别是在2003年，首钢党委提出解放思想、转变观念的“八破八立八做到”，2004年开展企业创新工程，到今年创建学习型企业，在这持续的、不断深化的创新过程中，广大员工深深地体会到，自身素质的提高和企业的发展存在着密不可分的互动关系。员工的素质越高，企业的发展就越快；企业的发展越快，也就更能体现员工自身的价值。提素，就能促进员工与企业的共同发展。

首钢的“大提素”，也为社会稳定和发展作出了贡献。曹妃甸新建大厂，劳动生产率高，不可能吸纳首钢现有钢铁主线的全部人员，现有人员势必有相当一部分要分流。而创建学习型企业，提高素质，既有利于对当前业务的学习培训，更有助于改善员工的思维模式，激励员工的创新意识，树立立足自身、超越自我的思想观念，增强迎难而上的信心和决心，这对今后员工能尽快适应新形势，在新的岗位上，作出新的贡献是大有好处的。

最近，经国务院批准，国家发改委正式颁布了《钢铁产业发展政策》，要求加快钢铁产业升级和结构调整，把钢铁产业建成具有国际竞争力的产业，这对我国钢铁企业提出了更高的要求，而员工队伍素质的提高就成为关键的关键。因此，我要为首钢的“大提素”叫好！更愿意看到所有企业都能在“大提素”上做出新成绩，取得新经验。

从企业老总怕接“010”电话谈起[1]

前些日子，同一位企业老总通话。白天打手机，无人应接；晚上再打，电话通了。在谈完正事后，那位老总说了一句话，令我吃惊不已。他说：以后你不要用座机给我来电话，请用手机打。我一看是010（北京区号）的电话，都怕了，一般都不接。因为都是来要我掏钱的。你晚上的电话，我估计不会是那类事，才接的。

后来，我去了那家企业，同公司办公室主任谈起此事，他更是叫苦不迭。他说，我接的010电话更多，大多数都是要企业出钱编书、包括什么黄页、指南、名录，还有这个“鉴”、那个“鉴”；或者是买书、订报纸杂志、订广告的；此外就是办班的、研讨会的，还有请老总写文章的（当然，都是要钱的），当什么会的常务理事、理事……。来电的部门更是五花八门：有行业内的、也有其他行业的。有的来头很大，动辄以这些单位的主要领导名义，口气也大，使人感到得罪不得；有的则是软磨策略，每天几次电话，不达目的，誓不休兵；方法手段也是多种多样，电话没人接，就发短信。

一天，我同这家企业下属的一家子公司总经理谈话时，手机铃声接连不断，他看了看，都没有接。我以为是他出于礼貌，不便打断谈话，就请他先接电话，他笑了笑说：是来要钱的，就转手让办公室主任接了。果不其然，就是催问：什么什么的通知收到了吗？然后讲了一通这件事的重大意义，接着是一番：你们这样的大老板，还在乎这点小钱。接话的主任也不敢得罪，好言应付几句。电话刚挂断，短信信号又起，还是这位女士。主任看了，只是苦笑。词句温情脉脉，“哥”长“哥”短的。这位老总告诉我，这样的短信有时一天要接好几十条。

由于有了这番经历，以后在同企业领导接触时，就有意识地了解这方面的情况，结果是：不谈不知道，一谈吓一跳。原来西至新疆、四川，北至黑龙江，南到两广，东至江浙，都有这种情况，有的公司办公室同志同我说，他们每天大约有30个左右010的电话，一般都不接。看来这已形成了一种共识了。

回来后同友人谈起，没想到他们也曾遇到和我同样的处境，电话没人接，后来才知道是对方不熟悉他的电话号，怕又是来变相“化缘”的。

谁都知道，010是北京的电话区号。北京是首都，是中央各部门的所在地，是大量信息的发布地。按说，“有电自010来，不亦乐乎”。为什么基层同志反而避之犹恐不及？这件事难道不值得我们深思、甚至反思吗？

也许拨打电话的同志主观上也是想为企业做些事，有的甚至由于过去做过类似的事情而受到过企业的赞扬。但好事办多了，办滥了，也会变成负担，甚至走向反面。比如，现在各类名录越出越多，表面上花样翻新，实质上还是大同小异，政府机关出，各个协会、学会也出；主管行业部门出，稍有关联的部门也出；北京的部门出，当地的有关部门也

---

[1] 写于2005年5月4日。

出。对每个来电话的单位来说，只是一家；但对企业来说，则是一批，一窝。有人说，如果所有上面的来电、来信都一一满足，一年下来，至少得千万元以上。这些来信、来电单位，上面都有来头，企业谁也不想得罪，也不敢得罪，于是见到010就只能回避。

但是，也不排除某些部门的有些干部，就是单纯地为本单位的小集体利益出发，只顾自己创收，挖空心思干这干那，名义上好听得很，都是打着为企业服务的旗号，实际上是拉着虎皮当大旗，你不参加，还给你扣上一顶缺乏全局观念的大帽子，甚至以“以后还要不要找我们办事”这样带有威胁性的语气，这怎能取得企业的真心拥护呢？

至于有极少数不法之徒，假借领导部门甚至某位首长的名义，进行招摇撞骗的，那是属于犯法行为，不在我们这次讨论的范围之内。但不能否认，上述这种不良风气也有意无意地为那些违法行为提供了掩蔽所。

我不怀疑010的来电中，确实有些是对企业有益、有利的事，但鱼龙混杂，难免不受到影响，以致真正的好事也办不成。其实，只要我们真诚地为企业服务，企业是会铭记在心的。“桃李不言，下自成蹊”，企业是有能力来识别这些活动的意义及其对企业的利弊，从而决定其取舍的。

这些活动，打的都是北京某些部、委、办、会的旗号，有的还有这些单位下发的部门文件。既然作为红头文件下发了，下面具体办事的同志怎能不想方设法、尽其所能来完成任务呢？因此，要从根子上解决问题，还是希望这些部门的领导能多听听企业的意见，在决定要“做好事”时，先认真作些调查，了解企业希望我们上级单位做些什么，而不要想当然地自以为在“做好事”。

企业怕接010电话，这对北京的一些单位来讲，恐怕是始料不及的。听起来像个“笑话”，但却是让人哭笑不得的“笑话”。但愿这种情况不再重现，让010成为企业欢迎的标记！

从“双五”活动看执行力[1]

从今年2月份开始，首钢在全公司范围内开展了“五算清”“五精细”活动，这是首钢为了提高抵御市场风险的能力，获得更大的经济效益而采取的一项重大决策。虽然，开展活动的时间不长，但从《首钢日报》上看到的各单位开展“双五”活动的报道来看，已经收到了明显的效果。

当然，最明显的体现应该是反映在经济效益的增长上，但从《首钢日报》的报道来看，我更看好的是首钢各级单位以及广大员工执行力的提高。

现在很多人经常引用美国ABB公司董事长巴尼维克说的一句话：“一位经理人的成功，5%在战略，95%在执行。”可见在一些企业家心目中，执行的重要性。当然，这并不是说战略不重要，而是说明执行力太重要了。因为，再好的战略也可能成为一纸空文。因此，执行力的提升必然有利于企业竞争力的提高。

首钢执行力的提高，首先表现为基层单位对总公司决策的应对快，执行快。而且这种快速反应，不是简单的照抄照转，传达总公司的指示，而是结合自身实际，提出目标明确、可操作性强的方案与措施，并且立即在实际工作中贯彻实施。有的抓住本单位降本增效的重点，算好几笔账，研究改进措施；有的通过算细账，进行形象化的宣传，给人以深刻印象，使节能降耗的观念深入人心；有的用典型引路，结合新形势，进一步宣传推广原有的先进经验；有的还提出要“全算账、细算账、活算账、老算账”，使算账活动持续开展下去。总之，各单位开展“双五”活动，方式多样，丰富多彩。

首钢执行力的提高，还表现各单位在“精细”两字上下足了工夫。在激烈的竞争态势下，工作中的任何细小差异，都可能对企业最终的经济效益带来巨大的影响，企业之间的竞争主要是表现为细节管理的竞争。首钢各部门、各单位通过“双五”活动的深入开展，放弃粗放型的管理模式，向精细化管理要效益。以新的管理思维、新的管理方式、新的管理制度，大力实施了全过程管理和细节管理。积极面对有利和不利因素，合理调整和配置各方面资源，对每一项工作、各个环节做出周密细致的考虑。加强了动态管理，掌握生产运行中的准确数据，控制每项产品成本投入，按照精品化生产的要求，做好各个环节的控制。由于把“精细”二字渗透到了经营生产的全过程，使精细工作、精益求精成为了广大干部职工的共识和行动，带动了执行力水平的提升，不断挖掘内部潜力，提出新的增收节支、降成本措施，取得了实实在在的效果。

执行力的提高，更表现在系统思考和整合能力的增强。不是单打一地就事论事，而是抓结合，将各项工作有机结合起来；不停留于当前具体指标的改进上，而是进一步抓好根本。很多单位通过算账，进一步明确了本单位的薄弱环节，把注意力集中到整体素质的提高上：有的同开展学习型企业相结合，在“双五”的实战中，把“大提素”进一步落到

[1] 原载于2006年5月30日《首钢日报》。

实处；有的则努力在创新上求得新的突破，在引导并增强员工创新意识和创新力上下大工夫；有的同加强企业文化建设相结合，把社会主义荣辱观、企业理念贯穿于“双五”活动中，在取得经济效益的同时，充实和丰富了企业文化的内涵。

还值得提出的是首钢总公司领导身先士卒，带头提升执行力。在强调执行力时，存在一种误解：似乎领导是管制订战略的，执行则是下属的事情。因此，在重大决策后，往往只是机关有关职能部门下去了解情况，听取汇报，然后汇总起来，向最高领导层反映。这当然也是一种做法。但是，我们不能理解为最高领导层的任务就是决策。实际上，要把决策的战略意图更好地贯彻下去，最高领导层不仅要成为执行的管理者，而且自身也有一个执行问题。从报上看到，首钢总公司的领导，在“双五”活动中，不仅科学决策，而且在实施过程中，亲历亲为，深入基层，同基层直接沟通，及时掌握一手情况，这既是对基层工作的有力指导和督促，有利于提高基层的执行力；同时，也推动了各有关单位总结经验，沟通信息，加强交流，互相促进，形成了浓厚的比学赶帮的氛围，使“双五”活动不断向深度和广度推进。

“双五”活动不仅是当前降本增效的需要，也是为今后建设“新世纪新首钢”打下良好的基础。当然，这不是一蹴而就的事，既要有高度的紧迫感，发扬只争朝夕的精神；又要持之以恒，发扬一股“韧劲”，坚持不懈地抓下去。这更要求从转变观念、健全机制、强化管理等多方面下工夫，进一步提高各级干部和广大员工的执行力。

首钢调查随感五则[1]

首秦靠什么创出了一流业绩？
首钢调查随感之一

首秦公司投产以来，不断创出新纪录，一批主要指标都居全国之首。高炉入炉焦比，2006 年上半年平均每吨达到 293.4 千克，破三进二，居全国同级高炉之首；同期，炼钢吨钢铁料消耗达到 1073.42 千克，居全国之首；吨钢新水消耗和吨钢综合能耗，由于首秦没有炼焦，中厚板轧机还未投产，在行业内不具可比性，但两者在 2006 年上半年的指标分别达到每立方米 2.55 吨和每吨 584.68 千克，也处于行业领先地位。特别是今年投产不久的 2 号高炉，投产第三天利用系数就达到 2.23，开创国内外高炉达产新纪录。一高炉投产两年多以来，至今没有更换一个风口，也创造了一个世界奇迹。从建设开始，首钢总公司就明确要把首秦建设成"生态环保型、能源循环型、经济高效型"的冶金示范工厂。总公司主管领导亲自带领有关设计、生产准备人员从总体布局到每个工序，逐项讨论、研究，他们认为，多一根皮带，多一个漏斗，就多一分能耗，多一分损失，多一个环保问题。因此，对能减省的工序、管道、通廊就尽量减省，能合并的就尽量合并。而且大胆采用新技术，一期工程就采用了 50 多项先进技术。像高炉干法除尘，我国在 1000 立方米级的高炉上还从未使用过，但他们先后在 1350 立方米和 1780 立方米的两座高炉上成功地应用，取得了很好的效果。

应该肯定，这是首秦能够创出一流业绩的物质基础。但是，我们也经常看到，一流的装备并没有实现一流的业绩，而其原因，就在于没有一流的人才。但在首秦，我们却看到了另一种情形。首秦炼铁部总共 220 人，其中职能管理人员 20 人，部长丁汝才原先担任过首钢炼铁厂的副炉长和主持全面工作的副科长。在首钢炼铁厂来说，他并不是顶尖人物，在一般人心目中，大约也是"二流人才"吧。但为什么被人们视为"二流人才"的人物，却创造出一流、甚至超一流的业绩？丁汝才个人的体会是机制造就了人。首秦实施组织结构扁平化，公司分 3 个层次，决策层是公司 5 个人组成的领导班子，职能层有 7 个职能部室，执行层是 4 个作业部；职能层和执行层都不设职能科室，作业部实行作业长制的生产组织管理。各级管理人员职责明确，责权利结合，工作中的问题既无法上推，也不能下卸，逼着自己去摸索、去创造，努力发挥团队以及纵向、横向各方面的协力作用，这就把人们的潜能充分调动起来了，也就产生了在传统机制下无法实现的目标。这种情况在迁钢也同样存在。

过去，我们往往把国企的效益、效率不尽如人意归之于体制和机制。这方面的问题确实存在。但是，我们在改变现状方面又作了多大努力呢？特别是在机制上，企业完全有条

---

[1] 原载于 2006 年第 6 期《冶金经济与管理》。

件进行变革，就像在首秦和迁钢那样。当然，这两个都是新企业，一张白纸，好画最新最美的图画。相对于老企业而言，这样的改革阻力要小得多。但既然前有样板，那就应该克服阻力。扫除障碍，朝着这个大方向坚定不移地往前走。因为，企业的竞争力归根结底在于人。人才匮乏，这是制约企业发展的瓶颈所在。必要的人才引进固然是不可缺少的，但大量的人才还得靠企业自身成长。如何加快人才的成长，首秦和迁钢的经验值得重视。

当然，机制毕竟还是一个外部条件，好的机制能够促进人才的成长，但同时也有赖于员工自身的努力。责任感、使命感，以及个人的勤奋好学，勤于实践，善于总结，乐于沟通，这些对个人的成长也是必不可少的。不要吝啬自己的大脑！要相信自己还有很大的潜能宝库！按照科学家的说法，人类的大脑就像一个沉睡的巨人，远远没有被开发。我们就要在企业的发展中，自觉地挖掘潜能，不断超越自己，伴随团队共同成长！

（写于2006年9月2日）

“顶天立地”的首钢炼铁厂

首钢调查随感之二

炼铁厂是一个有87年历史的老厂，去年6月底5号高炉停产，但其余4座高炉的产量却超过了原来5座的产量，创造了5－1>5的奇迹，而且全厂连续30个月稳定顺行，3座炉龄在12～14年的高炉焕发了青春，风温达到1100℃以上，今年前八个月全厂平均入炉吨焦比降到340千克，其中2号炉焦比破三进二，全厂平均喷煤比达到每吨138.5千克。炼铁厂有史以来的所有纪录近两年都被突破了，而且屡屡出现新纪录诞生仅一个月就被刷新的局面。这些指标不仅创下了首钢自身记录，而且在行业里的排位也不断跃升，一批指标已进入行业前列。

首钢炼铁厂的变化，原因当然是多方面的，无论从哪方面来总结，都可以为我们提供有益的启示。但给我印象最深的，可以用四个字来概括，那就是“顶天立地”。

顶天。“天”是什么？就是观念、理念。人们的行动总是受思想支配的。因此，这些年来，炼铁厂始终把观念的转变、先进理念的树立、心智模式的改善作为队伍建设的首要任务，用优秀的企业文化来提升人、激励人、凝聚人。这些，不只是对员工的要求，首先是厂领导自身在身体力行。比如，炼铁界有句经典名言：“七分原料，三分操作”，这话没错。但过去这句话往往成为炼铁厂推卸自身责任的避风港，高炉运行不顺，立即归之于原料供应部门。这样做，推掉了责任，但也丢失了提高自己的机会，延误了炼铁厂自身的发展。现在，他们改变了习惯思维惯性，摒弃了那种发生问题分析客观条件多、反省主观因素少的老毛病，树立眼睛向内找原因，立足自身解难题，不归罪于外的心智模式；按照系统思考的原则，从源头抓起，关口前移、触角延伸，配合供应部门采取入场原燃料供应链管理模式，对外购焦炭、自产焦炭、煤粉、烧结矿、球团等分别制定并推行了一整套质量管理标准，抓好料场、倒运、储存、供料、筛分各个环节，并加大资金投入，对相关设备进行改造，使得精料方针真正得以落到实处。

这种理念的灌输与熏陶，使炼铁厂的员工们的精神状态大不一样。4号高炉炉长是从操作岗位上一步步提升上来的。过去，他也能带着队伍打硬仗，但就是认为什么思想、什么观念都是虚的，要来就得来实的，说得再好，还是要靠干。但实践使他体会到思想观念的威力，现在他自己就成为企业文化的忠诚的宣传员、实践者。在不长时间的谈话中，学习力、系统思考、精细管理等词汇不断迸出，一些运用企业文化理念改变生产面貌的案例也如数家珍。

立地。就是扎扎实实抓执行力的提升，把理念落实到实际行动中。因为，“持续超越，赢在执行”，这是他们的深刻体会。在这方面，炼铁厂抓住了3个环节。**一是把理念转化为制度，**就是要“固化于制”。他们通过发动群众，上下结合，对全厂76个岗位分别制定了《岗位行为规范》，既有各个岗位的具体行为要求，也有相应的保证措施。如对炉前电炮工的行为规范是“堵口一炮严，环保不冒烟”，下渣工是“熔渣畅通不落地”。这些行为规范，形象、简洁、准确、好记，也便于检查。**二是强调“细节制胜”，重在精细管理**。他们认识到，决策制订后的执行过程，实际上就是一个个具体细节的严格实施过程。作为执行力，其成效就要从每个细节中来检验。今年，他们针对传统设备管理体制存在的生产岗位重使用、轻维护、管理粗放，以致发现隐患滞后、处理不及时的弊端，在推进管理创新中，实行以突出“五个精细”为主要内容的全员设备管理体制：即普查精细，分工精细，规程修订精细，培训精细和评价精细。“五个精细”抓实了强化设备管理的五个细节，为执行搭建了标准化平台。今年上半年，全厂高炉设备故障停机时间为零，烧结设备故障停机时间为29.43小时，比去年同期下降39%。**三是把提升执行力和打造学习力、提高创新力结合起来**。他们深知，执行力固然要体现在严谨的作风、一丝不苟的精神上，但如果没有学习力作为支撑，执行力就可能停留在简单的、机械的操作上；如果没有创新力作为目标，执行力也不可能得到提升，保证企业的持续发展。厂党委大力实施打造“四个力”工程，即：以创建学习型企业为目标，培育学习力，把炼铁厂建设成学校式培养人才的企业；以思想创新为先导，打造文化力，把炼铁厂建设成团队式思想文化素质先进的企业；以技术创新为着力点，提高创新力，把炼铁厂建设成研发式科技含量高的企业；以管理创新为抓手，增强执行力，把炼铁厂建设成军队式纪律严明的企业。“四个力”项项着力在提升企业向心力、竞争力上，成为炼铁厂创新发展的强力支撑。

炼铁厂靠“顶天立地”成长壮大，我们也祝愿炼铁厂成为顶天立地的钢铁巨人！炼铁厂的员工个个都成为顶天立地的英雄！

（写于2006年9月2日）

关键在于有个好班子、好班长

首钢调查随感之三

首钢三炼钢按原计划2007年底就将全面停产，包括厂长在内的大量骨干支援首秦、迁钢和曹妃甸，但全厂生产依然井然有序，创新活动层出不穷，创建学习型企业、全员“大提素”形成浓厚氛围，各项指标不断刷新，转炉已经实现负能炼钢；产品档次不断提升，今年上半年，双高产品的比重达到76.84%，其中拳头产品占“双高”产品的

80.87%。看不到社会上有些厂矿在停产前的动荡、停滞、消极的情绪。

为什么一个即将停产的生产厂竟然有这样高的士气？这当然是同首钢整个大环境分不开的。这几年，首钢深入持久地开展思想解放活动，在全公司范围内创建学习型企业，在全体员工中不断树立新的理念，职工的思想境界、精神面貌有了极大的提升。但是，就三炼钢的具体环境下，我深深感到：关键在于有一个好的领导班子，有一个好班长。

在停产可以进入倒计时之际，我约了三炼钢的党政两位一把手，想听听他们对三炼钢现状的看法。党委书记岳文会，在这个岗位上已经勤奋地工作10年了，他先后同4位厂长搭档过。去年，前任厂长罗伯钢调到曹妃甸去筹建京唐公司了，原任副厂长的周德光博士接任厂长。

我问他们两位，作为三炼钢的主要负责人，此时此地，他们在想些什么？他们告诉我：一是在考虑三炼钢停产前，还能作些什么贡献，能登上一个什么样的台阶？二是如何把三炼钢的全体员工安置好，使之各得其所，继续发挥自己的作用。他们把前一个称之为“形象工程”，后一个称之为“良心工程”。因为，这些员工为了三炼钢的发展，为了首钢的发展，付出了代价，作出了贡献。如果不能把他们安置好，使他们在新的岗位上继续有所作为，那就对不起自己的党性、自己的良心。

“形象工程”不是领导的“政绩工程”，而是三炼钢人依靠自身的努力，为自己树立的历史丰碑。通过这一工程，要打出三炼钢人的士气，三炼钢人的气概，要显示出三炼钢人的智慧与才华。三炼钢会在某一天走完它的历程，但今后散布在各个岗位上的三炼钢人将发扬三炼钢的精神，继续创新、奉献、结出更丰硕的成果。因此，三炼钢人不满足于“站好最后一班岗”，而是要“一天当成两天过”；不是满足于求稳、守成，而是要积极进攻，占领新的制高点，以此作为对曹妃甸大厂的献礼。在今年首钢开展的“五算清，五精细”的活动中，他们发扬“一个碳”的精神，用精细的理念引导创新，用精细的行为打造精品，用精细的管理创造效益。现在LF炉正负一个碳的比例大于95.9%，比去年提高10.7个百分点。轴承钢一直被视为世界连铸难浇钢种之一，今年取得了突破，成为首钢新的拳头产品。广大职工在各自的岗位上用自己的行动积极打造精品文化，中间包王朗静班，为了确保铸机棒头与水口之间精准度，全班人员集思广益，采用水平仪和建筑吊线法相结合，变过去用眼睛测量精准度为用四面吊线锥的方法进行测量，精准的塞棒安装确保了生产的稳定顺行，还使塞棒寿命由原来的400分钟提高到1350分钟。他们准备在今后一段时间内，创出几个名牌产品，为曹妃甸大厂作好技术和产品的储备。

所谓“良心工程”，实际上是“以人为本”理念的具体体现。这一工程，不仅仅是简单的人员安置，而是站在首钢发展的全局，使员工的价值得到更好的发挥和提升。近两年，他们已经和即将向首秦、迁钢和曹妃甸等单位输送骨干260名，其中包括厂长等处级干部7人，科级干部17人，各类管理人员31人。对各类骨干，只要自愿报名的，原则上都批准，尽管这会给三炼钢近期生产带来一些困难，但他们还是以首钢的发展大局为重，以员工个人今后的事业为重，把困难留给自己。结合创建学习型企业，有针对性地加强对留下来的员工的培训，要求他们努力学习，勇挑重担，超越自我，实现自身价值的提升，也为新厂继续输送人才作储备。同时，从技校和中专招聘一批协力工来顶岗。尽管这些新员工也知道来日不长，但通过介绍和企业文化的培训，以及现场的熏染，他们都十分珍惜这一来之不易的机遇，向老职工学技能、学做人，努力全面提高自身素质，这对他们今后的前程也是大有裨益的。至于对一些年龄较大、今后难以再在钢铁企业工作的老员工，则根据各人意愿，创造条件，为他们进行多方面的培训。

三炼钢的员工所以能在即将停产之际，仍然饱含激情，奋力拼搏，除了厂领导采取的上述一系列工作外，同厂领导自身的人格魅力分不开的。工人休息室早就装了空调，但厂领导的办公室3年前才安装。他们还约法三章，厂领导班子成员绝不允许参加下属科室、车间的吃喝；更不准以任何借口收取下属礼物。一个得到过救助的职工的孩子高分考取了重点大学，该职工送来了果篮，由于实在拒绝不了，就借个机会给对方送回了红包。他们从来不为自己的私事去求上级领导，但为了员工，可以一而再地找领导。有位工程师得了癌症，根据他的条件，不允许买断工龄，厂领导多次找有关部门，请求特事特办，最后得到了较好的解决。

（写于2006年9月2日）

执行力的提升是企业发展的重要因素

——从首冶后来居上谈起

首钢调查随感之四

首冶和首建整合成首钢建设集团，成为一家人了。这更有利于双方的优势互补，扬长避短，创出新的业绩。

原来的首冶是从首建分出去的一支队伍，主要是承担迁安矿山的施工建设任务。矿山建设相对于工业厂房和民用建设来说，要粗放些，因此无论是在管理水平上，还是队伍素质上，在当时首钢的建设队伍中，都是属于下游的；而且比起首建来，装备也差得远。因此，在矿山建设任务基本结束、队伍成建制调到北京来以后，在相当一段时间里，接不上任务，连年亏损，日子很不好过，2000年时，全年的结算收入只有1.7亿元。2001年调整领导班子后，过去被称为“乌合之众”的首冶大变样，仗越打越大，越打越敢打硬仗，承揽的工程项目越来越多，在两家合并前的2005年，结算收入达到15亿元，4年翻三番还多。颇有后来居上之势。2005年初，原首冶党委书记王文利调任首建党委书记。

首建是首钢建设单位的元老，历史久，基础好，对首钢的发展作出过重大贡献，在外承揽的工程也获得不少好评。比起首冶来，首建队伍技术强，装备好，经验多，优质工程也多。但是，近几年，在发展的步子上，在经济效益上，在队伍建设上，比起过去处于劣势地位的首冶来，就显出差距来了。按说，首建早在1998年，就获得了ISO9000的质量论证；到2000年，又获得了安全等其他两项论证，是国内较早取得“三合一”论证的建设企业之一。但通过合并，两家一对比，就看出在某些工程质量方面，首建就不如首冶那样严格。在首建认为“没问题”的工程，在首冶那里，就通不过。如果说过去的首建领导不重视质量，那真有些冤枉他们。他们曾提出要把每项承建的工程都按“长城杯”的要求来打，但实际情况却并非如此，其中一个重要原因就是两者在执行力上的差距。

执行力，表现在下层，但关键还在上面。当然，就领导层来说，首先是要作出正确的决策。但是，千万不要以为战略目标提出了，任务安排了；领导也在各种会议上，在下发文件中，发了号召，作了指示，提了要求，接下来就是下面执行的事了。哪个单位的领导存在这种观念，哪个单位的执行力肯定就要打折扣。首冶的领导在作出决策后，把抓执行作为贯彻决策的一个有机组成部分。他们在执行过程中，经常结合实际明确无误地发出信息，引导员工坚定不移地按照既定的目标努力。“炸桥明志”的事例，就很说明问题。他们在承建赤峰一条公路时，有一座桥墩在混凝土浇筑中出现了蜂窝，虽然业主认为情况并不严重，让首冶处理一下就行了。但首冶领导却果断地决定炸桥重建。这不仅感动了客户，赢得了这一客户新的工程；更重要的是，把“质量是企业的生命”、“质量至上”的理念在员工思想深处打上了烙印，自觉地成为今后行动的指针。在日常工作中，首冶的领导带着数码相机下基层，看到好的照，见到不好的也照。在干部会议上就放映这些照片，提倡什么，反对什么，一目了然。不用说话，基层回去就改正了。在这方面，首建干部认为首建不如首冶，过去首建是布置多，检查少，因此一些要求，以及一些规章制度落不到实处。至于带着数码相机下现场，更是闻所未闻的事。

执行力，就要体现在细节的完善上。战略制订后的执行过程，实际上就是一个个具体细节的严格实施过程。作为执行力，其成效就要从每个细节中来检验。2005 年，王文利调到首建后，去工地检查工作时，发现一个地下基础混凝土工程多处出现接缝不严、高低不平、墙体弯弯曲曲，立即要求返工。但有人却认为这是“隐蔽工程”，最后要盖上盖板、填土埋上的，没有必要再大动干戈。但王文利坚决要求推倒重来，他认为，无论什么样的工程都是由一个一个局部、一个一个细节组成的。今天你允许在“隐蔽工程”上马虎、违反工程要求，明天就会在“半隐蔽工程”上疏忽；后天也会在墙体工程上降低要求。这样必然会使队伍养成“得过且过”的不良作风和习惯，“千里之堤，毁于蚁穴”。这是最可怕的。

执行力，更要体现在员工的自觉行为和主动的心态上。在同首建的干部交谈时，都提到首建和首冶最大的差距是首冶人有激情。什么是激情？激情就是为了实现一个宏伟的目标愿意献出自己聪明才智的一种心态，是为了追求卓越而奋力拼搏的一种行为，是力求改变现状而不断自我超越的一种情感。有了激情，可以安于平凡，在平凡的工作中作出不平凡的业绩，但却不能容忍平庸。也正因为这样，他们不断地找差距，认为“看不到问题就是最大的问题”，要从习以为常的事情中发现不正常、不平凡的事情来，要通过小事来抓大事，来解决大问题，说明大道理。以这样的心态来执行任务，就不满足于简单地完成任务，而且会力求创造性地来满足客户需求；以这样的心态来要求自己，就会不停顿于现状，不断学习，超越自我。

由此可见，提升执行力，首先还是一个观念的转变问题，特别是领导观念的更新问题，要通过企业文化建设，树立新的文化理念。整合后的新首建集团，正在进行文化融合，已经收到了较好的效果。目前，在首钢的一些重大项目上，正在同宝冶、二十冶等精锐部队并肩作战，在协同作战中提升自己；在民用建筑项目中，打入了过去被视为“禁区”的北京的心脏地段王府井，并且在文明施工方面，得到了当地主管部门和业主的赞誉，有的客户主动要求签订新的项目合同。我们深信，新的首建集团，将会以崭新的面貌，在尽可能短的时间内，跻身于国内建筑行业强手之林！

（写于2006年9月8日）

皮带管理革命的启示

首钢调查随感之五

在首钢矿业公司，无论是球团厂、烧结厂，还是选矿厂，所有的皮带运行畅通，皮带无积料，通廊两旁无漏料，地上无杂物，而且还看不到人影。据介绍，去年以来，全公司主流程系统总共50多千米长的578条皮带，陆续取消皮带看管性岗位，除个别需要随时操作的布料皮带外，全部实现无人看管，只保留了270多人的专职皮带清扫工和点检工，仅此一项，就节省了700多名劳动力。人少了，现场管理却反而大大改进了，文明生产水平大为提高。2004年，未取消看管性岗位时，皮带的清扫周期都是间隔12小时；到2006年8月，清扫周期间隔72小时的特级皮带达到31.66%，间隔48小时的一级皮带达到56.53%，间隔24小时的二级皮带仅剩11.81%，彻底消灭了间隔12小时的三级皮带。皮带故障时间也大幅度减少了，2004年全公司由于皮带故障影响生产912小时，2005年为588小时，今年1~8月为146.22小时。过去，皮带系统伤亡事故是各类工伤事故中最高的，现在，皮带系统杜绝了各类人身伤害事故。

这场皮带管理革命给人带来很多启示。为什么我称之为“革命”？因为这不单是精简多少人，而是一下子把皮带看管工全改没了，从这个意义来讲，恐怕就不是改革可以概括得了的。这场革命，震动当然不小，起初反对的占绝大多数，理由是现在有这么多人在管还管不过来呢，经常积料，紧张时还要招外来工帮着处理。将来人撤了，一出问题，岂不乱了套？但郝树华总经理态度坚决，对各位厂长下了死命令，“撤不下来（皮带工）就撤你”。有些人认为郝总太专制，霸蛮，不讲理。但是，事情的发展恰好说明了郝总有前瞻性，不仅工作完成得很好，而且比原先设想的还要好。其实，这种看似“霸道”的要求，也说明了矿业公司领导对属下的了解和信任，相信大家一定能够实现这一目标，而且通过这一任务的完成，队伍素质和整个管理水平都将会有一个跃升。现在，当时怀疑、甚至反对的干部也都衷心感到这一决策的正确。

朱继民同志常讲：一个企业有多高的境界，就能思考多深的问题；有多宽的眼界，就能运筹多大的谋略；有多高的追求，就能取得多大的收获。目标决定追求的方向、也直接影响追求的动力。矿业公司的皮带革命，也进一步证明了这个论断的正确性。如果，我们只是满足于四平八稳地做事情，连一个高一点的目标都不敢提出来，那企业又怎样能够持续发展呢？如果提出的目标，能够轻而易举地实现，那还有什么创新的动力？

没有高目标，肯定就不会有大成果；但有了高目标，也不见得就能有大成果。这里的关键是要有创造性的执行力。在执行中创新，通过创新来提高执行力。而这种创造性的执行力并不是能够突然爆发的，需要有一个渐进的过程。其前提是公司上下能在共同的愿景下，同心协力。公司领导能以自己的正确决策和个人魅力赢得员工的高度信赖；而广大员工则随着事业的不断发展，增强了对自己的信心。

这些年来，矿业公司的持续发展，特别是近几年来创造性地开展了“十小促十变”的群众性活动，以及在数字化矿山的建设上所取得的显著成效，就为这次皮带管理的革命奠定了良好的基础。尽管在初期，相当一部分干部对此持怀疑态度，但在行动中他们仍然采取积极的态度，带领员工大搞技术革新，优化生产工艺，强化管理基础，像水厂选矿厂研制了自压式栏板、自重式清扫器；球团厂改进了皮带连锁方式和自动控制犁式卸料器；大石河铁矿选矿车间在3个轻板下分别加装漏斗，将掉下的料直接漏到下面的皮带上，使周围环境焕然一新。就是在这种改变现状的伟大实践中，员工们进一步提升了自己的素质，增长了自己的才干，增强了自己的信心，同时，更增强了企业的凝聚力。

在看到成果、尝到甜头以后，他们又提出了新的目标，向新的高峰继续攀登。把工作重心从减少皮带掉料、解决皮带系统故障，转移到提高皮带系统的技术性能、不断完善工艺操作、改善现场环境、提高自动化、信息化水平，更好地为生产服务上来，并将皮带系统管理创一流向现场管理创一流延伸，已在降低皂土消耗、解决现场粉尘等工作方面取得了新的成效。我们相信，有这样的领导，有这样的队伍，矿业公司的明天一定会比今天更美好！矿业公司的前景一定会更加灿烂辉煌！

批示：请给（同）董老商量。这几篇文稿真实、感人。为首钢发展，董老严谨细致，深入调研，为我们做出了榜样。可以将几篇文章发给内部，供各单位学习。也可送刘淇同志参阅。待曹妃甸可研批复后再公开发表。

朱继民
2006.9.8

编者按：2006年7月21～22日，首钢总公司召开创新创优创业经验交流会。首钢创建学习型企业专家组顾问、原冶金工业部政策法规司司长董贻正同志应邀到会，并对各单位的交流发言进行了现场点评。会后，董贻正同志就首钢近年改革创新发展情况进行了一个多月的深入调研，并完成调研报告一篇、随感五篇。朱继民同志在调研报告上作了以上批示，现将董贻正同志的调研报告、随感印发各单位，供学习参考。学习情况在9月29日前反馈首钢党委宣传部理论处（电子邮箱：sgxcb@263.net）。

首钢宣传部
2006年9月

“小鱼吃大鱼”的后续篇[1]

早就想结识战学文，一直没能如愿以偿。最近从唐钢回来途中，经过他现在任职的首嘉钢结构公司，就去拜访了他，同他畅谈了2个多小时，不仅为他的优秀业绩所吸引，更受到他的那种不畏艰难、敢挑重担、干就干出一流水平的精神所鼓舞。

战学文何许人也？他就是前几年传遍首钢的“小鱼吃大鱼”的主人公。当年，他是首冶公司下属二公司的金属结构队队长，任职多年来工作出色，成绩优异，年年盈利。而当时首冶公司下属的金属结构公司却连年亏损，虽然更换了三届领导班子，仍然无多大起色。首冶公司领导在经过认真调研后，决定将金属结构队同金属结构公司合并。出乎人们意料的是新成立的金属结构公司的行政一把手竟然由这位33岁的战学文担任，这就是“小鱼吃大鱼”的故事来历。

好一个战学文！果然不负众望，他任职不到半年，就扭转了连年亏损的局面。他接手时的金属结构公司，年营业额不到2300万元。两年多后他离任时，营业额却增长到2.3亿元，除了按规定上交首冶公司4.5%的管理费外，经审计，还盈利600多万元。

2006年11月，他调任首嘉钢结构公司总经理。首嘉公司是首钢总公司同兄弟单位共同投资1.5亿元组建的、以生产钢结构件为主的企业。成立两年多来，这个400多人的企业已经累计亏损6000多万元。这个设计能力为年产5万吨钢结构件的企业每年产量却只有七八千吨，最高时月产也只有千把吨。在这种情况下，战学文又受命于危难之际，他到任还不到半年，今年上半年2.5万吨的产销任务都基本落实。

究竟是什么原因使这两个单位都能在短期内发生这样的巨变？其实，这里并没有什么尖端武器，但他就是扎扎实实、认认真真地使用一些管理上的常规武器，取得了令人瞩目的成就。比如说，谁都知道，“大锅饭”是千万不能再吃了。但是，在首嘉公司，用工制度还是采取日工制，工人按日支付工资，干多干少、干好干坏都是一个样。这怎能调动员工的积极性，又怎能办好企业？现在，对生产工人采取了基本工资加产量提成的办法，质量出问题，还得按规定进行扣罚。多干多得，干好多得，奖惩分明，严格考核。结果是车间人员减少了四分之一，产量却增加了4倍以上。

过去，在节省资金的“理由”下，把原设计为5层楼、地基也是按5层楼的要求进行施工的员工宿舍，硬是压缩到3层，员工寝室相当拥挤；现在，为了改善员工生活条件，把被砍掉的2层楼重新补建，还准备在宿舍楼里安装电视，以及建立公共阅览室、文娱室、培训教室。他们还同临时工签订了合同，按规定为他们上了保险，使职工无后顾之忧，还加强对职工的培训。这种体现“以人为本”的做法，深受职工的拥戴，使他们心情舒畅地为公司的发展努力拼搏。

在生产经营上，他们坚持“诚信第一”，宁可少接订单，也要确保按时、按质、按量

[1] 原载于2007年4月29日《首钢日报》。

向客户提供优良的产品、优秀的服务。因此，现在客户蜂拥而至。他们重视成本核算和控制，一改过去各部门之间自行其是，忽视成本的做法。过去，生产基地在西集（与河北交界处），但公司管理部门却在老山，靠近了领导，却脱离了基层，办事效率低，下面气也不顺。现在从总经理起，全部集中在西集办公，既提高了效率，又节省了开支，而办公室则是利用过去废弃不用的仓库花了 20 多万元改建而成的。

如果要说他们还有什么绝招的话，那就是敢于及时地、果断地调整干部队伍。战学文到首冶金属结构公司任职时，20 多名中层干部，有几名自动离职，对留下来的，通过逐个听汇报、了解主管业务情况，撤换、调整了近半数。他认为，在一个长期经营不善的单位里，中层干部也负有不可推卸的责任，思想观念、工作方式等很难在短期内转变过来；而时不我待，不改变干部队伍的组成，就难以在短期内扭转局面。实际证明了这种做法是有效的。当然，战学文也不是对干部不分青红皂白，一棍子打死；而是在今后的工作中给他们提供机会，“是金子总会发光”。后来又有近半数的下调干部重新得到启用，在工作中发挥了很好的作用。

战学文的事迹值得我们钦佩。他的一些思路、作风以及面对困难所具有的坚定不移的态度和应对的措施都会对我们有很好的启示。但是，他的先进事迹同样也会引起我们的一些深思：为什么改革开放已经那么多年了，在这些单位，大锅饭还是照样在吃着？为什么有的领导干部，成天也高喊“以人为本”，但在实际行动中，一讲节省开支，不是首先在改进自己管理工作上下工夫，却首先是在削减员工的生活待遇上动脑筋？为什么一个有着现代化公司架构的股份制企业，竟然会像有些个体企业似的，不同职工签订合同，不给职工上“几金”呢？为什么一个几百人的单位，管理部门竟然要远离生产基地？如此等等，确实值得我们深思。对这些单位，我们从启用战学文以及他就任以来的所作所为中应该得到什么样的启示呢？

这几年，首钢总公司及很多二级单位在改变落后企业的面貌上做了大量的工作，也取得了不少骄人的好成绩。首钢也总结了很多好经验，在每年的“三创”经验交流会上作了介绍，使大家都深受鼓舞。但还有没有像首嘉这样本应盈利、却依然连年亏损的企业以及在总体盈利的情况下却掩盖了少数或个别下属单位的不该有的亏损？对这些单位，我们从启用战学文以及他就任以来的所作所为中应该得到什么样的启示呢？

首钢矿业公司调研随感[1]

今年4月下旬，我在首钢矿业公司进行了为期7天的调查研究，听取了公司领导和有关部门的情况介绍，参加了公司内部的一些汇报会，先后到了烧结厂、水厂铁矿、协力公司与有关领导和职工进行座谈，还分别同计控室、质检中心、技术处、企管处的领导就某些专题进行了交谈，并到了几个开展资源回收的矿山现场进行了参观。边看边听，感触良多。写下了5篇随感。

领导者的首要责任是激发广大员工的潜能

我接触的多数都是普普通通的职工，从事的也是平平凡凡的工作。但是，他们却在平凡的工作中做出了不平凡的业绩。皮带革命、001工程、数学建模，网络进班组，……。这些过去很难想象的事却在不长的时间里都变成了现实。是他们知识水平高吗？不是。他们中的多数正规学历只不过初中。是他们有特殊技能吗？他们就是一般的矿车司机、修理钳工，或者是普通的管理人员；就是一些有大专学历的，很多事情也是他们过去所未曾学习过、经历过的。他们在创新、创业过程中，也曾遇到很多困难和挫折，但他们坚持下来了，而坚持就是胜利！

这几年，我连续在首钢进行跟踪调查，看到首钢近几年的巨变，首先是各级干部和广大员工的观念变了，人气旺了，士气振作了，人们的精神状态发生了变化，这是带动一切变化的最根本原因。处于这样的大环境中，矿业公司自然也在变，不过他们变得更快、更好！

大量生动的事实，使我更深地领会到这句至理名言："群众是真正的英雄"。但是，为什么在有些单位，却感受不到这种氛围呢？还是一句老话：关键在于领导。群众中蕴藏着极大的潜能，作为领导者的责任，就是如何把这些潜能挖掘出来，使他们迸发出来，让他们提升起来。矿业公司的领导，正是这样做的。

他们不断以新的观念引导群众，提出了能够引领群众前进的一个又一个的高目标，鼓舞员工们以超乎常态的努力，以创新、创优、创业的精神来奋力拼搏，在实现这一目标过程中不断提升自己的素质；当取得前所未有的成就时，他们不是一般地以谦虚谨慎的哲理来教育大家，而是实实在在地要求员工们"找差"、"反思"，从而打通了从优秀到卓越的康庄大道；他们高瞻远瞩，善于引导职工努力掌握新技术，运用新的技术革命的成果，他们的成功证明了"泥腿子"同样可以进入科学的殿堂，施展自己的才能，把潜在的能量迸发出来；他们努力为员工创造条件，使工作岗位同时成为学习的课堂、创新的基地，团队的细胞，学干创相结合，打造出一个个既有持久的学习力，又有坚强的执行力，还有高度

---

[1] 原载于2007年5月22日、24日、25日、28日、30日《首钢日报》。

的创造力的、协力同心的团队，这是夺取胜利的有力保证。

我们常说：发展是硬道理，发展是第一要务。但发展的主体是人，发展必须依靠人，发展也是为了人。首钢矿业公司的实践更使我们加强了这样的信念：世间最可宝贵的是人，只要有了人，什么人间奇迹都可以造出来。作为企业领导，必须时时刻刻地把“人”摆在首位，围绕企业发展的目标，多渠道、全方位地提高队伍素质，把企业做强做大，不断攀登新的高峰!

（原载于2007年5月22日《首钢日报》）

高目标造就高业绩

近几年，首钢矿业公司以其骄人的业绩，赢得了业内人士的高度好评。2003年以来，矿业公司始终保持40%可比技术经济指标居国内同行业第一、60%以上进入同行业前三名。水厂铁矿采剥总量、全员劳产率、精矿粉全员劳产率创出中国企业新纪录，达到全国重点同类矿山5倍以上水平。在技术创新方面，也取得了一系列重大进展。大型深凹露天矿高效运输及强化开采技术研究，达到国际同期先进水平，先后获得中国冶金矿山和中国冶金工业科技进步特等奖；磨选工艺技术升级的攻关，成为使选矿工艺流程实现重大变革的重要技术创新；氧化球团生产工艺的改造，以及建设球团二系列，带动整个冶金行业的炉料结构发生重大变革。在节能、节水和资源综合利用上，也取得了可喜的成果。通过对弃矿干选、尾砂再选、伴生石处理3个项目进行设备、工艺改造和理顺，实施精细化管理，资源回收生产能力有了较大幅度的提高。在打造数字化矿山、推进信息化建设上，更是以其投资省、自主开发能力强、效果明显而引人瞩目。

同其他成功的企业一样，首钢矿业的成功也有其诸多内外部的因素。从企业内部来讲，不断树立符合企业发展方向的高目标，并在实践中坚持不懈地予以贯彻实施，则是一个关键因素。

首先，要远近结合，立足现实，着眼长远，敢于提出高目标。“十五”期间，他们提出了建设以“八个标志”（即技术经济指标创一流、矿山管理达到国际先进水平、科技创行业先进水平、完善适应市场经济要求的企业制度、培养一流的矿业人才队伍、打造具有国际水平的矿山信息系统、落实循环经济方针、建设节能环保型矿山）为主要内容的“一流的矿业、开放的矿山”的宏伟目标，并确立了“市场化、自动化、信息化、加强管理基础”的工作主线，实施跨地区、跨行业、跨国、跨所有制“四跨”的外部资源开发的发展模式。在实践中，他们深深地体会到，没有目标就没有方向，有了一流的目标才能凝聚人心、激发斗志。但是，再好的目标也必须落实到各项具体工作中去。为此，他们每年都确定了具体的重点工程，围绕目标的落实，不断创新机制，加强领导，强化组织，调动、发挥方方面面的积极性，确保一个又一个目标的实现。

前几年实施的皮带管理模式的变革，就是一个典型。我在去年的《皮带管理革命的启示》一文中做过介绍。皮带是冶金矿山企业常见的运输工具。矿业公司拥有不同材质、型号的皮带559条，每年皮带运送的货物总量高达7000多万吨，在生产经营活动中居于十分重要的地位。但由于皮带运输系统的技术状况和综合管理水平相对落后，一直是制约企业发展的主要矛盾之一。2003 年为了推进皮带管理创一流工作，提出了取消皮带系统看管性岗位的目标。尽管当时很多人都认为这个要求不现实，但经过多方面的努力，现在皮带系统服务人员由原来的1000 多人减少到 274 人，一级皮带技术状况达到 372 条，占总数的 69. 66%；皮带故停 2006 年比 2005 年下降 39. 08%，今年前四个月较上年同期平均水平又下降了 48. 05%。文明生产水平显著提高，皮带系统安全生产实现了“三为零”。

今年，矿业公司提出了“001 质量稳定工程”，并且摆在今年 5 项重点工作的首位。“001 工程”，就是要求球团、烧结矿的品位波动全月累计在 ±0. 01% 范围内。对一个年产 1100 多万吨熟料的矿山来说，产品的品位波动在万分之一的范围内，其难度可想而知。这一目标的提出，既深化了生产组织指导思想由以产量为中心向以质量为中心转变，也使精细化的控制理念得到强化，带动了整体管理水平提高。正是在这个高目标的引领下，通过一系列扎实的措施，一季度烧结、球团质量指标都实现了目标要求，创下了前所未有的业绩。

矿业公司正是通过这样一个又一个的高目标，把企业的技术、人才、管理等优势整合起来，不断推进企业的发展。

其次，敢于提出高目标是解放思想和实事求是的结合，是对领导魄力和科学性的检验。矿业公司的领导坚信思想解放没有止境。而目前思想解放的程度还远远赶不上形势发展的需要和滞后于现实具备的条件。作为领导，必须要有高度的前瞻性，这样才能带领群众前进。因此，他们经常能从当前影响全局的薄弱环节中，看到发展的潜力和前进的方向，不断给自己提出新课题，提出高目标。

高目标，不同于过去一个时期与“瞎指挥”相联系的“高指标”。其区别在于现在提出的高目标是经过较大的努力后确实可以实现的，是有其一定的客观条件和科学依据的；绝不是个别领导拍脑袋的那种即兴式的作秀。以 001 工程为例，去年年底，矿业公司有关领导和部门深入到一些重点厂矿，进行摸底调查，并分析了当年前 11 个月的数据资料，发现当时品位的月波动率在 0. 1% ~0. 2% 左右，但好的月份却达到了 0. 02%，尽管这离他们设定的 ±0. 01% 的目标还有相当距离，但通过调查分析所发现的问题，也为实现这一目标提供了解决之道。因此，他们果断地提出了这一看似很高的目标，而实施的结果更出乎他们的意料，竟然在实施的第一个月就达到了目标要求。这就更使他们看到群众蕴藏的极大潜力，更加意识到作为领导者的职责，必须以高而能及的目标来引领广大员工奋力前进。

近两年，矿业公司资源接替进入“低谷期”，他们一方面采取“四跨”，向外扩展；另一方面，大量挖掘内部潜力。在安排 2006 年产量计划时，经过初步测算，两个主力矿山合计生产 370 万吨精矿粉难度都很大，而公司从整体利益出发，安排的计划却是 420 万吨。矿山的员工们积极主动克服困难，千方百计进行资源挖潜，结果当年两矿实际完成自产精矿粉 474 万吨，超过总公司计划 54 万吨。更为重要的是，这一高目标逼出了一条矿山资源回收的新途径，对废弃的矿石进行干选，从尾矿中进行再选，对伴生石进行处理，现在已经形成一个新产业，今年可以从中提取精矿粉 65 万吨。

第三，实施高目标的过程，是思想教育和制度建设并行的过程。由于提出的高目标，一般是超出常规的。因此，必然会遇到各种惯性思维和习惯势力的阻挠，也会在实际工作中出现种种意想不到的困难。在推行“皮带革命”的初期，很多人思想不通，甚至认为领导不讲道理。因此，在一些单位实施过程中思路不明确，措施不得力，工作没有多大进展。在这种情况下，公司领导清醒地认识到，不是这一目标要求不切实际，而是工作没有做上去。如果迁就现实，那不仅使目标落空，而且会导致创新创优理念的失落，这将对矿业公司今后的发展增加新的思想阻力，后果十分严重。为此，公司领导认为，对看准了的事情，必须一抓到底，于是在思想发动的同时，强势推行，要求5个主流程厂矿的行政一把手签订目标责任状，“撤不下来（皮带看管工）就撤你”。结果围绕皮带问题，一场群众性的小改小革活动、加强管理活动在矿业公司如火如荼地开展起来，创造出很多新鲜经验，不仅没有撤了一个厂矿领导。相反，通过这一实践，各级领导和广大员工的思想观念有了明显转变，队伍素质有了明显提高，管理工作有了明显加强，创新能力也有明显增强。

正是由于有了皮带革命的榜样，在今年年初提出001工程时，几乎很少听到异议声了。大家奔着一个目标，协力同心，较快较好地实现了预定目标，现在他们准备在巩固现有成果的基础上，**向着每旬、每周波动率在±0.01%的目标努力。**

高目标的提出和实施，打造了一支高素质的队伍，这是取得高成就的最主要的保障；而高素质队伍的成长，又进一步催生了新的高目标的提出。我们深信，首钢矿业一定会在前进征途中斩关夺隘，不断夺取新的胜利！

（原载于2007年5月24日《首钢日报》）

“找差”、“反思”文化　推动首钢矿业健康、快速成长

在首钢矿业公司，无论在哪个厂矿开座谈会，都会听到“找差”、“反思”等词句；随便打开哪个厂矿的网页，都会看到“反思论坛”、“反思专栏”等栏目。“找差”、“反思”已经成为矿业公司各级干部和广大员工日常工作中不可或缺的内容，也是推动矿业公司不断大步前进的动力。

虽然，把“找差”提高到文化的范畴，还是近几年的事，但在实际工作中用找差来推动观念的转变，用找差来提出新目标，用找差来促进持续创新，则已持续好多年了。

矿业公司的找差、反思活动，有着几个显著的特点。

首先是领导倡导，坚持不懈，严格要求，不走过场。就公司范围来讲，10年前就提出了开展对标挖潜活动，当时主要还是通过生产技术上的具体指标的内外对比，来找差距，定措施。发展至今，其范围更加广泛，指标设置更加丰富科学，无论从广度还是深度上，都不可同日而语了。而“三查”发布，则内容更加明确，重点更加突出，分析更加深入，责任追究更加严肃，机制更加完善。具体由企管处负责（这也是企管处的主要职责），每个月都要围绕公司当年确立的重点工作项目，有计划、有重点地深入调研检查，在肯定成绩的同时，更多的是对存在的倾向问题、主要矛盾、薄弱环节等进行系统分析，提出具体改进建议，每月将“三查”结果在公司二级单位主要领导参加的会议上进行发布。像今年1月份的“三查”发布会上，主题就是对ERP系统的设备、质量、生产3个模块的运

行情况进行重点检查；2 月份的“三查”发布着重检查物资供应模块的运用情况，同时对 1 月份发布会后各单位整改情况进行了通报；3 月份“三查”发布会的主题则是资源回收工作。对问题开门见山，从不遮遮盖盖；对涉及的有关的单位和人员则是指名道姓，每次发布会的内容，问题和原因分析以及工作建议部分的篇幅都远远大于成绩部分，有理有据，对领导班子的震撼力、对面上工作的推动力比以前更大。

其次，是找差、反思活动的制度化。在公司领导的带动下，现在矿业公司上上下下，找差、反思，已蔚然成风。很多单位已经不是停留在理念的灌输、一般的倡导，而是形成制度，用制度来促使找差、反思的持久、深入。烧结厂规定，所有管理人员每季度都要写一篇反思文章，而且还将所有的反思文章全部挂到网上，使反思的内容透明化，既可以起到相互借鉴的作用，也可以起到群众性的监督作用。点击烧结厂的网站，在“反思专栏”里，可以看到每个季度、每个单位每个管理人员的反思文章，结合自身工作实际，查找本季度工作中存在的问题，虽然文字有长有短，但都不是三言两语，敷衍塞责的，其中不少是有一定深度的。我深信，只要持之以恒，积以时日，肯定会由量变到质变，在思想上、观念上，以及各项工作上会发生一个突变，一个飞跃。实际上，在反思制度化以后不到一年的时间里，烧结厂的工作已经有了飞速的发展。很多厂矿领导带头反思，球团厂党委书记兼厂长董伟的反思文章《反思过去与开创未来》在矿业公司举办的“解放思想、创新发展”论坛上交流，给人以深刻启迪。在大石河铁矿、协力公司的网站上，也都可以看到类似的“反思平台”，这已成为改进工作的有力武器。

第三，找差、反思由被动到主动，由找外因到找内因，步步深入。在初期，一些单位往往是出现了问题，被动地去找差距；有时即使找出了差距，也会推之于客观，归之于外界因素，不敢触及自身的问题。随着这一活动的深入开展，越来越多的员工认识到找差必须立足于自身，眼睛向内找差距，从自身工作上找原因。他们也从中尝到了甜头，越是把问题向外推，就等于是剥夺了提高自己素质的机会，削弱了自己解决问题的能力。于是找差就由被动转为主动，从“要我找差距”到“我要找差距”；反思也就成为顺理成章的事了。现在他们分析问题能内外结合，过去眼睛向外是为了推卸责任；现在眼睛向外则是从系统思考的角度，寻找事物相互之间的联系，从全局的观点来更好地解决自身局部的问题。公司每年有计划、有组织、定专题，走出矿山，感受市场、感受变化、感受创新，使“找差”越来越深入，反思越来越深刻，领导干部看问题的角度越来越新、接受新事物的速度越来越快、要求自己的标准越来越高。他们还提出解决问题的三种境界，一种是出现问题后，被动地去解决问题；第二种是主动地发现问题，去解决问题；第三种，也就是再高层次的则是提出问题，去解决问题。长期的找差、反思，使他们坚信：生产是有规律可循的，问题是可以被认识的，矛盾是可以转化的，失误事故是可以避免的，管理效能是可以提高的。于是视野越来越宽，领域越来越广，素质越来越高，能力越来越强，效果也就越来越显著。

一种文化的形成，需要长时间的积淀，需要企业领导的身体力行，需要广大员工的精心呵护。衷心祝愿首钢矿业的“找差文化”、“反思文化”越行越远，越走越好！

（原载于 2007 年 5 月 25 日《首钢日报》）

创建学习型企业是企业发展的必经之路

首钢矿业公司多年来坚持开展“一个创新、两个创建”的“三创”活动，以推进企业创新工程为核心，以创建学习型企业、创建先进企业文化为载体，把创建学习型企业同推进企业创新和创建先进文化结合起来，取得了良好的效果，也提供了一些成功的经验。

在创建学习型企业过程中，他们把学习和工作紧密结合起来，真正实践“学习工作化、工作学习化”。协力公司提出的三句话：“岗位是最好的课堂，工作是最好的培训，实践是最好的学习”，已成为整个矿业公司的学习理念。他们深知，对广大员工来说，最重要的学习就是在岗位实践中。工作无处不在，学习也就无处不在。工作中的难点就是学习的重点，创新的亮点。学会在工作中找出差距，发现问题，并以此为导向，有针对性地去学习，达到解决问题，提升自我的目的，这就是最大的学习力。

球团厂的窦振印是学习型员工的典型。他是1970年进厂的，只有初中程度，英语底子很薄。为把英文的设备原理图搞明白，窦振印借助英汉字典和翻译软件，常常钻研到深夜；他不懂电脑，就发扬燕子衔泥的实干精神，学习有关知识，现在，他已能用电脑来设计电气原理图和简单编程。为了保证球团生产顺行，他先后攻克了电气技术难题100多项，仅回转窑提速减少倒料一项，每年就增加产量10万吨；他所负责的电气设备完好率达到98.4%。1992年窦振印晋升为电气工程师；2004年和2005年，又先后通过了技师和高级技师考试；2005年8月考取了国家职业技能鉴定电工高级考评员。前不久，矿业公司党委作出了向窦振印学习的决定，他已经成为矿业公司广大职工学习的榜样。

创建学习型企业，其最终目的是要推动创新，以创新来改变现有面貌。因此，参加学习型企业的过程也是破除迷信、解放思想的过程。不打破固有的思维模式，不跳出旧有的思想桎梏，就迈不开创新的步子。烧结厂投产十多年来，白灰取样问题一直是质检部门的一大难题。取样不仅劳动强度大，而且经常发生大量喷灰，有时伤及取样工眼睛、面部，现场也形成大量废灰，生产环境恶劣。在“十小促十变”活动中，质检中心将其纳入科技攻关项目，组织了攻关团队。在既无专家、又缺资金的情况下，经过多次试验，失败，有人认为：要能行，人家早就搞了，还等我们这帮大老粗。正是在不断破除形形色色的保守思想、自卑心态，最终研制成功了白灰取样器，而且从手动搬把式，到机械传动式，再到全自动白灰取样机，并申报了专利，还外销到兄弟企业，深受欢迎。

现在矿业公司的创新成果不断，仅今年一季度，职工提出的合理化建议689件，经单位有关专业研究，采纳275件，并有261件已经实施，取得效益498.5万元；共组织技术攻关52项，创新技术18项，创新工艺14项，创新产品3项，创新纪录28项，总结最佳操作法42个。

发扬团队精神，实现知识共享，是矿业公司创建学习型企业的另一个特点。矿业公司技术革新、管理创新活动连年来蓬勃开展，硕果累累。他们所推行的“十小”，实质上就是一种知识共享的机制，使少数先进人物的知识、经验转化为广大员工的共同财富，在新的台阶上继续攀登。协力公司针对传统的学习方式难以适应团队整体提高的新课题，在深化导师带徒弟的基础上，积极实施职工技能固化传承工程，组织技术尖子、专业技术人员和富有经验的老职工编写教材或撰写技术论文、技术案例，利用周五学习日、培训月等方式，为职工送技术、授技能。职工技能结构明显改善，技术水平迅速提高。中级工比例由2003年底组建时的14%提高到49.5%；同期，高级工由3%提高到27.4%；新培养的多技能人员607名，比例由10%提高到52.3%。

水厂铁矿汽运作业区的“赵新民团队学习室”是发扬团队精神的又一个典型。他们的8名成员（最近发展到12人）都是一线的矿车司机和点检工，坚持学用结合，把工作中的难点作为学习创新的重点。2005年以来，累计完成了104项攻关课题，每年创效益都在100万元以上。他们还将矿车司机在作业中遇到这样和那样的故障收集起来，汇总了130多条，由学习室的成员研讨后，提出解决的办法，编印成《大型矿车故障排除百问》，发到各位司机手里。过去，矿车出现一些小故障，有的司机自己不会排除，要等修理人员上山，这样就减少了作业时间，影响矿车效率。现在司机一册在手，一般的故障都能自己排除，极受大家欢迎。有的新进矿的大学生指名要求到这个作业区来，就是为了参加这个学习室。赵新民学习室队伍的扩大，成员构成的优化，必将使学习室发挥更大的作用。现在矿业公司正在进一步推介他们的经验，组织各种形式的学习创新团队，引导广大职工自主发现问题、自主研究问题、自主解决问题，激发学习创新热情，使广大员工的智慧和潜能得到有效释放和充分发挥，把“十小促十变”活动推向新水平。

创建学习型企业，不只是在业务上求提高，在工作上求创新，还要把做人和做事结合起来，求得人的全面发展。矿业公司把文化品格、知识技能、创新思维培训作为创建学习型企业、打造一流队伍的三项基础工程。除了帮助员工提高知识技能外，还围绕开发创新思维，组织科级以上干部收看创新思维讲座，并正在组织编辑《创新思维与创新实践》一书，准备从5月份开始，以案例教育为重点，开展全员性的创新思维培训，提高职工群众的创新能力。与此同时，围绕培育职工队伍的优秀品格，开展“讲品格、创品牌”活动，组织职工对照工作反思品格、学习先进典型感悟品格、剖析正反两方面的案例透视品格，引导职工从我做起、从小事做起，从细节做起，干品牌工作、创品牌产品、打品牌工程、建品牌团队，使品格成为办事的规则、生活习惯、人生追求。

去年5月，矿业公司皮带管理创一流现场会在球团厂召开。为了做好迎检工作，需要对参观路线周边的环境进行治理。过去，像这种情况一般都采取“封闭”的办法，就是在粉尘较多、掉料较多、管网较多的部位，采取各种措施进行封闭，达到外表整齐美观的效果。这次，球团厂领导班子在讨论时，否决了专业部门提出的“封闭”方案，认为封闭是在做表面文章，不仅不能解决根本问题，而且还给今后设备或者安全等方面带来新的问题。同时，这种做法也是一种不诚信的表现。于是他们提出了透明化现场管理理念，要求各部门能够正视现场存在的问题，采取切实措施，加以整治，起到了很好的效果。2006年底，球团厂现场粉尘合格率为86.1%，比2005年的80%提高了6个百分点。质检中心购买了1台X射线荧光光谱分析仪，但不掌握做铁精矿粉分析的技术诀窍，他们请教国内一家知名钢铁企业，对方的专家称：这是他们几代荧光人研究开发的成果，是技术秘密。质检中心硬是依靠自己的努力开发成功，不仅总结了技术方面的经验，而且还提炼了无私、精确、快速的“荧光品德”，作为自己的岗位理念。通过创建学习型企业，矿业公司的面貌有了很大的变化。过去一些平平凡凡、普普通通的职工，现在都在各自的岗位上不断创造新的奇迹，把过去认为不可能的事情变为可能，充分体现了“人民群众是真正的英雄”这一朴素的真理；说明了在我们的员工中，蕴藏着极大的潜能，各级领导的职责，就是千方百计把这种潜能挖掘出来，使他们迸发出来，提升起来。而创建学习型企业就是一条最值得重视的必经之路。

（原载于 2007 年 5 月 28 日《首钢日报》）

让群众掌握现代科学成果

刚听到矿业公司开展群众性数学建模工作时，大吃一惊。在我的印象中，建模似乎是某些专家、研究人员的事，现在居然在远离大城市的偏僻矿山里，它的厂矿、车间、甚至个别班组也在开展建模活动，这就更不能不令人钦佩了。今年以来，矿业公司围绕矿山的技术升级、技术改造和管理工作，确定了 287 课题。其中，公司级 74 个、厂矿级 78 个、车间级 109 个，一季度完成了 98 个，大部分（68 个）已转入应用阶段，取得了可喜的成果。

矿业公司的建模活动，是在建设“数字矿山”的总体要求下推进的。把数学建模作为树立数字化管理思维的重要载体，他们采取课题研究的方式，引导职工把生产建设中的问题转化为数学模型，从我看到的部分数模来说，涉及的面还是比较宽泛的，既有生产技术上的问题，也有管理上的问题，包括设备维修周期的确定，各类物资消耗与设备使用状况的关系，合理用电，劳动力的配置，安全生产等。像烧结厂的“烧结终点控制”模型，运用模糊控制原理实现烧结终点的控制，从而达到稳定烧结终点，发挥主机最佳效率的目的。该厂劳动人事科为检验人员配置的科学性，进一步提高劳动效率，建立了《皮带系统清扫保洁人员优化配置模型》，验证了目前清扫保洁人员配置的合理性。协力公司的设备检修维护最优周期的数模以及水厂铁矿的发动机大修周期的数模研究等，增强了设备维修计划的科学性，为公司主流程设备长周期稳定运行提供了保证。

在推进过程中，他们通过培训骨干，典型示范，逐步推广。仅今年 3 月份，公司就进行数模培训 31 次，677 人参加。在队伍组成上，采取三结合的方式，高校毕业员工、有实践经验的人员和单位领导齐心协力，互为补充、互相学习、互动促进。他们共同发现问题，提出课题。高校毕业员工充分发挥理论特长，实践经验较丰富的员工主动提供数据、资料。一些单位还建立了有效机制，如制订数模推进管理规定，定期讲评制度，考核、奖惩制度。烧结厂还在今年 4 月组织了一次数学模型竞赛，评出一、二、三等奖若干名，对得奖的项目分别给予奖励。现在一些员工遇到生产中的问题，就会想到能不能建立数模来解决。

通过建模的实践，提升了精细管理的理念，促进了基础工作的加强。数模的建立，需要以确切的数据为依托，数据不真实，不可靠，方法再好，得出的结论也不可能正确。因此，重视数据的真实性、可靠性，已经成为广大员工的自觉行动。数模的推行，打破了对科学的盲目迷信，打破了一些员工在科学面前的自卑感，至少他们知道许多生产中的实际问题，都可以运用数模来加以验证或得到解决，提高了对学习科学的兴趣。建模活动，推动了专业管理由定性管理向定量管理转变，由经验管理向科学管理转变，推动职工树立数字化思维的理念，促进数字化思维、精细化管理氛围的形成，尽管现在有的数模还比较简单，基本上都是线性关系。但是，也有一些多函数的关系。无论是简是繁，只要有一个好的开始，在实践中一定会逐渐提高的。

其实，建模活动，只是矿业公司在运用现代科学技术一个比较突出的事例。近几年，他们在信息化建设中，也取得了惊人的成就。在信息化建设中，他们同样着眼于广大员工。在他们提出的信息化建设的“两个基础”中，一个就是“要以群众性的信息化实践与运用为基础”（另一个是“要以现场计量、检测、仪表的数字化为基础”）；在信息化建设的“三项基本原则”中，有一项就是“群专结合”，注重调动和发挥专家和群众两个积极性。正是因为他们着眼于群众，因此在矿业公司，网站遍车间，计算机进班组，已成为生产管理中的一道靓丽的风景线。现在，除少数后勤部门外，主流程的班组长都已取得计算机等级证。

在矿业公司，除了形成了生产、设备、质量、物资、财务与成本五个模块的 ERP 管理系统，实现了二级、三级、四级的全面集成，成为矿山系统第一家应用 ERP 的企业外，从公司机关到主业厂矿、直属、辅助等二级单位全部接入了企业网，已建厂矿级网站 45 个，覆盖到 282 个班组的车间级网站 73 个。各个网站内容丰富，并根据管理提升的需要多次进行改版，使信息范围逐步扩大，内容不断丰富，功能更加实用。计算机、网络进班组，使专业管理一贯到班组、到机台，同时为专业管理提供来自基层的信息。他们还将班组原来的 10～20 种台账精简为“四账一表”，并逐步实现数字化；将原材料、备件、能源等可控消耗，全部纳入班组、岗位的核算范围，每月的核算结果与收入分配紧密挂钩，使职工直接参与企业的经营管理，职工每天可以根据自己的业绩查阅自己应得的收入。

搞信息化，人员从哪里来？原则上是自己培养，边学边干。整个矿业公司就没有几个科班出身的学计算机的人，基本上都是半路出家，在干中学，现在有的已成为这方面的专家。像公司计控室副主任兼计算机技术研究所所长李文，原来是位学校老师，学的是金属材料及热处理专业，计算机只是他的业余爱好。在数字化矿山建设过程中，他脱颖而出，与女高工冯景艳一起带领 17 位年轻人，自主开发了 MES（生产执行系统）等多种软件，后来他又和同事们一起顺利完成了实施 ERP 的任务，而且先后承揽了鞍钢弓长岭铁矿信息化建设和承德首承球团厂等自动化、信息化建设项目。各厂矿普遍建立了信息化小组，一般 3 人左右，成员绝大多数都是业余爱好者，相当一部分是中专或技校毕业的，但就是这些人边干边学，成为矿业公司建设数字化矿山的骨干。

数字化矿山建设，意义深远。特别是矿业公司的信息化建设，在基本上没有行家里手、资金投入又不多的情况下，相当一部分是以自力更生为主。这更使我们增强了信心。矿业公司能做到的，其他单位没有理由做不到。在建设过程中，不仅提高了生产过程自动化水平，引发了企业管理方式的变革，管理工作由传统的部门管理转变为流程管理，提高了管理效率和精细化水平；更为可喜的是，在实践中，涌现了一大批这方面的人才，而且大大提高了整个队伍的科学水平。一旦广大员工掌握现代科学成果，犹如猛虎添翼，必将威力大振。这从前几篇的介绍中也已得到明证。我们祝愿矿业公司能更上一层楼；其他兄弟单位能奋起直追，迎头赶上，在面临知识经济的新时期里，勇立潮头，共铸辉煌！

（原载于 2007 年 5 月 30 日《首钢日报》）

喜看迁钢“80后”新一代[1]

在迁钢公司的会议室里，坐在我对面的是9位年轻人，他们都是首钢迁钢公司热轧厂的技术骨干，有生产作业区的作业长、副作业长，有生产作业区的轧钢班长，有点检作业区的自动化系统工程师，有点检作业区的磨辊班长，有厂部生产技术室的工艺技术员，……。当我一一征询他们的年龄时，我受到了莫大的震撼。原来掌控、驾驭这一国际一流先进轧机的竟是清一色的“80后”！他们都是2004～2006年毕业的大学本科生或研究生。这几位年轻人，并不是刻意挑选出来同我座谈的。在迁钢热轧厂，轧机主线的生产岗位大约70%都是“80后”的年轻人，生产作业区的8个作业长有7个都是“80后”的，另一位也是70年代后期的。这种情况，在国内外都无先例。在进入迁钢前，他们全都没有有关轧钢生产的实践经验。然而，正是在他们稚嫩的肩膀上，却挑起了人们难以想象的钢铁重任！创造了一个又一个的奇迹，为国家争得了荣誉！

谢天伟是2004年东北大学的硕士。来到迁钢后，在经过1年多的基本业务知识和语言方面的培训后，就同其他22位同样是新来的研究生和大学生接受了一项光荣而艰巨的任务：去德国西门子公司同对方一起编写生产工艺的计算机程序。面对一摞摞厚厚的外文资料，他们没有畏惧心理，有的却是攻克堡垒的坚强意志。他们分工合作，翻译资料，分头消化，相互交流。时间紧，晚上也当白天用；没经验，就勤学习，多请教。刚到国外，当对方看到一张张年轻的面孔、了解到他们的经历后，投来的却是怀疑的目光。他们不自卑，更不气馁，用自己的行动来作回答。在短短两周培训时间里，他们克服了种种困难，做到了当天讲授内容当天消化，并且发扬团队精神，互相帮助，做到没有一个人掉队。遇有大家都不懂的问题，商量好由谁发问，确保不重复提问。最终，在4个半月里实现了原定6个月的目标，完成了按照合约规定的30%的一级自动化编程和10%的二级自动化编程，并且还独自承担起难度更大的、原定双方合作的自动化换辊的编程。看到这样的业绩，德方人员最终竖起了大拇指。

对这群年轻人来说，没有任何生产经验，确实是他们的一个致命短处。但是，他们却有一股不服输的劲头。没有经验，就多看、多干，人一之，我二之、三之，从筹备工作开始，他们办公室的灯光晚上9：30前基本上都没有熄灭过，12点钟回去也是常事；自己的直接经验少，就充分利用间接经验，虚心向各界人士学习，以人之长，补己之短。工夫不负有心人，在外方专家和本钢师傅的指导下，他们终于在2006年末顺利地轧制成功第一卷钢板。在那一刻，作为主轧手的鞍山科技大学2004年毕业生鞠松激动得热泪盈眶，他的同伴们也都一起分享胜利的喜悦。欢呼雀跃，都难以表达他们当时的心情。他们说，12月23日，这个日子已经永远铭刻在他们的心中。在生产中，他们随时总结经验教训，及时编写案例，把个人的经验变成集体的财富。专家们评价：迁钢是目前国内进步最快的企

---

[1] 原载于2007年6月23日《首钢日报》。

业。这里也饱含着这批年轻人的心血和智慧！

现在，社会上有一种舆论：80后的一代关心的是自我，关注的是利欲。但是，这里的80后，却以他们的实际行动予以有力的驳斥。在座谈中，他们特别强调的是团队精神，他们把自己的青春融入到企业和国家发展的伟大事业中去。虽然累，他们却活得无怨无悔。结婚是人生征途中的大事，但是伴随他们婚礼的却没有彩车，也没有婚纱。生产作业区的副作业长、2004年燕山大学毕业的李晓磊结婚的当天，白天全部时间都是在岗位上度过的，只是在晚上邀请一些好友聚聚，第二天早晨，他的身影又出现在作业区里。这种情况在热轧厂已经成为常规。他们说，婚纱可以补，但热轧厂的发展实在太快了，离开了几天就会感到落后一大截。我们虽然失去了一些年轻人的某些生活内容，但是我们得到的却更多，我们要使自己的青春无愧于这个时代，无愧于党和国家以及人民对我们的期望。

尽管他们已经取得令人瞩目的成就，但他们深知，这只是他们在人生长征途中的第一步，前面的路还很长，需要克服的困难还很多。他们决心本着“低调做人，高调做事”的原则，自豪而不自满，自信而不自负，坚信“一切皆有可能”，用自己的心血来灌浇迁钢这片沃土，使她绽开出更加鲜艳夺目的花朵，结出更加丰硕的果实！

奥运杂谈六则❶

梦想与现实

——奥运杂谈之一

北京奥运会中国得了51块金牌，奖牌总数达到100块。金牌总数不仅破了我国参加奥运会以来的纪录，而且超过了长期以来被称为体坛霸主的美国，位居本届奥运会的第一名。这在中国体育史上无疑是具有里程碑的深远意义。这一数字出乎绝大多数国人的意料，像我这样在赛前就根本没有敢想过的恐怕不在少数。当然，在体育界的高层人士，我想还是心中有数的。

佳绩如斯，原因多多，启示多多。奥运会是世界范围内的竞技场，谁不希望在这里一展风采，“同一个世界，同一个梦想”。对各国的参赛队伍来说，这里就是让梦想成真、把梦想变成现实的场所。梦想当然不只是夺取奖牌，但至少也包含着这层意思。

梦想其实就是为自己提出一个目标，这个目标应该是超越自我，指引自己前进的方向，给予自己前进的动力。没有目标，就会随波逐流，得过且过。但有了目标，不经过艰苦的努力，绝不会轻易地实现，那梦想也就成了空想，只是在“梦”里“想想”而已。怎样使梦想成真，不少运动员的亲身经历既给我们以极大的震撼，又给我们以深刻的启示。桑菊杰以半百之身，只为重返祖国举办的奥运会，为获得参赛的积分，她以坚忍不拔的毅力，一个国家一个国家、一场比赛一场比赛去参加。南非的独腿女运动员，硬是同其他24名运动员一起，参加了10千米的游泳马拉松，其中的艰辛可想而知。过去名不见经传的中国“女曲”，虽然这次未能如愿折桂，但毕竟也是破天荒地获得了银牌，韩国的主教练金昶伯说得好：“没有刻苦的训练，一个球队只能在梦里获得冠军”。在这里，顽强的毅力，坚定的意志，刻苦的训练，细节的关注，就成为实现目标的必不可少的前提条件。

但是，也有另外的事例，像中国“男足”，在奥运会上说出话来也是气势如虹，“没到北京怎么算参加奥运会”（因为半决赛前，是在外地球场比赛的），目标是“进入四强”。但结果呢？这些“豪言壮语”就像肥皂泡似的，连个响声都没有听见，就渺无踪影了。当然，他们也有所斩获，得了两个牌，可惜这不是引领他们登上领奖台的那种牌，而是代表其不良球风的两张红牌。正像有的媒体评论的那样：输球又输人。这样的队伍，目标提得再高，不仅外界不会有人当一回事，就是他们自己心里究竟怎么想的，也只有天知道。

这种事例，其实在企业也常见。在奥运会，倡导的是“更快，更高，更强”，在企业也都奔着“做大做强”前进。现在很多企业都已制定了企业发展的远景目标，制订了相应的战略，但是有成有败。一些企业制订了宏伟目标，有的甚至被常人认为是难以实现的，

❶ 原载于2008年9月1～12日《首钢日报》。

但结果却是“变不可能为可能”，这就进一步鼓舞了士气，激励员工们满怀信心，向更高的山峰攀登。但是，也有一些企业，目标不可谓不宏伟，但最终却以失败告终。其中关键的一条，就是在宏伟目标和现实之间缺乏一个转化的桥梁，这就是执行力。再好的目标，再切合实际的目标，如果没有良好的执行力，就等于是空谈。无怪乎国外一家知名的企业老总总结其成功的经验是“5%在战略，95%在执行”。

当然，执行力也不是三言两语说得清的。我想起首钢迁钢的几句话，就是：一步一脚印地抓思想文化建设，一分一毫地抓管理和技术创新，一板一眼地抓制度体系制定，一点一滴地抓学习积累。我很赞赏这几个“一”。这些“一”是基础，这些“一”代表扎实的作风，也反映了一种心态。迁钢也是在这个思想的指导下，从基础抓起，扎扎实实地抓，一板一眼地抓，在投产不久后就实现了自动化炼钢，就开发出 X80 这种高档次的管线钢，创造出一个又一个的奇迹。我相信，正是有了这些“一”，才能一步步地往上攀登，才可能“上九天揽月”，“下五洋捉鳖”，才也可能在竞技场上争第一。

（原载于 2008 年 9 月 1 日《首钢日报》）

个人技艺和团队协同

——奥运杂谈之二

我平素很少看体育节目，但这次在家门口举办了百年一遇的奥运会，却改变了我的日常生活。16 天来，我成天拿着遥控器，在中央电视台的 1、3、5 频道来回转换。在此期间，我所看的体育节目，要大大超过我此前一生的全部。真觉得这是一种享受，也是一种激励。这些项目是挑战自我、挑战人类极限的一种创造性活动，是美与力的完美结合，也是一种美好人生的展现。

在这些项目中，既有个人项目，也有集体项目。像郭晶晶的跳水，每一个动作，都是那么优美，那么恰到好处，那么从容自在，是体育，更是艺术；乒乓球的男女两场决赛，那种气贯长虹的豪气，那种变化多端、来势凶猛、落点刁钻的小球双方居然能够来回多少次的拼杀；刘春红的举重，六抓五破世界纪录，但在屏幕上看到的这位世界冠军，在举起杠铃时的神态却是那样举重若轻，从容不迫，那样自信；牙买加的“飞人”博尔特，在跑出了目前科学界认为是接近人类极限速度的百米纪录时，到达终点前居然还有心思朝后张望，而在破纪录后的那个弯弓射雕的姿势，更显出他的个人特色。至于集体项目，无论是乒乓球、羽毛球的双打，还是三大球的竞赛，无论是双人跳水，还是花样游泳，能否取胜，不仅需要个人的精湛技艺，更需要两人间以及整个团队的默契和配合。三大球之所以魅力永存，很重要的一个原因就是因为这是集体竞争。看过这次奥运会上美国和西班牙的男篮冠军赛，那种个人技艺的精彩表演和集体间的高度协同，恐怕谁都会留下难以忘怀的记忆。因此，集体项目更应该是代表一个国家或地区的体育实力。

在这次我们拿到的 51 枚金牌中，主要是个人项目，集体项目中除了一个女子四人双桨赛艇外，其他都是双人项目，超过 5 人的项目没有一块金牌（男女体操团体虽然都是 6 人，但实际上还是衡量个人的水平），虽然也有几块奖牌，但和 100 块奖牌的总数来比，这个比例未免是小了一些。可以说，集体项目是我国体育竞技项目中的软肋。

这种情况在企业也同样存在。现在，一个单位竞争力的强弱，并不完全取决于这个单位中各个个人素质和能力的强弱，很大程度上要依托这个团队的整体素质和能力。个人能力再强，如果不能围绕整体目标，从全局出发，密切配合，协同作战，也不会使整体效率和效益达到最佳化，甚至会由于相互之间的不协调而使理应成为合力的各种力量反而相互削弱、抵消。因此，如何提高协同水平，使企业内部各种力量能协同起来，合作起来，形成最大的合力，就成为提高企业竞争力的题中应有之义。

这几年，宝钢在这方面是下了大工夫的，也取得了良好的效果。他们十分重视协同文化，认为随着知识经济和信息化的发展，对协同的要求越来越高。为此，要求各级干部和广大员工都要强化协同意识，注重发挥协同效应。真正在思想上确立起效率优先的观念，把各自部门的目标统一到宝钢的整体战略上来，从而在战略执行上发挥整合协同效应，在资源管理上实现集中化配置，在信息管理上实现及时准确共享，真正使宝钢作为一个竞争主体，快速响应市场变化，满足用户日益增长的需求。他们推进基层之间以及基层单位和职能部门之间的横向协作，以团队协同来深挖潜能，实现系统价值最大化；他们创建无界面管理，依靠团队合作，使有界面的分工变成了无界面的合作，减少了无谓内耗，并合力化解矛盾，增强了整体效益；他们开展团队协同，分享成果，体现有“融”乃大，在相互的融合中，促进了视野的拓宽，力量的汇聚，效益的增值。他们把服从流程，崇尚协同，作为必须遵循的内部工作规范，使之成为一种行事的准则，来巩固成果，并进一步发扬光大。宝钢的这些做法对兄弟企业都会有启发的。

（原载于 2008 年 9 月 3 日《首钢日报》）

老将与新秀

——奥运杂谈之三

在中国代表团获得的 51 块金牌中，有超过半数，即 26 块是由首次登上奥运赛场的新手们经过激烈的拼搏夺取的。像分别夺得男、女体操队冠军中，半数以上是新人，男子体操队的小将邹凯还一举夺下三金；举重队小将龙清泉，年龄还不满 18 周岁，从来没有参加过国际大赛，却夺得了我国在这次奥运会男子举重的首枚金牌；2005 年才入选国家队、2008 年世界排名才从 2007 年底的 21 位跃升到第 10 位的击剑队小将仲满，过五关斩六将，接连剑挑国外多位名将，为我国男子击剑队拿下了在奥运会上的第一块金牌。他们那种豪气冲天、不畏强敌、敢于拼搏的精神，给人们留下了深刻的印象。可以这样说，如果没有对新秀的大胆启用，中国就不可能在家门口的奥运会上取得如此振奋人心的业绩。

培养新秀问题，始终是一个备受各界关注的老问题，古今中外，概莫能外。这次奥运会的实例又给我们一个崭新的、极具说服力的例证。在这个问题上，表面上看，认识上好像没有什么分歧，但行动上却显出了很大的差异。

为什么？说到底还是一个思想解放的深度和广度问题。深度，主要体现在对培养新人的必要性、必然性和紧迫性上。这绝不是一个权宜之计，或者是一个具体措施；而是涉及事业发展的重大战略性问题。时代在前进，事业要发展，就要靠一代又一代的传承。培养新秀，这是时代的使命，是历史的责任，是持续发展的必然要求。在加深认识的同时，还要努力清除各种妨碍年轻人才脱颖而出的错误观点以及有关的规章制度。现在我国仍处于高速发展的阶段，年增长率长期在10%以上，各行各业人才更显匮乏。拿钢铁行业来说，每年增长五六千万吨，仅每年的增长量就比老牌钢铁大国德国的产量还多出一半，如果不加快培养新人，将难以在最根本的人力资源这个要素上支撑产业的发展。对这个问题认识越深刻，决心就越大，措施也会越有力，效果自然也就越好。首钢迁钢热轧厂目前的技术骨干主要是2004年后毕业的大学生和研究生就充分说明了这一点。

至于广度，就是这一认识不能仅仅停留在少数企业最高领导层，而是要作为各级领导干部共同的不可推卸的责任，同时也是各个层次老同志（包括技术、管理干部）义不容辞的历史使命。没有这样的共同认识，就会不可避免地出现中间梗阻现象，妨碍战略的实现。对老同志来说，既要率先垂范地做好本职工作，更要搞好传帮带，帮助新人更快成长。这次奥运会上，一些团体项目，参赛人员是新老搭配，新秀把老将视作“定海神针”；很多新人获奖后，都激动地和教练热情拥抱，表示对这些前辈的感激之情，这是一种真情的流露，也是对老同志的最好的回报。有些老将经验丰富，又有获奖的实力，但从全局出发，从长远考虑，最后让位于新人，没有入选奥运会，为新秀搭建了施展才能的平台。这种高风亮节，值得我们钦佩。还要提到的是作为后起之秀，同样要意识到领导和前辈的关怀，意识到自己肩上的重担，发挥自己的优势，弥补自己的不足，在巨人的肩上继续攀登，使自己不负重托，拿好接力棒，实现新飞跃！

（原载于2008年9月5日《首钢日报》）

挫折与成功
——奥运杂谈之四

在夺金的队伍中，既有顺利闯关的猛将，也有几经坎坷的斗士。有的是十年磨一剑，历经艰难曲折，终于修成正果；有的是多次退而复出，在运动生涯的暮年继续为摘金夺银而拼搏。体操队在雅典奥运会上，只获一金，团体赛名次降到第五位，一些运动员萌生退意，意欲金盆洗手；有的几经沙场，伤痕累累，也曾想趁此休养生息，另谋他途；而这次10个人的队伍仅金牌就夺得9块，重振雄风；即使作为“国球”的乒乓球，有的项目也曾在几次国际大赛、包括奥运会上惨遭滑铁卢，而在北京奥运会上，我国的乒乓球队不仅囊括全部4块金牌，而且男女单打两次在鸟巢同时升起了三面国旗。

这说明在人生的道路上，一帆风顺的只是理想状态，而曲折前进则是正常情况。虽然人们常说，胜败乃兵家常事。但事到临头，却往往难以坦然面对。“不抛弃，不放弃”，许三多的名言是导向成功的必要前提。拿破仑曾说过：人生之光荣，不在永不失败，而在能屡扑屡起。面对挫折，要有平常心，既不要怨天尤人，更不能自暴自弃。从挫折到成功，对个人来说，关键在于要有坚忍不拔的毅力，要把挫折看成是走向成功的必经之途，是对人生经历的一种不可或缺的磨炼。两千多年前的“亚圣”孟夫子就说过：“天将降大任于斯人也，必先苦其心志，劳其筋骨，饿其体肤，空乏其身，行拂乱其所为”，这样，才能“动心忍性，曾益其所不能”。如果，首钢没有2003年后的“苦战三年”，也就难以从迷茫中走出新路。所谓接受挑战，其实很重要的一点，就是要有接受挫折失败的思想准备和应对举措。同样，在赢得巨大胜利时，也要以平常心来对待，把成绩看成是新长征的又一个起点。这是作为肩负大国崛起使命的我国国民应有的心态和胸怀。

同时，也要有一种宽松、宽容的外界环境。个人对挫折要有平常心，周边环境更要以平常心来对待失败。没能实现“夺取首金”使命的杜丽，在随后的4天里自称是比4年还长，如果没有广大观众、热情的志愿者和所有媒体的关怀和体谅，还能够在4天后另一个项目登上领奖台，并使国歌高奏吗？杨威在雅典奥运会上失利后，如果没有教练的出自肺腑的关怀，甚至陪同他外出旅游10天，亲切谈心，会这样快地解除心中的郁结，再走超越自我的道路，成为继李小双之后中国体操的第二位个人全能奥运冠军吗？因此，中国在北京奥运上所以能有如此出色的成绩，也是同国人的心态变换分不开的。宽容也是一种爱心，爱是一种最好的消毒剂，也是一种最好的营养剂，她能化解愁结，鼓舞士气；而宽松的环境更会使人们缓解压力，在自然而然的环境中将自己最强有力、最美好的一面得到充分展现。这一届奥运会就很好地证实了这一点。

（原载于2008年9月8日《首钢日报》）

开放与自强
——奥运杂谈之五

2008，这是一个值得永远记住的年份。这一年，中国迎来了改革开放30周年，同时也举办了被国际奥委会主席罗格先生誉之为“无与伦比”的北京奥运会。其实，这两者有着密切的关系。没有改革开放以来中国的巨大进步，就不可能办成这样一届“有特色、高水平”的奥运会；而中国代表团在奥运会上取得前所未有的成绩，也同改革开放密不可分。据媒体报道，在中国代表团中，有38张“洋面孔”，主要是一些项目的教练，他们分别来自16个国家，涉及17个运动大项，我国在某些项目实现了历史性的突破，摘金夺银，这些洋教练厥功至伟。但是也要看到，有些国人关注的项目，虽然也一再引进洋教练，一度略有起色，但总体情况却变化不大，甚至在本届奥运会上“输球又输人”。这里的原因值得深思。

引进不是目的，只是提高自身竞争力的一种手段。引进可以“拿来主义”，花钱，就可以把先进设备买进来，也可以请到一流的人才。但是，要使引进的设备充分发挥其性能，要使引进的人才更好地展现其才能，培养出新人，就需要有相适应的体制和机制，相应的管理。像钢铁工业，可以说是对外开放较早的行业。20世纪70年代初，武钢就从日本、德国引进了先进的一米七轧机、冷轧硅钢片以及连铸机（即所谓的“三厂一车间”），但是真正发挥作用的，还是在80年代中期深化改革以后。70年代末期，宝钢一期工程也是全套引进，其所以能够较快发挥作用，同宝钢同时引进新日铁的管理软件分不开的。此后，很多大中型钢铁企业又陆续引进不少成套设备，其引进设备数量之多，耗资之巨，在国际钢铁业中也是史无前例的。大规模的引进，使我国大中型钢铁企业的主要装备进入了世界先进行列，但并没有因此使中国成为钢铁强国。虽然，中央一直倡导走“引进—消化—吸收—创新”之路，但前些年我国钢铁工业基本上是走的引进复引进的路子。同我们的东邻日本和韩国相比，它们在这方面的成就举世瞩目。近些年来，我们也借鉴了日、韩的经验，把开放同改革紧密结合起来，以开放促改革，以开放促自强，局面已有所改观，相信今后将会越来越好。

因此，开放不只是简单的采购先进技术装备，或是人员上的“请进来，派出去”，开放首先是要学习先进理念，改革陈旧体制，把技术同管理结合起来，把硬件和软件结合起来。这一点，国外的企业家也看得很明白。前些年，我国不少钢铁企业去德国巴登钢厂学习，有的花了好几十万欧元。但巴登并不是来者不拒，他们接受学习培训的一个前提条件就是对方企业的一把手必须前来。这倒不是“显摆”，显示自己的权威，而是他们深知，要把巴登的经验学到手，企业必须进行相应的改革，而这些改革没有企业主要领导的支持是行不通的，南钢高线厂学巴登的成功经验也证实了这一点。相反，男足的失败也从反面提供了例证。“橘逾淮为枳”，说明了没有好的土壤条件，简单的移植是达不到预定的目的的。

在纪念改革开放30周年之际，我们要认真总结经验教训，把改革开放提高到一个新阶段，跃升到一个新高度，体现出一个新水平！

（原载于2008年9月10日《首钢日报》）

过程与结果

——奥运杂谈之六

洛杉矶奥运会中国得了15块金牌，虽然这是在当时的苏联和东欧一些国家没有参加的情况下获得的，但无论如何这样的结果确实是让人们欣喜若狂。可是在接下来4年后的汉城奥运会上，却来了个大逆转，上演了一场“兵败汉城”，总共只拿得5项金牌铩羽而归。于是，4年前被誉为“功臣”、“英雄”的一些运动健将，刹那间就成为“罪人”、“弃儿”。所以形成这样强烈的反差，重要原因之一就在于对结果的过分关注。

“以成败论英雄”，“胜者为王败为寇”，这些在中国几千年来政治舞台上提炼出来的名言，不仅反映在战场上，也早已拓展到商场上、竞技场上。这既激励人们在各种场合都要为夺取胜利而拼搏争先，但也带来了一定的负面作用。

对企业来说，要取得成功，必须正确处理好过程与结果两者的关系。“只管结果，不问过程”，企业决策层的高层领导可以这样说，他们可以根据企业的内外部条件，提出企业的各个时期的目标，以此来考核各级领导的业绩。但如果企业的各级领导都把这八个字层层下传，那等待企业的最终命运必然就是“失败”二字。

对结果的关注，对结果的重视，是人之常情。因为结果是体现我们既定目标的实现程度，也是衡量我们付出努力的一个重要标记。奥运会上，如果中国拿不到这多金牌和奖牌，能够如此鼓舞人心、凝聚人心吗？企业如果接连达不到应有的目标，还能够激励士气，团结奋战吗？但只问结果，不讲过程，就可能出现像韦尔奇所说的第四种人的情况（就是有“才”缺“德”，有赚钱的本领却不按企业的价值观办事），最终导致企业的彻底失败。

因此，我们必须关注过程。因为，结果毕竟是由过程构成的。关注过程实际上也是关注结果。关注过程，就是关注事物在实施过程中的执行情况，关注细节，关注各种因素的协同配合。没有对过程中每个环节的精细化、完美化，就难以实现结果的完美化。宝钢的质量目标当然是高标准的，而他们的质量工作方针是“关注过程损失，细化过程指标，实现目标集聚，提高过程能力”，这是对过程与结果关系的完美诠释。当然，一个满意的结果并不一定体现了理想的过程。北京奥运会上，中国女曲战胜南非队后，韩籍教练金昶伯却表示：不满意这场比赛的过程。这就意味着我们还可以从过程中挖掘出更大的潜力。

关注过程，不仅由于过程对结果具有作为基础的重要作用，还有另外一种更深的意义。因为，人们无论从事任何活动，都是在过程中进行的。我们正是在过程中体验人生的各种价值，在过程中享受生活的意义，工作的魅力。在过程中，无论是经历成功或失败，只要我们能够正确对待，都会给我们人生征途添加宝贵的财富，失败就会成为成功之母。我参与，我奉献，我快乐。从这个意义上来说，享有过程比享有结果更重要。

（原载于2008年9月12日《首钢日报》）

首钢“三创会”成为继续前进的加油站❶

——参加首钢“三创会”感言

2003年以来，首钢每年都要召开“三创”经验交流会。通过不断解放思想，达到创新创优创业的目的。这既是一次成果检阅会，也是一次对比找差会，更是一次加油促进会。这个会议，已经成为首钢的品牌会议，受到首钢各级干部和广大员工的欢迎。6年来，除了有一次我不在国内没有参加，其他5次都参加了。每次都给我以新的启示，新的鼓舞，也使我增添了新的感受，这次也不例外。

一、新形势，新成就，新突破

这次会上，进行了4个专题的研讨交流。第一个专题围绕板材文化，有技术研究院、迁钢、首秦3个单位发言；第二个专题围绕资本运作，有香港首控及首钢控股两个单位发言；第三个专题是非钢产业的，有首建、机电公司、首钢国际工程公司和长白机械公司4家单位发言；第四个专题是首钢矿业公司和首钢党委组织部的发言。

这4个专题，集中体现了近些年来首钢在改革开放前进的征程中所取得的新成就，体现了改革开放的深度和广度，是“三创”实践的又一次新的飞跃。

第一个专题充分体现了首钢这几年结构调整的重大成就。3年前，首钢还是一个长材占主导的钢铁企业，在热轧卷板生产领域上是一个地地道道的新手，但迁钢、首秦的投产，彻底改变了这种局面。今年上半年，板材的比重已经达到了57.6%，成为板材领域中举足轻重的企业；产品品种结构也得到新的提升，船板产量排名国内第三，管线钢档次不断提升，是目前国内能够批量供应X80热轧板卷的5家钢铁企业之一；高强工程机械用钢、高强度桥梁钢等高档次板材产品在市场中已具有较强的竞争优势。明年年初，曹妃甸的首钢京唐公司投产后，又将出现一个新的场景。

第二个专题是这次会议的一个灿灿闪光的新亮点，也是体现首钢总公司作为集团企业整体实力增强的一个范例。仅用几百万美元的增量资金，通过复杂的资本运作，使香港首控及首长系4家香港上市公司摆脱了生存危机，步入了发展的轨道。

2001年底至2007年底的6年间，首钢在香港的4家上市公司总体市值上涨了近30倍；同期，香港首控的净资产增长了近10倍；利润从亏损到实现巨额盈利，这其中有股市整体大环境的因素，但不可否认其运作水平的高超。并且通过上市公司的融资，使首秦等建设项目得以顺利实现，而首秦盈利的回报又支持了上市公司，使实业资本和金融资本得到很好的互动，取得双赢的成果。

首钢控股公司从2005年7月正式运行以来，资本也实现成倍增长，在全国乃至世界范围内进行有效的资源运转，已经打造出一个包括煤炭、钢铁、有色金属等资源的广阔平

❶ 原载于2009年第2期《中国钢铁业》。

台，并成功进军金融、传媒、铁路等领域。从无到有，从小到大，其突出的业绩赢得了行业内外的瞩目。

非钢产业是这次会议交流的第三个专题。近几年，首钢的非钢产业有了长足的进步。通过改制，更增强了这些单位的活力。首建集团从以承揽多次转包的小活儿为主，到承揽具有较大影响、上档次、上等级的大项目，像北京七星摩根大厦、天津国贸中心、北戴河滨海新城等都已成为当地的标志性建筑，“鸟巢”火炬塔的制作安装以及奥运工程其他项目的出色完成，赢得了各界好评。2007年，还获得了冶炼工程施工总承包特级资质证书。

北京首钢国际工程有限公司是原首钢设计院改制，于2008年4月注册成立的新公司。近几年来，在首钢京唐、迁钢、首秦等一大批重点工程项目中，大力实施自主创新，自主开发应用了以5500立方米高炉炉前、炉顶设备为代表的一大批关键性技术和重大设备，大大增强了竞争力，正在向冶金领域国际工程承包商方向进军。

机电公司从一个为集团企业内部服务为主的企业，逐步走向冶金装备制造业；并由低端产品逐步转向中高端产品。这些年来，不仅出色地完成了首秦4300毫米轧机，迁钢两机四流板坯连铸、2160热连轧机的板卷箱、飞剪，首钢京唐300吨转炉和5500立方米高炉等一大批首钢重点工程设备制造任务，还为国内外一些大型钢铁企业提供了一批高端设备。秦皇岛首钢长白机械有限责任公司结晶器铜管已涵盖各类钢坯各种规格，产品占国内市场份额近30%，还随康卡斯特连铸机进入世界20家钢铁企业；其产品链正在进一步延伸，由连铸过程设备、备件延伸扩展到炼铁和轧材设备、备件。

为适应首钢发展，人力资源工作实现了理念创新、机制创新、管理创新，各类队伍的素质有了明显提高，今年还实现了“百千万”的目标，即博士过百，硕士过千，本科过万。涌现了一批学习型企业，矿业公司就是其中一个突出的典型。他们的经验曾在去年“三创”交流会上作过介绍，受到普遍好评。今年，他们又介绍了“实施‘百队千员’工程，打造学习型新团队”的新经验。通过打造学习创新团队，把职工的积极性和创造性直接作用于破解经营生产中的难题，在技术创新、精细管理、增收节支、队伍建设上都取得了很好的成效。今年前3季度，该公司131项技术经济指标中，有80项达到或超过历史最好水平，在国内同行业可比的62项指标中，有40项位居前三名，其中28项名列第一。

除了11个大会发言的单位外，还有11个书面发言，其精彩程度也不输于前者。像炼铁厂今年面临诸多难题，特别是由于奥运期间，实施单炉生产；而生产骨干又因首钢一业多地的新布局，向外输送700余名，但无论是停炉还是开炉，都保持全厂平稳生产。奥运期间，单高炉生产时，始终保持休风率为零，焦炭负荷达到了5.0。他们的经验也给我们很大启示。

二、新深度，新高度，新视角

今年首钢“三创”交流会的主题是“为创新深入对比思考，为创优找准目标定位，为创业定准措施、练好基本功”。在首钢党委书记朱继民的主题报告中，就很好地体现了这次会议的指导思想。只有不到八分之一的篇幅概述了首钢近几年的成就和巨大变化，但却用近三分之一的篇幅论述了首钢面临的形势和发展中存在的问题和差距，而以一半以上的篇幅重点阐述了深入学习实践科学发展观，着力解决当前发展面临的问题。在各个典型介绍中，也都很好地体现了这一精神。

在上述三句主题思想中，首先是对比思考，要深要实。“深”就是要深入、深刻，“实”就是要实在、实际、实事求是。这就要求：一是既要抓住影响全局的一些关键指标，但又不停留在这些指标数字的对比上，而要深入查找造成差距的原因，在发展理念、发展方式、发展措施上的差距，不断从深层次上寻找差距，加以改进。二是在发现差距时，不推于客观，要深入挖掘自身主观原因，摒弃“外因论”，要承认外部因素的影响，但更要立足自身，寻找对策，化解外部条件带来的不利因素；因为无数事实证明：遇到问题找方法将是一个成功者，而遇到问题找借口注定是个失败者。三是要警惕“进步不大年年有”的盲目乐观和骄傲自满情绪，这是阻碍继续前进的迷魂剂，在这种情绪影响下，就不易看到自己的问题和不足，今天的优秀就会成为明天卓越的绊脚石。四是在找差距时，既不要泛泛地停留在一般概念上，也不要就事论事，而是要深入挖掘，从具体的典型事件看到指导思想、工作作风等方面的问题，就实务虚，以虚带实，促进问题在更深层次上得到较好解决。

对比思考能否深入、实在，同目标定位是密不可分的，两者是相互联系，相互促进的。对比思考越深入，越是抓住本质问题，就必然会带来思想观念新的跃升，会促使自己向更高的目标前进，定位也会更准确，甚至会将过去认为高不可攀的目标认为理所当然、应该实现；而目标定位的高低，也必然会影响对比思考的深度，低水平的目标只能带来低层次的思考，观念转变也只能停留在低层次上，难以推动事业的大步前进。

在这次交流会上，迁钢的发言就很好地体现了这一精神。尽管迁钢投产还只有短短3年，其中炼钢、轧钢投产的时间更短，但已经取得了一系列令人震惊的成绩。在这次会议上，他们并没有为自己唱赞歌，而是以锐利的解剖刀，毫不留情地深入挖掘自己在思想作风、精细管理和一贯制管理方面上的三大差距。迁钢炼钢分厂投产不到一年，就实现了自动化炼钢，说明他们在运用现代化工具上已经取得了突出的成效，但他们并没有满足现状，而是通过对X80等钢轧一体化工艺流程等10个专题的分析，发现管理人员自觉应用先进管理工具的意识不强，通过数据分析，敏感地发现问题、思考问题和解决问题的能力也有待提高。他们对前来指导汽车板生产的蒂森专家指出的问题，进行深入分析，感到尽管很多问题迁钢的管理层也意识到了，但没能及时解决，关键在于管理工作没有一竿子插到底，执行力出了偏差。他们还从同蒂森的对比中，找出了在质量管理体系上的差距，从而为下一步找准工作定位，打下了坚实基础。迁钢的发言使我深切地理解到为什么迁钢进步这样神速，为什么能赢得国内外诸多同行的赞誉。

首钢就是这样不断站在新的高度，以新的深度来对待已经取得的成绩，提出今后的任务。他们通过这样一步步的深化，不断地“为创新增添智慧，为创优注入动力，为创业点燃激情”！我们有理由相信首钢的明天一定会比今天更加灿烂辉煌！

三、有什么不如有人才

近几年来，首钢面貌发生了根本性的变化，从过去的长材型企业转为板材型企业，从钢铁主业主要在首钢北京地区扩展到一业多地，从生产经营为主到资本运作和产业发展并举，首钢在册职工从2000年底的19.58万人下降到2007年底的7.92万人。人少了，业务却扩展了好几倍，总体运行有条不紊，企业效益也越来越好，这里的关键应该说是人力资源的大变样。

回眸历史，首钢党委组织部曾有过一个统计，在20世纪最后5年，首钢大学生是“进一出二”。也就是说，每招收一名大学生，就同时流失1.78名；首钢技术研究院在2000年一年中，6名博士全部相继离开。如今，首钢提前实现了“百千万工程”，拥有博士108人、硕士1091人、本科生10324人。这些优秀人才在首钢各个领域如鱼得水，发挥了很好的作用。

变化首先来自观念的转变。首钢领导班子从正反面的经验教训中，深深感到“有什么不如有人才”，为了使人才“引得进、留得住、用得好、长得大”，主要领导以身作则，把人力资源工作放在重要日程上，从观念、制度、环境上，营造一个使人才心情舒畅、健康成长的良好氛围。

首钢总公司的领导班子，经常以刘邦和项羽的成败之例来诫勉自己和教育干部。要求在人才问题上，各级领导胸怀要宽，视野要广，立点要高，对一些有个性特色的人才，更要宽厚、宽容，用其所长，并使其责权利相应，形成了一个色彩缤纷的人才大军。香港首钢控股公司总经理曹忠是几年前引进的干部，他从高等学校到政府，从内地到沿海开发区，从制造业到金融业，有着较强的理论修养和丰富的实践经验。来首钢后，短短几年里，就扭转了香港首控和首长系几家上市公司的被动局面，在资本运作上为首钢做出了杰出的贡献，被提升为首钢总公司总经理助理。他在谈到自己的感受时，发自肺腑地说：“好的领导是人生事业中可遇不可求的幸事”，庆幸自己能遇到首钢总公司这样的好领导，“香港首控及首长系公司的今天凝聚着他们的智慧和心血”。

为各类人才搭建发展的平台，是首钢各级干部的光荣使命。在这样的平台上，各类人才在为企业做出贡献的同时也能够实现其自我价值的提升。他们打通了多道“绿色发展通道”，激励职工人人都想成才，人人都能成才。像首钢国际工程公司（原首钢设计院）根据自身特点及发展需要，重新设计了人才晋升通道，从起初的小h型一条通道到大H型（行政管理和技术）两个通道，再扩展为职能管理、营销管理、项目管理、采购管理、施工管理、工程设计等8条通道，让具有不同专长的人才能够在相应的通道上加速奔跑。首钢还抓住搬迁调整的大好机遇，及其所提供的前所未有的事业平台，让各类人员展现才华。一批老专家再次焕发青春，在其职业生涯的后期继续建功立业，向更高峰攀登；中年专家承前启后，成为事业发展的顶梁柱；80后的年轻人也在这里勇挑重担，茁壮成长。没有这一大批人才同心协力，殚精竭虑，奋勇拼搏，就不会有今天迁钢和首秦的崛起，成为我国钢铁业的后起之秀；更不可能在这样短的时间内快速建成体现了21世纪钢铁工业科技发展水平的京唐公司。这些奇迹的发生，也是“以人为本”理念的伟大胜利！

要使人才持续地做出成就，不仅“干得好”，还要“长得大”，就必须使他们不断进行“充电”。除了根据各类人员的不同情况，有计划地进行各种培训（包括出国培训）外，他们坚持不懈地开展创建学习型企业的活动，强调“岗位是最好的课堂，工作是最好的培训，实践是最好的学习”，努力创造条件，让广大员工在实践中学习，在实践中成长，在实践中提高。这方面，矿业公司为我们做出了很好的榜样。在去年“三创会”重点介绍经验的基础上，今年又有新的发展。实施了以建设学习型创新团队为重点的“百队千员”工程，打造学习创新团队，进行开放式学习，课题式研讨、创造性思维、自主式管理，把个人学习变为团队学习，个人知识变为团队知识，靠团队推进“三创”，靠团队凝聚智慧，靠团队破解发展难题，使团队成员的素质和能力达到较快的提高，各项成果大幅度的上升，还带动了全体员工学习创新的积极性。

伟大的事业为人才的成长提供了客观的环境，也必然会涌现一批杰出的人才！让我们把握时机，在创新创优创业的伟大实践中，使人人都成为人才！

四、整合协同也是一种生产力

在改革开放的形势下，作为现代化企业，要做强做大，必须要善于整合企业内外，包括社会上、甚至国际上的各种资源，为我所用。现在衡量一个企业的实力和竞争力，并不是单单着眼于企业内部，而是要看其连接上下游的产业链。近几年来，首钢深化体制改革，充分运用市场机制，通过有效配置和充分利用内外资源，把首钢集团的综合优势和国内外的各种资源有机结合起来，不断创造更多更大的价值，增强了经济活力，取得了良好效果。

3 年前才成立的首钢控股有限责任公司，当初实际投入 1.5 亿元，目前已打造出一个涉及煤炭、钢铁和有色金属矿山资源的广阔平台，以及物流板块平台等，为首钢今后的持续发展提供了有力的资源支撑。截至 2007 年底，首钢控股公司净资产达到 300 多亿元，经济效益也得到大幅度提高。

在企业内部，首钢也多方面整合各种资源，采取优良资产向优势企业、优秀管理者集中等办法，对现有资产进行重组。先是由二耐托管一耐，首冶托管机修厂，以后又将首冶和首建合并，组成新首建，由首冶主要领导挂帅，再后又将首嘉钢构归属新首建，使各种资源优势互补，不仅规模上得到扩大，更重要的是提升了整体运行质量和优化了内部结构。

这些整合，涉及资产重组，主要还是决策层的工作范畴。日常的、大量的还是管理层的任务。这次会议的材料中，就有很多这方面的事例。像机电公司通过内部资源的有效配置。打破了多年来形成的基层单位各自为政的惯性体制，对经营资源和技术资源等进行有效整合，较好地解决了技术封锁、互不往来、自相无序竞争的局面，使各厂在产品、工艺、技术、设备能力等资源上开始融通和流动，在发挥整体优势上迈出了可喜的一步。矿业公司在建设学习创新团队时，围绕新技术应用、新产品开发、新事业开拓，重视组建跨部门和跨单位的学习创新团队，形成创新的优势和合力。这种虚拟团队，由于能较好地发挥各方面的优势，实现信息共享，普遍取得了较好的成效。炼铁厂在高炉原料质量波动的情况下，不是坐等供应部门的信息，而是把窗口前延，同供应部门密切配合，直接掌握原燃料信息，形成了横向到每批料、每个品种，纵向到每个班次的原燃料信息链，从而为高炉及时调整操作提供准确的参数，确保高炉稳产顺行。他们还实行生产岗位与维修人员联合巡检制，使设备故障率明显降低。这些都雄辩地说明了整合出生产力、协作出效益。

在这方面，宝钢有着较丰富的经验。宝钢党委明确提出："协同是对现代企业及其员工提出的不同于小生产者的文化要求；服从流程，崇尚协同是必须遵循的内部工作规范。"要求各单位、各部门"强化协同意识，发挥协同效应"。现在，宝钢很多生产厂内部上工序和下工序、生产方和设备方之间，基层单位与职能部门之间；不同生产厂基层作业区之间，都签订了横向合作协议书。像炼铁厂不仅与能源部、炼钢厂、电厂、化工公司等单位建立了稳定的横向协作，而且根据需要成立跨部门课题组。对那些双方关系都很密切的工作，两个作业区推进了"无界面"管理，过去强调分工明确，各种各的"责任田"，彼此缺乏必要的沟通，常常造成衔接不畅；各自为政，各执己见，界面问题常常成为影响产线效益最大化的绊脚石。现在及时沟通信息，通报有关情况，适当参加对方活动，密切了双方管理者之间、班组之间、职工之间、工序之间的联系，各条产线形成了“接口问题跨前一步，主动服务更进一步，无缝协作不断进步”的良好氛围，使有界面的分工变成了无界面的合作，不仅大大提高了工作效率，而且还增加了经济效益。

树立协同意识，实质上就是要摆正本单位和全局的关系，正确对待部门利益与整体利益，把各自部门的目标统一到企业的整体战略上来。这既要转变观念，开展文化方面的培育，还要创新工作方式，建立各种有效机制，从而形成真正的管理合力。应该说，首钢在这方面还有很大的发展空间。

我们需要这样的书[1]

——《首钢大搬迁》读后感

《首钢大搬迁》出版了。我是本书成书前的首批读者之一。去年曾应作者之请，对本书的前两稿分别用了3天时间进行了认真的阅读，并根据自己掌握的情况，对书中提到的有关事实和数字提供了一些修改建议。虽然，本书提到的很多情节我是亲身参与了的，但读后我还是深深地被打动了。

本书是以首钢大搬迁为中心，描绘了首钢90年曲折发展的雄壮的历史画卷，展现了首钢几代人呕心沥血、艰辛创业，向世界一流企业迈进的光辉历程，塑造了以周冠五、朱继民为代表，包括各级领导和广大员工的英雄群像，也澄清了社会上、甚至首钢员工对首钢发展中某些问题的误解，读后深受启发，发人深省，令人鼓舞，增强信心。

我虽然年近耄耋，但这些年来一直同钢铁企业保持着联系，见证了改革开放以来钢铁工业的巨大变革。特别是从2003年起，每年都到首钢进行调查研究，少则一周，多则一月有余，结识了一大批各个层次的朋友，能叫得出名字的恐怕就不下200位。因此，对书中提到的人和事读来倍感亲切。同时，通过作者的深入挖掘以及饱满激情的形象描述，也使我增加了新的感受。

本书第一章“惊雷乍起新大都”，读来使人惊心动魄。尽管首钢人环保意识很强，长期以来是全国环保和绿化的先进企业，但它却由于大气污染问题而承受了“要首都还是要首钢”的巨大舆论压力。首钢领导既要还首都一片蓝天、为首都人民长远利益负责，为百年企盼的奥运会顺利召开负责，也要为包括家属在内的、几十万首钢人今后的生活、工作、事业、前程负责。新大都会议，把首钢领导推到矛盾的风口浪尖上。在这一艰难、痛苦的决策过程中，既充分显示了首钢人承担历史责任的使命感和以全局为重的博大的胸怀！

在即将停产的情况下，首钢的一些生产厂领导和员工们，又是以怎样的心态来直面这样严酷的现实的？听一听三炼钢厂党委书记岳文会停产前和迁钢领导一席话，看一看炼铁厂的几代员工挥泪告别功勋高炉的情景，走一走这些即将停产单位的生产现场，你绝对看不到某些即将关门企业的那种无序混乱状态，看不到“做一天和尚撞一天钟”的消极应付情绪，而是依然保持高昂的斗志，即使只剩一分钟，也要干满六十秒，在停产前还要打出产量、品种质量、节能降耗、降本增效的好指标！

在加快发展城镇化、很多农村居民不断涌向城市的今天，首钢人却要远离生于斯、长于斯，几代人生活、工作过的世界大都市、伟大祖国的心脏；他们要告别骨肉相连的父母妻儿，告别朝夕相处的战友同志，开赴原本是山村小沟的迁安，或者是原本地图上没有

---

[1] 原载于2009年5月25日《首钢日报》。

的、完全是靠吹沙造地建起来的曹妃甸。虽说是钢铁工人志在四方，但在和平年代，大规模的人员动迁也非寻常，尽管在告别晚餐上出现了唱不下去的《驼铃》。但接着，这批英雄儿女又雄赳赳气昂昂地奔赴新的战场，在那里建功立业，再创辉煌！

在长期是以生产“面条裤腰带”为主、在钢铁行业里被视为中小学生级别的企业，如今要成为掌握世界最新技术装备、生产高端板材的大学生、研究生。能不能实现这惊险的一跃，业内外很多人士替首钢捏了一把汗，宝钢的老总就曾善意地提醒过。但是，首钢别无选择，首钢只能背水一战，成功是他们的唯一信念！在就任时年仅 32 岁的年轻的总经理靳伟带领下，迁钢在投产仅仅几个月时，就实现了“一键式”的自动化炼钢，热轧厂的“80 后”挑起了生产组织的大梁，硬是把迁钢建成曹妃甸大厂的试验厂、练兵场，打出了水平，锻炼了人才。

首钢停产后，如何解决秦皇岛中板厂坯料的供应，最理想的方案当然是就地供材。但是，秦皇岛是旅游城市，休闲胜地，能够接纳被视为污染源的钢铁企业安家落户吗？到过首钢秦皇岛公司的人士，会发现首秦果真不同于一般钢铁厂，厂区内看不到管网、皮带通廊，没有铁矿石、焦炭的和废钢的原料场地，没有铸铁机，没有混铁炉，工序简洁、紧凑、高效，而且非常环保，确实是一个“小而精，小而美，小而洁”的现代化钢厂。无怪乎美国纽柯的老总参观后，赞誉它是一个“工艺品”，并说首秦是他从事钢铁工业 38 年来所见到的最漂亮的钢厂。这里包含着首钢人多少的智慧和创意！

这本书虽然写的是首钢，但一滴水可以反映一个世界，实际上也是从一个侧面反映了中国国有企业在各个历史阶段的发展史。现在有些人一提国企，就是体制弊端，资产流失，腐败丛生。这些都是事实，必须加大改革的力度，加速改革的进行，特别是对一切枉法行径，必须依法严惩不贷。但我们更要看到，我们有更多的国企领导，以及广大员工，他们不仅是企业发展的栋梁，而且是我们国家的钢铁脊梁。正是有他们默默无闻地奉献着，才支撑了我国经济的持续发展，创造了前所未有的伟大业绩。本书作者王立新继《曹妃甸》之后，深入首钢，经历 3 个年头，以饱满的激情，为我们提供了这样一部力作，书中描述了我们国有企业领导的人格魅力，讴歌了这一伟大时代的平平凡凡的员工所作出的不平凡的业绩。我们需要这样的书！我们需要这样的作家！现在王立新又在曹妃甸首钢京唐公司蹲点采访，我们期待着他的下一部著作的问世！

为官者不能“通吃”[1]

看了1月7日的《北京青年报》“今日社评”，非常赞同这篇社评的命题“‘首席科学家’多为官是不科学的”。这种情况不仅在高等学校里存在，在一些国有大型企业里也同样存在。只要稍微关注一下每年的国家科技进步奖，就会发现不少项目的领衔人都是企业的主要领导。诚然，这些一把手们在组织协调以及对该项目的支持上所做出的努力是完全应该肯定的，但这本来是作为领导应尽的责任，而要作为排名在前的获奖人，关键要看他们是否对这一项目提出了多少创意。我往往惊叹于中国大型企业一把手的“通才”，只要当了一把手，似乎就无所不能，以致使他们几乎在所有领域都可以“通吃”。他们既是优秀企业家，往往还都是全国劳动模范，或五一劳动奖章获得者、三八红旗手等，而在科技领域，他们又成为国家科技进步奖的领衔人。这种情况正常吗？

当然，并不是所有企业领导都是这种“通吃”型的。10年前，我到攀钢调查时，当时的总经理赵忠玉谈到他们领导科研工作的一些做法。每年确定几个重点攻关项目，分别由公司领导担任组长，主要负责各方面的协调工作。因为，一些重点项目一般都会牵涉很多部门，没有公司级的领导来组织协调、排难解忧，单靠科研人员去拼搏，必然会事倍功半。但他们规定了一条：公司领导不参与这些项目的评奖活动。再加上其他一些措施，攀钢科技人员的积极性很高，科技攻关成效很大。

但是更打动我的是2007年我到太钢调研时的所见所闻。过去，太钢的科技进步奖，同有些企业一样，主创人员一般都将主管的行政领导列名其上，而且都是排在头前。2004年，时任太钢公司董事长陈川平收到了公司转授他的1999年至2000年国家科技进步奖，除三个奖项的获奖证书外，还有8000元的奖金。他认为，这些项目是自己担任副总经理时，曾参加了一些组织协调工作，这是作为主管领导应尽的职责，不应给他评奖。他不仅退回了证书和奖金，还给总工程师写了一封信，建议，“今后，公司中高层人员一般不要参加科技进步奖评选，对管理人员可以搞管理创新奖”。这封信，对太钢科技人员的触动非常大，他们看到自己的劳动成果受到领导的尊重，更激发了科技创新的积极性，促进了科技成果的加速涌现。陈川平还以此为契机，进一步改善了科研工作条件，加强了对科研工作的领导，大大激发了广大科技人员的主动性和创造性。目前，太钢已拥有1000多项以不锈钢为主的核心技术，其中有百余项具有国际领先水平；而太钢的技术中心在全国的排名也大步向前跃升。2000年时，太钢在全国200多家国家级技术中心中，排在第154位，前几年已经提升到第11位，现在基本保持这个排名。

这种状况，反映了我国无论在哪个领域，“官本位”的影响还十分严重。官代表的是权。有官就有权，有权就无所不有。无权者只能依附于有权势的官，毕竟把领导人摆在领衔人的位置，也会增加评奖的几率。真正做出贡献的科技人员虽然对此并不乐意，但总比

[1] 写于2011年1月7日。

因为名声不够而评不上奖强一些，也就无奈地接受现实了。但这样怎能调动各方面的积极性呢？

无论是首席科学家也好，国家科技进步奖得主也好，本该是最讲科学的人士，却偏偏安于这种非科学的行为，甚至还一味去追求这种与自己实际不相符的称号。有的企业领导还以多个国家科技进步奖领衔人的身份，申报院士。尽管没能得逞，但说明了非科学的力量对科学的严重侵蚀。我们多么希望看到各类人士，在统一的目标下，在各自的岗位上，和谐合作，作出自己应有的贡献，为祖国的繁荣昌盛而共同奋斗！

（1 月 7 日，《北京青年报》“今日社评”刊登该报评论员李星文的《“首席科学家多为官”是不科学的》，文中引用《中国青年报》资料：在科技部刚刚公布的国家重点基础研究发展计划（通称“973”计划）2011 年启动的 172 个项目前两年预算安排和 2009 年立项的 107 个项目后 3 年预算安排中，提到的 279 名首席科学家，其中现任领导近 210 人，包括高校校长、各学院院长、科研机构所长、公司副总裁、总经理、总工程师等，占总人数的近 75%。此外，还有媒体统计了 113 项将于 2011 年开始实施的“973”项目中，6 成首席科学家由校长、院长等学校行政长官担任。阅后颇有感慨，写成此文。）

首钢2011年“三创会”调研随感9篇[1]

越基层，越精彩

在迁钢，同各部门的员工座谈时，经常听到他们引用靳伟总经理的一句话：“越基层，越精彩！”这不仅是反映了迁钢的现实，也概括了首钢的总体面貌。可以说，这也是所有先进企业共有的特色。

确实，在迁钢调查期间，耳闻目染，时刻可以接触到这些精彩的事例。比如说，炼钢早已实现的一键式自动化炼钢，已经作为技术输出的全国首创的精炼炉机器人取样，板坯铸机百万吨不漏钢，热轧部地下室长期保持滴油不漏，还有严格的废钢质检和分类管理，如此等等，到处可以感受到迁钢员工创造性的活力在迸发。我们曾就精细化管理问题开了4个基层员工参加的座谈会，无论是炼铁部、炼钢部、热轧部，还是冷轧部，每次会都有十好几位员工参加，上至部长，下至作业区的一线员工，都能结合自身岗位谈精细化的体会、感受，精彩纷呈。充分证实了“越基层，越精彩”这个论断，也使我们颇受教育。

“越基层，越精彩”这句话，不仅是客观地描绘了这一事实，而且反映了迁钢领导高度重视广大员工的首创精神。他们一方面引导广大员工进行创造性的劳动，同时又不断进行总结，把他们点滴经验加以系统化，把分散的知识集中化，把隐性的知识显性化，成为广大员工共同的财富；他们为员工素质的提升创造条件，为他们创造性的劳动搭设舞台，想方设法加快员工的成长。同时，对基层员工任何细小的进步进行充分的肯定，由衷地讴歌，热情地支持。“越基层，越精彩”，这对广大员工是一种更大的激励和鞭策，鼓舞大家在更高层次上进一步开展“三创”活动，为迁钢的发展献计献策，贡献自己的智慧和汗水，使迁钢的发展更加精彩。

可以说，正是在这种真挚的关怀和热诚的鼓励下，迁钢人迅速成长起来。大家知道，首钢几十年来就是以长材著称，从来没有搞过连轧板卷。迁钢上热轧，在首钢是史无前例的，没有人为他们准备好训练有素的员工队伍。当时，就是凭这支毕业才二三年的年轻人队伍，在极少数富有经验的老职工的带领下，很快挑起了大梁，确保了热轧的如期投产。在他们的操作下，轧制出了首钢的第一个板卷，轧制出了一次通过九国船级社认证的船板，轧制出了涵盖X80以下的各个级别的管线钢，轧制出了冷轧用汽车面板基料。精细化管理越来越深入，效果也越来越好，正在演绎着一个又一个精彩的故事。刚到迁钢时，有人曾感叹自己是走对了大门（首钢），进错了房间（迁钢），但一年后，却成为热轧的骨干，以穿着迁钢的工作服而自豪。他们的成长也印证了信任与激励对人才成长的重要性。

但是，我们也看到，在有些单位，领导者面对困难，往往感慨“我们的队伍素质太差”。不错，在新形势、新任务、新装备、新岗位前，我们每个人都会感到自己的能力、

[1] 原载于2011年8月5日、8日、9日、10日、11日、12日、15日、16日、17日《首钢日报》。

学识、业务水平不相适应，提升队伍素质成为各单位共同的紧迫任务。但是，我们无需埋怨，更不能责怪员工。员工水平低是一个事实，但作为领导者，不就是要出主意、用干部、带队伍吗？提高员工素质不就是领导者天经地义无可推托的责任吗？我们一方面要为员工搭设提高素质的平台，创造施展才能的舞台，让他们结合实践，学习、提高，尽快适应新任务的要求；另一方面也不要忽视在员工中蕴藏着极大的创造力，即使在相对落后的企业里，同样会存在一些亮点，需要领导者满怀热情地去发现，去挖掘，为他们的点滴进步鼓掌、喝彩，使他们在鼓励的目光中增强自信，激励他们活得更精彩。对照迁钢，我们是不是可以从中得到些启示？

（原载于2011年8月5日《首钢日报》）

在二分钱的背后

在今年的“三创会”上，首秦炼钢部讲了一个“二分钱的故事”。事情是这样的：他们在核算到白灰消耗指标降低所带来的利润时，发现吨钢白灰使用量每降低1千克可以带来1.45元的利润。而以前核算的数据却是1.47元，两者相差0.02元。炼钢部的有关职工并不因为这看似微不足道的二分钱而漠然置之，他们对白灰消耗降低前后所有相关条件变化进行了全面对比、分析，终于发现是由于白灰制造成本上升所致，而成本上升的原因则是因为转炉白灰消耗降低，使用量下降，导致套筒窑的生产能力不能充分发挥而造成的。

二分钱差额的原因找出来了，一般情况下，事情也就到此可以告一段落了。但是炼钢部的员工们却并不就此止步。白灰消耗降低是好事，但却因此而使套筒窑任务不饱满而增加了成本。这个矛盾能否得到解决？这又成为摆在炼钢部员工们面前的新课题。

要降低成本，最好的办法就是使套筒窑满负荷生产。但炼钢厂又用不了这么多白灰。于是他们就打起了兄弟厂的主意。通过调查，发现公司内部有不少单位对白灰也有需求，比如，烧结、LF炉、转炉出钢渣洗等工序。因此，只要打开公司内部这些市场，套筒窑就可以正常生产，不需要再限产压产。这样，炼钢部直接得到的好处就是降低了白灰成本，而兄弟单位也因此得到价格合适、性能好、性价比较高的白灰。利己利人，何乐不为。

发现问题：白灰成本升高；找出原因：套筒窑产能过剩，不能满负荷生产；解决问题：寻找客户，开拓市场，确保套筒窑产能充分发挥。结果：一举数得，皆大欢喜。这就是这个故事的全部流程。类似二分钱的事，在我们身边会经常出现，但发现问题是第一步，关键在于“有心”；而能不能找出原因、解决问题，则涉及水平、能力。我们倡导建立学习型企业，引导、培育员工成为学习型员工，就是要让员工把工作和学习结合起来，不断发现问题，解决问题，在新的平台上继续发现问题，解决问题，螺旋式循环，不断攀向新高峰。

这二分钱的故事，体现了一种精神，就是认真负责的精神，精益求精的精神，从大处着眼、小处着手的精神。这也是精细化管理的真谛。我们要把这种文化传承继承下去，在新的历史时期发扬光大。过去推广邯钢的“模拟市场核算，实行成本否决”，也是在倡导这种精神，推动了一批企业扭亏增盈。但遗憾的是，有些企业往往在市场形势好转、企业效益增加时，思想放松，传承中断，导致企业形势出现反复。这一教训我们要认真汲取。

从套筒窑的限产到满负荷生产，还阐明了一个道理：企业必须要有效整合资源。套筒窑是炼钢部管的，过去一切都是服务于、服从于炼钢部，结果形势一旦发生变化，从炼钢部自身来讲，确实难以解决。但跳出炼钢部这个圈子，把视野扩展到全公司，问题就迎刃而解。过去，我们一些企业习惯于自成体系，大而全，小而全，万事不求人，结果是一方面资源闲置，另一方面却“缺衣少食”。因此，资源整合要及早提到议程上来，不仅是物质资源的整合，也包括人力资源的整合。宝钢等企业在这方面已进行了有效的探索，可供我们借鉴。

（原载于2011年8月8日《首钢日报》）

一流的装备与一流的产品

在今年的“三创会”上，以技研院为主的汽车板项目经理和顺义冷轧集中介绍了他们以不到3年的时间走过了国内兄弟企业7～10年的路程，目前产品稳居国内市场份额的第四位，并开始进入中高端客户市场。发言中，他们既描述了他们所经历的酸甜苦辣，更同我们分享了成功后的喜悦，交流了他们的体会心得。

顺义冷轧自豪地称：“顺义冷轧是专为汽车板而‘生’的”。他们拥有被蒂森专家誉为具有“世界冠军线”条件的一流装备，但毕竟首钢是板材生产的新手，与过去首钢饮誉国内外的长材生产相比，其档次之差异犹如大学生同小学生。而现今的汽车板，用户要求更严更苛，而市场环境又是前有领先者的围堵，后有追兵猛追，竞争之惨烈，可想而知。

尽管前进的征途中还充满艰难险阻，但他们毕竟已经取得了可喜的阶段性的胜利，为首钢转型发展奠定了良好的基础，也鼓舞了首钢人高歌猛进，夺取新的胜利！他们的发言也为“一流的装备怎样才能生产出一流的产品”这个大课题提供了新经验。

转变观念，思想先行。企业转型，产品转型，首先要思想转型，彻底改变生产长材的思维模式。早在2007年，首钢就提出了板材文化建设的7项主要内涵：树立高标准定位的标准文化；科学、系统、精细的严谨文化；全流程模块化、数字化的工艺技术文化；一丝不苟、精准控制的执行文化；生产、技术、营销等和谐一致的高效文化；高度重视客户需求、为客户服务的市场文化；不断创新和持续改进的进取文化。并展开了全员性的大讨论，为首钢板材的研发、生产、销售经营奠定了正确的思想基础。

体制创新，协同作战。汽车板要打入市场，必须要科研、生产、销售等多部门的通力协作。为此，首钢先后成立了由总经理为首的汽车板推进处，以及由技研院牵头的汽车板项目经理部，各有关部门密切配合，协同作战。各项信息能得到及时反馈，发生问题能得到有效处理。体制创新也为机制创新、技术创新、管理创新开辟了道路，缩短了赶超先进的时空距离。

坚韧执着，不畏艰难。要驾驭、掌控好现代化的先进设备，挫折、失败是题中应有之义。顺义冷轧投产以来，板面划伤、硌坑质量问题时有发生，对汽车板的生产、销售造成很大影响。请教国内外专家，也都没能给出满意的答复。他们以自强的精神，科学的态度、执着的毅力，连续作战的作风，下笨工夫，一步一个脚印地对有关工艺装备逐一排查，终于搞清了问题所在，实施了有效管理。他们认为，在新任务前，遇到问题是必然的，但解决问题正是我们的使命；允许犯错误，但“不犯重复的错误”是他们的信念。

精益求精，精细生产。冷轧生产的特点就是控制点多，全流程有1000多个工艺参数都和最终产品的质量存在联系。每个参数微小的偏差就会导致最终的产品是废品。所以，必须实行精细化生产，对生产过程进行有效管理，每个控制点进行有效监控，整个团队的成员必须按照工艺制度标准进行操作，精益求精，协同一致。固然，先进的装备为精细化生产提供了良好的物质条件，但不等于自然就实现了精细化。宝马、奥迪和丰田等世界一些顶级汽车企业在对首钢进行现场考察时，并不关心这些一流的主体装备，而是去查看每一个工序是否有质量检查设备，是否配置质量管控人员、质量记录是否齐全，反馈渠道是否畅通等。没有这些，再先进的装备也生产不了一流的产品。

首钢的汽车板已经受到了市场的青睐，但他们深知，同宝钢等先进企业相比，差距还很大。他们已经制定出明确的目标，为一流设备生产出一流产品而不懈努力！

（原载于2011年8月9日《首钢日报》）

学习首钢，融入首钢

从2008年开始，首钢先后重组了水钢、长钢、贵钢、伊钢、通钢。这次“三创会”上，水钢、长钢和通钢的领导都发了言。这3家企业进入首钢大家庭的时间，最长的水钢也只不过3年，最短的通钢去年“三创会”前夕才入盟首钢的，但都已取得了令人瞩目的成就。水钢“跨三进五”，提前实现了从300万吨到500万吨的跨越，正在努力实现“把水钢建成长材精品基地”的战略目标；长钢如期于去年底完成了“八项填平补齐”技改工程建设，形成了综合配套的360万吨产能；通钢淘汰落后产能置换的技术改造项目已经拉开序幕，2680立方米高炉、120吨转炉、精品棒材生产线、120万吨球团、360平方米烧结机、60孔焦炉、3.5万立方米/小时制氧机等新建工程，将在2012年10月全部建成投产。

不仅是规模的扩大，在新品开发、品种结构的调整、经济效益的增长上，也成效卓著。首钢大搬迁后，河北的3家主体厂都转成板材企业，腾出的长材市场空间亟须填补，这就成为新入盟的几家企业必须承担的历史使命。在这次会上，我们欣喜地看到这几家企业不负重托，在推进总公司的长材承接工作中都已取得了明显成果。长钢不仅承接了首钢原有北方市场长材的传统空间，而且还实施了由初级产品向专用性及深加工产品的转变。水钢的82B等新产品在首钢总公司专家的悉心指导下，开发成功。现在82B盘条已占我国最大的钢丝绳厂、贵州钢绳集团80%的份额，并行销西南地区其他主要用户。通钢投资30多亿元的冷轧项目，多年来没有正式生产，现在已能生产多个中低牌号的硅钢，材料基本上达到设计水平。这些企业的技术经济指标也都有不同程度的改进。特别值得庆贺的是，连续3年累计亏损30多亿元的通钢集团，今年上半年扭亏为盈，盈利2.68亿元。

这些成绩的取得，原因当然是多方面的。但很重要的一点是双方都在文化融合上下足了工夫。因为，文化认同是相互信任的重要基础，而缺乏信任感，就不可能和谐发展、合作共赢。

首先，重组企业在文化认同上有强烈的愿望。“学习首钢，融入首钢”，已经成为这些企业的共同呼声。在进入首钢大家庭之前，他们普遍对首钢文化有认同感。水钢是朱继民同志一手培育成长起来的，朱总在水钢3年，不仅使水钢成为全国扭亏增盈的典型，更主要的是转变了各级干部和广大员工的观念，带领出一支优秀的员工队伍，“自强、开放、创新、追求”的企业精神，同首钢的企业理念、企业精神完全能够融为一体。他们学习首钢的“三创”，结合水钢的具体情况，发展为“三创六比”，推动水钢的持续发展。长钢和通钢都是吸取了同其他企业联合重组后、文化观念的不一致导致重组失败的教训，经过职代会全票或99%的高票通过，主动要求入盟首钢的。因此，广大员工自觉地去领悟首钢文化的内涵。长钢重组时，朱继民同志在长钢的讲话，长钢电视台原拟播放两天，后应广大员工要求，连续播放一周，说明员工们热切希望融入首钢大家庭的强烈愿望。特别是首钢一年一度的“三创会”，更体现了首钢文化的精髓，已成为重组企业学习仿效的榜样。

其次，他们既积极学习借鉴首钢文化，也重视继承本企业的历史传承。长钢在郭士强董事长的积极倡导下，既重视历史传承，大力弘扬在长钢有着光荣传统的红色文化，强调红色文化不能丢。同时，又十分注意吸收首钢总公司的企业理念，努力融入到长钢员工的工作和生活中去。通钢不回避重组企业间的文化差异，努力注意消除“文化障碍”，解决“文化摩擦”；以实现“文化沟通”、“文化协调”。既继承保留通钢既有的、已经被广大员工所深度认同的理念，又充分吸纳首钢先进的思想观念和文化要素，建立起具有承接性、创新性和成长性的高品位企业文化。而对各企业的特色文化，首钢具有极强的包容性，把它作为加盟企业对首钢文化的有益补充，使之相得益彰。

第三，魂要附体。企业文化之魂必须实实在在地体现在重组企业的各项工作中。文化的融合，绝不只是照搬对方的企业理念，而是要从实际行动中感受到企业文化的影响力。这些企业重组后，首钢派出强有力的工作组，帮助规划、确定近期技改项目，加大投入力度；使对方在较短期间改变面貌。在调查研究的基础上，首钢还根据对方的薄弱环节，有针对性地派出技术服务团，在技术、管理方面，提供高质量的服务，帮助这些企业解决难题，开拓新路。重组以来，长钢还先后派出干部职工1000多人次赴迁钢、京唐等钢厂对口学习、培训、参观，在这些面对面的交流中，也使对方亲身体验、感受首钢文化的亲和力，增强了双方的凝聚力。

现在走进这些企业，不仅厂容厂貌在变化，工艺装备在提升，更关键的是，人们的精神状态在变化，职工的收入在增长。“我们都是首钢人”的荣誉感、使命感、责任感在增强。我们相信，这些企业进入首钢大家庭，必将给双方都带来互利共赢的新局面，为提高首钢的综合竞争力作出应有的贡献！

（原载于2011年8月10日《首钢日报》）

皮带减负的启示

2007年的“三创会”上，矿业公司曾介绍了他们“皮带管理革命”的经验，赢得了与会者的一致好评，也受到了有关方面的高度重视。消息外传，也迎来了兄弟企业纷至沓来的学习考察。时隔4年，在今年的“三创会”上，矿业公司又以崭新的面貌展现其皮带管理革命的新篇章，再一次显示其持续创新的无限威力。

矿业公司皮带管理创一流的活动，从2003年就开始了，2004年已明显地见到成效。全公司总长30余千米的568条皮带，除少数岗位由于技术上的原因外，都已实现了无人值守。到2010年，最后的几个难关也被攻克，现场皮带全部实现了无人值守。几组数据确实是震撼人心：2004年皮带系统共有人员977人，到2010年只剩下270人；2005年全年皮带“故停”时间为340.08小时，2007年开始，连续多年都是在十几小时上下，2010年减到了14.28小时；每万吨矿消耗皮带从2006年的397平方米减到2010年的252平方米。特别是从实行皮带创一流以来的8年中，没有发生过一起人身伤亡事故。整个皮带系统处于长周期稳定运行状态。这种翻天覆地的变化，足够使首钢矿业人自豪的了。

但是，矿业人并不以此为满足。2010年，他们又提出了皮带“减负”作为皮带创一流的新目标。什么是“减负”，就是要对现有皮带及其配套的电机的功能进行减负，以达到节能降耗、经济运行的目的，使电机不致出现大马拉小车的现象，皮带不致过宽过厚，挡板不致过长、过厚。这样做，会有一定风险。有人替他们捏了一把汗：好不容易保持稳定运行了，还“折腾”什么，闹不好“减负”减出了负面效应。但矿业领导却不为所动，因为这一决策，并不是靠拍脑袋，一时冲动而作出的，它的背后有着科学的依据。

一年来的实践再一次证明了：矿业人不负众望，又交出了一份高水平的答卷。从已经通过改造实施减负的360条皮带情况看，皮带电耗下降了，运行更加经济顺畅了，效果体现在多个方面。例如，球团厂对皮带机本体减负，本着不浪费点滴负荷的原则，合理匹配电机功率，先后解决14条皮带“大马拉小车”的问题；通过整改栏板、刮料器、减线层，共有33条皮带降低了电流。通过精确调整风机风量，在满足工艺需要的条件下，降低了风机转速；通过对小辊筛改造，减少了返料，返料系统的皮带负荷降下来了；通过将环冷机旋转密封由砂封改为水封，不仅减了负，还延长了运行周期。通过采取一系列的减负措施，今年上半年，该厂吨球电耗比去年同期降低了一度。烧结厂采取包括更换电机减小额定功率、安装非接触无磨损导料槽栏板、取消刮料器、皮带机腰轮外扩、改造缓冲料库、使用无动力清扫刷等多种方式实施“减负”，皮带系统运行电流明显降低，运输带使用寿命明显延长，运输带单耗同比下降10%。通过实施皮带“减负”，包括一线员工在内的有关人员，都普遍受到了一次有关皮带系统的技术教育，提升了业务水平。

矿业人的成功绝不是偶然的，这是他们长期积淀起来的深厚的文化底蕴在发挥威力。在矿业公司，“人人是创新主体，处处有创新课题”，不是一句空洞的口号，而是深入员工思想、指导人们行为的一种理念。课题来自哪里？就在身边。他们结合自身岗位和工作实践，不断“反思找差”，发现问题，以此作为创新的课题。创新贵在持续，也难在持续，反思找差的常规化，也就推动创新活动的持续化。持续就有积累，没有积累，就成不了系统，成不了气候，而小改小革的积累就是创一流的前提！宝剑锋自磨砺出。十年磨一剑，才磨出了这光芒四射的宝剑。

矿业人的成功还源自他们的实力。长期以来，矿业人坚持走学习型企业之路。从“十小促十变”到“百队千员”，从一个赵新民工作室到遍布矿山各地的227个学习创新团队，不仅是数量上的扩大，更主要的是技术业务实力上的提升。矿业公司浓厚的、与工作紧密结合的学习氛围，知识共享的团队精神，也加快了员工们的成长进程。全国劳模窦振印进厂时只有小学文化程度，2005年8月考取了国家职业技能鉴定电工高级考评员，成为既有丰富实践经验、又有深厚理论知识的电气专家。机械厂和矿自信公司分别从矿业公司的一个内部机修厂和计控室，发展成为一个具有较强市场竞争力的大型矿用汽车专业制造厂和矿山自动化和信息研究所，其相当一部分骨干是自己培养成长的。

更令人欣喜的是，矿业人还善于举一反三，把皮带减负的理念，很快延伸到其他方面，在优化工序生产组织上也取得了突破。球团厂在研究润磨系统皮带减负过程中，提出了灰球分开的工艺，不仅达到了皮带减负的目的，而且使生产工艺流程更合理。他们还把皮带减负的成功经验，用于机械厂的皮带机等产品设计、制作上，提升了皮带机的整体制作水平，带动了矿山装备制造业的发展。

矿业公司这种全员性的持续创新，已经结出丰硕的成果。我们相信，矿业人一定会继承发扬这一光荣传统，在打造百年矿业的征途中奉献自己的光与热，并伴随企业的发展，使自己的人生价值得到进一步的提升！

（原载于2011年8月11日《首钢日报》）

修拖拉机的也能修宝马车

首钢设备技术公司也是首钢的设备维检中心，过去是以维护检修北京地区钢铁生产设备为主，对象主要是长材设备；现在居然承担起京唐、顺义冷轧、迁钢等世界一流的板材设备的维检任务。无怪人们会投以怀疑的目光：你们修“拖拉机”的修得了“宝马车”吗？这样的质疑完全可理解。但实践是最好的回答。近两年来，他们分别在宝钢专家的指导下，顺利完成了顺义冷轧的年修，通过整合优势资源，完成京唐1700冷轧全部4条线的年修，并多次完成京唐高炉的事故紧急抢修。这些任务完成得都很出色，获得了业主的赞誉和信赖，使大家对设备公司刮目相看，原来修拖拉机的也能修宝马车了！

这个转型来之不易。首先要解决一个精神状态问题。面对从未接触过的新任务，技术难度大，敢不敢应战。如果畏难避险，气势上就低了一头，就谈不上去争取胜利。设备公司的态度是：承认不足，迎头赶上。“干”字当头，在干中学，实战中长知识，长才干。面对“强敌”，他们不惜“劳其筋骨”，夜以继日，超负荷工作，在硬仗、恶仗中磨砺意志，锤炼队伍；更自觉地“苦其心志”，开动脑筋，边干边学，及时总结经验，形成规范化的制度体系，使之能迅速跟上形势发展的需要，加快了队伍成长的进程。无数事实告诉我们，对于一个不处于优势地位的企业，要进入新的更高一级的领域，都会遇到类似的种种磨难。能不能振奋精神，发扬“特别能吃苦，特别能战斗”的精神，来之能战，战之能胜，将是决定性的因素。过去，首冶刚从迁安进京时，就是靠这种精神开拓了市场，今天的设备公司还是靠这种精神打开了局面。

其次，既要敢于承认差距，又要善于学习先进。首钢维检中心在业界也享有一定的声誉，并非等闲之辈。但面对首钢的急剧转型，产品结构根本性的大调整，从过去的以长材为主转到以板材为主，装备也都进入世界一流。过去熟悉的设备在首钢新建厂区基本上看不到了，过去常用的维检手段和方法现在跟不上形势发展了。特别是在同宝钢专家合作参加顺义冷轧年修时，看到他们使用的工具很多是前所未见，不知道干什么用的。这种强烈的反差促使他们更清醒地看到自己的差距，他们一方面抓紧一切时机虚心向宝钢专家学习，并以学习成果获得宝钢专家的好评，赢得他们的好感，为以后的合作打下了良好的基础。与此同时，他们进一步思考如何加速向先进学习的步伐，在总公司领导大力支持下，经过十余次的洽谈，经历了多次反复，终于双方合资的首宝核力设备技术公司在今年5月揭牌成立，为设备公司向宝钢学习、攀登新的高峰找到了一条捷径。这种机遇实属难得，但机遇总是青睐有准备的人的。

第三，要全方位、多渠道、采取多种形式来加速培养各种人才。工艺装备的升级要求维检人员的知识技术和技能的同步升级。为此，他们采取了多种有效措施，改变了多年招不进大学生的局面，一年录用了30名机械、自动化等专业的优秀大学生；通过举办培训班，开展技能大赛，实施“师带徒”等措施，取得了明显的效果。特别是他们在探索协力工的管理模式方面，取得了可喜的成效，值得有关单位借鉴。众所周知，目前，在钢铁企业、特别是生产辅助部门，协力工占相当比例，成为企业不可或缺的一支“编外”队伍。但这支队伍在一些企业里地位低下，得不到应有的尊重，有的甚至成为企业正式工的个人“助理”，因此他们对企业的归属感差，流动性大，不利于他们个人的成长，也影响到企业的发展。有鉴于此，设备公司对协力工的管理进行了大力的改革，使其薪酬分配科学合理，晋升渠道透明敞亮，优秀人员将被录用为正式合同工。因此，大大激发了协力工钻研技术、搞好本职工作的积极性，在总公司举办的技能大赛中，有2名协力工分获钳工和电工的第四名。今年春节，协力工的流失率从往年的30%降到了10%。

（原载于2011年8月12日《首钢日报》）

借船出海，借梯登高

2003年曾到烟台首钢东星集团有限公司（以下简称东星）考察，曾为其艰苦创业的巨大成就而惊叹！那时，与位居世界500强的日本电装公司合营的汽车空调器已在行业中崭露头角，钕铁硼等新材料开发也已初露端倪。2002年，首钢总公司曾在烟台召开现场会，推广他们的经验，并作出《关于学习东星精神的决定》。

8年过去了，再到东星，两天多的现场参观和座谈，深感震撼！8年巨变，令人钦佩！诸多启迪，受益匪浅！东星在为社会做出重大贡献的同时，又以崭新的面貌进入到开拓创新的一个新时期。

东星原是吉林小山沟里的一个军工企业，1993年全厂职工家属7000多人整体隔海跨省搬迁到烟台开发区。当时，工厂已经连续4个月发不出工资，面对着一片荒芜的沙滩，在首钢总公司和当地政府的大力支持下，他们发扬艰苦奋斗的精神，咬紧牙关，勒紧腰带，顽强拼搏，迎来了二次创业的良机。尽管此前他们已经多年从事研发汽车空调器，但换来的是一次次的失败。惨痛的事实教育他们，要想奔高端产品，以他们目前的实力，必须借船出海，借梯登高。终于，他们抓住了时机，争取到了同世界汽车空调器的翘楚、名列世界500强的日本电装公司合资经营，成立了烟台首钢电装有限公司，打响了二次创业的第一仗，并以其优良的产品和优秀的服务很快赢得了汽车业界的青睐。2010年，他们的车用空调压缩机产量已经达到90万台，在占有国内高端汽车市场的30%，在工程机械空调领域市场份额达到40%；此后，东星自主开发空调管路产品，分别在烟台和广州番禺设立了工厂，如今已经给电装、法雷奥、贝尔这世界车用空调排行前三的大系统配套；2005年东星又和首钢总公司、北汽福田合资在北京密云成立了新的车用空调公司，自主研发、生产车用空调器，并且成功实现了在电动空调领域的突破；东星还同韩国的大韩烧结金属株式会社合资组建首钢东星大韩粉末冶金公司，以先进的粉末冶金技术生产配用于汽车发动机、变速箱、家用电器等的粉末冶金产品，畅销国内外；还同包钢稀土研究院等单位合资成立了烟台首钢磁性材料公司，产品主要用于风力发电、核磁共振、电子器材、手机、电机等诸多领域，产品质量达到国际同类先进水平，尽管钕铁硼产量达到2600吨，比2002年翻了近10倍，品种规格更是大大增加，但仍然是供不应求；他们的销轴、油缸套等机械加工产品，已经成为世界第一的工程机械制造商卡特彼勒的长期合作战略供应商，产品行销十几个国家，打开了通向世界各国的通道。目前，首钢东星公司已经成为横跨多种不同高新技术行业的“小巨人”。

东星已经取得了辉煌的业绩。他们的合资企业做一个，成一个，“两借”取得了极大的成功。这主要是由于他们决策的正确，符合国家发展的需要，符合国民经济调整的大方向，不仅在经济上实现了双赢，而且还取得了合作方的高度信任与尊敬；他们的产品获得了客户的满意和好评，在不断增加的订单面前，他们只能以变应变。在各个厂区，不仅看到紧张而有序的生产场景，也看到了一些厂房在扩建、新设备在安装的场面。他们还正在谋求进一步扩大产能，把企业做大做强。

但我们不应只看到他们头上的光环，更要探寻他们成功之道。其实，他们合资的道路并不平坦，实现“两借”又谈何容易？你借的梯子能登多高？对方愿不愿意借给你？期间充满了艰辛和波折。但是，他们在艰难险阻面前不埋怨，不畏惧，不气馁，坚定信念，勇往直前。在产生分歧时，他们善于化解矛盾，既能坚持原则，又能换位思考，以他们的诚信、坦率和主要领导人的人格魅力，赢得了合作方的高度信任和尊重，不仅成为事业上的合作伙伴，而且还结下了真诚的友谊。在与电装的合作中，他们认真领会日方的经营理念，真心实意地学习日方管理经验，在有的员工感到日方的某些要求近乎苛求时，他们却认为这种不同文化间的冲撞有利于打破原来比较僵化的固定思维模式，引导员工反求诸己，从而使员工们领悟到精细化管理的真谛，自觉参与到精细化管理的改进中，不断提升自身素质；并在此基础上融进自己的企业文化，进行管理创新，现在东星电装甚至日本的母公司都还部分吸取了他们的创新成果。烟台东星空调管路有限公司成为一个管理创新的好典型。

东星在阔步前进！但他们始终保持紧迫感，危机感。一方面抓住机遇不松手，创造条件谋发展；另一方面又正视危机，努力化危为机。我们深信，有坚强有力、团结一致的领导班子，有勤劳智慧、甘于奉献的员工队伍，再有各上级领导部门的大力支持，得道多助。东星的明天一定会比今天更美好！

（原载于2011年8月15日《首钢日报》）

化平淡为神奇的力量何在

北京北冶功能材料公司（以下简称北冶）目前是国内同行业第一家实现高精度大卷重生产的企业，先进的工艺技术、完善的生产装备，处于国内先进水平，与国外企业站在同一条水平线上。利用这些设备，近几年来，他们先后开发出一系列市场潜力大、技术门槛高的新产品，形成了精密合金、高温合金、非晶带材为主导的180多个牌号、2000多种规格的产品集群，其中不少打破了国外企业的垄断，为国防工业、电子、电力、新能源、汽车工业的发展做出了特殊贡献，取得了良好的社会效益和经济效益。从2005年改制以来，6年间，工业总产值增长1.59倍，利润增长24倍。而在此期间，北冶累计投入技改资金为11472.8万元，显示了极高的投入产出比。

这条生产线主要包括：一套四辊热轧机组、一台1000吨的液压快锻机组，一条冷轧坯修磨机和一套冷轧机组。其中，快锻是新上的国产设备，修磨机则是自己设计、合作完成的，具有自主知识产权的、国内唯一的该类设备。两套轧机都是十几年前从德国引进的二手设备。热轧机组引进后，试轧失败，以后虽经多次改造，都未获成功，最终闲置起来。改制以后，他们旧事重提，认为：随着技术水平的提高，过去不成功，不等于今天不能成功，终于改造成功。冷轧设备则是带钢厂引进的，由于种种原因，进厂后就没有开箱，以后一些附属设备又毁于火灾。他们就打起了这台设备的主意，在总公司领导的大力支持下，以900万元的代价买回了当时花了1.2亿元引进的设备，在兄弟单位的合作下，成功地进行了改造。现在两套轧机都是北冶的主力设备，为轧制高精度大卷重产品做出了不可磨灭的贡献。这样做，不仅化废为宝，还大大节约了资金，赢得了时间。在世界金融危机中，他们得知英国一家著名公司投产不久的冷轧设备准备出售，他们抓住时机，几经谈判，终于以相当于新设备五分之一的价格买了回来。自行拆运、安装，从谈判到投产只用了1年8个月。这条生产线的投产使北冶冷轧钢带能力提高30%以上，产品精度达到国际同类产品水平。

化平淡为神奇，这就是北冶人的魅力所在！这既源于北冶领导班子能巧抓机遇，审时度势，敢于决策；也来自于他们能解放思想，实事求是；更在于他们能充分调动广大员工的积极性、主动性、创造性，培育出了一支有高度凝聚力的，巧干和实干相结合，既能动脑、又能动手，专业间能相互沟通配合的复合型人才。

在北冶，有一个科技委员会。一度，公司领导几乎都是科技委的成员，使科技委形成公司领导班子的扩大会，专家意见得不到充分表达。改革以后，只有主管科技工作的副总一人进入科技委，主管科研工作的科技部部长担任秘书。成员由全体科技人员按专业分4组进行无记名投票选出。虽然，科技委只有建议权，没有决策权。但是科技委的建议却得到公司领导的高度重视，建议基本上都得到采纳。一次，在引进3吨真空炉的问题上，公司主管部门同科技委在引进哪个国家的设备上，意见不一致，公司领导不是简单地肯定或否定，经过反复商议，最终决定采用科技委的建议。这种科学、民主的决策机制，既保证了决策的正确性，也使科技人员觉得有家可当，大大激发了他们主人翁的责任感。

在北冶，有良好的科研道德，科技人员重视科研操守。课题立项要经科技委讨论通过，参加会议的成员都要签字备案。他们不实行“课题负责制”，所有支出都要按照批准的预算执行，如有超出，必须说明原因。即使个人拉来的资助资金，在按规定给予小额奖励外，其余全部由公司统一调度。因此，他们的科技经费虽然不算多，但都能用到实处。一次，在军工新材料项目招标中，他们与另一个由国内5家著名的科研及生产单位组成联合体竞标，最终以比对方低很多的报价中标。原因就在于他们的科研成本低，都能用到刀刃上。

在北冶，有一个有效的激励机制。根据不同情况，采用不同分配制度。对研究所的全体研究人员，一律采用年薪制，其中60%为固定工资，40%年终根据相关指标进行浮动；使其在科研工作上，能够摆脱急功近利思想，“干好明天的，规划后天的”，为企业的持续发展做出贡献。生产一线的科技人员则给予技术津贴，按工艺技术、机电、理化检验等专业，由评审小组通过360°评价，计分排序。入厂时只有初中学历、自学成才的年轻工程师芦力强，以其出色的工作能力和优秀的业绩也享受到了一等津贴。现在享受津贴的人员从开始时占技术人员总数的30%提高到50%，一等每月2000元，二等1500元，三等800元。此外，对高级工程师以上的技术人员分别给以每月300到500元职称津贴（但已领取技术津贴的不再重复领取这一津贴），中级技术职称以上的技能人员每月给予100到300元的技能津贴。对有特殊贡献的科研成果，另行评奖。去年高精度大卷重项目被评为特等奖，奖金40万元。此外，对申请专利及发表科技论文的都给予及时的表彰和奖励。在培训人才上，也采取了多种措施，提升各类人员的素质。

目前，北冶已被认定为国家级高新技术企业和“中关村科技园区百家创新型企业”，成为国家专业化金属功能材料研发和生产的重要基地。面对“十二五”的新形势，他们决心立足新起点，抢抓新机遇，再造新优势，戒骄戒躁，开拓奋进，为取得转型发展的更大成绩而努力。

（原载于2011年8月16日《首钢日报》）

销售人员是上帝的使者

燕郊公司总经理孙长生在“三创会”上发言时，说了一句发人深省的话：“我们常说，客户是企业的上帝，那么销售人员就是上帝的使者。”世上没有人会对上帝的使者不尊敬的，因为他带来的是上帝的意志，带来人间需要的福音，没有人会不愿意听到上帝的福音，而违反上帝意志的人将不会有好的下场。

但是，在现实生活中，却往往会出现另一种场景。在有些企业里，销售人员得不到应有的重视，他们所传递的“上帝”的信息没有任何反馈，“上帝”的呼声居然被漠然置之。有关领导和生产人员可以用种种借口把客户的要求束之高阁，依然我行我素。燕郊公司也曾遇到过类似问题，这使得孙长生十分恼火。一次，在了解到一位销售人员反映的客户意见完全正确，但却无人理睬。他使用了一个杀手锏：对两位高管各处以5000元的罚款，并将这一罚款奖励给这位销售人员。这一重奖重罚在燕郊公司是破天荒的，震动了全体员工。于是，“销售人员出了厂门代表燕郊，进入厂门就代表客户”的理念终于落实。各方面都重视客户的反映，并以此作为改进自身工作的硬性指标。燕郊公司的产品也越来越受到客户的青睐，客户的认可度、满意度和依赖度越来越高，市场份额自然也有较大的增长。

有人说，孙总的做法似乎于法无据，厂规有没有授权总经理可以任意重罚犯有这种过错的高管。可能这样的处置有较大的随意性，今后需要制定厂规厂法，来加以规范化。但这种重视上帝使者的举措，在大方向上是无可置疑的。因为，企业是为用户而生存，靠用户而发展的。没有用户的支持，听不到用户的呼声，不能按照用户的意愿去改进工作，等待企业的命运也只有死路一条！

当然，销售人员也要十分珍惜上帝使者的这一光荣称号。虽然，他进厂代表客户，但不要忘了，他还有另一种身份，就是出厂代表企业。他要熟悉企业产品的性能，了解产品的生产工艺，能客观如实地介绍产品的特性，以及同兄弟企业同类产品的对比，帮助客户更好地来选择最为合适的产品，使本企业和客户实现双赢。他要善于领会客户的意见，结合本企业的实际情况，主动向生产部门进行沟通，提出积极的改进建议；而不是以上帝使者自居，颐指气使地发号施令，引起对方反感，成事不足，败事有余。销售部门更要坚持两手抓，在大力抓好业务建设的同时，必须花大力气抓好作风建设，建立起相应的激励和约束机制，教育销售人员牢固树立企业经营理念，强调职业道德，重视自律，“慎独”；使销售人员能顶住外界的诱惑，廉洁奉公，为企业的健康发展作出自己应有的贡献！

（原载于2011年8月17日《首钢日报》）

我的困惑[1]

近三年来，钢铁行业的销售利润率降到3%左右，处于我国工业部门倒数第一、第二的位置，一些企业处于亏损状态；有的即使账面上还是盈利，实际上其钢铁主业也是亏损，只是靠矿山、对外投资等其他部门的盈利来弥补亏损的。

一度很受市场吹捧、盈利率颇高的钢铁行业，怎么会如此一蹶不振？原因当然是多方面的。但产能过剩应该是其中主要原因。

谁都知道，供求关系决定了市场价格。任何产品只要供大于求，必然会导致价格下跌，这是由价值法则这一铁律决定的。

就钢铁工业而言，产能过剩已是不争的事实。国务院以及国家发改委、工信部等有关部门这几年已经多次发出宏观调控的指令，钢铁工业每次都被列为重点。但是，年复一年，一个又一个的“红头文件”，只是激起了一阵涟漪，淘汰的产能远抵不上新增的产能。现在要“淘汰”的产能已不是原来意义上的“落后产能”了，大量恐怕是新建不久的先进产能了。

为什么会发生这种现象？接触到的一些企业领导，口头上都说，产能增长过快，导致供大于求，埋怨宏观调控不力。但是，一谈到本企业的情况，几乎没有一家不是想要继续扩建规模。

有一家刚刚异地新建的企业，搬迁前钢产量300多万吨，现在已形成近700万吨的规模，但未经批准，又在建设另一个350万吨规模的新系列，目标是形成1000万吨的钢铁大厂；一些被重组的企业，更是在努力扩大规模，因为这也是地方政府提出的重组的条件之一，于是300万吨的要扩成500万吨，500万吨的要扩成800万、甚至1000万吨。

为什么明知已经产能过剩，钢材价格已经大大下跌，甚至售价抵不上成本，还要拼命扩张规模呢？我感到困惑！

他们给出的理由多种多样：

（1）我不扩，人家还在扩。我再不扩，就没有我们的地位了；我只不过是个多层建筑，而四周全是摩天大楼，我不再加高，就被憋死了。我不明白，究竟规模是由什么决定的？企业是靠攀比规模求得生存发展的，还是靠获取市场青睐来扩大份额的？如果市场需求有限，扩了给谁用？再高的大楼，没有人居住，不就成了“鬼屋”？为什么蒂森克虏伯至今不过1000万吨左右，巴登钢厂20多年来一直就处于200吨级的水平，但他们都过得很好，效益也不错？为什么在中国，200万吨几乎就是淘汰的对象呢？我困惑！

（2）我并不想扩，但省市领导有话，我不扩，行吗？确实，听到不少企业所在地的地方政府，都对企业有发展规模指令性的要求，而且都以此为条件，要求前来重组的企业作出承诺。尽管也有“扩新汰旧”的说法，实际上，扩新是实，汰旧是虚。而且淘汰赶不上

[1] 原载于2011年第46期《冶金经济内参》。

新建。按说，省市领导应该更理解国务院的政策，站得更高些，但为什么中央三令五申的话，都被当成耳边风？即使是利益驱动，但实际上在这种供求关系的情况下，又哪里来实质性的利益呢？我困惑！

（3）我扩，是采用新技术，要抢在人家前面嘛。采用新技术，以先进产能淘汰落后产能，没错。问题是说这话的企业，主体装备已经属于国内先进，但却又以建设 Finex 炼铁新技术为由，在没有落后产能可淘汰的情况下，再扩建 300 万～400 万吨包括炼钢、轧钢的综合生产能力。这样做，且不说是否获得正常的批准手续，就是从经济效益上看，是否合算，值得怀疑。我们不反对采用新技术，但是不能为新技术而新技术，新技术究竟能带来多大效益，在刚花大钱实行整体搬迁重建、还未取得效益的情况下，又连续作战，不考虑经济效益，会将企业带向何处？我困惑！

（4）物竞天择，适者生存，剩者为王。这是一些企业的观点。在激烈的市场竞争形势下，做好自身工作，增强竞争力，经历一场艰苦的拼搏，使自己笑到最后，这应该钦佩。但明知供大于求，还热衷于扩大规模，花巨资人为地加剧恶性竞争，再求得“剩者”地位，对国家、对社会来说，值吗？而被淘汰出局的企业，往往也是近期花了巨资建设的，如今却要付诸流水。如果花的是你个人的钱，你会这样干吗？十几、几十亿的钱白花了，又有谁会受到质询呢？我困惑！

说了这多困惑，你又能拿出什么办法、什么高招？

其实这些年来，办法出了不少，问题在于谁去落实，怎样落实？有法不依，有章不循，企业办不好，国家也一样！这不是就经济谈经济所能解决的。看来还得加快政治体制改革的步伐！

从首钢篮球队夺冠想到的[1]

我不是一个球迷，但对一些精彩球赛还是很愿意观赏的。记得第一次打动我的球赛还是在清华大学读书期间，大约是1950年还是1951年，清华大学体育馆迎来了一场高水平的篮球赛，对方是菲律宾的一支球队，国内是哪个球队记不得了。但看到菲律宾球队那种精彩的球艺，快速的跑动，默契的配合，准确的投篮，使我看得如醉如痴。参加工作后，由于种种原因，很少有机会去观赏球赛。这次先是看到北京金隅（以下简称首钢队）13连胜，但接着却是多次受挫，觉得这支队伍还需要经受更多的锤炼。没想到最后居然进入了总决赛，这就激起了我的兴趣，几乎场场都会在荧屏上观看，特别是最后一场，扣人心弦，双方你追我赶，刚才首钢还领先，没多久，广东队又后来居上；接着是首钢队奋起直追，比分领先；看到最后7分钟时，首钢队又落后10分，心想首钢队还会有戏吗？马布里的一个远投，鼓舞了士气，接着追到了121平。这时还剩1分21秒，马布里被罚下场。正在人们为首钢队担心的时候，首钢队接连罚球中的，最后以124∶121奠定了总冠军的宝座。这场球，看得我心潮起伏，时而为首钢队欢呼鼓掌，时而又为首钢队提心吊胆，最后还是为首钢队终于首次夺得总冠军而欢欣鼓舞。这真是一场美好的享受，使人难以忘怀。

记得在首钢队女篮夺冠时，朱总一方面祝愿男篮也能步女篮后尘，进入决赛；但他同时提出了一个问题，首钢队何时能在行业中夺冠？这的确是值得全体首钢人认真思考、认真对待的大事。我们应该从首钢两支篮球队、特别是男篮夺冠中得到一些有益的启示。

（1）我们需要什么样的人才？又怎样发挥杰出人才的作用？在整个夺冠过程中，马布里的表现给人以极深的印象。可以说，没有马布里的加盟，就不会有首钢这支球队的今天。引进马布里，应该说是俱乐部领导慧眼识珠。在我国各个俱乐部引进外援中，马布里不属于最高层级的，比马布里身价更高、牌子更响的不止一人；首钢队为什么偏偏看中了马布里？首钢队过去也曾引进外援，但并没有显示其优势。袁超副总经理说得好：马布里不是因为NBA停摆，到CBA来保持状态的，也不是只为了挣钱而来的，他想在中国好好打球，这是最难能可贵的。这就是说，马布里来中国打球是想以此作为一种事业，作为体现其自身价值的场所。因此，他对所服务的单位必然会怀着一种使命感，一种责任感。他会为自己的理念、信念殚精竭虑，作出奉献。但是，要使员工有忠诚度，关键还在于这一单位的领导，尊重他的意志，在给他以相应的报酬外，更要为他创造实现其人生价值的平台，使他感到如鱼得水，得以充分发挥他的潜能，创造惊人的业绩。否则，就很难解释为什么马布里在国内其他球队效力时，他的这种卓越才能没能发挥出来，甚至最后还辞离了呢。

（2）发挥团队精神是这次胜利的关键。在场上，我们不仅看到马布里的杰出表现，总决赛的最后一场马布里独得41分，但你不会感到这是马布里在唱独角戏，是在逞个人之

[1] 原载于2012年4月6日《首钢日报》。

能；而确实是全团队默契配合的结果。马布里虽然也是NBA的大牌，但却没听说他以大牌自居，尽管他在队里没有任何职务，却被尊称为“马政委”，可见他之深得人心，真正成为场上的核心人物。不仅如此，他的表现，还赢得了广大球迷的爱戴。尽管按照规定，马布里无缘入选总决赛的MVP，但他却被球迷网上投票，评选为总决赛的MVP，可见是众望所归。一个有战斗力的团队，必须具备两方面的条件。一是有一个有威望、人心所向的领军人物；一是团队全体成员，必须要有自觉自愿，服从大局，积极主动，相互配合的协作精神。这一点，在场上看得很明显。但是，这个团队，不仅包括场上的球员，理所当然地应该包括整个俱乐部的领导，特别是主教练，在他们的带领下，形成一支理念相通，上下同欲，团结协作、凝聚力强、士气高昂的战斗队伍。这样的团队，必然能排除万难，克敌制胜，老将宝刀不老，新生力量茁壮成长，使这一团队永葆青春。

（3）信心和应变力是取胜的基础。这次总决赛采取了七赛四胜制，大大减少了一赛论英雄、多少带有偶然性的结局。应该说，这次总决赛的双方基本上是势均力敌，但对方毕竟是七连冠的强队，而首钢队则是初次进入总决赛。虽说初生牛犊不怕虎，但毕竟姜是老的辣。每场比赛，首钢队赢得相当艰难，比分咬得很紧。最后一场更是跌宕起伏，激动人心。几度首钢队比分落后，但首钢队的球员们心不慌，手不软，硬是一分分地扳了回来。这里靠的是信心。一旦信心丢失，那就必输无疑。同时，还要看到在双方拉锯战的过程中，首钢不墨守成规，根据战局情况，最后几分钟果断地变更战术，由区域联防改为人盯人，使对方出乎意料，迅速扭转了战局，终于奠定了胜利的基础。这些，也有赖于平时扎实的基本功训练。

首钢队初战告捷，可喜可贺！在夺冠后，有球迷在场上打出了“居安思危”的横标，这是对胜利之师的警示和爱护。我相信，首钢队的目标绝不是停留在一次夺冠上，全队一定会戒骄戒躁，奋发图强，继续奋进，迎接新的挑战，夺取新的胜利！

老子《道德经》中说：治大国若烹小鲜。我相信，首钢队夺冠的经验的道理，对首钢的发展一定会有所启示的。

是虫还是龙？[1]

——从马布里的境遇谈起

《首钢日报》刊发了拙作《从首钢篮球队夺冠想到的》后，我接到多封首钢朋友发来的短信，支持我的一些观点。其中，好几封信都谈到马布里在国内不同球队的不同境遇，既为马布里“良禽择木而栖”庆幸，也为首钢俱乐部领导和主教练识人、知人善任而自豪。这使我想起“龙”和“虫”的故事。

在企业调查中，多次听到有关人士在评论原本在本企业、后来转到其他企业的某人时，所说的一句话：“在我们这儿只是一只虫，出去后却成了一条龙”。这句话引起了我深思。同样一个人，为什么在不同单位竟然会有这样大差别?

20世纪末，我曾去福田汽车公司调查。当时，福田就在山东诸城这个县级市，刚从农用车转型生产轻卡。在那里，我看到了很多从四面八方来的技术人员和管理干部，绝大多数都来自国有大型企业，有飞机制造厂的，重型机器厂的，有大型汽车厂的。于是我开了一个座谈会，请他们谈谈为什么离开国有大企业来到这样一个名不见经传的地方小企业来？大家说了很多，其中有一句代表性的话，对我触动很大，“在老企业，我们好像是掉进棉花堆里，有劲使不出”；还有的说：“在老厂，掣肘多，关系复杂，一些急需干、也完全能够干起来的事，却往往因为不知道触了那个网而干不起来。而在福田，只要符合企业的方向，想干什么差不多都能干成”；还有的说，“在福田一年干的事，比自己过去在老厂十年干的还多。”在福田，他们终于实现了自己的人生价值，他们自然希望自己同企业一起成长，殚精竭虑，无怨无悔。老厂的“虫”在这里修成了“龙”。

此后不久，我到江阴兴澄特钢厂调查。兴澄的前身是江阴钢厂，一个乡镇企业。以后被香港中信集团荣智健看上了，投资建设了新的生产线，很快在行业中声誉鹊起。去前，我曾向一些老特钢企业的朋友们进行咨询，听听他们对兴澄的看法。基本观点是：“兴澄无非是机遇好，遇到了荣老板；有钱建新厂，有钱挖我们的人。”但我在兴澄，看到的却是一番新气象，管理严格、规范，人尽其职，人心齐，士气旺。他们的主要骨干确实都来自老厂。于是我也请了6位从不同特钢企业来的干部进行座谈，请他们谈谈在兴澄和在老厂的不同体验。其中一位原来是某特钢企业炼钢厂的技术科长。他讲了亲身经历：在老厂时，一些重大技术问题，都是领导说了算，像他这样的技术人员是人微言轻，好多事说了等于白说，慢慢就养成了只干活、不想事的习惯。而在兴澄，虽然只是一个专职工程师，但却是有职有权，领导很尊重自己的意见。因此，也就从过去的被动干到主动思考问题。过去，生产出了问题，就推客观原因，不是坯料不行，就是设备有问题；现在，即使有客观因素，也都从自身工作上去找原因。一次，他所在的分厂要进行大规模的技术改造，在

[1] 原载于2012年4月19日《首钢日报》。

决策过程中，公司领导不仅充分听取现场人员的意见，而且在发生分歧时，公司领导拍板：按基层意见办。这一下，就把担子压到他们肩上了。他们不敢有一丝松懈，不敢像在老厂时那样混日子，时时刻刻都在动脑子，主动性、积极性得到有效的调动。这种精神状态，在老厂时根本无法比拟，其结果当然可想而知了。

福田、兴澄的事例具有极大的普遍性。原来这些被认为“虫”的，原本并不是“虫”，有的就是一条潜龙，只是当时的环境、机制，使他成了“虫”，而有的领导也就把他当成了“虫”。殊不知一旦条件变化，风生云起，就会扶摇直上，翱翔天际。因此，作为领导，不要光是感叹手中无人，而是要下工夫在发现人、用好人上。唐宋八大家的苏轼和王安石尽管政治观点相左，但在对人才问题的观点上则很接近。苏轼说过：“天下未尝无才，患所以求才之道不至。”王安石在《材论》中也明确表示：“天下之患，不患材之不众，患上之人不欲其众；不患士之不欲为，患上之人不使其为也。”因此，作为领导的责任，就是要挖掘人们的潜能，创造条件，使他们有所作为。否则，原本的“龙”可能就变成了“虫”。近一年来，我曾先后到首钢下属的一个大厂，两次的感受迥然不同。前一次看到的是士气低下，干部中埋怨情绪严重，重大问题认识不统一，一流装备拿不出一流指标。这次去，看到的无论是队伍的精神状态还是各项技术经济指标，都有了根本性的变化，一派上下同欲，欣欣向上的氛围。为什么？原因当然是多方面的，尤其是同体制的改变关系极大。有位干部说：“过去，首钢的‘龙’在这里成了‘虫’”。“龙”变成了“虫”，我们还能期望腾云驾雾，直搏青天吗？这个教训，值得我们认真吸取！

矿业公司食堂改变膳食结构的启示[1]

改变长期形成的饮食习惯，绝非一朝一夕之事。但首钢矿业公司在短短3年内，使职工的每日平均食盐摄入量从16.3克降到14.13克，下降13.31%；同期平均油脂摄入量从46.07克下降到43.92克，下降了4.67%。与此同时，职工的“三高（高血压、高血糖、高血脂）”也都有程度不同的下降。

这种情况是怎样出现的？事情要从2009年说起。那一年，矿业公司为了提高员工的健康素质，实施“全员健康推进计划”，第一个三年计划从2009年到2011年。当年，他们通过全员体检和健康状况调查，发现在岗职工“三高”以及脂肪肝的人群比例都超过了职工总数1/3，脂肪肝更高达45.6%。通过进一步分析，他们认为：膳食不合理，运动不足、吸烟，已成为影响职工健康的三大危险因素。于是他们多管齐下，改变不合理的膳食结构就是其中一项重要内容。以食盐为例，2009年矿业公司职工每日食盐摄入量平均为16.3克，远远超出世界卫生组织推荐的6克标准，也高于北京市平均水平的13.4克，这是引起高血压的重要原因之一，必须下决心改变这一不良饮食习惯。

家庭饮食习惯，只能从宣传教育着手，来不得强制。但每天一顿的工作餐则是每位员工都会在食堂进餐的。于是，他们从改进工作餐入手。首先是提高餐饮部门以及全体员工的认识，使大家认识到“三高”同饮食习惯的关系，一方面促使餐饮部门职工改变操作习惯，同时也引导就餐职工自觉改变饮食习惯，适应以较为合理的油盐标准烹调的菜肴。其次，确定目标，制定标准。按照2009年各食堂计划使用量为基准，确定每年降低10%的目标，并根据重体、轻体、脑力劳动的职工分布情况，制定不同食堂、不同菜肴烹制的油盐用量指导标准，还设立了“低脂、低盐、低糖”的“三低”专售窗口。三是统一配置了定量油、盐的计量器具。这是落实标准的重要一步，也是实施管理精细化的关键一步。他们深知，要改变大厨长期形成的操作习惯绝非易事。要使量化的标准落实，必须要有相应的计量手段。我看到在食堂操作室里已经配好的10份一盘的待炒菜肴，其旁边的不同容器就盛放相应计量的油、盐，确保烹炒时不会超标。这些工作，做得很细、很实，逐步实施烹调菜肴的规范化、定量化，使烹调向艺术和科学相结合的方向迈进，使职工进餐不仅是加强营养，还要有益于健康。

这些措施已初见成效。2011年，每人每餐平均用盐从2009年的8.26克下降到6.41克，降低了22.4%；每人每餐平均用油从22.5克下降到17.2克，降低了23.6%。而且，这些饮食习惯已影响到职工家庭生活，职工每天平均的油盐摄入量也普遍下降。再加上禁烟、控烟，提倡锻炼等措施，到2011年体检时，高血压、高血脂、脂肪肝人数分别下降了9.4%～14%。

今年3月，矿业公司又推出新的三年《全员健康推进计划》，要求不断提高全员健康

---

[1] 原载于2012年8月24日《首钢日报》。

水平和整体素质，确定了一些主要指标以及有关措施。其中，职工每天人均油、盐摄入量，到2014年分别下降5%和15%，食盐控制在12克以下（2011年为14.13克）；油脂控制在41克以下。

这些看似不很显眼的数字，体现出公司领导对职工健康的高度关注，体现出矿业公司的一贯作风："看准了的事，就一抓到底，坚持不懈地抓，不抓出成果决不放松"。像皮带管理革命就持续多年，取得了重大成果，近年又在此基础上开展了"皮带减负"活动，把皮带管理革命继续推向深入；还有像每月一次的"三查"活动，都要在公司二级单位主要领导参加的会议上发布"三查"结果，提出整改要求，已经坚持16年了，对推进矿业公司的工作起到很好的作用。我深信，只要有这种锲而不舍的精神，持续不断地抓下去，水滴石穿，任何困难都是可以克服的，"百年矿业"必将实现新的辉煌！

学习刘新民　勇攀科技高峰[1]

大吨位电动车是大型露天矿山必用的三大件之一。目前，机械部分已实现了国产化，但其核心部分电控系统却仍然依赖进口，尤其是190吨以上的大型矿车所使用的交交电控技术，为美国的卡特彼勒和GE公司以及德国的西门子三家所垄断。电控系统约占整车价格的1/3。为了打破国外垄断，首钢矿业公司经过3年的艰苦探索，先后研发成功交直电控系统和交交电控系统，已装配在9台150～190吨电动轮矿车上，经受了近1年的实践检验，性能良好，成本要比市价低一半左右。在最近召开的首钢三创会上，这一项目的领头人、首钢矿业公司计控室（自动化技术研究所）的女工程师刘新民作了介绍，给我很大震撼。

震撼之一：这样一个由世界几个顶级制造厂垄断的技术，居然是由一个矿山的计控室打破的。这简直有些难以置信。大家都知道，计控室的主要任务就是负责本单位仪器仪表维护和检修，根本同矿车的电控系统无关。

震撼之二：这一项目的领头人刘新民，2008年接受任务时，刚迈进40岁门槛。之前，她虽然承担过诸如计算机管理软件、矿用车调度软件，以及工厂自动化流程控制等开发工作，但从未涉足矿车电气设计及维修等相关业务。居然无所畏惧地挑起这副重担，历尽艰险，终于取得了成功。

震撼之三：这个6人研发团队，除了返聘的1位首钢已退休的技能专家，劳动模范窦振印外，主体居然是3位2008年刚毕业的大学生和1位2009年毕业的硕士生。这样一个团队，居然攻克了这样一个世界性难题，确实有些不可思议。

为什么这样一个单位，这样一个团队，这样一位领军人物，居然能在不长的时间里，先后开发成功了具有完全自主知识产权的交直电控系统和交交电控系统，在这一领域中跻身世界四强？带着这个问题，在首钢“三创会”后，我就到迁安，拜访了刘新民和矿业公司有关人士，进行了交谈。

为什么刘新民能登上这一领域的世界技术高峰？当然首先是刘新民本人的品格与才能。她理论基础坚实，工作作风扎实，为人处世朴实。接受任务之前，从未接触过矿车，她就从调查研究开始，逐步弄清难点所在；电控系统涉及10门学科，有些以前根本没有接触过，她就带领团队，边干边学，碰到难题，不气馁，不埋怨，锲而不舍；不急躁，不浮躁，不急功近利，更不轻言放弃，而是有问题“一个一个解决”，坚信“没有付出，就没有成功的机会”。在团队内部，实施头脑风暴，集思广益；对外，请教师友，助己成长；终于成为一个复合型的专家。成功固然使她兴奋，但同她交谈时却觉得她很淡然，过去的成就只是她奔向新起点的基石，她目前关注的是如何继续优化，精益求精，很快就要推出交交系统的改进版。

---

[1] 原载于2012年8月27日《首钢日报》。

刘新民的成长离不开矿业公司这样一个崇尚科学，尊重人才，敢为人先，团结协作的群众性技术创新的良好氛围。公司领导高瞻远瞩，敢于提出极具挑战性的任务，激励员工们去攀登技术高峰。诸如皮带管理革命，001 质量工程，等等。很多超出常人想象，甚至认为不可能的事，在矿业公司都成为现实。大量成功的实践经历，增强了企业的凝聚力、员工执行力以及对领导的信任度；促使广大员工思想更加解放，锤炼了员工们敢于迎接挑战，不畏艰难、敢于创新的秉性，培养了相互协作、相互支持、知识共享的良好素质。一事当先，首先不是想到能不能完成，更不是寻找借口，借机推脱；也无需担心周边的风言风语，而是专心致志地去思考解决问题的方案。矿业公司党委书记吴林说，在矿业工作“不累心”。正是这种气氛，成为创新的极好土壤，使创新之苗得以茁壮成长。

刘新民的成就使人振奋，令人鼓舞，给人启迪。衷心祝愿她能在创新之路上不断攀登新高峰，也祝愿首钢更多的员工以她为榜样，不断取得新成就！

学习十八大报告随感三篇[❶]

要深刻领会“发展是硬道理”的本质要求
——学习十八大报告随感之一

20年前，小平同志在南巡讲话中，登高一呼，从此“发展是硬道理”响彻神州大地，指引着我国的经济社会发展攻关夺隘，胜利前进，成为世界第二大经济体。在最近闭幕的党的十八大会议上，重申这一战略思想，指出：“发展仍是解决我国所有问题的关键”，“必须坚持发展是硬道理的战略思想，决不能有丝毫动摇”。

20年来，我国国民经济发生了巨大变化，结合钢铁工业的发展进程，更加深了我们对小平同志这句名言的理解。

一是决不能把“发展”等同于“增长”。1992年时，我国钢产量为8093万吨，钢铁产品供不应求，长时间处于买方市场。因此，当时对“发展”的理解更多的是同产量增长相联系，到1996年，钢产量突破了1亿吨，去年已达到6.8亿吨，占世界总产量的45%，并连续16年位居世界第一。但由此带来的后果之一就是连续多年处于供大于求状态，产能过剩已成为业内外的共识，国务院领导也多次提出钢铁工业要加强宏观调控，控制产能的过度增长。因此，继续扩大产量，无异于自掘坟墓。但遗憾的是，至今有些企业还是在力求扩大规模，这恐怕同“发展是硬道理”的要求是背道而驰的。

二是作为经营性的行业，发展必须同效益相联系。经济的发展最终必须有利于人们物质生活和精神生活的改善，这就要求企业必须取得相应的经济效益。尽管有诸多外部因素、特别是至今尚未能摆脱世界金融危机的影响，但我们钢铁业内自身的决策失当，创新能力不足，管理理念陈旧，也必然在很大程度上影响企业效益的提升。明知产能过剩还在花巨额投资扩大产能，必然会受到价值规律的惩罚。过去投资建设，很重视的投入产出比，现在基本上听不到有多少人在关心了，以致现在一些企业连续亏损后，不得不大幅度降低折旧，以降低成本，虚增利润。这实际上是掩耳盗铃，自欺欺人。当然，企业也有其苦衷，有些是不得已而为之。

三是要把发展同创新紧密联系起来。离开了创新的发展，只能是走人家的老路，不仅是“吃别人嚼过的馍没味道”，而且永远只能是一个跟随者。作为发展中的大国，要使自己迎头赶上发达国家，必须走创新之路。十八大报告中提出：到2020年，我国要进入创新型国家行列，要使科技进步对经济增长的贡献率大幅上升。时不我待，我们必须以高度的紧迫感，充分发挥广大员工的积极性，创造性，尽快改变“科技创新能力不强”的弱

---

❶ 原载于2012年11月29日《中国冶金报》，3篇合为一篇，总题目改为《坚持科学发展，加快钢铁业转型升级步伐——学习十八大报告随感》。3节小标题分别为“深刻领会‘发展’的本质要求”、“转型、升级相互促进”和“发挥协同效应 实现优化配置”，并有不同程度删节。

点，为我国尽快从钢铁大国转为钢铁强国而努力。

四是不能以牺牲国家的整体效益和长远利益来谈自身发展。十六大提出经济建设、政治建设、文化建设“三位一体”的总布局。十七大加上了社会建设，十八大又加上了生态文明建设，形成了“五位一体”的新布局。企业发展不能脱离总布局，不能妨碍总布局。企业发展如果不能提升员工的生活水平和生活质量的改善，那就不能为建设和谐社会做贡献；企业发展如果会在相当程度上恶化周边环境，甚至给附近居民带来不应有的灾难，那种发展就违反了科学发展观。十八大报告中明确指出：“坚持发展是硬道理的本质要求就是坚持科学发展”，任何背离这一本质要求的发展都应该在排斥之列。我们对发展的观念同样需要与时俱进。

（写于 2012 年 11 月 20 日）

转型要求升级，升级促进转型

——学习十八大报告随感之二

十八大报告对经济问题给以极大的关注，以近 3000 字的篇幅谈经济问题，强调两个“加快”：加快完善社会主义市场经济体制和加快转变经济发展方式。而推进经济结构战略性调整，则是加快转变经济发展方式的主攻方向，报告专门拿出一节篇幅对此进行阐述。在这一节中，对各类产业今后发展都有画龙点睛般的明确定位，比如，对战略性新兴产业、先进制造业是推动其健康发展，对服务业特别是现代服务业则是推动其发展壮大，而对传统产业就是六个字：“加快转型升级”。

这六个字，可谓字字千钧。因为现在有一种倾向，一提转型，就认为是要转向服务业，转向新兴产业。当然，这些都是今后发展的重点，但从我国的基本国情出发，传统产业将会在很长时间里占有很大比重，作为传统产业里举足轻重的钢铁工业，固然可以审时度势，适当发展有前景的非钢产业，但重点首先是把着力点放在自身的“转型升级”上，做好“加快转型升级”这篇大文章。

转型往哪儿转？怎样转？转型包括产品转型，管理转型、经营方式转型，等等。应该说，这几年很多企业都在转型上动了不少脑筋，花了不少工夫，也取得一定的成效。但还不能适应形势的发展，市场的需求。这里当然有其外在的因素，有体制上的障碍，但从企业自身来讲，是不是也存在着观念、体制机制以及其他各项工作的问题呢？

转型，最根本的就是要转到以用户为中心的轨道上来。前几年刚刚逝世的世界级管理大师德鲁克说过：仅有一个有效的定义来诠释企业的目的：“创造顾客”。这 4 个字十分精辟。没有客户，企业也就没有存在的必要。企业要生存，要发展，就必须创造更多的客户。那么，怎样来创造客户呢？德鲁克又进一步从企业的基本功能作了阐述：“它有两种（而且只有两种）基本功能：营销与创新”。现代营销观念的要害就是以用户为中心，企业转型就是要转到以用户为中心的轨道上来。努力做到在用户最需要的时间，以最合适的价格，提供最需要的产品，最有效、最佳的服务。

这种转型，首先要基于思想观念的转变，要从被动适应到主动迎接挑战，从一般满足到精益服务，从少数人的引领到全员的自觉。用户往往是挑剔的，我们就是要经得住这样的考验。宝钢建设时，陈云同志曾勉励宝钢的同志要“严格”、“苛求”。宝钢也正是以此为指针，宁可暂时局部利益受损，也要主动接受最挑剔、甚至是苛求的日本客户的订单，并以此带动企业产品开发、技术创新、质量提升、操作改进、形象改善等企业现场工作，推动企业内部体制机制的改革，有效促进了企业核心竞争力的形成，取得了用户的青睐。至今，宝钢仍保持这一优良传统，把用户的挑剔看成是提高产品质量、开发新品种、提升服务能力的良机，成为超越自我的动力。

由此可见，转型必然是同升级相联系的，转型要求企业各项工作加快升级，升级加快企业转型的步伐，保证了企业转型的成功。但这升级，那升级，最终都要落实到员工队伍素质的升级上，这是强企之本，万万不可放松。

（写于 2012 年 11 月 21 日）

协力同心，其利断金
——学习十八大报告随感之三

“提高原始创新、集成创新和引进消化吸收再创新能力，更加注重协同创新”，这是十八大报告在“实施创新驱动发展战略”一节中对创新活动所提出的指导性意见，其中“更加注重协同创新”应该是总结近几年的新经验。前面三种表述的是一种创新能力，很大程度上是属于技术范畴，而协同创新的本质属性则是一种管理创新，无论是从国家层面，行业层面，还是企业内部的协同创新，对推动创新驱动战略的实施，对各类创新能力的提升，都具有重大深远的意义。近几年很多以“产学研”结合形式的重大项目都取得了显著的效果就是一个明证。

其实，不仅在科技领域内，在企业生产经营的各个环节中，都会发现协同的威力。现代化的大生产体系中，分工细，职责明，这固然便于发挥各方的专长，但也易滋长闭关自守，各行其是，影响企业的活力和创新力。因此，很多企业都很重视协同作战，宝钢还建立了以“协同”和“诚信”4 个字为基本价值观的宝钢文化，自觉打破习惯思维和传统做法，清除狭隘的利益观念和门户之见，把各自部门的目标统一到企业的整体战略上来，淡化各分散制造单元间的界限，加强横向协作，从而在战略执行上发挥整体协同效应，在资源管理上实现集中优化配置，在信息管理上实现及时准确共享。宝钢的经验值得重视。

宝钢的横向协作涵盖面极广，既体现在各基层厂矿内部，也反映在基层各厂之间和各分厂同机关部门之间；既体现在行政部门，也反映在党的基层单位之间。如炼铁厂建立了设备车间与生产车间之间的互访制度，生产一线与技术组共建创新小组。厚板厂 400 多人的厂子里，组织了大大小小几十个团队，充分调配内外资源，合力化解矛盾，促进生产技术和设备难题有效解决。热轧厂各条产线都曾存在一些不和谐的“音符”：各自为政，各执己见，界面问题常常成为影响产线效益最大化的“绊脚石”。后来通过实施无界面管理，各条产线形成了“接口问题跨前一步，主动服务更进一步，无缝协作不断进步”的良好氛围，“和谐产线”建设取得了很好效果。

部门之间的协作也广泛开展。炼铁厂与能源部签订了横向合作协议书，炼铁厂高炉运转作业区与能源部高炉鼓风作业区联手开展“降低高炉鼓风机空转时间”课题。研究院与销售中心、教培中心等单位开展“共建”活动，实施跨部门合作，形成了团队协同，开创了合力发挥整体优势的新局面。宝钢还开展了共建联合党支部的活动。1999 年，宝钢废钢供应链党内协作共建团队成立。12 年来，团队不断壮大，由当初的 6 家党支部发展到目前的 5 家党委、21 家党支部的共建模式。在一些企业里经常看到的废钢供应部门同炼钢厂的矛盾，在宝钢通过共建活动，这一矛盾彻底解决了。截至 2011 年上半年，创下了废钢供应 62 万炉无响爆的纪录。宝钢股份现有党内各类共建组织 143 个，其中基层党委层面共建 13 个，基层党支部层面共建 130 个，在现场基础管理、成本改善等方面发挥了积极作用。

协同是一种文化，也是一种生产力，它可以激发创造力，可以改善人际关系，可以带来经济效益，愿协同的旗帜在冶金战线上空高高飘扬，协同的成果日益丰硕饱满！

（写于 2012 年 11 月 22 日）

做诚信人　办诚信事[1]

——学习十八大报告随感

“诚信”问题越来越受到全社会的关注，在十八大报告中，“诚信”二字先后出现5次，并将其列入社会主义核心价值观，足见中央对诚信的重视。

诚信是中华民族的传统美德。无论是儒家还是法家，都崇尚诚信。一部《论语》，就多处讲到诚信。“人而无信，不知其可也”。孔子要每日三省吾身，其中“两省”就是诚信：为人谋而不忠乎？与朋友交而不信乎？韩非子也说过：“巧诈不如拙诚”。至于一些有成就的商贾，无不把诚信放在首位。乔家大院的主人翁、清代晋商乔致庸说：“经商之道首重信，以信誉赢得顾客；次讲义，不以权术欺人，该取一分取一分，昧心黑钱坚决不挣；第三才是利，不能把利摆在首位。”应该说，这些好传统在很大范围和很大程度上是保留下来了，但也要看到近些年来，诚信受到极大的挑战，一些地方政府公信力丧失，社会上不讲诚信的现象严重，人民群众的日常生活也都受到严重威胁，长此以往，又何谈“和谐社会”、“法治政府”？

正因为看到这一问题的严重性，在庄严的十八大会议上，胡锦涛同志在报告中，旗帜鲜明地把一些领域存在诚信缺失的问题，作为工作中还存在许多不足的问题之一，向全党、全国进行揭示。并且把“诚信”作为社会主义核心价值观之一，大力进行倡导，号召全体党员和全国人民自觉践行，还要在实际工作中加强各个领域的诚信建设，包括加强政务诚信、商务诚信、社会诚信和司法公信建设。

建设诚信社会，你我都有责任。之所以大家都赞同诚信，但在现实生活中却往往又自觉不自觉地做出一些不讲诚信的事，原因就在于讲诚信同现实利益的矛盾。如果都像乔致庸那样，摆正“信”、“义”、“利”的位置，那又何愁诚信不立？因此，建设诚信社会，同其他任何事一样，领导是关键，群众是基础。领导不仅要倡导，更重要的是身体力行；人人都从我做起，从身边的小事做起，形成巨大的气场，强大的氛围，使讲诚信的人不仅受到尊敬，而且最终不会在经济上吃亏；不讲诚信的人有所顾忌，使违反诚信的事无所遁形，最终将付出巨大成本。

在这方面，宝钢也为我们树立了榜样。宝钢把“诚信”和“协同”作为基本价值观。早在8年前，就由董事长带领全体管理者进行诚信宣誓，并在党代会等多种场合深入阐述，对广大员工进行“宣贯”。在此基础上，他们在建立机制、宣传先进、营造氛围等方面下大工夫，建立诚信价值体系，制定诚信守则、诚信管理运作试行办法等；开展诚信管理培训；不断总结诚信管理经验，营造诚信氛围。使诚信文化理念转化为具体的管理行为，让诚信成为员工自觉行动。华菱湘钢二高线厂曾开展“诚信设备”活动，无论是设备

---

[1] 写于2012年11月23日。

整体还是某个零部件，以及安装运行，都必须符合各项规程的要求。他们认为：波动的设备是“不诚信的设备”，是生产不出好产品的。要生产出满足用户要求的“诚信产品”就必须要有“诚信设备”作为保证。“诚信设备”活动推动了“诚信产品”，创造了“诚信效益”。他们还提出，“做诚信记录，做诚信事，更做诚信人”，要做诚信事，先做诚信人。若无诚信员工，何来诚信设备？活动开展以来，取得很大成效。

我深信，有了这样的诚信队伍，不仅能够创造诚信效益，而且必将在各方面实现新的突破，创造新的奇迹！愿“诚信”的旗帜在所有冶金企业里高高飘扬！愿诚信队伍前赴后继地茁壮成长！

一得之见

十一届三中全会和我国钢铁工业的改革❶

1978年12月召开的中共十一届三中全会，是新中国成立以来党的历史上具有深远意义的伟大转折点。这次会议，重新确立了马克思列宁主义的“实事求是”的思想路线，果断地决定了“把全党工作的着重点和全国人民的注意力转移到社会主义现代化建设上来”。与此同时，还作出了“对经济管理体制和经营管理方法着手认真的改革”的重大决策。可以说，这次全会吹响了我国经济体制改革的进军号，在改革大道上迈出了有决定意义的第一步。在以后的历次党代会上，改革始终是一个重要主题，十四大江泽民同志的主报告题目就是《加快改革开放和现代化建设步伐　夺取有中国特色社会主义事业的更大胜利》，突出了改革开放；不仅如此，党中央还先后三次作出了有关改革的决定：1984年十二届三中全会通过的《中共中央关于经济体制改革的决定》，1989年十三届五中全会通过的《中共中央关于进一步治理整顿和深化改革的决定》，1993年十四届三中全会通过的《关于建立社会主义市场经济体制若干问题的决定》。全国人大和国务院也都发布过有关法律、条例和决定。这些，都充分说明了我国的最高决策机关对改革的高度重视，改革已经成为新时期的主旋律。三中全会以来，我国各方面取得的举世瞩目的巨大成就，充分表明了：改革是社会主义社会发展的直接动力，是我们的强国富民之路，“是决定中国命运的一招”(邓小平同志语)。

一、钢铁工业的改革历程和主要内容

粉碎“四人帮”不久，当时的冶金工业部领导就开始考虑钢铁工业今后的发展问题。尽管经过两年来的调整整顿，产量上升，质量提高，能耗下降，各项技术经济指标都有明显改善，但钢铁工业工艺落后、装备陈旧的状况却没有多大改变。特别是在打破了长期以来闭关锁国的桎梏后，我国的钢铁界和国外同行有了比较广泛的接触，看到国外钢铁工业近20年来的迅猛发展，深深感到我国同发达国家的差距越来越大了。三中全会的召开，坚定了向改革找出路的信心。当时，冶金工业部向党中央和国务院的一份报告中，就明确提出，要通过改革杀出一条血路来。

（一）以推行承包经营责任制为契机，探索搞活企业的路子

钢铁工业的改革，是从探索扩大企业自主权开始的。由于当时的集中矛盾是要改变钢铁工业工艺技术装备落后的状况，这就必须进行大规模的技术改造。但是，在旧的经济体制下，国家对企业实行的是统收统支，企业的收入基本上全部上缴国家，企业需要的建设和更改资金则由国家拨给，企业没有多少经营自主权。而粉碎“四人帮”后，百业待举，国家又不可能拿出多少钱来支持钢铁工业。因此，改造资金的筹措就成为当时的一个主要矛盾。1978年三季度，冶金工业部唐克部长带领工作组到上海调查，寻求搞活企业的对

❶ 原载于1998年第6期《冶金政工研究》。

策。提出了以1978年上海冶金局上缴利润为基数、实行利润包干，超额分成（原方案是对半分成，后改为四六分成——国家六、企业四）的方案，得到了财政部和上海市的支持，一致认为这一方案体现了国家、地方、企业、职工四者利益兼顾的原则，决定于1979年起正式试行。上海冶金局的这一改革方案，打响了冶金系统改革的第一炮。与此同时，在方毅副总理的支持下，确定攀钢也以1978年上缴利润为基数，超额部分全部留给企业，以解决攀钢资源综合利用所需资金。这种承包方式，很快在各地得到推广。到1981年底，全国共有17个省、区、市的冶金厅（局、公司）实行地区性行业总承包，80%以上的企业实行利润包干、亏损包干等多种形式的承包，很快见到了效益。

但是，在“六五”计划期间，由于推行二步利改税，相当一部分钢铁企业取消了承包。实践证明，二步利改税的效果并不好。1987年，国务院决定全面推行承包制后，又有一大批钢铁企业实行承包。到1988年底，大型钢铁企业全部实行了承包，110个大中型钢铁企业有103个实行了承包。总起来看，通过承包，把企业和职工的利益同他们应承担的责任和对国家的贡献，紧密地联系起来，较好地处理了国家、企业、职工三者的关系，调动了企业和职工的积极性。冶金行业“七五”搞了承包，上缴利税比“六五”增长66%，企业也有了自主权、自主钱，“七五”钢铁工业的658亿元固定资产投资中，企业自筹资金占了50%左右。

历史地看，承包制对产品经济和计划经济模式，是一次重大的变革，对于钢铁工业的持续稳定发展起到了重要的历史作用。但是，随着经济体制改革的深入发展，承包制已不能适应市场经济和建立现代企业制度的需要，“八五”期间，原先实行承包制的钢铁企业先后都转为利税分流，这也就成为必然趋势。企业技改所需的资金筹措，除企业内部自有资金外，在外部融资上，也从以贷款的间接融资这种单一模式转为包括股票上市等多种直接融资方式并重。

（二）在企业内部改革上，以三项制度改革为重点，建立多种形式的激励和约束机制，并正在向“减人增效”上推进

首先是工资制度的改革。长期以来，我国国有企业职工基本上捧的是“铁饭碗”，吃的是“大锅饭”。在分配上，“不患寡而患不均”，平均主义色彩较重，难以调动广大职工的积极性。三中全会指出，要“注意把思想政治工作和经济手段结合起来，充分调动干部和劳动者的生产积极性”。以后在历次中央关于改革的决定中，一再重申“要扩大工资差距，拉开档次，以充分体现奖勤罚懒、奖优罚劣，充分体现多劳多得、少劳少得”，这就给企业在工资制度改革上指明了方向。

钢铁企业分配制度的改革，是结合承包制进行的。在这方面，首钢首先作出了贡献。他们在内部实行了严格的经济责任制，把承包指标层层落实到班组、个人，严格考核，并按各单位和个人的成绩同奖金分配紧密挂钩，使职工不吃企业的“大锅饭”。其结果是国家多收，企业多留，职工多得。冶金工业部及时总结了首钢的经验，于1982年、1983年先后举办研讨班，在冶金系统推广，推动了企业承包制的发展和企业管理的加强。

通过十几年改革的实践，目前，企业在分配制度上，基本上都遵守这样几个原则。一是把职工的工资奖金同企业的经济效益挂钩。企业效益好，可以多发奖金；企业效益差，不仅拿不到奖金，甚至连岗位工资都可能拿不全。二是根据各单位和岗位对企业创造效益的重要程度，确定其工资和奖金的系数，而且注意提高活工资的比重。一般来说，在分配

上向主体单位倾斜。在当前市场竞争激烈的情况下，很多企业还向销售一线倾斜；有的企业还提出，向能打开局面的管理人员、有突出成就的科技人员、有“绝活”的工人等各种“能人”倾斜。三是按实际业绩、有效劳动进行考核、分配。同岗可以不同酬，关键在于创造的效益和业绩。特别是近几年，邯钢推出了“模拟市场核算，实行成本否决”的新机制和新的管理制度，将市场机制引入企业内部，对各分厂下达按市场价格倒推出来的目标成本，并层层分解落实到车间、班组和每一个职工，实行成本否决，真正贯彻按劳动效益分配的原则，同是炼钢班组或炼钢工，由于成本、质量等指标的差异，收入可能差好几倍。这就激励了广大职工爱岗敬业、钻研业务、提高自身素质的积极性，从而使企业的效益越来越好。邯钢的这一经验在全国推广后，对企业扭亏增盈工作起到了极大的推动作用。

在干部制度上，长期以来，基本上形成了“铁饭碗”，只要不犯“政治错误”，庸者可以安居其位，能者也难以脱颖而出。三中全会以后，在这方面有了很大的进展。现在，“无功便是过”的观念已深入人心，干部“能上能下，能升能降”已经成为常事。在干部选用上，也开辟了多种渠道，组织考核，群众推荐，公开招聘，竞争上岗，“不拘一格用人才”，从而使干部的“四化”得以较好地实现。与此同时，还改革了劳动用工制度，打破了固定工的模式，形成了“职工能进能出”的机制。

随着“三项制度”改革的深入，进一步暴露了企业内部机构庞大，冗员众多，人浮于事，劳动生产率低下的矛盾。宝钢首先跳出过去传统组织体制的老模式，坚决不再走“大而全”、“小而全”的老路，建立起集中一贯的管理体制、社会化专业协作的管理体系，使人员大大减少。原来一、二期设计定员为 4 万人，1992 年减到 2. 6 万人，1997 年又减到 1. 14 万人，劳动生产率进入世界先进行列。

宝钢的经验对全行业有很大的触动，但宝钢毕竟是新建厂，没有历史包袱，他们的做法，老企业行不行得通？对此，武钢率先进行了探索。1992 年，他们着手进行管理体制的改革，提出“精干主体，分离辅助”。在 12 万职工中，先将钢铁主体生产线以外的二级单位、7 万多人、从“母体”分离出来；同时，精简机构，分流人员。对分离单位，逐步实现自负盈亏；对分流精简人员，基本上通过开发多种经营等方式，由企业自行消化。冶金工业部及时推广了武钢的经验，推动了全行业这方面改革的深入。这一经验，受到国务院领导同志的高度重视，认为冶金系统“精干主体，分离辅助”、“是转换企业经营机制，适应市场经济需要的有效途径。希望再接再厉，深化改革，为全国大型企业改革提供经验。”这既是对冶金行业的鼓舞，又进一步推动冶金企业这项改革向纵深发展。目前，钢铁企业正在按照党中央、国务院关于减人增效、实施再就业工程的要求，加大力度，加快步伐，既积极又稳妥地把这一改革深入开展下去。

（三）为适应计划经济向市场经济的转变，改革企业内部组织和经营管理体制

三中全会虽然没有提出市场经济的观念，但却已经明确提出“多方面地改变同生产力发展不适应的生产关系和上层建筑，改变一切不适应的管理方式、活动方式和思想方式”，这就必然导致向市场经济体制的转变。随着改革的深入，认识也在逐步深化，终于在 1992 年 10 月召开的党的十四大上，明确提出“我国经济体制改革的目标是建立社会主义市场经济体制”。

改革开放以来，国有钢铁企业的改革首先是朝着扩大企业自主权、增强企业活力这个

方向进行的。在国家按照政企职责分开、所有权和经营权分离的原则，对企业进行放权的同时，企业努力使自己真正成为“自主经营、自负盈亏、自我发展、自我约束的法人实体和市场竞争的主体”。绝大多数的国有大中型钢铁企业都是通过承包制，再向现代企业制度转变的，普遍按照《公司法》的要求进行了改组，分别设立有限责任公司或股份有限公司，到1997年底，钢铁企业上市公司有35家。股份制企业的建立，已经取得了较好的效果，一是理顺了产权关系，初步实现了政企分开；二是有利于转换机制，加强企业内部管理，提高经济效益；三是有利于资金筹措，35家上市企业共筹措资金近200亿元。

改革的深入，原来那种计划经济体制下的分散经营、条块分割的工业管理体制，就显得越来越不适应经济形势的发展。八十年代初，一些钢铁企业开始发展各种形式的横向联合，主要形式有：资金型联合、资源型联合、产品延伸型联合、技术智力型联合等，通过联合，使各种生产要素向合理的方向流动。在此基础上，逐步组建了一批跨地区、跨行业、跨部门的企业集团，列入国家55家试点企业集团的就有4家是钢铁企业，他们是：宝钢、鞍钢、武钢和攀钢。大型企业集团的组建，对调整国有资产存量结构，促进企业结构的优化，提高规模经济效益，都起到了重要作用。

随着我国从计划经济转向市场经济，企业内部的管理体制和管理方式必然也要发生深刻的变化。在计划经济时，企业只不过是政府这个大企业的生产车间，企业管理无非是围绕生产转，而在市场经济下，企业是实行“四自”的法人实体和市场竞争主体。因此，企业管理必然要超越生产的范围，生产管理要延伸到生产经营管理上来；财务管理要延伸到资金管理上来；在计划经济时，不需企业操心的决策管理、销售管理，都要摆到企业领导的重要议事日程上来；在经过公司化改组、特别是组建集团的企业里，还要十分重视资产管理。这些，都成了当前钢铁企业管理改革的重点，也都取得了一定的进展。

（四）三中全会提出要实行对外开放，打破了长期以来的禁区和一些误区，使钢铁工业加快了现代化和同国际接轨的步伐

开放也是改革，在某种意义上，还具有更深远的意义。小平同志曾经指出：“中国的发展离不开世界”。但我国长期以来，处于闭关自守、与世隔绝的状态。六十年代以来，国外钢铁工业工艺技术和装备水平都有飞速的进步，而我国却自我孤立，停滞不前。特别是文革期间，“四人帮”动辄挥舞“崇洋媚外”、甚至“卖国主义”的大棒，阻挠同国外的正常技术业务联系以及贸易往来。在此期间，只有武钢一米七轧机等少数设备是从国外引进的。粉碎“四人帮”后，冶金工业部于1977年、1978年，先后派出了由部领导、有关司局、大钢铁企业和设计研究院的主要领导组成的考察团分赴日本、欧美等国考察，更深切地感受到近20年来，我国钢铁工业同国外的差距越来越大，而工艺技术装备的落后是其集中反映。因此，在三中全会“努力采用世界先进技术和先进设备”的号召下，钢铁工业一方面采取全套引进设备的办法，建设起一个现代化的宝钢，以后又建起了天津大无缝；另一方面，在老企业的技术改造中，根据实际情况，积极引进国外先进技术装备，这对提高我国钢铁工业的市场竞争力起到了十分有益的作用。

三中全会还指出：“在自力更生的基础上积极发展同世界各国平等互利的经济合作”，这对打破我国过去在国际经济交往上的一些传统观念是个极大的促进。长期以来，在人们

的思想认识上有几个误区。一是认为我国地大物博，资源丰富。因此，对钢铁工业是否要把进口矿石作为发展战略的一个组成部分，国内各界人士争议很大。是三中全会的精神，促使人们转变了观念，重视了对国外资源的利用。这几年，如果没有每年进口四五千万吨高品位的铁矿石，我国钢产量要想达到1亿吨，是根本不可能的。而这样大量的进口矿石，如果都要自己生产，无论从资源开发上，还是资金上，也是不现实的。二是强调“既无外债，又无内债”。三中全会也促使人们在这个问题上解放思想。到目前止，钢铁工业共利用外资一百多亿美元，这对缓解我国钢铁工业资金短缺的矛盾，起到很好的作用。三是能不能学习西方管理经验。三中全会以前，对学习国外先进技术，相对来说，分歧还小些；但对要不要、能不能学习国外的管理经验，看法就很不一致了。不少同志认为管理是上层建筑的范畴，社会主义的中国不能学习资本主义国家的那一套。特别是在采用什么模式来管理宝钢的问题上，当时的争论就比较激烈。最后，冶金工业部党组果断决定，全面采用引进的新日铁管理软件来进行管理。实践证明，这一决策是完全正确的。如果仍然沿袭旧的管理模式，那就不会有今天宝钢这样的高效率、高效益、高劳动生产率。

二、几点体会

20年的改革历程，20年的风风雨雨。钢铁工业的改革，尽管也有过曲折，在前进的征途中，既迎来过灿烂的朝霞，也遇到过风雨的泥泞，但是，毕竟走上了一条奔向光明前景的不归路。当前，为了使今后的改革搞得更好，也需要认真总结改革过程中的经验教训。就我个人的观察，提出下面几点看法，不当之处，希望能得到批评指正。

首先，要坚定不移地继续高举改革开放的大旗。历史的经验告诉我们，中国不改革，是没有出路的。“要发展生产力，经济体制改革是必由之路”。从钢铁企业来看，谁的观念转变快，改革力度大，措施又得力，谁的前进步伐就大，企业效益就好，宝钢、邯钢就是这方面的好典型；相反，哪个企业因循守旧、墨守成规，必然就成为时代的落伍者，钢铁企业的一些亏损大户的前后变化也充分说明了这一点。

其次，要以改革来带动、而不是来替代其他各项工作。曾经有一个时期，有些单位过分强调某些改革所取得的成效，认为“一包就灵”，“一股就灵”；在建立现代企业制度时，又片面强调“产权明晰”这一条，而放松了企业内部的科学管理，形成了“以改代管”，结果是某一方面的改革孤军突出，改革的成果又没能以管理的改进来巩固，相反，还导致了管理工作的滑坡，使企业经济效益明显下降，这个教训要认真汲取。

第三，对改革中的难点，既要敢于迎难而上，不回避矛盾；又要谨慎从事，不急于求成。改革的难点，一般都是牵涉的方面多，历史遗留问题多，但不改，积累的问题就会越来越多，更增加今后改革的困难。因此，必须要敢于碰硬。像减人增效是势在必行，不然，不仅企业当前的效益上不去，在市场竞争中难以取胜；而且企业的整体素质也上不去，还将影响企业的长远利益。但这项工作，直接涉及广大职工的切身利益，在改革中，就一定要把工作做得细些、再细些，实些，再实些；既要做好职工的思想工作，更要落实再就业工程的各项工作。

第四，各级政府和有关部门要做改革的促进派。改革也是各方面利益调整的过程。扩大企业自主权，也就意味政府某些权利的转移。目前，值得注意的是，有些地方政府部门受地方保护主义的影响，只顾当地的暂时利益，而妨碍了全局的改革和利益；有的仍然以行政手段来干预本应由企业自主处理的各项事务，而对该由政府承担的责任却放任不管。因此，政府部门自觉地转变职能，是深化企业改革的关键所在。

改革是一项崭新的事业，必然会遇到前所未有的种种问题，这就更需要我们及时总结经验，像小平同志所说的那样，“对的就坚持，不对的赶快改，新问题出来抓紧解决”。这样，我们就能以最少的代价，取得最大的收获，尽早地达到胜利的彼岸。

十一届三中全会使中国钢铁工业呈现蓬勃生机[1]

党的十一届三中全会召开已经整整20年了。这20年，我国在十一届三中全会路线指引下，神州大地再一次发生了根本性的变化。回顾钢铁工业20年来发展的历程，使我们更深切地感受到这次会议的巨大作用和深远意义。

众所周知，我国钢铁工业在十一届三中全会以前，经历了一条曲折的路程。拿钢产量来说，三中全会以前是三起三落，到1977年，钢产量只有2374万吨；从1949年算起，累计产钢32847万吨；而三中全会以来的20年，钢产量则是直线上升，1978年为3178万吨，今年预计可产钢11000万吨，超过三中全会前29年累计产量的三分之一。在钢的总产量中，工艺落后的平炉钢1977年占到37.1%，而氧气顶吹转炉钢也只有39.4%；今年前者预计将下降到5%左右，后者将上升到70%以上。再拿连铸坯来说，1977年只有85万吨，连铸比仅占3.9%；而今年连铸坯将超过6000万吨，20年增长70多倍，连铸比将达到66%，这对节能降耗、提高成材率，都起到了很大的作用。目前，吨钢综合能耗已从1978年的2.54吨标准煤降到今年预计的1.32吨标煤以下。总之，这20年来，是钢铁工业发展的黄金时期，不仅产量大幅度增长，品种结构有了明显变化，产品质量也有显著提高，各项技术经济指标普遍得到改善；而且通过大规模的技术改造，使钢铁工业的技术装备水平也向前迈进了一大步。在三中全会公报发表当天破土动工的宝钢以及此后建设的天津"大无缝"竣工投产，使我国有了居于世界一流的先进钢铁企业。

钢铁工业20年的巨变，说到底，就是十一届三中全会路线的胜利。是三中全会重新确立了马克思列宁主义"解放思想，实事求是"的思想路线，全方位地进行拨乱反正；是三中全会提出了把全党工作的着重点转移到社会主义现代化建设上来，使我们得以摆脱各种干扰，专心致志地搞建设；是三中全会确立了改革开放的新方针，使我国经济建设能够冲破旧体制的束缚，跳出闭关锁国的桎梏，加快了发展的步伐。这些，不仅对钢铁工业当前的发展起到不可估量的作用，而且对今后长远的发展也具有深远的指导意义。

一、三中全会确立了把全党的工作重点转移到社会主义现代化建设上来，为钢铁工业开辟了一条前进的康庄大道

新中国成立后，党中央、毛主席把钢铁工业摆在十分重要的地位，提出了"以钢为纲"，把钢铁看成是工业之帅，要"元帅升帐"。在工业部门，毛主席听取汇报最多的是冶金工业部，指示最多的也是冶金工业，为钢铁工业的发展殚精竭虑。但是，当时在阶级斗争为纲的情况下，一次次的政治运动，不断冲击钢铁工业的正常生产。先是对"反冒

[1] 原载于1998年第23期《冶金经济研究》。

进”的批判，接着是反右派、反右倾，刚安定不久，又来了一场史无前例的“大革命”，一些钢铁企业全面停产，武钢一度成为“无钢”。在生产刚刚有所上升时，紧接着“六七年再来一次”，“批邓”的高潮又使钢铁生产再一次走向低谷。正像有的同志所说的，在三中全会前的20年，钢铁工业“在管理上是‘乱’的时间比‘治’的时间长，在规章制度上是‘破’的时间比‘立’的时间多”。

三中全会“拨乱反正”，彻底改变了这种不正常的局面。以后，小平同志又进一步阐述了“社会主义就是解放生产力、发展生产力”的道理。这就使钢铁工业战线的各级领导和广大职工同其他各条战线一样，彻底摆脱了过去束缚生产的种种障碍，真正转到生产建设这个中心上来了。从此以后，钢铁生产是一浪高过一浪，20年钢产量增加了3.6倍多，平均不到3年增长1000万吨钢，年增长率为7.5%。这样的发展速度，在年产亿吨钢的国家里，只低于日本、高于美国，和苏联基本相同。

二、三中全会端正了思想路线，重申了马克思列宁主义“实事求是”的原则，消除了“左”的错误思想的影响

1958年以来，钢铁工业可以说是受左倾思潮影响最深的部门之一。“大跃进”的“1070”，实际上是要在短短几个月时间里，使钢产量比上年翻一番，结果是6000万人上山，以至农业“丰产不丰收”，生态环境受到严重破坏，号称完成翻番任务的钢铁生产实际上靠的是弄虚作假，到第二年不得不把统计数字下调到800万吨。1970年，钢铁工业又刮起了“翻番风”。为了表决心，一些地区的主要领导同志，纷纷表态，完不成翻番任务，就“跳高炉”、“跳长江”、“跳黄河”，结果就是人所共知的“三打两千六”，连续三年都没有实现2600万吨钢的计划，到1976年反而降低到2045万吨。粉碎“四人帮”后，主观上是为了把“四人帮”耽误的时间抢回来，又提出了一个高指标，钢产量1985年要搞到6000万吨，1990年超过1亿吨。这显然又是脱离当时实际情况的，因而也是无法实现的。

三中全会前夕，小平同志提出“解放思想，实事求是”的指导方针，为全党树立了榜样。三中全会进一步高举“实事求是”的大旗，强调一切从实际出发。冶金工业部党组认真总结了历史经验教训，克服“左”的流毒。特别是1981年党中央、国务院决定对国民经济进行调整，要求钢铁工业适当减产。尽管当时好些同志想不通，但最终都能服从大局，并且能从实际出发，把工作的重点放到调整品种结构、提高产品质量、降低能源消耗上来，促使钢铁工业更健康地发展。在以后的十几年中，行业主管部门基本上不再提什么产量要求，但钢产量却一直稳步上升。比起过去那种动不动就是高指标，但却经常实现不了的情况，简直不可同日而语。这也足见实事求是的威力。

三、三中全会提出的改革“经济管理体制”的指导思想，是推动钢铁工业持续、快速、健康发展的强大动力

可以这样说，改革是三中全会的主旋律之一，是三中全会高举起改革的大旗，号召“对经济管理体制和经营管理方法着手认真的改革”，从而在实际上启动了由传统的计划经济体制向社会主义市场经济体制的转轨。

从钢铁工业来讲，当时面临的主要矛盾是：国家的现代化要求钢铁工业无论在数量上

还是在品种质量上都要有个大发展。但是，在被“四人帮”搞得国民经济濒临破产边缘的情况下，要国家拿出大量的资金来支持钢铁工业，也是不现实的。出路何在？当时的冶金工业部唐克部长响亮地提出，要通过改革杀出一条血路来。他亲自带队，到上海进行调查研究，提出了“基数承包，超额分成，几年不变”的总体思路，经过国家有关部门的认真研究，批准了这一方案，使上海的钢铁工业获得了当时最紧迫的技术改造所需的资金。与此同时，攀钢、首钢和其他一些钢铁企业，在国务院领导和有关地方政府的支持下，也都进行了各种形式的承包改革。尽管承包制并非国有大中型钢铁企业理想的和最终的改革模式，但对产品经济和计划经济模式，毕竟是一次十分重大的变革，对钢铁工业的持续发展起到了重要的历史作用。

当然，钢铁工业的改革绝不仅局限于承包制，国家采取的财政、金融、税收、价格以及投资体制等一系列宏观经济方面的改革，都对钢铁工业的发展起到积极的推动作用。与此同时，随着企业市场主体地位的逐步确立，现代企业制度的逐步建立，企业组织结构的调整和资产重组，企业内部管理体制和管理制度的改革也在不断深入。事实证明，对钢铁工业来说，改革是解放和发展生产力的必由之路。

四、三中全会提出要实行对外开放，打破了长期以来的禁区和一些误区，使钢铁工业加快了现代化和同国际接轨的步伐

20 世纪 60 年代以来，国外钢铁工业工艺技术和装备水平都有飞速的进步，而我国却长期以来闭关自守，停滞不前。特别是“文革”期间，“四人帮”动辄挥舞“崇洋媚外”、甚至“卖国主义”的大棒，阻挠同国外的正常技术业务联系以及贸易往来。在此期间，只有武钢一米七轧机等少数设备是从国外引进的。粉碎“四人帮”后，冶金工业部于 1977 年、1978 年，先后派出了由部领导、有关司局、大钢铁企业和设计研究院的主要领导组成的考察团分赴日本、欧美等国考察。通过这几次考察，更深切地感受到近 20 年来，我国钢铁工业同国外的差距越来越大，而工艺技术装备的落后是其集中反映。因此，在三中全会“努力采用世界先进技术和先进设备”的号召下，钢铁工业一方面采取全套引进的办法，建设起一个现代化的宝钢，以后又建起了天津“大无缝”；另一方面，在老企业的技术改造中，根据实际情况，积极引进国外先进技术装备，这对提高我国钢铁工业的市场竞争力起到了十分有益的作用。

三中全会还指出：“在自力更生的基础上积极发展同世界各国平等互利的经济合作”，这对打破我国过去在国际经济交往上的一些传统观念是个极大的促进。长期以来，在人们的思想认识上有几个误区。一是认为我国地大物博，资源丰富。因此，对钢铁工业是否要把进口矿石作为发展战略的一个组成部分，国内各界人士争议很大。是三中全会的精神，促使人们转变了观念，重视了对国外资源的利用。这几年，如果没有每年进口四五千万吨高品位的铁矿石，我国钢产量要想达到 1 亿吨，是根本不可能的。而这样大量的进口矿石，如果都要自己生产，无论从资源开发上，还是资金上，也是不现实的。二是强调“既无外债，又无内债”。三中全会也促使人们在这个问题上解放思想。到目前止，钢铁工业共利用外资一百多亿美元，这对缓解我国钢铁工业资金短缺的矛盾，起到了很好的作用。三是能不能学习西方管理经验。三中全会以前，对学习国外先进技术，相对来说，分歧还小些；但对要不要、能不能学习国外的管理经验，看法就很不一致了。不少同志认为管理

是上层建筑的范畴，社会主义的中国不能学习资本主义国家的那一套。特别是在采用什么模式来管理宝钢的问题上，当时的争论就比较激烈。最后，冶金工业部党组果断决定，全面采用引进的新日铁管理软件来进行管理。实践证明，这一决策是完全正确的，如果仍然沿袭旧的管理模式，那就不会有今天宝钢这样的高效率、高效益、高劳动生产率。

五、三中全会摆正了科技教育在现代化建设中的重要位置，为钢铁工业的持续发展准备了人才方面的后劲

从50年代后期起，在接连不断的政治运动中，我国知识分子基本上处于被批判的地位，反右倾，拔白旗，把大多数知识分子定性为“属于资产阶级的知识分子”。即使在这种情况下，广大知识分子仍然积极工作，报效祖国，但毕竟难以充分发挥其作用。60年代初，周总理和陈毅副总理专门为知识分子举行了“脱帽加冕礼”，调动了大家的积极性。但是曾几何时，“文化大革命”风暴骤起，知识分子处境每况愈下，成为“臭老九”。“四人帮”鼓吹“宁要没有文化的劳动者”，胡说“知识越多越反动”，公然否认科学技术是生产力，还诬蔑解放以来的17年教育战线是“黑线专政”。在这种情况下，哪里还谈得上科技教育的位置。

粉碎“四人帮”后，党中央接连召开了全国科学大会和全国教育工作会议，进行了拨乱反正。小平同志首先重申了“科学技术是生产力”这一马克思列宁主义的基本观点，并为教育战线进行拨乱反正，号召全党“尊重知识，尊重人才”。三中全会进一步提出，要“大力加强实现现代化所必需的科学和教育工作”，摆正了科技教育在现代化建设中的重要位置，从而极大地激励了广大知识分子建设社会主义伟大祖国的积极性，钢铁战线又掀起了向科技进军的新高潮。一是在搞好老企的挖潜、改造，充分发挥现有设备能力的同时，围绕提质降耗、开发品种、降低成本，以及环保治理，积极采用新工艺、新技术，像连铸比1978年还只有3.9%，预计今年可以达到66%以上，电子计算机技术在钢铁企业里也得到比较广泛的应用；二是消化、吸收引进技术，并在此基础上进行创新和国产化，宝钢和武钢等一些企业都作出了很好的成绩，有的工艺技术还作为专利转让给国外有关单位，宝钢一期装备的国产化率为12%，三期上升到80%；三是对若干影响国民经济的重大课题，组织多学科的联合攻关，像攀枝花钒钛磁铁矿、包头白云鄂博含稀土铁矿以及金川镍矿三大矿的资源综合利用，在80年代初，就由方毅副总理亲自组织攻关，他还九下攀枝花，并多次奔赴包头、金川，现在都有了重大突破。在科学研究和技术革新的伟大实践中，先后涌现出一批以“科技铁人”陈篪、“科技精英”曾乐等为代表的先进人物，推动冶金科技工作的不断前进。

20年来，冶金教育事业也取得了长足的进步。20年累计培养了大批本科生，硕士生、博士生。特别值得称道的是冶金高校建设了一批学术水平在国内领先的学科，形成了多个国内一流水平的专家群，在科学研究上取得了显著成绩。在成人教育、继续工程教育以及职业技术教育方面也都有了可喜的进展，为提高企业职工队伍素质，推动企业生产发展作出了贡献。

十一届三中全会标志着我国社会主义建设新时期的开始，20年来，钢铁战线和全国其他各条战线一样，已经取得了举世瞩目的伟大成就。但是，我们必须清醒地看到，三中全会所提出的“把我国建成现代化的伟大社会主义强国”的任务还远未完成，对钢铁工业

来说，我国虽然已是国际上公认的钢铁大国，但离“钢铁强国”还有很大的距离。在即将进入21世纪的今天，我们仍然要继续沿着十一届三中全会指引的方向，昂首阔步，向前迈进。

当前，首先要进一步深化改革。在按规范化的要求建立现代企业制度的同时，进一步完善“三项制度”的改革，搞好减人增效、实施再就业工程；还要按照“抓大放小”的原则，重点培植若干具有国际竞争力的大型企业集团，使之在国际市场上能逐步扩大其份额；要进一步搞好对外开放，认真总结经验教训，改变在引进工作上“重硬（件）轻软（件）”的情况，特别是不能再走重复引进之路，要通过开放，提高我国钢铁工业自力更生的能力。其次，按照“三改一加强”的原则，从宏观和微观两方面来加强管理。要进一步调整产品结构和工艺技术装备结构，努力适应国内外市场市场需要，并积极开拓潜在市场，进一步提高市场占有份额；要把学邯钢的活动继续深入地、扎扎实实地开展起来，以市场为导向，强化企业内部管理，提高市场竞争力；还要针对市场竞争日趋激烈的新情况，采取控制总量、淘汰落后设备、协调价格等多种措施，使市场竞争进入有序的轨道，以防止出现“谷贱伤农”的现象，影响钢铁工业的发展。第三，要真正把科学技术作为第一生产力，切实贯彻“科教兴国”的战略方针，加强对科技工作领导的力度，加大对科技投入的强度，搞好科技成果的转化，提高产品中的科技含量；还要把提高全体员工的技术业务素质和思想道德素质摆在突出重要的位置，以适应当代世界科学技术的飞速发展，迎接知识经济新时期的到来。

我们相信，只要继续高举邓小平理论的伟大旗帜，把十一届三中全会确定的“解放思想，实事求是”的思想路线贯彻到各项工作中去，并结合当前实际，认真落实党的十五大提出的各项任务，不断深化改革，强化企业管理，依靠科技进步，提高队伍素质，调动各方面的积极因素，我国一定会在不远的将来，作为一个钢铁强国，巍然屹立于世界的东方。

宝钢，在改革开放中成长壮大❶

1978年12月23日，中共十一届三中全会公报发表了，这标志着新中国成立以来又一个新的历史时期的开始。也就在这一天，在祖国东海之滨的扬子江畔，一根根钢管桩对大地的撞击声响彻上海宝山地区的上空，向全世界宣布了中国第一流的现代化钢铁联合企业宝钢开始兴建了。这两个日子的重叠，也许带有偶然性，但其中确实有其必然的联系。没有三中全会前那场解放思想的大讨论，没有三中全会前关于改革开放政策的充分酝酿，就不可能有建设宝钢这样一个重大决策，宝钢也不可能这样快动土兴建。完全可以这样说，宝钢是伴随改革开放的春风而诞生、成长、壮大的。

现在，20年过去了。在这20年中，神州大地所发生的巨大变化，充分显示了党的十一届三中全会在中共党史和新中国建设史上所具有的划时代的伟大意义，这次全会作为新中国成立以来党的历史上具有深远意义的历史转折而载入了史册。而宝钢的建设，也正像小平同志1979年所预示的："历史将证明，建设宝钢是正确的"。宝钢作为现代化钢铁企业的样板，已经而且还将在各个方面发挥越来越大的作用，宝钢在国际国内的影响也越来越大。可以这样说，宝钢的建设，意味着我国钢铁工业新纪元的开始。

20年来，我几乎每年都去宝钢，有时一年几次，亲眼看到宝钢的成长壮大，不断进步。宝钢的成就令人鼓舞，宝钢的经验给人以启示，宝钢在前进过程中的某些失误也给我们提供了借鉴。宝钢是我国钢铁工业的骄傲，在迎接21世纪到来时，中国的钢铁工业更要从宝钢的发展经历中，自觉地汲取营养，迈向新的高峰。

下面我想就自己感受比较深的几个方面谈些看法，很可能是一鳞半爪，难以窥其全豹。但希望从这些不同的侧面，多少能反映出宝钢前进历程中的值得称道的变化和发展，也许对其他企业会有所启迪。

一、改革开放的先驱

宝钢本身是改革开放的产物，在钢铁战线上，宝钢又是改革开放的先驱。众所周知，宝钢一期工程是全套引进新日铁的技术设备，尽管当时也有争议，但基本上还是比较一致的。建设起来后，究竟以什么模式来进行管理，意见就出现分歧了。当时，相当一部分同志认为，管理是属于上层建筑的范畴，带有阶级属性，社会主义国家的企业不能采取资本主义企业的管理模式。这就意味着，在技术装备上可以说已经同世界接轨的宝钢在管理上仍然还要沿袭过去的做法，而当时那种生产关系不仅不能适应新的生产力，而且还会阻碍生产力的发展。冶金工业部党组坚决支持宝钢跳出传统管理的老模式，不再走"大而全"、"小而全"的老路，全面采用引进的新日铁管理软件来进行管理，建立起集中一贯的管理体制、社会化专业协作的管理体系。实践证明，这一决策是完全正确的，如果仍然因袭旧

❶ 原载于1998年第4期《宝钢经济与管理》。

的管理模式，那就不会有今天宝钢这样的高效率、高效益和高的劳动生产率。

管理模式的确定，并不等于改革就能自然而然地顺利进行。宝钢毕竟是植根于中国的土地，不能不受到周围环境的影响和制约，改革需要勇气，需要魄力，需要智慧。当时，宝钢的领导同志敢于吃“第一个螃蟹”，下大决心从提高劳动生产率着手。按原设计，宝钢一期工程定员为2.52万人，二期工程建成后，总定员是4万人，平均全员实物劳动生产率为167.5吨/(人·年)，这已经超过国内其他大型钢铁联合企业好几倍。但是，宝钢的同志并不满足于“国内第一”，他们决心在这方面也要同国际上的现代化钢铁企业接轨，不断压缩劳动定员。投产以后，职工总数不仅从来没有到过4万人，1987年把劳动定员压到3.8万人，1988年再减3000人，降到3.5万人，1992年减到2.8万人。以后，通过进一步的剥离辅助、精干主体，1997年宝钢主体人员降到了1.14万人，实物劳动生产率进入世界先进行列。为了实现这一目标，宝钢在全厂范围内，提倡培养多功能工种，“一专多能”，实行“大工种”制，由于打破了电工、钳工、起重工等的界限，这在当时是冒着较大风险的，但最终取得了有关上级部门的支持。现在，这种做法已经在全行业得到推广。近年来，宝钢又全面试行“区域工”制，这是对人力资源管理的又一项改革，既有利于提高员工队伍的整体素质，也有利于强化基础管理，更有利于提高劳动生产率。

宝钢劳动管理制度的改革，在冶金行业起到了榜样带头作用。尽管老厂的装备条件和宝钢相比，不可同日而语，但宝钢那种敢于向以“低效率”为特征的旧的劳动管理制度不断进行冲击的精神和他们所取得的重大成效，不能不在其他国有大中型钢铁企业中引起强烈反响。武钢等一些企业学习借鉴宝钢经验，结合老企业的实际情况，探索了一条“精干主体，分离辅助”的路子。这些年来，已经在全行业普遍推行，取得了良好效果。实际上，劳动管理制度的改革既推动了企业内部其他各项制度的改革，也为其他改革创造了条件，对建立现代企业制度具有重大意义。

二、现代化管理的楷模

宝钢现代化管理的模式现在大家已经耳熟能详了。简要地说，其主要特点就是：以“三高”（高质量、高效率、高效益）为目标，以社会化专业协作为前提，以集中一贯管理体制为核心，以作业长制为中心的基层管理为基础，争创世界一流的现代化管理。对这些具体内容，我不准备多说了。我只想谈谈这些年来，在同宝钢接触中的几点感受。

（1）宝钢的现代化管理既是直接学习借鉴外国先进经验，但又不是照搬照套，而是密切结合我国实际，做到洋为中用，以我为主。宝钢投产时，管理人员都是从各地老企业调来的，人们习惯势力的影响以及长期以来形成的思维定式都会在不同程度上影响现代化管理的推行。因此，宝钢首先是抓好员工思想观念的转变，使大家认清传统管理中的种种弊端，必须按照十一届三中全会的要求，“对经济管理体制和经营管理方法着手认真的改革”。但由于当时国民经济管理体制基本上还没有摆脱计划经济的模式，而宝钢从日本引进的管理模式则是适应市场经济的，两者不相匹配。因此，宝钢在推行现代化管理体制时，十分重视结合中国国情和宝钢实际，对引进的组织管理方式，进行消化、吸收、完善、创新，使之“宝钢化”。大体上，对那些属于企业内部管理制度，原则上可以采取“拿来主义”。比如，基层管理的“五制配套”模式。对有些暂时条件还不够具备、特别是那些涉及外部市场环境的，可以根据具体情况，采取总体规划、分步实施的方针。比如在实行“集中一贯管理体制”时，按照条件成熟的程度，在时间先后、集中力度上都有所差异，从而取得较好的成果。

（2）正确处理管理和改革的关系。改革是企业发展的动力，而管理则是企业永恒的主题。这两者应该是相辅相成的。但前几年，一些企业在强调改革时，往往忽视了管理，进入“以改代管”的误区，甚至认为“一改就灵”、“一股就灵”，结果使管理滑坡，效益下降。而宝钢却是以改革促进管理的强化，以管理巩固改革的成果，使两者相得益彰。对已经纳入规范化、标准化的各项管理制度，必须坚决执行，绝不准任意违反；对由于改革产生的一些新情况，要制定相应的管理措施并确保严格执行以保证改革成果的巩固，宝钢集中一贯管理体制所以能得到顺利推行，产销研一体化之所以能取得良好的效果，无不与此有关。而有的企业在学习宝钢、进行集中一贯管理体制改革时，就是由于没有能在管理上采取有力措施，以致效果不佳。

（3）努力体现“以人为本”的原则，充分调动广大员工的积极性和创造性。宝钢从建设开始，就十分强调现代化企业必须全心全意依靠工人阶级，企业管理必须动员全体员工积极参与。而其主要组织形式，就是开展群众性的“自主管理”活动。还在生产准备阶段，就已经进行酝酿；“85.9”宝钢投产后，当年就建立起100个自主管理小组。从1986年起，宝钢总厂（公司）每年召开一次自主管理工作会议，总结工作，交流经验，表彰先进，使自主管理活动不断向纵深发展。20世纪90年代以来，每年成立的自主管理小组都在2000个左右。1993年以来，这些小组创造的经济效益每年都在2亿元以上。更重要的是，通过开展自主管理活动，进一步激发了广大员工的主人翁责任感和敬业精神，提高了技术业务素质，增强了团队精神，从而进一步增强了改革创新的信心。宝钢还十分重视生产现场作业人员的创造性劳动，及时总结他们的先进经验，并以创造这一先进操作法的员工名字进行命名。目前，已经总结推广了38项先进操作法。这些，都充分体现了宝钢“以人为本”的管理思想，并且在实践中已经大见成效。

三、面向市场的典范

宝钢投产是在1985年9月，当时我国国民经济基本上还是处于计划经济时期。宝钢由于其建设过程中的特殊性，可以说是得风气之先，较早地接受市场经济的熏陶，从投产之日起，就按照市场经济的规律来指导生产经营的运作；而且随着我国建立社会主义市场经济体制的进展，宝钢更自觉地面向市场，研究市场，服务用户，受到用户的好评，从而不断开拓新的市场。

市场经济就是竞争经济，就是要以自己的产品质量、价格和服务来争得用户的满意，从而夺取生产的份额。宝钢的产品从投产开始，就是国内市场的“俏货”，其产品质量居于国内钢铁企业的首位，“要好钢，找宝钢”，这句话已经成为用户的共识。但宝钢并不因此而自满。相反，他们提出，要以用户的要求作为产品的标准，并且在出口钢材甚至赔钱的情况下，坚持每年至少把10%的产品出口到用户最挑剔的国家，接受检验，听取用户的意见，并进行跟踪服务，根据反馈的信息，不断改进自身的工作。这一举措对促进宝钢市场竞争力的提高起到很好的作用。当然，宝钢的钢材也不是全都符合用户的要求，他们也有过“走麦城”的教训。但宝钢可贵的是他们对用户的批评不护短，不掩盖，更不文过饰非，而是公开在《宝钢报》和宝钢电视台上曝光，开展群众性的大讨论，并以此为契机，切实提高全体员工的市场观念、用户至上的观念、质量第一的观念。过去，一般都是销售部门走访用户，现在对重要客户和关键产品，生产一线也派出工程技术人员和作业长到用户单位，直接听取用户意见。比如：冷轧厂厂长办公室还安装了用户热线电话，他们把用户需求看成是冷轧厂的“尚方宝剑”，向一切影响为用户服务的思想观念、工作作风、规章制度“开刀”，使自己在激烈的市场竞争中赢得用户的青睐。

宝钢为用户服务，不仅停留在听取用户意见上，而是提到一个新的高度。宝钢的领导曾说过这样一段话：“用户是我们的老师、镜子，用户的现场是培养我们队伍的课堂，是我们新工艺、新技术的开发场所。为用户服务，不能停留在热情接待、及时处理异议上，而要真正了解用户对产品的用途，掌握用户的潜在要求，加强对用户技术的研究；还要让用户得到实惠，真正想用户之所想，急用户之所急，与用户结成利益共同体。”正是在这种思想指导下，宝钢实施了按用户最终用途进行质量设计的工作。目前，宝钢已有10多大类、50多个牌号的钢材就是这样干的，年产量达到70多万吨，超过宝钢总产量10%以上。为了满足用户的不同需求，宝钢克服了生产组织的种种困难，承受了增加自身成本的压力，以300吨大转炉和大型连轧机接受了大量的小批量合同。今年1～8月，冷轧厂30吨以下的合同比上年同期增长52%，5吨以下的合同就有76份；钢管分公司今年最多一个月生产的品种达208种，最小的一份合同只有1根钢管；他们甚至对完全符合合同要求、而且已经用户复检合格，但在使用中又提出新要求的40吨钢管从四川运回再行加工，并且承担全部运费和加工费，这种为用户高度负责的精神深深感动了用户。他们表示，今后将长期使用宝钢的产品。

宝钢还曾发生过一件“三亿元买信誉”的故事。那是在1992年底，当时钢材价格还实行“双轨制”，但国家已经决定从1993年起，钢铁企业正式执行《钢铁产品价格放开的改革方案》。当时，一些钢铁企业就有意将按计划价执行的当年合同推迟到第二年，以获取较多的利润。但宝钢却坚决按合同办事，尽管这样做，要减少收益3亿元，但宝钢领导认为，这叫花钱买信誉，值得。多年来，宝钢坚持严格按合同组织生产，视合同为法律，始终做到100%履行合同。现在，宝钢更加重视企业形象的建设，其核心就是尽最大努力服务用户，取得用户的高度信任。

四、科技进步的榜样

宝钢是我国第一家全套引进国外先进技术装备的现代化钢铁企业，这对缩短我国钢铁工业同发达国家的差距起到十分重要的作用。但宝钢人也深知，引进国外先进科学技术只是一种手段，要想在当今科技发展突飞猛进的时代里，跟上世界潮流，必须在消化吸收的基础上进一步开发创新。否则，就会陷入“引进—落后—再引进—再落后”的恶性循环。因此，宝钢制定了“引进、消化、跟踪、创新”的企业技术进步方针，以引进消化为基础，跟踪改造为重点，开发创新为核心，实现科技经济一体化，取得了良好的成效。投产十多年来，无论在炼铁、炼钢、连铸、轧钢等方面工艺的开发与创新上、冶金装备的改造与创新上、信息系统与计算机控制技术的开发与创新上、新产品的研制与开发上以及系统节能技术的开发与创新上，都有可喜的进展，对全行业的科技进步起到了强大的带动作用。

宝钢在实施科技进步战略时，十分强调“三性”。一是效益性。就是科技工作一定要同生产建设相结合，科技成果要努力转化为现实的生产力，要为提高企业的经济效益作出实际的贡献。二是全员性。宝钢认为，科技进步当然首先要依靠科技人员，要充分调动科技人员的积极性，使他们的聪明才智能得到高度的发挥，这是毫无疑问的；但科技创新不能局限于科技人员，应该把它看作是全员的大事，科技创新改造也不能局限于研究机构和实验室，而是要涵盖宝钢的各个方面，是多层次、全方位的。实践证明，生产一线的广大员工同样具有无限的创造力。1996 年到 1998 年的上半年，宝钢就有 6 万余人次提出合理化建议 20.8 万条，其中大部分是生产一线的员工，共实现经济效益 9.1 亿元。三是开放性。宝钢的科技进步工作，不局限于依靠宝钢内部力量，而是走出宝钢，面向社会，面向世界。还在宝钢建设初期，宝钢就聘请了当时的同济大学校长李国豪教授为首席顾问，组织起一批专家、教授，组成了宝钢专家顾问委员会，在宝钢一些重大问题的决策上，起到了不可磨灭的作用。以后，在宝钢很多科技开发和创新项目中，都注意同国内有关科研机构和用户单位进行合作，共同提高，互惠互利。还有一些是同国外有关企业和研究单位联手进行的，都取得了很好的效果。实践证明，在科技开发上执行开放政策，有利于出人才、出成果、出效益。

在科技创新的伟大实践中，涌现了一批善于把理论和实践紧密结合、把科技和经济紧密结合，为宝钢生产建设和我国国民经济发展作出重大贡献的杰出人才。他们中，有为我国焊接领域填补多项空白并使我国的精密焊接技术达到世界水平、被同行业誉为“焊神”的宝钢副总工程师曾乐；有对我国管线钢开发作出突出贡献、使宝钢的管线钢在国际招标工程中崭露头角的宝钢钢研所高级工程师陈钰珊；有在宝钢建设中作出重大成绩的断裂力学专家、宝钢副总工程师王铁梦，等等。在他们的带领下，宝钢一大批年轻专家也正在茁壮成长，在宝钢的生产建设中发挥越来越大的作用。

宝钢建设 20 年来，成就喜人。宝钢不仅在国内钢铁界的地位举足轻重，在国际上也声誉日隆，越来越受到国内外各方面的高度重视。但是，我们也要看到，同世界一些知名的钢铁企业相比，宝钢无论在新产品的开发上、在产品质量的提高上、在能源的节约和充分利用上，在国际市场的竞争力上，都还有一定的差距。对此，宝钢的同志都已有清醒的认识，并制定了 2010 年规划，力争到那时能赶上世界先进水平，进入世界 500 强的大型企业行列。最近，宝钢同上海冶金和梅山集团实行强强联合，组建了上海宝钢集团公司。我们相信，宝钢一定能以此为契机，进一步调整结构，合理组织专业化协作，实行优势互补，并在建立完善现代企业制度的同时，深化改革，强化管理，依靠科技进步，提高员工队伍素质，不断攀登新的高峰，为我国从钢铁大国向钢铁强国转化作出新的贡献。

积极稳妥实施总量控制[1]

当前，钢材市场无序竞争的状况，引起了各方面的关注。国务院领导同志也提出，1999年要对钢铁工业加强宏观调控。对此，很多钢铁企业存在矛盾的心态。一方面，大家从这几年的经历中，深切感受到钢材市场的这种无序性对企业带来的极大危害性，如不采取果断措施，限制钢铁产量，市场秩序将会越来越混乱，企业效益就会在无序竞争中进一步大量流失，也正因为这样，不少钢铁企业理性上是赞成政府有关部门加强宏观调控，限制钢铁产量的。另一方面，一旦落实到本企业，往往又强调自身的特殊性，要求“限人不限己”，甚至是“人限己增”。据初步了解，今年大中型企业提出增产的，就有六七百万吨。现在，非但不能增产，而且还要在去年的基础上再压缩产量。因此，这次控制总量的艰巨性就可想而知。应该说，一些企业提出增产的意见，并不是没有道理的。比如说，一些具有世界一流现代化生产线的企业，其产品适应市场需求，并可同进口钢材相抗衡的，其增产要求确有其合理性的一面；一些扭亏成效大的企业，迫切希望通过进一步挖掘潜力、增加产量来提高效益，摆脱困境，这种要求也是完全可以理解的；还有一些企业今年有新的生产能力要投产，自然也不希望限产的指标落到他们头上。因此，要把这次限产真正落到实处，难度确实很大，这就更需要我们谨慎对待，妥善处理好各种关系。

笔者认为，当前对限产还是要按照“扶优限劣”的原则，确定一个标准，使各方面有所遵循。可以根据产品供需状况、装备水平、产品质量水平、成本水平、能耗水平、环保水平等6个方面来确定对某个企业、某个车间、某种产品进行关、停、限。对不符合条件的，小厂要限产，大厂同样也要限，而且大厂还要带头限，这样才能真正有利于实现结构优化。但也不能来个“一刀切”，如对某些当前市场紧缺的板材不仅不能限产，还要努力增产，而对某些产量大大高于需求的大路货建筑钢材就要进行限产；特别是对那些无生产许可证的螺纹钢等产品以及“地槽钢”要坚决取缔；对工艺落后、能耗高、污染严重的“五小”设备，不论是大中型企业的，还是地方小厂的，都要坚决停产；即使装备水平还可，但产品成本、能源消耗等大大高于行业平均水平的也要停产整顿。

但是，即使制定了这些明确的标准，要真正在实践中得到贯彻执行，还必须排除各方面的干扰，尤其要做到“三防”。一防“管大放小”。就是把大厂里的小设备管住了，而对大量小厂里的更加落后的设备却听之任之，无人过问，这种情况在纺织压锭中已经发生，钢铁行业要吸取这一教训。这些小厂，有的目前虽已停产，但一旦钢材价格有所回升时，又会“死灰复燃”。因此，必须要采取坚决措施，防止他们“东山再起”，再度搅乱市场。二防进口钢材卷土重来。控制总量，不能控内不控外。要坚决控制钢材的超量进口，并进一步加强对走私钢材的打击力度，还要防止一些进口商在控制总量取得初步成效、钢材价格有所上扬时，又去大量进口钢材，冲击国内市场。因此，必须坚持目前对进

---

[1] 原载于1999年1月23日《中国冶金报》。

口钢材的审批制度。三防地方保护主义作祟。有些小厂，工艺装备严重落后，按照国家产业政策，早就在淘汰之列，而且产品质量低劣，不少假冒伪劣产品就是这些小厂生产的，他们对全行业的生产经营起到消极、干扰、破坏作用，但这些单位有的在当地可能是财政收入的大户，以及其他种种原因往往得到某些基层政府和有关部门的庇护。因此，在控制总量时，一定要对各级政府部门提出明确要求，对违反者要采取相应的纪律制裁措施。

控制总量不是一个消极的措施，必须以积极的态度来对待。同时，它也不单纯是一种企业行为，需要有关方面共同努力。为此，建议实行“五个结合”。一是控制总量要同增强发展后劲相结合。如对有些大中型企业，可否采取类似纺织压锭的政策，按限产的数量，给予一定的贷款，只能用于技术改造上，以增强企业的发展后劲。二是同产业结构的调整相结合。如有的地处大城市城区的钢铁厂，从长远来看，必须逐步转移。有的企业也已经据此作出长远规划，利用现有厂区，“退二进三”，但按现行政策，将工业用地改为商业用地，所收费用，企业难以承担。建议国家制定相应政策，以鼓励产业结构的合理调整。三是同鼓励出口相结合。对限产企业所增产的钢材，凡用于出口或以产顶进的，一概不计入限产数量之列。四是同企业减亏相结合。对某些亏损严重、扭亏无望、又暂时不宜破产的企业，实行先停产的做法，停产期间，对职工实行放休，比照基本生活费发放工资。这样，既可减少对国内钢材市场的冲击，又可减少企业的亏损。在此期间，再积极谋求其他对策。五是同“打假”相结合，以进一步净化钢材市场。像成都市冶金局会同市技术监督局对成都地区建筑工地使用钢材进行检查，发现一批“三无”钢材和假冒国有大厂的产品，据此作出整顿钢材市场的规定把这些劣质钢材逐出市场。至于对钢铁企业来讲，则要以这次控制总量为契机，下最大决心，真正做到以市场为导向，改善自身生产经营工作，努力提高企业整体素质，调整产品结构，提高产品质量，节能降耗，治理环境，使经济效益不断提高。

方针不能动摇　方法需要改进[1]

——再谈控制总量

今年年初，国家经贸委和国家冶金局根据国务院领导的指示，要求对钢铁行业进行总量控制。半年多来，这一工作取得了一些进展，但效果并不理想。这表现在：钢产量的增长虽然大体上呈逐月下降的趋势，但和比去年同期相比，上半年全国钢产量增长了6.97%，成品钢材产量增长15.87%，进口钢材不仅同比增长46.7%，达到870万吨，而且已经突破了原定全年进口700万吨的计划；打击走私取得了较好的成效，再加上对冷轧板卷、不锈钢等钢材反倾销的立案，使这类钢材的售价有所上升；能耗高、质量差的小高炉、小电炉、小轧机等在有的地区关、停了一批，但大多数这类设备仍在开动，据一些地区的抽样调查，其产量还有增无减。由于这些原因，因此除少数品种的板材价格稍有回升外，绝大多数的钢材价格继续下跌，主要品种钢材内销价格同比平均每吨下降220元。仅此一项，钢铁工业在今年上半年影响效益约80亿元。尽管各企业上半年在降低成本上做了大量工作，取得了很好的效果，但终究冲抵不了这一大幅度降价的影响，以致1999年上半年全行业实现利润只有2.2亿元，离原定全年实现利润50亿元的目标相差甚远。

尽管控制总量未能取得预想的成效，但控制总量的方针绝不能动摇。上述情况，反倒是进一步说明了控制总量的必要性、紧迫性和实现这一目标的艰巨性。上半年的实践使我们更清楚地认识到，如果钢材供应总量仍然得不到必要的控制，钢材市场的无序竞争还将进一步加剧，钢材价格还将继续下降，钢铁企业不仅不可能完成今年50亿元的利润目标，而且连保持去年的利润难度都很大，一些已经扭亏的企业还可能重新回到亏损企业的行列，这对钢铁行业无疑是个极大的打击。但是，控制总量涉及方方面面，总量控制的过程实际上也是各方面利益调整的过程，认识上的统一、措施上的落实、行动上的协调都需要假以时日。因此，认为只要一纸命令，一切就都按部就班的想法，也是不现实的。这就说明了控制总量任务的艰巨性，需要各有关方面作出更大的努力，配合一致，促其尽快实现。

一、怎样认识“理智限产”

有一种说法，纺织行业是政策性限产，石油化工行业是垄断性限产，煤炭行业是行政性限产，钢铁行业是理智性限产。这里所说的理智性限产，就是对钢铁企业的限产，既没有什么政策上的扶持，行业主管部门也没有任何调控手段，而是要求企业领导、特别是要求46家年产钢50万吨以上的大型钢铁企业都能从全局出发，自觉带头限产10%。这样做，明知将影响这些企业的效益，而且也有失公平，但出于无奈，只能不得已而为之。事

[1] 原载于1999年第4期《冶金经济与管理》。

实上，确实有一批企业，像首钢、武钢、宝钢等，都能以大局为重，主动限产。首钢认真做了限产方案，关停了部分高炉、转炉和小电炉，上半年钢产量比去年同期下降10.16%，预计全年减产80万吨钢，对因此而发生的3.07亿元的减利因素，采取多项措施加以弥补，上半年总公司可比产品总成本同口径比上年降低24323万元，降低率达到4.14%。

但是，应该看到，今年上半年多数大中型钢铁企业是增产的，有的增长幅度还相当大。原因是多种多样的：有的是担心减产减利（事实上，今年上半年限产的企业多数是减利的）；有的是刚靠发挥规模效益实现了扭亏，一旦减产，必将重新导致亏损；有的是新上先进设备，急于发挥投资效益，以致产量又有增长；还有的是虽然关停了部分设备，但由于现有设备利用系数等技术经济指标的改善，产量仍有所增长。从企业来讲，这样做，无可厚非。因为企业追求的是经济效益，如果限产给企业带来了效益的增长，企业自然会积极进行限产。而一般情况下，限产带来的恰恰是效益的下降，而产品结构的调整又非短期所能解决。更何况现在对企业不仅有限产的要求，还有利润增长的压力。这说明，“理智性限产”有其一定的局限性，当“理智”的要求和企业的利益发生冲突时，“理智”的作用就会显得苍白无力了。

再深一步说，大中型钢铁企业限产只是控制总量的一个方面，控制总量必须几路并进：对外控制进口钢材，对内限制质量差、能耗高、环境污染严重的“五小”企业，还要坚决打击假冒伪劣钢材。因为，从根本上来说，控制总量要同调整结构相结合，这就首先要把淘汰落后工艺设备放在重要地位来抓。不能只要求大中型钢铁企业“理智性限产”，而对其他方面则听之任之。但从这半年的情况看，在这几方面，无论是从工作力度、还是实际效果，都很不理想。这也进一步加大了钢铁企业“理智性限产”的难度。有的企业反映，现在钢铁工业控制总量是控大放小，控内放外，把压力都由大厂承担，这怎能调动这些企业的积极性呢。因此，当前必须全方位地贯彻控制总量的方针，上上下下，（行业的）里里外外，条条块块，都要服从全局，切实做好自身的工作，确保钢材总量控制任务的圆满实现。

二、建筑钢材要以打击假冒伪劣为主

过去，我们对假冒伪劣的建筑钢材危害性估计不足，一是认为数量不大，无足轻重；二是认为主要用于农村建房，影响不大。但据最近各地的典型调查，大大超出原先的预计。据湖北省的不完全统计，全省生产建筑钢材的小轧钢厂就有187家，产量接近200万吨，而其中有生产许可证的只有19家，抽查合格率只有30%左右；广西这类小厂有84家，有生产许可证的只有6家；山东调查了3个县的3个镇，竟然有110家小轧钢厂；新疆八一钢铁厂周围，就有51家；其他如四川、云南、重庆等地，大体情况都类同。这些小厂中，相当一部分是用中频炉化钢浇铸的地槽钢，根本无标准可言，完全是劣质产品。据粗略估计，这类钢材约有500万~700万吨，占建筑钢材总量的10%以上。不仅用于农村建房，而且相当一部分通过流通领域进入到正式工程、甚至重点工程中去了，安全后果不堪设想。这些小钢厂，由于其设备简陋，建设费用少；雇用的一般是农村临时工，劳动力成本低；税收政策宽松，多数是包税制；再加上没有什么社会负担，因此所生产的钢材成本低，大厂难以与之竞争。这些钢材，既是扰乱市场的罪魁祸首，又是一些“豆腐渣工程”的物质基础，还是引发某些部门的腐败源头。因此，必须给以坚决打击。

但是，要处理好这类企业的问题，难度很大。一是这类企业量大面广，涉及方方面面，不是某一个部门所能解决的；二是这类产品因其价格低廉，仍有一定的市场，特别是目前建筑市场不规范的情况下，施工单位层层承包，层层克扣费用，使最终承包单位只能采购廉价钢材，以获取一定的利润，这就为这些小厂假冒伪劣钢材的存在提供了条件；三是这些小厂又是某些部门“创收”的据点，正因为这些小厂存在的不合法性，他们才千方百计寻求保护，有的是公然行贿、受贿；而有的有关部门则是利用手中之权，进行权钱交易，如开具临时生产许可证，出具产品质量检验合格证，从而使这些不合格产品能公然、“合法”地进入市场；四是某些地方政府把这些小厂作为解决部分职工就业、增加税收的“经济增长点”，自觉不自觉地进行保护，使这些单位更加有恃无恐。

显然，要解决这一问题，单靠行业主管部门或某个业务部门都是无能为力的，必须要使各级地方政府承担起责任来，并纳入到政绩考核中来。在各级政府的统一领导下，组织各有关部门，在统一认识的基础上，相互配合，各司其职，锲而不舍地抓下去，才能取得应有的效果。

三、非建筑钢材要以大厂协商为主进行适量限产

非建筑钢材，包括板卷、中板、无缝管、重轨等，一般小厂是不具备生产能力的，几乎全部是由大中型钢铁企业生产的。因此，这类钢材出现供大于求的情况，不外乎进口过多、走私以及国内生产过剩这样三方面的原因。

对进口钢材，也要具体分析。除了有些钢材，国内确实不能生产、必须进口外，是有一些国内能生产的也进来了。其中，有的是进口商认为有利可图，不顾全局而进口的；有的则是钢厂产品质量不稳定、服务不周全，促使客户舍近求远的。对后者，我们不能埋怨用户。现在，有的钢厂往往只讲本厂产品获得客户赞扬的事例，而不重视客户提出的批评和异议，这种故步自封、自我满足的态度是不利于争取用户的。我们必须认真严肃地对待自己的不足，反求诸己，改进自身的工作，提高在国内外市场的竞争力，扩大在国内市场的占有份额。至于打击走私，近年来有关部门大大加强了力度，取得了明显的成效。这几个月来，板材价格有所回升，同遏制了走私钢材的进入是分不开的。我们深信，在打击走私上一定能继续保持这一势头，这对我国钢铁工业的健康发展无疑是个福音。

现在的问题是国内生产的这一块。这也要根据不同品种的市场需求情况进行具体分析，不能笼而统之的“一刀切”。“一刀切”表面上看，简单易行；但在市场经济条件下，实际上很难操作。上半年的实践也证明了这一点。在市场经济下，强调企业要进行市场细分。那么，在进行总量控制时，也要遵循这一原则，对那些产品供需平衡甚至供不应求的，就不存在限产的问题。而对那些供大于求的产品，产量不降下来，必然会导致甚至加剧市场的无序竞争，最终是几败俱伤，这已有沉痛的教训了。对此，必须毫不动摇地进行限产。

应该说，业内有识之士对此早有认识，而且一些生产同类产品的企业也已先后成立了

价格协调组织，制定了最低销售价，但效果不显。我认为，关键是没有从源头抓起。在总量没得到有效控制的情况下，想简单地通过协调价格是很难起到作用的。国际上，欧佩克、欧钢联对原油和钢材的协调，也都是从控制生产配额着手的。国内钢轨行业也开始在这样做，初步看来，效果较好；而板卷、无缝钢管则是单纯协商价格，虽然也起过一些作用，但总体来看，效果差些。最近，国家冶金局对中板也采取由同行业协商确定生产配额的办法，以稳定价格。我相信，只要各有关企业都能以全局利益为重，定能取得较好的效果。

扭 亏 十 谈

按：国家冶金局局长王万宾在看了“扭亏十谈”后，给作者写了一封信，信中说：“《扭亏十谈》读了令人振奋。您将几年来扭亏脱困的情况作了令人信服的回答和小结，实是值得各级领导干部和企业（不论是盈利企业还是亏损企业）职工认真阅读的扭亏解困的教科书。建议出一本小册子发行。”

他还希望作者继续为冶金行业的扭亏解困多做工作，多献良策。

前　　言

1997年2月起，我受当时的冶金工业部部长刘淇的委派，带领调查组先后到水钢、舞钢、长特和重特等亏损大户做调查，摸清这些企业巨额亏损的真实原因，并帮助企业制定减亏扭亏的方案。以后，又不断进行跟踪调查，为企业出了一些主意。在这期间，还曾几次到新钢、萍钢、太钢集团的东方钢铁公司（原下陆钢铁厂）等企业做过一些调查。在调查中，我曾为这些企业里存在的严重问题而感到焦虑、愤慨；此后，又为他们所取得的令人惊叹的成绩而感到由衷的喜悦，同时，也使自己受到很大的触动和深刻的教育。这些企业的一些人和事经常在我的脑海中盘桓，我也不时地在思考，为什么这些企业能在不长的时间里，会发生这样重大的变化。尽管，我自知对一些问题，至今认识得并不深，但我觉得，自己还是有责任尽快地把这些企业的经验写出来，供企业的同志们参考。我相信，多少会对大家有些启示的。考虑到要写的内容很多，如果写成一篇文章，肯定会很长，看起来费劲，于是，就写成了现在这种形式，由十篇文章组成的“扭亏十谈”。

由于自己认识的水平所限，其中难免会有不当之处，衷心希望看到这些文章的同志们能给以指正。

董贻正
己卯年春节

“扭亏十谈”之1

坚定信心　三年扭亏

1998年，国务院提出，要用三年时间使大多数国有大中型亏损企业摆脱困境。对这样一个事关全局的重大决策，在我接触的一些朋友和企业界的人士中，相当一部分是持有疑虑的。在交谈中，他们经常提出的问题是，国务院领导做出这一决策的依据何在？对这个问题，我本人也有一个认识过程。如果根据我两年多以前的思想状况，我同样会提出这个问题，但是，今天我可以斩钉截铁地说，三年扭亏，完全可能。

事情要从1996年谈起。那年，我到企业调查，很多企业领导都对钢铁行业效益不断下滑感到忧虑。大家承认，1993年钢铁行业290亿元的利润是不正常的，1994年开始下降，1995年只有117亿元，这种状况，已经不那么正常了，但1996年又继续急剧下降，比上年减了一半还多，当年利润只有50亿元，而且出现了好几个亿元以上的亏损大户。当时，有的企业经理同我讲，一个班上，少数学生不及格，问题出在学生身上，但多数学生成绩差，就得找找老师的原因了。我觉得，这个说法有其一定道理的，因此，还写进了调查报告。这反映了当时我的思想认识，更多的是偏重于通过改善企业外部环境、争取一些有利政策，来帮助企业提高效益。因此，一旦认为企业外部条件不到位，就会对企业减亏扭亏信心不足。

这两年，在这个问题上，我的认识有了较大的变化。从1997年初开始，我受当时的冶金部部长刘淇的委托，先后带领调查组到水钢、舞钢、长特、重特等亏损大户进行调查，分析亏损的原因，提出减亏扭亏的措施建议，在有关省市领导的支持下，对这些企业的一把手普遍做了调整。以后，又按照省、部领导和这些企业的要求，我又继续进行跟踪调查，亲眼看到这些企业在短短几个月时间里，各项技术经济指标就有了明显改善，成本大幅度下降，特别是企业员工精神面貌的变化更是令人感到鼓舞。这些企业，过去最少的也是连续两年年亏损额在1亿元以上，有的当年亏损额高达4、5亿元，但是，从1997年底起，先是舞钢在兼并政策的支持下，率先实现了扭亏为盈，接着水钢、长特在减人增效政策和兼并政策的政策下，也分别于1998年3季度起，先后止亏转盈，全年实现了盈利目标，1997年当年亏损5亿多元的重特，1998年3月在调整领导班子、由邯钢同志担任党政两个一把手后，情况迅速起了变化，当年亏损降到1.6亿元。还有像江西的新钢、萍钢，山东的青钢，辽宁的新抚钢等，也都分别实现扭亏为盈或大幅度减亏，特别是萍钢，厂内外普遍认为扭亏无望，但却在一无政策支持、二没从外面派入领导干部的情况下，不到一年竟出现了令人惊叹的奇迹，改革深化，管理强化，各项工作井然有序，亏损大幅度下降，成为江西“远学邯钢、近学萍钢”的典型。

这些活生生的事例，不能不影响到我思想观念的变化。如果只有一两个企业做到了扭亏，也许还可以说，这带有一定的偶然性。现在已经有这样一批企业实现了大幅度减亏或者扭亏为盈，这说明其中确有客观规律可循。既然这些考分最低的“学生”，能够在短期内迎头赶上，取得了好的成绩，那么，其他“学生”为什么就不能举一反三，“青出于蓝”呢。对三年扭亏，大多数同志是有紧迫感的，他们身体力行，已经或正在做出成绩。但是也要看到，目前还存在一些不健康、不正确的倾向。有些同志至今仍然怀疑“三年扭亏”的可能性，他们不是满怀使命感，投身到这一伟大实践中去，并且在扭亏的实践中不断总结经验，加快这一工作的步伐，而是书生气十足，把“三年扭亏”这一紧迫任务当作学术问题进行探讨；有的同志则是在一旁指手画脚、评头品足，如果扭亏不成，则更证明了自己的“预见性”；还有的实际负责这项工作的同志，不深入基层，只是照抄照搬中央的指示，光有一般号召、缺乏具体指导，有家企业的领导同志曾对我说：现在上级有的领导到企业来，没有一句错话，但也没有一句有用的话，就是这类同志的生动写照。因此，改变这些干部的精神状态，可以说，是当前国有大中型企业减亏扭亏的一项紧迫任务。

当务之急，就是要使各级干部自觉地把自己的思想认识统一到党中央、国务院的要求上来，并且积极行动起来，自觉地投身到扭亏脱困的伟大实践中去。我们要充分认识到，三年扭亏，事关全局，任务艰巨，时不我待，需要上下左右同心协力，互相配合，共同努力，作为一个系统工程来进行。当前一是要坚定信心，二是要真抓实干。“空谈误国，实干兴邦”，让我们在以江泽民同志为核心的党中央、国务院领导下，投身到扭亏脱困的伟大实践中去，为实现这一历史性使命而贡献自己的力量。

“扭亏十谈”之2

亏损企业亏在哪儿

和亏损企业的同志交谈，都会说出一大堆亏损的原因，这些原因也都是实实在在的。比如，拿历史原因来说，就有人员包袱重、办社会负担重、“七五”以来自筹资金上项目以致财务费用急剧增加等；拿当前的问题来说，“三角债”拖欠严重、上游产品不断提价、大多数钢铁产品价格由于供大于求导致无序竞争而急剧下降等；还有一些企业，更有其特殊的地理环境和资源条件等不利因素的制约，以致成本要相对地高于其他一些企业。这些，确实是当前影响企业效益下降（应该说，有一部分是转移）的重要的、共性的原因，但为什么一些企业大体条件相差无几，而效益却大相悬殊呢？这就不能不促使我们去进一步寻找有的企业严重亏损的真实原因。

第一次使我受到深刻教育的是水钢。1997 年 2 月，我奉命带领调查组到水钢，任务是摸清水钢严重亏损的原因，帮助提出扭亏措施。在此之前，我于 1996 年 5 月和 11 月，两次参加冶金工业部统一组织的西南调查组到过水钢。在 11 月的那一次，公司领导汇报时，预计当年亏损要超过 2 亿元。谈到原因，第一条就是财务费用高，大约也有 2 亿多。这个意思很明白，亏损的主要原因就是贷款高导致利息高，使企业无力承担。的确，“六五”以来，水钢是上了一大批新项目，使水钢从原先只是单一的 40 万吨规模的炼铁基地发展成为具有 100 万吨铁、60 万吨钢、55 万吨材生产能力的钢铁联合企业，而上这些项目的资金绝大部分是从银行借贷的。但把这样巨额的亏损主要归之于利息高，感到说服力不强。由于那次是面上调查，时间短，来不及深入，因此，只是作为一个问题提了出来。1997 年 2 月再次去水钢，通过广泛接触各类人员，座谈讨论，翻阅资料报表，以及现场实地考察，逐渐形成了一个概念，就是水钢今天这样的巨额亏损，不能否认确有外部原因，但主要原因还在企业内部。

那么，究竟亏在哪儿？大量的事实使我们认识到，如果不解决“四个一块”的问题，再给什么好政策，最多只能使这些亏损企业得以苟延残喘，而不能使企业走出困境。这“四个一块”就是：决策失误丢了一块，管理混乱漏了一块，挥霍浪费吃了一块，大小蛀虫吞了一块。拿决策失误来讲，虽然当时提不出全面的数据，但一些典型事例也使人触目惊心，花了 6000 多万元建了 4 个选矿厂，却从来没有处理过一吨矿；学校已有校舍，又用 2000 万元盖一个新的，外表挺气派，但施工质量很差，还不实用，而造价却大大高于当时的市场价格；类似的情况还有一些。管理混乱的状况，更使人痛心。炼一吨钢消耗的钢铁料竟高达1317千克、比行业平均水平差不多要高200千克，而且未成材的大量废钢还不知去向，仅此一项，一年就丢了近1个亿。这种浪费现象，几乎在生产经营的各个环节都有，以致邯钢总经理刘汉章看了水钢生产现场后，一针见血地指出，水钢到处都是100元的大钞，就看你检不检。挥霍浪费的现象，也使人叹为观止。1993年，水钢同其他钢铁企业一样，发了一次价格财，当年盈利1亿多元，似乎钱多了，没法用，竟然拿出2300万元买了70多部小车，其中5部是凌志高级轿车，还组织正处级以上干部（公司经理和党委书记除外）公费旅游新、马、泰。这些，在职工中造成很坏的影响。至于大小蛀虫，调查组一到，就听说水钢有“四大公子”、“十大巨富”，有名有姓。前几年钢材紧俏时，有的销售人员就发了大财，管运输的一个科长，家里被小偷偷走十几万元现钞，不敢报案；抓住了小偷，做了交代，再一查，查出了一个大贪污犯；调查组走后，省反贪局传讯销售处长，就在省检察院招待所7楼顶上跳楼自杀，结果就断了线索。还有像大量的工程项目，很多都是由个体施工队承包的，最红火时，厂区周围竟有一二百家个体施工队。上面说到的学校工程，当时款项没有付足，水钢新领导就任后，这家施工队就没敢再去要款，可见这里面的“猫腻”。最近，看到报载，芜湖于1998年10月裁定首批29家国有企业破产，经调查，立案29起，全部是贪污、受贿和以侵吞企业资产为目标的违法犯罪活动。这29起案件中，涉及经理、厂长和财会、供销人员的有28起，其中厂长、经理59名，有18个企业是“一把手”。由此可见，不去解决这些问题，而是单纯地去改善企业外部条件，再进一步给企业以优惠政策，那无异于沙滩注水，要不多久，又会流失得无影无踪。

我们还可以再举一个长特的例子。这些年，各方面对长特的支持不可谓不大。20世纪80年代下放给省里时，享受了承包政策的优惠，又是钢铁行业里最早股票上市的几家企业之一，也是较早建立中外合资企业、从而得到相应政策优惠的企业。1996年，在资金十分紧张的情况下，还得到了银行贷款4个多亿。用长特同志的话来说，是吃了财政吃银行，吃了银行吃股民，吃了股民吃老外，结果却是越吃越穷、越吃越亏，关键还是内部工作上出了问题。1997年7月，虽然调整了公司领导班子，但并没有认真总结、分析自身工作中的问题，结果起色不大。后来，通过省、部联合调查组的调查，剖析了长特严重亏损的真实原因、并提出有针对性的改进措施，在向省领导汇报后，进一步采取果断措施，促使长特领导班子和全体职工立足自身，自立自强，才使长特的面貌有了改变。以后，先后通过远望集团和四川省投资公司的兼并，1998年在享受兼并政策等优惠条件下，实现了扭亏为盈。

因此，结论是，尽管企业亏损确有外部原因，但亏损企业减亏扭亏的立足点必须放在自身工作上，在这个前提下，再争取必要的外部支持。这个关系，绝对不能搞颠倒了。

“扭亏十谈”之3

千条万条　观念转变是第一条

亏损企业要扭亏，从何着手？一些亏损大户扭亏的经验告诉我们，扭亏要从转变观念开始。水钢的同志说得好，过去水钢亏损，亏就亏在气血两亏上。所谓气亏，就是观念落后，精神不振，而人们的行动是受思想支配的。因此，不改变落后的、不合时宜的思想观念，要想在行动上有新的突破，工作上有新的起色，是难以想象的。

对亏损企业来说，要转变的观念很多，最根本的，当然是要摒弃计划经济时期形成的、种种不适应市场经济的旧的思维模式，树立市场经济观念以及由此派生的竞争观念、效益为中心的观念，用户至上的观念等。但是，作为切入点，还是要从“外因论”、“唯条件论”等思想束缚下解脱出来，彻底破除等外部条件好转，靠国家支持，单纯要政策扶持的“等靠要”思想，树立自立自强、眼睛向内、依靠自己救自己的新观念。因为，一味“等靠要”，其结果就是市场在等待中丢失，精神在等待中消沉，效益在等待中流失。

这种“外因论”、“等靠要”的思想，其表现形式是多方面的。

一是不适当地夸大企业亏损的历史的、外界的种种原因，而对自身的问题则是轻描淡写，一带而过。我们不否认这些历史的和外部的因素对企业的不利影响，问题是要正确对待，既不能拿放大镜来观察，更不能把这些因素摆在哈哈镜前，使镜内形象发生了扭曲。水钢过去一讲产量低，效益差，就会举出很多理由，什么装备落后，不配套，原料条件差等。拿炼钢厂来说，投产十几年来，最高年产量只有44万吨，三打50万吨就是打不上去。但是，1997年2月调整公司领导班子、3月中旬又请来了邯钢炼钢厂马春林等5位同志分别担任水钢炼钢厂厂长、党委书记等职务，3月的下半月就打出了年产钢50万吨的水平。接着，又于5月、6月达到了年产钢60万吨、65万吨的水平。应该说，这几个月里，水钢炼钢厂外部条件并没有什么变化，要说变，是职工的思想观念变了，精神状态变了，队伍的士气高昂了。

二是对兄弟企业取得的成绩，同样是只看到其外部条件有利的一面，而忽视这些企业自身艰苦努力的一面。他们习惯地以兄弟企业较好的外部条件来同自己的不利条件比，自觉不自觉地为自己的落后作辩护，有的往往因此心安理得，有的甚至因此而丧失前进的信心。像新（余）钢过去山上的炼钢分厂靠化铁炼钢，山下虽然铁水富余，但铁水上山要用铁路专用线，每月能上山1万吨就算是上上大吉了，其余大部分仍然是靠化铁炼钢，每吨钢要增加成本200元左右，而再增加铁水上山量，他们又认为毫无可能。因此，他们认为新钢的条件无论如何也比不过其他钢铁联合企业，效益差也似乎是理所当然的了。1998年，新钢运输部的领导作了调整，新领导在调查研究的基础上，花了少量的投入，进行了必要的改造，当年铁水上山量达到了30万吨，1999年将达到40万吨，这一下就降低成本6000万元，这对新钢进入盈利企业的行列起到十分重大的作用。这里的关键还是观念的转变。

三是以过去的经验和所达到过的指标来否定实现当前新的目标任务的可能性。亏损大户要大幅度减亏扭亏，必须要花大力气，要努力为完成一个较高的指标而进行拼搏。但一提高指标，有些同志就往往认为不实事求是，理由就是过去那么多年都没能达到，现在怎么可能一下子就实现了呢。的确，实事求是是我们党的思想路线，我们过去在经济发展中，吃不实事求是的亏太多了，今后再也不能干那些蠢事了。但是，我们也必须看到，实事求是还得同解放思想结合在一起。小平同志在党的十一届三中全会前夕的中央工作会议上，曾经发表了一篇具有深远历史意义的讲话，题目就叫《解放思想，实事求是，团结一致向前看》。为什么要在实事求是前加上解放思想？我领会就是因为今天我们面临的是新形势、新情况，如果仍旧用过去的旧思想、旧观念去观察、去对待，必然就会格格不入。因此，必须要使“思想冲破牢笼”，否则，所谓“实事求是”，就可能成为“无所作为”的挡箭牌，“因循守旧”的避风港。一些亏损企业在短短几个月里，取得了重大进展，无不同解放思想有关。

转变观念，第一是企业领导要带头。领导就是要指明方向，带领、引导广大职工去不断夺取新的胜利。很难设想，自己满脑子的旧观念，能带领职工走出新路子来的。因此，企业领导要充分意识到自己肩上的重担，带头转变观念。**第二，要联系实际转观念。**现在，到哪个企业，都可以看到这些单位的领导在内部文件和报刊上发表的有关转变观念的讲话和文章，但一深入基层，就看出不同来了。有的确实是在那里身体力行；有的却是坐而论道，说管说，做管做，本单位里存在大量不符合市场经济的做法，却视而不见，听而不闻。这样，即使把这些观念背得滚瓜烂熟，也无济于事。**第三，转变观念一定要落实到机制的转换上。**旧观念有其相应的旧机制起着支撑作用，不破除旧机制，新观念也就难以树立，更难以巩固。譬如，要破除“大锅饭”的思想，就必须在分配机制上进行改革。因此，在进行转变观念同时，必须因势利导地、及时地把工作重点转到机制的转换上。**第四，转变观念要以效益是否提高作为检验的标准。**这一点应该是不言而喻的，就不用多说了。最后，转变观念不是一劳永逸的事，而是**要根据情况的发展不断提出转变观念的新课题。**水钢这两年先后进行四次转变观念的大讨论，这对加速水钢扭亏起到了极大的作用。

“扭亏十谈”之4

关键在于企业“一把手”

1997年以来，通过参加一些亏损大户的减亏扭亏工作，亲眼看到这些企业在短期内都发生了重大变化，亏损均有大幅度下降。这当然离不了上级领导、银行等有关部门及兄弟单位的支持和协助，但给我印象最深的是企业“一把手”对企业兴衰存亡的决定性作用。水钢就是换了个朱继民同志，水钢炼钢厂主要是请了邯钢马春林等5位同志分别担任厂长等领导职务，重特是从邯钢派了两位党政一把手苏兆贵同志和秦海同志，舞钢、长特也都是分别从邯钢及兼并单位调入了总经理。他们带去了新观念、新思路、新作风，依靠企业广大职工，立足自身，奋力拼搏，改变了企业面貌。还有像萍钢大幅度减亏，也很有典型意义。1996年，该厂几乎濒临停产，1997年3月，厂长、经营副厂长、党委书记去南昌向省政府有关部门汇报工作，途中车祸，两位厂长亡故，书记重伤。在这种情况下，副厂长涂建民受命于危难之际，短短一年间，竟然出现了令人惊叹的“奇迹”，还是那些设备，还是那些职工，企业面貌却大大变了样。1998年8月我去该厂时，对比了几组数据，高炉利用系数1997年1~7月平均为1.57，1998年同期提高到2.16，增长0.59，同比生铁产量增长42.48%，质量也明显提高，铁水中硅含量从0.8%降到0.4%。原有两个炼钢厂，停了有2座6吨转炉的一炼钢厂，用2座15吨转炉的二炼钢厂单独进行生产，钢产量反倒比1997年两个炼钢厂生产时增长了42.68%。在没有任何政策支持及消化钢材不断降价、铁路运费、电费涨价等外部不利因素6500多万元的情况下，1998年1~7月比1997年1~7月硬碰硬减亏2422万元，减亏率为38%（全年减亏51%）。现在江西正在开展

“远学邯钢，近学萍钢”的活动，推动了全省扭亏增盈工作。

这些“一把手”，就我这几年同他们的接触来看，认为有这样几个特点。一是有为国为民的高度使命感。这些同志，在原单位也都身居要位，工作条件远比这些亏损大户要好得多，他们来到现在的亏损企业担任一把手，风险之大，可以想见，而且有的还身患多种疾病，很多亲朋好友都劝他们不要“犯傻”，但他们却毅然决然地以国家利益为重，反过来劝说家属，别妻离家，只身赴任。没有这种以国家利益高于一切的崇高精神，要想在这样困难的情况下创造出如此惊人的业绩，也是不可想象的。二是尊重职工的首创精神，善于调动广大职工的积极性。亏损企业的职工，一般来说，多少有些自卑感。有的企业，调整领导班子后，新领导对原来的干部另眼相看，甚至厉声斥责，挫伤了广大职工的积极性。在这种情况下，要想扭亏，可以说是南辕北辙。而这些同志来到亏损企业后，并不是以“救世主”自居，他们坚信广大职工中缊藏着巨大的积极性，一方面以新的观念影响群众，另一方面又十分注意发现并不断总结群众在减亏扭亏的实践中所创造的新鲜经验和创新精神，反过来再教育并影响群众，使得广大职工既心悦诚服、又信心百倍地团结在新的领导班子周围，去斩关夺隘。三是严于律己，率先垂范。像萍钢新厂长就任后，首先向职工约法几章，主动要求职工监督。在减员下岗时，他和其他5位厂领导（全厂共有8位厂领导）的家属都下了岗。这一举动，在职工中引起了强烈反响，使这个厂的下岗分流工作得以顺利进行。自身正，其令就行，他们在进行改革和加强管理中，旗帜鲜明，敢于碰硬；在工作中，深入实际，一个一个地解决问题，使得企业面貌有了明显的变化，从而鼓舞了广大职工扭亏增盈的信心。由此可见，对一个企业来说，“一把手”的作用确实是大矣哉。

对我的这一观点，也有的同志提出了不同意见，归纳起来，有这样三点。

一是怎样看待个人和集体的关系。他们认为，这样强调“一把手”的作用，是不是有些突出个人了。说实话，过去在强调领导干部的重要作用时，我也同样是只说领导班子的集体作用，怕扣上“突出个人”的帽子。但是，这几年在同一些企业领导班子成员有了比较深入的接触后，越来越感到“一把手”对企业兴衰存亡的突出重要的作用。水钢换了“一把手”后，一些副手都反映，通过近两年的合作共事，他们自己的思想观念、工作作风、和对各种问题的分析能力和处理能力都有了明显的提高；萍钢的事例更具有说服力，现任厂长涂建民原先是该厂行政三把手，虽然在分管工作中也是兢兢业业，但毕竟没能扭转企业的局势，而当就任“一把手”后，短短几个月就使萍钢出现了“奇迹”般的变化。当然，强调“一把手”的作用，并不是不要集体领导，好的“一把手”不仅能以自己的表率作用和言教身传，提高班子内其他成员的水平，而且还更能更好地发挥领导班子集体的作用，从而进一步强化了集体领导。无怪乎一位中央领导在一份报告上批示“企业‘一把手’可以兴邦，可以丧邦，可不慎乎”。

二是靠个人作用还是靠机制。的确，个人的作用总是有限的，我们必须在转换机制上下工夫。但是，机制又是靠什么来建立呢，还是要靠人。对影响企业生产经营活动的外部机制，企业的同志尽管可以积极反映，终究难以起到更大的作用；但对企业内部的机制，企业自身完全可以进行改革，这里，企业“一把手”又起到决定性的作用。拿上述这些企业来讲，过去也都在学邯钢，但却并没有像邯钢那样，建立起有效的、奖惩分明的激励机制和约束机制，换了“一把手”，情况就有了明显的变化，这些机制很快地建立了起来，而且真正起到了作用。有的同志，总是在那里强调机制的作用，但机制不是天上的馅饼，会自动建立起来，或者靠一纸命令，就可以发挥作用的。我们强调“一把手”的作用，也是要通过“一把手”来建立起企业内部必要的各种机制，这两者是没有矛盾的。

三是靠什么来持久地调动“一把手”的积极性，是靠强调奉献精神还是靠奖惩机制。应该说，这两者都需要。但对亏损企业来讲，我认为当前还不能过多地强调“重赏之下，必有勇夫”，以高出职工平均收入的十几、二十倍甚至更多的年薪给予“一把手”，这样，容易造成职工心态上的不平衡，甚至产生逆反心理，不利于调动广大职工同心协力为实现减亏扭亏而努力，甚至可能适得其反。美国汽车大王艾科卡到克莱斯勒的第一年，只拿象征性的1美元年薪，也是一个很好的例证。当然，在企业扭亏后，上级主管部门应该对这些有功之臣给以相应的报酬和奖励，那时，广大职工不仅不会反对，而且还会衷心拥护的。

当然，对企业“一把手”，并不是一派了之。作为上级主管部门，要支持、关心他们的工作，给以必要的政策扶持，同时，也要建立、健全考核、监督机制。对企业“一把手”来讲，更要注意自身建设，防微杜渐。有的“一把手”，在头几年能发扬民主，依靠班子集体和广大职工，决策没有发生失误，但随着时间的推移，慢慢不那么虚心了，甚至听不进不同意见了，以致出现错误决策后，也没人愿提或敢提不同意见了，最终使企业走向下坡路。这种教训，在冶金系统也已经多次发生了，我们要引以为戒。因此，各单位都要建立起民主化、科学化的决策机制，建立起对领导班子、特别是“一把手”的监督机制，以保证企业能沿着健康的道路不断前进。

“扭亏十谈”之5

企业扭亏　政府干什么

企业减亏扭亏，靠谁？有的同志认为，这全属企业行为，政府不必介入，政府要考虑的是给政策，创造公平竞争的市场环境等宏观方面的事情。也有的同志认为，现在企业都下放到省、区、市了，按照“谁家的孩子谁家抱”的原则，即使政府要介入，也是地方政府的事，中央主管部门就不用费劲了。这些话虽然都有一定道理，但不全面。从冶金系统一些亏损大户的扭亏情况来看，企业减亏扭亏既是企业行为，但也不全是企业行为，地方政府和行业主管部门对企业扭亏也负有不可推卸的责任，在企业扭亏工作中可以也应该大有作为的。这是因为，亏损大户出现巨额亏损，是“冰冻三尺，非一日之寒”，很多问题积重难返，甚至是“习非成是”，没有外力的推动，要想在较短期间改变现状，是难以想象的。政府的介入，由于其有较强的权威性，可以加速企业减亏扭亏的进程。至于企业领导班子的调整，以及必要的政策的支持（这一点对亏损大户的扭亏在一定时间里也起很重要的作用，本文不多谈了），也都需要上级部门在调查研究的基础上，才能做出正确的决策。

政府部门介入企业的减亏扭亏工作，从何入手？冶金行业里的所谓“水钢模式”，为我们提供了经验。这就是：

（1）省、部联手，统一行动。1996年，水钢在1995年账面亏损近9000万元的基础上，又出现账面亏损2.09亿元。连续两年的巨额亏损，引起了各上级领导部门的高度重视。贵州省已故的吴亦侠省长亲自出面，请当时的冶金工业部部长刘淇组织调查组，摸清水钢亏损的真实情况，并提出解决问题的建议；同时，鉴于贵州省只有水钢一家大型钢铁联合企业，省内难以选派合适的经理人选，也请冶金工业部从行业内其他钢铁企业中推荐。这个调查组，实际上是省、部联合调查组，成员包括冶金工业部和贵州省的有关部门。调查组去后一周，吴亦侠省长、莫时仁副省长和冶金工业部刘淇部长、单亦和总工程师也亲赴水钢，听取调查组和水钢公司的汇报，并据此做出决策。事实证明，省、部联手，既可以及时沟通思想，统一认识，更可以发挥行政领导和业务主管部门的长处。作为地方政府，是企业的直接领导，他们既管“帽子”（企业领导班子的任免），又管“票子”（对企业具有实际效益的政策）；而作为行业主管部门，则可以在技术上、管理上帮助企业进行诊断，还可以在全行业范围内选派专家，对亏损企业进行咨询，甚至到亏损企业担任实职。那次，和调查组同行的，还有由邯钢的技术专家和管理专家组成的咨询组，他们是贵州省领导通过冶金工业部商请邯钢派出的，按调查组统一部署，进行工作。因此，省、部联手，可以做到优势互补，从而有利于企业减亏扭亏工作的顺利推进。

（2）在调查步骤上，采取“三部曲”。过去，无论是地方政府还是行业部门，对亏损企业都进行过调查研究，有的还采取“现场办公会”的形式，对这些企业做过批评，并给予一定的政策和其他方面的支持，但实际效果并不好。这次，第一步先由司局级干部带领先头部队，摸清企业的实际情况，并和企业领导交换意见，帮助他们转变观念，初步统一认识，在此基础上，形成调查组的报告。这一步，大约一周。第二步，省部领导亲自出马，听取调查组和企业领导的汇报，帮助企业领导进一步转变观念，制定减亏扭亏的措施；与此同时，省领导和当地市政府领导以及有关委、厅、局的领导，一起研究对企业的扶持政策，并宣布需要任免的企业领导；在此基础上，召开中层干部大会（一般是科以上干部，千人左右参加），由新任领导表态，省、部领导讲话，提出明确要求，宣布给予的政策支持，造成强大声势。这个会一定要开好，像水钢1997年的“2·22”大会、重特1998年的“3·3”大会，都在广大职工中引起强烈反响。第三步，千人大会后，留下调查组先头部队的个别司局长和管理专家，进一步帮助新班子落实大会上省、部领导提出的要求，协助企业解决一些难点问题，做好一些干部的思想工作。这三步，缺一不可。光有先头部队调查研究，没有省长、部长亲临指导、决策，召开群众大会，就缺乏足够的力度，行不成强大的声势；但如果只是省、部领导亲自率领调查组，没有先头部队先行，那很可能由于时间较短，问题难以得到充分的暴露，不易形成解决企业内部问题的针对性强的对策；至于第三步，虽然不是最主要的，但对新班子、特别是从外面派进去的新领导来说，无论在精神上、还是具体工作上，都是一种有力的支持。

（3）抓好调查组撤离后政策落实工作和进一步的跟踪调查。大会宣布了政策，不等于就能落实。而对亏损企业来讲，时不我待，迫切要求能尽快落实。这一方面固然有赖于企业自身的努力，另一方面，也需要省、部有关部门，特别是省里的综合部门进行督促、协调。像四川省就由省经委副主任牵头，省里有关部门参加，组成长特政策协调小组，定期检查、督促各项明确宣布了的政策落实情况，这对企业是很大的支持。为了长特的兼并，这位副主任曾在短时间内，七飞北京，每次在京期间，也是高效率运转，奔波于中央各有关部门之间，终于赶在规定的期限内，办完一切手续，使长特的兼并政策能在当年顺利就位。对一些有代表性的企业内部扭亏工作，上级领导部门也要进行跟踪调查，这不是干预企业的生产经营活动，而是为了及时总结经验，以便推广。当然，对这些企业在扭亏过程中出现的一些新情况、新问题，也可以帮助企业出些主意，供企业领导参考。

现在，过去中央的各工业部都改成国家局了，人员一般只有原先各部的30%左右。因此，还能不能这样抓亏损企业，这是一些同志提出的疑问。我们认为，三年扭亏是党中央、国务院向全党、全国人民提出的历史使命，作为国务院的一个部门，应该义不容辞地为实现这一任务而做出自己应有的努力；同时，还要看到，作为一个国家局，仍然可以调动行业里各个协会、学会、企业和事业单位各方面的力量，共同来做好这项工作。事实证明，对亏损大户的工作，不能停留在一般性的号召上，而必须像国务院主要领导同志在冶金工业部的一份扭亏工作报告上批示所指出的那样："要一个一个企业抓，扎扎实实地抓"，这样，才能真正抓出成果来。

"扭亏十谈"之6

学邯钢——解困之道

这几年，冶金企业学邯钢的活动不断向广度和深度发展，其成效也越来越明显。实践证明，学邯钢，既是国民经济实现两个根本性转变的需要，也是提高企业经济效益的需要，更是国有大中型亏损企业扭亏解困的需要。

但是，我们也要看到，同样都在学邯钢，而实际效果却大不相同。这里的问题在哪里呢？从一些亏损企业的情况来看，存在下面几个问题。

（1）别别扭扭学邯钢。有些企业的领导同志，思想观念没有认真得到转变，总认为自己亏损的主要原因是外部条件不利，历史包袱重，客观因素多，看不到企业内部工作上存在的严重问题，但迫于形势，也不得不在大会小会上讲学邯钢，而心里想的却是自己的情况怎样和邯钢不同，自觉不自觉地强调本单位的特殊性。因此，尽管嘴上说得再响亮，而在实际工作上却是行动迟缓，犹豫动摇，一波三折。

（2）舒舒服服学邯钢。邯钢是敢于提出高的奋斗目标的，为了适应市场的变化，甚至一年三改指标，一次比一次高。为此，设备要高效率运作，质量要精益求精，成本要不断降低，这就必然要求全体职工奋力拼搏。在邯钢，干部们双休日几乎难得有机会休息，工人下班后还要分析、总结当天的生产情况。但是，在有些企业里，干部晃晃悠悠，工人松松垮垮，上面要调整指标，下面就讨价还价。这种想登高、又不愿爬山的精神状态是学不了邯钢的。

（3）大大咧咧学邯钢。邯钢模拟市场核算要求把各项指标层层落实到班组、个人，但在有的企业，尽管公司领导同二级单位也都签了承包责任书，不过也就到此为止。在水钢、重特调查时，都发生过这种状况，公司有关部门拿出了这类承包责任书，还说，连格式都是向邯钢学的。但一到基层，情况就不同了，根本没有再往下推；有的基层缺乏必要的基础数据和计量检测手段，无法分解，而上面对此或者不闻不问，或者睁一眼、闭一眼。这种作风，说好听点，也是大大咧咧，和邯钢的"严、细、实"不可同日而语，怎么能学到邯钢的真经呢。

（4）软软绵绵学邯钢。邯钢经验的一个重要内容是敢于逗硬，严格考核，不讲客观，不搞下不为例，坚决实行成本否决。而有些企业虽然也在学邯钢，把各项指标层层分解，但一旦完不成任务、在严格考核这个试金石上，就受到了检验。这个来求情，那个要求网开一面，再一个说是“没有功劳，还有苦劳”，结果一个缺口被打开，很快就全线崩溃，学邯钢，也就半途而废了。

由此可见，学邯钢，不仅要树立市场观念以及由此派生的竞争观念、效益观念等适应市场经济的种种观念，还必须同时解决精神状态、工作作风等方面的问题，这两者，可以说是相辅相成、互为因果的。

因此，学邯钢，**第一是领导班子要带头学，特别是一把手更是关键。**我曾问过刘汉章同志，为什么都在学邯钢，实际效果却大不一样。他的回答是，关键在于一把手的决心和领导班子的齐心。就我个人体会，一把手的决心，主要体现在3个方面：**一是敢于提出经过努力可以完成的高指标。**对亏损企业来讲，能否主动迎接市场的挑战，力求在最短的时间内实现以市场能够接受的价格来倒逼成本，这是关键。**二是指标分解，首先要从领导班子自身做起，**不能下分上不分，更不能让下面担担子而上面没责任，有的企业职工完不成指标的，要同奖金、工资、岗位职务三挂钩，而对领导班子却没有这样的要求，这样是难以调动群众积极性的。现在，水钢等企业从一把手开始，都是人人身上有指标，在考核面前一视同仁。**三是严格考核。**在考核面前就是要“六亲不认，铁面无私”，要“哭哭啼啼不动心，求情说项不动摇，威胁恫吓不惧怕”，所谓班子的齐心也要反映在这个方面，否则遇到要实行否决时，班子的态度不那么一致，下面就不好办了。其实，广大职工是欢迎学邯钢的，因为真正把邯钢经验学到手，企业经济效益的提高将直接给职工带来切身的利益。1998年2月，我们在重特调查时，看到轧钢厂加热炉空烧着，工人都去吃饭了。问他们为什么不轮流去吃饭，回答是历来都这样。3月重特调整领导班子后，狠抓邯钢经验的推广，6月份我再去重特时，车间工人同我讲：“早这样学邯钢，重特也不至于到今天。”可见，关键还在领导。

其次，学邯钢，不能只是少数人的小合唱，而必须是全员性的大合唱。能不能把邯钢经验学到手，关键当然在一把手。但正像一个合唱团那样，指挥固然是团里的灵魂，而真正要使大合唱演奏成功，必须要各个声部以及每个队员都发挥出自己的水平。同样，要使邯钢经验在本单位开花结果，也得要靠全体职工的共同努力，要使每个岗位上的职工都像邯钢人一样，明确自己肩上的指标；都像邯钢人那样，兢兢业业，精打细算，不达目的，誓不罢休。这里所说的全员性，从纵向上说，就是上至企业的最高决策层，下至基层的班组工人，无一例外。邯钢这几年所以能持续保持高效益，一个重要原因，就是“七五”以来的重大技改项目的决策没有失误，而我们有相当一批企业效益下滑，就是因为出现了重大决策失误。所以，作为企业领导学邯钢，不仅要在“模拟市场、成本否决”上下决心，还特别要学习邯钢领导重视市场调查，重视投入产出，实行民主、科学的决策。从横向上说，在生产经营上，就是要从原材料的采购、到生产加工的各个环节，以致到产品的销售、货款的回收，都要提出降低成本的目标要求，并努力促其实现。过去，一说降低成本，往往较多地着眼于生产制造各个环节，但在当前市场经济的情况下，还应该更多注意挖掘采购供应这方面降低成本的潜力。

第三，学邯钢，就要老老实实地学，还要结合本单位实际，创造性地学。我们所以说要老老实实地学，就是因为发生过有的企业，只是做表面文章，或者是形式主义地学；也有一些企业，强调自己的特殊性，没有认真地学，这在前面已经讲过了。那么，为什么还说要创造性地学呢。因为，毕竟各个企业都有其自身的具体情况，简单地照搬照套是不会起到好效果的，连放之四海而皆准的马列主义，还都要结合各国的具体情况加以应用，更何况一个企业的经验呢。像宝钢、首钢、武钢等企业，在企业管理上都有自己的特色，他们学邯钢，不是“邯郸学步”式的，放弃原有的、结合本企业实际情况所采取的行之有效的做法，而是把邯钢的经验同它进行嫁接，进一步丰富充实了自己原有的经验。水钢炼钢厂学邯钢的经历，对我们也很有启发。这个厂的厂长、书记都是邯钢支援的，1997 年 3 月中旬正式就任。在此之前，1 月份钢产量是 3 万吨，2 月份降到 2.5 万吨，而设计水平是月产 5 万吨（实际上投产十几年来从未达到过，最高水平不到 4 万吨）。在这种生产极度不正常的情况下，他们没有立即搞什么指标分解，也不宣讲邯钢经验，而是一个一个地解决影响生产的实际问题，当月就打出了月产 4 万多吨的水平，使职工看到了前景，增强了信心，接着又认真抓好设备的检修、基础工作的整顿。然后，再开始推广邯钢经验，指标分解，严格考核，5 月份产量超过了 5 万吨，6 月份达到了 5.8 万吨。如果当时一上来就搞指标分解，订高了，职工难以接受，订低了，没有什么推动作用，而且由于基础工作不健全，要分解也分不下去。

大量事实充分说明了，邯钢经验确实是亏损企业的解困之道。所有亏损企业都要认真总结前一段学邯钢的经验教训，发扬成绩，克服缺点，继续前进，一定能够在不远的将来，开创出一个新的局面。

“扭亏十谈”之7

扭亏主体——广大职工

到一个亏损企业调查时，有三位退休老工人找到我，向我反映他们有好几个月没发工资了，还说，公司从银行里拿了钱，就是不给退休工人发工资。其中一位七十多岁了，曾经参加过抗美援朝。我一方面表示歉意，由于我们工作没做好，使大家受了委屈；同时，也对他们做了解释，说明了公司目前的困难处境，绝不是有钱不给大家，而是连最起码的维持生产的资金都严重短缺，离退休的职工欠了工资，在职的同样也欠了工资。现在，从上级有关部门到公司各级领导，都在千方百计，改进生产经营，力争早日止亏，早日发出工资，希望老师傅能体谅公司的苦衷，齐心协力，共度难关。一共就谈了十几分钟，他们就通情达理地走了。事后，听说公司有的领导批评了招待所的门房，责怪他们不该让这些老工人进来，还说那个老战士是个上访专业户。这件事使我很有感触，联想起在有的亏损企业，也曾多次听到有人埋怨职工不听管，纪律差，素质低等，似乎企业亏损就是因为职工队伍不行；还有的同志干脆认为，在市场经济条件下，企业同职工的关系就是“给钱干活”，不成就走路。按这种说法，亏损企业的扭亏还能不能依靠这些企业里的职工呢？这个问题，似乎在有些企业里并没有得到真正解决。

其实，答案应该说是很明确的。企业的一把手可以影响企业的兴衰存亡。但是，最关心企业命运的还是广大职工。企业衰败，职工就得不到正常的收入，生活就会发生困难，而且对大多数职工来讲，他们也很少有机会单凭自己的努力做出新的就业选择。可以说，职工们进了厂，实际上就已经同企业结成了利益共同体。他们迫切地希望企业效益增加，企业亏损的过错并不在职工。特别是通过这几年我参与一些亏损企业扭亏的实践，无数事实深深教育了我，还是这个企业，还是这些职工，在新领导班子的带领下，转变观念，转换机制，学习邯钢，在短短几个月里，竟然使这个企业发生了令人震惊的巨大变化。事实证明，企业扭亏，关键是一把手，而扭亏的主体却是广大职工。没有他们全身心地投入，企业要想扭亏是不可能的。而现在的问题是如何使广大职工投入到扭亏实践中来。

第一，企业领导要坚定不移地贯彻全心全意依靠工人阶级这一根本方针。在社会主义国家里，广大职工不仅政治上是主人，而且在企业里要使他们同样感到自己是真正的主人。当然，在企业里，决策层、管理层、操作层是有分工的，不可能也没必要让工人都来参与企业重大问题的决策。但从一些企业的经验看，让广大工人真正享有知情权、批评权和监督权，就能较好地体现依靠工人阶级的方针，就会极大地增强职工的主人翁意识。所谓知情权，就是要通过职代会以及企业内部的各种媒体，使广大职工了解企业生产经营的现状，了解企业所采取的重大决策的缘由，了解企业效益升降的真实原因，这样，才能使职工为了共同的目标而努力奋斗。有的企业说是要让职工当家作主，但却不让职工了解企业的真实情况，那不成了南辕北辙吗。有一家企业，实际上已经连续几年存在巨额潜亏，但账面上却是年年盈利。在更换新领导后，把历年的潜亏彻底暴露了，职工一下子感到自己原来是长期受蒙蔽的，感情上就产生了一种对立情绪；相反，另一家企业，虽然经过艰苦工作，亏损大幅度下降，但现有钢和材的生产能力极不配套，效益难以增长，经过论证，决定上一台新轧机，资金要向职工筹集，尽管这对多数职工来讲，是笔不小的数额，由于职工都亲身感受到企业的变化，也充分了解这套轧机的建设对企业的重大意义，结果，很快就完成了集资任务。至于批评权，就是不仅在职代会上，职工代表有行使批评的权利，而且要创造条件，使职工在日常工作和生活中，都能有批评各级领导的权利。监督权，就是要使广大职工能对各级领导的工作，有权进行监督。有些企业由职工代表组成督察组，对职代会决议的执行情况进行检查，促使这些决议更好地得到落实。

第二，要下工夫来调动职工的积极性。亏损企业的职工，一般来说，情绪相对低落，需要花更大的力气来调动他们的积极性。从一些企业的经验看，有 4 个问题值得重视。**一是领导自身的精神状态。**在企业处于困境时，这一点至关重要。有的领导，对企业扭亏自己就丧失信心，说什么企业成了“泰坦尼克号”，那职工还有什么积极性去扭亏呢；而当他们在上级领导帮助下，转变了观念，提出了切实可行的减亏扭亏新方案，职工立即就积极行动起来。**二是领导自身的作风。**有的企业职工发不出工资，而企业领导仍然是出则豪华轿车，住则高级宾馆，这又怎能调动职工积极性呢。而当他们改弦更张，封存高级轿车，取消不必要的宴请活动，恢复艰苦奋斗的老传统时，就会取得职工的谅解和信任，而这又是发挥积极性的前提。**三是要切实关心群众生活。**企业效益差，职工也不会提出不切实际的要求，但是，对一些应该而且又能够解决的问题，却长期不闻不问，这怎能使职工积极得起来呢。水钢炼钢厂过去一个时期，炼钢平台上工人没有热水喝，下了工洗澡却就是这么一池水，虽然一旁有淋浴的喷头，但却是“聋子的耳朵”，因失修而不起作用。邯钢去的新领导就任后，几天内就把这些问题全给解决了，再加上他们逐个解决生产上的难点，使职工看到了希望，长期压抑的积极性一下子就迸发出来了。**四是要进一步改革分配制度，真正按有效劳动进行分配。**亏损企业效益差，职工收入少，因此有的领导怕改革分配制度，会使一些职工的收入更加减少，以致迟迟不敢行动，结果挫伤了一批先进职工的积极性。萍钢等亏损企业在这方面实施了较大力度的改革，极大地促进了广大职工的积极性，一批批技术经济指标方面的纪录不断被打破，成本得到大幅度降低。同时，在涉及职工切身利益的问题上，特别是当前在分流下岗时，更要按照规定，根据“公平、公正、公开”的原则，一视同仁，秉公办理。

第三，要把提高职工素质作为增强企业市场竞争力的关键切实抓好。一谈起亏损企业里的职工，有人往往就以“素质差”来概括。我认为，这种说法，不够全面，也欠公正。拿水钢来说，过去，一般都认为，水钢地处较不发达地区，自然环境差，经济落后，职工素质就是要差一些。但是，在水钢扭亏过程中，涌现出一批革新能手，他们以极少的投入、甚至没有什么投入，却解决了许多生产中的难题，大大出乎人们的意料。还在1997年6月，也就是水钢“2·22”大会打响扭亏攻坚战后才3个多月，炼钢厂行车车间电工班23名职工，自己集资六七千元，买了一台电脑，为的是加强班组核算。由于他们的精打细算，又能运用电脑及时进行分析，使得电工班的成本有了大幅度的下降。这些事例，充分说明了不能简单地以“素质低”来给亏损企业的职工下结论。

但是，我们也必须承认，作为一个年产亿吨钢的钢铁大国，我们职工队伍的素质是与此不相称的。而一些亏损大户，则由于种种原因，相对来说，职工队伍的素质比起先进企业来是要差一些。因此，真正要使这些企业走出困境，必须要在提高职工队伍素质上下大工夫才行。从一些企业的经验看，最主要的还是提倡在实践中自觉地学习，要严格地按规章制度进行操作，不仅知其然，还要知其所以然；对生产中出现的问题，一定要及时进行分析、总结经验教训，使失败确实转化为成功之母，这样，日积月累，时间长了，必然能起大作用。其次，还要舍得花本钱，定期不定期地举办各种培训班，进行系统提高。像济钢对铁、钢、材等主体生产岗位，通过四班三运转，抽出一班，集中5周时间，进行全员培训，效果很好。再是建立有效的激励机制和约束机制，通过竞争上岗、末位淘汰等措施，把职工素质同保住岗位和增加收入挂起钩来，引导职工自觉学习。当然，提高素质，不仅指业务技术方面，也包括思想政治方面；不仅针对广大工人，更要强调各级干部素质的提高，再以上一层次人员水平的提高，带动下一层次素质的提高。

总之，企业扭亏，必须紧紧依靠广大职工，必须调动广大职工的积极性，必须大力提高职工素质，三者缺一不可。

“扭亏十谈”之8

智力济困是着好棋

在冶金行业一些亏损大户扭亏工作中，邯钢、首钢、鞍钢、攀钢等企业做出了重大贡献，其中最主要的是人力的支援。一般来说，亏损大户无论在观念上、管理上、技术操作水平上，都停留在较低的层次，而先进企业恰恰在这些方面具有较强的优势，由先进企业派出各方面的专家到亏损企业担任实职或进行咨询，大大有利于加快亏损企业的扭亏进程，这已经为近几年冶金行业扭亏工作的实践所证明。像水钢的变化就凝聚了很多兄弟企业的心血，是鞍钢派出了优秀领导干部朱继民到水钢担任总经理，是邯钢派出了以马春林同志为首的管理和技术专家到炼钢厂担任厂长、党委书记等领导职务，是首钢先后派出两批10位专家分别到炼铁厂、二轧厂担任主要领导，是攀钢在水钢高炉紧急停炉时派出精干的修建队伍帮助抢修，他们都在较短时间里使这些单位的面貌发生了显著变化。与此同时，舞钢、重特、长城特钢、南（昌）钢等企业也分别请邯钢、上钢的专家担任实职或进行咨询，都在短期内取得较大成效。

这些事实，生动地向我们揭示了，后进企业引进“外智”，先进企业以人才支援后进企业这种方式，可以大大缩短后进单位同先进单位差距的时间，从而使中央提出的、使大多数国有大中型亏损企业在三年内走出困境这一战略任务得以较好地实现。

第一，智力济困是提高后进企业整体素质的一项有效措施。后进企业之所以后进，关键在于人们的思想观念落后、管理混乱、技术操作方针保守。先进企业各类专家的进入，特别是担任各级实职，可以直接引入新观念、新机制、新技术、新作风，从而能在较短时间改变进驻单位的面貌。像水钢炼钢厂设计能力为年产60万吨钢，但建厂十多年来，产量一直在40万吨上下徘徊，而从邯钢专家担任厂领导后，头半个月就打出了年产50万吨的水平，接着一路攀升，3个月内达到年产65万吨钢的水平。当时认为，再往上走，制氧能力不足，必须新建制氧机。然而，通过加强管理，堵住氧气跑冒滴漏，科学合理地使用氧气，并狠抓技术革新，特别是发动职工进行小改小革，还是这两台制氧机，却连续几个月打出年产100万吨钢的水平。炼铁厂自首钢专家到来后，打破了过去二三十年沿袭下来的操作习惯，确定了新的操作方针，再加上原料结构的进一步改善，使高炉利用系数在短短4个月内提高0.35，达到1.849，入炉焦比破五见四，从609千克降到492千克。这些技术经济指标提高的过程，实质上是广大职工思想素质和技术业务素质提高的过程，而职工素质的提高，必将进一步促使经济效益的增长。

第二，智力济困是人才资源优化配置的一种好形式。要实现两个根本性转变，必须进行生产要素的优化配置。现在，大家对资金、技术装备和其他物质资源的优化配置，相对来说，还比较重视，但对人才资源如何优化配置，缺乏认真对待。总认为本单位缺人才，外单位又进不来，现在不像20世纪五六十年代那样，凭一纸调令，就可以把各类人员在全国范围内进行大调动。因此，一谈到人才资源优化配置，总觉得难度太大。而采取邯钢帮水钢这种方式，请先进单位派出优秀人才，到困难企业在一个时期内担任实职，不转关系，不带工资，并提出具体要求，实现目标后，再回原厂；如果进驻单位欢迎，本人又愿意，也可留下。这样，既不伤派出单位的元气，又增强了被帮单位的实力。至于进行短期咨询活动的，更不会有什么问题了。作为行业管理，我认为，当前要把这项工作列入重要议程上来。对先进企业来说，也要像邯钢刘汉章同志那样，把帮助后进作为自己应尽的义务。同时，在帮助别人中进一步提高自己。

第三，智力济困还是锻炼、培养派出单位干部的一种成功途径。先进企业之所以成为先进，一个重要原因就是在实践中，锻炼成长了一批优秀干部和职工。但是，正因为在这些企业里，人才济济，反而使他们中的一些人，没有脱颖而出的机会。在帮助后进单位的艰苦环境中，给了他们以施展抱负的新机遇，使他们内在的潜力进一步发挥了出来，他们在新单位的业绩，往往使原单位的领导和同事都感到意外，这在近两年智力济困的实践中已经不是个别的事例了。这就是说，新的环境又造就了一批更高层次的优秀干部。因此，我认为，今后应该更有意识地选调一些先进企业的优秀后备干部到后进单位任职，这既是对后者的实际帮助，也是为前者自己培养了人才。一举两得，何乐不为。

当然，**要使智力济困较快地取得成效，前提是被帮单位要端正思想观念**。有些企业之所以长期处于后进状态，一个重要原因就是在思想上受“外因论”的影响较深，过分强调外部环境对兄弟企业的有利影响和对自己的不利条件，而忽视了自身工作中的严重问题。在这种情况下，兄弟单位的经验再好，也会自觉不自觉地进行抵制，既入不了耳，更进不了心。水钢过去也曾请过兄弟单位的专家来进行指导，但收效不大，原因就在这里。这次，水钢公司更换了主要领导，新领导班子一上任，在全体职工中开展了转变观念的大讨论，使各级领导，特别是公司领导和广大职工都充分认识到，再不肃清“外因论”的影响，从改进自身工作做起，水钢将永无翻身之日。在这种情况下，邯钢同志的到来，才真正起到“雪里送炭”的作用。否则，即使上级指定“一帮一”，没有被帮单位心悦诚服的配合，也不会取得理想效果的。实践证明，只有被帮单位的“虚心学”和帮助单位的“诚心帮”相结合，“先进帮后进”才能真正发挥其作用。

智力济困并不只是单方面受益的事。在先进的帮助下，有的被帮单位很快地得到提高，反过来又促使先进单位更上一层楼。1998 年有几个月，水钢炼钢厂吨钢钢铁料消耗指标降到 1100 千克以内，邯钢总经理刘汉章就以此来告诫邯钢炼钢厂的同志，鞭策他们不断前进。这个事例，也雄辩地证明了中共中央十四届六中全会决议中所指出的，搞社会主义市场经济，必须引导人们正确处理竞争和协作的关系。从这个意义上讲，智力济困，先进帮后进，可以说，是通过协作，再进行高层次上的竞争。这必将有利于我国国民经济整体素质和效益的提高。

“扭亏十谈”之 9

坚持走“三改一加强”之路

亏损企业要不要实行“三改一加强”，又怎样搞好“三改一加强”，这是摆在所有亏损企业面前的一个大问题。

关于加强企业管理的事，本文拟着重谈谈技术改造和企业内部改革的问题。

多数亏损企业，特别是亏损大户，工艺和技术装备比较落后，不进行必要的技术改造，是很难在激烈的市场竞争中站稳脚跟的。但是，很多事实告诉我们，并不是一搞技术改造，就能够起死回生的。有的企业所以亏损，恰恰是由于在技术改造上出了问题。因此，在技改问题上，我们必须认真对待。

第一，在制定技术改造方案前，要把发挥现有装备的作用放在优先地位来考虑。搞技术改造的目的，无非是要提高产品质量、扩大品种、降低成本，而有些亏损企业所以在这方面效果不佳，并不全是由于设备问题，很大程度上还是管理不善。因此，我们必须正确处理改造和管理的关系，通过强化管理，以及群众性的小改小革活动，尽可能把现有设备的潜力充分发挥出来。像水钢实施全连铸，按某一家权威的研究单位咨询报告，至少要花2000万元，水钢公司压到1000万元，最后，炼钢厂却只花了280万元。他们的高炉喷煤工程，按某单位提出的可行性方案，要实现吨铁喷煤100千克，也需要花2000多万元，但水钢的同志经过通盘考虑，将高炉煤气供应锅炉，腾出原先为锅炉供应煤粉的破碎设备，转为高炉喷煤。现在，水钢高炉吨铁喷煤已经达到90千克以上，而高炉煤气放散率降到了6%～7%，从而可以不再新建原本要建的煤气柜，又节省了一笔资金。这些事例，充分说明了只要把职工群众的潜力充分发挥出来，就能把设备的潜力不断挖掘出来。

第二，在制定技改方案时，必须把技术和经济结合起来考虑。技术改造必须采用先进技术，这是毫无异议的，但并非技术越先进越好，一般来说，工艺技术装备的选择取决于产品定位，而市场需求是多层次的，各企业都要实事求是地确定自己的产品在市场中的定位，从而合理地选择技术装备。在不少情况下，技术先进不一定经济合理，技术先进更不等于效益良好，这已为无数事实所证明。特别是对亏损企业来讲，资金尤为紧缺，更需要重视投入产出比，使每一元钱用在刀刃上，以尽可能少的投入换取尽可能大的回报。

第三，技术改造必须根据量力而行的原则，区别轻重缓急，抓住影响当前经济效益的薄弱环节，集中财力、物力、人力，进行突破。有些亏损企业在技术改造上，欠账较多，总希望在短期内能较快地改变面貌，容易产生急于求成的思想，往往全线出击，齐头并进，结果，由于资金等各方面的制约，反而使一些项目久拖不决，迟迟不能竣工投产，严重影响企业效益；而重特、太钢集团的东方钢铁公司（原下陆钢铁厂）等企业则能根据自身具体情况，抓住主要矛盾，逐步推进，取得较好的效果。

总之，亏损企业在进行技术改造时，更需要重视实事求是的原则，量力而行的原则，技术和经济相结合的原则，以少量的增量盘活大量存量的原则。

在企业内部改革上，当前重点是要进一步搞好分配制度的改革、下岗分流，以及再就业工程。在这些方面，首先是企业各级领导要转变观念，跳出思想上的误区。

一是在分配制度的改革上，要跳出“不患寡而患不均”的误区。有的连年亏损的企业，职工收入本来就不多，因此，有的企业领导担心如果按照有效劳动进行分配，职工收入的差距将会拉得更大，会增加不稳定的因素。其实，从一些大幅度减亏或已经扭亏的企业来看，他们的经验恰恰告诉我们，正是由于果断地进行了分配制度的改革，真正体现了多劳多得，才更好地调动了广大职工的积极性。像萍钢炼铁厂，同类岗位的工人，由于所产生的效益不同，当月收入可以相差10倍。这就必然激励那些先进工人，不断攀登新高峰，而那些收入低的工人，也会总结经验教训，急起直追。比如，萍钢高炉利用系数所以能在短期内有大幅度的提高，目前有的月份已经达到2.8，同他们在分配制度方面的改革有密不可分的关系。他们还在一些关键岗位实行“尾数淘汰”，被淘汰的职工只能拿基本生活费，经过培训，再竞争上岗。由于收入多少、在岗还是下岗，都是凭数据和业绩说话，公正、公平、公开，因此，职工心态还是平衡的。现在，很多企业都已这样做了，并没有发生什么不正常的情况。可见，关键还在于企业领导自身的决心。

二是在剥离辅助上，要跳出"背着抱着一样沉"的误区。我国钢铁工业劳动生产率低，一个重要原因就是300多万人共吃一碗钢铁饭，辅助后勤部门要比钢铁主线人员还多。因此，在精干主体的同时，必须把辅助后勤部门剥离出去，使他们在为主体生产服务的同时，面向社会，力争在一定时间内做到自负盈亏。但是，有些亏损企业的领导较多地强调这项工作的难度，而忽视了其绝对必要性。有的在城市里的企业，认为当地二产、三产都很发达，剥离出去也难以谋生；有的在偏远地区或山沟里的企业，觉得辅后剥离，是"猪八戒啃猪蹄，自吃自"，反正"背着抱着一样沉"，"多一事还不如少一事"。虽然，这种思想可以理解，但应该指出，这种消极的、因循守旧的观念，是不能适应市场经济新形势的，也是不利于企业开拓前进的。其实，就是在冶金行业里，也有不少这方面的好典型。宝钢在这方面为我们开了一个好头，但有人认为，宝钢是个新厂，缺乏可比性，那么，重钢、新（余）钢、威（远）钢、乌（兰浩特）钢、张（店）钢等一批企业，有的在城市，有的在偏远地区，但都做出了可喜的成绩，为我们提供了很好的经验。这件事，既然是势在必行，早抓早主动，越晚越被动，要把困难视作新的机遇、新的挑战，在克服困难中趟出一条新路子。

三是在下岗分流上，要跳出职工下岗必然会引发社会不稳定的误区。现在，谁都知道下岗的必要性和必然性。但是，有的企业领导认为，这是一根十分敏感的弦，弄不好，就会触发不稳定的因素。有的企业甚至在职代会上不敢提"下岗"二字，而用"转岗"来代替，事实上，这家企业并没有什么岗位可转，其结果只能是使职工抱有幻想，徒然丧失了时机。当然，对下岗职工来说，收入将会减少，这是会增加一些不稳定的因素。但是，如果企业长期处于亏损状态，不仅在岗职工发不出工资，连离退休职工的工资和医药费都无法保证，那又怎能谈得上稳定呢。比起这种情况来，部分职工下岗只能说是存在小不稳定的因素。其实，职工们也是通情达理的，只要讲清道理，他们是会理解并接受的。重钢的职工在明白全国和公司的形势后，主动配合公司搞好下岗分流工作。他们说，现在重钢好比一艘超载的老船，航行在惊涛骇浪之中，随时都有灭顶之灾的危险，与其全船覆没，不如我们部分人员先行下船，确保大家的平安。当然重钢领导在搞好再就业工程上也是下了工夫的，他们早就提出，要为分离分流的职工"搭设新舞台，开发新产业，创造新财富，体现新价值"的"四新"方针，现在，重钢非钢产业的比重已经超过30%。因此，尽管重钢分流分离的力度很大，但重钢内部却相当稳定。对所有企业来说，都要像重钢那样，通过做好各方面的工作，追求积极的稳定，而不能消极保守，满足于暂时的稳定，事实上，这种暂时的稳定，最终还是会转化为不稳定的。

当然，企业的改革，会涉及政府和社会上有关部门，我相信，各方面是会给以支持的，但关键还是在于企业自身的观念转变和精神状态的振作。

"扭亏十谈"之10

再接再厉，力争早日走向良性循环

经过近一二年的艰苦努力，目前，冶金行业里一批亏损企业摘掉了亏损大户的"帽子”，大幅度实现了止亏，有的已经实现了扭亏，受到了国务院领导的表扬，《人民日报》还在1999年1月下旬到2月上旬，连续发了四篇冶金行业扭亏增盈的述评，并配了一篇评论员文章。这些，对冶金行业、特别是对那些在扭亏工作中做出很大成绩的企业，是个极大的鼓励。但正像一些扭亏大户的领导所清醒地看到的那样，扭亏不等于脱困，而要真正进入良性循环，还有很长的路要走。因此，我们绝不能有丝毫的自满情绪，必须再接再厉，乘胜前进，夺取新的胜利。

第一，我们要看到，当前这些企业的扭亏，都是在国家和各地政府给予的诸多政策支持下取得的。有的是实行了减人增效的政策，免除了当年的部分利息；有的是通过兼并，国家不仅免除在此之前企业所欠金融机构的全部利息，还连续7年免除当年金融机构的全部利息；此外，各地政府还在力所能及的范围内，给予其他各项减轻企业负担的政策。尽管在有些企业里，这些政策在企业扭亏中所起的作用，和通过自身努力提高企业的效益相比，还属于“小头”，但绝不是无足轻重的，更不能忽视国家这些政策的支持对职工的鼓舞和激励作用。同时，我们还必须看到，在有些企业里，这些政策效益竟占到7成以上，对企业扭亏起到了决定性的作用。而这些政策因素将会逐渐弱化，今后，减人增效的政策一般不再推行，兼并企业两年以后将进入还本期，有的企业今后每年的还本额要大大超过当年的免息额。对这些情况，我们必须保持清醒的头脑，早为之计。否则，很有可能在扭亏进程中出现新的反复。

第二，我们还要看到，这些在扭亏工作上有较大进展的企业，除少数几个外，多数企业的主要技术经济指标都还没有达到本企业的历史最好水平，更不要说是行业先进水平了。而要想在当前激烈的市场竞争中站稳脚跟，必须要努力提高企业自身的综合竞争力。在这方面，今后这些企业要付出的代价将比现在要多得多，企业职工要付出的艰辛劳动也要比现在多得多。这一点，千万不能掉以轻心。

第三，我们更要看到，多数亏损企业现有的技术装备还比较落后，这也是导致这些企业经济效益低的一个重要原因。而要改变这一状况，必须抓紧进行技术改造，这对资金处于十分紧张的亏损企业来讲，又是一道很大的难题，既不能因为搞技术改造而找死，更不能因为不搞技术改造而等死。因此，吸取以往技术改造上的经验教训，力争以最少的资金投入实现尽可能多的产出效益，是这些企业领导当前要摆在重要议程的一项大事。

第四，我们还要看到，目前有的企业已经出现的“小变即安”、“小富即满”的思想倾向，这将严重影响这些企业继续大步前进。这些企业经过一二年的苦干，指标上去了，效益增长了，亏损大幅度下降了，职工收入也明显增加了，因此，在部分干部和职工中，产生了满足现状、不求进取的思想，不求有功、但求无过的情绪有所滋长，结果是工作上不去，新的奋斗目标完不成。水钢在1998年的一季度就曾经出现过这种情况，水钢总经理朱继民同我谈起当时心情时，认为那一段时间，是他到水钢后最费心思的时候，工作布置下去了，可就是推不动。最后，还是再一次开展思想观念转变的全员性大讨论，进行思想、作风、管理的“三整顿”，才扭转了局势。

由此可见，企业扭亏了。并不等于真正脱离了困境，而要使企业步入良性循环，能够主要依靠自身的力量，持续发展，更不是一蹴而就的事。从一些企业的经验看，企业扭亏后，还要继续做好以下几项工作。

（1）修改、完善脱困规划。从冶金行业看，多数亏损大户都已制定了三年扭亏规划，有的企业还提前实现了原定目标。当前，要根据新情况、新形势，在认真总结前一段扭亏经验的基础上，重新修订、完善这一规划，实事求是地提出更高的奋斗目标，引导职工攀登新高峰。这一规划，既要有分阶段的目标任务，又要有实现这一目标的具体措施，更要有组织实施各项目标的责任人，并进行严格的考核。

（2）结合当前职工的思想动态和进一步脱困的需要，及时地开展转变观念的群众性大讨论，特别是要在各级干部中先就一些重大问题统一认识。实践证明，所有亏损大户的扭亏工作，都是从转变观念入手，先克服自己头脑里种种不利于减亏扭亏的思想上的“敌人”，才能使减亏扭亏工作迈出新的步子。这可以说是我们扭亏工作的一件传家宝，即使扭亏了，也要把这件传家宝继续往下传，使全体职工的思想观念能不断跟上发展的新形势。

（3）继续花大力气抓好企业内部改革的深化和各项管理工作的强化，并使企业尽快走上依靠科技进步和提高劳动者素质的轨道。这些，都是企业永恒的主题，是企业持续发展不能须臾离开的“法宝”。在深化改革上，要把健全各项分配制度以及用工制度的改革放在重要位置上来抓，真正建立起能充分调动广大职工积极性的激励机制和约束机制，并积极、妥善地搞好下岗分流和再就业工程。在强化管理上，要适应市场经济的新形势，着重加强企业内部的财务管理、成本管理、质量管理和营销管理。科技进步在今后提高企业市场竞争力中所处的位置将越来越重要，而亏损企业在这方面的差距，相对来说，要更大些，必须急起直追，奋力赶上。在人才的使用和提高上，亏损企业首先要通过建立有效的激励机制，止住人才的流失，并进一步发挥现有人才的作用。同时，要舍得在提高队伍素质上投入人力、物力和财力，并大力改进培训工作，提高各项培训工作的有效性。

（4）努力寻求资产重组的有效途径。有的企业，虽然目前止亏了，但仍承担着大量银行等债务，仅靠企业自身，是难以偿清的，而且这些企业，相对来说，规模较小，很难发挥规模效益，因此，最好能走兼并之路，进行企业重组。对有条件的企业，还可以努力寻求股票上市的机会，进行融资。在企业内部，也可按照“抓大放小”的原则，对一些小单位和部门采取出售、拍卖、租赁等多种形式，进行资产重组，使现有存量发挥更大的作用。

当然，企业要走向良性循环，靠企业自身努力是主要的，但外部环境的改善以及必要的政策支持也是必不可少的，特别是由于历史原因造成的企业过重的人员负担、社会负担、债务负担，各级政府有责任为企业适当分担一部分，使国有大中型企业能同其他经济成分的企业一样，基本上站在相同的起跑线上，开展竞争。我们深信，依靠各方面的共同努力，国有大中型钢铁企业是可以扭亏脱困，走向良性循环，实现新的腾飞的。

创造有利于人才成长的环境[1]

在世界走向知识经济和全球经济一体化的时代，最可宝贵的资源已经从资本转向人才，“知本家”这一新名词的广为传播，在某些场合，甚至比“资本家”还响亮，就是从一个侧面说明了问题。因此，作为知识载体的人才，就显得越来越重要。如何发现人才、培养人才、吸引人才、留住人才，不仅成为所有企业、科研单位、高等学校共同关注的重大课题，很多国家的政府也都为此制定了政策。因为，现在谁都明白，谁在人才争夺战中取得了优势，谁就能在市场竞争中取得制高点，谁就有获胜的希望。

应该说，在人才重要性的认识上，现在不存在多少原则性的分歧，但在实际工作中，却还有种种不同的认识和做法，妨碍人才的发现、成长。

一、要树立有利于人才成长的观念

无论是一个国家，还是一个企业，其主要领导的“人才观”，绝对会影响这个国家、这个单位人才成长的速度、质量和方向。因此，树立正确的“人才观”对任何一个单位来说，都是极端重要的。从我所接触的一些企业情况来看，有这样几个观念需要重视。

（1）要树立人才处处有，问题在于发现的观念。现在，不少单位的领导抱怨自己单位缺人才。应该承认，由于历史的原因，以及各单位所处环境的不同，人才成长的条件也不尽一致。因此，人才的多寡、高低，会有不小的差异。但这绝不等于本单位就没有合用的人才。这几年，我在帮助企业扭亏的实践中，对此深有所感。比如说，现在萍钢的一把手，原先只是分管生产的四把手，正式的学历是高中。1997 年 3 月，由于当时一、二、三把手同去南昌汇报工作，途中车祸，两死一重伤。在这种情况下，涂建民同志主动出来维持局面，稳定大局，后经上级领导任命为厂长。他就任后，在短短半年内使企业面貌有了显著的变化，亏损大幅度下降，人心齐，人气旺，成为江西省工业企业的一面旗帜，省政府提出“远学邯钢，近学萍钢”，1999 年在兼并政策的扶持下，已经实现了扭亏。像涂建民这样的干部，在正常情况下，也许很难有提升为一把手的机会，但现在谁都无法否认他确实是个人才。还有像水钢，1996 年前，连续两年巨额亏损。当时，人人都感到一筹莫展。但当原鞍钢总经理助理朱继民出任水钢总经理后，在短期内实现扭亏的同时，也培养锻炼了一大批干部。近两年，已经有三名公司的领导调到其他大型企业担任主要领导。朱继民同志调离后，在水钢内部也顺利地实行了平稳过渡，二级单位还涌现出一大批年轻有为的中层干部。现在，又有谁能说水钢没有人才。

（2）要树立人才主要立足于内部、但也要重视适当引进的观念。这也是前一论点的必然推论。既然承认人才就在身旁，那当然应该尽可能挖掘内部的潜力，又何必舍近求远。

[1] 本文是根据作者 1999 年 11 月 11 日在江西萍钢人才发展研讨会上的发言整理而成，后发表于 2000 年第 2 期《冶金政工研究》。

这里，还可以介绍一下唐太宗李世民说的一段话。李世民曾令大臣封德彝推举人才，但封过了好久都没有推举一人。李世民就责问他。封说："非不尽心，但于今未有奇才耳。"李世民听后，就说了这样一段话："君子用人如器，各取所长。古之致治者，岂借才于异代乎？正患己之不能知，安可诬一世之人。"因此，我们必须要花大力气从内部发现人才，培育人才，这要作为各级领导的一项重要职责。但是，还必须看到，当前是一个开放的时代，山外有山，天外有天。对一个单位来讲，并不能拥有所需要的一切人才，借人之长，补己之短，理所当然。这几年，一些企业在扭亏增盈上有较大幅度的提高，各项技术经济指标有较大的改善，同引进"外智"，即适当引进先进企业的专家人才是分不开的。这种"外智"的引入，可以是短期咨询式的，也可以是在较长时间里担任一定的实职，后者可以更有利于直接地引入新观念、新思想、新机制、新作风，从而能在较短期间改变进驻单位的面貌。

（3）要树立正确处理"德"、"才"关系的观念。在人才问题上，如何处理好"德"、"才"两者的关系，是一件头等重要的大事。古今中外，概莫能外。我国一度在极左思潮的影响下，不恰当地强调政治思想的作用，大搞"拔白旗"，批"白专道路"，扼杀了无数人才。但近几年，在不少地区和单位，又出现片面强调才能，忽视、甚至不问思想政治品质的不良倾向。在这方面，我觉得有两个人的论述值得重视。一是司马光的，他曾说过这样一段话："才者，德之资也；德者，才之帅也……。是故才德全尽谓之'圣人'，才德兼亡谓之'愚人'；德胜才谓之'君子'，才胜德谓之'小人'。凡取人之术，苟不得圣人、君子而与之，与其得小人，不若得愚人。何则？君子挟才以为善，小人挟才以为恶。挟才以为善者，善无不至矣；挟才以为恶，恶亦无不至矣。愚者虽欲为不善，智不能周，力不能胜，譬如乳狗博人，人得而制之。小人智足以遂其奸，勇足以决其暴，是虎而翼者也，其为害岂不多哉！"另一段是西方一些企业的"人才观"，他们也讲"德"和"才"，他们所说的"才"，就是能为企业获取利润的本事；他们所说的"德"，就是要企业的理念和职业道德。一个员工，德才双全，当然好，是重用的对象；缺德少才的，也好办，不用就是；问题是有德无才（或者是德多才少）或有才无德（或者是才多德少）的怎么办？他们的处理办法是对前者可以调离岗位，再给一次机会；最难办的是后者，这些人，能在短期内作出一定的成绩，但他们在作出成绩时，总是不顾公司的价值观，如果经帮助后，不能改正，不能迁就，坚决裁掉。这两种观点，尽管产生的年代相差近千年，地域相隔差上万里，但却是何其相似。这说明，尽管对"德""才"的标准会随着时代的变迁和国家的不同，会有相异之处，但选用人才，必须重视德才兼备，却是共同的。

二、要创造有利于人才成长的氛围

人才成长，既要有外部的压力，又要有良好的气氛。我国培养人才的硬件不如一些发达国家，但更值得我们重视的是人才成长的软环境不如人。为什么我们的出国留学生相当一部分久留国外不归，好多尖子人才又大量外流？这除了有物质条件等方面的原因外，同用人的机制（下面再谈）以及工作单位的氛围有关。要形成人才成长的良好氛围，有这样四点需要引起注意。

（1）不求全责备。尽管从理论上，大家都承认，"金无足赤，人无完人"，对人要看主流。但在实际工作中，却往往因为一些不涉及大局的事情，影响对一个人的使用。比如，一些有成就的人，往往被戴上骄傲自满的帽子；有的有些个性的人，更容易被斥之为“不合群”，甚至“狂妄自大”；有的纯属个人家庭生活中的一些矛盾，却不加分析地视之为“生活作风”问题；即使有的确属本人的毛病，却又没能开诚布公地进行谈话、教育，而是听任飞短流长，一些人才往往就是在这种闲言碎语中影响、甚至葬送了前程。

（2）要允许失败。“萧规曹随”，当然不易犯错误，但也很难推动事物的前进。特别是当前以企业改革为中心环节的经济体制改革不断深化，科学技术更是突飞猛进，面对层出不穷的新事物，各项工作都必须要创新。创新，就意味着走前人没有走过的路，这就难免会有失败。美国硅谷的成功，有一条十分重要的原因，就是允许失败。当然，允许失败，是有前提的，是指创新过程中的失败。绝不是那种由于不学习、不接受前人的教训、一意孤行、以所谓“付学费”为名，而犯的重复性错误。

（3）不拘一格用人才。社会需要的人才是多层次、多方面的，不能用一个固定模式去套。更何况尺有所短，寸有所长。孟尝君3000食客中，不乏鸡鸣狗盗之辈，但就是靠了他们，才能逢险化夷。在社会主义现代化建设中，当然需要高学历的专业人才，但也不能单纯追求学历，要讲学历不唯学历，要文凭不全凭文凭。日本索尼公司聘用人才时，就不问出处，他们的创业元老盛田昭夫甚至说，“让文凭见鬼去吧”。但谁都不能否认，索尼拥有大量的一流人才。我们不少企业里，也都有一批紧密结合实践，自学成才的骨干，在实际工作中起到了很好的作用。现在有一种值得注意的倾向，就是由于片面以学历来考核员工，以致使不少干部和职工想方设法去获取学历，结果是“有了文凭没有水平”，理论上并没得到提高，实际经验又缺乏积累，误人误己，为害非浅。

（4）要创造各种有利于“沟通”的氛围。在现实生活中，经常看到不少新思想、新观点，往往是在不同意见的相互碰撞中激发出来的，就是所谓的“头脑风暴法”。闭目塞听，单靠个人闭门造车来搞创新、搞改革，绝不是值得推崇的做法。国外很多企业在组织机构的改革上，所以看好“扁平式”结构，也就是为了要加强上下沟通，前后左右的沟通。宝钢除了有一套行政系统以条条为主的管理体系外，还由企业管理协会牵头建立了各种联谊会，诸如厂长联谊会、作业长联谊会等，以加强横向之间的相互沟通，这就大大提高了工作效率。像炼铁和炼钢之间某些具体问题的协调，就可以直接由两家的作业长直接沟通而得到解决，不需要像过去那样由炼铁作业长—炼铁厂长—炼钢厂长—炼钢作业长那样走四边形之路。

总之，千万不要因为我们领导工作的失误或者由于一些不负责任的言论影响了人才的成长，更不要因此而埋没甚至扼杀了人才。在人才决定一切的新时代里，这样做，实际上就是自断生路，自己把自己推向绝路。

三、要建立有利于人才成长的机制

经过这些年改革的实践，使人们越来越认识到机制的重要性。一个好的机制可以使人才得以脱颖而出，同样，一个差的机制可以使无数人才难以发挥应有的作用。现在，已经有6位美籍华裔科学家获得了诺贝尔奖。这些人中的相当一部分，其基础教育是受之于祖国大陆。应该说，对中国人的聪明才智，国际上也是公认的。但是，为什么中国大陆却至今出不了一个诺贝尔奖金获得者？不能不承认，这里有个机制问题。即使在国内，不少老企业里，可以说是人才济济，但为什么很多人在老厂却发挥不了作用。我曾在钢铁和汽车两个行业里作过调查，同样是这些人，他们在老厂，感到像“掉在棉花堆里，有劲使不出”，但到了有的新厂，却是“一年干了十年的活”。这里当然有各方面的因素，但不同的机制，在某种程度上，确实起到了决定性的作用。

（1）在用人机制上，要建立通过公平、公正、公开的竞争，选拔人才的机制，在赛马中相马。固然，我们赞赏伯乐，但韩愈早就说过：“千里马常有，而伯乐不常有”；即使伯乐多起来了，靠伯乐相马仍然还是人治。我们提倡在赛马中相马，就是要通过建立竞争的机制，使众多的人才在实际工作的考验中，有所比较，有所鉴别，从而使优秀人才脱颖而出。但是，毕竟只靠一两次的赛马，有时也会带些偶然性。有些人才，还缺乏适当的机会来显露自己的才能，这就需要把赛马和相马结合起来，通过多种渠道，使真正的人才不至于被埋没。

（2）要建立起有效的激励机制。激励机制应该是多方面的。马斯洛分析了人的五种不同需要层次，满足了的需要就不再是激励因素。因此，激励机制的建立也要根据企业发展的不同阶段，以适应各种不同层次的需要。但当前比较主要的还是要在分配制度上下工夫。必须要进一步打破形形色色的平均主义和大锅饭的传统影响，使那些真正为企业和本单位创造大量财富的员工得到他们理所应得的报酬和相应的地位。一年多来，一批企业的高炉利用系数有了突飞猛进的变化，除了优化原料结构外，一个重要原因就是得益于分配制度的改革，使关键岗位的员工随着这些技术经济指标的改善，收入有了明显的提高，从而促使他们钻研业务，敬业精神得到发扬。当前，面临知识经济时代的到来，更要重视对有真才实学的科技人才的激励。解放初期，陈毅同志在一次报告中曾经讲到，解放战争时期，将军坐头排；在和平建设时期，就要让工程师、科学家坐头排。由于前些年指导思想上的失误，挫伤了一大批知识分子的积极性，错过了发展的大好时机，现在，切不可再丧失时机。特别是在我国即将“入世”之际，国际上人才争夺战越来越激烈，国内人才流动也愈益频繁，谁要是不下工夫在这方面进行大刀阔斧的改革，谁就会丢失人才，就会使企业走下坡路。

（3）要建立起人才培训的机制。在现代化社会里，特别是在今后的知识经济时代里，培训不仅是员工自身求生存图发展的需要，更是企业立足于国内外激烈竞争市场之林的需要。因此，人才的培训要作为企业扩大再生产能力的一项重要战略决策来抓，要建立起适应市场竞争需要的人才培训机制。要把人才培训的成果纳入各级领导干部的考核内容中，加强资金的投入，加强计划性，加强对这项工作检查的力度，努力克服在这方面存在的惰性。人才培训，也要多层次、全方位地进行，通过各种途径，造就人才群体，既要给拔尖人才创造继续发展的条件，也要对量大面宽的工人建立其必要的培训制度。

总之，人才是企业发展之本。中国的文字还是挺有意思的。“企”字的上面是个“人”，下面是个“止”。就是说，企业离开了人才，企业就会停止前进。现在，西方还有一种观点：看一个企业的实力，首先看它拥有多少具有管理知识和科技实力的创造型人才。如果一家企业拥有 10 个这样的人才，就算作巨型公司；超过 2 个的可以算作大型公司，拥有至少 1 位这样人才的就只能被称作中型公司。让我们都在人才开发上来个竞赛吧，使我国出现一个人才辈出的崭新时代，来迎接中华民族的伟大振兴！

面临知识经济时代的中国钢铁工业[1]

当前，知识经济已成为各方关注的一个热点问题。知识经济将会对人类社会的发展起什么影响？知识经济对工业经济时代的传统经济将产生什么样的影响？对不同发展阶段的国家来说，知识经济的来临又各自意味着什么？面临知识经济时代的到来，我们应该采取什么样的对策？这些问题，愈来愈引起人们的高度关注和认真思考。

一、知识经济时代的到来是历史发展的必然

众所周知，人类社会的经济发展，在经历了漫长的8000多年农业经济社会后，进入了工业经济社会，这也已有300多年的历史，现在一些发达国家已开始进入知识经济时代，即使在中国，也已经“初见端倪”（江泽民语）。在这3个不同经济形态的社会里，创造财富的主要战略资源各不相同。在农业经济时代，最大的资源是以体力劳动为主的劳动力和土地，谁拥有这些，谁就可以获得大量的财富。而在工业经济时代，以机器设备、厂房等物质形态体现的资本，以及其他的自然资源取代了土地，成为主要的战略资源。同时，掌握现代化科学技术的人力资源也替代了以简单劳动为主的劳动力，成为另一个重要的战略资源。至于在知识经济时代里，同以往的经济形态相比，最大的不同在于，它的财富的创造和积累并不直接取决于资源、资本、硬件技术的数量、规模和增量，而是直接依赖于知识的积累和利用。知识资源成为最大的资本，“知识资本”的名词也就应运而生，谁拥有更多的知识，谁就拥有更多的主宰权。

应该说，知识经济时代的到来是社会生产力发展的必然结果。其实，任何经济形态社会的发展，都离不开知识。社会进化的过程，实际上也是知识越来越丰富、越来越起作用的过程，只是到了知识经济时代，知识的作用和价值超过了其他任何一种资源，成为社会发展的主要动力。这不仅仅是一种数量上的增长，而且是有了质的飞跃，知识的威力将会渗透在社会、经济、文化生活的各个方面；将会改变人们的思维方式、工作环境、生活习惯，“知识资本”、“知识经济产业化”、“知识主管”等新名词的出现也反映了这种动向；它还将推动人和自然的协调、实现可持续发展。特别是作为知识经济时代的一个重要标志，就是信息革命的崛起，信息革命使地球变小了，进一步促进了经济的全球化。

但是，对知识经济也存在一种误解。认为既然已经进入知识经济时代，今后主要是发展高科技产业，那些传统工业就无足轻重了。这种观点，显然是片面的，因而也是有害的，特别是对中国这样一个发展中的大国来讲，更是如此。因为，第一，经济时代的变迁，是以生产力发展为前提的。现在，发达国家已经完成了工业化的历史使命，进入知识经济时代是顺理成章的事情，而我国还没有实现工业化的目标。因此，我们在重视信息产业，大力发展这些高科技产业的同时，仍然必须牢牢抓好那些作为工业经济时代的支柱产

---

[1] “钢铁2000年大会”发言稿。原载于2000年第4期《中国冶金》。

业，把它们做大做强。否则，就可能像在沙滩上建高楼，缺乏牢固的基础；第二，知识经济时代是在工业经济时代基础上发展起来的一个新时代，它并不是否定工业经济，在知识经济时代重点发展的高科技产业，也不能取代工业经济时代的传统产业，正像工业经济的到来，并没有使作为物质生产一种形式的农业消失，农产品仍然是人类需求的一个基本方面，只是农业在整个社会经济结构中的地位发生了变化；第三，高科技产业和传统产业的关系，并不是前者取代后者，传统产业并没有完成其历史使命，在相当长的时间里还会继续存在，但它需要利用高科技来进行改造，使它提到更高的水平，这也是高科技的威力所在。可以这样说，这两者的关系是改造与被改造、服务与被服务的关系。

知识经济时代的到来，对世界各国既是机遇，也是挑战。对像我国这样一个发展中的大国来说，面临的挑战就更大些。因为，一是我国经济在还没有完成工业化的情况下，又面临信息化的挑战；二是我国企业在没有完成市场化的情况下，又面临全球化的挑战。这就要求我们不得不在完成工业化和市场化的同时，适应信息化和全球化的战略调整，两副担子一肩挑，两项任务同时抓。

二、世界钢铁工业的发展史也是知识含量不断增长的历史

下面，结合钢铁工业的情况，来分析面临知识经济挑战下所遇到的问题和应采取的对策。首先，来看一下世界钢铁工业的发展史。近百年来，世界钢铁工业发展迅猛，有这样几个特点：

（1）在数量发展上是前快后慢到徘徊不前，但在地区分布上有较大变化。1900 年，世界钢产量只有 2850 万吨，只是到 1927 年，才突破 1 亿吨，1951 年跨过了 2 亿吨，以后基本上是直线上升，到 1974 年突破了 7 亿吨；从 1 亿吨到 2 亿吨，用了 24 年的时间，但从 2 亿吨增长到 7 亿吨，却只用了 23 年。这充分说明了在这一阶段，钢铁工业的技术有了突飞猛进的进步。20 世纪 70 年代末，美国、英国等一些国际上权威机构都曾预测，到 2000 年，世界钢产量将突破 12 亿吨。但在以后的 20 多年中，钢产量一直在 7 字头上徘徊。在此期间，发展中国家的钢产量有了大幅度的增长，而发达国家钢产量则有较大幅度的下降，这固然有市场变化的因素，但也从另一侧面反映了技术的进步。

（2）工艺技术装备有了革命性的变化，向大型化、现代化、连续化迈进。现在，世界上最大的高炉有 5000 立方米级的，炼钢有 380 吨的大型转炉、360 吨的大型电炉，精炼、连铸的发展使钢的材质、性能有了很大的改观，原材料和能源的消耗大大降低，采取四位一体的工艺流程（炼钢、精炼、连铸、连轧），可以使从原料投入到成品产出整个生产过程只用几个小时。工艺技术装备的改进，使钢铁工业的产成品无论在品种、质量、价格（近 20 年来，国际上钢材价格始终保持稳定，与技术进步关系极大）和交货期等各个方面，都能更好地适应用户新的需求。

（3）劳动生产率有了极大的提高。近二三十年来，发达国家都把提高劳动生产率同节能和产品高档化并列，作为钢铁工业技术和管理工作的三大重点。这一方面固然是降低成本的需要，另一方面也说明了技术的进步为此提供了条件。像 1973 年以来，日本的钢产量下降 15.2%，而职工人数却下降了 33.3%；美国钢产量下降 30.5%，职工总数下降了 54.2%。现在，这一趋势还在继续。浦项、君津、台湾中钢集团等企业人均实物劳动生产率都已经超过 800 吨钢。

(4）企业并购浪潮一浪高过一浪，跨国兼并已成为钢铁工业结构调整的一个新的特点，加速了经济的全球化。企业并购，先是从国内开始，然后逐渐走向国际。像日本二战后，有五十几家钢铁企业，经过几轮兼并联合，目前已形成以五大钢为主的格局；德国20世纪60年代末，有11家年产钢量在100万吨以上的钢铁企业，到80年代末，通过兼并，已减少到5个。最近，克虏伯又同蒂森合并，成为年产钢能力1700万吨的德国最大钢铁企业。近两年来，国际并购活动如火如荼，如法国于诺齐尔钢铁公司兼并了比利时最大的考克利尔钢铁公司；英钢同荷兰的霍高文钢铁公司合并等。这种并购活动，不单纯是为了取得规模效益，主要还是有利于结构的调整，避免过度竞争，降低成本，提高在国际市场的竞争力。国外有的专家预测，今后10年中，全世界10个最大的跨国钢铁集团将从现在的1.7亿吨钢扩大到4亿吨，占世界钢产量的一半左右。这种状况，如果没有以计算机为主的高新技术的支持，是不可想象的。

上述情况，充分说明了钢铁工业的发展历史就是一部依靠科技进步（包括科学管理）的历史，而且随着知识经济时代的来临，将会得到更好的发展。知识经济时代所产生的高新技术，只会有助于钢铁工业向新的台阶攀登，而绝不是取代钢铁工业。应该说，在今后一个相当长的时间里，钢铁工业仍然是人类社会不可或缺的一个重要部门，所谓“夕阳工业”的论调是一种不负责任的说法。

三、我国钢铁工业的重大进展和差距

对我国钢铁工业来讲，既有同世界钢铁工业发展过程中的一些共同特点，也有自身的一些不同特色。

(1）钢产量有了大幅度的增长。我国是近50年来、特别是在改革开放以后20多年来钢铁工业发展最快的国家之一，1996年钢产量突破1亿吨，成为世界上继美国、苏联、日本之后的第四个超亿吨的钢铁大国。以后，连续几年钢产量都在1亿吨以上，至今绝对量稳居世界第一位，占世界钢产量的比重也从1978年的4.46%提高到1999年的16.05%。

(2）工艺技术装备有了明显改进。现在，我国已经建立起了像宝钢、天津无缝钢管公司等几个用世界最新技术装备起来的现代化钢铁企业，也有了一批像武钢、鞍钢、本钢、邯钢、攀钢、马钢、太钢等具有世界先进水平的生产线；特别是工艺结构的调整，取得了长足的进步。预计，2000年可以彻底淘汰平炉，连铸比将超过80%；连轧比也有了较大的增长。1978年，我国还没有高速线材轧机，现在，由高速线材轧机生产的线材比重达到48%，小型材连轧比为47%。

(3）产品品种质量有了较大改善。现在，按国际一般水平和国际先进水平标准生产的钢材稳定在87%以上，72个重点大中型钢铁企业，绝大多数都通过了ISO9000的认证工作。一些过去靠进口的高等级钢已有相当一部分立足国内，自给率在不断提高。更令人自豪的是，国防军工以及一些尖端部门，包括原子弹、氢弹、导弹、人造卫星、火箭、核潜艇等所需关键钢材，全部由国内研制成功并保证供应，国庆50周年检阅用的全部武器装备也都是立足于国内的。这些，都说明了我国的钢铁工业确实已经登上了一个新的高峰。

(4）管理水平普遍有了提高。在进入社会主义市场经济后，钢铁企业从管理的思想观念、运作体制、目标取向、经营方式、管理重点、评价标准等方面，都发生了极大的变化。特别是在营销管理、成本管理、质量管理、资本运营，以及决策管理等方面，都取得了较大进展。在此期间，涌现出一批具有不同管理特色的先进典型，像宝钢现代化管理的经验，武钢走质量效益型发展道路的经验，邯钢“模拟市场核算、实行成本否决”的经验，济钢系统节能的经验，唐钢对标挖潜的经验，水钢全面学邯钢、扭亏增盈的经验，等等。在管理和技术进步两个轮子的共同推动下，各项技术经济指标有了明显的改善。像高炉利用系数1999年全国平均为2.14吨/(立方米·日)，宝钢大高炉的主要技术经济指标已处于世界领先地位；同期，吨钢综合能耗平均降到0.958吨标煤，宝钢、杭钢、三明、韶钢等企业只有700多千克。在钢材成本方面，近几年，通过学邯钢，以及新的工艺技术的采用，有了大幅度下降，绝大多数钢材的销售价格已经同国际接轨，具有一定的市场竞争力。

（5）劳动生产率有了较大程度的提高。由于种种历史原因，我国钢铁工业的劳动生产率长期处于很低的水平。20世纪80年代末期，钢铁行业大力推广宝钢、武钢精干主体，分离辅助的经验，使劳动生产率稳步上升。一些辅助后勤单位剥离后，除继续为母体公司提供所需要的产品和服务外，开始面向社会大市场，并成为自主经营的独立法人，现在有不少子公司已经自负盈亏，自食其力。主体生产线的人员经过精简、竞争上岗，人员减少，质量提高。今年，绝大多数大中型钢铁企业主线的实物劳动生产率都能达到人均150吨钢，宝钢已达到765吨。

（6）企业组织结构的调整有了一定的进展。我国钢铁工业的集中度低，这不仅不能发挥规模效益的优势，而且还严重影响到技术装备结构和产品结构的调整，影响到工艺技术的升级换代，影响到各种物质消耗和成本的降低。尽管由于我国现行经济体制的制约，在企业结构的调整上举步维艰，但毕竟已经迈出了可喜的一步。一批国有企业实施了破产，淘汰了落后的生产力；对有些效益差、但有发展前景的企业实行了兼并。特别是宝钢和上海地区其他钢铁企业的联合，组建了新的上海宝钢集团，实现了优势互补，并有效地避免了重复建设，也有利于加速淘汰落后，进一步提高了市场竞争力。

虽然，我国钢铁工业各方面都有了很大的进步，但就总体而言，同发达国家相比，差距还是不小，尤其是同钢铁大国的地位尚不相称。更何况当前钢铁工业还面临进入WTO的新挑战，我国相当一批企业在国际市场以及国际化了的国内市场上缺少竞争力。这主要是：一些高档次的产品还不能生产；一些产品的质量不够稳定；吨钢可比能耗平均为833千克标煤，比欧美和日本的钢铁企业分别高100多到200多千克；劳动生产率平均只有发达国家的1/5；特别是企业组织结构很不合理，分散度过高。总之，从总体而言，处于工业化进程中的中国，同已经实现工业化的发达国家相比，我们的生产力水平不高，科技储备不足，创新能力不强，这实质上还是知识的差距。

四、面临双重挑战的我国钢铁工业的对策

由此可见，当前我国钢铁工业面临着双重压力，一是要在迎头赶上发达国家的同时，准备迎接知识经济时代的挑战；二是要在规范国内市场的同时，迎接经济全球化所带来的挑战。实际上，这两者是不可分的，一方面，知识经济为经济全球化创造了技术条件，推动了经济全球化的进程，也推动了包括钢铁等基础产业的国际化；另一方面，这种“以知识为基础的经济”本身更容易超越国界。因此，它又是经济全球化条件下的经济。面对这种情况，我们既不能因为知识经济时代的到来而忽视对上述钢铁工业存在的一些重大问题

的解决，更不能越过这些问题而奢谈知识经济；而是要在解决当前面临的问题时，考虑到同今后知识经济时代的接口。同时，也要善于运用知识经济的成果和它所带来的新机遇，加快我国钢铁工业的发展。

（1）立足现有基础，不断提高企业经济效益。不断提高经济效益，这是企业持续发展的基础。近几年，钢铁企业各项技术经济指标都有较大的进步。但是，也要看到，现在各企业之间发展还很不平衡，一些基本条件相差无几的企业，但能耗、成材率、制造成本等主要技术经济指标的差距却不小；有的企业，引进了世界一流的先进设备，却拿不出相应的产品。因此，当前首先是要把现有企业的潜力充分发挥出来，较大幅度地提高经济效益。这里的关键是要转变观念，立足现实，扎扎实实地抓好企业内部的各项工作，特别是要把深化改革、强化管理、和依靠技术进步紧密结合起来，更好地调动广大职工的积极性，围绕提高产品质量，开发新产品，节能降耗，提高劳动生产率，降低成本，减少环境污染，充分发挥现有存量的作用，以最小的投入取得尽可能大的效益。如果这一点都做不到，那就谈不上迎接知识经济的挑战了。

（2）加快结构调整的步伐。我国要由钢铁大国转变为钢铁强国，必须要在优化结构上下大工夫，主要是产品结构、工艺技术装备结构、企业组织结构。这一方面要大力搞好技术改造，并充分利用后发优势，从我国的实际情况出发，积极运用知识经济的新成就；同时，鉴于过去企业在技术改造中各行其是、导致大量重复建设的教训，特别是面对经济全球化、国际钢铁界纷纷进行企业重组的新形势，我国钢铁工业必须摆脱观念上、体制上的种种束缚，加快战略性的联合兼并和资产重组的步伐，尽快地建成若干类似上海宝钢集团那样的，以鞍钢、武钢、首钢、攀钢等若干具有较强实力优势的特大型企业为核心的、跨地区的大型钢铁企业集团，并在改组的基础上进行技术改造，增强在国际市场上的竞争力。此外，开展多种经营，也是国际钢铁界的一大趋势。首钢、武钢等企业非钢产业都已占总销售收入的40%以上，这无论对提高企业经济效益，解决企业富余劳动力的安置，规避企业风险，都是有好处的。

（3）重视创新意识和创新机制的建立。“创新是一个民族进步的灵魂”（江泽民），创新也是知识经济的灵魂。在知识经济时代，知识生产和科技进步的速度要大大快于以往任何时期，任何企业，不创新，就逃脱不了被淘汰的命运。我国钢铁企业，既要摆脱长期以来计划经济所形成的种种思想束缚，在走向市场经济中不断创新。同时，还要跟上知识经济的步伐，通过创新，在企业各方面的工作都力求有较大的突破，特别是要抓好技术创新、管理创新、制度创新、组织创新，关键又在于创新意识的确立和创新机制的建立。要创新，就必须学习，企业要使自己成为学习型组织，既要善于借鉴、吸取国内外最新研究成果，又要不断总结、提升自己的实践经验，在创新之路上大步迈进。

（4）要把人力资源的开发利用放在突出重要位置来抓。在知识经济时代，最重要的资源就是能创造、运用知识的人力资源。特别是在经济全球化的情况下，一个企业要想在国际市场的激烈竞争中站稳脚跟，有所发展，归根结底是依靠人才。对我国企业来讲，一是要下大工夫培养新型的经营管理人才。一些大公司的主要领导，必须要具有国际意识，创新观念，懂得金融知识，理解并掌握现代科学技术的发展趋势，并有较强的决策能力；对其他经营管理人员和技术专家来说，也必须是技术和经济结合的复合型人才；这除了要在思想上重视外，更要下决心增加人才开发上的投入。二是要千方百计留住人才。在经济全球化的情况下，国际上优秀人才的争夺战愈演愈烈。我们一方面要营造有利于人才成长的氛围，另一方面要建立有利于人才成长的机制，在赛马中相马，要下决心改变现有的分配制度，努力做到按有效（益）劳动进行分配，而且要在“按知分配”、即以管理、技术等生产要素参与收益分配方面有所突破；从而真正做到以事业留人，以感情留人，以适当的收入留人。

让我们立足当前，展望未来，在解决当前诸多深层次矛盾的同时，紧紧盯住知识经济所带来的新机遇，开拓创新，求真务实，迎头赶上，为使我国成为钢铁强国而努力奋斗！

我国钢铁企业管理的演进与发展趋势[1]

新中国成立50年来，我国钢铁工业的企业管理经历了一个曲折前进的、有时甚至是激烈动荡的过程。其中，既有丰富的经验，也有沉痛的教训。随着时代的进展，有些经验也在不断发展，至今仍然在全行业起到很好的指导作用；而一些教训，有些肯定不会再发生（比如，像“文化大革命”中全盘否定企业内部的规章制度），但有些曾经反复出现的现象还是值得我们高度重视，力求今后不再重犯类似的错误。

一、50年来冶金企业管理的沿革

1949年，新中国成立时，钢铁工业已处于奄奄一息的境地，当年全国只生产15.8万吨钢，我国最大的钢铁企业——鞍钢在解放前夕，遭到极大的破坏。面对这种情况，当时最紧迫的任务是发动群众，修复设备，尽快恢复生产。广大钢铁工人劳动热情高涨，涌现出了一批以鞍钢老工人孟泰为代表的先进分子，使生产很快得到恢复。随着生产的恢复，自然而然地提出了改进管理的问题。由于东北解放较早，生产恢复较快，相应地，一些问题也暴露得较早。当时的东北工业部曾经发出一个指示，指出企业中存在的种种管理不善的表现：生产定额低，生产过程组织不好；质量低，废品多，技术管理不严；原材料的严重浪费，消耗大；劳动力组织不好，劳动生产率低；流动资金周转慢，……。在这一文件中，明确指出，所以产生上述这些问题，除了有些客观原因外，在主观工作上，是“由于我们不少领导干部缺乏现代化工业管理的经济核算思想，缺乏成本管理的观念，而习惯于过去的供给制思想及粗枝大叶的作风，再加上我们缺乏一套比较完整的经济核算的管理制度（如资金管理，成本会计，订货制等），因此一直到今天，我们还有许多企业单位没有真正的确实的成本。”为此，要求各厂矿都要积极开展经济核算活动，努力降低成本，提高质量，反对浪费。这是我国工业企业、也是冶金企业第一次提出经济核算，并把它作为“工业部门经营管理最基本的一环”摆上议事日程。

在群众发动起来后，涌现了一批先进分子，创造了一批又一批的生产新纪录。1950年2月，东北工业部的领导又及时地指出，创造生产新纪录运动的重要收获之一，“是揭发和暴露面临我们在生产组织和管理制度上的毛病，其中最根本最主要的是在管理制度上无人负责，和生产纪律松懈的现象，……这是我们目前厂矿向前发展的最大障碍。从我们一年来掌握与管理工业生产的经验来看，特别是从五个月来新纪录运动的经验证明：建立‘生产责任制’，是继续开展新纪录运动中的重大问题，也是贯彻经济核算制和改进工业管理的重要步骤。”在这份材料中，还把“责任制”提到“工业管理的基本原则”这一高度来认识，推动了企业管理的强化。冶金企业管理的不同时期如下：

---

[1] 1999年中华人民共和国成立五十周年的大庆时，国家冶金局组织力量编写《中国钢铁工业五十年》（冶金工业出版社出版），本文是该书的一章，由本书作者执笔撰写。

（1）“一五”计划期间。当时的冶金企业仍然以建立责任制作为企业管理的中心工作。1953年5月，中央重工业部发出了《关于在生产厂矿中建立责任制的指示》，指出：“目前企业管理最根本最主要的毛病是许多管理制度上存在着严重的无人负责现象”，要求各企业都要建立以下的7种责任制度，即：行政上的专责制、技术责任制、生产调度责任制、设备维护与检修责任制、安全技术责任制、技术供应责任制、成本财务责任制。以后，随着苏联援助的156项新建工程的上马，在企业管理上，也学习苏联，主要建立了8项管理制度，即：计划管理、生产管理、质量管理、技术管理、设备管理、物资管理、劳动管理、财务管理。这比起原来的7种责任制，更系统，更全面，更规范化，因此顺理成章地很快在企业里得到推广。

在这一阶段，企业管理的基本特点是：一是按行政手段来推行。主要是国家机关通过行政命令、行政措施来推进，比较迅速、比较有力。二是由于当时是在学习苏联的口号下推行的，因此贯彻执行比较严格，这为以后从严治厂打下了基础。三是各企业普遍围绕上述8个方面，制定了一系列的规章制度。在以后相当长的一段时间里，我国冶金企业的内部管理基本上是按此进行的。这套管理制度和管理方法，总的来说，是符合社会主义原则的，是符合现代化大生产客观要求的，是适应当时计划经济体制的。但即使在当时，也存在某些规章制度过于繁琐，有的是“合理不合法”、“合法不合理”，有些又照搬苏联、没有结合中国实际等问题。像鞍钢公司内部的物资调拨要经过6道关，盖90个章；工人领保健油，要跑6个部门，盖17个章；有的工人休息室条件很差，用旧砖头修缮一下，也不花什么钱，但害怕被检查通报，不敢干。这些，在一定程度上都影响职工的积极性，因此，对这些规章制度进行必要的改革，势在必行。

（2）“大跃进”期间。1956年，毛泽东发表了《论十大关系》后，全党都在总结经验，探索我国经济发展的正确道路。在企业管理上，也在摸索适合我国情况的管理思路和管理方式。在企业领导制度上明确提出了实行党委领导下的厂长负责制和党委领导下的职工代表大会制，并开始对一些不合理的规章制度进行了改革。但紧接而来的“大跃进”，在严重违反科学的高指标压力下，领导工作上出现了盲目的、脱离实际的瞎指挥，在指导思想上片面强调破除迷信，不讲尊重科学；片面强调破字当头，立在其中，实际上是只破不立，极大地冲击了现行的各项管理制度，企业管理出现了第一次的滑坡，产品质量严重下降，经济效益明显下滑。以重点钢铁企业的生铁合格率为例，1957年是99.44%，1958年降到95.38%，1959年再下降到93.06%，1960年又陡降到86.64%。

（3）国民经济调整时期。三年“大跃进”，使国民经济遭受巨大损失，也导致国民经济严重失调。从1961年起，中国的经济进入“调整、巩固、充实、提高”的时期。在此之前，毛泽东于1960年3月22日对中共鞍山市委《关于工业战线开展技术革命和技术革新运动的报告》，作了一个很长的批示，把苏联办企业的一套做法称作“马钢宪法”（马钢，是指当时苏联最大的钢铁企业——马格尼托哥尔斯克钢厂），把鞍钢的一些新做法称作“鞍钢宪法”。后来，冶金工业部把“鞍钢宪法”的内容概括为五项原则，即：实行政治挂帅，加强党的领导，大搞群众运动，实行两参一改三结合，不断开展技术革命和技术革新。这是毛泽东探索中国办工业、办企业新路子后提出的一些重大原则，有其积极的一面，但不够完善。最明显的是根本没提企业管理的问题。

针对“大跃进”期间规章制度废弛、管理混乱、无人负责现象严重的情况，在当时的中共中央总书记邓小平主持下，制定了《国营工业企业工作条例（草案）》（即《工业七十条》），于1961年9月16日正式颁布。中共中央在转发这一条例时指出："许多企业由于领导上还不善于依靠群众，没有把轰轰烈烈的群众运动同实行严格的责任制和管理上的分工负责，很好地结合起来，以致责任制度废弛，生产秩序混乱。在不少企业中，瞎指挥、乱操作的现象严重，许多设备受到了损坏。不少的企业，不计成本，不计盈亏，不讲究经济核算，不坚决维护国营企业的全民所有制和独立的经济核算权，让国营企业的全民财产和人力受到侵犯，或者受到其他方面不应有的无代价的调用。许多企业的工资制度和奖励制度，存在着平均主义的倾向。许多企业的党委包揽了企业的日常行政事务，放松了党委本身的工作，特别是调查研究工作和思想政治工作。"这就一针见血地指出了企业整顿的必要性。由于"大跃进"在工业部门是从钢铁工业开始的。因此，钢铁企业受到的冲击也最大，更迫切地需要进行整顿。

为了贯彻《工业七十条》，冶金工业部于1961年10月11日对全行业作出了部署，在钢铁行业方面，确定了4个企业作为试点单位（本溪钢铁公司、南芬铁矿、石景山钢铁公司、大冶铁矿），3个联系单位（抚顺钢厂、大连钢厂、天津钢厂），试点单位都由司局级干部带队，蹲点进行帮助。在试点的基础上，冶金工业部又于1962年3月24日发布了《关于全面贯彻〈国营工业企业工作条例（草案）〉》的指示，提出了整顿好企业的五项标准。

在贯彻《工业七十条》时，各企业都注意从自己的具体情况出发，像鞍钢就是结合调整任务来整顿企业管理，即结合品种、质量、精简、节约、设备维修等实际工作，着重整顿责任制、技术管理、经济核算、设备维修4个方面。大冶钢厂还推行了小指标分解法，把各项生产技术经济指标逐项分解到班组。冶金工业部及时总结推广了这些经验。在对鞍钢报告的批复中，冶金工业部充分肯定了鞍钢的做法，并强调指出，在整顿4个方面工作中，要以责任制为中心；还要把正确执行党委领导下的厂长负责制作为搞好责任制及其他管理工作的基础。整顿企业管理应特别强调从基础工作做起，同时加强业务建设。冶金工业部的批复中，还指出，在贯彻"七十条"的4个阶段（学习、五定、整顿企业管理、总结提高）中，整顿企业管理是最复杂、最细致而又带有决定性的一个重要阶段。希望鞍钢在五定的基础上，认真地抓住这一阶段的工作，不断总结出更多更好的经验来。在此期间，冶金企业还开展了学大庆、学解放军的活动，提倡在生产等各个领域都要"三老四严"，加强思想政治工作。经过几年的调整、整顿，冶金企业的各项管理都有了明显的加强，各项技术经济指标普遍有了改善，利税总额、劳动生产率、重点企业的高炉利用系数、入炉焦比、重点企业的平炉利用系数等一些主要技术经济指标都创出了历史最好水平。

（4）"文化大革命"期间。正当钢铁企业出现欣欣向荣的好势头时，史无前例的"文化大革命"开始了。从冶金工业部机关到各地的冶金企业，普遍出现了夺权、武斗、停产，生产急剧下降。1966年全国钢产量为1552万吨，1967年降到1020万吨，1968年又降到1000万吨以内，只有904万吨，武钢一度成为"无钢"。曾经对企业整顿起过重要的"工业七十条"被批判为资本主义、修正主义的东西。对各种责任制和各项规章制度都被不分青红皂白地说成是"修正主义的管卡压"，公然鼓吹建立不要行政领导、不要管理、没有工资制度的"三无工厂"。上钢五厂有个造反派，后来当了革委会的头，曾经到冶金工业部礼堂大放厥词，说什么只要按她说的三句话办，工厂里什么规章制度都可以不要，这三句话是：像母亲给孩子盖被子那样细心，像解放军站岗那样认真，像母鸡孵小鸡那样耐心。结果是那个时期，上钢五厂事故不断。在所谓的“革命大批判”中，集中批判了钢铁工业所谓的“黑四帅”，即把厂长负责制批为“资本主义一长制”的“一长挂帅”；把企业建立总工程师制，加强技术管理，批为“专家治厂”的“技术挂帅”；把经济核算制批为“利润挂帅”；把计件工资制度和奖金制度批为“钞票挂帅”，从而基本上否定了企业的一切规章制度，搅乱了人们的思想。

但是，这种做法毕竟是不得人心的。在大规模停产逐步恢复后，国务院开始着手整顿工交战线，一个重要内容就是整顿企业管理，建立起正常生产必须的规章制度，钢铁工业的形势逐渐有了好转，1973 年，钢产量达到 2522 万吨。1974 年，江青反革命集团又掀起了“批林批孔”的浊浪，批林批孔的要害是“批周公”，攻击周恩来总理是当代最大的“儒”，把前几年的整顿诬蔑为复辟，还提出“儒家生产，法家造反”，“不为错误路线生产”等荒唐口号，再一次搅乱了职工的思想，生产再度下跌，1974 年钢产量降到了 2112 万吨。1975 年周恩来病重，邓小平受命主持中共中央和国务院的日常工作，又一次提出抓整顿。在这年 5 月国务院召开的全国钢铁工业座谈会上，邓小平提出了整顿钢铁工业的四条基本措施，包括建立强有力的领导班子和建立必要的规章制度。经过认真的整顿，钢铁工业的形势，又开始好转。但紧接着在当年的 11 月，毛泽东又发动了“批邓反击右倾翻案风”，所谓“反击”，就是反整顿。结果，1976 年，又出现了 1974 年类似的情况，钢产量从 1975 年的 2390 万吨降到 2045 万吨。

（5）新的历史发展时期。粉碎“四人帮”，钢铁战线广大职工欢欣鼓舞，斗志昂扬，要把被“四人帮”耽误的时间抢回来。但由于受到“四人帮”的长期破坏，钢铁工业管理相当混乱。在此之前，很多钢铁企业在管理上，“乱”的时间比“治”的时间长；在规章制度上，“破”的时间比“立”的时间多；以致企业效益十分低下，集中表现为“六大惊人”：消耗高得惊人，亏损大得惊人，投资效果小得惊人，设备坏得惊人，“胡子工程”长得惊人，劳动生产率低得惊人。拿能源消耗来说，1976 年全系统吨钢综合能耗高达 3.1 吨标准煤。为此，冶金工业部于 1997 年 10 月提出，要在全战线发动群众，开展以“挖五大潜力，创五大水平”为中心内容的社会主义劳动竞赛。“挖五大潜力”，就是从节约焦炭上，从节约钢铁料、铁合金和耐火材料上，从节约电力上，从降低成本、提高上缴利润上，以及提高劳动生产率上大挖潜力。“创五大水平”，就是从钢锭合格率上，从钢材成材率上，从精矿品位上，从炉龄上，以及从设备完好率上创新水平。在竞赛中，各企业进一步狠抓整顿，建立健全规章制度，加强企业管理，取得了很好的成效。

在恢复性整顿的基础上，1982 年起，钢铁企业又按照中共中央、国务院《关于国营工业企业进行全面整顿的决定》，开展了建设性的整顿。这次整顿，是把提高经济效益作为整顿企业的出发点和落脚点。紧紧围绕调整产品结构，提高产品质量，扩大产品品种，减少消耗，降低成本来进行的。在此期间，首钢于 1981 年下半年在全公司范围内层层落实经济责任制，使企业面貌发生了深刻的变化。国务院领导高度重视首钢的这一经验，对此作出了重要批示。冶金工业部及时总结了首钢经验，并先后于 1982 年和 1983 年两次在首钢举办冶金企业主要领导干部参加的学习班，在全行业推广首钢经验，推动了企业的全面整顿和管理工作的加强。这次列入主管部门整顿规划的共有 918 个县属以上冶金企业，其中列入国家整顿计划的大中型骨干企业116个，在这116个企业中，1982年验收合格的4个，到1983年底增长到79个，1984年底已全部验收合格。其他近千个县属以上中小企业，99%也都验收合格。经过整顿，各企业普遍建立了责、权、利相结合的经济责任制，加强了管理基础工作，整顿了劳动组织和劳动纪律，加强了财务管理和财经纪律，加强了职工队伍的思想建设和文化、技术培训工作，经济效益有了提高。但比起国外钢铁企业的主要技术经济指标，仍有不小的差距，而且国内企业的管理水平也参差不齐，很不平衡。

为了促进管理工作适应现代化大生产和改革开放的需要，冶金工业部又从1986年起，遵照国务院《关于加强工业企业管理若干问题的决定》，在全行业开展企业升级活动。这次企业升级活动，冶金系统是从工序升级开始的，首先由冶金工业部制定了烧结、炼铁、转炉、平炉、电炉、连铸、轧钢各主要生产工序的晋等升级标准，以各工序的分层晋级、分档达标活动，作为企业升级的基础和支柱，取得了良好效果。原重点炼铁企业的特等高炉，1985年只有3座，1986年增加到15座，1987年增加到24座。重点企业氧气顶吹转炉炼钢厂，1985年进入二等以上的只有7个，1986年达到13个，1987年仅特级转炉厂就有3个，一级转炉厂11个。到1987年底，经部、省（市）联合考评，鞍钢、首钢、上钢三厂、邯钢、吉林铁合金厂5家企业首批被评为国家二级企业，还有40家企业被评为省级先进企业。到1990年，冶金系统有17家企业被评为国家一级企业，117家被评为国家二级企业。

为了避免在一些企业出现“升级到手，管理放松”的现象，按照企业升级不搞终身制的原则，冶金工业部从1990年二季度起，对已升为国家级的企业进行了全面复查，这对于巩固企业升级成果，促进企业继续加强管理，不断提高质量，起到了积极作用。但企业升级也有一定的副作用，如升级标准不够科学、不够严密，在执行过程中也存在形式主义、攀比思想等问题，考核评比过多也增加了企业的负担，甚至使企业难以应付。因此，国家决定从1991年起，停止企业升级的考核、审定工作。此后，企业管理工作主要成为企业自身的行为，在市场竞争的压力下，通过深化改革来促进企业内部管理的强化。

二、向社会主义市场经济转变过程中的企业管理

（一）向社会主义市场经济转变过程中企业管理的特点

从计划经济向市场经济转变，是一场十分深刻的改革。在这一新的形势下，企业管理的内涵，无论在深度和广度上，都有很大的变化。在市场经济条件下，如果还是简单地照搬照套计划经济时的那一套管理思路，那一套管理办法，显然就不适应了，必然会使企业效益下降，市场竞争力削弱。通过实践，冶金企业逐步理清了两种经济体制下企业管理的不同要求和特点，增强了在新形势下加强企业管理的自觉性。这些不同特点，主要体现在以下4个方面。

（1）市场性。面向市场，还是面向生产，这是市场经济下的企业管理与计划经济下的企业管理的根本不同点。计划经济下的企业管理是以生产为中心，而生产则听凭国家计划的安排，计划就是法律，完成国家计划就是企业至高无上的目标，至于用户的需求，根本摆不上日程。而市场经济下的企业管理则是以市场为中心，不仅要从过去的以产定销转为以销定产，而且企业生产经营的一切活动都要围绕市场转，都要接受用户的检验。拿质量管理来说，应该说，计划经济时期，也很重视，“质量第一”在那时也叫得很响。但是，

不只是由于计划经济普遍处于短缺经济的情况，使这一方针难以落实；而且在计划经济时，衡量产品质量的优劣仍然是国家制定的标准、来自上级的评定，以及企业内部的考核指标，如质量合格率等。至于用户的要求，那又当别论。因此，在某些企业里，一度曾经出现这样一种怪现象：企业质量指标上去了，而用户的意见也随之而增加了。在市场经济下，情况就大不相同了。质量管理必须着眼于用户，要以用户的要求作为改进质量的唯一标准。不管你内部指标有多好，用户不满意，你在市场上还是没有竞争力。因此，如果还是抱着计划经济时的旧观点，那用户必然会弃你而去。其他如合同执行率，在计划经济时，用户能拿到产品就不错，早点晚点也不敢提意见。现在，你如果不能按时发货，就会影响用户的正常生产，影响他们的成本，最终影响他们的市场竞争力。这就要求企业的生产组织、营销管理都要进行一系列的改革。如果仍以不变应万变，其结果只能是用户同你说声“拜拜”而告终。

（2）开放性。在市场经济下，企业管理要从封闭式转为开放式。搞市场经济，必然会使过去长期的卖方市场转变为买方市场，从而出现计划经济时期下不可能出现的竞争态势。因此，企业管理也就不能脱离市场竞争这个大环境。在计划经济下，企业完成生产计划，各项技术经济指标达到一定水平，就是好企业，就可以评优、升级。但是，在市场经济下，指标再好，如果敌不过同类型的其他企业，仍然难以在市场竞争中占有优势。因此，在市场经济下，企业不能再是封闭式的闭门造车，必须立足于竞争的基础上，学人之长，补己之短，不断突破。为此，企业必须树立新的“进步观”，不应满足于自我纵向比的进步，必须着眼于同类型企业横向比的跃升。最近，有的企业通过对市场的深入调查，发现过去自己久负盛名的某些拳头产品，在市场上已经没有多少优势了。这种调查对自己无疑是一种新的鞭策，有助于企业管理的加强。

（3）效益性。企业管理必须以提高效益为出发点和落脚点。企业没有市场不行；有了市场，没有效益，整天做赔本生意也不行。在计划经济下，当然也讲效益，当年有个大钢厂亏损，国务院领导同志亲自主持会议，开了好些天，听取汇报，研究对策。但那时原料统配，产品统销，价格统一，资金统拨，只要产量上去了，效益也就到手了。但市场经济就不同了，从原材料的采购到生产的各个环节，以及产品的销售，哪个环节都和企业的效益息息相关。这几年，一些钢铁企业在上游产品价格继续上扬的情况下，制造成本在不断下降，但仍然没能摆脱亏损的局面，这同他们不顾企业实力，大量贷款上项目、导致财务费用过高；以及技术改造决策不当，没有认真研究提高投入产出比，都有密切的关系。在分流分离上，有的企业在剥离辅助后，下大力气使他们面向社会，较快地实现自负盈亏；而有的企业则是剥而不离，一切仍然依赖母体，效益自然大相径庭。因此。作为企业领导，在考虑改进管理工作时，一刻也不能忘记“效益”二字。

（4）广泛性。在市场经济下，企业管理的内涵要比计划经济时广得多。计划经济时，企业只是政府这个大企业的生产车间，企业管理无非是围绕生产转。而在市场经济下，企业是实行“四自”的独立法人和经济实体。因此，企业管理必然要超越生产的范围，生产管理要延伸到生产经营管理上来；财务管理要延伸到资金管理上来；在计划经济时，不需企业操心的决策管理、营销管理，都要摆到企业的重要议程上来；在经过公司化改组、特别是组建集团的企业里，还要十分重视资产管理。这些，对我们来说，有很多都是陌生的，需要我们认真学习。

总之，在市场经济下的企业管理，其市场性、开放性、效益性和广泛性，同计划经济时相比，不可同日而语。

（二）在向市场经济转变过程中企业管理的几个突出变化

（1）营销管理被提到了极为重要的议程上来。计划经济时的“八大管理”，就没有营销管理的位置。那时，国有企业只要完成国家的指令性计划，就万事大吉。所谓销售，就是坐在办公室开票就行了。而在市场经济下，企业的产品只有通过市场交换以后才体现出价值；生产再多，在市场上销售不出去，就是无效生产。特别是进入买方市场后，市场竞争更为激烈，营销工作就显得更为重要，加强和改进营销工作已成为所有企业共同关心的重大课题。

首先是普遍加强和健全了营销机构，充实了营销队伍。和1993年前相比，钢铁企业在普遍减员的情况下，营销部门的职工人数却成倍甚至数倍地增加，鞍钢、抚钢等不少企业抽调一批懂生产技术的业务骨干到营销部门，杭钢等企业在全公司范围内公开招聘营销人员，录取者原单位一律要开绿灯放行；很多企业都将营销人员送到高等学校进行为期几个月的脱产培训，大力提高他们的业务素质。

其次，重视了市场信息工作。市场经济离不开信息的收集、传递和分析处理。现在，各企业的营销部门几乎无一不重视加强信息工作，完善信息采集手段，上海各钢铁企业还都设立了市场部，专门从事市场信息的调查、分析和研究，加强了信息工作的时效性、准确性和对生产经营决策的指导性。

第三，积极探索营销工作的新方式，结合企业自身情况，建立营销新渠道。不少企业都改变了过去比较单一的销售方式，一般都采取经销、直销和零售多种方式相结合，根据不同企业、不同时期的具体情况，调整各种方式的比重。在与流通企业合作时，都注意寻求建立长期稳定的关系，实现利益共占，风险同担，有的正在向代理制方向发展。

第四，花大力气搞好包括售前、售中、售后服务在内的全方位销售服务。在激烈的市场竞争中，要想扩大市场销售份额，固然要努力提高产品质量、降低成本，但销售服务也越来越成为影响客户的一个重要因素，“没有服务就没有销售，没有销售就没有企业”，这种观念已逐步成为钢铁企业各级领导、特别是全体销售人员的共识。服务水平的提高，实际上也促使了企业生产各个环节总体水平的全面提高，从而进一步提高了企业的市场竞争力。

最后，普遍加强了全员营销的观念。“外抓市场，内抓现场”，已经成为冶金企业的共识。没有良好的现场工作，没有优质低耗低成本的产品，销售部门又靠什么去占领市场？宝钢的职工有一段话，就很好地说明了市场和现场的关系：现场是一线，市场是前线，一线为前线，前线靠一线，一线看前线，前线促一线，同等两条线，都是生命线。

（2）强化成本和资金管理。1994年，冶金工业部部长刘淇鉴于在社会主义市场经济的新情况下，企业里财务管理和成本、资金管理的重要性，以及当时这些方面的薄弱状况，明确提出管理上的“两个中心”，即“企业管理要以财务管理为中心、财务管理要以成本管理为中心”，很快得到全行业的积极响应。1995年，吴邦国副总理在全国企业管理工作会议上对刘淇的观点给以充分肯定，认为这对“各地区、各行业和各大企业具有一定的指导意义”，更进一步推动了冶金企业加强财务和成本管理的工作。特别是在推广邯钢经验（下面还要讲到）后，这方面的工作在冶金行业又有了新的进展。

(3) 加大了质量管理工作的力度。一是在产品标准上同国际接轨，特别是在产品实物质量上努力向国际水平靠拢。二是推行 ISO9000 质量管理系列论证。到 1998 年底，十大钢和部分大中型钢铁企业都已通过 ISO9000 质量管理论证，在我国制定的 990 多个冶金产品标准中，达到国际水平标准的有 550 多个，在实物质量上，通过权威部门认定。到 1998 年底，有 202 种钢材产品达到国际同类产品水平，总产量为 2256 万吨，约占当年我国钢材总产量的 21.9%。特别可喜的是，宝钢等一批钢铁企业在质量工作上，观念有了极大的转变，他们已不再满足于自身采取标准的提高，而是明确提出要以用户的要求作为自己的标准，从而推动产品质量的不断提高。

（三）在向市场经济转变过程中企业管理的若干典型

应该说，钢铁企业在适应市场经济新形势采取强化管理的一些做法，既具有自身的特点，又带有一定的普遍性。因此，有些典型企业的经验，不仅在钢铁行业里具有较大的影响，得到了较好的推广；而且在全国范围内也起到了带动作用，比较突出的有以下几家：

(1) 武钢的质量效益型发展道路。武钢在 20 世纪 70 年代中期，分别从联邦德国和日本引进了在当时处于国际先进水平的一米七轧机。在宝钢投产前，这是我国最先进的两套板卷轧机，但由于轧前工序的不适应，以及轧制工序自身的问题，产品质量不能尽如人意。为了改变这种状况，他们从 1982 年起，结合企业整顿和企业升级的不同阶段，提出不同时期的质量要求。开始时从降低废品入手，连续抓了 3 年；接着从 1985 年起，着重抓好质量升级，推行全面质量管理，在全公司范围内，提出“两个转移”，即抓生产由以产量为中心转向以质量为中心，抓企业管理由以经济责任制为中心转向以全面质量管理为中心。经过 4 年的努力，到 1989 年末，达到国际标准和国外先进标准的产品质量的比例分别达到 88.67% 和 75.15%，其他经济效益方面的指标也都有了进一步的提高。1990 年武钢荣获大型联合企业国家质量管理奖，并获得全国质量管理优秀奖。在此基础上，武钢总结了以质量求效益、求发展的经验，作出了坚持企业的社会主义方向，走质量效益型发展道路的战略决策。经过全公司职工的共同努力，1989 年和 1993 年，中国质量管理协会和冶金工业部质量管理协会组织的用户质量评价中，武钢的产品质量和服务质量分别名列双第一和双第二。1991 年，国务院办公厅根据国务院领导的指示，转发了国家技术监督局和中国质量管理协会《关于在全国开展学习武钢走质量效益型企业发展道路的报告》，在冶金系统乃至全国引起了较大反响，涌现出一批走质量效益型道路并取得较好效果的企业。

(2) 宝钢的现代化管理经验。宝钢是我国技术装备最先进的企业。20 世纪 80 年代，宝钢在引进国外先进技术装备的同时，还引进了日本新日铁公司的生产、技术、设备、物资、能源、运输和组织等 7 种管理软件。这些管理软件的基本特点，就是企业管理要从观念上、生产经营结构上、企业组织结构上、企业运行的动力机制上，以及企业运行模式上都要适应现代社会化生产和市场经济的新形势。宝钢在自己的管理实践中，一方面认真消化、吸收这些外国的先进管理经验，另一方面又十分重视结合中国实际和宝钢具体情况，继承发扬中国传统管理中的好经验，把引进、继承和创新结合起来，逐步形成了具有宝钢自己特色的现代化管理模式。其主要特点就是：以“三高”（高质量、高效率、高效益）为目标，以社会化协作为前提，以集中一贯管理体制为核心，以作业长制为中心的基层管理为基础，争创世界一流的现代化管理。在具体操作上，则采取区别对待的方针，大体上，对那些属于企业内部的管理制度，原则上可以采取“拿来主义”、比如基层管理的“五制配套”模式（即以作业长为中心，以计划值为目标，以设备点检定修为重点，以标准化作业为准绳，以自主管理为基础）；对有些暂时条件还不够具备，特别是那些涉及外部环境的，可以根据具体情况，采取总体规划，分步实施的方针，比如在实行“集中一贯管理体制”时，按照条件成熟的程度，在时间先后、集中力度上都有所差异，从而取得较好的效果。现在，宝钢的现代化管理经验，已经在部分钢铁企业中开花结果，对提高这些企业的总体管理水平起到了很好的作用。

（3）邯钢“模拟市场核算，实行成本否决”的经验。邯钢在20世纪80年代中后期，经济效益较好，在地方骨干企业中，与安钢、济钢并称为称“北方三雄”。但在1990年外部环境发生变化，由于全国开展治理整顿，压缩基本建设规模，钢材市场趋于疲软，售价一跌再跌，加上原燃料价格大幅度上涨，使钢铁产品成本猛升，而邯钢内部工作却没有相应跟上，以致连续几个月出现亏损，全厂28种钢材产品竟有26种亏损。尽管邯钢的二级厂矿当时也实行经济核算，但厂内计划价格严重背离市场价格，使分厂与市场之间形成一道无形的墙，分厂只顾在墙内埋头完成生产任务，感受不到墙外市场激烈竞争的压力，甚至还出现过“分厂报喜，总厂报忧”的不正常情况。

严峻的现实迫使邯钢的领导从强化企业内部改革和管理上找出路，经过几个月的酝酿和准备，他们在1991年推出了“模拟市场核算，实行成本否决”的新机制和新的管理制度。其实质是将市场机制引入企业内部，对各分厂下达按市场价格倒推出来的目标成本，并将这一指标层层分解，落实到车间、班组，直至每一个职工，以此进行考核，实行成本否决。同时，认真贯彻按劳分配原则，充分调动职工的积极性，使企业的效益越来越好。邯钢1991年比上年降低成本6.36%，实现利润从上年的100万元猛增到5020万元；1992年又降低成本4.83%，实现利润1.49亿元；1993年在上年的基础上，再降低成本6.13%，实现利润4.5亿元；1994年起，钢材价格持续下跌，但邯钢连续3年实现利润超过7亿元，1997和1998年，仍然保持年利润5亿元以上。

邯钢的经验在全国不胫而走。1993年8月，国务院办公厅转发了国家经贸委《关于学习邯郸钢铁总厂加强管理的经验，进一步抓好扭亏增盈工作的报告》，在企业界、经济界、理论界引起极大反响。到1995年6月，全国18个行业分布在28个省、自治区、直辖市的6784个企业，先后派人前往邯钢学习、考察。与此同时，邯钢还应邀到十多个省、市、区的企业传授经验，约有近两万多人听课。通过学习邯钢经验，一批盈利企业提高了盈利水平，一批亏损企业扭亏为盈，仅1993年由国家经贸委组织学习班、跟踪考察的300户亏损企业，1994年就有38%实现扭亏为盈。

鉴于邯钢经验对当前提高企业生产经营管理水平起到的重大作用，也鉴于一些企业在学习邯钢经验上还存在观望、犹豫，领导不力的情况，1996年国务院又发布了关于学习邯钢经验的通知。对一个企业的经验，国务院先后两次（其中一次是根据国务院领导的指示，以国务院办公厅名义发出的），这在我国还是第一次。此后，在冶金系统，无论是在学邯钢的广度和深度上，都有了新的飞跃。不仅是中小企业在学，鞍钢、首钢等特大型企业也在学；不仅亏损企业在学，宝钢等一些先进企业也在学；不仅普钢企业在学，特钢企业也同样在学，而且“真学真见效”。在学邯钢过程中，涌现出一批取得很大成效的企业，水钢、重特、新（余）钢等企业就是其中的代表。

（4）学邯钢的先进典型。水钢是学邯钢的先进典型。1995 年以来，水钢连续两年账面上出现巨额亏损，1996 年高达 2.09 亿元（实际亏损还要超过此数）。各项技术经济指标严重落后，1996 年高炉利用系数只有 0.98，炼钢厂设计能力为年产钢 60 万吨，但最高时只有 44 万吨，1996 年只生产 37.8 万吨，钢铁料消耗竟高达 1317 千克，高于行业平均水平近 200 千克。在这种情况下，冶金工业部应贵州省领导之请，于 1997 年 2 月派出调查组赴水钢，摸清水钢所以形成巨额亏损的主要原因，在于水钢内部存在“四个一块”：决策失误丢了一块，管理混乱漏了一块，挥霍浪费吃了一块，大小蛀虫吞了一块。因此，水钢要扭亏，首先要转变观念，摈弃各种形式的“外因论”以及“等靠要”的思想，树立眼睛向内，立足自身，自强自立的精神。在调整了水钢一把手后，又请邯钢派出 5 名优秀干部到水钢炼钢厂担任厂长、党委书记等实职。只经过短短 3 个多月，水钢就发生了重大变化，各项技术经济指标普遍得到了改善，特别是炼钢厂，6 月份产量达到 5.4 万吨，相当于全年实现 65 万吨的水平。接着，水钢广大职工趁胜前进，当年取得了大幅度减亏的好成绩；1998 年在减人增效政策的支持下，实现了扭亏为盈，当年盈利 2000 多万元。在减亏扭亏的实践中，水钢形成了自己的企业精神：自强、开放、创新、追求。这对水钢今后发展将长远地起到推动作用。

此外，重特也是一个学邯钢的先进典型。1997 年，重特当年亏损 5.23 亿元，1998 年 2 月，在当时的冶金工业部和重庆市联合派出调查组进行调查的基础上，调整了领导班子，调邯钢两位领导到重特分别担任总经理和党委书记，认认真真地学邯钢。同样，也只有经过短短几个月的时间，使重特面貌发生了可喜的变化，当年实现了大幅度减亏，亏损额降到 1.6 亿元，减亏 70%。

水钢、重特等一批亏损大户的减亏扭亏经验，既进一步丰富了邯钢经验，又直接推动了一批亏损企业的扭亏工作。

可以这样说，这几年冶金企业之所以能在严峻的形势下，取得较好的效益，是同行业主管部门及时发现、培养、总结、推广各类对行业发展有指导意义的先进典型分不开的。事实证明，榜样的力量是无穷的。正是这样一个又一个的先进典型，带动了全行业企业管理水平的提高。

三、经验、启示和展望

新中国钢铁工业 50 年来所经历的曲折前进的过程，包括改革开放以来 20 年的发展变化，都使我们认识到企业管理对企业的发展、经济效益的增加、队伍素质的提高，起到无可替代的作用。无数正反面的事实，都说明了一个真理：只要有企业，就要有管理；管理强则企业兴，管理弱则企业衰。那么，怎样来加强管理，当前又有哪些值得注意的问题呢？认真总结历史的经验，会对我们有启示的。

（一）要充分认识到，对任何一个企业来讲，管理始终是一个永恒的主题

尽管这个观点，在理论上是不会有任何异议的。但是，在实践上，不少企业的领导却没能真正做到。有的企业领导，在正常情况下，也还重视抓管理，但在外部情况有变化时，往往就把管理搁诸一旁。形势好时不去抓，形势差时顾不上抓。市场形势好、产品销路畅、企业收益高时，错把利润高视为管理好，放松了管理，结果掩盖了潜伏着的大量管理不善的问题，不仅不能将其消灭在萌芽之中，而且逐渐滋生发展；劳动纪律、工艺纪律

松弛了，各种质量事故增多了，各类消耗上升了，结果使企业走入了困境。而当市场形势发生变化、产品销售不畅、资金周转不灵时，一些企业领导又急匆匆地到处去筹措资金，奔波于客户之间去抓市场，顾不上去抓企业内部的管理，抓了市场，丢了现场；有的是抓了改革，丢了管理；一旦市场形势好转了，又因企业内部工作跟不上、适应不了市场变化的需要，缺乏市场竞争力，仍然会在市场的激烈竞争中败下阵来。这样的教训已经不少，历史的经验值得重视。永恒的主题就是要一刻也不放松地抓，否则必然会受到应有的惩罚。

诚然，永恒的主题绝不是一成不变。永恒不等于凝固。没有进步，就没有永恒。时代在变，形势在变，管理必须要适应这些变化，以变应变。特别是从计划经济转向社会主义市场经济，企业管理的广度在拓宽，内容在深化，如果仍然沿袭计划经济下的“八大管理”，显然就不适应了。比如决策管理，过去企业作为政府的附属部门，这一任务主要是由政府部门来履行的；而现在，企业作为“四自”的法人实体和市场竞争主体，企业决策管理的正确与否，将对企业的生存、发展起到决定性的作用。不少企业今天生产经营陷入困境，重要原因之一就是决策上的失误。“管理就是决策”，这句至理名言在市场经济下感受就更为深刻。所有企业都要把决策管理提到重要议程上来，建立起科学决策的机制。又如，销售工作，在计划经济、特别是在卖方市场下，根本列不上管理的内容。有材就有权，所谓销售，只是批条子，开发票，办手续。而现在营销管理已成为企业生产经营工作的龙头，生产围绕销售转，没有销售就没有企业，加强营销管理就成为当前企业管理中的重中之重。即使传统的生产管理、技术管理、质量管理等，也要随着形势的变化，从内向型、自我完善型，转为面向市场、服务用户，以满足用户需求为最高标准的市场型管理。如果，仍然抱着过去的老一套，在市场的激烈竞争下，必然会感到不能适应，处处碰壁，最终导致市场的丢失。

永恒的主题，绝不是企业少数管理人员的小合唱所能体现的，必须成为企业广大职工共同参与的一场声势浩大的大合唱。管理人员是策划，是指挥，必须充分发挥他们的作用。他们也要高度意识到自己肩上的重担，爱岗敬业，殚精竭虑，组织指挥好这一主题曲的大合唱。但是，必须处理好管理人员的专业管理和群众性基础管理的关系。要明确一切专业管理都必须落实到基层，没有基层各项基础管理的强化，专业管理难以取得实效；而基础管理则必须以各项专业管理为指导，有针对性地改进和加强。还要正确处理好严格管理和依靠广大职工、发挥广大职工的主动性、积极性的关系，像宝钢等一些企业，将专业管理与职工自主管理结合起来，把企业管理提高到了一个更新、更高的水平。

（二）要正确处理加强管理与改革、改造和改组的关系

一是要正确处理改革与管理的关系，避免“以改代管”。应该说，管理和改革这两者是不可分的。从计划经济向市场经济转变过程中，企业的经营体制和机制都在变革，管理本身也需要改革。改革推动了管理的强化；同样，改革的成果需要通过管理来巩固。这两者是相辅相成，互为促进的。但是，前一时期有些企业自觉不自觉地把改革视作企业唯一的出路，甚至以改代管，导致管理滑坡，效益下降，这个教训是深刻的，也是沉痛的。既然管理是永恒的主题，管理只能随着时代的进步而赋以新的内容，绝对不能因为改革而放弃管理，或者认为改革可以自然而然地促进管理。有的同志片面强调转机制，一度把产权明晰作为国有企业走出困境的首选方案，或者又走入“一股就灵”的误区。固然，我们要

十分重视搞好机制转换工作，不能否认产权明晰的重要性，更不否认股份制的优越性。但是，如果因此而放松管理，其结果必然是南辕北辙。西方国家企业的产权应该说是够明晰的了，但不照样每年有不少企业破产吗？美国克莱斯勒汽车公司在连年亏损之后，请艾科卡出任总裁，他的主要经验不就是“在管理上多下工夫”吗？因此，在所有企业里，都必须把改革和管理紧密结合起来，把机制的转换和管理的强化紧密结合起来，这样，才能相得益彰，不断前进。

二是正确处理改造与管理的关系，靠科学管理正确决策，靠科学管理发挥改造成果。当今世界科学技术突飞猛进，企业必须跟上科技进步的新潮流，不断进行技术改造。这一点，已经成为大家的共识。但是，如何搞好技术改造，使技改项目真正符合“先进、经济、适用”的原则，这就离不开科学决策；特别是要使技改项目更好地发挥作用，更离不开科学管理。先进技术装备为产品更新换代、扩大市场占有份额、提高经济效益创造了条件，但要把这种可能性变为现实性，还有赖于管理的加强。前些年，有的企业在技术改造上，几乎是集中了当今世界先进技术的大成，但却并没有拿出世界一流的产品，也没有取得良好的经济效益。相反，有的企业在技术改造的决策上，从国情、厂情出发，不盲目追求最新技术而是依靠科学管理和职工素质的提高，充分发挥这些改造项目的作用，取得了投入少、产出多，回报快的良好效益。然后，在加快积累的基础上，滚动发展，不断改造，一步步向新的高峰攀登。这些经验值得我们重视。这里，有一个观点必须要进行澄清。一些同志往往把“技术先进”同“效益良好”视作因果关系。一般来说，这两者是有联系的，但要把前者转化为后者，必须依靠科学管理，其中的道理是显而易见的，并且已经为无数的事实所证明。

三是正确处理改组和管理的关系，通过改组，进一步提高管理水平。当前钢铁工业结构调整已经摆到重要议程上来了。其中，工艺结构、产品结构的调整主要是技术改造的范畴，而企业结构、资产结构的调整则是属于改组的范畴。搞好企业改组，不仅有利于提高技术改造的投入产出效果。一般来说，在改组的基础上进行技术改造，可以减少甚至避免重复建设。最近，宝钢和上钢联合后，就明显地暴露出过去各自为政上技改项目所带来的大量浪费。从这个意义上讲，改组也是在更大范围内的一种管理。至于企业改组后，要按照新的体制、新的机构进行运作，同样要求相应地改进管理。比如，在实行集团化改组后，在管理思路、管理方式、管理方法上都不能再简单地照搬单个企业的管理模式。这都对企业管理提出了新的课题。当然，要正确处理好管理和“三改”这几方面的关系，关键还在于提高领导者的素质，要认真汲取花了无数代价得来的经验教训，再也不能重复这些错误了。

（三）加强管理，必须从严治厂，严格管理才是要义

从严治厂，这是一个老话题了。但为什么至今仍是我国企业界经常议论的中心话题之一？这同新中国成立以来我国企业管理的发展历史有一定联系。前面讲过，在“文化大革命”结束前，我国企业管理是乱的时候比治的时间长，破的时候比立的时间多。虽然，当时也出现了像大庆这样“三老、四严”的好典型。但是，在还没有推广普及时，就受到“文革”的严重冲击。因此，在整个企业界，并没有形成严格管理的稳定的好传统。十一届三中全会以后，邓小平同志再次提出，要从严治厂。各级政府抓企业整顿、企业升级，取得了一定的效果。在此期间，冶金系统先后总结了首钢、宝钢、武钢、邯钢等企业的先

进经验，对推动行业内部从严治厂起到不小的作用。但从总体来说，还不能尽如人意。1995年初，朱镕基同志致全国冶金工业会议代表的信中指出："企业管理改革，不一定出那么多新花样，严字当头，严格管理才是要义"，又一次给我们指出了当前企业管理的要害问题。

企业管理必须从严，严才能出效益，严才能出人才，应该说，这已成为人所共知的常识了。但为什么在实际工作中，却又往往不能从严。在一些企业里，管理中松松垮垮的事例层出不穷，有的甚至令人触目惊心。从冶金企业的情况看，主要有两方面的问题。

一是从职工方面来看。我们既要看到广大职工中蕴藏着极大的社会主义积极性，他们希望企业发展，效益增长，因此，他们要求加强管理。但是，也要承认，在职工中也有一些心理因素是在自觉不自觉地抵制严格管理的，诸如惰性、侥幸性、从众性等，都是在不时地起着消极作用的。一般来说，在规章制度建立初期，执行都比较严格，但时间一长，外部环境稍有变化，往往就会松弛下来；有的违章操作，一时还不一定显示出后果，更助长了侥幸心理；而当个别职工的这种行为没有得到应有的批评或惩处时，这种消极情绪就会由于从众心理而得到蔓延。因此，严格管理的过程，实际上也是激发职工自身两种不同思想的斗争、实现此长彼消的过程。作为管理者的一个重要任务，就是要研究如何建立有效的激励和约束机制，从而不断调动广大职工内在的遵章守制的积极因素，扼制并疏导各种不利于正常生产经营活动的消极情绪。同时，在实际工作中坚持不懈地、严格地按规章制度办事。要看到，管理上的时松时紧，"三天打鱼，两天晒网，"更会增强一些职工抵制严格管理的"抗菌性"，不仅使过去的大量工作前功尽弃，而且还增加了今后工作的难度。当前，还要善于利用减人增效、实施再就业工程的有利时机，促进广大职工自觉从严。

二是从管理者方面来看。绝大多数是懂得严格管理的必要性和重要性的，在不少企业里，还涌现了一批敢于和善于从严管理的好典型。但是，我们同时要看到，在企业里，确实也有相当一批管理干部，由于自身的思想作风和精神状态的问题，在实际工作中往往严不起来。第一是不想严。怕严格管理得罪人，有的怕对下严，得罪群众，丢了选票；有的还怕下面撂挑子，自己更难处理；对兄弟单位严，怕搞坏关系，更怕对方反过来挑自己的毛病，还不如你好、我好，大家都好。第二是不敢严。这些同志自我要求就不严，自身工作不勤奋、不刻苦，甚至自己身上不干净，头上有辫子，己身不正，焉能正人？还有一种"58现象"，觉得自己快到点了，下来后人家当家，到时候对自己不利，还不如在位时多栽花、少栽刺。第三是不会严。有些同志一讲严格管理，就是对下大声训斥，甚至不问具体情况，乱提高指标，结果反而挫伤了群众的积极性。

应该说，管理干部中的这种精神状态，是当前企业严格管理的最大障碍，也是提高企业经济效益的致命弱点。要使管理层的同志都明白，不能按照企业的规章制度来进行严格管理，是管理者的最大失职。特别是在市场经济条件下，管理上的松弛和混乱必然导致企业市场竞争力的削弱，使企业陷于困境。因此，对管理者更要严格管理，决不能严于操作层而宽于管理层。对管理者同样要建立相应的激励机制和约束机制，使那些能够严格进行管理、从而使企业取得良好效益的干部得到应有的奖励、甚至提升；而对那些疏于管理、影响企业效益的干部则要给以必要的惩处，直至下岗。还要对管理层进行再教育，使他们能适应市场经济的新形势，进一步搞好科学管理。

在一个企业里，能不能建立良好的、有利于严格管理的机制，能不能形成有利于严格管理的良好氛围，关键还在于企业的最高领导层。企业领导首先自己认识要高，敢抓敢管；对己要严格自律，为人表率；对人要奖惩分明，赏罚公正，对那些敢于从严管理的基层干部，要热情支持，为他们撑腰。这样，一级做给一级看，一级带着一级干，就必然能使管理这一生产力得到更好的发挥。当然，严格管理也不是万能的，企业的生存和发展，还有赖于改革的深化、科技的进步以及职工队伍素质的提高。假设，各方面条件都具备了，如果没有严格管理这一条也是万万不行的。

四、加强管理，必须坚定不移地依靠广大职工，充分调动广大职工的积极性

什么是管理？各种学派有各种各样的说法。但是，有一种说法还是比较能为各方面所接受的。管理就是通过计划、组织、协调等手段，把企业里的各种生产要素更好地结合起来，以发挥其最大的作用。而在各种生产要素中，人是最活跃的因素。曾经写过《寻求优势》一书的美国著名的管理学家汤姆·彼得斯和小罗伯特·沃特曼在总结了很多企业成败的经验教训后，得出一个结论：优秀公司之所以优秀，是因为他们能把普通人组织起来，做出不普通的事业。美国另一位管理学家德鲁克也说过：管理就是充分开发人力资源以做好工作。作为资本主义的管理学家尚且如此重视人的因素；那么，在社会主义企业里，以人为本，更是天经地义的事了。

但是，在由计划经济向市场经济转变的过程中，有些企业的领导对在新形势下如何更好地发挥“人”这一决定性因素，重视不够，他们甚至重蹈了“技术装备决定一切”的老路。因此，在这些企业里，虽然技术装备有了很大的改进，但是经济效益却不见好转，这个教训，我们要认真吸取。

首先要坚定不移地贯彻全心全意依靠工人阶级这一根本方针。在社会主义国家里，广大职工不仅政治上是主人，而且在企业里，同样要使他们感到自己是真正的主人。当然，在企业里，决策层、管理层和操作层是有分工的，不可能也没必要让工人都来参与企业重大问题的决策。但从一些企业的经验看，让广大工人真正享有知情权、批评权和监督权，就能较好地体现依靠工人阶级的方针，就会极大地增强职工的主人翁意识。所谓知情权，就是要通过职代会等多种形式，使广大职工了解企业生产经营的现状，了解企业所以采取这些重大决策的缘由，了解企业效益升降的真实原因，从而使广大职工能团结一致，为实现既定目标而共同努力。有的企业说的是要职工当家做主，但却不让职工了解家底，其做法不是南辕北辙吗？至于批评权，就是不仅在职代会上，职工代表有行使批评的权利；而且要创造条件，使职工在日常工作和生活中，都能有批评各级领导的权利。在昆钢炼钢厂的黑板报中，就看到有工人列举事实，批评车间领导学邯钢不认真，管理有所松弛的稿件。这个车间的领导，很快接受意见，作了改正，车间面貌就更有起色。监督权，就是要使广大职工能对各级领导的工作情况，有权进行监督。像水钢等企业由职工代表组成督察组，对职代会的决议执行情况进行检查，促使这些决议更好地得到落实。

其次，要下大工夫来调动广大职工的积极性。一般来说，经济效益好的企业，职工积极性相对就比较高，而且企业调动职工积极性的手段也比较多，即使如此，也要注意建立起有效的激励机制，使职工的积极性能够持续稳定地保持下去。对经济效益差的企业、特别是亏损企业，职工情绪相对低落，积极性确实会受到一定影响。但这只能说，在调动职工积极性时，难度更大些，需要我们用更大的努力。从一些企业的经验看，也有3个问题

需要重视。一是领导的表率作用。企业越困难，物质的东西少了，越是需要领导以身作则。有的企业职工发不出工资，而企业领导仍然是出则豪华轿车，食则高级酒楼，这怎么能调动职工积极性呢？而当他们封存高级车，取消不必要的宴请活动，恢复艰苦奋斗的老传统，真正做到与职工同患难，就会取得职工的谅解和信任，而这又是发挥积极性的前提。二是要以实际行动使职工看到希望。有的亏损企业，一讲就是外部条件差，历史包袱重，职工素质低，却看不到自身工作中存在的问题。因此，“等靠要”思想严重，自然就不会去努力调动职工的积极性，结果形成“领导没信心—职工更悲观失望—领导进一步丧失信心”的恶性循环。水钢在更换领导班子后，转变观念，真抓实干，使各项工作有了新的起色，职工积极性也随之而增长。炼钢厂行车车间电工 23 名工人，自己集资六七千元，买了一台电脑，用于班组核算，使吨钢消耗比考核指标减少一半还多，就是这方面一个突出的典型。三是在涉及职工切身利益问题上，必须按照“公平、公正、公开”的原则，秉公办理。特别是当前在分流分离、减人下岗时，更要按照规定，一视同仁。对一些敏感岗位，还要采取切实措施，以确保不致侵蚀企业的资产和职工的利益。

第三，要不断提高职工的素质。经济体制的转轨，科学技术的进步，经济增长方式的转变，对职工的素质都会不断提出新要求。企业要发展，没有高素质的人才是难以在激烈的市场竞争中立脚的。可以说，无论是在国际还是国内，凡是有远见卓识的企业家，都把人才的培育放在重要议程上来抓。这几年，不少企业都选送优秀的技术业务骨干到国内高等学府去进修，有的还派送到国外有关部门去学习，他们回来后，对改进企业的生产经营工作起到很大的作用。济钢等企业去年还对铁、钢、轧等主要生产岗位，通过四班三运转，抽出一班，集中五周时间，针对生产过程中的常发病、疑难病，进行全员轮训。济钢这几年经济效益稳定增长，同他们重视人才培训分不开的。提高素质，还要建立激励机制和约束机制，促进职工自觉地加强学习。像柳钢中板厂的工人，为了使本厂的产品在市场中保持领先地位，取得较好的效益，自己掏钱请工程师讲课。有了这种自觉性，何愁企业搞不好。在减人增效工作中，很多企业采取竞争上岗的方式，保持一定的待岗人员，既促使待岗职工重视学习，争取下一轮再上岗；而对在岗工人，也使他们感受到竞争的压力，努力提高自己的操作技能。提高素质，不仅指技术业务素质，也包括思想政治素质。对不同层次的人员，要提出不同的要求，但是，具有共性的、也是最基本的，是爱国、爱厂、爱岗以及职业道德、敬业精神这些方面。

现代化企业需要现代化人才，企业的发展、特别是国际国内市场的激烈竞争，呼唤高素质人才的成长。这些都要求企业各级领导进一步树立以人为本的观念，把企业管理从传统的以物为重点转到人和物的结合上；要下更大的工夫研究调动职工积极性的问题；要舍得在人力资源开发上花更多的投入。有了这样一支与企业命运休戚与共的高素质队伍，就必然能克服前进道路上的种种困难，使企业不断攀登新的高峰。

五、管理要不断创新

时代在前进，科技在进步，企业在发展，企业管理同样要跟上各方面前进的步伐，不断发展，不断创新。

一是企业领导都要有强烈的创新意识。熊彼得曾指出，企业家不同于经营者的区别，在于前者的本质是创新。实践也证明了，谁在这个问题上停滞不前，谁就会被时代所抛弃，为市场所淘汰。近些年来，西方国家企业界、经济界不断对此发表论文、介绍经验，也充分反映了他们在这个问题上的紧迫感、危机感。美国一位被誉为现代管理大师的彼得·圣吉博士就曾在他的一本权威性著作《第五项修炼》中，转引了一句话："我们遇到敌人了，敌人就是我们自己"，以此来提醒大家，在企业管理上，必须同自己思想上的保守自满、不求改革创新等习惯势力作斗争，战胜自我，超越自我，才能在事业上有所突破，有所前进。此话确实是现有经验的深刻总结，令人振聋发聩，值得我们认真思考。

二是管理创新必须要从实际出发。管理创新，绝不是为创新而创新，管理创新必须有利于更好地调动广大职工的积极性，发挥他们的聪明才智；有利于提高企业的经济效益；有利于增强企业的市场竞争力。这就要求管理创新必须有很强的针对性，要从本单位的实际出发，针对本单位的主要问题，力求在改进管理的主要措施上有所突破。现在有些同志，看到西方企业的一些新做法，甚至西方报刊上的一些新名词，就奉为圭臬，生拉硬套地想往中国的企业里搬，这当然不会有好的效果。应该看到，中国企业的现状同西方发达国家的企业相比，无论在企业内部治理结构、管理人员和员工的整体素质、企业的外部条件等方面都有很大的差别。因此，对外国企业管理上的一些经验和做法，必须区别对待，有些固然可以直接"拿来"；有些则要创造条件，然后再进行学习；有些就不宜搬用，橘逾淮为枳，以及邯郸学步的教训，值得我们深思。

三是要重视点滴管理经验的创新，不要盲目追求整个体系的创新。中国有句古话，叫"积小胜为大胜"；日本企业界也有一句类似的话："小改革的积累是实现超一流的前提"，管理创新也是同样的道理。宝钢这几年就是这样做的。他们在引进新日铁管理模式的基础上，结合宝钢的实际，不断进行改进，像点检制的改进以及区域工制的试点推广上，都取得了较好的成效。但是也有一些同志，一讲创新，就想来个体系的创新。一般来说，体系的创新是一个长期积累的过程。实践也证明了，过于追求体系的创新，必然会导致排斥异己，图虚名、遭实祸的不良后果。前些年，有家大型钢铁企业把一切管理工作都纳入到"包、保、核"的承包体系中去，甚至提出"承包万岁"，结果走向了反面。

四是要善于学习兄弟单位管理创新方面的经验，而不必事事都求自我创造。兄弟单位的经验，无论是国内的，还是国外的，只要对我适用，于我有利，就可以实行"拿来主义"，再结合自身的实际，加以应用，这同样也是创新。像一些冶金企业学习推广宝钢的集中一贯制、作业长制、点检制等后，使企业管理水平有了新的提高；更多的企业学习邯钢模拟市场经验后，不仅提高了成本管理水平，而且使企业整体管理水平也有了很大提高。对照这些企业的过去情况，这应该说也是一种创新。如果什么都要自己创造，才算创新，那就只能阻碍自己的进步。上面提到的这家大型钢铁联合企业，本来曾经创造过经济责任制等很好的经验，在全行业进行过推广，取得良好的效果。但是，后来他们走向了极端，拒绝接受外界的新鲜经验和新生事物，比如，他们虽然也抓质量管理，但却根本不允许在本企业内提"全面质量管理"，以显出其独创性；这实质上只能反映出这家企业的主要领导同志思想观念上的狭隘性，同真正的创新精神是格格不入的。

五是讲管理创新，绝不能忽视一些行之有效的传统管理的好做法。创新是在前人打下的基础上再向上攀登的过程，创新不是简单地否定过去，更不是为新而新，以新为荣。即使像我国这样经历从计划经济转向市场经济的剧变，在管理思想、管理理念等各方面都发生了重大的变化，但仍然有其不变之处，比如，依靠广大职工办好企业，从严治厂等。特别要强调的是，管理创新绝不能放松基础管理。有的企业在管理上，新名词讲得不少，新点子用得也不少，但就是没有抓好计量、台账、定额等这些至关紧要的基础管理，班组建设也无人过问。在这种情况下，去奢谈什么管理创新，无异于是空中楼阁。因为，在沙滩上是建不成高楼大厦的。当然，我们说不能放松基础管理，并不等于在这方面一切照旧，基础管理也同样要适应新的情况，不断有所改进。

六是管理创新，关键在于提高员工队伍的素质。很难想象，一个低素质的职工队伍，在管理上会有什么创新。因此，提高劳动者的素质，应该摆在所有企业领导人的议事日程上来，特别是各级领导，不要忘了自身素质的提高。实际上，素质提高同管理创新两者是相辅相成，互相促进的。素质的提高必然会推动管理的创新，而管理的创新又会促使素质的提高。同时，还要看到，管理创新同制度创新、技术创新也是密切不可分的。这就提示我们，在抓管理创新时，不要陷于单打一的圈子里，同样需要做到相互促进，实现螺旋式的上升。

国企扭亏　路在脚下[1]

——对部分钢铁企业扭亏实践的思考

内容提要：一些已经扭亏为盈或已大幅度减亏的钢铁企业的经验是：摆脱“等靠要”的思想桎梏，树立自立自强的观念；真心实意地学邯钢，扎扎实实地搞好内部管理；以改革分配制度、劳动用工制度和剥离辅助、下岗分流为重点，进一步深化企业内部改革；重视技术改造，按照效益第一，量力而行的原则，优先抓好一批“短平快”项目，同时大力开展群众性的技术革新和合理化建议活动；把广大职工作为企业扭亏的主体，并不断提高他们的素质；抓好企业领导班子建设，特别要选派好企业的一把手。

1997 年，党中央、国务院提出，从 1998 年起，用 3 年时间，使大多数国有大中型企业实现扭亏。在这两年中，很多亏损企业痛下决心，立足自身，做了大量工作；各级政府和有关部门也给了强有力的领导和支持，不少企业已经取得明显成效，相当一部分亏损大户也已实打实地扭亏为盈。今年是实现中央这一战略目标的最后一年，总结这两年扭亏工作的实践经验，对进一步推动国有企业的扭亏增盈，是会有帮助的。笔者从 1997 年初起，受当时冶金工业部领导的委派，先后到水钢、舞钢、长城特钢、重庆特钢等亏损企业进行调查，帮助分析亏损原因，提出扭亏建议，以后又不断进行跟踪调查。与此同时，又应一批企业的邀请，前去调查咨询。现在，这些企业绝大多数在政策支持下都已实现扭亏，水钢、新钢等几个企业，即使不计政策因素，也实现了扭亏为盈。个别企业虽然尚未扭亏，但也实现大幅度减亏。在参加企业扭亏的实践过程中，使我对一些问题有了新的认识，特别是这些亏损大户的扭亏经验，既给人以启迪，又令人鼓舞，更增强了三年扭亏的信心。

一、国有企业是不是注定要大面积亏损的？国有企业扭亏的突破口是什么？

应该承认，国有企业亏损的原因是多方面的，其中包括一些企业自身难以解决的历史的、外部的问题。但是，对这些问题，我们也要实事求是地作出分析，有的同志认为在现行体制下，国有企业是难以打好翻身仗的。当然，我们应该高度重视经济体制改革的问题。但是，一大批亏损企业扭亏的实践，充分说明了在现有条件下，亏损企业自身在减亏扭亏上是大有可为的。

企业扭亏，从哪入手？首先，要把转变观念放在第一位。企业亏损，表现出来的是效益低下，资金紧张，但骨子里的原因还是观念落后，思想陈旧。水钢同志称之为气血两

[1] 原载于 2000 年 3 月 14 日《人民日报》。“扭亏十谈”发表后，原国家计委专职委员季崇威建议我把“扭亏十谈”精练成一篇综合性文章，并由他送呈朱镕基总理。镕基总理批给了《人民日报》。2000 年 3 月 14 日，《人民日报》刊登此文。

亏。特别是在“外因论”、“唯条件论”等思想影响下，一遇困难，就等外部条件好转，靠国家支持，要政策扶持。在这种“等靠要”思想指导下，其结果就是市场在等待中丢失，士气在等待中消沉，效益在等待中流失。水钢的事例很有代表性。1996年，水钢账面亏损2.09亿元。当时的公司领导认为主要是财务费用过高（当年财务费用为2.05亿元），要求从政策上进行扶持。但是，深入调查后，发现企业内部存在的大量问题，归纳起来有“四个一块”：决策失误丢了一块，管理混乱漏了一块，挥霍浪费吃了一块，大小蛀虫吞了一块。对这些问题认识不到，漠然置之，再给多少政策，也会像沙滩注水，无济于事。还有像长城特钢，1997年上半年就亏损了3亿多元，这当然有市场原因。但长钢职工就说，这些年所有政策优惠几乎都享受到了，“吃了财政吃银行，吃了银行吃股民，吃了股民吃老外”，光1996年银行就贷款4亿多元，不可谓不支持。结果是越吃越穷，越吃越亏，最后导致董事长、总经理、党委书记三人一起被免职。而当他们破除了“等靠要”思想，树立自立自强、眼睛向内，依靠自己救自己的新观念后，情况就发生了根本的变化。水钢炼钢厂设计能力为年产钢60万吨，但建厂十多年来，最高产量也不过44万吨。新班子成立后，狠抓了思想观念的转变，短短3个月，就打出了年产70万吨钢的水平，质量也上去了，特别是成本大幅度下降。一年内，吨钢成本降低了370元，以后还在继续下降。事实证明，思想解放了，观念转变了，不仅过去没有做到的事情实现了，甚至连过去想都不敢想的事也都能做到。像江西新钢过去十多年，山上的转炉主要是靠化铁炼钢，山下每个月送1万吨铁水上山就不得了了。1998年，新的运输部长接任后，带领全体职工，在转变观念的基础上，采取了有效措施。现在，山上需要的五六十万吨的铁水全部由山下供应，彻底取消了化铁炉。仅此一项，每年可降低成本近亿元。由此可见，观念转变后的巨大威力。这种事情，应该说很多企业都存在的，关键是过去思想受到禁锢，有潜力也看不到，更不要说去挖掘出来了。

二、学邯钢是不是能真见效？

1992年以来，国务院曾两次发文，推广邯钢经验。一些企业在学邯钢后，确实使成本得到下降。但是，也有一些企业，尽管也都由领导带队，多次去邯钢学习，但成效不显。因此，有人认为，不能把邯钢经验夸大化。实际情况究竟如何？从一些企业扭亏前后对比中，我感到，不是邯钢经验不灵，而是学习态度不对头。归纳起来，有四句话：一是别别扭扭学邯钢。这些企业的领导，虽然在公开场合中，也都反反复复地讲学邯钢，但心里想的却是自己的情况和邯钢不同，自觉不自觉地强调本单位的特殊性。因此，尽管嘴上说得再响亮，在实际工作中却是行动迟缓，犹豫动摇，一波三折。二是舒舒服服学邯钢。邯钢是敢于适应市场的变化，不断提出新的奋斗目标，引导职工奋力拼搏。但是，在有些亏损企业里，一说调整指标，就层层讨价还价，这种要登高又不想爬山的精神状态又怎能把邯钢真经取到手呢？三是大大咧咧学邯钢。邯钢模拟市场核算，要求把各项指标层层分解落实到基层班组、个人。但有的企业，由于缺乏必要的基础数据和计量检测手段，承包责任书只停留在公司领导和二级单位签约上，没有再往下分解。这种大大咧咧的作风，同邯钢的“严、细、实”不可同日而语。四是软软绵绵学邯钢。邯钢经验的一个重要方面就是敢于碰硬，坚决实行成本否决。而有的企业，一旦任务完不成，在严格考核这一试金石上就受到了检验。这个来求情，那个要求网开一面，一个缺口被打开，很快就全线崩溃，学邯钢也就半途而废了。这里的关键还在领导。重特在1998年初，由邯钢派出干部就任公司党政主要领导，一改前面提到的那种“四学邯钢”的状况，认认真真学邯钢，扎扎实实学邯钢，上下一起学邯钢，短短几个月，在降低成本、强化管理上取得了很好的效果。工人们说，早这样学邯钢，重特也不至于到今天。事实说明了，学邯钢确实是亏损企业的解困之道。当然，学邯钢并不意味只学一家，而是要学习以邯钢为代表的各方面的先进经验，也包括自己内部的一些好经验。近两年来，不少企业还开展了“智力济困”的活动，请邯钢、首钢等先进企业派干部来担任实职，他们带来了新的观念，新的思路，新的作风，新的机制，为这些企业的扭亏作出了很大的贡献。

三、企业内部改革从哪切入？

就是要以改革分配制度、劳动用工制度和剥离辅助、下岗分流为重点，深化企业内部改革。在这方面，同样需要转变观念，特别是要跳出几个认识上的误区。一是在分配制度的改革上，要跳出“不患寡而患不均”的误区。有的连年亏损的企业，职工收入本来就不多。因此，有的领导担心如果按有效劳动进行分配，职工收入的差距将会拉得更大，会增加不稳定的因素。其实，从一些大幅度减亏或已经扭亏的企业经验看，正是由于果断地进行了分配制度的改革，真正体现了多创效益多收入，才更好地调动了广大职工的积极性，从而进一步增长了企业的效益。像江西的萍钢、南（昌）钢，在短短时间里，高炉、转炉的技术经济指标有了突飞猛进的提高，同他们对这些关键岗位的职工采取强有力的激励措施分不开的；即使同一岗位，由于所产生的效益不同，当月收入可以相差好几倍，这就必然鼓舞那些先进工人不断攀登新高峰。而那些收入低的职工，也会总结经验教训，急起直追，促使了整体效益的提高。二是在剥离辅助上，要跳出“背着抱着一样沉”的误区。我国钢铁工业劳动生产率低，一个重要原因就是300多万人同吃一碗钢铁饭，辅助后勤部门人员比例过大。因此，在精干主体的同时，必须把辅助后勤部门剥离出去，使他们在为主体生产服务的同时，面向社会，力争在一定时间内做到自负盈亏。但是，有些企业的领导，过多地强调这项工作的难度。城市里的企业，认为当地二产、三产都很发达，剥离出去也难以谋生；偏远地区或山沟里的企业，觉得辅后剥离，是“猪八戒啃猪蹄，自吃自”，反正“背着抱着一样沉”，又何必多此一举。其实，无论在城里还是在山区，都已有一批企业在这方面作出了可喜的成绩，为我们提供了很好的经验。就是有过上述观点的企业，在转变观念后，也都有了显著的变化。像水钢、新钢剥离出去的全部“辅后”单位，从总体上去年都已做到盈亏持平。三是在下岗分流上，要跳出“下岗必然会引发社会不稳定”的误区。下岗不是目的，通过下岗，精简了职工队伍，提高了工作效率和劳动生产率，会促使企业效益的增长，增强了企业生存的能力，使广大职工看到了企业发展的前景。在这种情况下，即使部分职工下岗了，收入会有较大幅度的下降，只要我们讲清形势，做好思想工作，积极搞好再就业工程，也不会出现什么不稳定的情况，重钢等很多企业的事例都提供了很有说服力的证明。反之，如果企业长期处于亏损状态，不仅在岗职工发不出工资，连退休职工的工资和医药费都无法保证，即使没有一个人下岗，又怎能保证稳定呢？我们要追求的是积极的稳定，而不是满足于暂时的稳定。事实上，这种消极的稳定，最终还是会转化为不稳定的。

四、亏损企业怎样搞好技术改造?

多数亏损企业，特别是亏损大户，工艺和技术装备比较落后，不进行必要的技术改造，是很难在激烈的市场竞争中站住脚的。但是，很多事实告诉我们，并不是一搞技术改造，就能够起死回生的。有的企业所以亏损，恰恰是在技术改造上出了问题。总结一些亏损企业扭亏的经验，在技术改造上，必须把提高企业效益摆在第一位。这就要求，首先必须根据量力而行的原则，抓好一批“短平快”项目，求得突破。一般来说，亏损企业需要改造的项目多，而资金又比较紧缺，在这种情况下，更需要集中财力，抓住影响当前企业效益的薄弱环节，使其尽快取得实效，这样一可以鼓舞士气，二可以积累资金，然后再滚动发展，绝不能全线出击，齐头并进。我们还要看到，在一些亏损企业里，由于决策失误和其他原因，有的项目已投入大量资金但却很少效益，只要抓准了，完全可以用少量的增量资金激活大量的存量资产。像水钢炼钢厂在新班子领导下，两年内累计投入不到1000万元，而新增效益达到2.1亿元；炼铁厂高炉喷煤吨铁达到100千克，基本上没有花什么钱。其次，必须重视群众性的技术革新和合理化建议活动。有些亏损企业的领导，总是埋怨职工素质低，搞不了什么革新。这两年，水钢、萍钢等一批企业的扭亏实践，对这种论调是个有力的反驳。应该承认，在1997年以前，水钢的技术革新可以说是死水一潭，但现在却开展得热火朝天，上面提到的喷煤，主要是通过小改小革实现的。二轧厂有个调整工冯健，他一年里就提出了12项合理化建议的书面报告，件件都被采纳，对提高生产效率，改进产品质量，减轻劳动强度，增加经济效益起到了很好的作用，成为全厂学习的榜样。这些事实说明了，不是职工的素质低，而是我们领导观念落后，影响了职工积极性的发挥。

五、企业扭亏的主体是谁?

企业扭亏，关键是企业的一把手，但扭亏的主体却是广大职工。没有他们全身心的投入，企业要想实现扭亏是不可想象的。而要做到这一点，首先要求企业领导坚定不移地贯彻全心全意依靠工人阶级这一根本方针。尽管在企业里，决策层、管理层、操作层是有分工的，不可能也没有必要让工人都来参与企业重大问题的决策。但从一些企业的经验看，让广大职工真正享有知情权、批评权和监督权，就能较好地体现依靠工人阶级的方针。特别是要通过各种渠道，使职工了解企业生产经营的现状，了解企业所采取的重大决策的原因，了解企业效益升降的真实情况，这样，才能激发职工为共同的目标而努力奋斗。其次，要下工夫来调动职工的积极性。亏损企业的职工，相对来说，情绪比较低落，需要化更大的力气来调动他们的积极性。这就要求领导干部自己对扭亏充满信心，有的领导老说本企业迟早要成为“泰坦尼克号”，那职工还有什么积极性去扭亏呢？还要求领导干部切实改变自身作风，有的企业职工发不出工资，而领导仍然是出则豪华轿车，住则高级宾馆，这又怎能调动职工积极性呢？企业各级领导还要切实关心职工生活。职工提出的正常合理、应该而且能够解决的问题，必须认真处理。像过去水钢炼钢工人在炉台上喝不到开水、下班后洗不到淋浴，在这种情况下，怎能使职工积极得起来呢？第三，要把提高职工素质作为增强企业市场竞争力的关键切实抓好。如上所述，我们不能把企业亏损的责任归之于职工素质不高，但也必须清醒地认识到，要使企业真正走出困境，必须要在提高职工素质上下大工夫才行。从一些企业的经验看，最主要的还是提倡在实践中自觉地学习，不断总结经验教训；还要定期不定期地举办各种培训班和讲座，进行系统提高；建立有效的激励机制和约束机制，通过竞争上岗、末位淘汰等措施，把职工素质同保住岗位和增加收入挂起钩来，引导职工自觉学习。当然，提高素质，不仅指业务技术方面，也包括思想政治方面，两者缺一不可。

六、怎样看待领导班子在企业扭亏中的作用?

有的同志提出这样一个问题，企业扭亏，是机制重要，还是人重要？应该说，两者都重要。好的机制可以造就人才，但人也可以改变机制。特别是企业内部的机制，企业自身完全可以进行改革。这里，企业一把手又起到决定性的作用。朱镕基同志在原冶金工业部关于水钢等企业扭亏情况报告的批示上，就强调“更新领导班子最重要”。以后，又在另一份报告上批示“企业一把手可以兴邦，可以丧邦，可不慎乎”。这充分说明了企业领导班子和一把手的重要性。

对一些扭亏企业的领导班子作分析，大体有三种情况：一种是由外面选派，像水钢公司和炼钢厂的主要领导就是分别从鞍钢和邯钢选派的；一种是内部更换，像萍钢；还有一种是主要领导没有变化，但班子内部稍有调整，党政关系更协调了。可见，亏损企业领导班子的更迭可以有多种方式，既可以从外部派，也可以内部选，更可以只换思想不换人。

班子建设，内涵很丰富，我认为当前有三条最重要。一是要带头转变观念。很难设想，自己满脑子是不适应市场经济的陈旧观念，而能带领职工走出新路子来的。这就要求企业领导带头学习，特别是要学好邓小平理论，学习好党的方针政策。二是要严于律己，率先垂范，以自己的人格魅力来影响职工。像萍钢新厂长就任后，首先向职工约法三章，主动要求职工监督。在减员下岗时，他和其他5位厂领导（全厂共有8位厂领导）的夫人都下了岗。南（昌）钢领导班子调整后，将公司领导的家属，包括一把手的夫人全部调离人财物管理部门。这些举动，在职工中引起强烈反响，推进了这些企业下岗分流等各项工作的顺利进行。三是要敢抓敢管。对相当一部分企业来讲，不是会不会管理的问题，而是敢不敢管理的问题。有的是怕得罪人、丢选票不愿管，有的是接近退休不想管（所谓“59现象”），有的是自己有辫子、怕人抓不好管。因此，要搞好管理，必须首先从这种精神状态中解放出来，这是企业领导班子建设的一个重要方面。

当然，国有企业亏损，不全是自身的问题。历史上形成的沉重的人员包袱和债务包袱，长期以来企业办社会的负担，以及计划经济时期对企业实行统收统支、造成企业技术改造大量欠账等问题至今仍然困扰着企业。即使今天一批企业扭亏了，但靠目前企业这些微利是难以做到真正脱困的。更何况当前钢铁工业面临“入世”的新挑战，我们相当一批企业在现有的技术装备水平和管理水平的情况下，在国际市场以及国际化了的国内市场上是缺少竞争力的。特别是我国钢铁工业目前一方面是总体上供大于求、处于结构性过剩的状况，另一方面又有相当一部分高质量、高附加值的品种不能生产或满足不了市场需求。因此，钢铁企业必须要把调整结构放在重要地位来抓；钢铁企业的技术改造也不能光着眼于单个企业，而要在改组的基础上进行高水平、有实效的改造，不下决心进行企业组织结构的调整和优化，是难以使我国钢铁工业真正搞好产品结构优化的。为此，对那些现在虽已扭亏减亏、但既没有规模优势，又缺乏品种优势的企业，还要引导他们进行兼并、关闭、甚至破产等多种形式的资产重组。同时，对那些优势企业则要根据不同情况，给以债转股、技改贴息贷款以及股票上市等方面的支持，并帮助他们真正按照现代企业制度来进行运作，使他们得以进一步发展壮大。我们深信，依靠各方面的共同努力，国有大中型企业是可以扭亏脱困，走向良性循环，实现新的腾飞的。

新时期　新观念　新举措[1]

在社会发展史上具有重要意义的20世纪即将过去，更加辉煌灿烂的21世纪就要降临。在这辞旧迎新、继往开来的日子里，我们要认真回顾我国改革开放20余年来的经验教训，勇敢地面对未来，特别是在如何加快发展问题上，要研究新情况，树立新观念，制定新对策，使钢铁工业在新的世纪迈出新步伐，取得新的更大的业绩。

一、要正确处理好主题和主线的关系

十五届五中全会明确提出，“十五”期间，“必须把发展作为主题”。同时指出，“把结构调整作为主线”。这两者，应该说是相辅相成的。但是，由于长期处在短缺经济的情况下，相当一部分同志习惯地把发展和数量上的增长等同起来，这种观念，在今天新的历史情况下显然不适应了。当然，对钢铁企业来讲，要重视发挥规模效益，没有一定的数量，就不会有效益。但在当前钢铁工业处于结构性供大于求的情况下，钢铁工业的发展，就不能单纯依靠数量的增长，今后必须把重点放在结构调整上。因为，只在“大”字上作文章，不一定能在激烈的市场竞争中多占份额，而要为人之所不能为，扩大市场急需的品种，提高产品质量、降低成本，才能取得用户的青睐。因此，“十五”期间，钢铁工业要做好发展这篇主题大文章，就一定要在抓好主线上下大工夫。

二、要正确处理好钢铁主业和非钢产业的关系

当前，我们既要立足钢铁，又要跳出钢铁谈发展。对钢铁企业来讲，钢铁这一主业千万不能丢，一定要做强做好。这是我们生存之本，发展之基，也是我们为国家进一步作出贡献的根据地。但是，我们也必须清醒地认识到，今后我国钢铁工业的发展，在数量上是有一定限度的，200多万名钢铁职工围绕着1亿多吨钢铁转，是无法同国际上一些先进企业抗衡的。而且，随着钢铁企业现代化改造的进展，钢铁主体人员不断减少是不可逆转的大趋势。“十五”期间，钢铁工业的劳动生产率要有一个明显的提高。因此，无论是为了提高钢铁企业的整体效益，还是安置好现有职工，稳定社会秩序，都要把发展非钢产业提到重要议程上来。现在，一些企业对此都已经有了初步安排，准备在三五年内把非钢产业的比重提高到总销售收入的30%以上。当前，要加强领导，进一步搞好规划，努力促其实现。

三、要正确处理好企业改组和技术改造的关系

要调整产品结构，提高产品质量，就必须进行技术改造。现在，一些企业都想以自我为中心来搞改造，这种愿望是可以理解的。但从全局来说，并不见得是最佳选择。特别是

---

[1] 原载于2000年12月24日《中国冶金报》。

我国钢铁工业的分散度大，必须要在企业改组的基础上进行技术改造，才能求得更高层次和更健康、快速地发展。这也是世界钢铁工业发展的一条共同经验。上海宝钢集团组建后所取得的成效也是一个有力的证明。但是，应该承认，在大多数场合，这种企业组织结构的调整，往往由于各地区、各单位，以及某些领导个人的利益驱动，自觉不自觉地进行抵制，以致一次次无果而终。在当前国际钢铁工业出现跨国大并购的浪潮，构建成一艘艘艨艟巨舰时，我国钢铁工业必须顺应潮流，加快企业组织结构调整的步伐，使之在“十五”期间有新的突破。

四、要正确处理好技术改造上投入和产出以及人和物的关系

在当今科学技术突飞猛进的时代，企业的技术改造要立足于高起点，要以科技创新为动力，促进结构升级。但是，所谓高起点，也不是一个模式的。近几年，鞍钢的技术改造就是从实际出发，花钱少、效果好的典型。但是，有的企业却是不加分析地追求所谓最新技术，结果是花高价引进了一流设备，却长期拿不出一流产品；有的企业花钱盖大厂房，气派有余，效益不足。特别值得我们深思的是，为什么国外一些企业，其装备水平还赶不上我们有的企业，但他们多少年前所生产的产品，至今我们仍然生产不了呢。可见一流企业不仅要有一流设备，更要有一流的人才。因此，“十五”期间，各企业都要把人才的选用、培养、提高以及进一步发挥他们的主动首创精神放在重要位置来抓，要树立市场竞争归根结底就是人才竞争的观念，建立起能够调动广大员工积极性的激励机制。如果，我们不抓紧在人才问题上采取得力措施，那么，加快发展就将成为一句空话。

五、正确处理好改革和发展的关系

发展绝不是单纯的生产力问题，在很大程度上，还受生产关系的影响，这些年来改革开放的实践充分证明了这一点。一些企业改制后，使生产力得到了解放，人员、装备条件基本上没有什么变化，但职工积极性和企业的效益都有明显的增长。十五届五中全会明确指出：“推动经济发展和结构调整必须依靠体制创新和科技创新”。“十五”期间，钢铁企业要在建立现代企业制度，健全企业法人治理结构，推进所有制结构调整等方面有新的进展，特别是对剥离出来的一些子公司，可以采取改组、联合、兼并、租赁承包经营和股份合作制、出售等多种形式，加快放开搞活的步伐。还要进一步改革分配制度和劳动用工制度，这是直接涉及广大职工切身利益、而且是最能调动员工积极性的一项改革措施，“九五”期间，很多企业在这方面改革力度较大，取得较好成效。但是，还有一些企业过于求稳，踟蹰不前，丧失了时机，“十五”要迎头赶上，使改革真正成为发展的动力。

企业扭亏以后怎么办[1]

经过三年的顽强拼搏，现在列入全国重点企业的普钢企业（不含特钢企业），今年可以全部扭亏。这是钢铁战线的一大胜利，值得庆贺。

但是，当年的扭亏不等于长远的脱困，更不意味着企业的生产经营已经进入良性循环，今后要在国内外市场的激烈竞争中站稳脚跟，提高自己的市场竞争力，前面的路程还很长。扭亏以后怎么办？这是摆在每个企业面前无法回避，必须认真思考的大问题。近几年来，我每年都有四五个月的时间在亏损企业进行调查研究，经历了他们扭亏为盈的全过程。因此，对这个关系到这些企业今后命运的重大问题，也经常盘桓在脑海中。现在，我将一些粗浅的想法，写将出来，一得之见，作为抛砖引玉，希望能同关心这一问题的有识之士和有关企业的同志们，进行探讨。

一、进一步转变观念，防止各种消极情绪，巩固并发展扭亏成果

亏损企业，特别是一些亏损大户，能够在短期内扭亏为盈，取得了重大的成就，企业的各级领导干部和广大职工是付出了辛勤劳动，奉献了自己聪明才智的，我们有理由为此感到自豪。但是，我们仍然要保持清醒的头脑，在新的形势下，还要进一步转变观念，树立危机感、紧迫感。当前，特别要引起注意的是，要警惕成功后带来的惰性，主要是自满情绪和畏难情绪。

这种自满情绪，目前已经在一些企业里有所露头，有的认为这两年“干得不错，进步不慢，功劳不小”，今后可以“松口气，歇歇脚”了；有的觉得“工资按时发放，奖金月月都拿”，也就差不多了；有的满足于“报刊有文，电台有声，电视有影，表扬不断”，缺乏继续攀登高峰的劲头。显然，这种“小变即安，小进即满”的思想只能是松懈斗志，影响士气，完全不适应当前市场激烈竞争的大形势的。另外，有些同志虽然也承认，比起某些兄弟企业，各方面的工作还有差距，不少技术经济指标还没有进入先进行列，但认为从本单位的实际情况出发，已经是“指标到顶，潜力挖尽”，再往上是难上加难了。应该看到，这些企业目前的起点是同两三年前大不相同了。过去是从洼地上爬出来，现在是已经登到半山腰甚至更高的位置，再前进一步都要付出比过去更大的代价。因此，部分职工中产生一些畏难情绪是可以理解的。但是，市场经济是竞争经济，不仅是“不进则退”，而且是“快的吃掉慢的”。尽管今天你扭亏了，但如果不再前进，就会功亏一篑，在激烈的市场竞争中，依然逃脱不了被淘汰出局的命运。

现在，不少企业领导已经意识到了这一问题的严重性，在各级干部和职工中一再提出要反骄破满，乘胜前进；要克服畏难情绪，坚持挖潜不止。这无疑是十分正确的。要看到，今天的成绩并不能保证今后的生存，更不要说是发展了，而自豪更不等于自满。世界

[1] 原载于2001年第3期《冶金管理》。

500 强应该说是够强够大的了，但 20 世纪 70 年代的 500 强，13 年后却有 1/3 已经销声匿迹。放眼世界，国际上那些有成就的知名企业，哪一家不是始终保持强烈的紧迫感、危机感的。波音公司的一位新总裁上任时，讲了一句很“泄气”的话：但愿 10 年后在电话簿上依旧能看到本公司的名字。而且还拍了一部电视片，内容是在 20××年，波音公司倒闭了，厂门口挂着“本厂出售”的牌子，工人们耷拉着脑袋一个一个从车间走就出来。无独有偶，比尔·盖茨也曾说过：“微软王国到关门的时间只有 18 个月”。以波音和微软公司这样的实力，尚且在职工中进行如此强烈的忧患意识的教育，我们不更应该从中学习到些什么吧！

如何检验是不是自满了呢？三明钢铁公司提出了 3 条标准：一是能不能找出自己的问题，因为发现问题就是解决问题的一半；二是能不能看到人家的长处；三是找到找不到自己继续前进的突破口。这几条可以供大家借鉴。总之，我们必须战胜自我，超越自我，才能巩固成果，发展成果。

二、树立新的发展观，强化主业，调整结构，发展非钢产业

十五届五中全会明确提出，“十五”期间，必须把发展作为主题。并强调指出，发展是硬道理，是解决中国所有问题的关键。对刚刚扭亏为盈的企业，更应该以新的姿态唱好这首主题曲，而关键就是要适应新的形势，树立新的发展观。

首先，要转变把发展和数量增长等同起来的旧观念，树立“以结构调整为主线”新的发展观。由于长期处在短缺经济的情况下，相当一部分同志习惯地把发展和数量上的增长等同起来，特别是这些企业，过去亏损的一个重要原因，就是没能发挥其应有的规模效益。而近几年，这些企业单位设备的产能普遍有了很大的提高，从而使成本大幅度下降。因此，有些同志，仍然把今后发展的重点放在产量的增长上。当然，对钢铁企业来讲，没有一定的数量，就不会有效益。但在当前钢铁工业出现结构性供大于求的情况下，钢铁工业的发展，就不能单纯地依靠数量的增长，必须遵照十五届五中全会公报中所指出的，“把结构调整作为主线”。因为，只在“大”字上作文章，不一定能在激烈的生存竞争中多占份额，而要为人之所不能为，扩大市场急需的品种，提高产品质量、降低成本。在做强做精的同时，根据市场的情况，适当做大。

其次，既要立足钢铁，又要跳出钢铁谈发展。对钢铁企业来讲，钢铁这一主业千万不能丢，这是我们生存之本，发展之基，也是我们为国家进一步作出贡献的根据地。但是，我们也必须清醒地认识到，今后我国钢铁工业的发展，在数量上是有一定限度的，200 多万名钢铁职工围绕着 1 亿多吨钢铁转，是无法同国际上一些先进企业抗衡的。而且，随着钢铁企业现代化改造的进展，钢铁主体人员不断减少是不可逆转的大趋势，“十五”期间，钢铁工业的劳动生产率要有一个明显的提高。因此，无论是为了提高钢铁企业的整体效益，还是安置好现有职工，稳定社会秩序，都要把发展非钢产业提到重要议程上来。现在，一些企业对此都已经有了初步考虑，准备在三五年内把非钢产业的比重提高到总销售收入的 30% 以上。当前，要加强领导，进一步搞好规划，努力促其实现。

第三，要重视企业组织结构的调整，在改组基础上搞好企业的技术改造，以求得更高层次和更健康、快速地发展。前几年的亏损企业，一般都是几十万吨到百把万吨的规模。过去，总想通过扩大规模，来求得效益的进一步增长。于是，五六十万吨规模的向 100 万

吨靠拢，百万吨级的就奔200万吨。这从某个企业来讲，有其合理性；但在多数品种供大于求的情况下，这种思路，从全局考虑，就未必妥当。因此，这些企业，单靠自己做大，没有太多的前景。要通过组建大舰队，在改组的基础上明确自己的定位，这样才能在市场中争得更好的优势地位。上海宝钢集团组建时，双方都对这一联合不无疑虑，但两年来的实践却使大家心悦诚服地感到，这条路是走对了。因此，我们必须顺应潮流，加快企业组织结构调整的步伐，使之在“十五”期间有新的突破。

三、强化创新意识，努力建立有利于创新的种种机制

当今世界，是一个激烈变革的时代，是一个科学技术突飞猛进的时代。任何国家，都必须顺应这一世界潮流，不断改革，不断创新，才能立足于世界之林。对企业也一样。江泽民同志就说过：“创新是一个民族进步的灵魂”。首创创新理论的美籍奥地利经济学家熊彼得认为：“企业家的本质是创新”；韩国浦项公司的大门口写着“资源有限，创意无限”八个汉字。这些，都充分说明创新的重要性。

创新要体现在方方面面。对这类企业而言，重点有：

一是体制创新。十五届五中全会指出，“必须把体制创新摆在突出地位”。大的方面企业自身无能为力，但在企业内部，还是可以有所作为的。特别是对剥离出来的一些子公司，要根据不同情况，采取股份制、股份合作制、租赁、承包等多种形式，使过去单一的国有制转为以公有制为主的多种所有制并存。这方面已经有不少企业进行了很好的尝试，取得了较好的效果。要及时总结推广经验，加大改革的力度。

二是三项制度的创新。这几年，很多企业在这方面进行了积极的探索，特别是在分配制度的改革方面，一些企业将激励机制和“末位淘汰制”这类的约束机制很好地结合起来，形成有效的竞争机制，对调动广大职工积极性、促进生产力的发展起到了很好的作用。可以说，很多企业所以能在较短时间里实现扭亏，是与此分不开的。有的企业“花钱买指标”，用经济杠杆来实现目标值，然后用管理手段来巩固达到的目标，使一些关键性的技术经济指标持续上升。当前，一方面要积极推广这些好的经验，另一方面还要根据新的形势，特别是结构调整的要求，适时地调整激励的导向。对下岗分流，还要克服那种强调本地区和本企业特殊性，以及消极求稳的思想观念，以致止步不前的情况。要看到，对国企来讲，这条路是无法回避的。我们必须正视现实，勇于在实践中闯出一条路子来。

三是管理创新。一方面管理的基本原则，从严治厂不能变，各项管理的基础工作不能放松；另一方面，在具体的做法上要适应新形势。管理是永恒的主题，但永恒的主题绝不是一成不变。永恒不等于凝固。没有进步，就没有永恒。时代在变，形势在变，市场在变，像集团公司的组建，多种经济的开展，电脑的应用、互联网的发展都已经对企业的管理提出了新的要求，管理必须要适应这些变化，以变应变，不断发展，不断创新。但对管理创新，也不要把它看得神秘化。水钢二轧厂近两年推出了“干部离线检验法”和“生产总值班制（即代理厂长制）”，就是一个很好的事例。前者是在一些关键时刻，如设备大修当天，将有关的车间主任和厂部的科长调离生产现场，以此来检验工作的落实程度；后者是将5个车间的一把手，轮流当一个星期的厂长，除了没有财权以外，对这一周的生产指挥、组织协调、事故处理、奖惩考核负全责。这两项活动，使全厂的各项管理工作提高了一大步，而且使这些车间主任增强了全局观念和协作精神，深感自己知识的不足，有

的车间主任立即自费进电大学习，以进一步提高自己的素质。

四是科技创新。十五届五中全会很强调这一点。科技创新主要是指科技体制的创新。特别是面临知识经济时代的到来，知识的作用越来越重要，要建立起有利于科技进步的机制，形成有利于科技进步的氛围，要结合企业的实际，研究向科技这个第一生产力倾斜的奖励政策和激励机制，要打破论资排辈的思维定式，使年轻的科技人员能脱颖而出。至于在技术进步上，一方面要搞好重大技术改造项目的决策，另一方面要充分发动并引导群众性的技术革新活动，“小改小革的积累是创一流的前提”，要加强这方面的领导力度。

要搞好企业各方面的创新，关键是要发挥广大科技、管理人员和职工的积极性。一般来说，亏损企业不仅难以吸引外界的优秀人才，而且自身的人才也容易外流。这固然有经济收入方面的原因，但另一个重要原因是没能发挥内部人才的作用。实践证明，亏损企业并非没有人才，而是要营造一个使各类人才能充分发挥作用、优秀人才能脱颖而出的机制和氛围，不拘一格用人才。人才作用的发挥促使了企业的扭亏和发展，反过来又促进了人才的成长，这已经为一大批扭亏企业的实践所证明。当然，也要积极设法引进“外智”，这种智力上的嫁接对企业各方面的创新大有裨益，比如：水钢的4个主体厂一度有3个请兄弟厂派人来出任一把手，取得良好的效果，就是一个明证。

四、加强企业文化建设，自觉塑造企业的新形象

在扭亏增盈的伟大实践中，不少企业重视了企业的文化建设。企业文化建设的内涵很广，但我认为最主要的是要形成企业全体职工共同认同的企业核心价值观念，形成一种共同的理念。这种理念一旦形成，就会形成强大的凝聚力，成为职工自觉的行为准则，成为推动企业前进的强有力的精神力量。所谓“上下同欲者胜”，就是这个意思。所以企业文化是形虚而实实。

企业精神不是哪个“秀才”编出来的，什么时髦、响亮，用什么；而是要源于实践，高于实践，最后又反过来指导实践。水钢的巨变是同公司领导重视企业文化分不开的，他们不断总结企业里的新事物，打一仗，总结一种精神，诸如“炼钢精神”、“大河精神”、“高炉精神”等，最后提炼归纳为“自强、开放、创新、追求”的水钢精神，广大职工感到很亲切，觉得这几年水钢就是按照这八个字，一步步走过来的，今后要更加自觉地发扬这一水钢精神，使水钢从胜利走向胜利。萍钢的“事在人为，志在超越”的企业精神，也是实践经验的提炼升华。还有像江阴法尔胜钢绳公司，他们善于把成功的经验、甚至挫折的教训提炼成富有哲理意义的警句，并且通过各种形式，在全公司范围内广为宣传，激励全体员工共同奋斗。在厂区马路两侧专设的精致的宣传牌上，可以看到这样的词句：“要做事，先要学会做人；要做好事，先要做好人”，“要珍惜奋斗后的成功，更致力于成功后的奋斗”；“一分科学耕耘，百分殷实收获”；“要与自己的潜能挑战”；“观念是有价值的”；“贡献—今天，创造—明天，挑战—后天”，等等。这些，既给人以深刻的启示，又鼓舞人们奋发向上。

像水钢、萍钢这样自觉地重视企业文化建设的企业，正在逐渐增多。但是，也要看到，有的企业，尽管扭亏取得了令人鼓舞的业绩，而在企业文化建设上却进展不大。有的在扭亏实践中已经涌现出一大批反映企业特色和时代精神的好典型，但缺乏提炼升华；有

的还是因袭多少年以前提出的企业精神，远远不能涵盖这几年企业的新变化。对这些企业来讲，要进一步总结这几年扭亏实践的经验，特别是要通过深入挖掘一些先进单位和先进人物的先进思想和事迹，在此基础上，提炼升华自己的企业精神，塑造企业新的形象，推动企业不断前进。

五、进一步加强各级领导班子的建设，并以此来带动队伍建设

企业扭亏，领导班子是关键，特别是企业一把手的作用至关重大。这些能带领职工在短期内扭转亏损局面的领导班子都有一些共同的特征，这就是：在分析亏损原因和寻求扭亏之道时，不是一味推之于客观原因和外部条件，陷入“等靠要”的泥坑，而是眼睛向内，立足自身，教育并依靠群众，走自立自强之路，并创造条件，积极争取外援，但不是单纯地等待外部条件的改善和依赖政策的支持；在处理领导和群众的关系时，不是埋怨群众素质差，觉悟低，而首先是要求班子自身具有强烈的使命感，有奉献精神，廉洁自律，身先士卒，发扬艰苦创业精神，带头转变观念，这样才能调动广大职工的积极性，带领大家奋发图强，克敌制胜；在处理改革发展和稳定的关系时，不是求稳怕乱，因循守旧，只图一时的消极稳定，而是开拓创新，敢于改革，特别是在分配制度和劳动用工制度的改革以及分流分离上，敢于采取积极进取的态度，并在学邯钢上敢于动真格，以此来求效益，求发展，谋取积极的稳定。

对这些经过扭亏实践检验的各种新观念，我们要继续保持并进一步发扬光大。同时，还要看到，当前面对经济全球化趋势的加强，科技革命的迅猛发展，产业结构调整步伐的加快，以及我国进入世贸组织等新形势，对企业来说，都会提出一些新的要求。比如，在结构调整上，要求从过去的生存型调整转为发展型调整；在企业的发展上，要从过去的数量效益型转为品种质量效益型；在提高效益上，要从过去解决当前扭亏转为今后的彻底脱困、并进入良性循环的发展轨道，这就要更加重视提高降本增效中的科技含量。各级领导要适应这种形势的变化，继续带头转变观念，以此来指导企业的持续发展。

企业要发展，首先领导班子要勤于学习，不断提高自身素质和领导水平。特别是当前形势发展很快，不学习，不仅无法适应，而且会因落后而被淘汰。如何提高领导水平，从一些企业的经验看，大体上有两种比较有效的途径。一条是实践—总结—提高，就是通过经常回顾、反思并认真总结企业及自身实践的经验教训，来求得思想认识的提高和飞跃；另一条是学习—借鉴—提高，就是通过学习书本知识，以及借鉴兄弟单位的好经验，学以致用，为我所用。当然，这两方面并不是互不联系的，而是互为补充，相辅相成的。中央一再号召各级干部要学习、学习、再学习，我们要以优异的学习成绩向中央和全国人民作出汇报。

在企业扭亏的伟大实践中，涌现出了一大批优秀的企业领导干部，他们是党和国家的宝贵财富，特别是其中的一把手，在广大职工中享有很高的威望，基本上可以做到令出必行，令行禁止，对企业发展的影响极大。但正如中央领导指出的：“企业一把手可以兴邦，可以丧邦，可不慎乎”。冶金企业过去有一些很优秀的领导干部，他们对企业的发展贡献很大。其中，有的在改革和管理上曾经创造过全国都很有影响的经验。但是，由于不能正确对待自己，结果走向了反面，决策一误再误，以致使企业走入困境。我们要认真吸取这

些经验教训。作为一把手，要时时刻刻以“三个代表”的精神来严格要求自己。同时，在企业里也要建立起对各级领导、特别是一把手的科学的约束机制，这不仅是对领导干部的真正爱护，也是使企业长盛不衰的有力保证。

目前，冶金工业正处于攀登新的高峰的关键时刻，前面的路程会有不少艰辛，但前景将是光明的。广大干部和职工，一定能以自己的聪明才智和艰苦的努力，在新的挑战面前，团结一致，奋勇拼搏，坚持改革，坚持创新，实现新的突破，在新的世纪里以新的业绩向全国人民报喜。

坚持创新 不断提高创新意识和创新能力[1]

近几年来，“创新”这个词，不断出现在党和国家领导人的讲话以及有关的重要文件中，也已成为经济界、企业界、理论界甚至全国人民广泛关注的热点。现在大家经常引用的江泽民同志一句十分精辟的名言：“创新是一个民族进步的灵魂，是国家兴旺发达的不竭动力”，就充分说明了创新对国家、企业以至个人发展的极端重要性和必要性。在当今科学技术突飞猛进的时代里，对企业来讲，没有创新就如一潭死水，不仅谈不上发展，而且必然被淘汰。企业要创新，其根本目的就是要发展企业的核心竞争力，这包括为了满足用户各方面需要而开发的独特的技术、独特的产品和创造独特营销手段的能力等。因此，创新可以说是每一个求生存、图发展的企业必须具备的能力。如何搞好创新，不断提高自身的创新能力，我认为在认识上需要进一步解决几个问题。

一、正确理解创新与继承传统的关系

创新与传统的继承，这两者并非是截然对立的。创新绝不是全盘否定传统，创新是在历史的基础上发展。现在我们认为传统的东西在某一时期也是创新的产物，只是经过时代的扬弃，证明其有利于社会的发展而为人们所接受得以保留下来，就成为传统。但时代在发展，科学在进步，光是沉湎于传统，就不能前进，而且传统的东西总有其一定的局限性。因此，传统是把双刃剑。我们既要善于利用传统中的积极因素，为我所用；但又不能囿于传统，作茧自缚。在这方面，我国钢铁工业有过沉痛的教训。20 世纪 60 年代，当转炉钢显示其重大效益时，我国钢铁界却仍继续大量建设平炉；连铸在我国虽然起步较早，但在相当长时间里，不少企业、尤其是特钢企业仍然在追求扩大初轧机开坯的能力，以致至今特钢连铸比仍然大大落后于发达国家。改革开放以来，一些钢铁企业正确处理了继承与创新的关系，既重视引进国外先进工艺和技术装备，又重视自身开发新技术，宝钢、武钢、鞍钢在这方面都取得了较大进展。

我们还可以用国外工业界的一些事例来进一步说明。1908 年，美国福特汽车公司推出了 T 型车，由于其价格低廉和实用性好，很快受到广大客户的青睐，曾风靡一时。但 17 年来，除了售价有大幅度降低外，既无型号的变化，也无明显的改进，甚至连颜色也只有传统的黑色。而客户的口味在变化，进口车的竞争在加剧，以不变应万变的结果最终导致了失败。正是成也 T 型，败也 T 型。但 T 型车所代表的“大众化”的精神还是要接受下来，只是要适应大众需求和爱好的变化罢了。英国劳斯莱斯车曾是车主高贵身份的象征，也是英国汽车行业的荣耀，但前两年却被德国大众汽车公司收购，这同它故步自封、缺乏创新精神有很大关系。因为，在世界汽车工业差不多年年都有新车型推出的情况下，它的车型却保持 18 年不变。日本精工表之所以能从瑞士欧米茄手中一举夺得奥运会计时权，

---

[1] 原载于 2001 年第 3 期《中国冶金》。

打破了在此之前欧米茄表所创下的 17 次独占奥运会计时权的纪录，就是因为日本推出了石英表取代了机械表。

因此，从某种意义来说，创新必须破坏某种传统，要推陈出新，活人不能让死人拖着走。具有 150 多年历史的德国西门子公司，之所以仍能在全球范围内保持其良好的增长势头，就同它坚持走创新之路分不开的。1995～1996 财政年度，全公司约 74% 的销售额来自诞生时间不到 5 年的新产品和服务项目，而在 1984 年，这个比例只有 48%；其他如惠普公司约有 2/3 的利润来自近 3 年开发的产品。即使在钢铁企业，也有很好的例子。法国于齐诺尔钢铁公司也有近半数的销售收入是近 5 年开发的新产品。相反，那些因循守旧，毫无创意，产品“十几年或几十年一贯制”的企业，是无法逃避覆灭的命运的。因此，在处理创新与继承传统这两者关系时，创新是绝对的，是一个企业、甚至一个国家发展的不竭动力；而继承则是有条件的，是相对的。

二、创新必须学习，而且要善于学习

创新当然是要超越前人，但也可以说是站在前人的肩上攀登。但站在什么样的人肩上，就需要我们作出选择，而选择就需要学习。特别是当前面临知识经济时代，科学技术突飞猛进，新知识层出不穷，有人称之为知识爆炸的时代，不仅不学习就会落后，被淘汰，甚至学得慢也会落后，学习能力的提高将和创新能力同样重要。这就是为什么在农业经济时代，只要 7～14 岁接受教育，就足以应付今后 40 年工作生涯之所需；到工业经济时代，学习期延伸到 6～22 岁；而到了信息技术高度发展的知识经济时代，每个人都必须随时接受最新教育，才能适应迅速发展的时代，这也是为什么现在提出终身教育的原因。

企业要在日益加速变化的竞争环境中生存发展，就要使自己成为学习型的组织，学习将成为使企业免于死亡的一条根本途径。有人说，企业的学习型组织是由信息社会、知识经济时代催生的；而学习型组织又是信息社会、知识经济时代的支撑基石，这话不无道理。像摩托罗拉公司所以能在信息产业中始终居于前列，就同他们重视职工的学习培训分不开的。目前，他们在培训方面的投入，已经 4 倍于美国工业企业的平均水平，摩托罗拉大学已经有 14 个校园，分布于美国、日本、中国等地，每年用于学校的预算达 1.2 亿美元。

学习是多方面的。当然，大量的还是向书本学习，也就是向古今中外的一切先进的东西学习，这既是一种继承，也可以通过向书本学习，学习前人在他们的时代如何创新的，以及他们所经历的曲折历程，吸取其中的经验教训。特别是在知识爆炸的今天，其生也有涯，而知也无涯。有人对某些专业作过测算，即使一天 24 小时不停地看书，一个人穷其一生，也只能涉猎本专业论文的 10% 不到。因此，学习本身也需要创新，不能像过去的秀才皓首穷经那样，既要本着“厚今薄古”的原则，还要善于利用现代化的网络手段来取得有用的信息，使我们在创新之路上少走弯路。经常发生这样的事，当你的创新成果完成时，却发现人家早在几年前就搞出来了。这就不是站在前人的肩上攀登，而是跟在前人的脚后跟慢步走。我们还要重视在创新的实践中学习创新，这是更为有效、更为直接的一种学习。实践不一定成功，创新必然会有失败，某种意义上来说，失败确实是成功之母，关键是要善于总结。

三、要创造有利于创新的氛围，建立起鼓励创新的机制

这就要着意建立有利于创新的企业文化。

首先是要形成允许失败的环境。创新是做前人未曾做过的事，出现失败可以说是题中应有之义，说得更直白一些，不允许失败就不会有创新。硅谷所以能成为世界顶级的高新技术创新基地，很重要的一条就是容忍失败，他们的理念是奖赏甘冒风险的人，而不是惩罚那些冒风险而遭到失败的人。孵化器公司的出现也充分证明了这一点，他们支持的项目，并不都求其能成功，甚至认为10个中有1个成功的就可以支持，就会得到补偿，这就有效地推动了创新。宝钢集团的十钢公司提出“鼓励创新，宽容失败；鼓励思考，宽容失言；鼓励实践，宽容失误”，企业就需要这种精神。

其次，还要不拘一格用人才。要打破学历、经历界限，重创新能力，重业务水平，重工作业绩，既重视那些有文凭、有学历、在工作中作出重大成绩的员工，也要鼓励那些有真才实学、立足岗位的扎根型人才结合工作实际进行创造性的劳动，使他们受到应有的待遇和尊重。

第三，要重视团队精神的发扬。创新必须要发挥每个人的创造性思维劳动，这是创新活动的基础；但创新也离不开集体成员间思想火花的碰撞，这会有利于创意的不断完善。被誉为20世纪创新的思想家之一、为创立量子力学作出重大贡献、并获得诺贝尔奖金的德国物理学家海森堡就说过：“科学根源于交谈。在不同的人的合作下，可能孕育出极为重要的科学成果”。只有这样，才能使创新活动不断向深度和广度拓展，从一次性创新向持续创新转变，从单项创新向系列创新转变，从个别创新向群体创新转变。

在建立起有利于创新的企业文化氛围的同时，还要着力于建立鼓励创新的各种激励机制。特别是当前面临知识经济时代的到来，更要建立起保护知识创新的激励机制。知识创新，是要付出艰巨的劳动和相应代价的，如果没有足够的精神和物质的激励，使这些知识创新者看不到创新的好处，那么，他们有什么必要花大量的精力去进行知识的创新呢。要知道，在知识经济时代，知识的共用性不等于没有私有性，知识私有和知识共享是并存的。因此，不仅企业要建立激励机制，国家也必须建立起保护知识产权的各种法规。在这方面，最大的障碍还是各种平均主义思想的作祟，平均主义不仅使人们滋长了惰性，更是扼杀创新精神的大敌。这需要全国上下不断地进行观念的转变，为各项创新活动扫除种种思想上的障碍。

四、要破除对创新的神秘感

一谈创新，有人就认为高不可攀，有种神秘感，似乎创新只是专家、学者的事，和企业普通职工无关。此言差矣。实际上我们身边时时都有创新。首先提出创新概念的奥籍美国经济学家熊彼得认为，创新并不是一个技术概念，不是指单纯技术上的新发明；它是一个经济概念，是指经济生活中出现的新事物，它包括以下5种情况：一是引进新产品或提供某种产品的新质量；二是采用新的生产方法；三是开辟新的市场；四是发掘原料或半成品的新供给来源；五是建立新的企业组织形式。可见创新并不神秘。关键是要有创新意识，要把自己从长期形成的思想禁锢中解放出来。当然，我们不能再像过去“大跃进”时搞那种“人有多大胆，地有多大产”脱离实际的空想。但是，“不怕做不到，只怕想不

到”仍然是至理名言。没有创新意识，又何来创新实践？

创新意识也不是靠个人的冥思苦想，对企业来说，大量的创新意识还是来自“两场”：现场和市场。国外有一种观点：“专家——25平方英尺”，意思是在员工每天工作8小时的25平方英尺范围内，他们就是专家，是他们首先看到阻碍生产流程正常运行的瓶颈，第一个发现可能发生的事故，知道怎样改进才能提高效率。但是，要真正发挥他们创造性劳动的作用，还必须建立起有效的激励机制。日本企业还有一句名言，“小改小革的积累是创一流的前提”。因此，企业都要重视群众性的技术革新活动。至于市场的呼声，更是企业创新的源泉。对企业来说，绝不能脱离市场搞开发，而是要使这两方面有机的结合，创新就在于研究加市场。我们要善于从用户的意见甚至一些牢骚中发现线索，抓住机遇，进行创新。被人们传为佳话的海尔的能洗土豆的洗衣机，不就是从看似很不合理的用户意见中得到启发而开发出来的吗？现在，宝钢等一些企业在开发新产品时，提倡产销研一体化，甚至以销售部门作为牵头单位，取得很好的效果，也充分说明了这一点。

近两年，一些过去相对落后的企业在创新上的成就，也为我们提供了破除神秘感的实例。像水钢地处贵州穷山沟里，曾连续几年严重亏损，确实谈不上什么创新，但一旦职工的思想得到解放，观念有了重大转变，在较短的时间里出现了意想不到的变化。如今，在水钢到处都可以看到干部和职工们的创新事例。水钢二轧厂去年推出了“干部离线检验法”，今年又推出了“生产总值班制（即代理厂长制）”，就是一个很好的事例。前者是在一些关键时刻，如设备大修当天，在事先并无预告的情况下，突然将有关的车间主任和厂部的科长调离生产现场，以此来检验工作的落实程度；后者是让5个车间的一把手，轮流当一个星期的厂长，除了没有财权以外，对这一周的生产指挥、组织协调、事故处理、奖惩考核负全责。这两项活动，使全厂的各项管理工作提高了一大步，而且使这些车间主任增强了全局观念和协作精神，深感自己知识的不足，有的车间主任代理一周厂长后，立即自费进电大学习，以进一步提高自己的素质。这个厂的调整工洪建，一年里提出了12项合理化建议，件件都得到采纳，并得到实施，取得了很好的经济效益。据该厂厂长介绍，这些建议，都是他在操作实践中的切身感受，工程技术人员也很难考虑到。应该说，水钢的周边环境，人员素质，不如很多企业，因此，这个厂的事例，更可以鼓舞我们去进行创新。

时代的发展呼唤创新，国家的强大呼唤创新，企业的兴旺也在呼唤创新，让我们在实践中不断提高自己的创新意识和创新能力，在新世纪作出更大的贡献！

管理创新的新成果[1]

——2000年冶金行业管理创新获奖课题简介

近两年来，冶金企业的生产经营状况有了明显好转，经济效益不断攀升。全行业实现利润在连续6年下降后，2000年开始回升，达到了1995年以来未曾有过的高水平，在普遍增提折旧、研开费用以及冲抵部分潜亏后，实现利润121.74亿元。在国家重点统计的大中型企业中，普钢企业只有一家。究其原因，固然是多方面的：从外部条件讲，钢材市场的情况有了好转，价格有所回升；国家政策上的支持，使企业财务费用的负担得到一定程度上的缓解；从企业内部来讲，转观念，练内功，挖内潜，坚定不移地贯彻“三改一加强”的方针，企业管理有了明显加强。这在今年各企业申报的管理创新成果中也有很好的体现。

作为冶金行业管理现代化创新成果评审委员会的成员，我通览了申报的全部78份材料。总的感觉是，很多企业确实在管理工作上下了工夫，并在很多方面有所创新。不只是就管理谈管理，而且是将管理同改革结合起来，将经济同技术结合起来。在企业内部而言，既有属于微观范畴的，也有属于宏观范畴的。内容包括企业的发展战略，企业集团的组建，企业生产管理，财务管理，固定资产投资管理，营销和物资供应管理，科技、新产品开发以及质量管理，环保安全管理，人力资源开发管理，信息化管理，等等。确实是丰富多彩，很受启发；而其效益，也是令人振奋的。

一、围绕提高企业竞争力和经济效益，结合自身特点，进行新的突破

每个企业在其发展进程中，都会存在一些薄弱环节。这种环节，有的更多的是属于生产关系，有的则主要属于生产力方面的。唯其薄弱，需要着力加以突破；但其之所以薄弱，往往又是长期以来多种因素造成的，日积月累，习以为常，以致成为企业发展的老大难问题。比如，上海地区的钢铁工业，长期以来是“三足鼎立”，宝钢、上海冶金控股公司和上海梅山集团公司。三家各成体系，各行其是，以致低水平的重复建设和淘汰落后成了上海地区钢铁行业两大难点。尽管三家联合，有过多次意向，但由于种种原因，一直难以实现。“十五大”以后，在中央领导同志的直接指导下，经过认真的筹备，终于在1998年11月17日实现了上海地区钢铁工业的大联合。新组建的上海宝钢集团公司充分发挥联合优势，实施了“三个统一”，即统一思想、统一规划、统一目标，以提高市场竞争力为目标，进行全面的结构优化和重组整合。通过联合重组，加快了建成全国最大钢铁精品基地的步伐，初步构筑了上海宝钢钢铁精品基地的总体框架，就是以优势企业宝钢股份公司为核心，在其周边逐步形成一钢公司的不锈钢冶炼热轧精品基地、五钢公司的特钢精品基

---

[1] 原载于2001年第10期《冶金管理》。

地、二钢公司的金属制品精品基地，以及益昌公司高等级冷轧薄板生产线和梅山公司铁钢材自成精品系列体系。通过联合重组，加大了减员分流的力度，2000年底，集团公司在岗职工已从1998年底的17.65万人，减到12.5万人。计划到2004年，钢铁主业的职工将减到3.6万人。通过联合重组，实现了强者更强，弱者转强，集团公司实现合并销售收入706.7亿元，实现合并利润32亿元，比上年增加21.69亿元，亏损子公司由1999年的10家到2000年底减为1家（上海钢管公司，2001年5月起实现止亏），连续5年亏损的益昌公司，重组后第三个月就开始扭亏，1999年实现利润1258万元；1999年还有巨额亏损的浦钢，在集团公司担保下，解决了生产流动资金，在宝钢的采购部门和销售网络的帮助下，解决了“物物串换”的问题，堵住了一大漏洞，2000年也实现了扭亏为盈。这次，宝钢报送的“组建企业集团，发挥联合优势，建设钢铁精品基地，增强国际竞争实力”获得评委们的一致好评。

鞍钢一直被认为是冶金行业里的“巨人”。但多年以来，却是老态龙钟，工艺落后，装备陈旧。1995年底，平炉钢的比重还占鞍钢全部钢产量的60%以上，连铸比只有25%左右。但是在“九五”的短短几年内，鞍钢淘汰了全部平炉，实现了全转炉炼钢加炉外精炼；淘汰了炼钢模铸工艺，实现了全连铸；建成了具有世界一流水平的热轧1780、1700和冷轧酸洗—轧机联合机组的三条生产线，主体技术装备达到当代国内先进水平，使鞍钢走上了一条持续、快速、健康发展的道路，旧貌换新颜。在“创一流的技术改造管理”中，鞍钢总结了他们走“高起点，少投入，快产出，高效益”新路子的经验，即“多渠道筹集资金，强化项目资金使用管理”；“以改革的方法搞改造，提高管理效率”；“优化方案，强化项目管理”以及“技改与环保同步进行”等。在多渠道筹集资金，强化项目资金使用管理方面，提出了“两全”（即全方位、全过程地控制工程和改造资金的使用）、“三层次”（即决策层控制工程和资金总量的合理安排与检查运用，管理层和执行层控制工程和资金有效运行和节约资金）、“四同时”（即工程进度计划和资金计划同时下达，实施计划同时运作资金计划，检查考核项目的同时检查资金运作，总结评比的同时总结资金运行的经验和教训）、五分析（即为何投资，何时投资，投入多少，怎样投资，能否减少投资）等措施，具有很强的可操作性。这些对所有企业都会有启示的。

还有，像武钢近3年通过合同预算处审核的概预算达到70亿元，他们发现，工程造价和其他专业管理之间、工程造价内部各岗位管理之间这些接口部位，由于种种原因，往往形成管理的“盲区”，正是这些接口部位的“盲区”，造成管理运行链条的脱节、错位，成为管理制度监督的乏力点。企业的利益正是在这些松动的接口部位，不显山露水地悄然流失。事实证明，接口部位管理不善，对企业产生的伤害是内伤型的，是直接以牺牲企业经济效益和职工队伍的凝聚力为代价的。因此，从1999年起，他们以“工程造价管理接口部位的制度建设”为题，开展了系统的研究。从工程造价管理的投资、设计、工程管理、财务管理、物资供应、施工、产权单位管理、造价部门内部管理等8个环节入手，找出了接口部位容易产生的38类问题，进行了深入剖析，形成119项对策措施，建立了相应的方法和制度。其中，以“概预算会审制”、“工程材料价差管理”、“检修工程归口管理”、“工程招标制”为代表的一大批措施已在管理中取得显著的成效。2000年，通过强化管理，从严把关，为武钢公司省减费用2.65亿元，创造了较好的社会效益和经济效益。

二、重视各种机制的创新

管理创新，在很大程度上要落实到机制创新上。不少企业在这方面进行了有益的探索，取得了良好的效果。

在“首钢建立现代企业制度的探索与实践”的课题报告中，他们总结了首钢近两年来建立的“一个关键，三个中心，六个机制”的现代企业制度构架。“一个关键”就是建立规范的法人治理结构；“三个中心”，就是总公司作为母公司，是全集团的投资、融资决策中心，各子公司作为利润中心，不具备法人地位的厂矿作为成本控制中心；“六个机制”就是：规范企业出资人制度，建立国有资产保值增值机制；推进干部人事制度改革，形成经营者能上能下、人员能进能出、收入能增能减的激励机制；深化科技体制改革，建立推进技术进步的机制；以提高企业盈利为目的，健全适应市场变化的抗风险机制；坚持可持续发展战略，健全环境治理工作的激励机制；实施人才工程，建立人力资源开发使用的有效机制。他们的做法可供各企业参考。

酒钢在“把握商机，规范运作，构架国企固定资产投资建设管理创新机制”的申报材料中，反思了长期以来以建立“工程指挥部”来管理建设技改项目的利弊，以及招标规范、质量监督体制、风险激励机制等方面存在的问题，并提出了以“项目经理责任制”为主要内容的固定资产投资建设管理的创新机制。一方面创建了三个层次的组织管理体系。第一层次是集团公司的投融资管理委员会，这是投资的决策层，是投资中心；第二层次为项目经理，是建设项目的第一责任人，是集团公司固定资产投资的实施层，负责该项目从初步设计、开工报告、设备材料采购、施工组织、工程质量保证、竣工验收，以至达产达标的全过程，是效率和利润中心；第三层次是参与建设技改项目运作的单位，如供应处、设备公司、进出口公司、财务处等，是成本中心，他们要按照与项目经理部签订的内部商务合同，完成承担任务。此外，在投融资管理委员会下，还设立投资管理办公室和建设管理办公室，作为集团公司固定资产投资的管理层。另一方面，围绕项目经理责任制，创建了一系列的机制，主要有：可行性研究招投标机制，《项目经理责任书》确立机制，项目经理竞争上岗、招标确定机制，项目稽查机制，最低招标定价机制，项目考核与竣工验收机制，风险激励和后评价机制，以及过程质量保证体系。2000 年实施以来，在投资概算 29.8 亿元的众多项目中，节约投资 7.5 亿多元，投资降低率为 25.24%。

还有像沙钢的“完善创新机制，实现高质高效”也值得我们重视。沙钢的润忠公司，有一台 90 吨电炉以及 LF 精炼炉和配套的连铸机。电炉平均冶炼时间从 1999 年的 58 分钟降到 2000 年的 45 分钟，同期吨钢冶炼电耗（含精炼）从 295 千瓦·时降到 269 千瓦·时，吨钢电极消耗（含精炼）从 2.05 千克降到 1.91 千克，钢产量从 64 万吨增加到 86 万吨，吨钢成本下降 35 元。他们之所以取得如此优异的成绩，关键在于他们按系统工程的原理，在生产经营的主要环节上，实现了 4 个创新。一是科技创新。高起点、高速度地进行技术改造和“四新”应用；二是人事制度创新。通过实行“五定”，定编、定岗、定职、定分配系数、定人，使炼钢厂人员从 305 人降到 245 人，其中电炉从 45 人减到 38 人，连铸从 60 人减到 46 人，维修从 83 人减到 67 人，辅助从 90 人减到 77 人，料场从 12 人减到 7 人，管理人员从 15 人减到 10 人；三是分配制度创新，实行按绩、按效、按知分配并存的多元化分配制度；并实行“一个大于”（即职工收入的浮动部分大于固定部分）、“三个倾斜”（即向技术含量高、承担责任大的人员倾斜，向工作实绩突出的人员倾斜，向繁重体力劳动的人员倾斜）；还对大专以上学历的人员及具有内部职称的人员实行津贴，并在“五定”基础上，实行增人不增酬，减员再增酬；四是管理方法创新。实行严细实管理法，对构成成本的诸要素全部量化，大到钢铁料、小到热电偶等150多种物料都确定了指标，定位在车间的历史最好水平和国际先进水平；坚持PDCA循环，重视过程控制，岗位、个人每天算费用，班组每天算指标，车间每周预测成本，并每天公布12个主要技术经济指标，公布每人的责任目标和挂钩的指标实绩。

三、将系统工程运用到企业管理的各个方面

系统的观点应该是现代化企业管理的本质要求。但是，相当一个时期以来，一些企业习惯于就事论事，头痛医头，脚痛医脚，结果是按下葫芦起来瓢，甚至出现前一个问题的解决反而为解决下一个问题设置了障碍。现在，企业普遍注意应用系统工程的原理来处理问题，在这次申报的材料中，仅题目中涉及系统工程、系统管理、系统分析的就有13份，约占17%。大到提高企业整体素质，小到延长焦炉、高炉等设备寿命、冶炼污泥综合利用等，都取得较好的效果。

唐钢的“企业整体素质提升战略”就比较突出。唐钢近几年经济效益一直较好，这同他们多年以来，坚持实施“企业整体素质提升战略”密不可分的。这一战略，是由企业整体形象提升战略、企业管理素质整体提升战略、企业技术素质整体提升战略、企业员工素质整体提升战略4个子系统所组成。对每一个子系统，都从分析现状着手，制定规划，明确方向；确定重点，严密组织；巩固成效，不断提高。比如，在实施企业管理素质整体提升战略时，他们在分析唐钢现状的基础上，提出要“不遗余力、不留余地地开展集约化经营”，并形成了具有本企业特色的科学管理体系——层级对标管理体系，其核心含义就是明确和先进企业的可比指标的差距，分析本系统的优势和不足，提出解决问题的可行性方案和计划。在对比方法上，横向按炼铁、炼钢、轧钢等主要大工序进行；纵向按公司、职能部门、二级单位3个层次进行。范围包括与邯钢，与同行业先进水平，与本单位、本部门历史最好水平3个方面对比。横向主要查找各工序的成本差距，进而找出降低成本的重点和挖潜增效的主攻方向；纵向主要查找部门、单位各项技术经济指标的差距及对成本、效益的影响及具体环节。在具体工作上，狠抓两个环节，一是编制计划环节，即把对比工作做在计划之前；二是系统收集信息，提高对比的全面性。在指标分解上，强调要消灭“断层”和“死角”，达到层层人人有指标、有责任、有考核；还要努力把不易控制的成本费用化为可控制的指标形态，逐级分解落实，实行严格考核。

南京钢铁集团有限公司的“效益系统工程”为我们提供另一个运用系统工程提高企业整体效益的好典型。他们在分析国企现状后，认为一批国企之所以亏损，市场竞争力不强，一个重要原因就是缺乏有效的效益保障系统和全员参与的效益支持系统。为此，他们提出了“效益系统工程”这一新概念。就是运用科学方法将影响企业效益的各类要素，按其与效益总目标的相关系数和彼此间的相互关系，建立起科学的效益目标框架，通过对各要素进行系统整合和有效控制，求得整体的最优规划、最优操作、最优管理，实现企业成本的最低化和效益的最大化。这一系统工程是由1个主系统、13个子系统（供应、生产、销售、管理、质量、科技开发、技改工程、人力资源、资本运营、机制、决策、政工、监

测保障)，以及若干个分子系统组成。在具体实践中，主要抓了3个方面：一是加强系统建设，不断发掘效益增长点；二是强化系统运作，不断降低效益亏损点；三是规范系统运作，不断堵塞效益流失点，以此来保证整个效益系统的规范、有效运作，使效益增长点不断增多，效益流失点不断减少。这一工程实施两年来，企业效益显著增加，竞争能力也明显提高。2000年在增提折旧、归还劳保统筹欠款的基础上，实现利税6.5亿元，利润3.38亿元，人均利税和利润水平名列全国冶金行业第6位和第9位。

攀钢煤化工公司的4座JN型焦炉，是我国最早自行设计、自己制造、自己施工的第一代大容积焦炉，炉龄已分别达到28~31年，至今炉体状况良好，且全部达到特级焦炉标准。这种情况在全国还只此一家。他们从1995年以来，应用系统工程理论对这4座焦炉开展长寿、高效化实践，累计创造直接经济效益7034万元，而每座焦炉炉龄延长一年，可获利近6000万元。在“系统工程理论在攀钢JN55型大容积焦炉长寿、高效化中的实践”的课题报告中，他们总结了用系统工程理论实现焦炉高效、长寿化的经验是：焦炉炉体合理的设计、砌筑是焦炉长寿化的基础；烘炉的科学管理是延长焦炉寿命的基础；科学合理的生产过程管理和现代化管理是焦炉长寿化的根本保证，稳定外围三大条件（结焦时间、加热煤气、配煤比）是保证焦炉长寿的前提；抓好设备管理是稳定焦炉的保证；抓好焦炉的热修维护和备件管理是关键；抓好焦炉的热工管理，提高职工素质，严格贯章贯制是核心；还要强化生产操作管理，减少对炉体的损失。

此外，安钢“工程设计施工达产达效系统管理法的探索与实践”、武钢的“钢铁料消耗指标创一流”、“系统工程原理在提高典型拉速达标率中的应用”等课题，都是用系统工程的方法来提高企业效益的好成果。

四、适应社会主义市场经济的新形势和科学技术的新进展，提出新的管理理念，建立新的管理制度

从计划经济进入市场经济，过去很多管理思想、管理制度、管理方法都不适应了。不少企业在这方面进行了可贵的探索和尝试，取得了可喜的成果。

在这方面，宝钢走在冶金行业的前列。在“宝钢的预算管理”中，系统地介绍了他们实行预算管理的做法。宝钢从1992年提出推行预算管理体制，经过这些年的不断完善，形成了以年度预算为导向，月度滚动执行预算为控制手段，覆盖宝钢生产、经营、管理的全面预算管理体系，并不断提高预算精度、强化预算控制职能和加强预算和市场的结合。这一预算管理的特点：一是全面性。全员参与、全面覆盖和全过程跟踪控制；二是市场导向，实施动态的预算管理；三是以成本管理为基础。宝钢的标准成本管理制度为预算管理提供了所需的各类基础数据和标准，保证了预算的精度和预算控制的准确性；四是以现金流量为核心，实行现金流量和现金流量控制的高度集中；五是柔性控制和刚性控制相结合。预算告诉执行人员要达到什么样的目标，为了达到某一目标，企业只愿或只能花多少代价，至于实现这一目标的方式，则由执行者充分发挥自己的聪明才智来选择。就整个预算管理体系而言，以“柔性控制”为主体；但就预算管理分解落实责任指标而言，又强调“刚性控制”，特别是月度执行预算，更是以“刚性控制”为主。现在，宝钢的预算管理开始在一些冶金企业里得到推广，促进了这些企业管理工作的加强，提高了企业的经济效益。

石（家庄）钢在制定企业发展战略上也给我们提供了新思路、新启示。1995 年时，石钢钢产量只有 45 万吨，在京津冀地区钢铁企业强手如林的情况下，处于很不利的竞争地位。他们全面、透彻地分析了自己所处的环境，准确、客观地认清自己的优势和劣势，提出了“鱼虾理论”：大海里有鱼，大江大河里有鱼，池塘里也有鱼，各得其所，关键是找准自己的生存环境。对企业来说，就是要找准自己的定位，形成自己的特色产品、特色管理，这样才能在未来的激烈竞争中站稳脚跟。于是“走专业化、精品化、特色化发展道路，实践边缘发展的战略”就应运而生。在确定“边缘”市场时，他们遵循以下 3 条原则：一是“边缘”市场必须是大企业无暇顾及的细分市场；二是“边缘”市场在需求总量上必须达到一定规模，其销售量可使企业获得一定的利润；三是在“边缘”市场部分上，企业必须拥有其他企业所没有的优势。据此，确定了用转炉冶炼 45 号钢为边缘产品，取得了很好的成效。现在，石钢已成为全国最大的 45 号钢生产企业，产量占国内市场近 1/3 的份额，1999 年还获得国家冶金产品实物质量“金杯奖”。

还有，像宝钢工程技术有限公司提出的“以客户为中心，实施‘全生命期服务’，提升企业综合竞争力”，在冶金行业里也具有超前性。这家公司，是在原宝钢设备制造部的基础上逐步改制而成的。他们认为，产品仅仅是服务的物质形态，企业销售的是包括“服务”和“商品”在内的解决方案，从而提出了“全生命期服务”的经营理念，就是站在客户角度审视产品在整个生命周期内的功能和实用性，快速形成适应市场的新生产能力。为此，专门成立了现场服务中心，抽调近 20 名精兵强将，建立了 24 小时的保驾体制，帮助客户解决问题，随时协助客户处理生产现场突发事件。为了使“全生命期服务”的理念落到实处，他们还在一系列的问题上转变观念，并建立起相应的工作机制和有效措施。这包括：重视客户偏好分析，把有效资源集中到服务客户上，并努力满足客户的需求；与客户的沟通变定期为持续；从“以产品为中心”到“以客户为中心”；从“激发潜在需求”到“挖掘有效需求”；从“扩大市场占有”到“发现利润区”；结合“无库存”服务、国产化等措施，有效降低客户成本，实现客户利润最大化。现在，该公司已经初步形成了“以设计科研为中心，以设备成套制造为支撑，以技术总成为载体”的发展模式，工厂设计技术达到国内先进水平，关键设备设计和制造技术达到国际先进水平，市场竞争力明显增强，已具有年产轧机、连铸机等关键设备 1 万吨的能力，关键冶金设备备件研制能力达到每年 3 万吨。

此外，随着企业的发展和改革的深入，企业原有的规章制度显得不适应了。很多企业在这方面进行了有益的探索，像邢钢的“运用系统工程理论，优化企业内部管理制度”和济钢的“制度建设的探索与实践”就是其中比较突出的。特别是补充了适应市场经济和现代化管理办法的内容，像济钢在设备管理上，就制定了 11 个这方面的规章制度，占全部制度 32 个的 1/3，并较好地解决了原有规章制度的不系统、不衔接、不全面的问题。他们的做法可供兄弟企业参考。

五、运用现代化的管理手段和方法，将其渗透在企业工作的方方面面

有些问题，确实是属于技术范畴，但一旦将现代化管理的方法运用到这些领域，将技术和管理结合起来，就会起到意想不到的作用。武钢研制和开发大跨度桥梁用钢的成功事例，就充分证明了这一点。“九五”期间，国家决定兴建芜湖长江大桥，这是亚洲最大的

公路、铁路两用桥，主跨度达312米，比以前的九江长江大桥、南京长江大桥的跨度要大得多。这就需要研制一种集高强度、高韧性和优异焊接性于一体的桥梁钢。而低合金钢的强度越高时，其韧性和焊接性就越差。为此，必须从成分、组织结构以及工艺上取得创新性的突破，必须寻找微量元素的最佳组合和生产工艺的最佳选择。这虽是一个典型的技术创新问题，但也是一个典型的多目标决策问题。为了达到这一目的，武钢在管理上进行创新，他们运用了管理决策支持系统，采用一系列现代化的管理方法，以大量的生产样本实例为信息源，从中抽提规律和获取知识，寻找微量元素的最佳组合，指导钢中微量元素配比的优化，得出了大跨度桥梁用钢4项力学性能综合调优措施。在芜湖大桥的国际竞标中，战胜了日本等国外对手，夺得全标。近3年来，用武钢的大跨度桥梁用钢在黄河、长江上先后建造和在建11座特大型桥梁，填补了国内大跨度桥梁用钢的空白，为国家节省了巨额外汇和工程投资，也为武钢取得了十分显著的经济效益。这次他们报送的“运用管理决策支持系统，创大跨度桥梁用钢‘精品名牌’”，为我们提供了很好的借鉴。

信息化管理工作，受到越来越多的重视。企业的发展、改革的深入，和技术装备的现代化，要求改变传统的管理方式，改进落后的信息处理方式。因此，采用计算机技术来推进信息化管理工作，势在必行。这次申报的成果中，有的是应用于财务管理上，有的是应用于房产管理上，有的是应用现代化信息网络技术，改造原有的MIS系统，建立企业数字信息网，以达到企业内部资金流、物流、信息流一体化管理的目的。其中，尤以沙钢的“CIMS工程实践与应用”较为突出。这一工程，包括4个分系统，网络/数据库分系统，这是整个CIMS系统的支撑环境；管理信息分系统，主要包括采购管理、库存管理、销售管理、应付账管理、应收账管理和总账管理等功能；生产制造分系统，这是在基层自动化的基础上，主要实现数据采集管理、生产质量管理、工艺模型建立等功能；办公自动化分系统，是集信息与图像为一体的生产监视中心，及时反映生产现场状况、生产过程数据信息、工艺执行情况等。实施以来，不仅提高了工作效率，取得了很好的经济效益，更重要的是，进一步推动人们观念的更新，促使企业管理上了一个新台阶。

六、在学习借鉴兄弟行业和企业的先进经验，结合自身特点，进行创新

邯钢的“模拟市场核算，实行成本否决”的经验在冶金行业里已是家喻户晓，得到普遍推广，取得很大成效。一些企业在学习邯钢经验的基础上，有所创新，有所前进。像凌钢的“日清日结管理法”就是其中较好的一例。凌钢在“按质论价，按利计奖”模拟市场核算体系的基础上，以分厂、工段、班组三级核算为手段，以指标层层分解、责任落实到人为保证措施，以各工序产品（半成品）及劳动有偿转移为依据，通过实施“日清日结管理法”，实现了企业内部成本、生产组织的超前控制和职工的有效激励，促进了企业综合管理水平的提高，对企业实现效益的最大化起到了重要作用。“日清”，就是厂、工段、班组当日生产经营过程中的产量要清，质量、成本、效益、工人所得奖金都要清，在统一、规范的统计表格、台账的基础上，做到当天的投入、产出、利润、奖金，心中有数。“日结”有三层含义。第一是结果。即对当天的各种表格台账进行认真的统计核算，得出正确的结果，以便分析；第二是结论。即对统计结果进行分析，与计划指标相对比，找出影响指标完成好、坏的各种因素，确定问题点；第三是解决。找出问题后的关键是解决问题，对当日能解决、本厂能马上办的，马上就办；对需要其他单位协助办的，抓紧时

间尽快办；对需要请示领导帮助解决的，要主动汇报，力争早办。日清日结法，要求计量监测手段完备，各类统计、会计台账、报表规范准确，有一支素质较高的核算员队伍，并完善奖金分配体系。此外，萍钢也于2000年5月起，建立了成本日核算动态管理系统，日核算，日分析，日通报；事前预算，事中控制，事后分析，班组核算面达到95%以上，这在他们“成本日核算动态管理系统”的报告中有详尽的阐述。

济钢焦化厂的“‘安全积分制’在冶金企业基层安全管理中的研究和应用”，既是运用组织行为学的强化理论和管理心理学的近因效应于安全生产管理上；也是借鉴体育竞赛的警告制。他们发现人的安全违章行为再度发生的概率与前次行为所产生的后果（包括伤害和经济损失）及其消逝的时间有很大关系。因此，对安全违章行为采取“两定”的措施，一是“定分”，即根据违章的性质、危害程度定出分值；二是“定级”，设定5分为“帮教分”（黄线）和10分为“允许分”（红线）。帮教对象在设定的3个月帮教期间，接受较为严厉的经济考核，只能领取综合奖的50%；积分至允许分，离岗培训3个月。在此期间，接受更为严厉的经济考核（按试岗待遇）。在实施这一制度后，取得了明显效果。安全违章行为降低了79%，安全事故为零，车间179人中，仅1人积分6分，没有积分满10分的。

七、强调以人为本，重视人力资源的开发

企业的竞争，说到底，还是人才的竞争。因此，如何提高企业员工的综合素质，加强人力资源的开发工作，就成为各企业所关心的热点问题之一。在这方面特别值得提出的是莱钢炼钢厂的“‘学习型工厂’的创建和管理”。他们通过创建学习型工厂的实践，使一个过去各项指标大体上位于行业中游的工厂，在一年多的时间里，一跃而居行业领先地位，有20多项指标进入全国前3名。其中，3座转炉炉龄平均超万炉，3号转炉炉龄达到27466炉；2001年一季度，氧枪枪龄平均达到153炉，连铸单中间包连拉炉数平均60炉，最高达到147炉；以上两项都位居全国第一；吨钢钢铁料消耗为1060千克（不含厂内废钢和所加矿石中的金属量），连铸坯收得率99.57%，合格率为99.61%，均居全国第二。他们在创建学习型工厂时，首先狠抓各级领导和广大职工观念的转变，使职工树立紧迫感、危机感，立足自身，不断超越自我。现在，“谨防青蛙现象”、“慎待蝴蝶效应”、遇事“不能归罪于外”、“超越自我、挑战极限”等观念已深入人心；“用系统思考的方法来分析和解决问题”，“用建立愿景体系的方法来凝聚职工的心力”，“用深度会谈的方法共享学习成果”，按“工作学习化、学习信息化”的要求来学习、工作等新的科学的思维方法和工作方法，正在为各级干部和广大员工所掌握；与此同时，创建了新的工作机制，主要有：一是“严细实”的工作落实机制，借鉴国外“4小时复命制”的经验，推行“及时复命制”，早上8点钟调度会上布置的任务，下午4点半的“严细实”会议上要复命；下午“严细实”会议上布置的任务，次日调度会上要复命。这就培养了各级管理人员说了就办、定了就干的务实作风。二是各项专业管理的全面创新机制。如在技术管理上，实施有效的激励机制，提供施展才能的舞台，2000年全公司获得的80项省级技术进步奖中，炼钢厂就有24项，占总数的30%；在安全管理上，实行安全监察、安全督察、安全纠察三级管理模式，开展“安全论坛”和“安全省悟”活动，强化了全员抓安全的责任意识，建立了安全防范体系，使安全处于可控状态；其他如设备管理按照“点检定修，全员管

理，故障为零，设备完好”，生产组织按照“洞察全局，动态平衡，精心组织，精确指挥”，成本管理按照“层层把关，精打细算，开源节流，永无止境”的思路，都建立了相应的机制。三是建立思想政治工作的运行机制。形成了党委统一领导、党政工团齐抓共管、职能部门指导协调，以专兼职政工队伍为主力、党员责任区为依托、政治班长为骨干、交叉兼职为手段，通过一岗两责来推进的良好局面。厂党委还配合建设“学习型工厂”，开展了创建“学习型党支部”的活动，并在思想政治工作的内容、形式、方法上不断创新，2000年完成创新成果75项。遗憾的是他们的成果申报报告没能很好地把这些内容充分反映出来，因此这次评级不高。好在莱钢正在全公司范围内推广炼钢厂的经验，希望他们下次能拿出更全面、更深入的成果报告来。

还有，像石家庄钢铁公司针对过去由于配置不合理，造成人力资源闲置和浪费，以及用人制度僵化、单一，造成人力资源的潜力得不到有效开发等问题，实施“人力资源科学管理，建立适应市场需要的人才开发机制”，主要包括四种机制：一是分类别配置机制。实行全员归类，多元配置，统筹人才，分层管理。就是将全体员工分为领导系列、非领导系列（包括专业技术系列、营销系列等）和操作系列，改变了过去千军万马去挤“当官”这一座独木桥，造成大量人才闲置，人才潜能得不到充分释放的弊端。按照新的机制，一级管理专家可享受与公司正职领导相同的工资待遇，高级主任科员可享受正处级待遇；二是动态性管理机制。采取竞争上岗、年度考核、末位淘汰。对中层管理人员和一般管理人员都要由主管领导测评、群众测评以及相关单位的测评，每年约淘汰3%～8%；对专业技术人员，通过考核，优秀者奖，称职者续聘，不称职者低聘或解聘。三是全方位激励机制。定期召开班组长联谊会、工段长联谊会和科技人员联谊会，公司领导参加，听取建议；实施创新激励，每年拿出400万元作为总经理特别奖，还建立科技承包和科技奖励基金；实施能上能下的动态激励，荣誉激励，岗位激励，关键岗位设特别岗位津贴；四是持续性培育机制。建立在岗培训制度和脱产培训的制度，培养一专多能的复合型人才，特别是要培育高级技术人才和各学科带头人，构筑石钢的人才制高点。

总起来说，这次申报的成果普遍具有较现实的指导意义，成绩是可喜的。但也感到存在一些需要注意的问题：一是报送材料的面还不够宽，只有29家企业申报，特别是有的特大型企业没有比较有分量的材料，个别的甚至一份也没有报送，这至少反映了这些企业领导对管理创新的重视程度不足；二是绝大多数课题对这项成果下一步的努力方向以及不足之处很少涉及。建议今后要补充这方面的内容，以便明确今后的努力方向；二是在成果主创造人中，企业主要领导的比重过大，占了一半以上；只有极少数是主创人员没有行政职务的。这一方面说明了企业领导重视这些带有全局性的问题，实际上一些重大管理创新的创意确实来自企业主要领导，有的在这些课题中是花了不少心血的；还有一些项目没有他们的首肯和支持，也是难以推行的。因此，署名为主创人员也是无可非议的。但这个比例毕竟是过大了，而且有的创造单位是某个基层，但成果主要创造人却是公司领导。这些做法，会影响实际负责该项课题研究的下属人员的积极性。建议今后在这方面能有所改进；四是有些课题内容很好，但总结粗了一些，没能充分反映本来面目。这些单位，应该将申报课题作为总结提高的过程，不断地将各项管理工作推向新的高度。

入世意味着什么[1]

——关于“入世”问题的若干思考

经过15年的曲折历程，中国终于在2001年12月11日成为世界贸易组织的正式成员国了。15年，在人类历史的长河中，只不过是短暂的弹指一挥间，但是，加入一个国际组织，竟然要花这么长的时间，使一些参与谈判的人们从黑发熬成白发，这在历史上也是罕见的。我们曾有过多次的预期：199×年中国将“复关”（以后又改为“入世”）。然而，多少次的企盼，多少次的落空。这里既有个别大国的刁难，也有我们自身的问题。对此，我们既无需抱怨，更不用自责，需要的是冷静的思考，积极的行动。

现在，人们都在关心入世后究竟会给我们带来一些什么样的变化。但很多同志关心的是本行业或本单位将会受到什么样的影响甚至冲击。这些当然是应当认真考虑并研究应对之策的。但入世毕竟不是一个权宜之计，而是“中国领导人在经济全球化进程加快的形势下作出的战略决策”（外经贸部部长石广生语），它将对中国今后的改革发展起到重大的影响。因此，我们不仅要在业务层面上做好各项应对工作，还要站在更高的层次上加深对入世的理解。这样，才能更好地指导我们各项具体工作。

一、入世意味着中国坚定不移地走市场经济之路的决心

入世当然会对中国的经济带来许多直接的好处，诸如可以享受到100多个国家通过长期谈判形成的协议，可以在与其他国家发生争议时受到公正的仲裁。同时，也有利于扩大进出口贸易，降低进口产品成本；有利于吸引、利用外资；有利于企业进行国际化经营；使得市场范围扩大，生产力得到提高，资源得到更有效地利用。但是，世上从来没有免费的午餐，有所得必有所失，有利也会有弊。中国入世，显然也并不是单纯地为了上述这些经济上的利益。中国所以为“复关”和“入世”进行了长期不懈的努力，是有着更深远意义的。大家都知道，世贸组织作为一个市场经济的国际性组织，中国加入世贸组织，就是向全世界宣告，中国走市场经济的道路不仅已是不可逆转的了，而且还将建立市场经济提到一个新的高度。

改革开放以来，中国经过一段时间的探索，终于确定了走市场经济的道路。回顾我国“复关”、“入世”的过程，实际上就是加快建立市场经济的过程。在谈判中，关税问题固然是其主要内容，但最核心的却是使中国经济的运行体制和规则与国际通行的规则协调起来。1986年“复关”谈判的初期，就是在中国究竟是实行一种什么样经济体制的问题上耗费了6年的时光（当然，也还有1989年政治风波的影响）。大家都知道，无论是“关贸总协定”，还是“世界贸易组织”，都是为了在全球推行自由贸易而建立的。它的所有规

---

[1] 原载于2002年第3期《冶金管理》。

则，都建立在市场经济的基础上，而且世贸组织涵盖的范围比关贸总协定还要宽得多。因此，中国被接纳为世贸组织的成员，一方面说明了我国20多年改革开放的成果、我国走市场经济的路子得到了全世界的承认和认可；另一方面，也必然要求按照这一组织的成员所共同认定的价值评判标准和游戏规则去从事贸易活动，开展经济竞争。尽管我国同“复关”谈判的初期相比，对市场经济的认识，无论在理论上，还在是实践上，都深刻得多，丰富得多了，但我们绝不要低估多少年来计划经济对人们思想的束缚，以及长期以来形成的习惯思维模式的深远影响，无论是在政府机关还是在企业里，这种事例至今仍然是屡见不鲜。要冲破种种罗网，必要时需要借助外力。从这个意义上来说，入世就是我们自我压力，迫使我们转变观念，转换体制和机制，改进工作作风。因此，入世后最大的冲击，本质上还将是思想观念的冲击和体制的冲撞。而最大的机遇也正是孕育于其中。

因此，对中国入世，我们必须要从这一高度来认识。我们固然要认真研究为中国入世所制定的具体条文，提出应对措施。但更重要的还是要进一步加深对市场经济体制的理解和再学习，并在实践中不断改进与完善，不然，可能是“见木不见林”，举不了纲，目也无从张起。

二、入世意味着中国将更快地融入全球经济一体化的轨道

对全球经济一体化，尽管在认识上仍然是褒贬不一。有的认为经济一体化实质上是发达国家凭借其经济实力来削弱发展中国家对本国企业的保护政策、占领发展中国家市场的一种经济政策和手段，其结果是“资本流向全球，利润流向西方”。但无可否认的事实是，经济全球化毕竟是人类社会发展进程的必然趋势，从理论上来说，这种趋势会使人类的各种资源得到最佳的配置、最合理有效的利用。我国改革开放以来，实际上已在逐步扩大同世界各国的经济联系，中国在成为世界第六经济大国的同时，也已成为第七贸易大国，我国的外贸依存率已经达到40%，这对我国经济的持续高速发展起到了十分重要的推动作用。

但是，正像江泽民主席在2001财富全球论坛开幕式上发言时指出：经济全球化是一把“双刃剑”，经济全球化给亚洲的发展带来新的机遇，也带来新的挑战。我们当然不能再走过去闭关锁国的路子，甚至因噎废食，自我孤立于经济全球化之外。我国入世后，将在更大范围和更深程度上参与国际合作与分工，也就是将进一步融入到经济全球化的进程中去。这对世界经济的发展来说，既是一种新的推动。同时，对某些行业来说，也会带来不小的压力。要看到，为了保护本国的利益，即使有些一贯标榜自由贸易的国家，也在采取一些违反这一原则的措施，设置种种障碍，包括一些无理的“反倾销”将会越来越严重。最近，国际钢铁贸易协会主席迪克·善士（Dick Sands）说：“那些所谓的自由市场经济的堡垒——北美和西欧，却正在考虑为钢铁贸易设置更多的障碍”。因此，我们对入世后的情况也不要想得过于天真，既要正视现实，又要学会趋利避害。一方面，要以入世为契机，自觉地来推动并深化经济体制改革，加快经济发展和结构调整，要利用好国外市场准入扩大的机会，开拓国际市场；并发挥后发优势，实现技术跨越。特别是对大型企业集团来说，必须要从经济一体化全球竞争的角度重新思考企业的发展战略，要像海尔一样，学会在全球范围内进行资源配置的方法与手段。另一方面，我们要进一步熟悉和适应世贸组织的规则和要求，有效地利用WTO的争端解决机制，学会依照有关法律来实现自

我保护。还要通过进入一体化，研究并参与制定竞争市场的游戏规则，使多边贸易体制更加充分地反映发展中国家的利益和要求，让更多的发展中国家分享经济全球化带来的机会和利益。

入世意味着中国经济已经与世界经济的“接轨”工作有了更加实质性的进展，中国经济与世界经济日渐融合的趋势，将因有了制度和法律的保障而不可逆转。中国15年“复关”、“入世”，融入世界多边贸易体制的历程，从本质上讲就是打破传统的高度集中的计划体制，逐步建立和完善社会主义市场经济体系、与国际接轨的历程。中国经济只有在与国际全面接轨的竞争和压力的奋起中，才能迎来新的发展空间。

三、入世意味着中国改革开放将进入一个新的阶段，将在更大广度和更深程度上进行开放

有的学者概括，我国对入世所作的承诺，归结起来就是两句话，“遵守规则，开放市场”。这里所说的开放市场，不仅是指各种生产要素的市场，最根本的是要使我国的经济体制、经济运行机制和经济法规必须按WTO的一般原则向国际社会实行逐步的、普遍的、全面的开放。从这个意义上讲，我国加入WTO，就在事实上确定了我国经济体制等方面改革的方向、目标甚至时间进度，开放倒逼改革将成为一个新的趋势。

按照入世的承诺，中国将按照一定的时间表，逐步允许外国商品、服务和资本进入中国的市场，这对中国经济界及企业界来说，不能不说是一个巨大的冲击。这一承诺，也可以说是已经不可逆转地打破了国有企业的保护伞。有人说这是引狼入室，实际上应该说是发挥“鲶鱼效应”。中国改革开放的20多年，也充分证明了这一点。只有开放，才能改革旧体制，建立新体制；只有开放，才能打破垄断，促进竞争，而竞争就会带来效益和效率。

中国的改革和发展要求更深层次地进行开放，而形形色色的地方和行业的保护主义又在顽强地抵制甚至破坏开放。尽管当前大量地还是反映在内部开放上，反映在各地区之间的经济和商品往来上。比如，有的省级领导在有关会议上就批评了所谓“在同等条件下，整机企业少买或不买本省产品配套件和材料，流通销售渠道少进少销本省产品的怪现象”，并“要制定相应的市场监管措施”。尽管这位领导在讲话中，也说“以不搞地区封锁为前提”，讲的是“在同等条件下”，但实质上还是一种地方保护主义的反映。因为，什么是“同等条件”，很难有一个准确的含义。而且，省级领导这样说，地市领导、县级领导必然会依此办理。这从表面上看，也许可以暂时使这些地区的落后经济、伪劣经济得以苟延残喘，但最终还将导致这些地区经济的愈益恶化。一些慢开放甚至不开放的理由，表面上冠冕堂皇，实际上都是维护既得利益的借口，一定程度上堵死了发展之路。WTO的一条重要原则是国民待遇原则，对国内国外都要遵守。无怪乎在北京的媒体上，已经出现了“要WTO，先要CTO、BTO”的呼声。也就是说，要进入世界统一市场，先要建立中国统一市场、北京统一市场。因为，如果对这种思想观念和作风听之任之，必然会在国际交往上体现出来，最后必然会导致世界各国的反对。

因此，在入世的同时，我们还必须：一是在国内实行全方位的开放，讲求开放的广度。无论是在思想观念、管理方法、制度创新、科技进步、用人机制、企业文化建设等方面，都要放眼全球，着眼未来、博采众长。二是多层次的开放，讲求开放的深度。从企业

改革的根本目标着眼，从企业长远发展的方向着眼，既注重思想解放的问题，又注重制度建设的问题，通过开放战略的实施，建立起一整套与社会主义市场经济相适应的企业内部制度。三是高水平的开放，讲求开放的质量。是要讲求实效的开放，讲求效率的开放，着重解决企业的自我发展能力和市场扩张能力。

四、入世意味着要加快政府职能的转变

WTO 是一个政府间的组织，而世贸组织是倡导开放市场和自由贸易原则的。因此，世贸组织要求成员方在制定关系到国际贸易的法规和政策时，在执法和实施政策的过程中，必须遵照世贸组织的协议和条款。WTO 的一切规则，实际上是规范政府行为的，而且要求所有涉及经济贸易、服务贸易以及知识产权等的措施都要公开。据中国入世谈判小组成员、上海外贸学院副院长刘光溪博士讲，整个关贸总协定的 38 个条款，WTO 协议本身 16 条，以及 21 个协议本身只有两处涉及企业的行为。从这个意义上说，入世对政府的挑战才是第一位的，入世首先应该是政府入世。

比如，WTO 制定国际贸易规则的基本原则，是推进自由贸易，减少甚至禁止成员方政府对企业行为的不当行政干预，尽量避免由此造成的国际贸易扭曲，促进企业的国际公平竞争，并据此制定了一系列明确、具体的规则和协议，对政府行为进行了严格约束。这种约束，必然直接影响到我国政府的管理体制。例如，非歧视是 WTO 最基本、最首要的原则，入世后，我国将获得其他成员对我们的非歧视性待遇，而其他成员也会要求我们提供相应的国民待遇。这就要求我们在关税、政策、规则等各个层面进行调整，也不要随意给外资许多优惠政策等。我国政府也正是这样做的，比如，从中央各部门到地方政府，已经和正在取消一批不符合市场经济和 WTO 规则的规章制度。这项工作还在进一步深入中。

中国入世，将导致我国政企关系发生根本性的变革，世贸协议的一条基本原则就是政府减少干预，以市场为主体，企业在国际经贸活动中将日益发挥独立的主体作用。政府将逐渐“淡出江湖”，就是说政府要从过去主要是决策职能，逐步转变为服务职能，从指令贯彻转变为政策指导，从对企业进行行政性的保护转变为向企业提供在 WTO 制度框架下运行的良好政策环境和体制保证了。政府对企业的管理不能超过世贸组织规定的范围。政府只有在这些企业的行为出格了的时候才对企业进行必要的管制。

入世后，中国也有权参与制定和修改世贸组织的“游戏规则”。1997 年 4 月，世贸组织第一任总干事鲁杰罗应邀访华，曾在上海对一位老领导讲了三句话：“一个对外开放的中国，决不能再袖手旁观，看着别人制定规则而自己被动地适应；一个经济迅速增长的中国，决不能再失去有保证地进入全球市场的权利；一个依赖科学技术和现代化的中国，决不能再落后于世界经济政策一体化和经济全球化的发展。”中国政府也要为此作出积极的努力。

五、企业要想在入世后取得主动，关键在于自身的努力

加入 WTO 不是我们努力的结束，而是新的进程的开始。“入世”后，我们的道路并不平坦，我们只是得到了参加游戏的入场券，但能否在世界舞台上展现风采，取决于我们的实力。同发达国家相比，我国的经济实力毕竟还相差很多，我们进入市场经济的时间还短，还有很多不适应之处。这就更需要我们付出加倍的努力，自立自强，迎头赶上，趋利

避害，发展自己。外经贸部的一位老领导在被问到入世后的感受时，言简意赅地说了一句话；“入世就是再也不能混日子了”。这句振聋发聩的话值得我们深思。

对我国的钢铁企业来讲，入世后面临的形势将更为严峻。一是由于全球化的产能过剩，钢铁企业之间的竞争将更加激烈，而且欧、日、美等一些发达国家地区的钢铁企业正在进行大规模的资产重组，今后的竞争既反映在产品的品种、质量、价格等方面，而且更体现在世界市场上的综合竞争力。二是进口钢材关税下降的幅度大，2002 年进口钢材的品种平均关税减让幅度在 50% 以上，而不是过去所说的 5% 左右。如冷轧板每吨进口成本要下降 140 元，线材下降 115 元，热轧板卷和螺纹钢每吨下降 60 元左右。这对国内钢材又是一个严峻的挑战。三是过去的钢材进口大国、美国正在采取种种保护主义的手段，限制钢材进口，使我国钢材的出口又遇到新的阻力。

从国内来讲，近两年对钢铁行业采取的总量控制，虽然起到了一定的作用，但由于这些行政措施，不符合市场经济的客观规律，因此其作用越来越减弱。去年，国家经贸委要求钢产量控制在 1.2 亿吨。实际上据快报统计，达到了 1.49 亿吨。今年指导性指标是 1.25 亿吨，比去年的实际产量还低 2400 万吨。因此，这一指标只能是纸上谈兵。国内钢材的需求量不会有太多的增长，而产量肯定会在去年的基础上继续增加，这就必然要引起新一轮的价格战。钢铁企业必须要充分认清这一形势，加快企业观念创新、体制创新、技术创新和管理创新的步伐，在调整结构、开发品种、进一步降低成本上继续下大工夫。特别是大型钢铁集团必须大力提升自己的核心竞争力；根据产业政策和规模经济的要求，进行产业内的购并和资产重组，组建能够同世界大型钢铁集团抗衡的、具有竞争实力的大型跨国公司；还要建立有利于企业发展的企业文化，并尽快适应入世后新的环境和游戏规则，以期在更广阔的空间里找到自己的位置，并尽可能地发挥自己的潜能。

入世对中国这样一个相对处于弱势的企业界来说，无可置疑地是一种严峻的挑战。但是，入世也提供了一种机遇，就是会促使我们认清形势，把这种挑战变成催人奋进的动力，这样我们就有可能在较短的时间里，迎头赶上世界先进水平。当然，这种机遇，并不是天上掉下来的馅饼，关键在于我们要勇于正视自身的弱点和不足，敢于挑战自我，切切实实地转变观念，转换机制，脚踏实地地身体力行。只要我们真正做到了这些，就会像凤凰涅槃一样，获得了新生。

加强人力资源开发　大力挖掘人的潜能❶

在面临知识经济的新时期，在科学技术突飞猛进的新时期，在全球经济一体化的新时期，我国人才问题的紧迫性越来越凸显了。朱镕基总理在去年南京召开的新华商大会上说："我们今后改革开放的重点不是吸引资金，而是吸引人才和技术"，"目前我们最缺乏的不是资金，而是人才"。这清楚地表明了中央领导对人才问题的高度关注。对企业也一样。因为，企业之间的竞争，归根结底是人才之间的竞争。特别是当前国有企业在人才上更面临多方面的挑战。一方面，我国入世后，在经济全球化的进程中，同时也伴随着人才的市场化，人才的竞争将更为激烈，发达国家早就凭借其经济优势，在全球范围内争夺人才，占领人才市场。现在世界500强中已有400家在中国落户。我国入世后，众多的跨国公司更是跃跃欲试，把眼光盯住中国，他们在人力资源上实施的是本土化的策略，基本上是就地取材。另一方面，民营企业的发展势头迅猛，他们把国有企业看作是他们的人才储备库，以优厚的物质条件竞相从国企吸引人才。这种竞争态势已导致我国国内人力资源竞争格局出现了新变化，激烈的国际、国内人才竞争如同"入世"一样，是一把双刃剑，它一方面将使我国国有企业优秀人才进一步流失；另一方面又强烈地冲击不合时宜的人事制度及人才观念，促使我们加快改革，建立和完善相应的机制，为员工营造提升自己才能、体现自身价值的良好环境，以进一步发挥他们的专长，而这正是增强我国人才竞争能力的根本所在。正因为这样，对国企来说，如何选好、培养、用好各种人才，留住人才，吸引人才，要成为各级领导班子、特别是一把手的重要职责，切实抓好。

一、人才的浪费要比人才的短缺和流失更为严重

当前，在人才问题上，存在三种值得注意的现象。一是人才短缺，二是人才流失，三是人才浪费。前两个问题，比较明显，容易发现；后一个问题，往往不易受到重视。但据我在一些企业里观察，在人才的短缺和流失后面，往往隐藏着人才浪费的问题。我们常常感叹缺乏人才，但我觉得更要反思的是有没有用好现有人才。从某种意义上说，人才的浪费比人才的流失和短缺更为严重，更要引起我们高度重视。与缺乏人才相比，我国更缺乏的是让人才脱颖而出的环境和机制。对很多企业来讲，当前的问题不是没有人才，而是没有发现人才。正像罗丹所说的："世界上不是缺乏美，而是缺乏发现"。像水钢1997年时要从外边选派主要领导，但3年后朱继民同志调离水钢前后，水钢却成长了5位大企业的一把手，2位分别担任水钢的党政一把手，另外3位省里调到其他大型企业担任一把手。其中两位、包括水钢现任总经理在内，已经获得了全国五一劳动奖章；二级班子里也涌现了一大批优秀人才。这充分说明了水钢不是没有人才，而是在当时的情况下，大量优秀人才的潜能没能得到发挥。

❶ 原载于2002年第11期《冶金管理》。

人才浪费的主要表现：一是没有把合适的人才放在合适的岗位上。日本索尼公司的董事长曾和人力资源经理亲自与公司中层以上的管理人员逐一谈话，谈话后他感到企业里1/3的人放错了位置，没能人尽其用。我国这方面的问题就更为严重些。当然，位置不一定是越高越好，像宝钢高炉有位博士炉长，多年来，在这个岗位上，作出了重大贡献。他说，在现场，有很多课题有待研究。二是责权利不对应，有职无责，有责无权，责重利轻，难以激励和调动人才的积极性。我曾经在江阴兴澄钢铁公司和北汽福田公司开过两个座谈会。这两家公司都是20世纪90年代中后期在小厂的基础上发展壮大成为全国知名的大企业，在行业里名声卓著。由于发展迅猛，主要骨干人才基本上都是从社会招聘或老厂过来的。我请了几位从老厂来的技术和管理干部谈谈来后的感受。有一句话很有代表性；“在老厂，好像一个人掉进棉花堆里，有劲使不上；在这里，一年顶我过去几年的活”。有一位专职工程师说，在兴澄，在他主管的业务范围内有责有权，工作好坏，赏罚分明，自己一天不动脑子都不行。不像过去在老厂，虽然担任炼钢厂的技术科长，但一切唯厂长之命是从，自己提了意见也没用，久而久之，就养成不动脑筋的习惯。可以想见，被动的、甚至带有一定压抑的心情去工作，和积极、主动、发自内心的工作，其效果是不可同日而语的。这两种不同的精神状态，对一个人潜能的发挥会产生多大的差距！三是工作没有压力，谈不到发挥潜能。有些企业的同志经常讲，我们的技术干部比例要比国外小得多。我就问他们，用绝对数来比，又如何呢？有的企业技术管理干部的总人数，就相当国外同样规模的企业职工总人数。当然，这里有一些不可比的因素，比如辅助单位、办社会的人员等。但不容否认，企业里确实存在机构臃肿，人浮于事的情况，有相当一部分人员肩上没有担子，身上没有压力，又哪里谈得上发挥潜力呢？对专业人员，不要只是让他们搞些日常事务性的工作，要给他们压担子，为他们提供施展才华的舞台，尽可能吸引更多的人参加各种技术攻关的活动，人人身上有课题。因为，压力往往是一种最好的动力。

二、努力营造能使人才健康成长的氛围

要把选拔、使用、培养人才作为各级领导班子、特别是一把手的重要职责，切实抓好。发挥人的潜能，最主要的是各级领导都要把“以人为本”真正落实到各项工作中去，不仅要经常思考如何让员工努力工作，更要考虑和研究企业应对员工承担什么义务和责任，真正把人才这个第一资源最大限度地开发、管理好，使员工的个人发展与企业发展高度关联，把企业进步与个人价值的提升高度融合起来。

（1）要进一步提高各级领导的认识。现在，谁也不会公开否认人才的重要性，但叶公好龙的故事还是经常出现。去年，诺贝尔奖100周年前夕，《北京青年报》专门派出几位记者到国外采访了30位诺贝尔奖得主。其中，有一位是中国科学院外籍院士、美国加州理工大学的教授马库斯。在采访前，他就转告记者，希望能采访一下他的中国学生高毅勤博士，他是位十分杰出的人才，他的博士论文获得2001年度加州理工大学唯一的优秀论文奖。但是，就是这位高博士，却报国无门。他已联系了国内多家单位，却没有一家愿意接收他。很多单位说：“我们有的是人才，缺的是资金，你带着钱来，我们立刻要你。”只是在《北京青年报》披露了这一信息后，才引起一些单位的重视。可见，真正做到求才若渴也并不是一件容易的事。我们要警惕“重硬件轻软件”、“见物不见人”的旧的思维模式的影响。美国通用电气公司（GE）所以能长期雄踞世界500强的前列，同他的掌门人、

被称为世界头号CEO的杰克·韦尔奇重视人才有十分密切的关系。韦尔奇自己认为他最大的成就是关心和培养人才，他把50%的时间用于人事工作上，“我的全部工作就是选择适当的人”。

（2）一定要辩证地、全面地、发展地、历史地看待人才。这主要表现在对人才的长处和短处，学历、资历和能力，德和才等一系列关系的处理上。“金无足赤，人无完人”，自古皆然。对人要用其所长，而不要攻其所短，更不要以己之长，度人之短；甚至以个人好恶来衡量、评价和使用人才。对创新中的失败则要宽容，宝钢集团的十钢公司提出“鼓励创新，宽容失败；鼓励思考，宽容失言；鼓励实践，宽容失误”，我们也要提倡这种精神。应该看到，由于中国的历史环境，求全责备之风较盛。而且，“木秀于林，风必摧之；堆出于岸，流必湍之，行高于人，众必非之”，优秀人才在一定程度上受的压力也大，更需要给予热情的支持和善意的帮助，使他们能更好地发挥自己的长处。

在能力和资历的关系上，既要重视文凭，更要重视水平。这几年，企业普遍重视了人员结构的调整，职工文化素质有了较明显的提高，干部在职进修蔚然成风；不少干部结合学习，联系实际，总结现实经验，取得良好效果。有的企业有400多位技术管理人员在读硕士研究生，应该鼓励。但一定要使培训真正起到实效，千万不要走到形式主义的斜路上去。更不要形成“权钱和学位的交易”，误人误企，害党害国，最终还是害自己。

还要正确处理德、才关系。这是关系到能否用好人才的一件头等重要的大事。古今中外，概莫能外。我国一度在极左思潮的影响下，大搞“拔白旗”，批“白专道路”，扼杀了无数人才。但近几年，在不少地区和单位，又出现片面强调才能，忽视、甚至不问思想政治品质的不良倾向。在这方面，我觉得有两个人的论述值得重视。一位是司马光，他曾说过：“才者，德之资也；德者，才之帅也……。是故才德全尽谓之‘圣人’，才德兼亡谓之‘愚人’；德胜才谓之‘君子’，才胜德谓之‘小人’。凡取人之术，苟不得圣人、君子而与之，与其得小人，不若得愚人。”为什么？因为“愚者虽欲为不善，智不能周，力不能胜，譬如乳狗博人，人得而制之。小人智足以遂其奸，勇足以决其暴，是虎而翼者也，其为害岂不多哉！”另一位是前面提到过的GE公司的韦尔奇，他也讲“德”和“才”。他所说的“才”，就是能为企业获取利润的本事；他所说的“德”，就是企业的理念和职业道德。一个员工，德才双全，当然好，是重用的对象；缺德少才的，也好办，不用就是；问题是有德无才（或者是德多才少）或有才无德（或者是才多德少）的怎么办？他的处理办法是对前者可以再给一两次机会；最难办的是后者，这些人，能在短期内作出一定的成绩，但他们在作出成绩时，总是不顾公司的价值观，如果经帮助后，不能改正，决不迁就，坚决裁掉。这两种观点，尽管产生的年代相差近千年，地域相隔上万里，但却是何其相似。这说明，尽管对“德”“才”的标准随着时代的变迁和国家的不同，会有相异之处，但选用人才，必须重视德才兼备，却是共同的。

三、要建立和完善能发挥人才潜能、促进人才成长的机制

大量的事实越来越使人们认识到机制的重要性。一个好的机制可以使人才得以脱颖而出；同样，一个差的机制会使无数人才难以发挥应有的作用。近几年，不少企业在这方面进行了有益的探索，积累了一些很好的经验。

一是要建立通过公平、公正、公开的竞争，选拔人才的机制，把赛马和相马结合起

来。固然，我们赞赏伯乐，但韩愈早就说过："千里马常有，而伯乐不常有"；即使伯乐多起来了，靠伯乐相马仍然还是人治。我们提倡在赛马中相马，就是要通过建立竞争的机制，使众多的人才在实际工作的考验中，通过比较、鉴别，从而使优秀人才脱颖而出。但是，毕竟只靠一两次的赛马，有时也会带些偶然性。有些人才，还缺乏适当的机会来显露自己的才能，这就需要把赛马和相马结合起来，通过多种渠道，使真正的人才不至于被埋没。

二是要通过改革，建立起有效的激励机制。马斯洛分析了人的五种不同需要层次，满足了的需要就不再是激励因素。因此，激励机制的建立也要根据企业发展的不同阶段，以适应各种不同层次的需要。当前，比较主要的还是要在分配制度上下工夫。一方面要进一步打破形形色色的平均主义和大锅饭的传统影响，使那些真正为企业创造大量财富的员工得到他们理所应得的报酬和相应的地位；另一方面要改革现行的单一系列的工资制度，消除"官本位"思想的影响。在有些企业里，当了"长"，各方面的待遇就不一样，使一些本来适合于搞技术工作的不安心搞技术，总想在行政岗位上求发展。而在北汽福田，有三四十名工程技术人员，拿总经理的工资。最近，石钢建立了分类别配置机制，将全体人员分为领导系列、非领导系列、操作系列。按照这一新机制，一级管理专家可享受与公司正职领导相同的工资待遇，高级主任科员可享受正处级待遇。这样，这些专业人员何必非去追求什么"长"呢。这就改变了过去千军万马去挤"当官"这一座独木桥的不正常现象，以致使大量人才闲置，人才潜能得不到充分的释放。宝钢有 9 名作出重大贡献的工人（包括高级技师）在出差等待遇上比照副局级，群众称之为"局级工人"。这也是一种很好的激励。

三是要建立起把员工个人价值的提升与企业发展高度融合起来的人才培训的机制。这既是对职工的最大关怀，也是企业立足于国内外激烈竞争市场之林的迫切需要。因此，建立人员培训的机制，要作为企业的一项重要战略决策来抓。要加强资金的投入，加强计划性，提高培训的质量，并把人才培训的成果纳入各级领导干部的考核内容中。人才培训，也要多层次、全方位地进行，通过各种途径，造就人才群体，既要给拔尖人才创造继续发展的条件，也要对量大面宽的工人建立起必要的培训制度，这也是"先进生产力的发展要求"。宝钢、武钢等一些企业在这方面做出了很好的成绩。宝钢股份在培养"全能工"上已经取得很好的效果，他们在与本岗位相关的上下工序岗位上都达到独立操作的能力，甚至取得所在分厂的全部生产线各个岗位的操作证。这不仅使这些员工在岗位竞争中有明显的优势；更重要的是他们熟悉上下工序情况，能较好地从全局考虑问题，更好地协调上下工序间的矛盾，有利于生产顺利进行和各项指标的改善。最近，宝钢又对作业长举办高级研修班，创造性地实施 4 + 1 培训模式，即：管理新概念、技术创新思维、技能拓宽、前沿技术等 4 个单元的研修和 1 篇技术论文，这将使他们能够在创新的道路上作出更大的业绩。武钢在结合岗位实践培训员工上也具有很强的创造性，二炼钢的"岗位点球滚动练兵法"，较好地解决了过去长期存在的工学矛盾、理论知识和实际操作脱节的矛盾，以及岗位需求与个人兴趣不一致的矛盾，大大激发了职工的学习兴趣，提高了职工的操作水平，使复吹炉龄、连铸溢漏率等连创全国纪录。在机关职能部门，像武钢审计部长谭丽丽，先后调动了几次工作，每到一个新岗位，都把提高职工的素质作为自己义不容辞的首要职责。她任能源总厂财务处长的 3 年内，使平均年龄 42 岁的"嫂子们"，人人会打字，会操作计算机，会撰写专业论文，会创造性地解决实际问题。3 年中，有近 50 篇论文在国内外刊物上发表，53 人次在各种竞赛活动中立功受奖，平均每人 2. 3 次。

四是在用好自己人才的同时，还要善于引进“外智”。不能否认，在一些企业里，人才短缺也是实际问题。全靠自己培养，难以解近渴。水钢这方面的经验可以借鉴，他们一度 4 个主体厂有 3 个是请兄弟企业的专家来当厂长，对引进新观念、新思路、新技术、新机制，促进水钢的发展起到了很好的作用。当然，引进人才也有个“马太效应”问题，越是困难的企业，引进人才的难度越大。可以采取多种形式，“不求所有，但求所用”。有的可以安家落户，有的可以是“候鸟型”的，确定一些合作项目，来去自由；还有的可以是与院校合作。总之，方式可以灵活多样，讲求实效。

当然，人力资源的开发，也不仅仅是组织上的事，职工个人也要适应竞争愈益激烈、科技日新月异的新形势，不断提高自己的技术业务水平，拓宽自己的视野和业务领域，努力成为复合型的人才和某一方面的能手和专家。宝钢、武钢等企业提出“知识型人才、智能型岗位、学习型班组”的要求，促使职工自觉加强学习，努力成才，也为我们提供了经验。

从另一个侧面看纽柯❶

第一次听说纽柯的名字，大约是在20世纪80年代中后期。那时的纽柯是和薄板坯连铸连轧联系在一起的。是它率先采用了这一具有划时代意义的先进工艺技术，从此在世界范围内得到普遍推广。以后不断见到有关纽柯的报道，知道它的规模在扩大，下属工厂的数量在增加，达到了千万吨钢的生产水平。但是，在我印象里，纽柯主要是一家敢于大胆使用新技术的技术创新型企业，而其他方面，就知之甚少了。

最近，在《世界金属导报》上看到一则报道，由世界钢动态咨询公司（WSD）和《美国金属市场报》共同在纽约召开的“钢铁工业生存战略”第17届会议上，主持人宣布对全球13家钢铁公司进行对比分析后，浦项被评为全球最佳钢铁公司，美国纽柯公司名列第二，我国的宝钢位居第五，新日铁则排名第九。这引起了我的兴趣，于是作了些初步研究。原来这次评估，是根据21项指标来测定的。每项指标都按10分制记分，最高10分，最低1分。当然，我首先关心的是宝钢，按21个项目的算术平均值计算，宝钢为6.43分（满分为10分），名列第四；但按加权平均值来计算的话，宝钢为6.30分，就位居第五了。无论以哪个数据为准，应该说，宝钢经过20多年的奋发图强，开拓创新，已经是名副其实地跻身于世界钢铁巨头之列了。这是值得我们欣慰的大好事。接下来，我就分析了纽柯的数据，更使我吃了一惊。原来按算术平均值计算，纽柯是7.38分，还高出浦项（7.10分）0.28分；只是按加权平均值计算，纽柯得分为7.19分，比浦项的7.44分低了0.25分。在21个项目中，纽柯居然有8项得了10分的满分，比浦项多6项，它们是：资产负债率、技术革新能力、劳动生产率、劳资关系、国内市场销售份额、产能的扩张、企业收购合并和退休员工的遗留成本（浦项得10分的两项是国家/地区统御力和劳动生产率）。而纽柯得分低的是：铁矿石和焦炭（1分、浦项为3分）、国内市场需求的增长（3分、浦项为6分），与大客户定价的能力（3分，浦项为8分），国家/地区统御力（4分，浦项为10分,）产品质量（5分，浦项为8分，此项得10分的只有新日铁一家）。而其中得分低的前4项都同美国宏观经济及纽柯在美国钢铁业中的地位有关，如浦项在韩国钢铁业中是举足轻重，其产量在韩国国内占绝对优势；而纽柯年产钢1200万吨，其在美国国内的地位自然无法同浦项在韩国的地位相比。因此，在国家/地区统御力以及与大客户定价的能力上都远远低于浦项。至于有关企业自身工作等项目的指标，纽柯都可以同浦项相抗衡，甚至优于浦项。纽柯以一家钢铁行业里的小型厂（mini mill）而能有如此卓越的业绩，原因何在？

正好在这时，我看到了一本名为《从优秀到卓越》的书，作者是美国的吉姆·柯林斯（Jim Colllins），他是斯坦福大学商学院的教授，是世界著名的管理权威，曾著有《基业长青》一书，该书曾连续5年列入美国《商业周刊》畅销书名单中，先后重印了70次，在

❶ 原载于2003年第2期《冶金管理》。

世界各国以16种文字出版，我国也早有译本。近几年，他又率领了一个21人的研究团队，对1965年以来《财富》历年500强的1435家公司按照一个透明度很高、又很严格的标准进行认真的筛选。就是这些公司累积股票收益率在前15年内相当于或低于市场平均水平，此后有一个明显的转折点，在随后的15年中其累积股票收益率至少是市场平均水平的3倍。他们之所以选定15年，是为了排除一些短期或偶然因素的干扰，而且也超过了大多数首席执行官的任期，这样有助于将真正的卓越公司与那些只是拥有卓越领导人的公司区分开来；之所以用3倍这一标准，是因为它超出了大多数公认的卓越公司的业绩。这样经过4轮筛选，从1400多家企业中选定了11家，纽柯就是其中之一。为了便于对比，他们又按照一定的标准在每个卓越公司的同行业企业中，选定了一个对照公司。作为纽柯公司的对照公司则是现存的美国最老的钢铁公司——伯利恒钢铁公司。

“1965年，你不能找到任何一家比纽柯更糟的公司了。它只有一个部门还在赢利，没有值得一提的企业文化，也没有一个明确的前进方向，已是濒临破产的边缘。1965年开始转变时，它不生产一盎司的钢铁”。这就是柯林斯教授在《从优秀到卓越》这本书中所描述的纽柯公司30多年前的情景。但到1975年，它已经拥有3家小型钢材加工厂，具有独特的生产文化，并且正在逐渐成为美国最赢利的钢铁公司。从1966年纽柯公司开始积蓄力量到1999年，连续34年赢利。而同期，伯利恒公司亏损12次，累计利润为负值。到了20世纪90年代，纽柯公司每年利润都高于伯利恒公司。纽柯从10年前规模不到伯利恒公司的1/3发展到在20世纪末总收入超过伯利恒。更让人吃惊的是，纽柯公司每五年每个员工创造的利润是伯利恒公司的10倍。对投资者来说，1美元投到纽柯公司的收益是投到伯利恒公司的200多倍。

那么，纽柯公司是如何实现由糟糕的公司到最好的钢铁公司的转变呢？我以为书中一定会强调纽柯重视新技术的应用，有敢为天下先的开拓创新精神。当然，书中很强调技术的作用。“技术很重要——你不可能处于落后的状态，还期望成为卓越的公司。”但“一个公司之所以平庸，最重要的原因是管理不善，而不是技术落后”。在一个企业的兴衰过程中，“技术起到的是加速器的作用，而永远不是它兴盛或灭亡的主要原因。”作者的这一观点，是从他们对11家从优秀到卓越转变的公司和其他十几家对照公司的大量事实中得出的结论，其中包括纽柯公司。这一结论甚至连作者自己都感到很意外。在被访问的卓越公司中，80%的公司主管都没有把技术列为公司转变期内必备的5大要素之一。此外，即使一些公司提到了技术，平均起来技术只排在第四位。在84位被访问的主管中，只有2人认为技术是最重要的因素。作者特别提到了纽柯，因为它是率先使用最先进的薄板坯连铸连轧工艺技术装备而闻名的。如今，纽柯在商学院已经成为通过开拓新技术来破除旧秩序的典范。但当他请纽柯的首席执行官艾弗森列出从优秀向卓越转变过程中最重要的5个因素时，艾弗森却把技术排在5名之外。他说：“最重要的因素，是公司的连贯性和构想出整个机构组织哲学体系的能力，这需要我们排除等级和官僚制度。”在与纽柯公司不同决策人员的会谈中，他们也得到了相同的结果。在被访谈的7名重要主管和董事会成员中，只有1人将技术列为转变期内5大因素之一，绝大多数人都关注其他因素。纽柯公司的一位主管总结说：“我们的成功20%来自新技术，80%来自我们公司的企业文化。”实际上，前面提到的艾弗森的所说的“最重要的因素”，也就是这个意思。

书中并没有系统地介绍纽柯公司的企业文化。但是，从各个章节中所说到的一些事例来看，我感到纽柯的企业文化主要体现在以下几个方面：

（1）纽柯理念的核心是通过公平的人力资源管理避免等级差别，使工人的利益与管理层和股东的利益相一致。当然，这里所说的“避免等级差别”，并不是要搞平均主义，而是要真正做到“以人为本”，反对高级管理层的特权，保护员工的合法利益，使员工能真正感受到在企业里受尊重、被关爱，从而与企业共命运、同患难。一些企业的领导往往抱怨自己公司的员工不关心企业的利益，而不去反思自己的所作所为存在一些什么样的问题，以致妨碍了员工积极性和首创精神的发扬。艾弗森在 1998 年写的《坦率的谈话》（Plain Talk）中说道：“大多数公司存在不平等现象。我指的是等级上的不平等……处在公司等级最高层的人享有种种特权，在那些干实际工作的人面前耀武扬威，还想弄清为何员工对削减成本提高利润的改革方案不感兴趣……我只能不解地摇摇头。”

在纽柯，在某些方面主管们的津贴并不比一线工人高，甚至还要少些。比如说，所有工人子女每人每年可以得到 2000 美元（时间最长可为 4 年），供中学毕业后学习之用，但主管们却享受不到这种津贴。如果，纽柯公司某年利润丰厚，那么公司的每个人都会受益。如果，公司面临困境，公司所有员工也一同承受，职务越高者，承担的份额越多。例如，在 1982 年的危机中，工人工资下降 25%，主管工资下降 60%，首席执行官的工资下降 75%。公司还采取特别措施缩小等级差别，并组织了一系列论坛，强调人们在公司中的地位和权威来自他的领导能力，而不是他的职位。要是你不喜欢它，或者你认为你需要等级差别。那么，纽柯公司不是你适合待的地方。

（2）重视价值观、企业精神和理念的作用。纽柯公司下属的钢铁厂不是设在匹茨堡和加里这样的传统钢铁城镇，却反其道而行之，将这些厂子建在像克劳福德维尔、印第安纳、诺福克、内布拉斯加和普利茅斯这样的城镇。那里是传统的农业区，居民基本上都是农民，过去很少接触工业。有人认为这将影响职工队伍的素质，还是应该将工厂建立在产业工人集中的地区为好。但纽柯公司的理念是：你可以教会农民如何炼钢，但你却很难使一个品质上有问题的人能自觉地恪守职业道德。因此，他们挑选员工时，看重的是品质好坏，而不是学历背景、实际技能的掌握、特殊的知识和工作经验。这不是说知识与技能不重要，而是觉得这些东西都是可以教会的；而像诸如性格、职业道德、基本智商、完成任务的决心以及其他的价值观等，却是在青少年时期就基本形成了、甚至或多或少是天生的。纽柯公司曾在钢厂成立的第一年中，就解雇了那些不具备职业道德的工人，解雇率高达 50%，但接下来由于合适的人都安顿下来以图长期发展，解雇率自然就低了。为了吸引和留住那些熟练的工人，纽柯付给工人的工资比任何一家钢铁公司都高。但这样的高工资是建立在将产量和效益挂钩的团队奖金运行机制上的，一个工人收入的 50% 以上要同他所在的班组或作业区的业绩紧密相连。因此，纽柯公司的员工们敬业精神强，团队精神好，员工常常是提前 30 分钟到现场，早早就做好准备。一个纽柯公司的主管说：“我们拥有世界上最勤劳的炼钢工人。我们雇用了 5 个人，但他们工作起来顶 10 个人，而我们只付 8 个人的工资。”

（3）建立起一种简洁的、扁平化的组织机构。纽柯以 35 亿美元的资产跻身《财富》500 强时，却只有 4 层管理机构，公司总部成员，包括行政、财务、文秘只有 25 人，整个儿挤在一个牙医诊所般大小的租来的办公室里。门厅里摆放着廉价的夹板家具，而门厅本身比壁橱大不了多少；没有公司餐厅，主管们在位于附近街区的一家小餐馆里宴请重要客人。但这并没有妨碍纽柯的快速发展，更没有影响纽柯在行业中的地位。相反，使公司的高层管理人员更加密切了同员工们的感情沟通，更有利于上情下达，下情上通；有利于一些问题的及时发现和解决。

与纽柯公司牙医诊所般大小的总部相比，伯利恒钢铁公司的气派要大多了。它为主管们建了一幢21层的办公楼，不是一般长方形的建筑，而是十字形的，这样造价要高得多，但不这样做，就无法满足一批副董事长们对办公室要在两个方向开窗的要求。《环球时报》主编约翰·斯托罗美尔（John Strohmeyer）在《伯利恒的危机》（Crisis in Bethlehen）一书中，详细描述了一种与纽柯公司完全相反的文化。他写道：公司有飞机队，供接送公司主管子女上学和周末出游用；有世界一流的18洞高尔夫球场；一个用伯利恒公司资金整修的乡村俱乐部，俱乐部里还有专供主管使用的浴室，等等。当然，随之而来的则是等级森严的金字塔形的组织机构。正是由于伯利恒公司存在这样一种文化，主管们为了长久维持这种使他们晋升的等级系统，使人们把精力集中在计较复杂社会等级中的细微差别，而不是关注顾客、竞争对手和外部世界的变化。于是滋生了上层管理人员的官僚主义，造成了长年劳资关系的高度紧张，导致了公司落后而低效的管理，以致最终走向衰败。

（4）面对外部条件的变化，不埋怨客观，以做好自身工作来应对挑战。在相当长的一个历史时期内，美国的钢铁工业在世界上一直处于领先地位，这也使得美国许多钢铁企业安于现状，改革的步子不快，力度不大。记得我在1980年初第一次到美国，在参观美钢联的加里厂时，看到的一套大型轧机，牌坊上铸有1906年制造的字样。当时，曾问陪同参观的厂领导，这些年来有没有经过改造，他的回答是基本上没有。在一些钢厂生产现场，感到其管理的严格也不如一年多前在日本钢铁厂所看到的。记不起是在哪家钢铁企业的生产现场，还看到一张宣传画，写着：多进口一吨钢材，就多一个工人失业。当时，觉得美国这样一个大国，居然把工人失业完全归之于进口的增加，有点小题大做。实际上，这在相当程度上是代表了不少钢铁企业老板们的心声。1983年，面对廉价进口钢材的挑战，伯利恒的CEO就说："我们第一、第二、第三位的问题都是由进口钢材引起的。"因此，他们的对策自然就是要政府采取保护措施。这种情况一直到现在还这样。但当时纽柯的艾弗森和他的同事们却完全持相反的态度，他们把同样的挑战当成一种机遇，一桩幸事，甚至颇为诙谐地说："难道我们不幸运吗？钢材这么重，但他们还得大老远地从大海那边运过来，这给我们带来了很大的优势"！他认为，美国钢铁业面临的真正困难，在于管理已经跟不上技术革新的步伐。他甚至公开对政府采取的保护政策表示反对。也正因为有这种心态，所以纽柯把一切工作的立足点放在自立自强的基点上，从而取得了持续的发展。

当然，纽柯的发展离不了他们拥有一位被柯林斯教授称之为第五级经理人的卓越企业家。这些企业家的突出特点是他们将个人谦逊品质和职业化的坚定意志相结合，建立起了持续的卓越业绩。他用极其简单的公式来表达：谦逊+意志=第五级经理人。他们不刻意地宣传本企业，更不去张扬自己。研究小组的成员将涉及这些实现跨越的公司和对照公司所有的5979篇文章进行系统编排后，发现涉及跨越的公司过渡期的文章只有对照公司的一半；而且很少发现有关实现跨越的公司首席执行官的文章。相反，在2/3以上的对照公司毁灭或持续平庸的案例中，都出现了自我意识过于强大的领导。在一切都很顺利的时候，这些"第五级经理人"向窗外看，把功劳归于自身以外的因素；如果事情进行得不顺利，他们会朝镜子里看，主动承担责任，而不是埋怨运气不好。而对照公司的首席执行官则相反，成功时它们看着镜子里居功自傲；业绩不佳时则向窗外看，埋怨别人。第五级经理人培养接班人，为以后公司取得更大的成功做好铺垫；而以自我为中心的第四级经理人物色的接班人却导致公司的失败。第五级经理人表现出一种工人式的勤劳——比起表演的马，他们更像拉犁的马。纽柯的首席执行官肯·艾弗森也正是这样一位企业家，是他将该公司从濒临破产的中拯救出来，并使其成为世界上最成功的钢铁企业之一。他待人非常平和谦逊，个人生活简朴。他善于将简单的理念转变成相应的行动。在企业的发展进程中，他通过引导大家讨论、争论、甚至争吵、“合理冲撞”，来寻找正确的答案，而不是自己的独断专行。他自己说：“我们举行了许多总经理会议，我更像是一个负责调停的中间人。”正是公司内部的这种民主气氛，使各种意见都能畅所欲言，现在“在争吵和战斗中前进”已成为纽柯公司公认的发展策略。艾弗森曾说，纽柯公司的成功都是因为他有能力将简单的理念转变成相应的行动。

企业的发展没有既定的模式，纽柯公司的做法也不一定适用于所有企业。但它毕竟是从1400多个世界500强中经过严格遴选出来的“从优秀到卓越”11家企业之一。因此，作为钢铁企业同行，“我们的成功20%来自新技术，80%来自我们公司的企业文化”——纽柯的经验是值得我们认真学习借鉴的。遗憾的是没能找到他的首席执行官艾弗森写的那本《坦率的谈话》，希望有机会能读到它。

尊重经济规律　加强宏观调控　认真对待规模扩张[1]

2002年，我国钢产量达到破纪录的1.82亿吨，一年增长了3000万吨，无论是绝对量还是增长幅度，在世界钢铁发展史上都是前所未有的。在此之前，苏联曾于1989年产钢1.63亿吨，打破了世界产量最高纪录；而钢产量年增长幅度最大的则是1973年的日本，这一年较上年增加了2200万吨，达到本国破纪录的1.19亿吨（以后也未被突破过）。去年，我国的人均钢产量达到140千克，也超过了世界人均产钢量的平均水平。回顾20世纪70年代前期“三打二千六”的历史，那时从2300多万吨的基础上，要求达到2600万吨，接连3年打不上去；而今年一年就增长了3000万吨。回顾往事，简直恍如隔世。而展望新年，预计2003年我国钢产量将突破2亿吨，还将迈上一个新台阶。

这样高速的增长，连同去年进口钢材和钢坯共计2900万吨，而前阶段社会库存却并没有增加，这说明当年的钢产量和进口钢材基本上都被市场所吸纳。这还意味着，如果我国钢产量去年达不到这个数，进口钢材必将超过3000万吨。从这个意义上来说，去年钢产量的快速增长，是为我国经济发展作出了很大贡献的。而且，我们还应该看到，在钢产量大幅度增长的同时，钢铁工业在产品结构调整上、新品开发、质量提高、各项消耗的下降方面，都取得了可喜的成绩，像一批大中型企业的高炉利用系数、吨钢综合能耗等都已接近世界先进水平；在企业效益方面，也有明显增长。据快报初步统计，2003年重点统计单位实现利润达到240亿元，仅低于1993年、1994年创历史最高水平的那两年。

现在，过去曾被一些人视为“夕阳工业”的钢铁工业，竟然又成为一些投资人眼中的“金饽饽”了。翻开近期的《中国冶金报》，就可以看到隔不几天就有整版整版“诚聘天下英才”的大幅广告，为的是要新建或扩建钢铁企业，有的新建企业规模超过500万吨。即使这样的快速增长，似乎还不能满足市场需求，这突出地反映在钢材价格上，近几个月是持续上升，甚至有的钢材品种一周两次上调价格，使一些下游厂家心惊肉跳。连续几年喊着“结构性供大于求”的钢铁工业，偏偏在连续两年大幅度增产的情况下，却似乎又突然回到了短缺经济时代，卖方市场的日子又来到了?!

这种情况，好像是“老革命遇到了新问题”。于是，老部长周传典同志写文章，提出：“到认真研究我国需要多少钢的时候了!”一些专家也见仁见智，纷纷各抒己见。有的认为“我国将在2030年前后实现国家工业化，钢产量和消费量将达到饱和”，按此推论，其必然的结论就是钢铁工业数量上的发展还有很大空间；有的则认为：“钢铁工业（数量上）大发展是情理之中，……起码到2006年应该是中国钢铁工业的黄金季节”；但也有的文章建议：“我国的钢铁工业应控制在1.5亿吨，只可减少，不可增加。如果个别期间总量不

[1] 原载于2003年第6期《冶金经济内参》。

足，可以用进口普材解决。与此同时，要增加高级钢材产量”。虽然近几年来，我主要是帮助企业在内部管理和改革上做了一些工作，对宏观的情况接触不多。但所到之处，看到无处不在扩大规模，好些家过去定为地方骨干企业的，“十五”期间产能都要翻一番。更有一些平地起家的，要在短短三五年、甚至两三年内，建成二三百万吨、甚至五六百万吨规模的钢铁联合企业。喜耶？忧耶？我也有些茫然。想到几个问题，信笔写来，以就正于各位行家。

一、历史的经验值得重视。既要避免违反客观规律的采取简单的行政措施进行限产，也要防止在盲目乐观情绪影响下的重复建设

就我个人来说，真正接触钢铁工业全局情况是在粉碎“四人帮”后。在这20多年中，看到钢铁工业在产量上有过两次往下调整。一次是1979年。在这以前的1978年，钢产量有了一个大飞跃，较上年一举增长了804万吨，达到3178万吨，党中央、国务院在人民大会堂举行庆祝会，中央主要领导、包括小平同志都参加了。钢铁界更是深受鼓舞，准备大干一场。但不到4个月，在1979年4月召开的中央工作会议上，出乎意料的是，会议指出：钢铁生产要为轻工业让点路，1985年钢产量指标，原定的6000万吨高了，初步考虑可以按4000万吨左右安排。同时，也压缩了当年钢产量的计划指标。刚刚动工兴建的宝钢也成为一些经济界人士议论的重点。虽然此后两年，钢产量依然保持小幅增长，但到1981年，终于降了下来。那一年，我国的钢产量为3560万吨，是1978年以来的20多年中唯一一次比上年减产的年份。第二次是1998～2000年，国家要求钢铁工业限产，在国家经贸委的督促下，一度国家冶金局全力以赴抓抓限产。虽然一些重点钢铁企业的产量有所控制，但不少地方钢铁企业，特别是民营企业却在此期间有了大发展，因而总体上这几年钢产量还是持续增长的。如何评价这两次的调整、限产，不在本文范围之内。尽管这两次调整的时代背景不同，前者还处于计划经济时代，但经过这两次的调整，使我们更清醒地认识到，钢铁工业的发展绝不仅仅是钢铁工业自身的事情，它涉及上下游的诸多行业，涉及国民经济的全局，不考虑到这些因素，就钢铁工业自身来谈钢铁工业的发展，很可能是欲速则不达。

但是，我们确实也要注意防止盲目扩大规模的倾向。特别是在经济持续增长的形势下，对市场需求的预测往往会超过实际。这在国际上也有过先例。从20世纪50年代初到70年代前期，全世界钢产量从2亿吨持续增长到7亿吨。这种形势，使经济界、企业界受到很大鼓舞。70年代末期，一些国际知名的研究部门，曾对1985～2000年各阶段的全球和主要国家钢材需求量进行了预测：大体上全世界钢的需求量1985年为8.8亿吨左右，1990年为10亿吨左右，2000年超过12亿吨；同期，美国的钢需求量将分别为1.5亿吨、1.7亿吨和1.8亿吨以上。但实际上，1985年的世界钢产量还不到7.2亿吨，比预测时的1979年还低。直到2000年，世界钢产量才进入到“8”字头；而美国的钢产量从1982年以来，除了2000年突破了1亿吨，其他年份都只有八九千万吨。事实证明：尽管这些预测都有一些科学的方法作为支撑，但从以后国际钢铁工业发展的实际情况来看，这些方法的科学性还不能不使人存疑。我国从20世纪80年代起，开始学习国外采用的诸如消费强度法、弹性系数法等多种预测方法，对钢材需求量进行过多次预测。但这种预测，大体上是随着经济形势的变化而变化。经济形势好时，就容易做出过分乐观的分析，预测的数据就高

些；反之，就低些。因此，当前要防止前一种倾向。特别是参照一些发达国家，按人均GDP或人均钢材消费量作为钢材需求增幅大小的依据，虽有一定的参考价值，但并不一定符合国情，而且各国所处的时代背景也不同。因此，如果以此为圭臬，很容易起误导作用。

二、钢铁工业的发展必须将数量增长和结构调整相结合，特别是要在品种结构和产品质量上下工夫，在降低消耗上下工夫，在资源综合利用和环境治理上下工夫

发展是硬道理，钢铁工业必须要发展。但现在在一些人心目中，存在一种误解，把发展理解为单纯的数量增长。“发展是硬道理”，绝并不意味着发展只是单纯的数量增长，要将数量增长和结构调整、质量提升，以及生态环境的改善结合起来。应该说，这些年，总体上是这样做的。特别是钢铁企业在技术改造上取得了重大进展，一大批大中型企业的技术装备进入世界先进水平的行列，有的可以说是集当今世界先进技术的大成，甚至比欧美、日本的一些钢铁业的装备档次要高，这为品种结构的调整和质量的改善打下了很好的物质基础。在这种情况下，再加上近几年企业内部改革的深化和管理的加强，使得我们也有了一批居于世界前列的技术经济指标。这是值得我们引以为豪的。

但是，更要引起我们高度重视的是：一是同样的装备、甚至更好的装备却不能生产同样的产品，国际钢铁界有过这样一种说法：“要看先进设备就到中国去”。但为什么却从来没有听说“要买先进钢铁产品到中国去”，这就很值得我们深思；二是同等产量的钢材却发挥不了同样的作用，这反映了我们钢材性能上的差距；三是不少指标自我纵向比，进步不小；但在国际上横向比，差距还很大。这里的要害之一是我们的一些高档品种的生产没有真正过关，质量相当不稳定。为什么我们的钢产量上去了，但我们的销售收入却远远不如规模相近的日、韩企业？除了有非钢产业的因素外，关键在于我们产品的档次比不上人家。而要真正实现由钢铁大国向钢铁强国的转变，必须解决好上述几个问题，使我国的钢铁工业真正从数量发展型转变为品种质量效益型。

应该说，尽管这几年我国钢铁企业在品种结构调整和提高产品质量上做了大量工作，取得了长足的进步。但是，也应该承认，不少企业的领导对扩大规模的劲头还是要比抓品种、质量的力度大得多。因为，在市场需求形势好的时候，通过增产来求得效益的增加毕竟还是一条最简便可行的途径。而抓品种质量，抓产品性能的提高确实是要费力得多。对此，有的老总是颇有感受的。特别是看到兄弟企业的规模在不断扩大，无论是从自己的心态上，中国传统的“攀比心理”的影响，还是企业竞争的需要上，都会促使企业领导来加快规模的扩张，以致近两三年，中国钢铁工业的总体规模有了急剧膨胀。当然，我们要重视发挥规模经济的作用。但是，如果所有企业都是热衷于走这条路子，那市场容量毕竟是有饱和度的，一旦供求形势出现变化（而且我认为这种情况的出现为时不会太远），最终受害的还是企业自己。因此，我认为像宝钢、武钢等一些特大型钢铁企业和新兴铸管、石钢、邢钢等一些大中型企业在品种质量效益型道路上进行的探索，是值得我们称道和学习借鉴的。

三、宏观调控要符合客观经济规律，但不能一讲市场经济就否定了国家必要的宏观调控

前几年，国家对钢铁工业的宏观调控是下了很大力气的，国家经贸委领导亲自督战，

一个地区、一个地区，甚至一个省、一个省地抓限产。一度国家冶金局的中心任务就是抓限产，局机关几乎是全力以赴。这种强硬的行政措施不能说没有起到一点作用，但就总体而言，应该说这样的限产至少是不成功的，也是不符合市场经济规律的。事实是，国家重点企业的一些优质产品被迫限制了产量，但地方中小企业，特别是民营企业却乘机大力扩张规模，结果一些地方实际上是限优扶劣，限大扶小，限内扶外。这一教训要认真吸取。现在类似的情况还在发生，如热轧硅钢片确实要比冷轧硅钢片性能差、耗电高，不是发展的方向，从20世纪80年代以来，有关部门就一直要加以淘汰，限制、甚至禁止叠轧薄板的生产。但由于价格因素，市场需求量还不小，硬性禁止，实际上只是设备的转移，结果是大厂淘汰，小厂大上，很有可能又出现小的挤了大的，热的挤了冷的，事与愿违。

但也不能因为强调尊重客观经济规律而放弃宏观调控，特别是一些大规模的建设项目，绝不只是这一项目自身的问题，会涉及水资源、各类大宗原燃料、特别是铁矿石和能源的平衡以及交通运输、港口建设等方方面面的重大问题。因此，需要国家加以引导和调控。即使是资本主义国家，对钢铁企业的建设也十分重视宏观调控。像日本钢铁企业都是私人经营的，但就是在快速发展的20世纪60年代，高炉建设还是要经过通产省的批准。前些年国内曾经放映过一部日本电影《华丽家族》，就是描写围绕建设高炉展开的一场争斗。而我国现在却是五六百万吨规模的新建钢铁企业，根本不作可行性研究，说上就上。一些地方政府，为了本地区的局部利益，放弃宏观调控，甚至借口市场经济，盲目支持一些钢铁企业、特别是民营企业任意发展。一个地区带头，一些地区跟上，必然造成总量严重失控。据初步了解，有好几个省在建和拟建的钢铁企业规模已在2000万吨左右。只是新形势下的又一场“大炼钢铁”。这样下去，很可能会重蹈覆辙，不仅这些企业的投资难以收回，而且还会给社会带来很大损失。因此，对重大建设项目，必须要统筹规划，现在就要从源头抓起。具体措施：一是严肃纪律，不允许地方政府和部门越权行事；二是从银行贷款等各方面来控制一些项目的建设；三是对水资源、港口运输等，必须有统筹兼顾的措施，不能拆东墙补西墙；四是从环保上进行控制。还要引起注意的是，我们固然“必须毫不动摇地鼓励、支持和引导非公有制经济发展”。但也不能因此而厚此薄彼，放松了另一个“毫不动摇”，即“必须毫不动摇地巩固和发展公有制经济”，在发展的政策上限国有扶民营。国企重大项目的审批是必要的，但往往旷日持久，以致一再错过时机；而民企兴建大钢厂，似乎根本不需要向国家有关部门进行申报。

走品种质量效益型道路固然主要依靠企业自身，但同样需要国家支持。当前，要加快钢铁业重组整合的步伐。当然，这主要是企业行为，政府不要搞“拉郎配”，但要积极地加以促进，特别是要支持那些国家已经大量投入，具有较强实力，在全国甚至在世界钢铁界中都有很大影响的特大型钢铁企业（集团），使它们做大做强。再如，明明一些新的优质钢材要比普通钢材使用寿命长，可以大量节约钢材，但由于缺乏有力的政策支持，以及各部门之间的协调配合力度不大，导致推广的步伐迟缓。这也是国家宏观调控需要解决的一个大问题。在强调市场经济的同时，对钢材的节约使用似乎也无人过问了。节约钢材，不仅是一个降低使用者的成本问题，同时也是一个减少环境污染、降低不可再生的资源消耗问题，要提高到贯彻可持续发展战略的高度来对待。

新建民营钢铁企业资金从哪来?[1]

最近，以民营企业带头的一场“大办钢铁”的行动正在华夏大地勃然兴起。据报刊发表的数字以及从一些地区实际了解到的情况初步估计，在建和拟建的钢铁企业年产钢能力约在五六千万吨以上。有的一个省新建规模就达2000万吨，超过现有产能的好几倍。新建钢铁企业规模五六百万吨的，已经不是个别的了。这一方面反映了我国经济实力的增强，科学技术的进步，以及钢铁行业自身管理水平的提高；但另一方面要在短期内实现这样大规模的规模扩张，毕竟也是史无前例的。因此，也不能不令人产生一些担忧。

这样几千万吨规模的扩张，资金哪里来？有人认为，民营企业反正钱都是老板的，不用旁人操心。但是，几十亿、上百亿、甚至几百亿的资金，毕竟不是一个小数目。恐怕多数正在积极筹建新厂的中国民企老板还没有这样强的经济实力。那么，大量的资金来自何处？最近，我同一位地市级的领导同志交换过意见。他们那里已经有好几家民营钢铁企业，目前规模还都在百万吨左右，其中一家，已建成100万吨以上的铁、钢生产能力（实际产量要小得多)，现在又从长江边上购地上万亩，准备建八百万吨的大钢厂。他的资金来源是：首先取得当地政府的支持，以低价获取土地使用证；而且往往钱还没到位，土地证就到手了。然后以土地向银行抵押，得到一大笔贷款。尽管如此，这些贷款还远远不足以满足订购设备、建设施工的巨额需要。但面对这样一个大工程，无论是对设备制造公司、还是建筑公司都会有很大的吸引力。于是，这些民企的老板就采取“垫支”的方式进行建设。如对施工队伍，往往采取以地表“正负零”为界，先由建筑公司垫支；设备订货，1亿多元的大订单竟然可以全由制造厂垫支。因此，这些民企的老板们实际上是以接近于“空手套白狼”的手段来建设大型钢铁企业。这种情况，在现阶段，恐怕任何国有企业都难以做到。借贷资金越多，相关单位自然就与之结成“命运共同体”，唯恐这个项目搞不上去。再有困难，也得千方百计“保”下去。

当然，并不是所有民企都是这样干的。但是像上述这种情况，确实要引起有关部门的高度重视。对这些民企老板来讲，当然是左右逢源了。搞好了，最大的受益者自然就是这些老板们，他们以少量的自有资金调动了大量的社会资金和资源，获取了最大化的利润；而且还会成为国民经济发展的功臣。今后，各种桂冠都会纷至沓来。但如果搞坏了呢？他们也不会蒙受多大损失，只是苦了这些制造、施工单位，他们先期投入的资金就无法收回；最终是银行的不良资产又将大幅度增加，其结果就可能出现“拖垮国企，套住银行，影响当地财政”的景象，最终包袱还是由国家来背，使国民经济再次出现20世纪90年代中期那种折腾，破坏了来之不易的经济发展大好形势。这种情况，能不令人担忧吗？

为什么民企会大举进入钢铁行业？当然主要是利益驱动。他们的成本低，相当一部分是由于他们的劳动成本低廉，对操作工人，除了支付较低的工资外，几乎不需要给他们提

---

[1] 原载于2003年5月21日《中国冶金报》。

供社会保障费用。而且，他们摸透了某些地方官员追求政绩的心态，会超乎常规地满足他们的种种要求，这就可以大大降低建设成本；而对可能产生的各种政治风险、经济风险，环保风险，则几乎全由社会来承担。一些地方官员则基于片面追求政绩的心理状态，争相上大项目；而且有些地方官员缺乏对市场情况的正确判断，误认为有投入总会有产出，盲目支持。再加上中国社会传统的“攀比心理”、“从众心理”，一个地区这样做了，其他地区就紧紧跟上，生怕错过了这趟班车。

要防止当前钢铁企业严重的、带有相当盲目性的重复建设，建议还是要从源头抓起。一是对地方政府的批地行为要规范化，严禁越权批租；特别是对权钱交易的违法行为，坚决予以严惩；二是对银行大笔贷款，一定要有实实在在的担保。对造成大量呆滞资金的，要追究其行政、甚至法律责任；三是加强环保监督，必须坚持“三同时”的原则。不符合条件者，不准施工；四是鉴于钢铁工业是资源密集型的行业，需要大量的原燃料、能源和水资源以及运输、港口等条件的保证。这不是所在地的地方政府所能解决的。因此，对涉及需要各方面配合的重大项目，必须由中央政府、至少是省政府有关部门的审批。对不符合上述条件者，一律停止施工。同时，有鉴于目前各地钢铁工业的发展势头还有增无减，为了防止造成过多的损失，建议采取紧急措施，对未开工的项目一律暂停，逐一清理。此外，还建议要研究改进对地方政府的考核制度和考核标准，不能只是以 GDP 的增长为唯一或主要标志。

营销，更上一层楼[1]

1997年7月，我曾以“营销——尽快就位”为题，写了一篇长文，分三期在《中国冶金报》上连载。当时，鞍钢、武钢等17家大型钢铁企业的销售部门自行组织起来，建立了大钢营销网络会，挂靠在中国冶金企业管理协会，每年开一两次座谈会。我那时担任冶金企协的副理事长，分管这项工作。看到一些企业对营销工作越来越重视，也积累了一些更好的经验；但同时，感到相当一部分企业对营销工作还没有摆到应有的位置，存在各式各样的问题。这就促使我写了这样一篇文章。事后听到的反映，这篇文章起到了一些推动作用。现在，7年快过去了，当时提出的一些问题，有了很大的改变；特别是营销理念有了明显的转变；普遍重视了营销策略的研究与改进，营销队伍正在茁壮成长；营销工作也积累了更多的新经验。当然，也有一些改进不明显。同时，随着形势的发展，特别是我国加入WTO后，又遇到一些新情况，需要集思广益，进一步来加以深入的探讨。

我国在摆脱短缺经济以后，可以说，没有一个行业、一家企业，不面临激烈的市场竞争。将军决战在沙场，产品竞争决战自然就在市场。就是在这广阔无际的市场大舞台上，各家企业在斗智斗勇，比拼实力，演出了一场场威武雄壮的活剧。胜出者进一步发展壮大，败北者总结反思，力求东山再起。尽管商场的胜负很大程度上取决于双方的综合实力，对工业企业来讲，企业实力的基础在现场，反映在成本、质量、交货期、履约率等方面；但也绝不能忽视交战双方指挥员的战术部署。对企业来说，就是处于市场一线的销售部门。因此，也可以说，营销是企业综合实力的体现，营销之间的竞争也体现了企业综合实力之间的竞争。企业一方面必须树立全员营销的观念，各个部门都要做好自己的工作，为在市场竞争中取胜而恪尽职守；另一方面，销售部门绝不是被动的，销售部门要发挥自己的主动性，为提高产品的市场占有率、资金回报率、用户满意率、客户忠诚度等方面作出自己应有的贡献。在这方面是大有可为的。

一、营销的本质在于服务

最近，看到有的企业提出这样一句口号：“钢厂不是单纯卖钢材，而是帮助用户买钢材；钢厂要为客户找产品，而不是为产品找客户”。还有的企业提出服务的“三零”目标，即服务时间“零空当”、服务质量“零缺陷”、与用户关系“零距离”。这些都反映了企业服务意识的极大增强，认识到企业是为用户而生存，靠用户而发展。这是企业经营理念的一个突破。实际上，发达国家的企业家通过长期以来市场经济的锤炼，早就悟出这样一条道理：“没有服务就没有企业”。被称为“经营之神”的松下幸之助就曾说过：“在某种意义上，服务比制造、销售更重要。售后服务不能做得完全彻底，顾客就会越来越少。服务第一，销售第二。‘销售就是服务’，是经营者必须有的理念。”德国大众汽车公司通

[1] 原载于2003年第10期《冶金管理》。

过在北美和欧洲的用户调查发现，一个厂家在失去的顾客中，只有1/3是由于产品质量或价格的原因，60%是由于服务不好。由此也可见服务的极端重要性。

（1）要重视有形的服务，更要重视无形的服务。服务体现在多个方面：一种是体现在产品上的，这也是服务的最主要的方面，是最明显的有形服务。关键又在于价格、质量。对工业产品来讲，价格始终是一个重要因素。价格竞争虽然是市场竞争中最低层次的竞争，但也是最直觉、最敏感的竞争场所之一。几十年来，国际市场上钢材价格基本上是稳中有降，最根本的原因是钢铁企业都在通过各种手段来降低成本。今后，这方面的竞争会更加激烈。特别是当前一大批民营钢铁企业的崛起，依靠其低成本的优势，对国有大中型钢铁企业构成了重大威胁，要引起高度重视。对质量的要求也经历了几个阶段，从“追求标准化”到“满足客户需要”、实施按标准 $+\alpha$ 组织生产，一直到“满足客户的潜在需要”，每前进一步，都是在更高的层次上更好地满足用户的需要。质量竞争将越来越为企业所重视，谁能在质量的高层次上服务于客户，谁就能更多地取得用户的青睐，占领更广阔的市场。

另一种是无形的服务。就是不以实物形态体现的一种服务，但是其范围更广，涉及企业的方方面面。在某种程度上来讲，影响也更大（影响到人的情绪、感情）。下面是一家企业的用户调查分析：“在销售服务上，中间环节较多，从销售大厅开票到轧钢厂生产科再到成品库提货，有时用户不知轧钢厂在何处，须雇私家车，导致一些用户嫌手续多不愿到厂直接购买。在装车时，存在不按顺序装、甚至拖延现象，在钢材紧张时尤其严重；销售人员的服务态度随钢材行情而变化；质量异议处理程序复杂，量少时尤其如此，用户没有精力、时间接待和等待异议的合理解决，影响了公司的市场形象”。

这些问题说严重吧，似乎并不太严重；说不严重吧，却实实在在地影响到客户的情绪。应该说，解决这些问题，并不需要太多物质上的投入。“非不能也，是不为也”，关键在于服务意识的增强。美国联邦快递之所以能击败传统的美国邮局，从邮局手里夺取了大批客户，就是因为后者对自己的任务定义为信件的往来传送，而联邦快递却将满足每一个顾客视为自己的主要任务。这就决定了两者服务意识的差异。现在上述这家钢铁企业把这些服务上的问题提了出来，摆到各级干部和全体员工面前，就等于解决问题的一半。我们就是要通过这些无形服务，使客户感到心情舒畅，受到应有的尊重；感到一种友情、亲情、温情，甚至是一种精神上的享受，从而吸引更多的用户，留住更多的回头客。

（2）树立“双赢”理念，与客户建立“命运共同体”。“双赢”理念，这是一种崭新的企业与客户的关系。企业因客户而获利，客户因企业而增值。宝钢从以“追求企业效益最大化”作为价值取向转到现在以“追求企业价值最大化”作为公司核心价值观，就是这方面一个很好的典型。这就是要求企业在生产经营过程中，不仅要注重企业的短期利益，更要追求企业的长期、持续、健康地发展；不仅要求企业为本身获取利益，还必须为投资者、用户、员工和社会创造价值。对客户来说，宝钢将对方的目标也纳入自己的决策考虑，把客户对宝钢股份的需要程度，变成企业对客户的满意承诺，以期与用户共同创造价值，实现双赢。这一理念的确立，使宝钢和客户建立了更为紧密的共同体关系。

例如：马钢在开拓H型钢市场时，由于当时市场还没有充分打开，而且最终用户普遍要求配套供应，因此资金需求多、周转慢，中间商往往要比经营一般钢材多出2～3倍资金。马钢销售公司主动与银行商谈，采用货权质押业务，实行“银、企、商”三方合作，客户以钢材抵押向银行贷款，银行看中马钢的这个平台，马钢看中经销商的渠道优势，经销商解决了有些产品因销售周期长、库存要求配齐而资金不足的困难。这样使三方都规避了风险，实现了“三赢”，也大大增强了客户对马钢的忠诚度。他们还在市场价格波动时，实行“追溯”、“退差”制度，遇涨则适当调整，遇跌则跌，以确保经销商的一定利益。

其实，这种“双赢”观念在中国传统的经商活动中早已存在。有这样几句话：“我有利，客无利，则客不存；我利多，客利少，则客不久；客我利相当，则客可久存，我可久利”；“分利则兴，兼利则亡”；“诸利并取则诸敌并树，诸敌并树则诸利并失。取一利而留他利，则诸友并存；诸友并存，则诸利并在。”虽然这些话的出处何在，至今我还没有找到，但这种观点我认为当前仍有重要的借鉴作用。在市场经济的新形势下，我们更要继承并将其发扬光大。

（3）要建立对服务质量的考核机制。一个理念的提出到实施，需要一个过程。要使这种理念成为所有员工自觉的行为准则，更需要建立一种机制来推动。对服务质量的考核是个新问题，需要在实践中进一步摸索。目前，有的企业开始将用户满意率考核纳入年度的综合经营指标考核中，这是一个重大进展。像宝钢集团二钢公司对生产分厂的用户满意率考核包括合同完成率、质量异议、标准 $+\alpha$ 的完成率、用户质量投诉和用户意见征询等五方面。对销售部门的服务质量也有一些考核指标，但有的并不是可以用简单的指标来考核的。比如，有的企业提出了对客户的“首问责任制”，但实施中却经常发生“看人下菜碟”的现象；有的客户来订货，还是要厂区内外，跑上跑下。济钢销售部门从去年四季度起，全面开展了“一站式服务”。他们提出不但要做“傻瓜相机”，而且替顾客按快门。即顾客到济钢购买钢材，只需在销售公司的一个部门、地点洽谈好业务，就可在销售人员的引导下去休息、聊天，其他签订合同、开取提货单、结算等工作，均由销售人员代替办理，节省了客户的精力和时间。为了推动“一站式服务”向纵深发展，也作为一种考核手段，济钢组织工会、纪委、销售公司等部门人员模拟顾客，不定时地到销售各业务部门洽谈业务，订立合同，办理订货、结算、提货等手续，并给业务人员出难题，以此检验销售人员服务态度、服务水平和服务能力，暴露和发现“一站式服务”中的问题，以便进一步改进。

二、新形势，新要求

面临日趋激烈的国内外竞争态势，特别是当前大型国有企业面临外资企业、民营企业的激烈挑战，营销工作上必须适应新的形势，发挥自己的优势，在营销理念、营销策略、营销机制、营销管理上全面进行创新，进一步提高服务水平，以创新求发展，走出新的路子来。

（1）超前性。企业当然要为客户的当前需要做好服务工作，同时必须为客户的潜在需求超前做好准备。特别是要看到当今科学技术发展如此迅速，对钢铁产品提出了更高、更严的要求：油井管从过去只要能适应井下1000米到现在的8000米；桥梁跨度增加了好几倍，对金属材料的要求自然就有了质的变化；高层建筑所需的钢材不仅要高强度、还要求耐高温；下游行业为了适应激烈的竞争，纷纷在开发新产品、提高产品质量上下工夫，必然要求材料工业跟上去；如此等等。一个大型的负责任的企业绝不能只满足于通过数量扩张来取得市场竞争的价格优势，必须要有前瞻性思维，像宝钢钢管公司针对潜在用户的需求，超前研制开发产品，抢占潜在市场。现在，它们每年有三成以上的新客户就是通过前瞻性研究开发新品而得来的。有的企业采用“先期加入”的方式，通过对用户采用的技术及发展趋势的超前研究，同用户联合开发新产品，取得了很好的成效。

（2）技术性。就是要提高用户服务的技术含量，这是提高服务质量的一个趋势，也是提高服务水平的一条重要措施。一是推进产学研一体化工作，这是由生产、科研、销售等部门成员创建的虚拟团队，使产学研一体化小组成为宝钢股份推进用户服务的有效载体，成为宝钢股份提高用户服务技术含量的“排头兵”。目前，宝钢股份按产品分类共有汽车用钢组、镀锡板组、电工钢组、家电用钢组、彩涂板组、酸洗板组、管线钢组、集装箱板组、油井管与锅炉管组、钢坯组和高线组等 11 个产学研一体化小组，几乎包含了宝钢股份的主要重点产品。二是把技术人员充实到营销队伍中，以建立一支技术营销型贸易队伍。过去，用户提出的一些质量异议，实际上是用户选材不当，或者是用户生产工艺不合适而引起的，通过钢铁企业的技术服务就可以得到较好的解决。三是加强对营销人员的培训，并组织营销人员与企业自身的技术人员、用户单位的技术人员进行技术交流、考察活动，提高营销人员的技术水平和为用户服务的水平。四是有条件的大型企业集团，像宝钢建立了用户技术研究所。这在国外，是早就有了的，1980 年我第一次到美钢联考察时，就参观过他们的汽车材料研究所。

（3）主动性。不仅要想用户之所想，急用户之所急；还要想人之未想，急人之未急。在这方面，宝钢建设就是一个很好的典型，客户对它们有一个很高的评价：“服务在用户开口之前”，“不仅使客户满意，而且使客户感动”。4 年前，宝钢建设承建了上海汽车制动系统有限公司的一期工程，投产几年来，宝钢建设售后服务非常到位，招之即来，有求必应。去年 9 月，该公司遭遇一场大火，在公司尚未对宝钢建设发出任何求援信息时，宝钢建设的抢修人员就主动请战，而且在几小时内，从上海及周边地区调集了 200 多名抢修人员陆续赶到现场投入抢修。其效率之高，质量之好，超过了其他抢修队伍，感动得制动公司把所有剩下的业务全都交给了宝钢建设。这种主动性来自于对客户的真诚感，也基于自己的竞争实力。

（4）诚信性。诚信已经列入中国公民的基本道德规范之中，“人而无信，不知其可也”。诚信也是市场经济的基石。晋商几百年前，他们就凭一纸银票雇马帮，带车队，走京城，做天下生意。一个很重要的原因就是诚信。山西乔家大院的祖上乔致庸就说过：“经商之道首重信，即以信誉赢得顾客；次讲义，不以权术欺人，该取一分取一分，昧心黑钱坚决不挣；第三才是利，不能把利摆在首位。”“德是商之本，无德不成商，为商若无德，商运必不长。”过去常听到“无商不奸”这个词，这是以偏概全。但也应该看到，近几年来，在我国经济快速增长的同时，法制建设却相对滞后，市场体系的发育还不充分，在经济利益的驱动下，违反诚信的事件屡禁不止，诸如不严格遵守合同，假冒商品充斥，中介机构不诚不信，假账、假报表屡屡发生等。但这些做法尽管可以得益于一时，却绝对不能保证企业的持久生存和发展。现在，首钢等很多钢铁企业都明确地把“诚信”作为营销理念之一，“诚信立市，品牌取胜”，“业精于勤，商精于诚”的观念已经在销售人员中深深扎根。

（5）快捷性。在市场经济条件下，特别是当前市场竞争空前激烈的情况下，速度往往就成为一个重要的决定因素。为顾客服务，也必然要包括服务上的快捷性。所谓“快鱼吃慢鱼”也包括在营销上这方面的竞争。“快一拍，海阔天空；慢一拍，前功尽弃”。因此，企业必须具有对市场变化快速反应的能力，企业领导要具备快速的决策能力；企业的流程机制以致企业文化也要适应这种快速变化的需要。宝钢股份针对其在国际上的地位以及入世的新情况，提出要建立三种文化，其中第一条就是要培育一种快速反应的速度文化，这是很有见地的。有家钢铁企业之所以能吸引其竞争对手的老客户，就是利用其交货期短的优势。要提高服务的效率，体现快捷性，还要加强企业的信息化建设。就以质保书为例，过去，顾客通过铁路发钢材，往往无法直接带走质保书，只能通过邮局发送，有个滞后期，影响顾客验收和使用。现在，一些企业开发出网络信息化系统，建立了 E-mail 用户库，实现了从互联网上为顾客发送质保书，使顾客未拿到货之前就先拿到了质保书。

(6) 延伸性。现在，越来越多的事实证明，企业间的竞争不只是单个企业之间的事，而是延伸到企业供应链之间的竞争。依靠供应链来更好地为客户服务，为客户提供超值服务，也越来越成为企业改进服务的重要手段。现在有的钢铁企业与上游企业建立战略合作关系，通过从原料采购开始的供应链，来降低生产成本，提高原材料质量，从而为客户提供更有竞争力的产品；有的企业，则在产品的配套供应上下工夫，即使自己企业不生产的规格品种，也要根据具体情况尽可能配套供应，以方便用户；在用户服务上，有的企业从商务服务延伸到商务、用户技术研究和上门技术指导服务相结合，实行全方位的服务。可见，在这方面也是大有可为的。

当然，做到这几点，很不容易。但无论在哪一方面，都已经有一批企业为我们提供了一些可资借鉴的经验。而且随着服务的深入，积累的经验会更丰富，还会进一步发现服务的新领域。服务无止境，在提高为顾客服务的过程中，企业自身的管理水平和队伍素质必然会得到进一步的提高。这种双方互动效应，必将使全社会都从中受益。

三、关键在于抓好营销队伍建设

销售人员对内是企业的财源所在，因为“产品减去销售等于废物”；对外代表企业，是企业的形象，是企业对外的第一个窗口。因此，这支队伍的建设对企业的发展举足轻重。销售工作既是一门科学，也是一门艺术。销售人员既要善于同物打交道，熟悉市场，熟悉产品；更要善于同人打交道。既能为客户排忧解难，还要为企业生财致富；他们不仅体力上要能吃苦耐劳，还要在心态上能承受各种压力。这就要求这支队伍必须成为一种特殊的复合型人才。

(1) 要把营销部门办成学习型组织。创建学习型组织，这是社会发展提出的必然趋势，也是企业生存发展的必然要求。企业要发展，必须在激烈的市场竞争中胜出。而企业的竞争归根结底是人才的竞争，包括营销人才。但人才竞争不是静态的，不是单纯地以有多少什么学历的员工为标准的；而是一种动态的竞争。彼得·圣吉在《第五项修炼》中说过一句名言：“企业唯一持久的竞争优势在于比自己的对手学得更快更好”。学习不仅仅是业务培训，知识的灌输固然是必需的，但更主要的是学习力的提高，创新力的增强，具有能够把知识转化为创新的能力。这是给“鱼”还是“渔”的问题。学习也不仅是个体的学习，还要实施知识共享。学习型组织要发挥团队作用，以共同愿景为基础，团队学习为特征，发挥团队各个成员的积极性，逐步做到“学习工作化，工作学习化”。但团队学习、知识共享不等于学习要求上的平均主义，唐钢销售公司十分注意发挥销售队伍中高级专业技术人员的“领跑”作用，耿万臣总经理认为，要提升整个销售单位的素质，首先要倾力打造这些领跑善跑的“第一集团”，并对高级营销人员提出了“八要”：学识要广，专知要深，业务要精，能力要强，职德要磊，作风要正，起点要高，创新要争，作为大家努力的目标。

（2）坚持两手抓，在大力抓好业务建设的同时，必须花大力气抓好作风建设。营销工作由于其岗位的特殊性，个人活动多，又经常会遇到形形色色的诱惑，因此既要通过企业文化建设，牢固树立企业经营理念，强调职业道德，重视自律，“慎独”；还要建立相应的机制，要根据销售工作的特点建立激励和约束机制，以及运作机制，并在实践中认真予以落实。销售人员的收入必须同其销售业绩挂钩，不能“以丰补歉”，吃变相的“大锅饭”。还要处理好集中与分权、方与圆的关系，既不能对销售人员处处设防，导致谨小慎微，以致延误商机，丢失客户；也不能放松监督，以致滋生腐败，害了干部。首钢销售公司与主要客户签订廉政协议。2002 年按照协议规定，对给销售人员送“礼金”的 6 家客户中断了销售业务关系，其中有两家年销售量在 12 万吨、一家为 25 万吨。马钢销售公司还通过建立各种有效机制，做到价格透明，资源分配透明，对客户的政策透明，发货透明（可从网上查找合同执行情况，以铁路、公路、海运哪种方式发运），以及客户在马钢的资金情况等。他们还规定，从销售公司总经理起，所有员工和其家属都不准做马钢的钢材贸易。这就有效地堵塞了种种漏洞。

（3）勤于学习，还要善于总结。书本知识固然要学习，但更要重视自己的实践经验，并不断加以总结提炼，逐步从“自在”转向“自为”。像原武钢销售公司总经理李裕荣总结了商战中的十大取胜谋略，就是“以快取胜，以诚取胜，以优取胜，以稳取胜，以新取胜，以惠取胜，以专取胜，以合取胜，以奇取胜，以待取胜”。尽管他现已退休，但他的这些思路对后人是有很大启发的。重钢把营销实践提升到理性思维，提出了“五个三”的指导思想，即：一是找准“三大市场”定位，即周边的主导市场，专用材辐射市场，和行业产品配套市场。二是明确“三类用户”划分，即骨干用户、伙伴用户和随机用户，不同用户类型实行不同政策。三是抓好“三种模式”销售，即以销定产，产销见面；拓宽规模，适度摆库；双管齐下，重视代理。四是创建“三级网络”格局。第一级网络是营销工作的统帅部，即重钢股份公司销售处这个指挥中心；第二级网络是重钢集团的 12 个驻外销售分公司；第三级网络是行业代理商和区域经销商。五是实现“三个稳定”目标。即骨干用户的稳定，营销队伍的稳定和激励政策的稳定。

（4）关键在于领导的带头示范作用。“言教不如身教”，这是颠扑不破的真理。领导的榜样就是无声的命令。这些年，冶金销售队伍中涌现出一批开拓创新、严于律己的好带头人。在同马钢销售部门的职工座谈时，都赞扬他们的总经理朱莯南人格的魅力，要求员工做到的，他首先带头做到。柳钢销售公司经理伍伏中 1998 年初调任此职，在短短一年多时间里，就从根本上改变了柳钢销售工作的被动局面。他首先改变了过去双休日无人接待客户、一年 1/3 时间做不了买卖的旧习惯，提出“365 天，天天为客户服务”，并身先士卒。在实践中，大家都尝到了甜头，客户多了，买卖做大了。伍伏中对下属的严是有名的，但严得一视同仁。一次，有位销售站的站长结婚时借用了客户的汽车。他查实后，尽管这位站长平素的业绩不错，还是将他降级为一般业务员。有人向他说情，他说：“今天他动用客户的车而不受处理，明天他就敢动用客户的钱”，维持了原决定。这件事，不仅对员工们震动很大，而且在客户中为柳钢的营销工作树立了很好的形象。他不仅对下严，自律更严，他外出到地区公司检查工作，除了在南宁分公司吃了一顿稀饭、馒头外，从不花下面分公司的钱。他说："你要用他 1 元钱，他就敢向你报销 100 元"。他不喝酒、不抽烟、不跳舞、不打牌，很少应酬，但他的客户、特别是稳定的大客户却越来越多。这凭的是对客户的真诚服务，真情相待，相互关系是建立在诚信的关系上。他常说，顾客老远来柳钢，不是来喝酒的。我们的责任是要在购销业务上使客户满意而归，而不能在让客户酒足饭饱上去动什么脑筋。在他率先垂范的影响下，经销公司领导班子都能以身作则，在职工中树立了很高的威望。这几年，在我同企业的接触中，看到这样的领导干部越来越多。有了这样一批领导干部，何愁带不出一支好队伍。

当前，钢铁行业规模扩张的势头很猛，钢材市场的竞争将会更趋激烈，企业营销队伍肩负的责任重大。衷心祝愿营销工作能更上一层楼，在取得更好的营销业绩的同时，培育出更多更优秀的营销人才，创造更多更好的新经验，为钢铁工业的发展作出新的贡献。

把企业办成学习型组织[1]

早在20世纪70年代初，联合国教科文组织就提出了“向学习化社会前进”的方向。其后，美国、日本、新加坡等一些国家先后提出了建立学习型社会和学习型政府的战略目标。我国的上海、北京等城市也都提出了要建立学习型城市。在企业里，美国排名前25家企业中有80%按照学习型组织模式改造自己，世界排名前100家企业已有40%按学习型组织模式进行彻底改造。在我国冶金企业里，宝钢、首钢、武钢、马钢、莱钢等一批企业都以各种形式正在向学习型组织的目标迈进，并且已经取得初步成效。

创建学习型组织，这是社会发展提出的必然要求。随着从农业经济时代向工业经济时代、以致当前的知识经济时代迈进，对知识的要求越来越高。如果说，在农业经济时代，一个人只要接受七八年的教育，就可以应付往后工作的需要；那么，在工业经济时代，就要增加到十六七年的教育；到知识经济时代，面临所谓“知识爆炸”的新形势，终身教育就成为必然的趋势了。

创建学习型组织，对企业来讲，是生存发展的必然要求。企业要发展，必须在激烈的市场竞争中胜出。而企业的竞争归根结底是人才的竞争。但人才竞争不是静态的，不是单纯地以有多少什么学历的员工为标准的；而是一种动态的竞争。彼得·圣吉在《第五项修炼》中说过一句名言：“企业唯一持久的竞争优势在于比自己的对手学得更快更好”。韦尔奇也说过：“缺乏学习能力，对个人是悲惨的，对组织是致命的”。由此可见，提高员工的学习能力对企业发展的极端重要性。

创建学习型组织，对我国钢铁企业来说，更是当务之急。经过这些年大规模的技术改造，我国已经有一批大型钢铁企业技术装备水平有了明显的提高，有些还达到了世界先进水平，甚至在钢铁界流行这样一句话：“看先进的装备去中国”。但一流装备并没有拿出一流的产品，要把“看先进的装备去中国”变成“看先进的产品去中国”，关键是要有一支一流的员工队伍。通过建立学习型组织，就可以较好地实现这一目标。

建立学习型组织，不是简单意义上的加强职工培训问题，而是要使企业从上到下，全体员工都要树立终身学习的理念，并且通过建立多渠道的学习系统，使人人都来参加学习，形成工作学习化和学习工作化的浓厚氛围。要从初期的以强制性学习为主转到自觉性学习；从一次性学习转向终身学习；从部分员工的学习转向全员学习；从知识补充型学习转向能力型学习。其最终目的不仅仅是增加一些知识和业务技能，更主要的是要引导职工为了实现组织的共同愿景，完成共同的使命，不断增长其学习能力和持续创新能力。因为，“学习能力的高低才能判断一个人未来发展的潜质”。而且，只有通过不断创新，才能挖掘广大员工的潜能，进而发挥企业的潜力。

现在，不少企业在建立学习型组织过程中，都创造了一些好经验，像莱钢炼钢厂按照

[1] 原载于2003年第3期《冶金经济与管理》。

《第五项修炼》的思路，通过改善心智模式，建立共同愿景，加强团队学习，倡导自我超越，进行系统思考，使过去在行业中处于中等地位的厂子在短短一年多时间内跃居为行业先进单位；“青蛙现象、蝴蝶效应、链条原理、支点效应、不归罪于外”等理念已深入人心，不仅使炉龄等一些主要技术经济指标连创行业新纪录，而且还培育了一代新人。宝钢股份举办的作业长综合研修班，实施 4 + 1 培训模式，即在 4 个月内，进行管理新概念、技术创新思维、技能拓宽、前沿技术等 4 个单元的研修和结业前交出 1 篇论文，使员工素质的提高有了一个飞跃。武钢等企业开展“智能型班组”活动，把创建学习型组织的活动落实到最基层。有些企业还结合学习《致加西亚的信》，把敬业、忠诚、百折不挠等精神灌输到日常工作中去。在学习方式上，除送外培训，以及公司内部自行培训外，很多基层单位还开展了“官教官”、“兵教兵”等活动，像武钢二炼钢创造的“岗位点球滚动练兵法”，武钢公司机关的部级干部谭丽丽把搞好工作和带好队伍紧密结合起来，工作岗位调到哪里，就在哪里带出一批业务精、作风好的队伍来；韶钢二轧厂坚持采用多种形式自我培训中层干部，水钢二轧厂举办“管理论坛”等，都取得很好的效果。

愿我们有更多的企业加入到创建学习型组织的行列中来，为建设钢铁强国作出应有的贡献！

积极探索创新规律　推动创新深入开展❶

在当今时代，一切都离不了创新。时代靠创新而前进，科学靠创新而进步，企业靠创新而发展。离开创新，就意味着停滞，意味着落后，甚至意味着消亡。这已为无数的事实所证明。对我国来说，要从发展中国家进入发达国家，从“大国”转化为“强国”，需要创新；从落实“三个代表”，真正代表先进生产力和先进文化，需要创新；对企业来讲，在日趋激烈的国内外激烈竞争中，要生存，要发展，更离不了创新。世界各国的领袖人物以及国际知名的企业家对此都有不少论述，大家也都已耳熟能详。实践中创新推动发展的事迹也层出不穷，发人深省。但是，尽管从理论上来说，从大的历史走向来说，创新是世界潮流，浩浩荡荡，顺之者昌，逆之者亡；但在实际工作中，创新毕竟是在同旧的习惯思维模式、旧的习惯势力包围下的一种新突破，它甚至会触犯某些群体的既得利益而遇到强大的压力。因此，创新的艰难应该是题中应有之义。

对中国来说，创新的难度就更大。首先，中国几千年的历史并不是一部鼓励创新的历史。长期以来，在中国占统治地位的指导思想是继承传统，所谓“天不变，道亦不变”，宋明以后更甚。儒家学说扼杀创新，科举制度摧残创新，学校教育误导创新。尽管我国历史上有不少可以引以为豪的自然科学方面的创造发明，但写出《中国科学技术史》这部煌煌巨著的却是英国人李约瑟。这也从一个侧面反映出长期以来创新之不受重视。

新中国成立后，尽管在各方面取得了巨大成就，在社会主义建设中涌现了很多鼓舞人心的新事物。但是，长期处在计划经济时期，在短缺经济状态下，企业既缺乏创新的压力，也缺乏创新的动力。改革开放以来，我国经济发展之快，进步之大，前所未有。钢铁、煤炭、水泥、家电等诸多行业产量跃居世界首位，但薄弱环节还在创新，各行各业很少有自己的关键性的自主知识产权。以钢铁工业为例，先后引进的工艺技术装备，其数量之大，代价之高，也是举世无双。同日本相比，人家是引进—消化吸收—改革创新—技术输出；我们总体上是引进—引进—再引进。虽然，近几年在这方面有所进步，但并没有突破性的进展。对比我们的东邻韩国，在 20 世纪 70 年代初才开始发展钢铁工业和汽车工业，比我们要晚 20 年，但他们进步之快，很多方面远远超过我们，其中关键的一条，就是重视创新。浦项创业之初，就提出“资源有限，创意无限”，他们在实践中确实是很好地贯彻了这一理念的。

因此，认真总结创新的经验，研究失败的教训，探索创新的规律，推动创新的前进，就成为当前企业界的一个重大课题。

一、创新要抓住牛鼻子，首先就是要实现观念的转变

无论是体制创新、科技创新、管理创新，都离不开观念创新。很难设想，在落后、陈

❶ 原载于 2004 年第 6 期《冶金管理》。

旧的观念影响下，能够开创出一个新局面。对企业来讲，要创新，首先在观念上要解决3个问题：一是“要不要”创新；二是“敢不敢”创新；三是“会不会”创新。

首先，要从理论和实践结合的高度来充分认识创新的重要意义。党的十六大报告中指出：“创新是一个民族进步的灵魂，是一个国家兴旺发达的不竭动力，也是一个政党永葆生机的源泉。”这一精辟的总结和概括对任何企业来讲，也是同样适用的，创新也是企业发展的“灵魂”、“动力”、“源泉”。通览国内外有影响的知名企业几乎无一不是创新的典范，世界500强之所以强，重要原因就在于他们能够根据形势的变化，不断创新。据资料介绍，70%的创新成果在世界500强，可见没有创新，就没有世界500强的地位。美国《财富》杂志分析全球最有竞争力的企业，介绍全球最受赞赏公司排行榜的根据，“第一是创新，第二是创新，第三还是创新。”因此，一个企业如果要在激烈的市场竞争中占有一席之地；要在历史的长河中留下闪光的踪迹，就必须把创新放在突出的位置。

对企业领导来讲，要带领员工走创新之路，首先自己就要转变、克服、肃清种种影响创新的思想观念和精神状态，破除浮躁的心态，急功近利的精神状态，以及短期行为的思想。一些企业的领导在日子好过时，想不到创新；日子难过时，则顾不得创新；结果大好时机就在蹉跎岁月中流逝；有的企业领导只求当前自己的业绩，没有一个远景的追求，自然就不会在意创新；有的对创新抱有不切实际的想法，只许成功，不准失败。而创新既意味着可攀越新高峰，也意味着承担一定的风险，承受一定的压力。因此，创新首先要在思想上有个突破，否定昨日之自我，超越自我。思想上不跳出旧框框，行动上就不可能迈出新步伐。

其次是“敢不敢”创新的问题。这实质上是一个敢不敢“挑战自我”、“超越自我”的问题。要破除对创新的神秘感。首先提出创新概念的奥地利经济学家熊彼得认为，绝大多数的创新都是现存知识按照新的方式的组合，他甚至把创新与新组合视为同义词。实际上，世界上的创新大体可以分为两类，一类是“无中生有”，这种创新，往往具有重大意义，但毕竟是少数；另一类也是世界上绝大多数的创造发明，则是“有中生有”，“有中生新”、“有中更好”，是对原有事物进行变革、改造，综合提升，要素重新组合。因此，我们要破除自卑心态，不要认为创新是专家的事，是聪明人的事。国外有句话：“专家——25平方英尺”，意思是在你所在的近3平方米的岗位上，你就是专家；至于人们的智商，既有先天因素，也有后天的培养和锤炼，不是聪明人才能创新；而是创新的实践使人更聪明。

第三是“会不会”创新的问题。这既是一个工作方法问题，也是一个思维方式的问题。近几年，峨眉铁合金公司的发展和进步就很好地说明了这一点。峨铁的总经理谢心敏曾著文谈到“技术创新上所有重大突破首先是观念上的突破，是对传统思维模式的突破”，“一些生产技术工作的难题长期解决不了，表面看是技术问题，但实质上往往是思维方式不对头。”如矿热炉变压器是电炉的关键核心设备，过去部颁规定使用寿命是50年。为了满足规定的要求，也为了回避责任风险，一般都把电炉使用功率严格控制在下限，宁低勿高。如果谁要敢于突破这一限制，就很可能被视为“拼设备”。而私营企业则不然，他们的思维方式是只要有钱赚，哪怕只用5年也行。因此，他们在1999年10月，下决心在一台硅锰电炉上进行试验，当月日均产量就由50吨提高到70吨。2000年推广到8台大中型电炉上，产量大幅度增长，有的翻了一番，成本也随之下降。还有，他们曾根据市场变化，将两台12500千伏安硅铁电炉改造为硅锰电炉，投产后连续两年生产极不正常，消耗、成本高得惊人，设备事故频繁。虽从领导班子、原料、工艺技术等方面分析原因，采取措施，但都无济于事。最终判定问题不在生产方面，而是出在供电电压偏高、操作电压可调节范围不适应冶炼工艺的要求上。于是，电气人员作了改进，解决了问题。这项技术不仅获得了四川省科技进步二等奖，还获得了国家专利。以后又对该厂的5台老式电炉变压器都进行了改造，取得了很好成效。这事使他们深刻认识到机电冶结合系统思维的重要性。按照传统的分工，电气部门只负责安全地把电送入炉内，冶炼人员主要考虑工艺问题，而在两者的接合部，即供电制度如何适应冶炼要求则是薄弱环节，结果问题就出在这儿。这些事例，雄辩地说明了"会不会"创新的问题根本上还是同思维方法分不开的。

二、建立有利于创新的机制

观念转变是前提，是先导。但观念转变还必须落实到相应机制的建立上；而这些机制的建立也必须有利于巩固、深化、扩展观念的创新；有利于创新进程的顺利实施，有利于创新成果的落实和推广，有利于调动各方面的积极性，群策群力搞创新。

首先要建立有利于推动创新的激励机制。这一机制，一是要跳出原有的框框，鼓励创新。现在有的单位，一方面在鼓励创新，但其评价系统和考核体系却是在鼓励走老路。比如，一些企业新品开发之所以成效不显，一个重要原因就是在考核系数上重产品数量，老产品的增产毕竟轻车熟路。因此，即使也下达了新品开发的指标，但在利益驱动下，一些基层单位宁可舍新品来保产量。这样做，尽管近期可能有所得益，但这往往会牺牲企业的中长期利益。因此，要围绕创新所要实现的战略目标，审核修订现有的评价和考核体系，以免出现南辕北辙的现象。二是既要重视创意，更要重视创新活动所带来的实效，使创意变成实现经济效益的实践。奖励创意，是激励员工人人都来进行创造性的思维，跳出创新只是研发等专业部门职责的框框，但更重要的是引导人们将脑中的构想通过实践变成具体的效益。这种小改小革的积累往往会成为创一流的前提。三是要重赏创新成功的人，但是不能罚创新不成功的人，要罚的是那些不思创新的人。像以创新闻名世界的美国3M公司为了激励科研人员热衷创新，消除创新失败带来的负面影响，不仅经常给大家鼓气，讲明失败是通向成功的必由之路，保证不追究创新失败的事和人，甚至设立"创新失败奖"，对失败了的人也给予适当的鼓励奖；有的企业则设立"优秀尝试基金"。当一名或几名员工全力以赴努力做一个项目，但出于某种原因没有做成，给以优秀尝试奖，让他们继续努力。当然，对有创新成果的员工，还要重视知识产权的保护。

其次，要建立起一种有利于创新的组织机制。任何一个组织的建立，都有其客观的需要和特定的背景，有其自身的秩序和规则。否则，组织为之存在的使命就不可能完成。因此，组织都具有必要的稳定性，而创新在某种意义上说，是一种破坏稳定的力量。我们既不能使现有的组织机制束缚创新活动的开展，也不能由于创新而使组织经常处于不稳定状态。在一般情况下，首先是要在现有组织结构内强化其创新功能，并根据具体情况，进行适当的调整，使各种创新活动基本上能在现有的组织内有效地开展起来。特别是要充分运用现有组织，配置好各种资源，以有利于创新的开展。另一种情况是，在保持现有组织的同时，按照创新内容的不同要求，打破部门、单位和专业界限，建立相应的虚拟组织，完成这一任务后，虚拟组织自行解散。当现有的组织机构很不适应企业的发展时，需要对现有的组织进行彻底的改造，也就是说，要进行组织结构自身的创新，像现在一些企业正在进行的流程改造。张瑞敏就说过：对国内来说，创新第一位是组织结构的创新。如果你的组织结构束缚了企业中最活跃的因素——人，那么，其他一切创新都谈不上。

第三，要建立团队合作的机制。对企业来说，重大的创新往往不是一个部门所能完成的，需要形成一条链，发挥这一链条中各个环节的作用。联想研究院院长贺志强一直强调研究开发只是技术和产品成功的一个环节，一个创新的技术要真正获得市场意义的成功和用户的认可，研发只占到了30%以下，而生产、市场、销售、质控和服务这些环节通过管理形成一个成功的链接关系才能保证其真正的成功。在冶金系统，宝钢就较好地形成了两条这样的链条。一条是“产销研一体化”，围绕企业急需解决的重大技术问题，深入开展多种形式的产销研合作，及时有效地协调解决市场营销部门和研发部门之间的矛盾。另一条是“研究、设计、工程、产业化”。通过加强宝钢研究院、宝钢工程技术公司、宝信软件公司之间的横向合作，以市场实现程度作为创新成功与否的最终标准。

三、营造有利于创新的氛围

创新是从事前人未曾做过的事（至少在本单位是如此），必然会遇到很多新的问题和困难，也会出现不少失误，因此，要使创新成功，需要取得各方面的支持和理解。要形成一种文化氛围。为什么哈佛、普林斯顿大学、贝尔实验室等高等院校和科研单位能不断涌现诺贝尔奖金获得者，为什么硅谷、美国GE公司、3M公司等能够层出不穷地推出新的成果，一个很重要的原因就是它们已经形成了有利于创新的种子茁壮成长的肥沃土壤。

首先是要形成一种宽容的氛围。“鼓励创新、宽容失败；鼓励思考，宽容失言；鼓励实践，宽容失误”。可以说，没有这后面3个“宽容”，前面3个“鼓励”也很难落到实处。创新不同于正常的生产，而是一种探索活动，无常规可言。因此，出现失败可以说是题中应有之义，说得更直白一些，不允许失败就不会有创新。比尔·盖茨曾说过，创新的真正秘密是不断失败。在创新过程中，也会出现一些不同于常规的做法，这些做法，有时也会导致失误以致失败，也不要轻率地视之为异端、另类。作为领导者要多一分理解，少一分冷漠；多一分支持，少一分指责。领导者的责任就是要鼓励他们实事求是地总结经验教训，坚定信心，从而使失败真正成为成功之母。要认识到，100%的求同思维，常常让创新之苗过早夭折。

其次是要形成学习的氛围。实践证明，一个创新卓有成效的企业必然是一个重视学习的企业。要努力把企业办成学习型组织，在良好的学习氛围中培植创新的活力。创新需要知识作基础；既要重视有关业务知识的学习，还要尽可能扩大知识面，形成复合型人才。植物嫁接出新品种，知识嫁接出新思路；一专多能不仅仅意味着技能的扩展，更会促进思路的开阔；还要重视思维方式的转变，宝钢作业长培训采取4+1的方式，在4个单位的研修内容中就包括技术创新思维这样一个部分。学习不只是局限于课堂上、书本中；实践是一个更广阔的大学校。人们常说：聪明的人才会创新，这话说对了一半；另一半是在实践中不断重视创新的人，才会越来越聪明。在创新的实践中经历摔打，从大处着眼，小处着手；从易到难，从小到大，不断总结提高，这是最好的学习。像宝钢有“发明大王”之称的运输部员工孔利民已经取得了50项专利，正在向100项努力，就是结合实践不断学习、不断创新的结果。

再是信息共享的氛围。当前，企业创新活动不再是个人单打独斗的时代，员工们需要在开放交流中相互学习，相互借鉴，相互促进，共同提高，这就需要通过建立一定的机制来形成信息共享的氛围。国外和国内一些先进企业已经实施知识管理，设立首席信息官，促进员工重视知识的提高和共享。我国钢铁企业在这方面还有差距，需要创造条件，迎头赶上。要随着企业信息化建设的深入和组织结构的扁平化，有意识地强化信息共享的机制和氛围。近几年，宝钢下属的热轧厂等一些单位成立了“发明创新协会”，90%的会员是一线操作维护人员，协会围绕创新活动，开展经验交流，举办多项培训，督促和跟进会员创新项目的具体落实，也促进了成员间的信息共享，取得了很好的效果。像热轧厂的“创新协会”，成立3年多来，会员创新成果连年递增，到2003年年初为止，20位会员共计总结专利42项，申报技术秘密16项，归纳先进操作法6项，推出合理化建议485条。

四、掌握创新的方法　寻求创新的灵感

有人认为，创新需要灵感。灵感来自哪里？不是来自虚无缥缈的幻想，而是来自对某些事物日思夜想的执着思考和追求，一旦受到某件事情或某种观念的启发，会突然迸发崭新的思路。因此，创新就要从正视现实，找出问题开始。

（1）创新的灵感首先来自市场。在市场经济条件下，企业的产品和服务都要获取市场的认同和青睐才能为企业带来经济效益。因此，创新必须面对市场，从市场对现有产品和服务的不满意处找创新的课题，从潜在客户的需求上找创新的课题，甚至还可从客户对兄弟企业的评价中找创新的课题。有家特钢企业，它生产的某些品种，在质量上位居行业前列，但交货期长；另一家企业，就是抓住对手的这一弱点，在缩短交货期、提高合同履约率上下工夫，扩大了这些产品的市场占有率。又如，比萨饼的午餐一度是必胜客面临的最大营销问题。因为一个比萨饼的烤制需要20分钟，而大部分人时吃午餐不愿意等那么久，这样就无法与麦当劳竞争。后来，必胜客开发了一项铁盘比萨，可在5分钟解决问题，迅速占领了市场。这就是从消费者不满意处找创意。

（2）从现场中的问题找课题。这个现场，不仅指狭义的生产现场，也包括企业所有工作岗位。流程能否再简捷一些、顺畅一些；效率能否再提高一些；成本能否再降低一些；故障能否再减少一些。这就需要人人都来做有心人，对存在的问题不要熟视无睹，对问题的敏感性也是创新的前提条件之一，宝钢设备部提出的“找差文化”，从兄弟单位的对比中，与竞争者的对比中，确定自己的创新重点。还要重视基础数据的积累和分析，从中找出真正的问题症结所在。比如，南（京）钢高线厂有两种比较频繁的故障，但每次处理时间都不长，因此一直没有受到应有的重视。通过建立故障延误体系，对故障延误时间进行排位后，发现这两者月故障时间都位列第一、第二。这就引起了高度重视，把这两个问题列为改造、创新的重点。结果花钱不多，解决了问题，加快了生产节奏，使机时产量有了明显的提高。

（3）从自己的兴趣中找课题。在目前我国冶金企业中，这种情况并不多；而且这也不应该成为创新的主流。但是，我们也不要排斥这一条。2001年12月，在纪念诺贝尔奖100周年之际，《北京青年报》派出记者，到国外采访了30位诺贝尔奖的获得者，其中有一半以上都认为自己的成就要归功于“兴趣”。美国著名的3M公司原先只是一家生产纸张和粘胶的小公司，现在已经发展成为拥有制造压敏粘胶、无纺材料、陶瓷和磁性材料等

好多种核心技术的跨国公司，先后开发出6万多种创新产品。其中，相当一部分新品开发，得益于他们制订并严格执行的“15%时间定律”，即允许科研人员有15%的上班时间由自己自由掌握，以便他们从事自己感兴趣的而公司尚未立项的科目研究；对有好的建议和课题的科研人员还可获得5万美元的“创新补助金”，以用于把他的设想付诸实现。

（4）还要善于从外部吸取创意。创新需要开放的心态。从外部吸取创意，一是直接吸取其他单位的好思路，像百事公司靠外来的好点子带来了20亿~30亿美元的创新成果。当然，这要注意避免侵犯他人的知识产权。二是可以通过产学研或企业与企业之间的合作方式，使有关各方得以主动地分享创意、技术和其他能力，加快一些重大创新成果的实现。三是实施创新市场化策略。现在国外有些跨国公司，发现最好的点子并不总是出自自己公司的研发实验室。于是他们改变创新策略，将创新市场化看成是一种获得竞争优势的新的重要源泉，利用市场的力量，搞好创新的资源配置。也就是善于利用他人的力量，把力量集中用于自己的优势项目上，实现“双赢”。当然，实施这一策略，同市场的发育程度有关，同市场的诚信程度有关，还同不同行业有关。有条件的企业可以一试。

关于钢铁工业规模扩张的几点思考[1]

2003年，中国钢产量以2.2234亿吨破天荒的纪录在世界钢铁史上写下了可圈可点的浓重的一笔。还记得在1989年，小平同志曾讲过："钢要到一亿到一亿二千万吨才够用。"当时冶金工业部戚元靖部长在学习小平同志讲话精神时，曾不断推敲小平同志指的是哪一时间段？是指中国钢的最高产量，还是到20世纪末？最后将其定位在"九五"末期。虽然，2000年中国钢产量达到了1.285亿吨，但当时有关部门还在大张旗鼓地对钢铁行业进行限产，谁都不会想到3年之后钢产量竟然会超越2亿吨的高峰。

在1996年我国钢产量突破一亿吨时，包括《人民日报》在内的一些报刊纷纷发表评论，赞颂"亿吨钢铁壮国威"，"圆了几代人的梦"，"年产亿吨，世界第一，其功巨矣，其业伟哉"，等等。同时，也有一些文章对一亿吨钢提出了一些质疑：怀疑一亿吨钢是不是搞多了；担心会不会追求了数量，影响了质量、品种；更关心为什么产量上去了，效益下来了。这些对钢铁战线的员工来说，既是鼓励，也是鞭策。当时，我曾写过一组文章："一亿吨钢：历史性的突破"、"如何看待钢产量突破一亿吨"、"一亿吨钢：经验与启示"、"一亿吨钢：新的起点、新的挑战、新的思路"。文中尽管我提到："根据市场的需求，钢材还是会有适度增长的"，但我不赞同那些认为"我国在不远的将来，钢的需求量将达到2亿~2.6亿吨"的预测。事实证明，我的判断错了，没有能够跟上形势的发展。现在，仅仅过了7年，我国钢产量又从1亿吨登上了2亿吨的高平台，而且还在向新的平台攀登。因此，在跨入2亿吨的门槛后，我们也应该进行一番冷静的思考，总结经验，修正缺点，以利再战。

一、满腔热忱地肯定产销2亿吨钢的巨大成就

年产2亿吨钢，不仅在世界钢铁工业发展史上是前所未有的，而且其增长幅度也是前无古人的。2003年钢产量较上年增长4065万吨，超过了1983年的全年产量（4002万吨），更值得注意的是，这一高速增长是在前两年分别增长2253万吨、3122万吨的基础上持续增长的，三年来钢的产量平均年增长竟高达3000多万吨，这从盘古开天辟地以来，哪一个国家都没有过的。世界钢铁发展史上，以日本1969年钢产量的增幅最大，也只不过较上年增长近1600万吨，而且是三年内升升降降。特别需要指出的是，我国这种高速增长是在结构有所调整、质量总体上逐步提升、品种满足率有较大提高、包括能源在内的各种资源消耗稳步下降、环境不断得到改善、劳动生产率明显提升的情况下取得的（当然，这不等于在这些方面没有问题）。对这些成绩，我们要满腔热情地予以肯定，以鼓舞士气，要看到这不仅是钢铁战线数以百万计的广大员工几代人共同奋斗的巨大成果，更是中央改革开放方针的伟大胜利，是各行各业相互配合、支持所取得的共同的胜利果实。有

[1] 原载于2004年第10期《冶金经济内参》。

人认为，2 亿多吨钢，是不是多了？是多了，还是少了，还得由市场说话。接近 100% 的产销率，以及连年进口钢材的居高不下，雄辩地证明了市场的强劲需求。如果没有这样的快速增长，能够支撑国民经济的快速发展吗？而且中国钢材的进口量恐怕就不是现在的 3000 多万吨，而是要成倍上升了。

这些事实，充分说明了当前中国钢铁工业的高速发展，并不是钢铁行业自身主观意志的推动，而是客观经济发展的拉动。对这一新形势，我们要有足够的估计。就我个人体会，主要有这样 3 点：一是我国的现代化进程是在尚未完成工业化的情况下实施的，工业化与现代化同时并举，因此必然要加快工业化的进程，这就需要大量的钢材作支撑；二是我国城镇化进程的加快。我国是一个占有 960 多万平方千米陆地面积、拥有 13 亿人口的大国，其中农民人口又占 70%。在这样一个人口众多、土地广袤大国中，城镇化程度的提高，同样意味着钢材需求量的增长；三是在全球经济一体化加速进行的情况下，中国由于其特殊处境，已成为世界制造业的重要基地，而制造业是大量消耗钢铁的。因此，尽管中国钢铁工业数量已位居世界第一，但依然存在一定的发展空间。这说明中国的发展必然有其不同于以往钢铁大国的规律，简单地套用外国的经验是不成的。

中国在短期内钢产量如此急速地增长，在数量上攀登了世界历史上未有的高峰。这也有力地说明了我国国民经济在改革开放以来，经济实力有了极大的提高；说明了钢铁工业自身实力的极大增强。且不说 20 世纪 70 年代前期的“三打两千六”的沉痛经历，就是在 20 世纪 90 年代，“八五”、“九五”期间，钢产量平均年增长均为 600 多万吨；而进入“十五”以来，年增长量竟比前 10 年提高了 4 倍多。过去，即使是大型钢铁企业要每年增长几十万吨钢，也十分不易；现在，一个百万吨级的钢铁企业不用两三年就可以相当轻松地实现翻番。面对这些巨大变化，我们应该真心诚意地向为此付出巨大辛勤劳动和智慧的钢铁战线全体员工致以深深的敬意，向支持钢铁战线各行各业的职工致以衷心的感谢！

当然，作为这一行业的员工，更应正视自己的不足，不要为已有的成绩而沾沾自喜，更要清醒地看到前进征程上还会有重重艰难险阻，而其中最主要的还是我们自己的自满、懈怠以及观念的僵化和停滞。

二、要警惕当前过度的规模扩张所带来的问题

中国到底需要多少钢？可以研究，可以探讨，这样可以启发思路。但从世界经验来看，这里存在太多的不确定因素，对稍长时期的需求绝难取得一个共识的。甚至可以说，对长期需求的预测，从来就没有一个为多数人认同的数据。往往是经济形势好时，预测的需求量就高些；形势差时，需求量的预测就低些。像 20 世纪 70 年代末期，国际上多个权威机构预测 1990 年世界钢的需求量超过 10 亿吨，2000 年将达到 12 亿吨以上。事实证明是高估了。2000 年时，英国剑桥大学彼得·诺兰教授曾在第二年出版的一本书中，引用了两个钢材预测数据：一是 21 世纪头 10 年，全球钢的最高年产量将达到 8 亿 ~8.50 亿吨；另一处则说：“在 1997 年经济危机之后，1998 ~1999 年的世界钢消费量下降到 6.9 亿吨，预计到 2005 年应恢复到 7.6 亿 ~7.7 亿吨”。这又低估得太多了。事实上 2003 年世界钢产量达到了破天荒的 9.6 亿吨。从美国、日本历年钢铁产量的统计，也可以看出这种预测的不可靠性。

再拿我国来说，从 1989 年到 2001 年，按可比价格计算，年均增长 9.3%。但是，前

几年钢材需求不仅没有大幅增长，而且还出现了所谓“理智性限产”的情况。当时，引经据典的说法都是钢的增幅要小于GDP的增幅，但现在GDP的增长速度变化不大，但人们普遍的观点却是钢材需求增长幅度要大大高于GDP的增长。几年前，有谁能预测到去年钢产量就要突破2亿吨呢？即使有人预测到了，又有谁能将这一预测数作为指导发展的依据呢？因此，在当前经济形势大好、钢材供需又出现卖方市场的情况下，必须保持清醒的头脑。从中国经济发展的趋势来看，对钢材的需求肯定还会有一定的发展空间，但能否持续以3000万吨的幅度增长，需要审慎对待。千万不可把这几年钢产量的急剧增长看作是经济发展的新规律，以为可以长期地、持续地保持这样的势头。这几年，拉动钢铁工业发展最主要的因素还是投资的高速增长，而这种以30%以上增幅递增的情况不可能长久保持下去，特别是钢铁工业固定资产投资去年竟然增长80%以上，这绝非正常情况。“月有阴晴圆缺”，自然界的规律在经济领域也早被证明其正确性。

现在，人们所说的钢铁工业过热现象，并不是指当前钢产量多了，而是担心由于这几年钢的需求量剧增而引发的对钢铁工业的投资热，担心钢的产能扩张过快了，带来的一系列的新问题。国际钢铁协会（IISI）前些日子就指出：中国钢铁投资过热，有极大的潜在风险。虽然，在目前市场需求旺盛前提下，还没有出现严重的供给过剩问题，但如在建产能持续扩充，一旦市场发生较大变化，供过于求势必出现，甚至引发骨牌效应，爆发产业性危机。中钢协去年在大量调查研究的基础上编写的《钢材市场需求预测及钢铁工业发展战略的若干建议》（以下简称《建议》）中，也已经以大量的、有说服力的数据提出了这一问题。他们通过多种途径，得出的结论是：到2005年，中国粗钢的生产能力是3.3亿吨，要比预测的市场需求高出6700万吨。这已经是留有余地的结论，就我所接触到的企业情况看，还有相当一些企业规划中的规模要比《建议》里列举的大，还有一批已经在具体运作中的新建民营企业根本就没有列入《建议》的调查数据中。

但是，前一阵，有的文章以当前钢产量的供需大体平衡来否定规模扩张的事实，不恰当地强调市场需求还有很大的空间，甚至有意无意压低目前实际已经增长的产能，对人们善意提醒要注意钢铁工业“盲目发展”、要防止发生“大办钢铁”的趋势的言论则很不以为然；有人甚至认为，如果中央采纳了这些意见（指要防止钢铁工业盲目追求数量增长），其后果将不堪设想。我们不怀疑这些同志要求快速增长的愿望是好的，但我们更要深刻理解中央强调指出的“全面、协调、可持续”的科学发展观，并在实际工作中切实予以贯彻。否则，如果片面追求“快速”，其结果必然是欲速则不达。现在，国务院办公厅转发国家发改委等6个部门《关于制止钢铁行业盲目投资的若干意见》，要求近期内对已建、在建、拟建钢铁项目进行一次认真的清理，这对当前钢铁行业的盲目扩张的无序状态必将起到有力的抑制作用。可以肯定地说，如果不是这次中央决定清理，继续听任其自行发展，到2005年，建成的能力一定会远远大于3.3亿吨。一旦这些产能都释放出来，就必然会形成严重的供需失衡。而且，可以肯定，由于铁矿石资源、水资源以及其他能源和运输条件的严重制约，要么一部分在建能力通过清理急速刹车（这必然也会形成相当一部分的损失），要么到时成为无米之炊，有相当一部分能力放空，大量的投入却得不到应有的产出。对这种情况，也有同志认为，市场经济情况下，某些产品供大于求是正常现象，有利于市场竞争。但凡事都有一定的“度”，超过了这个“度”，事情就会走向反面。

这些年，不少钢铁企业对需求数量的增长，反应相当敏感，规模扩张的步子很快。但要看到，对一个产业来讲，数量的增长总是有极限的。我接触到的很多国企老总们，对此也都心明如镜。但往往是迫于形势：人家在大规模扩张，自己还是守在原位，怕对竞争不利。这里还存在对规模经济的片面理解。一般来说，规模大的企业有小企业无法比拟的优势；而且随着科学技术的进步，其合理的经济规模也在变化。因此，现在不少企业、特别是一些中小企业规模都在翻番，几十万吨的增长到100万吨，100万吨的扩大到200万吨，这是可以理解的。但是，重视规模经济，绝不意味着规模越大越好；而且对一个企业来说，规模的扩大也是有尽头的，而结构的优化和提升则是无穷期的。何况，当前我国名副其实的钢铁大国之所以还没能成为钢铁强国，问题也恰恰出在品种结构和产品质量的提升上。

应该说，近几年以宝钢为代表的我国一批特大型钢铁企业并没有追逐于规模的扩张上，而是把工夫下在结构的调整、品质的改善、能耗的下降、环境的治理等方面；但更多的企业，特别是相当一批民营企业却还是简单地追求规模的扩张，这就导致了近期内某些品种产能的增长将大大超过实际需求，导致市场的无序竞争。这种历史教训对大部分钢铁企业来说，还是记忆犹新的。我们总不能老是在同样的问题上不断“付学费”吧。还要看到，规模的扩大，并不一定依靠新建或扩建，像钢产量居世界第一位的、达到4000多万吨的阿赛洛这样的巨型钢铁企业，其规模的扩大主要是靠对现有企业的整合重组。这应该也是我们的方向。而且，即使是一些规模不大的企业，同样可以获得很好的经济效益，德国巴登钢厂的钢产量也就是200万吨左右，但却是世界著名的“高效率工厂”，吸引着世界各地的许多企业前去学习。国内的石钢、新兴铸管、邢钢也是规模不大、但很有特色，效益也好，他们的经验也值得借鉴。

三、在清理项目时，要吸取前几年对钢铁限产的教训，真正让好心办成好事

在国家发改委等6部门发出的《关于制止钢铁行业盲目投资的若干意见》（以下简称《意见》）中指出：“近几年来，我国钢铁工业出现了盲目投资、低水平扩张的现象。一些地方不顾市场及外部条件，以各种名义大规模新建炼钢炼铁项目，并低价出让、未征先用土地，给企业各种不合理的优惠政策和减免税收，还有一些地方以外商投资鼓励类名义，违规审批炼钢、炼铁项目，造成钢铁工业出现生产能力过剩，铁矿资源不足，布局不合理，结构性矛盾突出等问题。”《意见》要求近期内对已建、在建、拟建的钢铁项目进行一次认真清理。这确实是非常必要的。

但也许是经验主义作怪的缘故，我对这一文件的执行前景，却有一番担心。想当初，钢铁限产的劲头不可谓不大、力度不可谓不强，一度国家冶金局中心任务就是检查、督促企业限产，局机关干部几乎是倾巢出动到各地去抓限产。但是，由于限产“效果”不理想，国家经贸委主要领导还对当时的国家冶金局局长进行了严厉批评。对当时这种单纯依靠行政手段抓限产的做法，我曾著文表示担忧，担心这样限产的结果将会是“限大放小，限内放外”：就是大企业的钢产量被限制住了，而不少中小企业却乘机而上；限制了国内钢铁企业的产量，却使进口钢材的数量猛增。实际的进程正是如此。当时，宝钢、鞍钢、武钢、首钢等大型钢铁企业规规矩矩地按有关部门指令进行限产，但一些中小企业、特别是民营企业则是我行我素，你下我上。2002年初，我去山西某民营钢铁企业时，该公司的总经理对我说，他们就是抓住国家对钢铁工业限产的大好时机，上了新的钢铁项目。2001

年，1000 立方米级的高炉和 80 吨转炉投产，正在进行第二座高炉和转炉的建设。去年，这家企业的钢产量已经突破 200 万吨，目前正在进一步扩大规模。

因此，对这次清理，究竟有什么措施能保证其成功？真正把该清理的清理掉，把该上马的有利于结构调整和提升我国钢铁工业水平的项目抓紧搞上去。这里关键在于各级地方政府和有关部门能否真正配合，上次限产的失败同一些地方政府的配合不够有密切的关系。往往由于"政绩"的需要、利益的驱动，相当多的地方还是热衷于"上有政策，下有对策"。可以毫不夸张地说，现在要清理的项目，都是有政府部门批准的，尽管这些批准的单位是越了权。现在一些项目已经建成；另有一批也已经是半拉子工程了，有的一个项目已经投入了几十亿元的资金，虽说是民营企业，实际上主要还是银行的贷款，这个场确实是不大好收。

《意见》要求提高钢铁工业的市场进入门槛，特别是对能源消耗、环保治理都提出了明确的标准，还要求必须对外部矿石、焦炭、水资源和运输条件认真落实。这是完全必要的，因为钢铁工业是能源密集型、资源密集型的行业，事先不安排好这些条件的落实，建成后或者是成为无米之炊，或者是由于资源、能源的争夺，引起市场的无序竞争，严重破坏了市场秩序。目前，由于我国钢铁工业规模的急剧扩张，已经导致世界范围内的铁矿石、废钢短缺，国内铁矿石市场价格不到一年就翻了一番还多，运输费用更是成倍猛涨。只要有矿、有焦，哪怕质量差些，也成为抢手货。因此，一些企业的矿石、焦炭质量下降，以致高炉炉况不顺、技术经济指标下降，这也是为什么自 1978 年以来，我国钢铁行业第一次出现吨钢可比能耗上升的重要原因。

《意见》对今后钢铁投资建设项目规定了最低的进入条件，明确要求不准建设 180 平方米以下的烧结机、1000 立方米以下高炉、100 吨以下转炉。固然，设备大型化对采用新技术、节能降耗、降低成本，有其优势所在。但制定产业政策，也有一个如何更好地贯彻实事求是的方针，因地制宜，不搞"一刀切"的问题。像轧制建筑钢材用 150 方的小方坯，就没有必要配 100 吨的转炉。世界上 100 吨以下的转炉还有一大批，德国巴登钢厂的转炉就不到 100 吨，不是照样成为全球同类钢厂的"样板厂"吗？

当然，这一政策的制订，可能也是想通过提高钢铁工业的进入门槛来限制其无序扩张，主观愿望无疑是好的，关键是实际工作上的可行性。比如，1989 年国务院第一次发布产业政策的时候，就把二辊热叠轧板机列入停止或严格限制基本建设的产业、产品之中，以后又屡屡发文，要淘汰热叠轧薄板、特别是热轧硅钢片的生产。的确，大型钢铁企业按照产业政策的要求，前些年都把这类轧机淘汰了，但对行业而言，这些轧机并没有消失，只是转移个场所而已，基本上全部转到小钢厂去了。现在，热轧硅钢片的产量不仅没有减少，而且随着机械行业电机产量的增长，市场越来越红火。虽然，谁都知道冷轧硅钢片的性能好，电损少，但冷轧硅钢片的供应却长期跟不上来，而且还有一个价格差的问题。在市场的实际需求面前，这样的产业政策往往是苍白无力的。更何况政策不同于法律，过去，计划经济时期，强制性的命令都不起作用，今天在市场经济条件下，单凭政策能管得住吗？这不是说不要产业政策，而是产业政策的制订要更好地切合中国的国情，要有实际的可操作性。否则，还是政策归政策，行动是行动，岂不更影响国家产业政策的严肃性。再说，与其在这些不大具备可操作性的政策上动脑筋，还不如在环保、节能上将一些进入门槛能真正落实下来，以及在取缔地条钢这种危害国计民生的违法行为上来些真招、下些真工夫来得更实际些。

四、怎样看待民营钢铁企业的发展

还要看到，这次钢铁行业新一轮的投资热潮和规模扩张，并不是国有大型钢铁企业带的头。相反，包括宝钢在内的一批特大型国有钢铁企业，还是致力于产品结构的调整升级等内涵式改造。这一轮规模扩张的特点是：民（营）促国（有），小促大，（行业）外促（行业）内。相当一个时期，钢铁行业基本上是微利行业，现在却成了高回报率的行业，而股市等金融市场仍然还不那么景气，利益的驱动吸引了资本的流入，不少行业外的企业、特别是民营企业投资钢铁工业的积极性大为增强，像国内颇有名声的一家高科技企业先后投资新建500万吨规模的大型钢铁企业，兼并了300万吨级以上的老国有企业，而且还在继续谋求对其他钢铁企业新的资产重组机遇。这种情况，在过去是不可设想的。但钢铁工业这种高利润，肯定不可能持久延续下去。一旦情况发生变化，新的利益的驱动会对钢铁工业产生什么样的影响呢?

在2003年2.2亿吨钢产量中，民营企业占了一定的比重。如果包括近期由国有转为民营的南钢、萍钢、川威等企业在内，初步估算，去年民营企业的钢产量已经超过了5500万吨，占全国钢产量20%以上。在这些民营企业中，颇有一些有实力、有影响的企业，比如，江苏的沙钢去年钢产量超过了500万吨，河北的建龙、津西，山西的海鑫等钢产量都超过了200万吨。江苏兴澄特钢，在独立特钢企业中产量位居第一，去年钢产量达到164万吨。而且这些企业的技术装备水平都不低，兴澄、沙钢等企业管理水平在行业里也是有目共睹的。当前，民营钢铁企业的发展势头还在增长。除了众所周知的宁波建龙外，仅我从《中国冶金报》的报道和广告中，就看到已经或即将形成100万吨以上规模的民营钢铁企业有：河北武安的新金、河北东山冶金公司、河北的纵横、河北邢台的德龙；山东的潍坊、墨龙、魏桥；山西的晋宇；广东的恒大、双菱；福建的三安、龙岩；内蒙古包头的大安等，其中有的规模要达到500万吨。这些企业，除了一小部分已列入中钢协编写的《建议》中的第三部分“生产能力调研”表中，大部分都不在2005年3.3亿吨生产能力之中。可见，2005年的实际产能肯定将大于此数。当然，也不排除其中可能存在泡沫成分。

民营企业的大规模兴起，这是一件大好事，说明了我国的“个体、私营等各种形式的非公有制经济”确实已经成为“社会主义市场经济的重要组成部分”，这“对充分调动社会各方面非积极性、加快生产力发展具有重要作用”。因此，我们一定要遵照十六大报告中所指出的那样：“必须毫不动摇地鼓励、支持和引导非公有制经济发展”。近几年，民营企业的快速发展也使人们看到了它们具有很强的生命力。我曾走访过一批民营企业，对它们灵活的机制，精干的机构，高速的效率，以及一些经营者的执着精神，也深为钦佩。我接触的很多国有企业老总们，也都曾到民营企业学习取经，并且在国有企业改革过程中，借鉴了民营企业的长处，为我所用，促己发展。

但是，在当前民营企业发展过程中，也还存在一些值得重视的问题。特别是一些地方政府为了支持民营企业的发展，采取了一些同国有企业不平等的“待遇”，使国有企业在市场竞争中处于严重的不利地位。

（1）在税收方面的不平等待遇。一些地方政府随意减免国家规定的税率和税费；在国有企业综合税率居高不下时，民营企业却享受着另一种意义上的“非国民待遇”。有的年销售额达到100多亿元的民营企业，其总税率只有3%，而作为中国钢铁工业历史最悠久、贡献最大的，因此也是历史包袱最沉重的鞍钢，至今其综合税率还高达10%以上。

（2）在建设征地方面，同样存在不平等待遇。有的民营企业可以极低的费用、甚至以几乎“零地价”购得成片土地，然后以土地证向银行抵押贷款。在国有企业需要通过层层审批时，他们可以通过当地政府的大力“协助”，轻易地把项目搞上去。然后，再以“空手套白狼”的手腕，用承建单位的资金做到建设“正负零”，用制造单位的资金先把设备做起来。

（3）在执行《劳动法》的问题上，有的民营企业可以公然无视国家这一部大法。他们在挖国有企业人才时，是舍得花大钱，相当大方的；但是很多民营企业对众多工人，基本上是三班三运转，没有节假日，只有等到设备检修时，才能休息几天。有的企业甚至是两班两运转，每天12个小时。至于像医疗保险等“三金”这种社会保障制度，除了对招聘来的技术人员和管理干部外，一般工人根本是无缘的。这就不难理解为什么民营企业在成本竞争方面有其极大优势了。

（4）在争夺人才方面，矛盾更为突出。民营企业这样的快速发展，人才短缺就成为其突出的矛盾。于是，这些企业都采取高价聘请以及各种优厚待遇来挖国企人才，国企成了民企的人才库。人才流动，促使企业领导更加重视和发挥人才的作用，也使得各类人才得以更好地体现其自身的价值。但人才的无序竞争也给一些国有企业带来了破坏性的损害。资本主义国家经过多少年的磨合，在挖掘人才方面已经形成了一套比较规范的守则，他们的猎头公司都会按规则办事，同业间的“竞业禁止”，已成为必须共同遵守的法则，所以才会出现为了要挖一个人才，竟然把这家企业买了下来的情况。但目前一些民企的做法，是凭借不正当竞争，来削弱国企人才资源。这需要加紧制订一些相应的法规，使人才市场的竞争规范化。

更要引起注意的是，在这些“不平等”待遇的背后，往往还存在一些导致腐败的因素。因此，我们要警惕那种以扶植民营经济为由而行以权谋私之实的违法行为的滋长，并采取有效措施进行坚决的抵制和制裁。同时，各级政府都必须全面地贯彻两个“必须毫不动摇”的方针，在“必须毫不动摇地鼓励、支持和引导非公有制经济发展”的同时，不要忘了“必须毫不动摇地巩固和发展公有制经济”；使各种经济成分都能在平等的环境下进行合法的竞争，以求得共同发展。

树立新观念　真正把人力资源作为第一资源[1]

2003年，我国有两次重要会议，引起了人们的普遍关注。先是在5月下旬，中央政治局召开会议专题讨论人才问题，作出了人才资源是第一资源的科学判断，提出了人才强国战略。中央又在12月份召开了全国人才工作会议，胡锦涛同志和温家宝同志都在会上作了重要讲话。这两次会议，都明确无误地传递了一个十分重要的信息：人才问题已经列入中国最高层领导的重要议事日程，人力资源开发问题已成为党和国家事业发展的关键问题。

应该说，近几年，面对国内外市场激烈竞争的严峻态势，冶金企业对人才工作的重视也是与日俱增的。但是，同中央的要求相比，同实际的需要相比，在工作中还存在不少差距，这就需要我们深刻领会中央的有关指示精神，总结自身实践的经验教训，使人力资源开发工作迈上一个新台阶，推动各项工作做得更好。

一、要树立人才资源是第一资源的观点，各级领导都要把人力资源开发工作放在自己的重要日程上来

作为中国最高层的领导，把人才资源提到第一资源这样的高度来对待，这是前所未有的。我们也需要从这个高度出发，来审视、反思自身的工作，发扬优点，改正缺点。

（1）怎样摆正人才的地位。值得我们反思的是：既然人才是第一资源，我们过去把这种资源摆在一个什么位置上？如果请你填写问卷调查，你会把人才问题排在第几位？是资金摆在第一位、技术摆在第一位，还是真正把人才摆在第一位？你会不会像德国的巴登钢铁公司那样，认为“企业的成功80%取决于人，20%取决于设备”；或者像美国的纽柯钢铁公司那样，认为“我们的成功20%来自新技术，80%来自我们公司的企业文化”，而企业文化的最终落脚点还是在人。有个现代童话很能说明微软的人才观：地球将要毁灭，上帝对比尔·盖茨说：“因为你是首富，所以我允许你离开地球到另一个星球去生活，但你只能带走一样东西，那是什么？”比尔说：“我将带走我的公司里最优秀的20个人！”特别是作为企业主要领导，是把人才问题作为自己不容推辞的职责，甚至像美国GE公司前任首席执行官韦尔奇那样，50%的精力用在人的问题上；或者像雀巢公司的CEO那样，每周约十几个员工进餐，以掌握员工的第一手情况；还是简单地把这些事推给人力资源部门？是对现有人才单纯地使用，还是想尽一切办法使这个第一资源不断增值。

（2）如何用好人才资源。人才既然是一种资源，那么我们是怎样用好这种资源的？有的企业强调自己拥有多少人才资源，却不重视如何更好地运用这些资源；有的单位一方面大声疾呼人才短缺、人才流失，但对现有的专业人才却长期不能尽其所能，甚至出现新来的大学生竟然两年还没有落实工作岗位，竞聘上岗的干部试用了两年还没有到位。这些情

---

[1] 原载于2004年第3期《冶金经济与管理》。

况说明了在人才短缺、特别是人才流失的背后往往就潜伏着人才的严重浪费，所谓“在本单位是一只虫，出去就成一条龙”的现象就充分说明了这个问题；更多的单位只是以一些生产经营上的硬指标、诸如各生产工序的技术经济指标、销售额、客户满意度、库存周转率等一个维度来考核评价人才，却不注意评价和培育人员的适应能力、应变能力、学习能力、竞争能力等影响个人以及企业长期发展的另一维度的能力，从而也无从更好地开发这些资源。因此，要建立以“素质能力和工作绩效”并重为导向的人才评价机制，促使人才更快成长。

（3）如何配置人才资源。人才既然是一种资源，就有一个配置问题。由谁配置？怎样配置？总体上讲，要认识到人才不再是计划经济时期那样，属于一个小单位所有，一次分配定终身，而是进入市场化配置的新阶段，人才必然会向更能体现他价值的场所流动。因此，人才流动是很正常的事。我们没必要、也不应该筑起阻止人才流动的大坝，而是要制订政策，改进工作，控制人才流动的流速和流向。当然，如果“流动”成为“流失”，那就要注意上面提到的对人才使用有无不当之处了。

在企业内部，要用好人才，也包括如何搞好人才配置的问题。资源配置的原则就是花最小的代价取得最大的收益。“把合适的人放在合适的岗位上”，这是人才配置的最低要求，但真正做到这两个“合适”，也非易事。日本索尼公司的董事长曾对中层以上管理人员的使用状况进行了调查，发现企业里1/3的人放错了位置，没能人尽其用。关键是要善于识别每个员工的强项和优势所在，把他安放在适合其优势的岗位，使他得以施展其才能。在一个单位里，还有一个群体配置问题。同样的人群，不同的组合可以产生完全不同的作用。强势人才的组合不一定成为最强，相反，甚至可能出现负面的效果。美国有位教授曾经做过这样一个实验，他组织了人员相等的8个团队，人员都经过心理测试，将其中被认为是最聪明和最具商业头脑的人，组成一个“阿波罗”队。结果，在所有团队中，“阿波罗”队是表现最差的。这个实验被重复了25次，“阿波罗”队只赢了3次。相反，由一个强者带领其他中等人才，却取得了很好的成效。可见未能从整体效果进行配置的团队，许多个人的力量一定会被抵消浪费掉；个人的努力未能有效转化为团体的力量。

二、要树立处处都有人才、牢固树立人人都可以成才的观念，正确处理影响人才成长的各种关系

经常听到一些单位的领导人感叹本单位没有人才。是真的没有人才吗？历史的经验值得重视。在《资治通鉴》中，记载了这样一件事：上（指唐太宗李世民）令封德彝举贤，久无所举。上诘之，对曰：“非不尽心，但于今未有奇才耳。”上曰：“君子用人如器，各取所长，古之致治者，岂借才于异代乎？正患已不能知，安可诬一世之人!”唐太宗不愧是个英明君主，他一句话就挑明了，不是没有人才，而是你作为主管，不能识别人才。唐宋八大家的苏轼和王安石尽管政治观点相左，但在对人才问题的观点上则很接近。苏轼说过：“天下未尝无才，患所以求才之道不至。”王安石在《材论》中也明确表示：“天下之患，不患材之不众，患上之人不欲其众；不患士之不欲为，患上之人不使其为也。”（也就是“武大郎开店”现象）因此，当我们抱怨没有人才时，得先问问自己，是没有发现人才，还是没有给人才以成长的土壤？几年前，从水钢内部选不出一个一把手，贵州省领导请求冶金工业部外派一位一把手。但曾几何时，当朱继民同志担任水钢一把手三年之后调

离时，水钢却成长了5位一把手，两位继任水钢的总经理和党委书记，3位被省委调到省内其他大型企业担任一把手。这一鲜明的对比充分说明了不是没有人才，而是缺乏让人才脱颖而出的环境。还有像南钢高线厂，过去总认为本厂员工的素质差，后来他们去德国的巴登钢厂学习时，看到巴登的员工都是一专多能，最多的掌握18个岗位的操作技能，反思自己在员工的成长上究竟做了多少工作，回来后大力加强对员工的培训，不到一年，80%的员工都已具有双岗作业的资格。

罗丹有一句名言："世界上不是缺乏美，而是缺乏发现。"我们可以套用罗丹的话：世界上不是缺乏人才，而是缺乏发现。我们要树立处处都有人才，人人都可以成才的观念，努力去发现人才、选用人才、培育人才，提升人才。这就需要在人才观念上处理好几个关系：

一是学历和能力的关系。不要单纯地以学历的高低来衡量人才。一般来说，学历代表一个人的知识水平、文化素养，要予以足够的重视。我国具有大学学历的比重还远远低于发达国家，需要进一步发展。但要避免从一个极端走向另一个极端，一重视学历，就成了"学历决定一切"，人人都奔高学历，出现很多有文凭、没水平，"真的假文凭、假的真文凭"的怪现象，而真正有真才实学的却因为没有学历而得不到应有的重视。今年春节期间，温家宝总理去医院看望两位经济界的百岁老人，一位是薛暮桥，一位是陈翰笙。薛老是1927年的老党员，"4·12反革命政变"时被捕入狱，蹲了三年半监狱。在此期间，他自学了哲学、政治经济学、研读了自然科学和历史方面的书籍，还掌握了世界语和英语。出狱后，他参加了设在上海的中央研究院社会科学研究所的农村经济调查工作，写了一篇调查报告，日本进步刊物《改造》翻译刊登了这篇文章。陈翰笙当时是该所的副所长。当时担任广西师范专科学校校长的杨东莼要陈翰笙介绍一位"农村经济"的教师，陈老推荐薛老去。薛老说我连中学都没有毕业，怎能到大学里去教书。陈先生说不要紧，我为你假造一个履历：改名薛暮桥，上海劳动大学毕业。我举这个例子，不是提倡搞假文凭，而是不要只盯住文凭，而忽略了实际才能，以致埋没了不少人才。至于微软的比尔·盖茨大学没毕业，英国前首相梅杰同样也不是大学生，这都是尽人皆知的事了。

二是人才的优点和缺点的关系。尽管大家都同意"金无足赤，人无完人"这一观点，但在实际工作中，却往往是求全责备，以偏概全。即使孔老夫子也不例外，他的弟子宰予"昼寝"，他就下了一个结论："朽木不可雕也"。对于员工来讲，要用其所长，而不要攻其所短，更不要以己之长，度人之短。也就是说，首先要看重的是他的长处、强项、优势，并创造条件，使他能充分发挥其长处；而不是强调甚至夸大他的缺点、毛病，把主要精力放在帮助他改正缺点上。前一种做法会使他增强信心，在扬长的同时去避短、补短或改短；后一种做法不仅不易发现优秀人才，而且还会使他们变得谨小慎微，很难进行开拓性的工作。还要看到，一般来说，一些人的长处往往是和他的弱点相伴的。比如有的人才华出众，锐气毕露，但往往又有些恃才自傲。因此，外面千万不能因小失大，抓住一点，不及其余，丢失了人才。

三是顺从和异见的关系。作为员工，在核心价值观上，必须同企业保持一致。但是，在具体活动和思维模式上，则要注意发挥其个性，特别是不能以领导个人的好恶和思维强求一致。所谓"千人之诺诺，不如一人之谔谔"。如果只重用和提拔那些想法、做法和你一致的人，只信任那些对你唯命是从的人，表面看，单位里思想统一，行动一致，工作抓起来很顺手。实际上，这样的表面一致，这种100%的求同思维，不仅会阻碍言路，更为严重的是，必将压抑了思路，窒息了员工的创造性，使他们成为只会按指令办事，根本无法适应激烈而复杂多变的市场竞争，最终必将导致企业的衰亡。因此，我们要鼓励创新，就必须容忍、鼓励员工提出不同意见。因为，很多创新实际上是从怀疑开始。

四是德和才的关系。古今中外，在用人问题上，无不强调德才兼备的方针，只是不同社会制度、不同时代，有其不同的标准而已。很多国内外知名的企业，其企业文化中所提倡的价值观、核心理念等，实际上就是这些企业对员工“德”的要求。但在实践中，“才”的效果比较明显，也比较容易进行考核评估；而“德”的衡量就不那么容易。新加坡前总理李光耀就说过：确定一个人的人格，比确定才干和能力更困难，也更重要。如果这一关系处理不好，重才轻德，就必然会把企业引向歧途。我们绝不能在企业文化上强调某些理念，但在实际工作中却重用那些和企业价值观相违反的员工，这种做法实际上是在传递另一种与企业文化所倡导的理念截然相反的信息，会给企业的发展埋下严重的隐患。

三、要树立动态的“人才观”，下大工夫加快人才的成长

人才的概念是动态的。昨天还不是“人才”，今天可以成为“人才”；今天被人视作“人才”，如果不求上进，不再有所作为，明天也可以不成其为“人才”。

（1）压力出人才。过去大庆人有一句话：“井无压力不出油，人无压力轻飘飘”。压力既来自对本职工作的高标准、严要求，也来自今后发展方向的高目标。按部就班、四平八稳是出不了人才的；机关“等因奉此”只能培养一批事务员，干部必须要在解决一些难题过程中进行锤炼；在基层，只靠照章办事也同样不能锻炼干部。上面过多的集权，会抑制下面的主动性和创造性。为什么有人从“虫”变“龙”，一个重要原因就是给了他施展才能的舞台同时，也让他承担了压力。因此，作为领导人，就要经常地、适时地给员工们提出新的要求，不断打破其惰性，并建立起责、权、利相结合的机制，使压力转化为动力。当然，靠外部加压是必要的，但最根本的还是要自我加压。实际上无论是企业还是个人，其潜力、潜能都还远远没有发挥，自我加压只是将本来可以实现的目标提前实现罢了。这种事例近几年来，在冶金系统可以说是层出不穷。

（2）竞争出人才。这几年，无论是中国大环境的变化，还是企业的变化、个人的变化，都同市场经济引入竞争机制是分不开的。汽车行业如果还是“三大三小”，家电行业如果还是若干个“定点企业”，就不会有今天的局面。对企业来说，如果企业内部没有竞争淘汰，企业整体就有被市场淘汰的现实危险。对个人也一样，如果还是吃着“大锅饭”，端着“铁饭碗”，实行“终身制”，就必然会滋长惰性，不可能调动起人的潜能。竞争上岗可以激发员工的潜力，末位淘汰目的不在于淘汰多少人，而是通过这种竞争的机制，促使员工奋发向上。关键是要引导好竞争的方向，使竞争沿着有利于企业可持续发展的战略目标、有利于人才快速成长的方向发展。

（3）激励出人才。只给压力，光讲竞争，就不可能调动员工持久的积极性。要建立起适合各个不同层次、不同岗位的员工的不同的激励办法。激励是一种认同，是对员工作出的业绩的一种肯定，使人们感到在企业发展的同时，自己个人的价值也得到了提升，从而促使员工更加充满信心去实现更高的目标；激励也是一种催化剂，使得人们的潜能能加快转化为现实的生产力；激励还是一种支撑力，为员工提供了向前发展的工作平台和改进物

质生活的条件。激励既要重点突出，对有突出贡献的员工要加强激励的力度，使他们更好地起到领头羊的作用。同时，也不能忽视对企业发展作出贡献的各类人员面上的激励，这是企业发展的群众基础。最近，宝钢等一些企业实行员工职业生涯规划，这也是一种特殊的激励，甚至将成为为一种最有力的激励手段，使员工可以看到自己的前景，这也更有利于促使人才的成长。

（4）团队出人才，协作出人才。人才的成长同其周围环境分不开的。为什么美国的哈佛、耶鲁、贝尔实验室等高等学校和研究单位能不断涌现诺贝尔奖金获得者，一个重要原因就是他们长期以来形成了一批优秀的团队，在这些团队里，各种思想火花随时进行碰撞，各种思想观念经常进行沟通，师生之间可以互相质疑，这里没有至高无上的绝对权威，只有对真理的尊重，知识共享、信息共享成为一种风气。特别是随着科学技术的日新月异，很多技术创新不是单 的个人所能完成的，需要多学科、多部门、多专业的各方面人才相互协作，才能取得突破，一个良好的团队更加显示出它的重要性。目前，有的企业围绕一些重要任务或攻关课题，组成一个跨部门、跨专业的虚拟团队，集思广益，开阔视野，提高水平，起到很好的作用。

（5）学习出人才。在十六届三中全会的决定中，中央第一次提出了“建设学习型社会”的伟大而艰巨的任务。对企业来说，更是理所当然地要把企业办成学习型组织，员工要成为学习型员工。我们常说：企业的竞争归根结底是人才的竞争。但人才竞争不是静态的，不是单纯地以有多少什么学历的员工为标准的；而是一种动态的竞争，是具有学习力的人才的竞争。因此，在学习内容上，既要包括紧密结合岗位实际，提高技术业务以及技能方面的；还要重视企业理念的灌输和教育，而后者在某些企业里至今还没有引起应有的重视。当然，学习绝不仅是简单的知识的灌输，更重要的是学习力的提高。近几年，马钢各方面的工作都有长足的进步，这同他们公司领导班子带头学习，形成风气，舍得在员工培训上投资金，下工夫是密不可分的。宝钢、武钢等一批企业，人才辈出，也是同他们在建设学习型企业上的努力分不开的。

1984 年 10 月 20 日，党的十二届三中全会通过了《中共中央关于经济体制各个的决定》。小平同志对这个文件十分赞赏。他说：“这个文件一共十条，最重要的是第九条”，又说“第九条，概括地说是‘尊重知识，尊重人才’八个字，事情成败的关键就是能不能发现人才，能不能用人才”。现在，20 年过去了。大量的事实越来越证明小平同志当初这一论断的无比正确。让我们在以胡锦涛同志为总书记的党中央领导下，坚决贯彻落实中央的指示精神，把人才这个第一资源开发得更广更深，把人才工作做得好上加好，为加速实现全面建设小康社会的宏伟目标而努力奋斗！

从国务院严肃处理“铁本”案件谈起[1]

曾经显赫一时、扬言要同宝钢比美、并在建设上创钢铁行业奇迹的江苏铁本钢铁公司（简称铁本）被国务院严肃查处，江苏省委、省政府和银监会已对涉及失职违规的 8 名政府和有关银行的相关责任人分别给予党纪、政纪处分及组织处理。公安部还将会同有关部门，继续深入查处涉案单位和人员的经济犯罪等问题，以维护国家法律法规和经济秩序。

铁本原本是一家名不见经传的小钢铁厂，他们看到近期钢材市场的红火境况，大发宏愿，要建设规模为 840 万吨钢的大型钢铁联合企业，并得到了地方政府一些部门和一家银行的大力支持。对这一项目，有人叫好，有人怀疑；有人担忧，也有人批评。去年 4 月，我到江苏时，常州市的一位领导同志曾同我谈起铁本的项目问题，颇不以为然，但他的意见并不为主事者所接受。当时，我还特意到铁本的老厂去看了看，现场管理相当差，我担心像现在这样的管理水平要建设并管理好一个特大型的钢铁企业，恐怕是凶多吉少。

局外人可能不会想到，铁本竟然会是一个违法的项目。因为，占地面积 6000 多亩这样一个大项目是谁也藏不住、掖不了、遮不住、盖不了的，居然能够在各级政府领导的眼皮底下，顺顺当当地花了 40 多亿元的资金，几座大高炉已经拔地而起，直到国务院发话追查，才使其违法的真实面目得以曝光，其中的教训确实值得深思。

“搞市场经济了，还讲什么立项批准、宏观调控”。这是一种常见的论点。事实上，这几年，类似铁本的项目多的是，很少听到有查处的。前些天，一些新闻媒体报道了全国已建起了 176 个高尔夫球场，国土资源部的一位副部长声称，经过国家批准的只有 10 个。有一个项目，国土资源部曾下文明确表态：不同意建设。但没想到盖了国徽大印的红头文件居然毫无作用。你说你的，我建我的。最后还是相安无事，球场照建不误，也没人受到查处。这不就等于是向社会宣告，只要有钱、有实力、有后台支持，什么法律、什么调控，都能奈我何！比起这位高尔夫球场的大老板来，铁本还多少有些忌讳，他们也知道这样的项目需要一定机关的批准，于是把项目化大为小、化整为零，这样地方政府就有权实施其批准的职能了；实在不行时，还搞了一批假项目来报批。其实，问题不在于这些老板们，而是这些平日以父母官自居的“公仆们”，是他们为了自己管辖范围内的小集体利益、甚至是个人的私利，置国家法令于不顾。铁本案件的严肃处理，也是给这些失职违规的国家公务员们一个明白无误的警示：今后谁再敢以身试法，对铁本的处理就是他们的下场！

“发展是硬道理”。这话没错。作为一个发展中国家，我们必须加快发展，而且要以比发达国家更快的速度来发展，不然怎样实现赶超任务呢？但是，发展必须符合经济规律，必须遵守国家法律法规，必须讲究实效，这些在《邓小平文选》三卷中都有论述。我们必须全面领会小平同志的论述，并在实际工作中认真予以贯彻。特别是在去年十月召开的中共十六届三中全会通过的决定中，总结了我国社会主义建设的经验教训，提出了要“坚持

[1] 原载于 2004 年 5 月 11 日《中国冶金报》。

以人为本，树立全面、协调、可持续的发展观”，这就是指导我国今后经济建设和发展的根本性的方针，我们要以此为指针，认真进行反思，坚决把那些不符合这一科学发展观的规划也好，项目也好，统统加以清理。让我们在发展问题上少一点片面性，少一点盲目性，多一份理性，多一份社会责任感，使我国的经济沿着健康的发展道路大步迈进！

“我们应当支持民营企业的发展。”十分正确。目前，民营企业的钢产量已经占到全国钢产量的20%以上，成为一支不可忽视的重要力量，我们一定要遵照党的十六大报告中提出的：“必须毫不动摇地鼓励、支持和引导非公有制经济发展”。但是，绝不能认为，国家的法律只是对国有企业的，管不了民营企业；更不能认为：民营企业的资金都是老板们自己的，搞好搞坏都是他们自己的事，不用旁人操心。铁本案件的暴露，充分说明了此言差矣。铁本已经投入的40多亿元中，有多少是自己的钱？主要还是银行的贷款。去年，我从江苏回来后，写了一篇文章：“新建民营钢铁企业资金从哪来？”（见2003年5月21日《中国冶金报》），说的就是铁本的事。在这篇文章中我写道：像这类企业这种做法，“其结果就可能出现‘拖垮国企，套住银行，影响当地财政’的景象，最终包袱还是由国家来背”。现在看，是不幸而言中。

亡羊补牢，未为晚矣。愿我们各级政府和有关部门都能从铁本案件中吸取教训，使我国的经济发展得更好、更快、更有实效！

加强和改善宏观调控 进一步防止钢铁行业规模无序扩张[1]

国务院对钢铁等几个行业实施宏观调控以来，已经取得了初步成效，从今年二季度起，钢铁工业的投资增长率有了明显下降。同时，钢材市场需求仍旺，今年预计，国内钢产量将达到2.6亿吨，表观消费量可能在2.8亿吨左右。因此，有些舆论认为，对钢铁行业的宏观调控已经达到了预期目标，可以画上句号了。

但是，从我接触到的一些企业情况看，对钢铁行业的宏观调控所取得的成效不能估计过高。近年来，我所到过的大部分钢铁企业，几乎都在考虑、策划如何进一步实施规模扩张。有一个典型事例很能说明问题。最近，我到西南地区的一家钢铁企业，这家企业的规划处长一见面，就同我谈起他们的规划设想。现在他们的钢产量接近200万吨，“十五”期间将形成300万~350万吨规模，然后是奔500万吨，最终拟向700万吨的规模挺进。接着，他介绍了周边地区一些钢铁企业的情况，有3家规划是1000万吨，一家1500万吨，一家800万吨。“在周围高楼大厦的包围下，我们连阳光都见不到，不加快发展不行了”。

这位处长的一番谈话，既提供了一种值得重视的信息，也反映了相当一部分企业当前的心态。尽管国家对钢铁工业采取了宏观调控的措施，尽管宏观调控暂时取得了成效，钢铁工业固定资产投资的增速有所下降，但是钢铁企业力图扩张的势头并未见减弱，反弹的内在动力还相当强烈。像上面提到的这几家企业，目前的产量多在二三百万吨左右，而其“规划”中的规模都是当前实际产量的3~5倍。这样宏大的发展规模，这样快速的增长步伐，在过去是从未见过也是很难想象的。在周边企业这种“大手笔”的影响和带动下，有谁能不为所动，听任本企业在“巨人”的包围下受到压制吗？于是一场“你500，我800；你800，我1000”你追我赶的“大跃进”态势再次出现。如果说，前两年，主要还是民营企业带动钢铁行业数量的增长。那么，现在是国有大中型企业在引领增长的热潮，由于这些企业实力远较一些民营企业强。因此，这种势头就更值得我们高度重视。

当然，发展是硬道理，发展是党执政兴国的第一要务。这话始终都是正确的。应该说，数量的增长、规模的扩大，是体现发展的一个明显的标志，何况我国经济的快速发展也为钢铁工业数量的适当增长提供了空间。但发展绝不仅仅反映在数量增长上。不同时期有各种不同的发展使命。以往，我国长期处于短缺经济时期，当时的主要矛盾首先是要满足量的需求。因此，数量增长自然就成为发展的主要标记。没有数量的增长，就谈不上其他一切。但是，当我们走出短缺经济时期后，长期以来形成的“发展等同于数量增长”的习惯思维模式却很难改过来。虽然，十五届五中全会已经明确提出，“十五”期间，在

---

[1] 原载于2004年第44期《冶金经济内参》。

“必须把发展作为主题”的同时，要“把结构调整作为主线”。十六大进一步提出了以“全面协调可持续”这7个字为主要标记的“科学发展观”。十六届四中全会决定中，更明确提出，要把“按照全面建设小康社会，走新型工业化道路的要求，以经济结构调整为主线，以改革开放和科技进步为动力，着力转变经济增长方式，全面提高国民经济的整体素质和竞争力”作为今后发展的战略思想。这些都是在总结历史经验教训的基础上作出的完全符合客观实际是正确结论，具有很强的针对性和极其现实的指导意义。因此，当前我们在谈论发展问题时，绝对不能离开这一原则。

企业是为谁生存、发展的？是用户，是市场的需求。因此，发展离不了用户，离不了市场。现在这样大规模的增长，基本上是立足于企业自身的愿望，自身的“利益”。这样快速的数量增长，是不是能为市场所吸纳？实际上，目前这样的发展势头，是基于在相当一个时期内，市场能够基本上无限制地吸纳钢铁产品这样 个判断。现在，我国在短短的4年时间里，钢产量从2000年1.28亿吨的基础上，4年增加了1.4亿吨左右，仅这一增长量，就相当于美国历史上最高的年产量；平均年增速达到20%以上。这种增长势头，这样的增长速度，在世界钢铁史上是前所未有的。实际上，我国钢的产能2003年底已经达到3.1亿吨，目前在建规模还有1.5亿吨，今年钢铁行业固定资产投资预计将达1800亿元。这样，到2005年底，至少将形成4亿吨以上的规模。这说明了我国经济实力的增强，对比过去钢铁工业长期徘徊不前，甚至“三打二千六”都实现不了，现在一年增长4000万吨还不费劲，我们有理由感到自豪。

但是，我们也千万不要被胜利冲昏了头脑，就认为我们可以打破一切常规，就可以顺着这条“高速公路”一直驶向前方。我们需要冷静地作出判断，这种局面还能维持多久？这样持续的超需求的增长、继续下去，究竟会出现一种什么样的情况？国外有的舆论认为将出现“崩盘”现象，这样说，也许是把问题看得过于严重了，但肯定将是一场不小的灾难，这绝不是危言耸听。同时，还要清醒地看到，钢铁工业是资源密集型的行业，它的发展需要相应的上游行业以及多种条件的支撑，它们能够满足钢铁工业这种“快马加鞭”式的、超乎寻常快速发展的需要吗？事实上，很多企业领导对此也是心知肚明的。但是，“我不发展人家就发展，我不增长人家就增长”。结果是互相攀比，而且这种攀比，甚至是建立在虚拟的基础上的。上面谈到的这几家企业的发展规划，有的可能仅仅是停留设想上，但却已被兄弟企业作为追赶的目标了。“你能有条件搞到千万吨级，我为什么不能?”这种势头，简直是无法抵挡。再加上有些地方政府也为了自己的政绩，不问具体情况，要求当地企业扩大规模。因此，尽管中央并没有对钢铁工业放松宏观调控，但一些企业似乎已经在迫不及待地等待一旦禁令取消，就要立马来一个“大干快上”，钢铁工业的产能肯定还将扶摇直上。这个苗头确实值得我们警惕。

当然，问题不仅仅在攀比。现在大家都十分重视规模经济，但强调规模经济，绝不意味着规模越大、经济效益就越好。一定装备的配置，有其相应的合理规模；设备的大型化，也不意味着越大越经济。成功将意味着最适宜的规模而不一定是最大的规模。现在有一种形而上学的观点，把规模效益搞得有些绝对化了。有的相当权威的媒体把宝钢股份的盈利情况同其他上市的钢铁企业对比后，认为“年产1000万吨以上的大型钢铁企业不仅利润总额绝对值是年产500万~1000万吨大中型钢铁企业的9倍，是年产500万吨以下的中小型钢铁企业的18倍”，于是得出结论：“生产规模在一定程度上决定了钢铁业上市公司的盈利能力和盈利前景。”且不说这些数字是否正确，对比方法是否合理，只把宝钢效益之所以好，单纯归之于其规模大，是不够恰当的。这里是很多因素综合着在起作用，包括宝钢的先进装备和科学管理，特别是宝钢的员工素质。因此，媒体得出这样的结论必然会起到误导作用。其实，无论是国内外，都有一批规模不算太大的企业，其经济效益却远比一些规模庞大的企业好，就是明证。

而且，还必须看到，近几年国外出现一批三四千万级的钢铁企业，基本上都是存量的重组，很少是靠增量的扩张。目前，世界规模最大的钢铁企业阿赛洛，就是靠联合重组而成的。它的生产厂，分布在欧洲七八个国家，以及美国、巴西、泰国等地。而目前我国在钢铁产能已经超过需求的情况下，还在走增量新建的路子。究竟是利耶、弊耶？祸兮、福兮？值得深思。

有人会说，目前钢材需求基本平衡，库存也没有增长，今后我国经济还会保持一定的增长速度；城镇化建设会加快；国际上产业结构的调整，将使中国成为世界重要制造基地，这些都说明了对钢材的需求还会增加。这一点我不否认，所以说钢铁行业还有一定的发展空间，但绝不可能继续以近几年的增幅持续增长，而目前企业规划中的规模已经远远超过今后需求的增长。这已经是不争的事实了。同时，我们还要跳出企业看全局，跳出钢铁看钢铁，要看到由于近几年钢铁工业规模的急剧扩张，既有促进相关行业发展的积极一面，也带来不少的负面影响。由于铁矿石原料供应紧张，在国内导致一些地方矿山乱采滥挖，资源破坏严重。据有关部门估计，仅今年破坏的铁矿资源就有 3 亿吨；还有焦煤资源的破坏与浪费。为了争夺进口铁矿资源，一些企业和中间商纷纷哄抬价格，今年 1 ~ 8 月，我国进口铁矿石 9775 万吨，平均价格为 63.5 美元，远远高出日本的 26.4 美元，全年预计要多支出 50 多亿美元。从企业内部来讲，一些企业领导主要忙于上项目、筹资金，跑上级领导部门争取支持，放松了内部改革和管理，对已建成的项目进一步发挥作用重视不够，对必要的有利于提高产品质量和节能降耗的配套工程重视不够。再加上原材料质量的下降，去年以来，相当一批重点钢铁企业主要技术经济指标，出现了多年未有的下滑现象，既直接影响了经济效益，更重要的是，影响了队伍的士气。

还有一种说法，现在是市场经济，应该靠经济手段来解决问题。这话没错。十四大报告中指出：“我们要建立的社会主义市场经济体制，就是要使市场在社会主义国家宏观调控下对资源配置起基础性作用”，这就要求把市场的作用和国家宏观调控两者恰当地结合起来。由于我国正处在向市场经济转型的过程中，市场经济还不规范，企业、特别是国有企业对经济措施反应并不敏感。因此，国家在进行宏观调控时，除了采取有效的经济手段外，必要时还要辅之以必要的行政手段。比如，这些年全国建立了 6700 多个开发区，这符合经济规律吗？如果不是运用行政手段，能砍得下来吗？拿钢铁行业来讲，去年四季度起，国家就采取了若干经济措施以遏制固定资产投资的过度增长，但今年一季度钢铁工业固定资产投资仍然以 107% 的前所未有的增幅高速增长。如果不是国务院对铁本采取果断的行政措施，恐怕这股风还不会煞得那么快。当然，在实施宏观调控时，由于具体执行部门和人员对政策理解有片面性以及对企业实际情况掌握的不充分，也会出现一些“城门失火，殃及池鱼”的情况，该保的项目没能保，延误了时机。这是需要有关部门认真改正的，使宏观调控起到更好的作用。

现在是到了要认真思考中央最近一系列明确指示并且坚决贯彻落实的时候了！是调整我们发展思路的时候了！不要再把数量增长作为企业发展的主要目标了。要充分把握宏观调控这一有利时机，把宏观调控当作一个新的机遇，转变思想观念，坚决按照中央一再指出的："走新型工业化道路"，树立"科学发展观"，在"调整结构"、"深化改革开放"、"大力推动科技进步"、"转变经济增长方式"上下大工夫、苦工夫，以此达到提高竞争力和经济效益的目的，使我国尽快实现从钢铁大国向钢铁强国的转变！

重视执行文化 提高执行能力[1]

现在很多人都在引用这样一句话："一位经理人的成功，5% 在战略，95% 在执行。"这是美国 ABB 公司董事长巴尼维克说的。这并不是说战略不重要，而是说明执行力太重要了。执行是促成战略获得成功的真正关键因素。再好的战略，如果不能得到有效的实施，不能动员企业的全体员工来认真执行，那也可能成为一纸空文。因此，执行力应该说也是一种重要的生产力。

近两年，冶金企业越来越重视执行力的问题。有的企业提出了"执行文化"；有的把某某年定为"执行年"；有的专门向员工推介或发放有关"执行力"的专著，要求员工们、特别是各级干部读后写出心得，以此来提高对执行力的认识；有的在员工中就执行力的问题进行了问卷调查，以求发现问题，研究改进措施。

在强调执行力时，往往存在一种误解：似乎领导是管制订战略的，执行则是下属的事情。其实，提高执行力，是涉及企业里各个层次、上自最高领导，下至一般员工的全员性、系统性的大事。根据笔者在企业里所接触到的情况看，要提高执行力，有三方面的关系要妥善处理。

一、执行力与沟通力的关系

向执行力要效益。就是要将企业的战略意图，以及为了实现战略目标和确保生产经营正常经营而制定的规章制度真正落实到每个基层、每位员工，使之不折不扣地得到执行。要做到这一点，除了要提高员工的执行意识外，还有很重要的一点，就是要使各级干部和全体员工真正领会和理解公司制订的战略目标的必要性和重要性，从而自觉地、千方百计地贯彻执行。一般来说，由于所处岗位层次的不同，对企业的重大战略决策理解的深度必然会有差异；更何况企业的一些重大改革，必然会涉及原有利益格局的调整，一定程度上影响到一些部门、一些单位的局部利益和暂时利益，这就会引起这些部门和单位自觉不自觉的抵制。要使这些干部从消极的抵制到积极的执行，关键是要提高他们对企业战略意图的认同感。

要进一步提高执行力，我认为还需要培育"沟通文化"，提升沟通力，实现有效沟通。据有的研究人员调查，企业存在的问题中有 70% 是由于沟通障碍引起的。没有必要的沟通，单纯强调执行力会带来一定的副作用。特别是作为领导，我们不要以属下的执行力不强来掩盖自身沟通力的不足，放松自己应尽的沟通责任。通过有效的沟通，既可使上情下达，又可从沟通中了解下情，了解下面在执行中可能发生的问题，甚至发现在决策过程中可能产生的某些疏漏之处，及时进行必要的调整。这样既能激发员工的工作热情，增强员工自觉的执行意识，还能形成管理的合力，实现"上下同欲者胜"。从这个意义上说，执

[1] 原载于 2005 年 2 月 22 日《中国冶金报》。

行力和沟通力同样都是生产力。

世界著名的优秀企业都是既重视执行力的提升，也重视沟通力的强化。像 GE 的原首席执行官韦尔奇、IBM 的原首席执行官郭士纳都是实施有效沟通的典范，他们经常通过各种途径来同各类员工进行沟通，除了一般常见的通过会议、文件、谈话等沟通方式外，还采取了企业领导在各种研修班上讲课，通过公司内部局域网就重大事件进行通报，定期或不定期地同各类员工交谈，以及各种形式的走动管理，等等。我国一些企业也在这方面提供了有益的经验。像宝钢股份炼铁厂 2002 年以来，坚持以人为本，大力提升沟通能力，目前已经形成一套长效沟通机制，使一些重大问题在各个层面上能很快达成共识，健康融洽的人文环境保证了稳定有序的生产环境，使炼铁厂主要技术经济指标不断攀升，炼铁综合技术继续保持世界领先水平。

二、不讲条件和创造条件的关系

在强调执行力时，很多企业都向员工推介两本书，一本是《没有任何借口》，另一本是《致加西亚的信》。可以这样说，这两本书已经成为推广“执行文化”的必读书；在实践上，也起到了很好的作用。有的车间主任同我说：早就该推荐他们读这两本书了。通过学习，使他们明白了：工作中是没有任何借口的，失败是没有任何借口的，人生也没有任何借口。借口的实质是推卸责任，借口就是一块敷衍别人、原谅自己的“挡箭牌”，就是一副掩饰弱点、推卸责任的“万能器”。我们就是要像罗文中尉那样，在任何情况下，都要坚定信念，百折不挠地去完成既定的任务。这些，其实同过去我们在“学邯钢”时，说提倡的“不讲客观”等“几不”精神是一致的。

但是，当我们在提高执行力，强调不找借口，不讲客观，不问条件的同时，还应注意不要走入另一极端，把后者“绝对化”了。在某些特殊情况下，比如，像罗文中尉所处的情况，就是没有任何条件可讲，必须要义无反顾、一往直前、排除万难，去完成任务。但是在正常生产的情况下，出现了一些外部条件的变化，以致在某些指标上完不成预定计划。这就不能不加分析地都让基层生产单位来承担。比如，有家特钢企业，按规定炼合金钢时应该使用返回料，但因为供应部门采购不到，全部给的是合金料，以致炼钢厂成本超支，工人只能拿到最低生活费。如果这类事偶尔发生，也许可以“不讲客观”，但多次发生，都这样处理，职工就不会服气，职工气不顺，就谈不上发挥什么积极性。特别是机关职能部门不能只要求基层“不讲任何借口”，而放松了自己应尽的责任；不能光要求基层“几个不讲”，而掩盖自身工作中“不讲科学”的问题。

最近，首钢提出要把总公司机关努力建设成为学习创新型、求实严谨型、协调高效型的机关，要求机关工作人员成为加强沟通、服务基层的模范，从而推动企业整体执行力的提高。这是一个很好的举措。我们既不能以“实事求是”为借口，而重新陷入“唯条件论”的泥坑；也不能脱离实际情况片面强调几个“不讲”，背离了“实事求是”这一马克思列宁主义的基本原则。这里用得上古人的一句话：“运用之妙，存乎一心”。

三、主流与细节的关系

在评价一个单位、一桩事件、一位大人物的功过是非时，我们往往用三七开、一个指头和九个指头这样的词句。对一个企业来讲，在其发展的历程中，如果总体上得到七分的肯定，甚至是九个指头的评价，应该说是不错的了。但是，对于一项战略任务的执行，如果满足于这样的“七”和“九”，那就意味着这一战略任务将以失败而告终。

战略制订后的执行过程，实际上就是一个个具体细节的严格实施过程。作为执行力，其成效就要从每个细节中来检验。百分制中，99% 当然应该说是优秀的。但是，如果有 100 道前后相连的工序，每道工序得分都是 99，那么，100 个 99% 下来，到最后一道的总评分居然只有 36% 。个体的“优秀”，导致整体的“差劣”，可见每个细节作用之大。现在，我们常说六西格马，这就不是百分比的概念了，而是误差率只允许百万分之 3.4。这样的标准，如果没有每个细节的严格把关，是无法实现的。在管理学的著作中，还常会看到一些用数字表达的不符合常理的公式，比如 $100-1\neq99$，$100-1=0$。这说的是在执行过程中，往往 1% 的错误会导致 100% 的失败，功亏一篑，令人惋惜。

还可以举一些实例。一家特钢企业的老总，到中国台湾地区的同类型企业进行考察，发现双方装备条件基本相近，产品品种规格也都类似。但是，我们每批产品的质量却不像对方那样高度的一致性，质量的稳定性差了几个百分点。但就是这几个百分点，却硬邦邦地代表了企业的水平。现在人家的产品已是 GE 指定的供货商，产品的附加值比我们高得多，而网名却进不了国际市场。还有一个厂，设备是从韩国全套引进的，而且由于制造年代晚，要比韩国同类工厂更先进，还聘请了韩国人当厂长，但是劳动生产率却比韩国低不少。究其原因，那位韩国厂长很含蓄地说：中国人做事不到位。就是每个人那么一点点的“不到位”，造成了企业之间巨大的落差。由此可见，执行必须严格，细节不可忽视。细节决定成败。

当然，有些细节上的差距确实有其客观原因。但是，相当大的部分还要从主观工作上找原因。不要以为战略目标提出了，规章制度制定了，下面自然就该执行、会执行。要使每个细节执行得完美无缺，还要在建立相应的企业文化和机制；在人才培训上下大工夫。上面说到的那家台湾特钢厂，为了实施六西格马，请 GE 公司进行了 3 年培训，而我们却还停留在一般的宣传上。在机制上，不仅要重建立，更要重执行，特别是要进行严格认真的考核。因为一般来讲，人们只会去做你检查的事，你要考核的事，而不是去做你期盼的事。

要重视考核体系的导向作用[1]

最近，国务院有关部门准备在10个省市进行绿色GDP的试点工作，引起了各方面极大的关注。普遍认为，这个对地方政府评价考核体系的改革，将在很大程度上改变一些地方政府的政绩观，使以人为本、全面、协调、可持续发展的科学发展观得以更好地落实。在此之前，报载：河南省已经推出了《县域经济发展评价监测方案》，按照“科学发展观”的新思路，重点是体现“全面”和“协调”，对原有评价体系作了调整、充实，新增加了6个指标，按此对109个县市2003年经济发展重新排序，有11个县市排位上升20多名，10个县市下降20多位，引发了一场排名“大地震”。凡是一味追求经济总量、追求增长速度，而不注重提高经济效益、优化经济结构、提高人民生活水平的县（市），位次都有不少下降。尽管这次指标的调整，由于各方面条件的限制，还有相当的局限性，但已经促使一些地方政府初步改变了过去一味追求GDP的增长，重量不重质，重速度不重结构，盲目上项目，政绩工程盛行，百姓却得不到实惠的现象。新的评价指标实际上是起到了发展的导向作用，真可谓“四两拨千斤”。

为什么几个指标的变更会起到这样大的作用？其实道理也很简单。因为在通常情况下，人们只会去做你要检查的事、你要考核的事，而不是去做你期盼的事。因此，认真地研究、并根据不断变化的新情况适时地调整评价及考核体系，无论是对政府，还是对企业都是十分重要的。因为，在企业里，我们也会经常发现，有的企业制订的发展战略很到位，目标、任务的提出也很切合实际，但是执行的结果却不甚理想。原因当然是多方面的，而其中几个考核指标往往起到至关重要的作用。根据笔者在企业的调查，目前在评价和考核体系的制定上，大体存在这样几个问题。

（1）指标体系纵向不配套。这表现在考核内容同企业的战略目标脱节，也同倡导的企业文化失调。大家都知道，一个企业的战略目标就是引导员工做正确的事情，而要把事情做正确则要靠管理的加强，其中很重要的一点就是要通过建立健全有效的考核体系。邯钢经验关键的一条就是成本否决，这就抓住了当时企业经济效益不高的牛鼻子——成本居高不下，促使员工们人人在降低成本上下工夫，从而取得了明显的成效。但是，现在有的企业却不能把做正确的事同把事情做正确这两者结合起来。比如，公司正在实施产品领先战略，这就要求各个部门都围绕这一战略任务做好自身工作。为此，公司有关部门也制定了对各单位的考核指标，其中对采购部门最重要的考核指标是“原材料的采购成本”，这当然也是一个十分重要的指标，但对实施产品领先战略至关重要的原材料质量和及时交货这两个指标却重视不够，这就对下道生产工序带来了很多麻烦，影响了整体效益，影响了这一战略目标的真正落实。这里，一个看似不起眼的小小指标实际上起到了连接“做正确的事”和“把事情做正确”的纽带。又如，企业的核心价值观是倡导团队精神，但具体考

---

[1] 原载于2005年第4期《冶金管理》。

核的却是个人指标，结果往往出现个人指标都有改善，但整体指标上不去的情况。现在，很多企业都在创建学习型企业，这不只是提倡个人的学习，而是要在一个共同愿景指引下的、为了实现共同的价值、完成共同的使命而进行的学习，因此必然要强调信息的共享，进行互动式学习。这固然需要在企业文化的层面上进行教育、倡导，使之“内化于心”；但如果不能同时“固化于制”，在评价和考核体系上作出相应的规定，其效果恐怕就会大打折扣。

（2）指标体系横向不协调。 现代化大生产是一个环环相扣的大系统，一个环节出问题，就会影响到整体的正常运作。有的问题，表面看，反映在甲环节上，实际上，其根源却是在乙或丙这一环节上。在企业里，经常可以看到这种情况：各个平行的职能部门的目标相互矛盾，这就必然导致各方努力的方向不一致，甚至出现严重的内耗。比如，现在大家都比较重视根据市场需求加强产品结构调整的力度，加强新产品的开发。从原则上讲，恐怕不会有哪个部门对此持异议。但是，一遇到具体问题，问题就出来了。新品开发需要资金的支持，而其效果可能不一定在短期内得到显现，而对财务部门的考核指标则要求加快资金的周转率和回报率。因此，财务部门在制定预算时，可能会削弱对公司研发部门开发新产品的额度。新品开发成功后，还需要销售部门加强销售工作的力度。在某种情况下，新品的推销往往不像原有产品那样驾轻就熟，需要付出更大的精力。而公司制定的对销售部门的关键绩效指标却只有销售量及回款额百分比，没有强调新产品销售额的指标。这样就会影响到研发部门和生产部门的积极性，造成整体效益的下降。

近几年，首钢“双高”产品产量的急剧增长，很能说明问题。几年前，首钢就提出要大力增产“双高”产品。但头两年，变化不达，一年增长一二十万吨，增长率还不到10%。但2003年和2004年每年都增长100多万吨，2004年“双高”产品产量达到456万吨，较2002年增长了1倍多，实现了“双高”产品超过总公司全部产品产量50%的历史性突破，达到了55%。这一变化，虽然也有技术装备的改进等原因，但很关键的一条是建立了产销研一体化的双高产品销售技术部，并制定了按“双高”产品与普碳钢差价提成的考核机制。现在有的单位，一方面在鼓励创新，但其评价系统和考核体系却是在鼓励走老路，结果往往是一个考核指标的导向就否定了其他方面的努力。因此，很有必要围绕创新所要实现的战略目标，审核修订现有的评价和考核体系，以免出现南辕北辙的现象。

（3）在指标的建立上，考虑当前多，就事论事多。 在指标体系的建立上，如何处理好当前和长远这一对矛盾，始终是一个重大课题，这往往也是一个两难选择。当前的效益很直接，而且企业的长远发展也需要当前的工作为之提供支持。但是，任何一项政策的制定，考核指标的确定，也都会给长远发展带来正面或负面的影响。“人无远虑，必有近忧”，这也是历史经验的总结。最近一段时期，钢材市场很俏，价格持续上涨，很多企业都在使劲扩大产量。我到一家企业，企管处的领导说，要加大产量的考核力度，这当然有他一定的道理；接着我又到了公司下属的一个轧钢厂，他们却将考核指标定为3、3、4，即产量等指标占30%、各项专业管理占30%，其他40%是属于团队精神等企业文化范畴的内容。他们认为，就产量抓产量，一时可以上去，但也会带来副作用，而且没有其他各方面的配合，也持久不了。有的车间主任还提出，完成各项生产任务只是管理工作的20%，80%的精力要放在员工素质的提高上。这个轧钢厂现在很多指标都在行业里名列前茅，同他们的管理理念和考核体系是密切不可分的。所谓“工夫在诗外”，也就是这个意思吧。

还有一家公司的高线厂，在去年全年的生产竞赛中，有一个大班拿了9个月的第一名，2个月的第二，可以说是一个绝对冠军了。但是今年头一个月，情况却发生了戏剧性的变化，这个班居然名列末位。为什么出现这么大的反差？就是因为改变了考核办法。过去，主要考核产量，改判的产品也计入产量，只要将产量抢在前面就稳拿第一，但这样做的结果是质量不够稳定；而按照新的考核办法，改判产品的产量不计入计奖产量。考核指标变了，而观念及措施一时还跟不上，这就是这个班从第一名降到最后一名的原因。但由于这一指标体系的导向作用，这个厂的产品质量有了进一步的提高，当月出口材改判率从去年下半年的7%下降到3.4%。

（4）指标体系定位的偏差。企业的存在就是为顾客服务的。因此，建立绩效评价体系，必须把市场和顾客的需求放在特别重要的地位。尽管有些指标的建立，本意也是为顾客更好地服务，但实际工作中，往往由于对顾客的实际感受缺乏真切了解，一些考核指标的制定反而成为妨碍了对顾客更好地服务。国外企业界、经济界对这些问题给予了足够的重视。像《哈佛商业评论》上经常有文章提到这方面的例子。下面提到的几个事例都是近两年该刊物提到过的。虽然说的不是冶金行业的事，但也可以供我们借鉴。

一是某航空公司把“准时起飞率”作为考核服务质量的标准之一，其本意当然是为了让顾客满意。但有架飞机离开登机口、滑向指定跑道时，机场突然宣布，由于天气原因，所有飞机原地待命，不得起降。3小时过去了，原地不动。乘客要求回到登机口，乘务员找了一些理由回绝了。但实际原因就是：考核准时起飞的标准是从离开登机口开始，而不是从收起起落架开始计算的。此外，飞机离开登机口后，飞行员和乘务员拿的是比平时高的飞行工资。可见，有时为达到一个良好的目标而设定的具体步骤实际上竟会背离目标。

二是某公司为了提高工作效率，要求加快对客户电话的处理速度。一年后，统计结果显示：每一位服务代表每天处理的电话数量提高了50%。一年前，服务代表处理每个电话平均需要6分钟，现在还不到4分钟。这些数据都是真实的，而问题在于其实际效果。为了追求“效率”，使考核的效果更“理想”，有些服务代表总是急匆匆地话还没有讲完就把电话挂了，本来一次电话就能解决问题的，现在有的客户要打两三次电话才行。

三是某公司发现有的员工不能及时处理客户发来的电子邮件，于是制定了考核指标。结果是事与愿违。因为，新规定的指标是以打开电子邮件24小时以内为标准。结果员工工作忙时，索性连邮箱都不打开。原本打开邮箱后，一些急件还可以得到及时处理，现在反而都受到了牵连。

从这些事例中，也可以看到在制定指标时，还必须本着求真务实的精神，切忌任何形式主义的做法。

出现这些问题，应该说是很正常的事，这反映了企业管理正在不断深入。新情况、新问题，要求我们不断改进和健全各种评价和考核体系。同时，我们更还应该看到，这项工作也对企业的各级领导提出了新要求：企业领导必须更深入地转变观念，进一步提高系统思考的能力；改变惯性思维模式，善于运用评价和考核体系把广大员工的积极性、创造性进一步引导到企业的战略目标上来；还要看到，考核体系的调整，必然会牵涉到方方面面的习惯势力和既得利益，需要更好地贯彻以人为本的精神，切实加强对员工的教育，提升广大员工对企业核心价值观的认同。

钢铁工业发展中热点问题之我见❶

最近，国务院批准了首钢的搬迁方案，在河北的曹妃甸建设一座千万吨级的现代化大型钢铁企业。在此之前，国务院还批准了马钢股份500万吨规划项目、鞍钢集团西区建设及老区改造的规划项目以及莱钢股份大型H型钢等项目。这充分说明国家对钢铁工业实施的宏观调控是“有保有压，区别对待”的，是有利于钢铁工业地区结构和产品结构调整的，是在科学发展观思想指导下，朝着新型工业化道路稳步前进的有力举措。

但是，对这样一个重大的决策，在理解上也因人而异。有人认为这是中央对钢铁行业的宏观调控开始“松动”了，因此要抓住这一有利时机，趁势而上，进一步扩大企业规模，及早进入世界钢铁企业或国内钢铁企业××强的行列。

当然，这一愿望并不错。但是，这样做，在实践上需要注意什么问题？这就要求我们认真总结历史经验，正确地分析当前钢铁工业面临的形势，正确地对待宏观调控，这对确保当前以致今后钢铁工业持久、健康发展将起到至关重要的作用。

一、怎样看待这几年钢铁工业快速增长

从2001年以来的4年中，我国钢产量连续以每年2000多万吨、3000多万吨、4000多万吨、5000多万吨的幅度增长，平均每年增长3600万吨，年增长率达到20.7%，2004年达到了破天荒的2.72亿吨，当年的钢产量仅比名列世界第二、第三和第四的美国、日本、俄罗斯三国钢产量的总和少200多万吨，而当年增加的钢产量则比名列世界第五的韩国还多200多万吨。从今年头两个月来看，钢产量已经达到年产3.1亿吨的水平。这样的高速增长，是在结构有所调整、质量总体上逐步提升、品种满足率有较大提高、包括能源在内的各种资源消耗稳步下降、环境不断得到改善、劳动生产率明显提升的情况下取得的（当然，这不等于在这些方面没有问题）。对这些成绩，我们要满腔热情地予以肯定，以鼓舞士气。这样的高速增长，并不是钢铁行业自身主观意志的推动，而是客观经济发展的拉动。这也有力地说明了我国国民经济在改革开放以来，经济实力有了极大的提高；说明了钢铁工业自身实力的极大增强。

但是，这样的高速增长也潜伏着不少问题。应该说，当前钢铁产品供需基本平衡，问题在于产能的增长将大大超过市场的需求，这会给今后的发展带来很大的隐患。由于我国工业化、城镇化进程的加速，以及国际经济格局的变化，我国成为不少中低端机械制品世界性的加工基地，对钢材的需求急剧增加，这就拉动了我国钢产量的增长幅度持续提升。与此同时，钢铁企业的经济效益不断攀升，又极大地刺激了各行各业纷纷投资钢铁行业。据有关部门预计，目前在建的产钢能力将有1.5亿吨，尽管由于国家采取了宏观调控措施，一些项目不一定能如期建成。但是，从接触到的一些地区的发展规划来看，基本上都

---

❶ 原载于2005年第13期、第14期《冶金经济内参》。

是几年要实现翻番。沿海地区凭借其地域优势迫切要大干快上；内陆地区也不甘心，要求加快发展；大企业要朝千万吨级甚至更高的目标迈进，中小企业则要接替大企业升位以后的空当。按照这种态势，如果任其自由发展，在今后短短的几年内，我国钢的产能恐怕绝不是5亿吨所能控制住的。这无论对钢铁工业、还是对国民经济，是福，是祸，需要审慎对待。

在当前钢铁工业发展的大好形势下，我们更要保持清醒的头脑。去年10月在伊斯坦布尔召开的国际钢协38届年会上，国际钢协主席、澳大利亚的科比·亚当斯阐述了要认真对待的全球钢铁业长远发展的六大因素，其中第二条就是钢铁业的波动性。他认为，尽管目前钢铁业对投资者来说还是值得追捧的，但是不应忘记3年前的教训。在投资者眼中，钢铁行业目前取得的巨大成功不但说明不可预测性增加，而且使得对钢铁企业的价值更难以评估。他所说的“3年前的教训”，就是进入新世纪后，国际钢铁界多次召开会议，研究钢铁限产问题。最后一次是在2002年2月，由世界经济合作与发展组织OECD主持，共40个钢铁主要生产国家和地区参加的第三次巴黎钢铁高级会议，最终就未来10年钢铁限产问题达成了共识：在2010年前，通过淘汰落后生产能力，使世界钢铁生产能力减少1亿吨，钢产量降到7亿多吨。据说，从自由竞争走过来的世界钢铁企业，在世界钢铁峰会中专门研究并达成一项限产协议，在历史上还是第一次，可见当时形势的严峻。但是，曾几何时，世界钢铁产量节节上升，2004年居然突破了10亿吨。至于中国钢铁业从3年限产到4年跃进的巨大变化，又有多少人始料所及呢？现在有人认为：“由于我国正处于重化工发展阶段，钢铁业上升周期可再持续到2020年”。尽管其论据不无道理，但这种提法，过于绝对，极易引起误导。似乎在这15年内，钢铁行业的规模扩张仍有很大的空间，还可以持续扩张。历史的经验值得重视，“月有阴晴圆缺”，任何事物的发展都不会是直线式不停地上升的。钢材短缺的苦头我们尝过；阶段性过剩导致的“限产”困境我们也体验过。与其以后出现大量产能闲置，再度被迫采取压产等措施，不如现在就对数量扩张采取更理性的态度，把工夫下在品质的改进、各类消耗的降低，以及环境的治理上，真正在打造企业核心竞争力上有所突破，走出一条可持续发展的新型工业化道路来。

我们还要看到连年高速发展带来的新问题。最近，很多东部高速发展的地区都在反思本地区的发展道路。在全国人大会议上，深圳市长李鸿忠（最近被提为市委书记）反思“深圳速度”付出的沉重代价，指出“深圳速度”四个难以为继：土地、空间有限，按照传统的速度模式难以为继；能源、水资源难以为继；人口容量难以为继；环境承载能力难以为继，环境容量已严重透支，7条河流全部遭到污染。表示今后要转到改进经济增长方式，提高经济的效益和质量的发展轨道上来。这对已经连续多年取得举世无双高速发展的钢铁业来讲，也是前车之鉴，钢铁行业也需要反思，这样的高速增长，还能维持多久，“难以为继”的问题是不是也同样存在？

二、怎样看待“大”与“强”的问题

我国从1996年钢产量突破一亿吨后，连续9年钢产量位居世界第一，已经是举世公认的钢铁大国。如果拿产品来说，我们不仅是钢铁大国，而且还早就是煤炭大国、水泥大国、电力大国、纺织品大国、家电大国、手机大国，……。应该看到，此中的“大”，也蕴含着“强”的因素。但是，又有多少真正成为国际公认的这方面的强国呢？其中原因，确实值得我们深思。

我国的钢产量已经是世界绝对冠军，为什么大家还都那么积极去扩展规模呢？一方面是市场的拉动，因为至少到现在为止，每年增产几千万吨的钢材都被市场“吃”掉了，因此业界内外都有不少人士认为市场还有很大的发展空间；另一方面，还有一个较为普遍的观念，就是企业小了，在市场上站不住脚。要生存，要发展，必须上项目，扩规模。当然，规模大了，有利于摊薄成本，有利于调整结构、开发品种，在某种意义上说，“大”意味着成长，“大”有利于做强。因此，我们并不笼统地反对把企业做大，但我们需要的是健壮式的成长，而不是虚胖式的成长。因为，毕竟不能把“大”和“强”等同起来，更不能说，“大”了，就有核心竞争力。我们的家电产品在很多品种上产量是世界第一，但是又有多少具有自主知识产权的呢？在今年全国人大的小组会上，温家宝总理说了这样几个数字：我们出口 DVD 一台 40 美元左右，可是要你交专利费 21 美元；我们的药品 90% 以上都是国外专利；我们的数控机床 70% 以上都是国外专利；我们的汽车 90% 都是合资企业或者是国外品牌。如果不从创新根本上解决这个问题，中国在国际上的竞争力就不会有很大改变。这几年尽管我们的企业对科技进步给予了更大的关注，但比起扩张规模的劲头来似乎还差得多，这恐怕也是我们不能更快地从“大”变“强”的一个内在原因吧。

还有一种所谓“规模经济”的观点，认为企业规模越大，效益越好。我们固然要重视规模经济，但这绝不意味着规模越大、经济效益就越好。一定装备的配置，有其相应的合理规模；设备的大型化，也不意味着越大越经济。成功将意味着最适宜的规模而不一定是最大的规模。如果一味想通过扩大规模来提高效益，总有一天会走到死胡同里。现在有些观点过于绝对化：比如，有的认为：“年产 500 万吨钢已没有持续发展的能力，至少要千万吨级才行”；有的相当权威的媒体把宝钢股份的盈利情况同其他上市的钢铁企业对比后，认为“年产 1000 万吨以上的大型钢铁企业不仅利润总额绝对值是年产 500 万~1000 万吨大中型钢铁企业的 9 倍，是年产 500 万吨以下的中小型钢铁企业的 18 倍”，于是得出结论：“生产规模在一定程度上决定了钢铁业上市公司的盈利能力和盈利前景。”且不说这些数字是否正确，是否符合事实，对比方法是否合理，只把宝钢效益之所以好，单纯归之于其规模大，是不够恰当的。这里是很多因素综合着在起作用，包括宝钢的先进装备和科学管理，特别是宝钢的员工素质。因此，媒体得出这样的结论必然会起到误导作用。其实，无论是国内外，都有一批规模不算太大的钢铁企业，其经济效益却远比一些规模庞大的企业好，就是明证。上面提到的国际钢协主席，在同次会议上，还强调指出：作为钢铁企业，衡量成功与否的标准并不是公司规模有多大，明智的投入将为钢铁业者带来高附加值，这比单纯的扩大产能效果要更好。因此，投资到研发新产品、新工艺和钢材新应用等是最重要的，这也是钢铁业的核心财富。这是国际钢铁界历史经验的总结，值得我们重视。

对我国这样的钢铁大国来说，的确需要有若干能够在国际上具有相当竞争优势的既“大”又“强”的大企业。但企业怎样做大？是靠增量的扩建，还是存量的重组？我个人认为，除了少数由于城市环保要求进行搬迁，在沿海进行新厂建设外。一般来说，应该搞好存量重组。上海宝钢集团就是这方面的一个好典型。现在国际上最大的钢铁公司——米塔尔钢公司，产能超过了 6000 万吨，它的 25 家钢铁企业遍布全球 4 大洲 14 个国家（美国、英国、德国、加拿大、墨西哥、印度尼西亚、哈萨克斯坦、罗马尼亚、捷克和波兰等国)；位居全球第二、产量4300万吨左右的阿赛洛集团，基本上也是靠存量重组，它的生产厂，分布在欧洲七八个国家，以及美国、巴西、泰国等地。这两个世界最大的钢铁集团，平均单个企业的规模也就是300万吨左右。而目前我国在钢铁产能已经超过需求的情况下，还在继续走增量新建以求把企业做大的路子，不能认为是一种明智的做法。

三、怎样看待发展钢铁工业的资源环境

钢铁工业是资源密集型、又是资源高耗费的行业，特别是我国钢铁工业是以高炉为主的长流程生产工艺，冶炼钢铁，既要大量的铁精矿、焦炭等原辅燃料，又会产生大量的固体废弃物和污水、废气等。按我国目前情况，每生产1吨钢材，需要运送的固态物质就有5吨左右。

我国又是资源相对贫乏的国家，据中国地质科学院不久前发布的《矿产资源与中国经济发展》报告中指出：除煤炭之外，我国主要矿产资源都已告急。该报告认定，“未来20~30年内中国现有资源的供应将不可持续。”一方面的资源短缺，一方面却又是资源浪费。众所周知，我国在经济发展过程中所消耗的物质资源比起发达国家来，要高得多，甚至比世界平均水平也要高，新中国成立50多年来，我国的GDP增长了10多倍，但是矿产资源的消耗却增长了40多倍。其中固然有其合理的部分，但更要看到，我国的资源利用率还比较低，资源浪费现象还相当严重。这里既有全社会的浪费问题，也有我们行业自身的问题。在这种情况下，在考察中国钢铁工业发展问题时，必须认真对待各类资源的支撑条件，这将是今后发展钢铁工业的一个十分重要的制约条件，也需要我们花费更大的精力来认真应对。我们必须充分认识到：我国毕竟还是发展中国家，还要在相当长的一个时期处于社会主义初级阶段，我们必须从我国的实际出发，力求以最低的人均钢产量来实现工业化，这也是“走新型工业化道路”的必然要求。

对全社会来讲，一是要向实现节约型社会的目标奋进。现在有一种观点，认为我国已进入重化工时代。因此，社会也必将进入钢材高消费的时代。这种认识，同样有其合理的一面。但是，我们千万不能套用国外的数据（如人均钢占有量等）和做法，而且我们也用不起这些经验；我们更不能以此为借口，大量地、无谓地浪费资源。最近著名经济学家吴敬琏针对近两年各地政府以“经济已到重化工阶段”为理论依据，大上高耗能项目等现象，一针见血地指出：这哪里是什么新型工业化道路？分明是西方国家在19世纪走过的旧型工业化之路。过去，钢材短缺时，还比较注意节约钢材。现在，具有3亿吨以上产能的钢铁大国，似乎没有多少人重视这一问题了。不少城镇建起了豪华甚至超豪华的大广场，即使在发达国家也是少见的。最近，奥运会场馆建设进行“瘦身”，“鸟巢”用钢量从8万吨减到4万吨，“水立方”从8000吨减到6000吨，节约量高达25%~50%。这种现象，在各地的大型工程中，特别是一些所谓的“政绩工程”中，恐怕绝不是个别现象。合理地减少社会用钢的需求量，直接也就减少了钢铁工业所需的各种资源的压力。第二，要通过加快制订标准、规范以及各种有效措施，大力推广各种性价比高的优质钢材。三级螺纹钢可以比二级螺纹钢节约钢材15%左右，无论对用户还是钢厂，都是有利的；发达国家基本上已不用二级螺纹钢了，我国钢铁企业也完全具备增产能力，但是至今三级螺纹钢占螺纹钢总量的比例还很小。这就需要国家采取更有力的措施，加速高档次钢材的推广应

用。第三，加大淘汰落后的力度。淘汰落后，我们喊了多少年了，但至今为害无穷的“地条钢”，还在肆无忌惮地生产着、流通着。前几天的《焦点访谈》对天津某地的地条钢厂进行了曝光，它们的产品主要销售到北京、上海等大城市，不仅大量浪费有限的宝贵资源（废钢、能源等），加剧了资源的紧张程度；还在某些建筑物上埋下了严重的安全隐患。

对钢铁工业来讲，还面临一个艰巨的任务，就是必须以较低的资源、能源消耗量生产出我国工业化所必须的最低钢产量。如果说，过去节能降耗，主要是为了降低成本，增强市场竞争力。那么，今天不仅成本的压力将进一步加大，而且现有的资源条件也难以适应钢铁工业的持续高速发展。今后在一定时期内，资源的价格还将上扬。这除了供求关系原因外，还有矿山要还欠账的问题。近两年，国有大型煤矿连续发生矿难事故，这是对我们提出了严重的警示：欠账不还，必有恶果。据有关部门测算，要补上安全欠账，近几年就要投入500亿元资金，这些都会增加煤炭成本。铁矿山也有类似需要还的欠账。绿色GDP评价体系的推行，以及“京都议定书”的即将实施，都会促使地方政府和有关企业更加注重环保的投入和加强控制污染的力度，这些在近期内也会使产品成本上升。国内外两种资源的利用，为我国钢铁工业的发展开辟了一条资源供给的新渠道。但是，71.5%的提价，也向我们敲起了警钟。我国是铁矿石最大的进口国，却在采购价格上被剥夺了话语权，无序扩张的结果，就会给人以可乘之机，被迫吞下苦果。这些，都要求我们加快转变经济增长的方式，正确处理数量增长和结构调整的关系，并且进一步提高各种资源的利用率，做好“循环经济”这篇大文章。

四、怎样看待当前的宏观调控

去年以来，中央实施的宏观调控应该说已经取得了明显的成效，就钢铁工业而言，固定资产投资得到了比较有效的控制，固定资产增幅下降。但我们对此绝不能盲目乐观，应该看到，这些成效还只是初步的、阶段性的。正像温家宝总理在人大会议结束时记者招待会上所说的：宏观调控的基础还不稳固，固定资产投资极有可能反弹。摆在政府面前的第一位任务，是通过加强和改善宏观调控，继续保持经济平稳较快发展。从笔者在上面谈到的一些情况看，也可以证明存在投资反弹的极大动因。因此，宏观调控绝不能放松。当然，宏观调控不仅仅是消极的限制和紧缩，实施宏观调控的立足点是为了更好的发展。它既要通过限制一些领域的过度扩张，为整个经济创造良好的发展环境；同时也有直接刺激促进经济发展的相应措施。因此，宏观调控作为政府的职责，是国家驾驭经济发展方向的必要手段，是一个长期的、基本的任务，不存在何时结束的问题，只是针对不同时期调控的取向、重点和力度会有所不同而已。

有这样一种观点，就是“市场说了算”。前些日子，在《中国冶金报》组织的“中国需要多少钢”的大讨论中，好些文章都认为这个问题该由“市场说了算”。这话没错。因为，如果市场不认可，市场不接纳，那你生产的钢材又有什么用？相反，你生产得再多，市场全部“吃进”，那又多在哪儿？但是，如果以此来否定宏观调控，那就是走到另一极端了。我们应该重视市场对资源配置的基础性作用，但我们也不能把一切都依靠市场。无数的事实告诉我们，市场也有很大的盲目性。我很同意经济学家樊纲的论述：“我们是发展初期的市场经济，我们的企业家是第一代的企业家，第一代的投资者，缺乏市场经济的风险意识，没有经历过许多市场的波动，还不知道如何防范风险和驾驭市场波动，因此我们的经济就更容易出现波动。在这样的发展阶段，就更不能没有政府的宏观调控。”前一阵子，一些领域固定资产投资的盲目扩张也充分说明了这一点。

“企业发展的主体是企业，政府不用多加干预。”这话也有其一定的道理。但任何事情，都有一个“度”，超过了“度”，就会走向事物的反面。对企业来讲，要发展，就期盼不断扩大规模，这可能是最便捷的发展之路。但正如经济学上的“总体谬误”一样，对每个企业来说是正确的事，但如果所有企业都这样做，就会导致整体的失误。即使在20世纪60年代，日本钢铁工业处于发展高峰时期，但新上高炉还都必须经过通产省的审批。前几年，由OECD出面，来商讨国际钢铁界的限产问题，这些不都是发生在市场经济国家中的事吗？

“宏观调控要以经济手段来解决问题，不要采用行政措施”。当然，宏观调控主要是运用市场机制和经济手段，但也不能排斥必要的行政措施。特别是由于我国正处在向市场经济转型的过程中，市场经济还不规范，企业、特别是国有企业对经济措施反应并不敏感。因此，国家在进行宏观调控时，除了采取有效的经济手段外，还必须辅之以一定的行政手段。宏观调控，不仅仅是对企业，也包括政府自身行为，要解决好地方利益最大化的问题。事实上，有的反对国家实施宏观调控的地方，自己恰恰就是以不符合经济规律的行政手段企图实现本地区快速发展的。比如，这些年全国建立了6700多个开发区，这符合经济规律吗？如果不是运用行政手段，能压得下来吗？拿钢铁行业来讲，2003年四季度起，国家就采取了若干经济措施以遏制固定资产投资的过度增长，但到2004年一季度钢铁工业固定资产投资仍然以107%的前所未有的增幅高速增长。如果不是配合信贷资金和严格控制土地审批等经济措施，采取了包括果断处理铁本事件的有关责任人等行政措施，恐怕这股风还不会煞得那么快。还有，淘汰落后，光靠经济手段是绝对不够的。如果不采取坚决的行政措施，不仅消灭不了，而且还会形成“劣币驱逐良币”的局面。因此，在某些方面，我们的行政手段不是多了，而是太弱了。当然，在实施宏观调控时，由于具体执行部门和人员对政策理解有片面性以及对企业实际情况掌握的不充分，也会出现一些“城门失火，殃及池鱼”的情况，该保的项目没能保，延误了时机。这是需要有关部门认真改正的，真正贯彻“有保有压、区别对待”的方针，使宏观调控起到更好的作用。

当然，解决好这些问题，并不是一蹴而就的事，会面临一系列的两难问题，需要我们认真领会中央的一系列指示精神，深入实际调查研究，跳出既定的思维模式，解放思想，实事求是地研究改进措施，一步一个脚印地解决面临的诸多问题，我深信，总会找出通向胜利之路的！

管理巨变话马钢❶

从2000年到2004年，我曾三到马钢，每次少则一周，多则10天，对马钢的企业管理等方面的情况作过一些调查，看到了近几年马钢发生了巨大的变化。

马钢的变化，有形的、物质上的，当然很明显。到2004年底，钢产量突破800万吨；在结构调整上，取得了重大进展，已经形成了“线、轮、板、型”的格局；技术装备有了明显的改善，主要技术经济指标大幅度改善，吨钢能耗已进入“7”字头，经济效益显著好转。但是，给我印象深刻的还是一些推动物质变化的精神层面的东西。

首先，是公司重视学习力的提高，上上下下洋溢着浓厚的学习气氛。有的中层干部同我讲：现在双休日成了学习日，没有时间去应酬。这话听了让人高兴，本来企业就是企业，二级单位哪来这多应酬。从饭局转到课堂，这也反映了企业一种生存状态的变化，有利于企业的可持续发展。但是，要使干部和员工们从应酬转到学习，也不是容易的事。这除了形势的推动外，关键是马钢领导对员工培训的高度重视。早在几年前，集团公司总经理顾建国就提出：“把教育作为马钢发展的大计，把职工培训作为生产经营的第一道工序，把人才作为第一资源”，并且从1999年起，每年的教育培训计划都要提请职代会讨通过。在实践中，公司领导身体力行，带头参加学习。公司领导班子中的大多数成员从1999年就开始参加了上海财经大学举办的、为期两年的工商管理硕士研究生课程班，并于2001年4月结业，顾建国和股份公司总经理朱昌逑等三位公司领导还先后单独（不带翻译）赴英国等有关大学进行为期3个月左右的深造。学习，潜移默化地改变了人们的思维习惯，开阔了人们的视野，提高了观察事物的深度，思想更解放了，创新精神更强了，更具有反思精神了；也使同一个团队的人们有了更多的共同语言，更易于沟通了。过去对一些重大问题，由于各人经历的局限，认识往往不易一致，一般要经过较长时间的酝酿，以致决策迟缓，甚至因而丧失了时机。现在，通过学习，增加了共同语言，更便于进行沟通，这不仅使决策更符合实际，还大大加快了决策的速度，争得了时间。

其次，敢于承认自己的不足，有一种不耻下问、敢于否定自我、超越自我的精神状态。我们的大型企业，在前进的历程中都积累了相当丰富的经验，有不少形成自己的特色。但要超越自我，必须否定已经不符合当前形势的过去的自我。因此，怎样正确看待自己的成绩，对待自己的不足，也是检验一个企业是否成熟、是否具有持续发展能力的一个重要标志。在马钢，有两件事，给我印象很深，也使我深受教育。2000年11月，我在马钢作了为期10天的调查后，应公司领导之请，在公司中层干部会议上作了一次讲话，其中对马钢当时存在的一些问题坦率地提出了自己的看法，有些意见比较尖锐，主要是涉及领导工作中的问题。讲话结束后，顾建国总经理在发言中不仅充分肯定了我的意见，而且要求《马钢日报》全文照登，公之于众。以后，《马钢日报》在头版头条转二、三版，整

❶ 原载于2005年6月21日《中国冶金报》。

整两版多的篇幅全文刊登，并配以鲜明标题：“老司长调研报告字字句句凝真情，马钢领导干部入耳入心更思再奋发”。这种不掩盖问题，不回避矛盾的态度，我认为也正是马钢得以快速发展的动力所在。以后我再到马钢时，发现有些当时提出的问题已经有了明显的改进。另一件事是马钢在2002年引进了宝钢以作业长制为中心的基层管理模式。按说，马钢在企业管理上也有自己的特色，但是居然能够不耻下问，屈尊就教，以七位数的代价，引进宝钢的管理软件，迅速付诸实施，并已取得了明显成效。这充分体现了马钢决策层的远见卓识，体现了他们的胆识和魄力，反映了他们企盼管理现代化的高度渴求。

第三，切实贯彻“三精方针”，着重培养严细作风。20世纪60年代，马钢在管理上有很好的传统，马钢创造的“三清、四无、五不漏、规格化、一条线”的文明生产经验，被誉为“江南一枝花”，传遍大江南北。但是，后来出现了管理松弛的现象，以致质量问题时有发生，成本升高。90年代后期，他们认真地进行反思，开展了“我们的生存空间还有多大”的大讨论。思想的解放、观念的转变导致了管理的强化，1999年底，马钢提出了“三精方针”，即：精料入炉，精细管理，精心操作，以后又将其完善调整为“精心设计，精细管理，精确操作”。经过几年来坚持不懈的努力，已经取得了很好的成效，这在2001~2002年H型钢反倾销胜诉上得到了检验。2001年5月，马钢的H型钢被美国列为倾销对象进行立案调查，倾销幅度为152%。当年12月，美方初步裁决马钢的倾销幅度为159%，比原先设定的幅度高了7个百分点。但最终于2002年5月，美国商务部确定马钢H型钢倾销差额为0%。同时被立案的其他国家和地区，除意大利为0.33%外，其他国家和地区（包括中国台湾）的企业则被裁决倾销额从5.2%到230.6%不等。这主要是根据美方派出的3人小组，对马钢进行了近10天的实地核查取证的结果。他们不仅听取了马钢管理和营销情况的介绍，而且深入到与H型钢轧制有关的所有生产厂和辅助单位，从原材料的采购、炼铁、炼钢、轧制、检验、包装等进行了全过程追踪，涉及水、电、风、气诸多细节，重点检查了各种原始材料、数据、档案等报表，全都真实可信。最后，美方代表表示信服，并称道马钢是一个规范化运作的国际上市公司，是按国际惯例操作运营的、值得信赖的公司，终于作出“无损害”的最终裁定，马钢继续享有0%的进口税率。

马钢在大步前进，但是在国内外强手如林的钢铁界中，马钢要在激烈的市场竞争中站住脚跟，更上一层楼，还需要作出更大的努力。衷心祝愿马钢从胜利走向新的胜利！

搞好八个结合　推动企业文化建设[1]

近些年来，企业文化建设在钢铁企业中受到越来越多的重视，很多企业的一把手亲自抓，取得了良好的效果，并在实践中积累了不少经验。一些企业里，企业精神、企业理念和核心价值观已经深入人心，成为推动企业前进的强大精神动力。笔者在和企业同志交谈中，也颇多启发，深受教益。经归纳整理，感到当前要进一步推动企业文化建设工作的开展，需要搞好以下八个方面的结合。

一是领导和群众的结合。人们常说，企业文化是企业领导人的文化，要体现企业领导人的意志。这话没错。但也不能把企业文化单纯地看作是领导人的文化。企业领导只有顺应事业的发展，体现国家和人民对企业的期望，并总结员工丰富的实践经验，从而提炼出既扎根于企业肥沃的土壤、源于实践，又高于实践的企业文化，才能成为引领企业前进方向的精神指南。在这方面，我觉得宝钢的三句话概括得比较全面：宝钢的企业文化就是体现了历史成功的积淀；事业发展的需要；领导者的意图。大家知道，宝钢文化的主线，就是“严格苛求的精神，学习创新的道路，争创一流的目标”。“严格苛求”是陈云同志在20世纪80年代建设期间对宝钢提出的要求；“掌握新技术，要善于学习，更要善于创新”则是小平同志90年代对宝钢的题词；而“争创三个一流”则是江泽民对宝钢题词中提出的要求。经过20多年来建设、生产经营和科技进步的实践，也充分证明了这三句话对宝钢发展的重要意义。因此，经过几届领导人的提炼，自然就成为宝钢文化的主线，成为指引宝钢人前进方向的动力。

我们还常说，企业文化是一把手的工程。这不仅意味着一把手应该是企业文化的倡导者、组织者。同时，还必须是带头践行企业文化的实践者。贯彻公司文化首先要由高层人员带头。用英特尔公司原总裁格罗夫的话来说，就是：要训练出忠于公司文化的高层管理者和总经理。作为企业领导人，如果在自己的决策过程中，在选人、用人中，以及在日常言行中不能体现自己所倡导的企业精神和经营理念，那所谓企业文化也就是一纸空文，仅仅是一些漂亮的辞藻而已。

但企业文化最终必须落实到企业全体员工日常生产、生活中去，落实到全体员工的行动中去，才能使企业文化真正发挥作用。这不仅要求企业各级领导通过各种途径、采取各种方法，使企业广大员工熟知、理解、认同企业精神和价值观，从而自觉地贯彻到自己的行动中去；而且还要引导员工，结合自己的岗位实践，来创造性地贯彻企业精神，使企业文化建设更具有广泛的群众性。首钢在这方面做得很有特色，首钢下属各厂都紧密围绕首钢总公司的企业精神和理念，具体化为岗位的行动指南。像炼铁厂全员参加，对74个岗位都制定了一句话的岗位行为规范。比如，炉前电炮工“堵口一炮严，环保不冒烟”、五炉下渣工是“熔渣畅通不落地”，炉前上渣工是“放渣及时不憋风”。一句话抓住要害，

[1] 原载于2005年第4期《冶金企业文化》。

既准确、明确，又好记。这种群众性的推荐、提炼、筛选、归纳、整合过程，实际上就是一种教育过程，也就是理念渗透的过程。

二是企业文化与企业发展战略相结合。企业文化不能单打一地抓，就企业文化抓企业文化，必须与战略目标相适应，服务于企业的战略目标。同时，企业战略目标的实现，也要依赖相应的企业文化的实施。比如，一些企业在从数量扩张型转向质量品种效益型时，在企业理念上就更突出质量第一、用户至上以及创新意识等。湘钢提出实施优钢文化，就是同它要成为国内精品线、棒材和优质宽厚板专业生产企业的这样一个战略目标密切相关的。宝钢的价值观从追求企业“效益的最大化”到追求“价值最大化”的转变，也是服务于企业战略目标的变化。因为，2000年宝钢成为上市公司后，投资者衡量公司的唯一标准是看公司能否为股东创造价值。这就要求企业在生产经营过程中，不仅要注重企业的短期利益，更要追求企业的长期、持续、健康地发展；不仅要求企业为本身获取利益，还必须为投资者、用户、员工和社会创造价值。所以，不能仅仅停留于追求效益最大化，必须实现企业价值最大化。对各个二级单位来说，同样需要提出自己的愿景，作为全体员工的奋斗目标。像莱钢炼钢厂1999年发生死亡3人的恶性喷爆事故后，新的厂领导班子在经过认真的调查后，果断地提出“用一到两年的时间实现全国同类企业转炉钢综合水平第一的目标”。为了实现这一战略目标，他们相应地提出了“系统思考、学习创新、自我超越”的企业精神以及支撑企业精神的三个代表性理念：谨防青蛙现象，慎待蝴蝶效应；工作学习化，学习工作化；不归罪与外，挑战自我极限。并在工作中联系实际积极贯彻，使这些理念深入人心，成为指导自己行为的准则，从而很快改变了炼钢厂的面貌，仅仅一年多的时间，莱钢炼钢厂就进入了先进行列。他们的经验在行业内引起了强烈的反响。

三是文化理念与建立机制、制定规章制度相结合。要以理念来指导制度的制定，用制度来推进理念的实现。绝不能理念管理念，价值观管价值观，同实际执行的规章制度不怎么搭界，甚至是各管各。因此，企业文化建设绝不仅仅是企业文化部门的事，而是同企业各个部门都密切相关的事。比如，现在很多企业都倡导诚信，这是一种理念，一种精神，是属于道德范畴的东西，我们必须要通过多种形式使广大员工深切地理解在市场经济条件下，诚信的极端重要性，诚信不仅是个人为人处世的准则，也是企业在市场上能够畅通无阻的通行证。但是，光这个还不够，诚信行为要反映在方方面面，在对外交往中要讲诚信，在上下工序之间要讲诚信，有的企业还推出开展“诚信设备”的活动。但这不能只是一般号召，要将诚信真正贯彻到企业生产经营的各种活动中去，就必须建立以制度为支撑的诚信体系。所谓“内化于心，固化于制，外化于行”，只有“固化于制”，才能更好地“内化于心”、“外化于行”。宝钢今年提出建立诚信文化后，同时着手建立诚信机制，他们认为当前推进诚信建设的重要抓手，在于提高对规章制度的执行力，管理者尤其要以身作则，率先垂范。大家都知道，发达国家的老百姓很少见到有“闯红灯”的。这一方面是固然是教育的成果，另一方面也有制度的约束。在德国，如果闯了一次红灯，保险费将被加1%，因为你有不良记录；即使换一家保险公司，也没用，因为是联网的，所有保险公司都一样对待你。此外，银行通知，购房分期付款，由15年改为10年。这就是违犯诚信理念的代价。只有理念同机制的结合，才能真正使理念深入人心。当然，我们说“固化于制”，也要防止制度的僵化，从而影响文化理念的正确贯彻，这在IBM等一些国外企业也是有过教训的。

四是要同本单位自身的特点相结合。一个比较实际的问题是；在一个大公司或者集团内，允不允许下属单位提出自己的精神和理念。有的企业强调企业核心价值观就是一个，所有下属单位不允许各自再提其他什么精神、或理念。当然，作为总公司提出的价值观、企业精神以及各种理念，应该说是经过反复研究，反映了整个公司的总体要求，下属单位要认真研究，努力贯彻执行。绝不要片面强调自己的特殊性，自觉不自觉地否定总公司提出的理念、精神。这样就会造成自己同兄弟单位文化交融上的隔阂，甚至隔绝。但这不等于在企业统一的价值观前提下，各单位不可以根据自己的特点提出有其个性化特色的理念。相反，提倡这样的“个性”，不是同“共性”相对立的，而是能够更好地在本单位体现“共性”。比如，有些集团公司下面除了主体生产厂外，还有设计院、研究院，这些单位都是知识密集型的单位，人员构成、工作习惯、思维模式都同生产厂有所不同，这就要求在日常管理上，文化建设上，都要能够体现其自身的特色。即使同为二级厂矿，情况也有所不同。运输部、动力厂点多、线长、面宽，要发挥单兵作战的作用，小分队的作用；焦化厂的生产流程，又不同于炼铁厂、炼钢厂。如果只允许一个提法，那么，中央已经制订了“爱国守法、明礼诚信、团结友善、勤俭自强、敬业奉献”20 字的公民基本道德规范，是不是企业就可以不要再提其他什么道德行为准则了呢？答案显然是否定的。我们就是要结合自己的具体情况，来更好地贯彻总公司的理念、精神。这也能更好地激发基层干部开动脑筋，创造性地进行工作。

五是内容与形式相结合。企业文化建设，关键当然在内容。但是，内容也要通过一定的形式来体现，而且，在一定程度上，形式也可促进内容的发展。我曾看到过像水钢二轧厂、炼钢厂，韶钢中板厂，莱钢一些二级厂等单位的文化长廊、宣传橱窗、宣传牌，这些构成了独具特色的文化风景线。我深为它们所反映的文化内涵所感动，从中可以强烈地感受到这些单位的文化氛围。记不得是莱钢哪个厂的厂部办公楼，在楼道和各个办公室门口，都写有针对性很强的格言警句、工作理念。厂领导门口挂的是：“爱人者人恒爱之，敬人者人恒敬之”；“金杯银杯不如群众的口碑，金奖银奖不如群众的褒奖”；生产计划科门口挂板上是：“把最严格的标准给自己，把最好的产品给用户”。这些都是从群众提供的100 多条箴言中反复筛选而确定的，既是对自己的鞭策，也会给人以启示，鼓舞人们奋发向上。最近，一些钢铁企业都被当地选为工业旅游的景点，有的企业在参观的厂区布置了文化通廊，很好地反映了企业员工的精神面貌，使参观者也很受教育。这不仅使参观者知道了物质的钢铁是怎样炼成的，更看到了钢铁企业在炼钢的同时，也在锤炼着工人阶级自身，感受到整个钢铁工人的思想境界和崇高的精神面貌。有的企业领导，不赞成在厂区内、特别是厂房内张贴任何标语、警句等，认为员工进入车间，就是一门心思搞生产，不要有其他任何干扰。对此，我不敢苟同。实践证明，这种文化氛围，不仅不会干扰生产的发展，而且有助于员工身心的全面发展。我在日本一些钢厂里，也曾见到在生产车间挂有一些员工自己提出的警句，在每条警句下面，都有提出者的名字，这也是一种鼓励吧。像现在在国内到处可以看到的一条安全标语：“高高兴兴上班去，平平安安回家来”，就是1978 年我们去日本钢铁企业考察时看到的，以后在考察报告中作了介绍。今年，宝钢在一年一度的企业文化大会上，确定了以“诚信”为主题，从董事长谢企华、党委书记刘国胜开始，全体管理者都进行了诚信宣誓。这种形式，还是很有必要的。当然，也要防止片面追求形式，甚至堕入形式主义的泥坑中。

六是形象教育与理念灌输相结合。宣传企业文化，既要有理性的诠释，不断地灌输；更要重视感性的熏染，自觉地实施。许多企业的经验告诉我们，通过具体事例来宣传企业文化，更生动、更形象、更易于为群众所接受，产生的影响会更大。先进人物、先进单位的先进思想、先进事迹就是体现企业文化的最好载体。这种先进典型的涌现，既可以体现企业精神的巨大力量，又可以使企业精神不断得到充实、提升。有人把张瑞敏说成是中国企业界的“故事大王”，海尔人从张瑞敏开始，大部分人都是写故事、讲故事的高手。海尔人就是把理念故事化，把故事理念化。海尔的每一个品牌、每一个前进的步伐中都蕴含着一个和几个故事。像砸冰箱的故事、土豆洗衣机的故事、“小小神童”的故事，等等，无不体现了海尔的企业精神和理念。因此，各级领导都要善于运用各种载体来推进企业文化的建设。其中，一个重要方面就是要及时发现体现企业文化的各种闪光点，总结先进单位和先进人物的先进思想、先进事迹，并以各种方式在员工中广为宣传，使企业精神随着这些生动感人的故事而深入人心，成为人们仿效、学习的榜样。这就要靠企业各级领导的精心培育，使企业文化之花能常开不败。萍钢编了一本《萍钢公司核心价值观案例选编》，在收集到的近300个案例中精选出54篇，既有事件的背景，又描述了变化的过程，最后都有当事人的体会，每篇都是几百字、千把字的小文章，可说明了一些大道理。从这些案例中不仅可以看到萍钢核心价值观的形成、发展、完善的过程，更可以证明企业核心价值观对实际工作的重大指导作用。而且这些案例不是由少数专人执笔，而是谁干、谁总结、谁来写。语言朴素，由小见大，很受启迪。攀钢提出“大三化”（内化于心，固化于制，外化于行）与“小三化”（理念故事化、理念人格化、故事理念化）的结合，并且通过征集攀钢人故事，攀钢人格言，举办厂歌大赛等活动，使各种理念深入人心。

七是继承传统和创新相结合。创新与传统的继承，这两者并非是截然对立的。创新绝不是全盘否定传统，创新是在历史的基础上发展。现在我们认为传统的东西在某一时期也是创新的产物，只是经过时代的扬弃，证明其有利于社会的发展而为人们所接受得以保留下来，就成为传统。但时代在发展，科学在进步，光是沉湎于传统，就不能前进，而且传统的东西总有其一定的局限性。因此，传统是把双刃剑。我们既要善于利用传统中的积极因素，为我所用；但又不能囿于传统，作茧自缚。这对企业文化建设同样适用。创新，一方面是由于形势的发展，情况的变化，需要对原有的文化理念赋予新的内涵。比如，宝钢一期工程投产时，就提出了严格苛求的企业精神，与此相应的是实行了“集中一贯制”的严格管理，厂门口大字书写恩格斯的名言：“进入工厂，请放弃一切自治”；今天，在工作场合，严格执行纪律，仍然是宝钢人的好传统，但不再提“放弃一切自治”；而更好地体现严格苛求精神的，是推行6西格玛管理。试想，百万分之3.4的差错率，做是何等的苛求精神啊。再是要善于利用新技术的成果。现在不少企业以及所属的二级单位都建有自己的局域网，这种信息平台的建立为企业文化的深入传播创造了良好的物质条件。

八是精神层面和物质层面的文化建设相结合。企业文化内涵较广。一般来说，可以分为3个层次：最表层的是物质文化，中间层是制度行为文化，最核心的是价值观，即精神文化。这几方面既是相互联系的，又在各自的领域里发挥其独特的作用，都应该予以足够的重视。但企业文化建设的重点还是要放在精神文化方面，也就是为全体员工所共同认同的企业核心价值观和企业精神等方面，以及由此而形成的企业经营理念、目标信念、道德准则、行为规范等。这种理念和企业精神一旦形成，就会成为强大的凝聚力，成为职工自觉行为的准则，成为推动企业前进强有力的精神力量。大量事实证明：一个没有文化积淀、文化底酝，不重视企业文化建设的企业是没有生命力的企业。但我们同样不能忽视物质层面的内容，比如建立各种文化活动中心，举办文化艺术节、运动会，以及各类有益身心健康的文艺活动，特别是钢铁企业多半都在市郊等偏离城市中心的地区。因此，如何用健康的文娱活动作为占领8小时以外时间的有效措施，就显得更为重要。有的企业，不少员工、甚至有些领导干部，业余时间沉湎于搓麻打牌上，我敢肯定这样的企业如果不痛下决心，以健康的文化活动来替代，企业是不可能得到持续发展的。

企业文化建设是所有企业一件带有根本性的建设工程，随着各项企业文化建设工作的进一步开展，其重要意义将会越来越得到进一步的显示。让我们一起来关注新形势，研究新问题，总结新经验，推动企业文化建设不断向前发展！

见证宝钢话变化[1]

今年9月，宝钢一期工程投产20年了。从1978年12月23日参加宝钢开工典礼起，我就同宝钢结下了不解之缘，分享着成长的喜悦，也经历过挫折的困扰。但是，在党中央的正确领导下，在十一届三中全会精神的指引下（说来也巧，1978年12月23日，十一届三中全会公报发布之日，也正好是宝钢举行开工典礼之日），宝钢终于在改革开放春风的沐浴下，建成投产，成长壮大。在1998年宝钢开工建设20周年时，我曾写过“宝钢——在改革开放中成长壮大”一文，以“改革开放的先驱”、“现代化管理的楷模”、“面向市场的典范”和“科技进步的榜样”为题，分别介绍了宝钢建成后在钢铁行业中所起到的历史性的功绩。此后，我仍然不断关注着宝钢的变化和进步。在宝钢投产20周年的前夕，我再次来到宝钢，所见所闻，感触良多。在这7年里，宝钢又取得了许多令人鼓舞的业绩。宝钢不仅在国内钢铁业中稳居龙头老大的地位，在各方面都继续起到领头羊的作用；她对国民经济的贡献也越来越大，她的竞争力越来越强，而且在国际钢铁界的影响和地位也越来越高。宝钢不仅是我国钢铁界的骄傲，同样也是全国人民的骄傲！历史已经证实，小平同志在建厂初期所作出的科学判断：“建设宝钢是正确的”。

一、宝钢名列世界500强

2004年7月12日，美国《财富》杂志公布2003年世界500强排名，宝钢以营业收入1204亿元人民币（折合145.48亿美元），名列第372位，成为中国竞争性行业和制造业中率先进入世界500强的企业。宝钢成为世界500强，是宝钢多年来坚持科学发展观，走可持续发展道路的胜利成果。

虽然，世界500强的排名，是以营业收入为基准的，主要是反映了这些企业规模之大。宝钢的规模在国内钢铁界是雄踞榜首，在国际钢铁业中也是名列第六。但是，宝钢并不是一味求大，而是大中求强。拿宝钢来说，2003年的钢产量是1987万吨，期产品的价格远远超过行业平均售价。这主要是宝钢这些年致力于提升产品档次，提高产品质量，大力增加市场急需的高技术含量、高附加值的高端钢铁产品。作为战略产品的汽车板已占据半壁江山，一汽大众奥迪A6、上海大众帕萨特、上海通用别克等国内高档次轿车都已用上了宝钢板；并已于2001年，登陆欧洲市场，产品批量进入菲亚特、福特、伊莱克斯、惠而浦、梅洛尼等国际知名汽车、家电企业。家电用钢、塑模钢国内市场占有率超过40%。油井管、石油钻杆被各大油田普遍采用，并出口中东、欧美等市场。20世纪90年代初，在国内没有研制出X70管线钢之前，国外所卖管线钢报出的是天价。有时，有的国家甚至不卖钢板，只卖钢管，以获取更高利润。宝钢能够批量生产X70管线钢的消息一经

[1] 写于2005年7月2日。本文是应《中国证券报》之约而写。后该报改为以本文内容为主的访谈式采访，本文没有发表。

传出，在国际钢铁界引起极大震动，国外的报价大幅度下降。现在宝钢股份高等级管线钢成为国际名牌产品，在举世瞩目的西气东输工程的国际招标中，宝钢以66%的供货量成为最大的管材供应商。去年底，批量生产的管线钢的“极品”——X80管线钢已应用于西气东输联络线工程。到目前为止，全世界只有1000多千米的X80管线。宝钢股份这次生产的X80管线钢热轧板卷是目前国际管线钢系列中标准最高、厚度最大的高难度品种。即将于2005年投产的宝钢股份宽厚板工程，也将为我国开发生产X100~X120等更高钢级的管线钢提供支撑。可以肯定地说，如果没有这些年宝钢在产品结构上的调整和优化，即使宝钢的钢产量再增加一些，在世界500强的大门前，也只能是望门兴叹。

当然，作为全球500强，必须有一定的规模，特别是对宝钢这样国内钢铁界的龙头老大来说，也要求在规模上具备优势，才能更好地发挥其影响力。在这方面，宝钢也作出了极大的努力。在完成国家投资的一、二期工程、形成600万吨钢的综合生产能力后，宝钢又不失时机地自筹资金520亿元，进行了三期工程的建设，在2001年全面建成、达到1100万吨综合生产能力。在此基础上，“十五”期间，又先后自筹巨资建设1800冷轧、宽厚板轧机、厚板连铸等一批填补国内短缺甚至空白的重大结构优化项目，目前已陆续投产，从而使宝钢股份成为我国最重要的钢铁精品生产基地，奠定了向世界级钢铁企业迈进的基础。另一方面宝钢还果断地通过存量资产的重组，来扩大自身的规模。1998年11月，宝钢同上钢、梅山钢铁公司的联合，以及其后的成功运作，就是一个资产重组的范例。三钢的联合，使新组建的上海宝钢集团规模进一步扩大，成为当时国内第一家规模突破千万吨级的钢铁企业。联合还使上海地区的钢铁工业得以统一规划，合理布局，使各类资源能得到优化配置。而且凭借宝钢的实力，对上海原有钢铁企业进行了大规模的技术改造，使这些厂旧貌换新颜，形成了三大精品基地。像一钢原有的落后装备已全部淘汰，装备水平居国内领先，世界一流，目前已成为我国不锈钢精品的生产基地；五钢成为特殊钢精品生产基地；三钢随着世博会的推进，实现整体搬迁，罗径新区目前开工建设，铁前系统采用熔融还原的新工艺，取消了环境污染的焦炉和烧结，形成了新的优质碳钢的精品生产基地。

在做大做强宝钢自身的同时，宝钢还不断加强和完善供应链建设。在原燃料供应方面，通过投资国外矿山，并与澳大利亚、巴西等国当地的铁矿公司以及国内外的煤矿结成了战略合作伙伴关系，建立了稳定的原燃料供应基地。在产品销售上，与国内外战略用户的合作不断深入。先后与一汽、上汽、东风等中国三大汽车集团结成战略合作关系，从产业链上下游的销售关系，扩展成相互支持、共创广阔前景的战略伙伴关系。去年8月，宝钢、新日铁、阿塞洛共同组建的宝钢新日铁汽车板有限公司成立，宣告目前中国最大的汽车板专业生产企业的诞生。此外，在其他金融、运输等环节上，也根据不同情况分别建立了战略伙伴合作关系。这些战略合作伙伴的结成，为宝钢规模的拓展提供了坚实的物质基础，大大增强了宝钢的市场竞争力。

宝钢还充分利用社会优势科技资源，建立产学研合作联盟。与全国50多所高校有合作关系；建立起全国第一家企业办博士后科研工作站，已有24位博士到站工作；并开展了以科研项目为载体的产学研合作，联合开展国家重点科研项目研究；宝钢研究院每年还有100多个项目以外协形式与高校及科研机构合作开发。还与美国匹兹堡大学、纽约州立大学、日本早稻田大学，以及英国、加拿大、荷兰等10所大学著名高校建立了培训合作关系。

二、世界钢动态（WSD）综合竞争力排名第三

从2002年起，在国际钢铁界具有很大影响的世界钢动态咨询公司（WSD）将宝钢列入全球主要钢铁企业综合竞争力的评价报告中，当年在选定的13家最具竞争力的钢铁企业中，宝钢的综合竞争力名列第五，2003年、2004年，分别为第二、第三；2005年，在23家钢铁企业中，依然名列第三。评价体系是由21个项目组成，每项最高为10分。公布排名时，同时公布每项指标的得分，因此这一排行榜具有很高的透明度和很强的公正性。在这21项中，宝钢的得分有高有低，但连续3年都位居前三名，也可见其强大的实力。

企业的竞争力，主要体现在企业的自主创新能力上。当初，在决定建设宝钢时，凭我国的技术水平，根本无力建设这样一个现代化的大型钢铁企业。因此，在决策建设宝钢时，中央就确定了：通过引进世界先进技术提高宝钢的技术起点；通过消化并掌握引进技术，缩短和世界冶金工业先进水平差距的技术路线。宝钢没有辜负党中央、国务院和全国人民的重托，首先是在工程建设上，实现了从“整体引进”到“国内集成”的跨越，设备的国产化率大幅度提高。宝钢的一期工程，设计是由新日铁承包，设备基本上为全套引进，国产设备仅占12%；但到二期工程建设时，就采取了合作设计、合作制造的模式，工厂设计由国内承担，设备国产化率为61%；到三期工程时，冶炼系统由国内设计、点菜引进，轧钢系统由国外小成套、国内技术总成，设备国产化率提高到80%以上。“十五”期间，宝钢不再满足于单体装备和局部技术的开发创新，而是敢于自主建设大规模的先进生产线，3号热镀锌生产线和彩涂板生产线完全靠自己的力量建成。今年3月，宝钢宽厚板轧机建成投产，其中宝钢自主技术集成程度达到90%以上。

宝钢的三期工程，共引进专利695件，技术秘密1563项。宝钢认为，站在巨人肩膀上是为了使自己尽快成为巨人。因此，宝钢人高度重视对引进技术的消化、吸收和二次创新，开发具有自主知识产权的新技术、新工艺、新装备。现在，宝钢一、二期引进的专利和技术秘密中，98%以上能够熟练地在现场使用。同时，宝钢将二次创新成果积极应用于宝钢的新建及技改项目，实现了技术创新的良性循环。近5年来，宝钢申请专利数每年以较大幅度递增。1999年，申请专利数为110项，到2004年，达到403项。同期，技术秘密审定数从216项增加到1244项，在国内钢铁企业中遥遥领先。特别令人欣慰的是，宝钢已从技术引进开始向技术输出转变，目前累计已签订技术贸易合同额2.5亿元，发展的势头未可限量。技术贸易项目已由单项专利或技术秘密的输出转向含有专利或技术秘密的成套项目的输出；由单纯的技术输出转向技术加管理输出；由向国内企业的输出转向对国内外企业的输出。如向俄罗斯马钢输出转炉顶底复吹技术、向马来西亚MEGASTEEL新建冷轧厂提供总体技术咨询、向印度ISPT钢厂输出宝钢喷煤技术、向巴基斯坦钢厂输出炉前扒渣机，还为波兰从德马克公司引进的无缝钢管生产线培训从工程总指挥到主管工程师等技术领导。新产品的不断涌现及实物质量的不断提高，验证了宝钢技术创新能力的不断提升，目前宝钢新产品产值率已达到16%左右。

宝钢还启动了“薄带连铸”等48项具有原创性的重点科研开发项目。在“十一五”期间，还将力争在推进大高炉的长寿和高利用系数生产工艺技术、250千克/吨大喷煤量技术和经济喷煤技术、洁净钢生产技术、高精密轧制技术、控轧控冷技术、晶粒超细化技

术、智能控制技术、关键工序装备集成技术等方面取得重大突破，进一步培育宝钢自主知识产权技术，扩大技术优势、抢占冶金技术的制高点。

在企业管理上，宝钢也经历了从引进到输出的过程。20 世纪 80 年代初期，在管理还被相当一部分人视为带有意识形态、甚至带有阶级烙印的时候，宝钢却果断地花了 8000 万美元从新日铁引进了管理软件，并坚定不移地组织实施，大大促进了生产力的发展。在实践中，宝钢还紧密结合中国国情和宝钢实际，对引进的组织管理方式，进行消化、吸收、完善、创新，使之“宝钢化”。现在宝钢股份公司的“集中一贯管理”、组织机构的扁平化、作业长制以及自主管理等经验不仅在宝钢集团内部已经得到有效推广，取得了很好的成效。而且，在行业内部，也有不少企业争相学习宝钢管理经验。像有“江南一枝花”之称的、在行业内颇有影响的马钢，前几年以 7 位数的代价引进了宝钢的作业长制，在新建的“一钢两板”3 个厂中首先实行，现在这 3 个厂的新体制、新机制已基本建成，基层管理正逐步向规范化、系统化、流程型转变，基本达到了“工序服从、重心下移、权限委让、横向协作、自我了结”的要求。马钢公司领导认为这是“马钢基层管理的一次革命”。

而宝钢自身的管理也随着形势的变化，企业的发展，在不懈地进行新的探索、创新。从“集中一贯”到“企业系统创新（ESI）”，从“五制配套”到“以六西格玛为特征的精益运行”，从强调“生产管理”到强调“用户管理”和“财务管理”，再到强调“战略管理”，坚持走了一条“创新—规范—再创新—再规范”的创新之路，这也是宝钢赢得竞争优势的不竭的源泉。特别要提到的是宝钢的信息化建设。近几年，宝钢股份倾力打造 ESI 系统创新工程，建成以客户为中心、快速反应、高效运作的现代化管理模式。它将现代钢铁制造管理技术和信息技术融为一体，不仅在中国钢铁企业，而且在中国制造业也是首创。宝钢的光缆总铺设长度达到 360 千米，已经成为亚洲最大的企业网。今年 1 月 15 日，第二届中国企业信息化 500 强调查结果揭晓，宝钢股份继续超过在信息化建设上实力雄厚的金融单位，蝉联榜首。现在，宝钢的主要客户可以通过计算机，实时查阅到自己所订的货物运输途中所在的经纬度位置。

三、标准普尔对宝钢信用评级提升为国家主权级

2004 年 2 月 6 日，标准普尔评级机构发表公告宣布：宝钢集团及其子公司宝钢股份的信用评级由 BBB 同时提升至 BBB +，评级展望为稳定。这是 BBB + 国家主权级别与宝钢阔别 5 年后重新回归，反映了宝钢在中国大陆钢铁行业领先的市场地位、高附加值产品的稳定增长、具有竞争力的成本优势、稳健的财务政策以及所取得的运营成就。

1997 年 11 月 11 日，标准普尔首次对宝钢进行信用评级，宝钢获得了与国家主权级相同的 BBB + 信用等级（企业的信用评级最高是和国家主权级相同）。但是，时隔不久，一年多以后，标准普尔将宝钢信用等级调低至 BB +，前景展望为负面。所以作出如此的评价，一个主要原因是 1998 年 11 月，宝钢、上钢、梅山三钢联合，组建成上海宝钢集团公司，出于对联合重组前景的担忧，标准普尔在 1999 年调低了对宝钢的信用评级。当时，在国内企业界、经济界，也有不少人认为宝钢从此将背上一个沉重的包袱，三钢联合会拖垮宝钢。

但是，到 2003 年，标准普尔将宝钢信用评级又恢复到国家主权级（当时为 BBB）。

2004年，随着国家主权级调升到BBB+，宝钢信用评级也调升到BBB+。并且在宝钢开始对联合后的钢铁主业实施一体化运作时，标准普尔给予了一个与当年三钢联合时截然不同的预期和评价，在其评级公告中这样写道："宝钢股份将从其母公司收购上钢和梅山公司的资产，将有利于公司继续扩大产品品种，提高抗风险能力，以提高其在国际市场上的核心竞争力，宝钢股份的盈利能力将进一步提高。"有位美国教授，当年曾把宝钢联合作为失败案例，后来也对宝钢前景看好，表示："我想买宝钢股票。"

"成也萧何，败也萧何"。标准普尔评级的两次变动，都同上钢和梅山分不开。为什么前后两次评价的反差会有这样大？走进一钢和五钢，答案就自然就会涌现。现在，进入一钢现场，已经看不到陈旧的设备了，大型的高炉、转炉，替代了过去的小高炉、小转炉；轧钢生产线，同过去相比，更是不可同日而语了。就工艺装备而言，一钢已经是当之无愧的国内领先、国际一流的不锈钢生产基地了。五钢近几年进行的技术改造，也是集世界先进装备之大成，现在，五钢已经形成了以汽车用钢、轴承钢、不锈钢、工模具钢、高温合金、钛合金、精密冷带等特殊钢及特种合金材料为主导的产品系列，棒、管、丝、带、饼、环及异型材一应俱全，应用于航天、航空、核电、电站、铁路、汽车、电子仪表和石油化工等领域。轴承钢成为国内特钢行业唯一获取SKF无条件认可的轴承钢供应商，是许多外资轴承制造企业的指定供应商；汽车用钢获得上海大众汽车公司和德国大众、GKN、ZF、美国Rockwell等公司认可；不锈钢产品已成为我国航空、航天、舰船及"三化"用管的主要供应商；高温合金及钛合金方面，是国内军工、核电等关键用材的主要生产及研发基地，在国内航空、航天领域的市场占有率已超过1/3，成功地为"神舟"系列飞船部件等提供了各类优质钢材；产品已进入美国的电站设备制造厂，五钢还是目前我国唯一获得向美国GE公司提供高温动力叶片用钢许可的特钢企业。过去被视作"包袱"的，现在都成为新的经济增长点，成为可持续发展新的闪光点。

这种变化是同宝钢集团的领导高瞻远瞩、大局意识分不开的。三钢联合后，宝钢遵循科学发展观的原则，斥巨资对上钢和梅山进行大规模的技术改造。对一钢投入了156亿元、五钢投入36亿元、梅山投资近40亿元。200多亿元的投入，并没有增加多少产能，但产品结构却得到了根本性的调整和优化。这种大手笔，在国际钢铁界也是不多见的。至于浦钢的搬迁，预计投入要高达200亿元，这岂是某些要挑战宝钢的民营企业、想以投入10多亿元增加100万吨钢的做法所能比拟的。在进行大规模技术改造的同时，宝钢又实施一体化运作，在集团公司范围内，全面推行在宝钢股份已被证明行之有效的管理模式，强化信息化管理，使这些子公司的管理水平登上了一个新的平台。

四、企业文化建设促进了人才的成长

宝钢成为世界500强，其成功经验之一，就是开展了企业文化建设。宝钢企业文化有力地促进了宝钢的发展，在企业发展的同时，一支高素质、高技能、高品位的人才队伍也在茁壮成长。在宝钢这座大熔炉里，不仅炼成了优质钢材，更锤炼了优质人才。宝钢几届领导班子既是企业文化的倡导者、组织者，更是带头践行企业文化的实践者；他们把企业文化建设与实施企业发展战略相结合，使企业文化与战略目标相适应，服务并促进企业战略目标的实现；他们把倡导文化理念与建立机制、制定规章制度相结合，使先进文化与先进管理相融合，使先进理念"内化于心，固化于制，外化于行"，牢牢扎根于广大员工思想深处，化为实实在在的行动；他们在文化建设中坚持把继承传统和创新相结合，使企业理念能适应新形势，与时俱进，具有更强的前瞻性和指导性，推动企业持续前进。

在本文中，我不想全面论述宝钢的企业文化，而只是想就个人感受较深的作些介绍，也许读者们可以从中领会到为什么宝钢前进的步伐会越来越快，在业内外的声誉和影响会越来越大。

“争创一流”。这是宝钢企业文化主要内涵之一。在宝钢投产的初期，有些干部满足于宝钢的主要技术经济指标处于国内领先地位，当时的宝钢总经理黎明严肃地指出：宝钢在国内争第一，是没有出息。要争，就要同世界一流企业争高低。并且在当时国内市场赢利高于国际市场的情况下，坚持每年都要把10%以上的产品出口到要求最苛刻的日本和欧美市场上去检验。这一原则至今仍在执行。现在，宝钢把“争创一流”更加具体化，他们通过与世界一流钢铁企业“对标”，瞄准主要竞争对手，确定10个方面专业核心指标228个，掌握“对标”用数据4000多个。通过“对标”，把“建成全球最具竞争力的钢铁企业”的大目标落到实处。这种意识，现在已深深印入广大员工脑海中。《宝钢日报》曾发表过三篇关于宝钢运输部贯彻“精品意识”的报导，标题分别是“搬精品像搬豆腐”、“运焦炭像运鸡蛋”、“进厂房像进客厅”。这不是哪位秀才在“作秀”，而是工人们实实在在的操作方针。作为生产辅助环节的运输部尚且如此，对作为服务对象的主体厂的“精品意识”就可想而知了。有了这种精神，何愁企业不成为一流？

“诚信”。宝钢强调“诚信”，并不是从今天始。1993年，我曾经以“三亿元买信誉”为题，写过一篇短文。那是在1992年底，当时钢材价格还实行“双轨制”，但国家已经决定从1993年起，钢铁企业正式执行《钢铁产品价格放开的改革方案》。当时，一些钢铁企业就有意将当年合同推迟到第二年，以获取较多的利润。但宝钢却宁肯减少收益三亿元，也要恪守合同，从而赢得了广大客户的信任和尊敬。现在，宝钢把“诚信”提到更高的高度，把“诚信”作为基本价值观来看待。在2004年宝钢股份举行的企业文化建设大会上，提出了：弘扬诚信文化，推进诚信管理，建设诚信宝钢，并在董事长谢企华的带领下，公司全体管理者举起右手进行诚信宣誓。其后，宝钢股份颁布了《宝钢股份诚信准则》，从“对外交往、职业操守、内部关系、公司利益、社会责任”5个方面对公司及员工的诚信行为做出规定和要求；并举行了为期2天的基层党政负责人诚信管理培训，通过各种途径，采取多种措施，千方百计把“诚信”观念落到实处。在这种“诚信”理念培育下的宝钢人，在同客户、供应商、社会各方面打交道时，必然会按照宝钢“企业价值最大化”的核心价值观，履行自己应尽的职责，实现“双赢”、“多赢”的目标，求得企业长期、持续、健康地发展。

“以人为本”。宝钢企业文化突出“以人为本”这一价值观。把“以人为本”具体化为“八个人”，将理念和制度建设结合起来，即以“尊重人”为出发点，建立健全“了解人、关心人、提高人、规范人、激励人、依靠人”等6个方的工作制度，达到“凝聚人”、促进企业和员工的共同发展为目的。宝钢的“自主管理”，员工的“职业生涯设计”以及实施“工序服从”、“权限委让”的作业长制，都体现了这一理念。这一理念的贯彻实施，为员工的成长营造了良好的氛围，涌现出一批又一批的俊杰人才。老一辈的有被誉为“焊神”的、已故的宝钢副总工程师曾乐，有对我国管线钢开发作出突出贡献的宝钢钢研所高级工程师陈钰珊，有在宝钢建设中作出重大成绩的断裂力学专家、原宝钢副总工程师王铁梦，等等。还有被誉为“发明大王”、荣膺“上海市十大工人发明家”称号的孔利民。10年来，孔利民仅职务发明的专利就有56项。在他们的带动下，宝钢一大批年轻专家也正在茁壮成长，在宝钢的生产建设中发挥越来越大的作用。

“绿色宝钢”。宝钢有一个公众理念，就是：“绿色宝钢：我们共同的家园。”宝钢认为，宝钢既然从与社会良好的关系中获得滋养，因此也有义务关注环境，通过生产配套，带动社会经济发展，共同承担社会的基础建设和环境改善。宝钢建厂之初，就把环保建设列为重点，越到后期，环保投资越大。三期工程中对环保的投资达到26.3亿元，超出一期3倍多。而这笔资金，如果在铁本那样的企业，就会用以建设一座200万吨的钢铁企业。宝钢是国内第一家在生产区内饲养长颈鹿、孔雀等动物的钢铁企业，其目的就是为了检验并改善厂区生态环境。现在厂区是蓝天白云、绿草如茵，见不到烟尘，看不到废水。2004年吨钢水耗为4.08立方米，仅为国内平均水平的1/4，处于国际领先水平，下半年已经破四进三。宝钢高炉、转炉、焦炉煤气回收利用率接近100%，水循环利用率达97.6%，固体废弃物利用率达98.1%。吨钢综合能耗675千克标煤；废水处理率100%；外排废水达标率100%，都达到了世界先进水平。

宝钢投产20年，其综合竞争力超越了众多国际上老牌钢铁企业，名列前茅。这是宝钢人的骄傲，也是中国钢铁工业的骄傲。但是，宝钢人不自满，不松劲，他们围绕“建成全球最具竞争力钢铁企业”的愿景目标，瞄准赶超的标杆企业，找差距，订措施，在提高具有自主知识产权的核心竞争力上下工夫。我深信，宝钢一定能够克服前进征程中的种种障碍，敢于超越自我，攀登新的高峰；并带动中国钢铁企业共同前进，使中国早日从钢铁大国转为钢铁强国！

努力提高自主创新能力❶

满载丰硕成果的“十五”迈着欢庆的步伐将渐行渐远，我们即将迎来更加辉煌灿烂的“十一五”。在这承前启后的关键时刻，中共十六届五中全会又吹响了夺取新胜利的进军号角，提出了“十一五”时期的宏伟目标。

“必须保持经济平稳较快发展，必须加快转变经济增长方式，必须提高自主创新能力，必须促进城乡区域协调发展，必须加强和谐社会建设，必须不断深化改革开放”，这斩钉截铁、掷地有声的六个“必须”，既是实现宏伟目标必须遵循的指导原则，也是我国经济社会发展长远的指导方针。离开或违背了这“六个必须”，就谈不上宏大目标的实现。因此，我们必须全面地、深刻地领会其重大意义，力求在各项实际工作中努力地、切实地贯彻执行。

这“六个必须”是有机联系的，本文着重谈谈自主创新问题。因为，在十六届五中全会公报中，不仅在“六个必须”中提到“必须提高自主创新能力”；而且还明确指出：“要把增强自主创新能力作为调整产业结构，转变经济增长方式的中心环节”。因此，理所当然地要引起我们高度重视。

应该看到，“十五”期间，我国各行各业的技术装备水平有了很大提高，自主创新能力也有了较明显的增强，在从“大国”向“强国”前进的征程中又迈出了较为坚实的一步。但是，我们更要清醒地认识到，当前自主创新能力的薄弱依然是制约我国经济社会发展的瓶颈。以钢铁工业为例，改革开放以来，我国先后一批又一批地引进各类先进工艺技术装备，其数量之大，可以说是举世无双，以致当前国际钢铁界流传这样一句话：“看先进设备就要到中国去。”但是，在这些先进装备中，又有多少是我国自行研发的呢？这不能不引起我们深思。虽然，近几年，以宝钢为代表的我国一些特大型钢铁企业在自主创新上有了较大的进步，不仅拥有一批具有自主知识产权的技术，而且也有一些技术对外输出。但总体而言，还没有摆脱“引进—引进—再引进”的旧框框，走上“引进—消化吸收—改革创新—技术输出”的新路子。同日本、甚至同20世纪70年代才开始发展钢铁工业的韩国相比，我们在自主创新上还有较大的差距。

还要看到，随着我国由“大”变“强”的进程中，国际环境也出现了一些新情况，新变化。过去，我们实力不强、水平不高时，同发达国家打交道，双方的地位就像小学生和大学生那样，对方可以毫无顾虑地向你公开“技术秘密”；但一旦双方的水平越来越接近时，对方还能这样大方地对你进行“知识共享”吗？过去，我们采取“以市场换技术”的策略，提高了我们的技术装备水平，对增强我国的经济实力起到了不小的作用。但是，现在我们的一些产品开始打入对方的市场，甚至使对方感到你的发展将会甚至已经对他形成威胁时，还会继续向你开放关键的高新技术吗？过去，我们还曾采取“拿来主义”，借

❶ 原载于2005年第6期《冶金经济与管理》。

鉴人家的先进技术，为我所用；在我们实力还不够强大时，对方也可以听之任之；但一旦你的力量壮大起来，对方绝对不会置之不理的；DVD 等家电行业现在不正面临追索专利费的问题吗？更何况，你能拿来的绝对不会是关键的技术诀窍。在这种情况下，我们要想立足于世界强国之林，提高自主创新能力自然就成为我国当前的紧迫任务了。

再从国内的情况看，早在“九五”计划中就明确提出要使经济增长方式由粗放型向集约型转变。10 年过去了，我们有了一定的进步，但就总体来说，至今没有取得突破性的进展。原因固然很多，但重要原因之一就是自主创新能力薄弱。因此，一讲发展，就只能沿着过去习惯的路子，通过外延扩大再生产来把企业做大。一讲提高效益，也是习惯于通过扩大规模来摊薄成本，降本增效。这当然不失为一条可行的路子，但这也是比较省力、省心，缺乏竞争力的路子。近几年，我国国民经济的快速发展，主要是靠投资的拉动。钢铁工业就更为明显。我们有了世界一流的装备，但我们却不能提供世界一流的产品，至今我国还要进口二三千万吨的钢材，韩国浦项钢铁公司就曾夸过海口，它们的产品中有 30% 中国还生产不了。现在，包括钢铁工业在内的一批产业，产量都位居世界第一，但所付出的资源代价却要比发达国家高得多，对我们这样一个地大而物不博的国家来说，这种粗放型的经济增长，恐怕是难以为继的。因此，要切实转变经济增长方式，使科学发展观真正落到实处，走新型工业化道路，必须狠抓“提高自主创新能力”这一中心环节。需要做到以下几个方面：

一是要在思想观念上来一个彻底的转变。无论是一个国家，还是一个行业、一个企业，要想成为强国、强业、强企，都必须有强有力的自主创新能力。当然，数量上的“大”也是必要的，不做大，就没有一定的实力；但规模总有一个止境，而且“求大”是无法解决“求强”的问题。“大而不强”，就成了虚胖。因此，不在自主创新上下工夫，一味高喊从大变强，那好比是缘木求鱼。我们常说要增强核心竞争力，就离不开提高自主创新能力。当然，我们也必须看到，提高自主创新能力，远比扩大规模要难。扩大规模，有钱就可以办到。从进入新世纪以来，我国钢产量每年以 1000 万吨的等差级数递增，2001 年较 2000 年增长 2000 万吨，以后每年分别递增 3000 万吨、4000 万吨、5000 万吨，今年将增长 6000 万吨以上。这样持续地大幅度增长在世界钢铁史上是前所未有的，但似乎也并不见得费多大劲。相比之下，在品种质量、节能降耗等这些在较大程度上依靠提高技术含量的提高所取得的进步，就要滞后得多了。现在是时候了，要把过去用在扩大规模上的劲头用到提高自主创新能力上去，从各方面，包括领导精力、人力资源、资金等，来加大对这一事关国家、行业、企业今后生死存亡的大事的投入。

对企业领导来讲，要带领员工走创新之路，首先自己就要转变、克服、肃清种种影响创新的思想观念和精神状态，破除浮躁的心态，急功近利的精神状态，以及短期行为的思想。一些企业的领导在日子好过时，想不到创新，日子难过时，则顾不得创新，结果大好时机就在蹉跎岁月中流逝；有的企业领导只求当前自己的业绩，没有一个远景的追求，自然就不会在意创新；有的对创新抱有不切实际的想法，只许成功，不准失败。而创新既意味着可攀越新高峰，也意味着承担一定的风险，承受一定的压力。因此，创新首先要在思想上有个突破，否定昨日之自我，超越自我。思想上不跳出旧框框，行动上就不可能迈出新步伐。

二是必须建立起相应的机制。最主要的是要改进现行的激励机制，改变以 GDP 为主要指标的评价和考核体系。这几年，一些行业已经出现了全局性供大于求的状况，而一些地方政府仍然支持、鼓励、甚至纵容企业上这些大项目，这同有关部门制定的对地方政府政绩的考核主要是依据 GDP 增长有关。一些企业新品开发之所以成效不显，一个重要原因就是在考核系数上重产品数量。因此，即使也下达了新品开发的指标，但在利益驱动下，一些基层单位宁可舍新品来保产量。这样做，尽管近期可能有所得益，但这往往会牺牲企业的中长期利益。因此要围绕创新所要实现的战略目标，审核修订现有的评价和考核体系，以免出现南辕北辙的现象。

在组织体制上，现在，大中型钢铁企业基本上都建立了技术研究中心，但除少数特大型企业外，不少是流于形式，有的技术中心人员虽然不少，但大多数是分析检验人员，真正从事开发研究的人员很少，行不成拳头，因此也起不了多大作用。可否由行业协会或学会牵头，组织起来，形成几个有一定规模的技术研究中心，分工协作，进行对某类产品的研究开发工作。当然，也可以在提高集中度后，由那些具有强大实力的大型企业集团来负责。

还要建立支撑自主创新的资金投入机制。国外一些在创新上取得重大进展的企业，几乎都是舍得在研发上投入资金的。日本五大钢铁联合企业 20 世纪 90 年代用于研发的投资普遍占该公司销售收入的 3% 左右，近期虽有下降，但仍在 2% 左右。浦项为了加速开发自有核心技术。计划投资 4.1 万亿韩元（330 亿元人民币）。而我国钢铁行业近 5 年在扩大产能的项目投资上，累计接近 5000 亿元，数量之大也是世所罕见的；年销售收入今年将超过 1.2 万亿元，但在研发的投入上与发达国家相比，可以说是不成比例。而没有必要的资金支持，自主创新也只能是画饼充饥。

三是还要营造适宜的文化氛围。提高自主创新能力，需要知识作基础。创新当然是要超越前人，但也是在继承前人业绩的基础上进行超越，也可以说是站在前人的肩上进行攀登。这就需要学习前人经验积累的知识。特别是当前面临知识经济时代，科学技术突飞猛进，新知识层出不穷，不仅不学习就会落后，被淘汰；甚至学得慢也会落后，学习能力的提高将和创新能力同样重要。因此，致力于创新的企业都要形成学习的氛围，努力把企业办成学习型组织，在良好的学习氛围中培植创新的活力。学习，不只是局限于课堂上、书本中；更要结合丰富的实践，自觉地在实践中学习提高，在实践中创新发展。

创新需要形成良好的知识共享、相互促进的氛围。创新必须要发挥每个人的创造性思维劳动，这是创新活动的基础；但创新更需要围绕组织的战略目标，发挥团队的共同智慧。创建学习型企业，本身就要求成员之间实现知识共享，使员工们在开放交流中相互学习，相互借鉴，相互促进，共同提高。近几年，宝钢下属的热轧厂等一些单位成立了“发明创新协会”，90% 的会员是一线操作维护人员，协会围绕创新活动，开展经验交流，举办多项培训，督促和跟进会员创新项目的具体落实，也促进了成员间的信息共享，取得了很好的效果。这一经验值得推广。

创新还要形成一种宽容的氛围。创新是做前人未曾做过的事，是一种探索活动，无常规可言，因此出现失败可以说是题中应有之义，甚至可以这样说，不允许失败就不会有创新。因此，要“鼓励创新、宽容失败；鼓励思考，宽容失言；鼓励实践，宽容失误”。硅谷所以能成为世界顶级的高新技术创新基地，很重要的一条就是容忍失败，他们的理念是奖赏甘冒风险的人，而不是惩罚那些冒风险而遭到失败的人。作为领导者要多一分理解，少一分冷漠；多一分支持，少一分指责。领导者的责任就是要鼓励他们实事求是地总结经验教训，坚定信心，从而使失败真正成为成功之母。

四是提高自主创新能力，必须牢牢抓住“两个第一”。一是充分发挥“科学技术是第一生产力”的作用，一是发挥“人力资源是第一资源”的作用。这两者也是相互联系的。运用科学技术的是人，创新的主体是人。因此，我们必须加大人力资源开发的力度。要努力调动各类人员在创新上的积极性。要通过建立各种有效的激励机制，营造各种有利于自主创新的氛围，来充分发掘这个“第一资源”的潜能，优化配置“第一资源”，并通过多种途径，培养提高，使“第一资源”不断得到增值，使各种人才都能在自主创新的舞台上大显身手，使企业在可持续发展的大道上稳步前进！让自主创新成为我们这一时代的主旋律，让我们沿着自主创新的大道不断从胜利走向胜利！

打一场降低成本的总体战[1]

这一阵子，报刊上常见这样的论调："钢铁工业的冬天到了"。这是指钢材价格持续低迷，一些产品和企业进入了亏损区间；即使盈利企业，增幅也大大下降。从行业整体来讲，出现了增产减利的局面。像前两年那样，钢材价格一提再提，企业利润一增再增的场面已经久违了。虽然，19 世纪英国大诗人雪莱有句名诗：冬天来了，春天还会远吗？同样，我们也不可能永远"占领"春天。这些年，钢铁工业春天的时间不算短，甚至使人们想不起还会有冬天。直至去年 3 月份，媒体上还报导钢铁界某权威人士的说法：目前，国内钢铁产品价格仍有相当上涨空间；我国钢铁工业上升周期可再持续 15 年，钢铁行业景气可望延续到 2020 年。但没想到言犹在耳，钢材价格就开始下跌。这次降价，不同于前年四五月份，很快稳住、逐步反弹；而是长时间的持续下降，无怪乎一些企业老总要惊呼"冬天来了"。

其实，这种情况的出现，早有预兆。近几年，钢铁工业产能急剧扩张，其增幅远远超过需求的增长，而同质化产能的释放必然带来竞争的白热化，首当其冲的恶仗就是价格大战，这是供求规律所决定的，是不以人的意志为转移的。那么，面对严酷的冬天，我们该怎么办？

一、丢掉幻想，迎接挑战

这使我想起最近读过的韦尔奇新作《赢》里的一段话。那是他退休以后在同国内外企业界一些人士交谈时回答对方的提问所说的。事情都涉及中国，而且还都牵涉到价格。墨西哥的、爱尔兰的，以及美国俄亥俄州的机械制造商都向他抱怨："来自中国的竞争正在排山倒海地扑过来，我们又该如何生存？""中国人不断压低竞争产品的价格，他们还会给俄亥俄州留下一星半点的制造业吗？"

虽然，我们目前的情况同他们不完全一样，他们是遇到外界竞争带来的压力，我们则是自己无序竞争带来的恶果。但是，面临的困境基本上是相同的。

那么，韦尔奇是怎样回答的呢？他并没有把问题推给外界，或者出什么搞反倾销之类的主意，而是开宗明义地提出：中国要求我们做的正是变革。我们应该学会更积极地思考问题。首要的一点，就是启动三架保证竞争力的老战车——成本、质量和服务——并且让自己的驾驭技术更上一层楼。在成本方面，不要把自己的目标定在降低 5 ~ 10 个百分点，你必须找到能使之降低 30 ~ 40 个百分点的办法。在质量方面，你也不能有得过且过的心理。95% 的合格率是远远不够的，不管是采用六西格玛或是其他办法，目的只有一个——祛除瑕疵。你还得想办法打破自己所在的产业或市场的传统服务模式，你要给顾客提供的不仅是满意，而且是震惊。

---

[1] 此文发表于 2006 年 5 月 23 日《中国冶金报》时，题目改为"实施成本战略　应对减利趋势"，并略有删节。

好一个三驾老战车！这也正是我们钢铁企业今天要摆脱困境所必须依靠的、而且还必须更好地掌握其驾驭技术的。但是，要驾驭好这三驾战车，首先还是要克服思想上的消极情绪，特别是要消除那种消极等待外部环境好转的侥幸心理。君不见自从去年4月份钢材价格下跌后，在媒体上，就一再有利好消息不断发布吗。“二季度，整个市场将再度被看好，价格可能在高位区域运行”；“6月份钢材价格有望企稳回升”；“七八月份国际钢材市场价格将恢复到一个理想的价位，国内钢市的总体形势向好，未来几个月钢材市场价格也将恢复到一个合理的价位”；“三季度钢价有望止跌回升”；“四季度全球市场钢材价格有望企稳回升”。但是，市场却不随人的主观意志而改变，钢材价格还是按照市场规律在运行，那些二季度盼三季度，三季度盼四季度的企盼逐个破灭。因此，我们必须进一步端正心态，与其诅咒黑暗，不如点亮蜡烛；与其坐着等；不如立而行，不要把希望寄托在上游产品的降价上，寄托在钢铁产品的提价上，要把立足点放在现实的基础上来。把挑战当做机遇，征服挑战，走向胜利。

二、以降低成本为契机，进一步提高集约经营水平

要大幅度降低成本，谈何容易！但不大力降低成本，又怎能争得生存权？世界各国的企业哪一个不在降低成本上下工夫？很多企业年年降成本，年年都有叫苦的，甚至认为：再说降成本，就不是削减脂肪的问题，而是要伤筋动骨了；但事实上毕竟大多数企业在降本增效上年年都有进步。回想当年武钢，公司财务部门提出了降成本3.5亿元的方案，刘本仁总经理大笔一挥，批以“×2”，财务部门负责人几晚睡不好觉，但最后却超额完成了目标；新日铁下属的户畑厂，还曾发生过主要领导把财务部门提出的降低成本9亿日元的目标，来一个“×2×2”，以致被属下骂为“蛮干”，但最终却以实现43亿日元的巨大成绩使人们深受教育。这说明降本潜力确实存在，甚至远远超出人们的预计。

这些年，钢铁行业在企业管理上确实都有不小的进步，但有多少企业敢说，已经摆脱粗放经营习惯势力的影响。而从粗放经营到集约经营，从粗放式管理到到精细化管理，就是一个不断释放潜力的过程。我们要自觉地、主动地把降低成本的巨大压力转化为提高集约经营管理水平的强大动力。还要看到，挖潜不是一个静止的过程，随着工艺技术装备的不断改善，新的潜力也在不断增长，近几年钢铁行业在技术改造上投入了大量的人力、物力、财力，企业的装备水平有了显著的提高，有一批企业的装备水平已经达到了世界一流。但从投入产出比来衡量，相当一部分企业还没有达到应有的产出，这里存在着很大的潜力，有待于我们加速挖掘；更何况这几年钢铁行业利润的大幅度增长，主要是靠的规模效益，其他方面的潜力，同样需要我们深入挖掘。特别是近几年，通过降本增效的实践，不少企业都积累了丰富的经验，这对迎接新的挑战将起到十分有益的作用。

当然，降成本也绝对不能搞成“单打一”，要处理好降低成本同确保质量、改进服务的关系，绝不能以牺牲后两者来实现降成本的目标。这就需要在企业管理中加强系统观念，在制定绩效评价和考核体系时予以高度重视。

三、以降低成本为契机，大力推进技术进步

通过技术进步来降低成本，这是一条不可逆转的路径。因此，要努力采用先进技术，加大降低成本的技术含量。近几年，虽然，不少企业在推广行之有效的节能降耗等新技术

上，迈出了较大的步伐，但比起扩大规模的劲头来，还是要弱得多。国内外各个产业发展的经验证明，在产能增长已经大大超过需求增长的情况下，继续求助于扩大产能来摊薄成本的做法是不可取的，必须要走结构调整和优化之路，走资源优化配置之路，走循环经济之路。这就需要大力运用新技术，采用新工艺，推进技术创新。

当前，在我国钢铁行业经过多年来的技术改造，技术装备水平有了显著提高的情况下，推进技术进步，首先就要充分发挥这些先进装备应有的性能，提高这些装备效率，取得更大的效益。有一家钢铁企业，炼钢厂的装备够得上是大型化、现代化了。一次，厂长对各位车间主任进行了突然袭击式的考察，题目就是每天查看控制室电脑里的哪几条曲线，结果有的竟然答不上来。厂长说，我不是考你们的知识，而是考你们的观念。像这样不能有效地发挥先进装备的性能，用来指导生产运行中的问题，又怎能想象提高生产效率，更好地来降低成本呢？其次，要在现有基础上，适应新形势，不断进行技术革新。像钢铁界人士都比较熟悉的德国巴登钢厂，主体设备还是20世纪60年代的，但是，他们善于用先进适用的工艺技术不间断地对其传统设备进行改造，实现先进技术工艺和传统设备的嫁接，取得极好的效果，被誉为“高效率钢厂”，他们的经验值得我们认真借鉴。同时，要发动广大员工都来进行小改小革。因为，小改小革不仅有利于提高效率和效益，而且，小改小革的积累就是创一流的前提。第三，要提高自主创新的力度。各企业要结合自身实际，确定自己创新的重点，对一些特大型的企业集团，要高度重视原创性的研究；但对多数企业而言，还是要结合生产实际，围绕提高产品质量、降低消耗、改善环境，最终实现降本增效的目标，提高集成创新能力和引进消化吸收再创新的能力。推进技术进步还要同淘汰落后相结合，要抓住目前的有利时机，果断地淘汰落后的产能，在新的工艺技术装备基础上向新的高峰攀登。

四、以降低成本为契机，将企业文化建设向纵深推进

近几年，企业文化在企业的发展过程中起到越来越明显的作用。与此同时，企业文化建设也越来越受到企业的重视。现在，几乎所有的大中型钢铁企业都制定了本企业的价值观、企业理念、企业精神，这些，既是规范企业员工职业道德和行为准则的需要，也是实现企业战略目标的精神保障。当前，在企业面临生存和发展的关键时刻，我们更要发挥企业文化这一企业之魂的作用，打好降低成本这一仗，并在降成本的实践中，进一步充实、丰富企业文化的内涵。在当前打好降低成本这一仗时，我认为，着重要重视以下几种文化：

一是危机文化。所有企业都要将危机文化渗透到企业生产经营的各项活动中去，使人人都树立强烈的危机意识，把客观存在的危机作为推动降低成本的动力，不断将降本增效活动向广度和深度推进。

二是找差文化。即使在降低成本已经取得成效的企业，也不能有丝毫自满松劲情绪，要选择国内外先进企业，自觉找差距。找差距是为了缩短差距，消除差距，进而上升到新的台阶。找差距也是防止停留在“优秀”级别而进不到“卓越”的层次。要知道，“优秀是卓越的大敌”。因此，越是找差距，越是能领先。

三是团队文化。降低成本，需要发挥每位员工的积极性，但绝不是每个人单打独斗所能奏效的。降低成本要打总体战，团队内部和团队之间的协作是至关重要的。比如，要降低备

件消耗成本，就必须进一步加强使用部门、计划采购部门、设备管理部门和技术部门之间的协调合作和信息沟通。因此，发扬团队精神，淡化部门、班组界限，消除接合部的空当，实现信息共享，既是降低成本的必然要求，也是管理精细化能否落到实处的关键所在。

四是创新文化。降低成本既要靠常规武器，也必须超越常规，做人之不能做。萍钢总经理涂建民说得好：别人做不到的事我们做到了，这是一流企业；别人做到的事我们也做到，这是二流企业；别人做到了我们做不到，甚至原来做到了现在做不到，这是三流企业。因此，要成为一流企业，必须创新。不仅是技术创新，还有管理创新、体制创新、归根结底都要观念创新。

五、打一场全员性的降低成本总体战

企业最终产品的成本是由企业生产经营各个环节的成本组成的，与企业每位员工都有着密不可分的关系。因此，降低成本就必然要求成为企业全员性的、持续的、永久性的活动。企业的各个层次、各个环节、各个岗位，人人都要投入到降低成本的活动中来。企业的决策层要把降低成本放在自己的重要议程上来对待，因为重大决策的失误不是基层的努力所能补救的。这就要求决策层切实采用行之有效的节能降耗新技术、并在推行循环经济、确保产品质量稳定提高、建立上下游的战略合作关系等方面加大投入，为降本增效创造物质条件。同时，在实施重大技改项目时，不仅要考虑技术的先进性，还要考虑其适用、可靠性，以及经济合理性，并为今后在生产运行中降低成本创造良好的条件。企业所有人员，都要明确自己在降成本中的方向、任务和目标，结合本岗位的实际，琢磨自己降成本的途径和措施。各单位都要抓住重点，通过深化管理、科技创新来降成本。从生产组织优化、合同组织优化、原料结构优化上降低成本；从技术创新上降低成本；从提高产品质量、降低废次品、减少以致消灭各类重大事故来降低成本；从提高劳动生产率来降低成本；从确保生产稳定、减少引发各类非正常生产的因素来降低成本；从精细操作来降低成本；从减少设备故障、规范检修工作、提高设备作业率来降低成本；从整合物流体系、优化物流资源配置来降低成本；从加强信息化建设，充分利用各类信息资源来降低成本，等等。特别是对那些薄弱环节、那些超过行业平均成本、进入“死亡线”的工序环节，以及大有潜力可挖的各个环节，更要下大力气去抓。

打总体战，关键在人。现实情况是：对很多企业来说，软件不如硬件。人员素质的提高跟不上装备水平提升的速度，满足不了先进装备的要求。因此，必须要从实战原则出发，从战争中学习战争，加快员工的培训力度。首钢在创建学习型组织过程中，在全公司范围内开展“大提素”活动，各单位结合自身实际，多渠道地开展多种多样的“提素”活动，取得明显成效。实践证明，人员素质越提高，就越能挖掘降本增效的潜力。

提高员工素质，既要重视业务技术的提高，探索一些能够较快见效的“短平快”措施，还必须从长远出发，着力于提高员工的学习力、执行力、沟通力、创新力。要看到，知识的增长和这些“力”的提升，两者就像“鱼”和“渔”的关系，后者不仅将会使员工终身受益，而且还能使员工站在更高的层面上、以更宽阔的视野、更有效的手段来改进自身的工作，使降本增效不断取得新的突破。

降低成本没有止境，打降本增效的战斗也没有尽期。在战斗中学习战斗，在实践中增强智慧，使我们的企业越战越勇，越战越强，在战斗中实现向钢铁强国的转变！

关于厂长工作的几点哲学思考[1]

自1997年以来，我每年有五六个月到企业进行调查咨询，内容主要是企业内部的改革和管理方面。通过座谈会和个别交谈，接触了几百人次的基层厂长（也包括二级单位经理、机关职能部门领导），有些是连续多年进行了较为深入的跟踪调查。因此，也同一些厂长结下了比较深厚的友谊，彼此之间建立了相互的信任，能够坦诚地交谈，进行比较深入的探讨，使我能够了解到企业运作中的真实情况，包括取得的重大成就和某些失误；企业经营管理人员工作中的酸甜苦辣，他们的期盼和要求。从他们身上，也看到了很多优秀的品德，诸如奉献和敬业，自强和拼搏，学习和追求，也从他们身上学习到了不少宝贵的经验。当然，也看到了他们工作中的困惑，以及发生过的一些问题。我也曾总结过一些优秀厂长的经验，在一些企业作过介绍。最近我又重新翻阅过去的一些调查笔记和在部分企业的讲话，并选读了若干企业管理方面的书籍，在此基础上就若干问题进行了较为深入的思考，本文就是其中的一个。

一讲哲学，似乎很深奥。其实，哲学是一种关于世界观和方法论的科学，我们的行为，都离不开哲学的影响，只不过是自觉还是不自觉而已。如果，我们能够自觉地以马克思主义哲学来指导自己的行动，我们就能更好地掌握客观规律，在认识世界改造世界的过程中不断改造自己，提高自己。当然，我还是有些自知之明，自知理论水平不高。但我相信，理论来自实践，我只是试图将企业各位厂长的实践，通过我的理解，能够有所提升，对大家能有所启发，更重要的是，能够促使大家都来总结自己实践的经验，从感性到理性，从具体到一般，从实践到理论，并在此基础上指导实践，如此循环前进，一定能够使自己的思维方式与时俱进，使自己的工作提升到一个新的高度。在这过程中，我学习了李瑞环同志写的《学哲学、用哲学》，一书，对我启发很大。下面讲8个问题。

一、人和物

厂长经常打交道的是“物”以及有关“物”的指标、数据。对厂长的考核主要也是这些涉及“物”的各项指标。而且，企业的业绩最终是要通过“物”来体现。因此，厂长重视“物”是无可非议的。

而且，在中国，绝大多数企业是实行双首长制，厂里既有厂长，还有书记，于是往往形成厂长抓生产，抓物；书记抓思想政治工作，抓企业文化，抓人。

但是，作为厂长，他整天接触的不仅仅是“物”，还有无数活生生的“人”。厂长就是要把各种资源整合好，发挥最大的作用。而“人力资源是第一资源”，因此，作为厂长，怎样对待第一资源，用好第一资源，配置好第一资源，更好地发挥第一资源作用，就理所当然地要摆在自己的重要议程上来。

---

[1] 原载于2006年第7期《冶金管理》。

实际上，要把“物”管理好，离不了人。企业管理最终要通过物的管理来体现，但根本上还是要通过人来解决。企业一切生产经营管理活动都是通过人来进行的。因此，讲管理，首先是要重视发挥人的积极因素。管理的本质不是把人管死，而是要激活人的活力、潜力，只有把人的潜力充分发挥了，才有可能使先进技术装备发挥更好的作用。首钢技术研究院在短期内的巨变，就是一个明证。2001 年，在国家认定的 314 家企业技术中心的评比中，首钢名列 184 位；但 2002 年就上升到 20 位，2003 年是第 10 位，2004 年是第 9 位，在冶金行业排名第二。2000 年时，技研院的 6 位博士全走空了；2004 年，技研院就拥有博士生 20 名、硕士生 100 名。当年，技研院要招聘 30 位硕士，报名的竟有 300 位之多。变化来自哪里？来自对人才的尊重，来自多方面创造条件、充分调动人员的积极性。他们先后总结过两句话：“一切围绕人才转”、“平台比待遇更重要”。还有德国巴登钢厂，他们成功的经验是：“企业的成功 80% 取决于人，20% 取决于设备”。南钢到巴登学习后，最深的体会是真正把“以人为本”这一理念贯彻在企业全部工作中。去巴登前，他们确实没有想到在资本主义社会中，企业管理人员和员工的关系会那么融洽，员工的积极性会那么高涨，对员工的培训要求会那么高，抓得那么紧，而员工的素质又是那么好，团队精神会那么强。每个人不仅能自觉地做好本职工作，而且积极地为别人工作创造好条件。有这样一支队伍，还怕打不赢胜仗。

在一些企业里流传这样有一句话：“好的领导琢磨事，差的领导琢磨人”。这句话不准确，看你是怎样琢磨人。GE 的发展，一个重要原因就是：韦尔奇把 50% 的精力用在人的问题上，“我的全部工作就是选择适当的人”。因此，厂长不仅要琢磨事，还必须琢磨人。问题是怎样琢磨？本钢原热轧厂厂长姜东明成天琢磨如何发挥各类人员的作用。西林轧钢厂厂长韩乃文脑子里老在转悠全厂 400 多人，就像 400 多张牌，琢磨什么时候打什么牌。当然，也有单纯琢磨事的厂长。有的厂长谈物的管理，头头是道，但就是对人的情况说不清，见物不见人；有的则是强调用制度管人，靠制度解决问题，把人作为经济人。

琢磨什么人？作为厂长，要琢磨的人有几个层次。一是上级及机关职能部门；二是班子内部；三是相邻工序部门；四是下属。有的还要直接面对客户。对各种不同类型的人员，都要认真琢磨，在同他们打交道时明确自己的定位，以及恰当的工作方法。

怎样琢磨人？有的厂长认为，我主要是用制度管人，没有必要花太多精力去琢磨人。用制度管人，这没错。但是建立什么样的制度，就同我们的核心价值观、企业理念有关了。我们就是要建立起能够调动各类人员积极性的有效机制，而且，制度、机制管理往往是刚性的，容易约束人，但不一定能把人内心潜在的各种积极因素发挥出来。因此，对作为“第一资源”的人的管理，首先，立足点要在于尊重人。这是前提。要把员工在人格上看成是同自己平等的人，而不是“你干话，我付钱”的“打工仔”。要不断满足他们物质和精神文化生活的需要。我们常说“客户第一”，这没错。但长虹等企业却把“员工满意”摆在首位，这并不是把两者对立起来。因为他们认为，只要员工满意，把员工的积极性充分调动起来，企业才能提供使顾客满意的产品和服务；只有顾客满意，企业才有市场、才能获利，最终国家（大股东）才能满意，三者利益统一，互为条件。在尊重人的基础上，要“了解人”，这样才能有针对性地对症下药，采取各种有效的激励措施来“激励人”；激励的手段既有共性，也要考虑个性，往往能够激励一个人的因素不一定也能激励另外一个人。不仅要了解员工的个体，还要了解员工的群体，这样才能更好地配置人力资源，发挥整体的作用。不是说把最强的人组合在一起，就会形成最强的团队，实际情况有时正好适得其反。国外曾试验把各方面最强的人员组成“阿波罗团队”，但在多次竞赛中却一再敌不过普通团队，就说明了这一点。还要在“提高人”上下工夫，提高他们的素质，为他们搭建成功的平台。只有这样，才能真正实现“凝聚人”，把员工凝聚在企业的共同目标下，为企业的长远发展尽心尽力，在企业的发展中实现员工价值的提升。只要把员工的积极性、主动性、创造性都能很好地调动起来，企业就能无往而不胜。这种例子各个企业都可以找出不少。在某个企业被认为只是一只“虫”的员工，到了另一家企业却成了一条“龙”，关键是后者能把这位员工潜在的“龙”的 DNA 显现出来。

在琢磨人的问题上，不是要关起门来去冥思，而是要在和各类人员交往中去加深认识，加深了解。对待人际关系上，十分重要的事情是要沟通。大量实践证明，大多数冲突和误解的根源在于缺乏沟通。最近温家宝总理在接受《华盛顿邮报》记者采访时说：当今世界由于误解引起的冲突，远远要比因利益引起的冲突更为剧烈。国际关系上如此，人际关系上也一样。沟通才能获取必要的信息，沟通才能更好地理解对方的所作所为，沟通才能使他人理解你的要求和想法，才能使感情交流，才能使互相关怀，沟通也能使我们设身处地，站在对方的角度考虑问题，从而增加双方的认同度，增强宽容度，最终增强单位、企业和社会的和谐度，使员工都能自觉地意识到自己的使命、责任，有强烈的愿望去完成这一历史使命，这对领导者来说，就形成“无为而治”的局面。对下要沟通，对上也要学会沟通，但不要把沟通变成“勾兑”。

二、内与外

企业是在一定的外部环境中生存发展的。否认外部环境对企业的影响是不客观的，看不到外部因素对自己工作的影响，就会陷于盲目性；过分强调外部因素的影响，放松自己的努力，就会使自己陷于“无所作为”的境地，丧失时机，削弱士气。而这两者在企业的生产经营工作上可以说是无处不在。处理不当，必然会影响企业的发展。因此，正确处理好内和外两者的关系，就自然要成为各单位领导经常要对待的重大问题之一。

我们必须经常注视外部环境的变化，特别是要研究分析这些变化对企业和本单位带来什么影响，并寻求应对变化之策。研究外部环境，可以从近到远，比如，上下工序条件的变动，公司决策的新情况，国内市场的变化，兄弟企业同类生产线的进步，科学技术的进展，以致国际环境的变化，等等。当然，越近关系越密切，影响更直接，我们需要花力气去研究、去适应。但是，我们千万不要局限于周边的小天地，视野越宽广，我们的思想境界也会随之而提高。如果没有世界层面的眼光，你就永远适应不了经济全球化条件下的市场竞争。比如，这几年中国钢铁工业的迅猛发展，去年我国的钢产量超过世界第二、第三、第四、第五等 4 个产钢大国产量的总和；一年增产钢的总量就相当于世界第四产钢大国俄罗斯的全年产量，而且还成为坯材的净出口国，这当然是了不起的成就。但同时也引起国际上的强烈关注，一些国家加强了反倾销，也是可以理解的。基于这种情况，我们就不能单纯地扩大出口量，而要研究新的对策。韦尔奇在《赢》一书中描述的美国企业界对中国大量出口机械产品的惊恐之状，也值得我们深思。从国内来讲，达到 3.5 亿吨钢产量后，原料、能源、环境等方面的制约因素越来越加强；千万吨级钢厂的规模对企业内部管理必然也会提出新的要求；作为钢铁大国，还能不能、该不该再走“引进——再引进”，或者“以市场换技术”之路，等等，这些都要我们认真思考对待的重大问题。

我们既要立足自身看外部，还要放眼世界看自身。一是要从外部大环境看自身的位置，从更大的坐标系来判定自身的位置，否则就会成为井底之蛙，夜郎自大。我们一直强调对标挖潜，就是这个道理。二是要从外部看自身行为造成的结果，以此来改进自己的工作。对产品，不能王婆卖瓜，要由市场、用户来检验。

了解外部，研究外部，不是为自己前进慢、甚至某些失误找借口，而是要寻求对策，以改变外部条件、适应并满足外部需要；关注外部更不是把自己的问题推给外部因素。遇到问题是“找方法”还是“找借口”，这是一个单位能否大步前进的分水岭。一旦“找借口”成为自己的习惯思维模式时，在目前市场竞争白热化的环境下，这个企业、单位或个人也就停止了前进的脚步，到了崩溃或者淘汰出局的边缘了。这几年，我国冶金企业进步最大的成果之一就是这方面观念的转变，批判“外因论”，克服“等靠要”，重视立足自身，自立自强，有些甚至到了对自己苛求的地步。因此，出现了很多过去认为“不可能”的事转化为现实，很多过去认为“不可思议”的事现在已成为“理所当然”。这种事情每个企业都可以举出一大把的例子来。但正是这种严格要求，也锤炼了一支能打硬仗、恶仗的队伍。因此，我们必须自觉地继承这几年的优良传统，坚决改变“找借口”的思维模式，坚定不移地走上“找方法”的康庄大道。当然，也不能走向另一极端，过分强调主观能动性，夸大精神的作用。

也不要把外部与内部截然分割。从更大的系统来考虑，外部也是内部。不要受传统的“分内”、“分外”观念的约束。有时，正是介入了“分外”之事，才得以解决好“分内”之事。宝钢等一些企业实施“无界面管理”；一些生产线提倡“一线通”，都是这方面的典型事例。有些事情，从基层来讲，是外部；从企业来讲，就是内部了。所以，公司职能部门不要单纯地批评基层“外因论”，也要找一找自己是否在推卸责任。

在处理内外关系上，还要防止外部环境好的时候，忽视了内部潜在的问题；当外部环境发生不利的变化时，又把问题推给外因。钢铁行业几次管理松弛都同外部形势好转有关；“管理是永恒的主题”，任何时候都不能放松练好内功。

三、冷与热

热有两层含义：一种是指工作状态。厂长都是处在第一线，具体事务多，要求急，整天忙忙碌碌，热气腾腾，“没有双休日，只有星期七”甚至忙到“三个月没有看报了”。二是指精神状态。热情，激情，很多有成就的企业家和科学家都很强调“激情”。国外学者总结企业经营的“4P”原则，第一条就是激情（passion），第二个P则是“人”（people），他们认为：激情是燃料，员工是发动机。作为一厂之主，同样需要激情。一个无精打采的厂长是无法把员工团结在周围去夺取胜利的。

对这两种“热”，要区别对待。对第一种状况的热，应该肯定他们的干劲，但要防止那种自觉不自觉地“以热为荣”，习惯于忙忙碌碌而不能自拔，其结果是忙而效率不高，效果不佳，甚至忙中出错，更难有突破性的进展。要引导他们研究怎样“忙”到点子上，使付出的代价获得更大的成效。对第二种体现激情的热，应该大力发扬。搞事业，有没有激情大不一样。“气可鼓不可泄”，就包括这种激情。但是，光有激情还不够，燃料再足，方向要对，否则就会事倍功半；而且一旦多次受到挫折，也会影响到激情的持久。

所以，需要冷热结合。冷就是去思考，去学习，去总结。这几年，我看到很多企业领导很重视学习，莱钢、济钢等一批企业所以有长足进步，同他们领导人重视学习分不开的，有的一年读50本书。当然，学习也要讲究方法，而且只读不思也不行，“学而不思则罔”，对学习是如此，工作也是如此。只干不思，不进行“去粗存精，去伪存真”的总结提炼，就不能提高，这我们大家都会有体会。毛主席问程思远：“你知道我是靠什么吃饭的？”“是总结经验”。实际上，作为厂长，每天都要处理大量问题，这当然也是在自觉不自觉地总结经验，只是深度不同，因此效果也不一样。我们要加强总结经验的自觉性，使我们的思想、行动更加符合客观规律，从而变必然为自由。

“没有时间”。这主要是思想重视程度如何。时间是常数，就看你怎样用？星期七，是到现场转呢，还是拿来学习，总结。某种意义上说，星期七，一定程度上也反映了思想上的惰性。首钢提出“苦战三年”，一开始就明确“苦”不是指“苦熬”、加班加点，而是要“苦”在解放思想，转变观念上，引导大家来动脑筋、来思考，结合实践来学习。马钢中层干部“没有时间应酬”，就是从吃喝应酬中挤时间去学习，就像鲁迅说的：我只是拿别人喝咖啡的时间用来读书罢了。大家都认同，今后企业之间的竞争最终体现在人才之间的竞争，而人们获取知识与应用知识的能力，将成为竞争力的关键。

“总结经验是秀才的事”。当然要用参谋，秀才要参与，但关键是首长自己。厂长自己要思考，这别人是无法替代的。同时，要引导，要重视，带动各级干部都来总结提高。实践出真知，其中有不少光彩奕奕的珍珠，但不总结，就是散落的，不能成为项链。

怎样才能冷？一是众人拾柴火焰高，千斤重担众人挑。两种类型的厂长，一种是救火队长，成天忙忙碌碌，不在厂内时，手机铃声不断；另一种是离岗多少天，可以没人找。关键是把担子分给大家挑，各负其责。二是热中求冷。要给自己规定思考时间。不一定要求每日三省吾身，就是一周、甚至一月也好。要成为一种制度。水钢二轧厂在大规模技术改造期间，中层干部每周填写“三个不满意，三个为什么”，就是促进思考、总结的好办法。水钢这一改造项目起点高、投资省、时间短、见效快，同他们及时总结经验，修正失误分不开的。韶钢二轧厂等一些厂子，定期举行管理论坛或专题研讨会，把学习理论和总结实践经验结合起来，对提高员工素质、改进实际工作都起到了很好的作用。

四、虚与实

有3层含义：第一层的“实”指实事求是，这是马克思主义最基本的思想路线。但恰恰这条最基本的东西，实行起来却很不容易。干扰来自两个方面。一种是脱离实际的急躁冒进。表面上看气魄宏大，提出的口号极具鼓动性，新中国成立以后的“大跃进”，以及至今仍然风行的“一阵风”，一说搞“开发区”，于是一直到乡，都搞开发区，等等。另一种是缺乏进取的消极保守，以实事求是为名，把本来经过努力完全可能实现的高目标，斥之为盲目冒进，“这也办不到，那也行不通”。结果，所谓“实事求是”，就可能成为“无所作为”的挡箭牌，“因循守旧”的避风港。这种情况在企业生产经营中可以说是比比皆是，影响了企业的发展甚至生存。小平同志在党的十一届三中全会前夕的中央工作会议上，曾经发表了一篇具有深远历史意义的讲话，题目就叫“解放思想，实事求是，团结一致向前看”，在“实事求是”前加了“解放思想”，用意很深远。只有把这两者很好地结合起来，才能真正推动我们的事业向前发展。

“实”的第二层含义是真抓实干，狠抓落实。方向明确了，目标提出了，文件制定了，任务布置了，但这离成功还远着呢。必须要有严谨细致、脚踏实地、锲而不舍的实干精神，才能把事情办成。真抓实干，就是要少说空话、多干实事，说得再好听，“不干一点马列主义都没有”。要防止虚晃一招、虚头巴脑的形式主义，表面上轰轰烈烈、热热闹闹，实际上是“行动在嘴上，决心在会上，落实在纸上”。

抓落实，就是要提高“执行力”。“一位经理人的成功，5%在战略，95%在执行。”这并不是说战略不重要，而是说明执行力太重要了。再好的战略，如果不能得到有效的实施，不能动员企业的全体员工来认真执行，那也可能成为一纸空文。因此，执行力应该说也是一种重要的生产力。

抓落实，不能大而晃之，关键在于一个“实”字。要实实在在，扎扎实实。现在，完全应付式的抓落实，比较少见了。但为什么同样在抓落实，效果却大相径庭呢？关键在于细节的抓实。因为战略制订后的执行过程，实际上就是一个个具体细节的严格实施过程。作为执行力，其成效就要从每个细节中来检验。百分制中，99%当然应该说是优秀的。但是，如果有100道前后相连的工序，每道工序得分都是99，那么，100个99%下来，到最后一道的总评分居然只有36%。个体的“优秀”，导致整体的“差劣”，可见每个细节作用之大。在管理学的著作中，还常会看到一些用数字表达的不符合常理的公式，比如$100-1\neq99$，$100-1=0$。这说的是在执行过程中，往往1%的错误会导致100%的失败，功亏一篑，令人惋惜。2004年，太钢进行了一场名为“建设最具竞争力的企业要从小事做起”的大讨论，持续半年之久。员工们总共查找出自身存在的不良习惯750多条，虽然这些不良习惯都是小节，比如：任意践踏草坪，待客不冷不热，开会手机铃声不断……，但却妨碍了员工素质的提高，损害企业形象。太钢对此进行归类，逐条进行整改。此后，情况大有改进。2004年8月8日，太钢在太原市滨河体育中心举行了有5000余名员工参加的70周年厂庆活动。庆典结束后，体育中心的工作人员发现，在5000余名太钢员工坐过的座位上下，竟没有随地丢弃的杂物。

第三层含义就是要“就实论虚”、“以虚带实”，实现“虚实结合”。在实干的基础上，到一定阶段，就要重新审视进展情况。因为，再好的战略决策，在实施过程中总会出现一些与原先设想不尽一致之处，需要不断总结经验，发现问题，纠正失误；更不要成为忙忙碌碌的事务主义，这也是上面说的“热”和“冷”的关系。“务虚”就是在实干进程中的冷思考，务虚要求思想上的艰苦性，不是简单的冥思苦想，而是在实践基础上的回顾、分析、综合、提炼，从而提出新的奋斗目标。从实到虚，是一个思想提升的过程。要把这形成一种制度。首钢“苦干三年，打下四个基础”，但每年都要总结上一年的经验，每年提出一个主题，逐步深化，不断提高。三年大总结，这对各级干部和全体员工无论是思想观念、思维方式、工作能力，都是一个大提升的过程。

五、守与创

我们已经取得了很大的成绩，在成绩面前，容易产生一种松劲、保守情绪，认为守住这一份家业就不错，千万不要丢失了。美国兰德公司对全球1000多家有成就的大企业作了调查，发现在取得成功后都曾产生过“3C”情绪，就是自满、保守、自大。谁能较快地克服这种情绪，谁就能继续大步前进。唐太宗的名相魏征在《谏太宗十思疏》中总结了历代王朝兴衰的经验教训，指出："善始者实繁，克终者盖寡"。他主要是从过去的帝王不能"居安思危"，在打天下时能够"竭诚以待下"，得天下后则"纵情以傲物"，规劝唐太宗要注意谦虚谨慎和争取民心。我认为还有一条，就是取得成绩后产生的保守思想，缺乏创业时的那种激情，那种创新精神。更何况现在时代发展这样迅猛，不仅是不进则退，进慢了也是落后。想守是守不住的。我们要在强手如林的竞争环境中站住脚跟，持续发展，离开创新，就如南辕北辙。

最近，中央一再强调自主创新问题，并且提出"要把增强自主创新能力作为调整产业结构，转变经济增长方式的中心环节"。因此，企业的各级领导和全体员工都要努力在自己的工作中力求创新。创新包括技术创新、管理创新、体制创新等，但所有这些创新都离不了观念创新。要创新，必须克服思想深处的"难"、"浮"、"僵"和"稳"4种思想倾向。

"难"指畏难情绪。长期以来，中国的民族魂中，就缺乏创新的基因。一千多年的科举制度，就是"代圣人立言"；直到现在，学校教育还是跳不出应试教育的藩篱，对"好孩子"的概念就是循规蹈矩。企业的发展，计划经济下，没有竞争，创新的动力就弱；在向市场经济转变中，尽管情况有了很大好转，但搞好关系网，跑"部""钱"进，其效果往往要比致力于创新要来得快，来得实惠。这些年，我国钢铁工业的工艺技术装备有了很大改观，其中不乏我们自行的创新，但毕竟大量的还是技术引进，而且，这种引进再引进、重复引进的比重之高还是世界少有的。因此，要在创新上有所突破是有相当难度的，但作为发展中国家，要实现后发优势，绝不能单纯地模仿，只有创新才是自强之路。不真正把创新作为灵魂，国家没有希望，企业没有希望。再难也要闯，没有理由悲观，更无须自卑，要挖掘我们自己的成功事例，以此来激励自己。国外有一句话："专家——25平方英尺"，就是说在自己岗位的这一块小天地里，每个人自己就是专家。要鼓励员工从大处着眼，从小处着手，持续创新，不断积累经验，成为真正的专家。要记住：小改小革的积累是创一流的前提。人家能做到的，我们一定也能做到。

"浮"指浮躁心态，急功近利，短期行为。一些企业的领导在日子好过时，想不到创新；日子难过时，则顾不得创新，结果大好时机就在蹉跎岁月中流逝；有的企业领导只求当前自己的业绩，没有一个远景的追求，自然就不会在意创新；有的对创新抱有不切实际的想法，只许成功，不准失败。这实际上是不自觉地把创新扼杀在襁褓之中。因为，创新既意味着可攀越新高峰，也意味着承担一定的风险，有成功的前景，也有失败的风险。消除浮躁心态，一方面需要树立新的文化理念，另一方面也需要调整现行的业绩评价和考核体系，既要重视那些能较快见效的"短平快"项目，也要支持那些能够沉下心来、围绕中长期目标、扎扎实实进行科学探索的科技人员。

"僵"就是僵化思想，抱住传统不放。应该说，传统的东西很多是前人经验的结晶，需要我们认真继承下来。但是，一些传统、包括某些规章制度，都是在一定的环境条件下形成的，随着时空条件的变化，会失去其原有的作用。如果我们仍然死抱着这些传统的东西不放，就等于是作茧自缚。因此，我们需要经常审视对传统的态度，求得新的突破。峨眉铁合金厂提高电炉能力的事例就很有启发。矿热炉变压器是电炉的关键核心设备，过去部颁规定使用寿命是50年。为了满足规定的要求，也为了回避责任风险，一般都把电炉使用功率严格控制在下限，宁低勿高。如果谁要敢于突破这一限制，就很可能被视为"拼设备”。后来他们想到：为什么非得按50年的期限？为什么不可以考虑尽快发挥这些设备的作用？于是他们进行了试验，突破了这个极限，结果当月日均产量就由50吨提高到70吨。以后推广到8台大中型电炉上，产量大幅度增长，有的翻了一番，成本也随之下降。实践使他们他们体会到：“技术创新上所有重大突破首先是观念上的突破，是对传统思维模式的突破”，“一些生产技术工作的难题长期解决不了，表面看是技术问题，但实质上往往是思维方式不对头。”

“稳”是指求稳怕乱。特别是反映在改革上，认为经过20多年的改革，已经取得了很大进展，今后就是按部就班搞发展了。当然，我们要充分肯定改革的伟大成就，但是改革远远没有到头。十六届五中全会明确提出：“目前我国正处于改革的攻坚阶段，必须以更大决心健康推进改革，使关系经济社会发展全局的重大体制改革取得突破性进展。”对企业来讲，改革也仍未有穷期。有的企业看到在前一段改革中，出了一些纰漏，觉得“再也经不起折腾了”，这似乎有点因噎废食的味道。我们需要对改革进行反思，但通过反思，是为了巩固改革的成果，纠正改革的失误，继续积极审慎地深化改革。历史证明，求稳是稳不住的。

六、奖与惩

这是企业管理中的一个重要课题，也是每时每刻都会遇到的问题。奖惩既是一种职工行为的导向，也是为了实现企业既定目标的一种重要手段。宣传、号召、动员，当然很重要。但是，在一般情况下，人们只会去做你要检查的事、你要考核的事，而不是去做你期盼的事。因此，管理能不能到位，很重要的一条就是能不能建立科学的评价体系和考核体系，并且严格地按此进行考核，执行奖惩。我们经常发现，有的企业制订的发展战略很到位，目标、任务的提出也很切合实际，但是执行的结果却不甚理想。原因当然是多方面的，而其中几个考核指标往往起到至关重要的作用。也就是说，我们的战略目标和考核的指标导向不一致。

为什么很多地方政府热衷于追求发展速度，而不太重视经济结构的调整，重要原因之一就是对政绩考核偏重于GDP，一俊可以遮百丑。为什么有些企业产量增长很快，但质量、节能降耗、新品开发却迟迟上不去，也同考核的导向分不开。考核必须要同企业的战略目标相一致，不能企业倡导的是质量，考核的却是以产量为主；强调团队精神，考核的却是个人指标。有些激励虽然获取了短期效应，而长期的竞争力却在丧失。可见，奖惩的学问很深奥，要及时总结经验，适时调整考核指标和激励手段，使得激励及时有效。现在一些企业强调绩效考核，但如何衡量绩效，各个企业却大不一样。有的还是单打一，像某个企业的企管处长强调考核以产量为主，占60%；而该公司有的基层却是将完成指标、各项专业管理的实施情况和属于企业文化范畴的开展学习型组织活动、团队精神等按3∶3∶4的比例进行评分考核，这两者效果显然是不一样的。宝钢运用平衡计分卡原理，围绕成本、客户、内部流程、学习与成长4个部分，分别确定了关键指标，这样就会促使企业和员工的全面发展、持续发展。

奖励，主要当然体现在奖金以及工资的提升等方面，但不能忽视精神激励。精神激励不只是授予荣誉称号、大会表彰，而且还要帮助这些先进人物总结其成功的经验，一是进一步促使他们在现有基础上进一步提高，二是可以更好地带动其他员工向先进学习。首钢近几年每年3个大会，除党代会、职代会外，就是“学习创新发展”的大会（后来改名为“三创会”，创新创业创优），这个大会让基层的同志唱主角，谈经验，谈切身体会，与会人员感到“参加这样的会议是一种享受”；而有的企业，虽然每年也都表彰先进，但并没有将先进经验讲透，不能给人以启示；更没形成一种群众性的“比学赶超”的氛围。同时，还要为先进人物提供得以施展其才能的更为广阔的舞台以及提升素质的学习平台，后者在面临知识经济时代的环境下更为重要。

惩罚也是一种激励，只不过是一种负激励。运用得当，对员工行为的导向能够起到很好的作用，特别是对违反劳动纪律、工艺纪律，在工作中的失职行为等，必须进行必要的惩处。但更多的是应该运用正激励，少罚多奖，激励自尊心，增强自信心。现在有一个问题需要进一步探讨：过去，我们在推广邯钢经验时，强调“不讲客观”，只要完不成指标，就照扣不误。这在当时“外因论”盛行的情况下，对发挥各级干部和广大员工的主动性起到很大的作用。但是，毕竟员工的力量有限，把本不该由他们承担的责任统统由他们来担当，也有些不那么公平。比如，由于原料条件影响生产，以致完不成原定指标的，生产工人也都受到经济上的惩处。严格来讲，这是管理者的责任，不能由生产工人来承担。能不能换一种思维，在条件发生较大变化的情况下，能够及时做出反应、采取对策而有成效的嘉奖，以此来更好地调动广大员工的积极性。

七、精神与物质

企业主要是进行物质生产，对物的重视是天经地义的。没有必要的物质手段，要想生产好产品是不现实的。“没有金刚钻，怎揽瓷器活”。但即使有了先进技术装备，也不见得就能提供先进产品，取得良好的经济效益。这里就有人的作用，不仅是指人的技能，还有人的观念、精神状态。最近，厉以宁在一篇文章中指出：管理追求效率。效率有两个基础，一个是物质基础，如先进的设备、引进的技术人才等；另一个是道德基础，涉及社会和企业的价值观及如何处理好个人和群体之间的关系等。企业管理者、领导者除了要懂得市场调节和政府调节外，还应该懂得道德调节，道德调节介于有形无形之间。我很同意这一观点。作为厂领导，必须重视精神作用。

观念的重要性现在已经为大家所普遍接受。“观念决定思路，思路决定出路”，这两句话都已成为大家的共识。这几年在企业的调查过程中，我越来越感受到转变观念的重要性。“千条万条，转变观念是第一条。”讲精神，不能不讲企业文化建设，这既是企业管理的范畴，也是精神文明建设的范畴。这些年，我在企业讲话，几乎都会谈到企业文化。这不是无病呻吟，而是有感而发，是一些企业变化的事例给了我深刻的教育，使我觉得有责任、有义务通过宣传这些先进的事例，引起更多的企业领导来重视企业文化建设。2003年，我看到2家国际上知名的钢铁企业在谈到他们成功经验时，提出了2个80%∶20%的观点，也给我以很大的冲击。一家就是上面说到的巴登钢厂；另一家则是美国纽柯钢铁公司：“我们的成功20%来自新技术，80%来自我们公司的企业文化。”大家都知道，纽柯是以率先使用最先进的薄板坯连铸连轧工艺技术装备而闻名全球的，但他们却认为新技术对成功只占20%的因素，把主要功劳归之于企业文化。这绝不是在搞什么“作秀”，而是他们在实践中深切的感受。实际上巴登钢厂所讲的：“企业的成功80%取决于人”，大量的也是人的理念、价值观在起作用。因此，企业文化也是一种生产力。

企业文化是“形虚而实实”，这就是精神对物质的反作用。同时，企业文化要起作用，也必须有其载体，企业文化最终必须落实到企业全体员工日常生产、生活中去，落实到全体员工的行动中去，才能使企业文化真正发挥作用。为了使企业文化落到实处，必须搞好几个“结合”：一是领导和群众结合，首先是领导要带头体现企业精神和核心价值观。二是企业文化与企业发展战略相结合。必须与战略目标相适应，服务于企业的战略目标；同时，企业战略目标的实现，也要依赖相应的企业文化的实施。三是文化理念与建立机制、制定规章制度相结合；逐步实现“内化于心，固化于制，外化于行”。四是形象教育与理念灌输相结合。宣传企业文化，既要有理性的诠释，不断的灌输；更要重视感性的熏染，自觉地实施。要以理念来指导制度的制定，用制度来推进理念的实现。五是继承传统和创新相结合。既要善于利用传统中的积极因素，为我所用；又要随着形势的发展，情况的变化，对原有的文化理念赋予新的内涵，不能囿于传统，作茧自缚。

当然，要形成在实际工作和生活中真正起作用的企业文化，要把这种理念真正贯彻在员工的思想、行动中，不是一朝一夕的事；需要持续不懈的长期努力，更不能“一茬厂长一个令”。

八、言与行

作为一厂之长，讲话不可少。要学会说话，善于说话，善于组织自己的思想，表达自己的思想，来鼓舞人心，激发斗志，解除疑虑。但更重要的是，言行要一致，行更胜于言。绝不能成为“言语的巨人，行动的侏儒。”

不久前去世的世界级的管理大师杜拉克曾经说过：领导人的唯一定义，就是有追随者的人。这就是要有个人魅力。

个人魅力哪里来？首先厂长必须成为全厂的表率，成为体现企业价值观的模范。巴登钢厂要求：“每个经理就是一个遵守准则的典范”，“一个经理对部下的要求绝不应该超过对自己的要求”。可见，作为厂长，不管是社会主义还是资本主义国家，要办好厂子，带好队伍，首先不是有什么特权，而是要严于律己。这也是一个领导者能不能具有人格魅力最主要之点。

严于律己。首先是在权和利的问题上要严于律己。牢记“权为民所用，利为民所谋”，切忌利用手中之权某个人私利。领导以身作则，廉洁是一个重要方面。“民不畏我严，而畏我廉；民不服我能，而服我公。”不要遇到好处就想捞。其实，这些事情员工是看在眼里的，他们心里是有一杆秤来称量领导的价值的。比如，有的企业领导多次报送申请院士，不能一方面有成就，就要来个“通吃”。这样你要员工不要争名争利，能有谁来听信？其次，在对待工作中的成绩和失误时，要严于律己。《基业长青》一书中归纳了优秀经理人的特点之一，就是在一切都很顺利的时候，他们向窗外看，把功劳归于自身以外的因素；如果事情进行得不顺利，他们会朝镜子里看，主动承担责任，而不是埋怨运气不好。揽功诿过必然丢失群众。特别是在工作中有失误时，要更多地寻找自身主观的原因。第三，是在对待不同意见时，要严于律己。一些领导威望高了，更要防止“一言堂”。很多决策失误就是因为听不到真话，听不进不同意见。特别是对各级一把手。这种情况，在冶金企业里已经多次发生了，要引以为戒。现在依靠“命令与控制”这种老式的结构将越来越行不通，靠领导个人人格的魅力，就会“影响更多的人，控制更少的人。”

诚信。在执行厂长职责时要讲诚信，在对外交往时要讲诚信，在对待员工时要讲诚信。为什么要这样强调？因为这看似容易的事，实施起来有时却要牺牲好多眼前的利益。对诚信的考验就在企业或者个人的眼前利益要受到影响时，还能不能坚持讲诚信。过去的晋商为什么能兴盛几百年，一个重要原因就是讲诚信。最近，中央电视台播出电视连续剧《乔家大院》，里面的主人翁乔致庸就说："经商之道首重信，以信誉赢得顾客；次讲义，不以权术欺人，该取一分取一分，昧心黑钱坚决不挣；第三才是利，不能把利摆在首位。"如果不牺牲眼前利益就可以有信誉，每个企业都会非常讲信誉。但不讲诚信，最终牺牲的是企业的根本利益和个人声誉。只有厂领导时时事事讲诚信，才能在全体员工中营造一种坦诚的氛围，一种互信的氛围，而信任，也是一种资源，是效率的"润滑剂"。

公平。特别是在和员工切身利益关系密切的奖惩、分配和职务升降等方面，必须一碗水端平。有章可循的就严格按章办事；对无章可循的个案，重大的要经过领导班子集体讨论，切忌掺入个人好恶的因素。要警惕，在一个人身上失去原则，就会失去一群人的信任。

当然，对厂长的要求还很多，比如学习力、沟通力、执行力、创新力、应变力等，有些上面已经提到了，就不多说了。

以上所说的，基本上都是我这几年同厂长们接触的感受、体会，希望能引起大家的兴趣，共同来探讨怎样当好厂长，出色地实现自己的历史使命，为变钢铁大国为钢铁强国而共同努力！

淘汰落后：政策与市场的博弈[1]

钢铁工业供大于求已经成为不争的事实。尽管两年多来，国家加强了对钢铁行业的宏观调控，但钢铁工业目前的产能已经远远超过消费的需求，而且至今产能增长的速度仍然大于需求的增长。据国家发改委有关产业政策司领导透露：到2005年底，我国钢铁生产能力达到了4.7亿吨，在建能力是7000万吨，拟建能力还有8000万吨（见《中国冶金报》2005年12月22日），这种情况已经引起了有关方面和各界人士的高度关注。但是，究竟怎样看待产能过剩的问题，又该采取哪些措施来加以解决，各界人士见仁见智，各抒己见，相信通过讨论，集思广益，会有助于问题的较好的解决。

一、要高度重视钢铁工业产能过剩的严重性

产能过剩毕竟不是一件好事。但既然已经形成，我们就必须正视现实，冷静面对，没有理由惊慌失措，而是要认真吸取教训，采取对策，变祸为福，化消极为积极，通过解决矛盾，促进钢铁工业发展登上一个新的平台。但是，也要防止低估这一问题严重性的倾向，对产能过剩漠然视之，甚至以各种借口，进行辩解，似乎“存在的就是合理的”。这样，不仅无补于事，还白花了“学费”，甚至还会雪上加霜，干扰中央宏观调控决策的进一步落实，妨碍钢铁工业的健康发展。

“市场经济本身就是一个过剩经济”，这没错。我们都体验过短缺经济的滋味，没有人愿意再回复到那种时光。过剩经济才可能出现买方市场。因此，过剩经济可以说是市场经济题中应有之义。产能过剩才有利于市场竞争的健康开展，促使企业提高产品质量，降低成本，研发新产品，推动社会经济的进步，提高人们的生活质量。从这个意义上说，对产能过剩，没有必要大惊小怪。但什么事情都有一个“度”，正像“真理超越一步就成谬误”一样，笼统地判定“产能过剩不是病态”，甚至简单地认为：“整体经济产能利用率在75%左右是正常范围”，不仅于事无补，而且会影响到宏观调控的顺利进行。因为按这种说法，去年我国产钢3.49亿吨，产钢能力4.7亿吨是恰到好处。因此，搞什么宏观调控似乎是小题大做，有些庸人自扰的味道了。

让我们回顾一下国际钢铁界的情况。21世纪初期，国际钢铁界为了解决当时产能过剩的问题，从2001年4月到2002年2月，由世界经济合作与发展组织（OECD）主持，先后召开了3次国际钢铁业界峰会，包括中国在内的三十几个产钢国及地区的代表参加了会议，专门讨论了压缩生产设备能力问题，而当时世界钢铁设备利用率为77%，比上面提到的75%这一“正常”利用率还多了2个百分点。但77%这一数字，竟然惊动了国际钢铁界的顶级人物，3次开会，商讨对策，并最终达成了2005年前限产1亿吨的协议。由此

[1] 本文先以“产能过剩与淘汰落后”为题目全文刊登于2006年第7期《冶金经济内参》上，2006年3月18日《中国冶金报》刊登时改为现在的标题，并有较大压缩。

可见，钢铁行业的过剩产能给全球钢铁界带来的巨大影响。因此，面对中国钢铁工业规模的急剧扩张，我们绝不能等闲视之。

如果把上面一种观点称之为“产能过剩正常论”，那么，另外一种观点，就更极端了，这种观点可以称之为“产能过剩有益论”。持这种观点的人认为过高的产能利用率会引发风险。他们把美国20世纪70年代经历的滞胀，归之于就因为产能利用率超高，经常超过90%；而过高的产能利用率使得生产缺乏效率，并且难以及时调整。以后，在整个90年代美国的产能利用率都在85%以下，认为这是美国得以在此阶段维持高增长、低通胀的重要经济基础。我对美国的这段经济发展情况没有研究，但总觉得这种说法过于牵强。很难说，85%或90%是一条界限，决定了经济的高增长还是滞胀。至于套用到中国，就更不妥当了。

还有一种“自动制衡论”，认为“如果市场需求小于供给能力，钢铁的过剩产能，就不可能全部变成产量，市场供求就不会发生严重失衡，价格不会大幅下降。”这个观点，原则上是不错的。在市场经济下，供求关系必然会决定产能发挥的程度。但是，钢铁行业是个资金密集型的行业，大量资金的集中投入，谁都希望早日收回投资，希望尽快发挥设备的能力。在产品基本上是同质化的情况下，一场恶性的价格战是在所难免，混战无赢家。近年来，已经有一批企业钢材的售价低于成本，进入到亏损行列，就是产能盲目扩张带来的必然后果。我们需要从中吸取惨重的教训。

第四种观点是认为钢铁工业产能过剩无足畏惧。因为，过剩产能都是落后产能，“2005年，中国产钢3.49亿吨，占世界1/3，其中一半是属于准备淘汰的‘落后产能’。中国有很多钢铁企业的设备还是20世纪50~60年代的，有的甚至还是日伪时期留下的，本身就是一堆破铜烂铁，除了破产以外没有更好的路。”这不仅夸大了落后产能的数量，而且对淘汰落后的艰巨性看得太轻松了。这在下面还会谈到。

最近，钢铁市场价格有所回升，于是有人又提出了足以令人震惊的新观点：我国钢铁工业不仅没有过剩，而且是“超能力发挥，产能不足”；前两年所说的“产能过剩”只是一种“虚增”现象，是“权威机构夸大过剩，误导市场”。按这一说法，这几年钢铁界，以及国务院有关部门采取的宏观调控政策都是在庸人自扰，不仅是误导市场、而且是自误误人、误党误国了，国务院领导同志一再强调要解决好钢铁产能过剩的问题也就成为无的放矢了。按照这种说法，钢铁工业还应该继续加大固定资产投资，进行规模扩张。这必将给我国钢铁工业甚至国民经济的可持续发展，带来严重的负面影响。对此，我将另行撰文阐述观点（见“钢铁工业产能不足?”一文）。

二、从历史和现实的结合来看“淘汰落后”的问题

现在的问题是，产能已经过剩，我们又该怎么办?《钢铁产业发展政策》（以下简称《新政》）明确提出要淘汰落后，包括加快淘汰并禁止新建容积300立方米及以下高炉、公称容量20吨及以下转炉、公称容量20吨及以下电炉以及叠轧薄板轧机、三辊劳特式中板轧机、复二重式线材轧机等落后工艺技术装备。这个方向是完全正确的。据统计，列入这个范围内的生产能力：炼铁有1亿吨、炼钢有5500万吨、轧钢有8000万吨。如果真能像一些媒体所说的那样，在2007年以前全部淘汰，那当然是一件天大的好事。但恐怕这只能是一些人的主观愿望罢了。

首先，是因为这条界限看似刚性，但真正要执行起来，就会出现相当大的弹性。“上有政策，下有对策”。这种情况已经屡见不鲜。你不是说淘汰300立方米以下的高炉吗？我就说，我的已经扩容了，是330立方米的，这就不在淘汰范围内了吧。也许企业提不出足够的依据，但你也难以证明它就是在300立方米以下。除非他自己觉得在市场竞争中活不下去了，恐怕就很难强制执行。再说，以装备容积的大小来决定是否淘汰，也难以服人。像新兴铸管的高炉和转炉是中钢协重点统计企业中最小的设备，高炉还有200立方米以下的，转炉是22公称吨的，但它们的指标在行业里是领先的，高炉的利用系数达到4.5，全国居首；入炉焦比351千克，位于全国第三；转炉和连铸的日作业率都是全国最高的“领跑者”，吨钢耗新水只有3吨多，其他一些主要指标也都处在行业领先地位，产品在市场上是受欢迎的，2004年120多万吨钢的利润达到4亿多元（不计铸管部分）。当然，这样的装备不可能长命百岁，企业肯定也会在适当的时机，进行升级换代的，但至少目前没有理由要他们“一刀切”地立即予以淘汰。因此，过多地寄希望于这些级别装备的淘汰，甚至以为只要这些设备淘汰了，钢铁行业产能过剩的问题就解决了的想法是不切实际的。

就算是确定了哪些设备是真正属于落后的范围，也不是一声令下，它们就从此销声匿迹。淘汰落后，我国已经有多次的实践。20世纪80年代，在1981年和1989年两次国民经济调整和治理整顿时，国家就要求一批小钢铁厂关停并转；20世纪末国家对钢铁行业进行限产时，国务院办公厅又发出了《通知》，转发国家经贸委《关于清理整顿小钢铁厂的意见》，要求关停一批工艺装备落后的小钢厂。特别是1989年3月15日，国务院发布了《关于当前产业政策要点的决定》（以下简称《决定》），这是我国第一个产业政策，在明确提出要重点支持大中型炼铁、炼钢建设的同时，要求停止和严格限制小高炉、小转炉、小电炉的建设以及某些产品的生产，当时引起了极大的关注，在实际工作中也起到了十分积极的指导作用。但为什么尽管中央三令五申，这些落后的产能却如“野火烧不尽，春风吹又生”。不是这些装备具有顽强的生命力，而是在其背后隐藏着一场利益的博弈。一方代表国家的长远利益、根本利益；另一方则是代表着某些地方政府、有关企业以及部分客户当前的现实利益，而几次博弈的结果，往往是上不敌下，法不责众，结果就出现“劣币驱逐良币”、至少是“良币、劣币并存”的情况。这次《新政》的发布，公开的声音是一片叫好，而且已经在实际工作中起到了很好的效果，像鞍钢、首钢等特大型国有企业，已经淘汰了一批1000立方米级的高炉。但历史的经验告诫我们，千万不要以为《新政》的贯彻可以畅通无阻。实际上，一场新的博弈已经开始。因此，我们要吸取历史的教训，在加强宏观调控的同时，妥善地处理好各方的利益，通过制定相应的配套政策，以及某些必要的法令，使《新政》能够得到较好的落实。

与此同时，我们还要认真地反思：我们过去制定的政策是否符合国情？有时良好的愿望之所以不能实现，问题就出在并不符合实际情况。拿热轧硅钢片来说，在20世纪80年代初期，陆达同志主管冶金工业部技术工作时，就大力宣传冷轧硅钢片的优越性，极力主张要淘汰热轧硅钢片的生产。以后，在1989年国家颁布的第一个产业政策中，把生产热轧硅钢片的主要轧机、二辊热叠轧板机作为“停止或严格限制基本建设的产业、产品”；之后，国务院有关部门又多次发文，要求限期停止热轧硅钢片生产，淘汰落后的叠轧薄板工艺设备。现在限期早已过去，结果是不仅没有淘汰，而且随着冷轧硅钢片产量的增长，热轧硅钢片的产量也在逐年上升，2000 年上升到 71 万吨，到去年已经突破了 100 万吨。不是说热轧硅钢片的性能优于冷轧硅钢片，但它的性价比还是受到很多方面的青睐，以此制成的中小规格的电机大量出口外销，钢厂、客户以及终端用户都从中受益。在这种情况下，无论你是《决定》也好，《新政》也罢，在市场需求面前，都会显得苍白无力。但是，如果我们能够生产出价格适宜、性能比较高的冷轧硅钢片来，热轧硅钢片恐怕又是另一种下场了。

还有一个问题，就是能不能通过新建现代化的大型钢铁企业来淘汰落后。特别是在一些有沿海深水港的地区，目前都在紧锣密鼓地积极筹划新建大钢厂。有的地方还承诺建设起了新的大厂，相应地淘汰本地区的落后产能。这当然也是件好事，特别是可以较大幅度地降低大宗原材料的运输成本，从长远讲，这肯定是个方向。但是沿海地区都想这样搞，那是不是又会陷入“合成谬误”的窘境？在产能过剩的情况下，新建沿海大厂是否是当务之急？而且能够有条件建沿海大厂的企业，恐怕本身并不属于淘汰之列的“落后企业”。这些要被“淘汰”的老厂，一般都有三五百万吨的能力，而且都是当地的“顶梁柱”，在当地的 GDP 以及财政收入中占有举足轻重的地位，就业的员工都有几万人，能够这样轻易地关闭、搬迁吗？新厂建成了，当初承诺的诺言是不是当真会执行？而且即使真的关闭了，但增长的产能远比关闭的要多，其结果只是在已经过剩的产能上再加上一大块而已。因此，以新顶老，很可能引发新一轮更高水平的规模扩张。

三、分层次地淘汰落后和严格控制新增产能相结合

淘汰落后，原则不容动摇，态度必须坚决。但执行起来应该分几个层次。

首先，对那些既落后又违法的（特别是违反环保法和质量法的），必须毫不留情地坚决予以取缔。这应该是毫无疑问的，但实际上也是步履维艰。最典型的是所谓的“地条钢”，这不仅是落后，而且可以说是祸国殃民。过去以为主要是销售到农村建筑市场，但去年中央电视台的《焦点访谈》中，揭露了天津的地条钢，居然主要是销售到北京、上海，有些建筑商就是在合格的建筑钢材中掺进一部分这种不合格的钢材，搭配使用。这样的建筑在短时间内也许不至于出大问题，但势必经受不了时间的考验，近几年报刊上陆续有过报道，一些建筑物突然坍塌，酿成大祸，恐怕与此不无关系。但是，这样的厂子，这样的产品，在某些地区依然是红红火火。如果“地条钢”的生产还可以依然通行无阻，那又怎样去淘汰那些我们现在称之为“落后”的产能呢？而“地条钢”之所以取缔不了，“非不能也，是不为也”。由于有关部门利益不同，步伐难以一致，一旦要采取行动时，往往是文齐武不齐，锣响鼓不敲，协调不够，有的甚至暗中作梗，使这些活动无效而终。因此我们要从中吸取教训，在淘汰落后问题上单靠行业主管部门或某个业务部门是无能为力的，必须要使各级地方政府承担起责任来，并纳入到政绩考核中去。在各级政府的统一领导下，组织各有关部门，在统一认识的基础上，相互配合，各司其职，只要坚定不移地抓下去，一定能取得应有的效果。

其次，对那些符合质量要求的产品以及生产这类产品的装备，只要它们能在市场中存活下来，就不是简单地用行政命令加以限制可以彻底奏效的（当然，如果造成严重环境污染的企业，可以按环保法处理）。20 世纪末的钢铁限产也说明了问题。当时的声势不可谓不大，结果是听话的限住了，不听话的反倒发展了，造成了限大不限小，限国（企）不限

民（企），限内不限外（进口），甚至是限优不限劣的局面，进一步加剧了钢铁工业结构调整的难度。

这里也有两个层次的问题。一个方面是企业。大量产能的淘汰，会带来一系列的问题，特别是经济损失问题和员工就业问题。因为，这毕竟不是通过市场竞争自然出局的，必然会存在要不要补偿的问题。20 世纪末我国两大行业的限产，纺织行业对销毁的锭子，有一定的补贴，淘汰落后设备就比较顺利（虽然，以后又死灰复燃），钢铁行业的“理智性限产”，一切由企业自行消化，阻力就大得多。国际上欧盟钢铁业20 世纪90 年代淘汰落后产能时，有关政府也是付出代价的。上面谈到的国际钢铁界在 2002 年的那次限产，会上还一致通过新设立两个专门工作机构。其中，一个就负责研究解决压缩产量后带来的一系列困难和问题，包括提供补贴的数额和方式、方法等相应的政策措施。看来，压缩产能必须要有相应的政策配套措施，这是一个共性的问题。因此，我国钢铁业的淘汰落后也需要针对不同情况，研究采取相应的措施，促使这一艰巨任务的尽快落实。

另一个方面是当地政府。从某种意义上来说，做好这方面的工作，更为重要。特别是在一些经济相对落后的地区，对全国来说是落后的技术装备，但在当地却是 GDP、甚至财政收入的大户，而且还提供了一大批就业岗位。一下子要关停这些企业，矛盾的焦点首当其冲地集中到当地政府。因此，如果没有恰当的政策措施，必然就会遇到来自这些地方政府和相关企业结成的利益共同体的各种形式的抵制，淘汰落后也就很难落到实处。

至于对那些在装备规格上达不到《新政》规定的进入门槛，但各项指标先进、效益良好的企业，更不能以设备的大小作为标准来强令淘汰。在这些貌似“落后”、指标优异的装备的背后，肯定有不少鼓舞人心的亮点，体现了这些企业的各级领导、技术人员和广大工人的智慧、创新、敬业、协作精神，应该认真总结，发扬光大，引导他们更上一层楼。简单地淘汰这些所谓的“落后”设备，只会打击那些重视全面提高员工素质、重视通过强化企业管理和改革创新、重视练好内功的企业，助长“见物不见人”的倾向。

第三，在淘汰落后的同时，对新增产能宏观调控的力度不能放松。《新政》提出：“支持和鼓励有条件的大型企业集团，进行跨地区的联合重组，到2010 年，形成两个3000 万吨级，若干个千万吨级的具有国际竞争力的特大型企业集团”，并且提出了“大型钢铁企业应主要分布在沿海地区”等产业布局调整的原则。这是企业组织结构调整的一个重要方面，也是提高钢铁工业集中度的一个有力措施。结合产业重组和北京的特殊情况，国家已经批准首钢联合唐钢在沿海建设新的大型钢厂。与此同时，一些企业也提出了沿海建大厂的方案。当然，产业布局需要调整，新厂不是绝对不能建设，但是没必要在产能已经大大超过需求的情况下，都争先恐后地以调整布局之名去抢建新厂吧。走新型工业化道路，绝不是单纯地花大钱建现代化的新厂。还要看到，“十五”期间，我国钢铁工业已经投入了 6800 多亿元资金用于改造、扩建和新建，相当一部分产能已经属于世界一流、甚至领先水平，当前最重要而紧迫的任务，就是把这些企业真正办成具有较强的自主创新能力和核心竞争力的、为国际钢铁界和广大用户认可的世界一流企业，而不是马上动手去建设新厂。

去年，温家宝总理对钢铁工业的发展作出了很重要的指示，现在报刊上一般归纳为要坚持3个“重在”和实现一个“根本转变”；但我觉得还是应该完整地概括为3个“重在”、三个“不能”和一个“根本转变”，千万不要把3个“不能”忽略了。这就是要重在增加高附加值的产品，提高质量，不能片面追求数量扩张；重在提高产业集中度，加强现有企业的改组改造，不能单纯依靠铺新摊子，上新项目；重在降低消耗，提高企业和产品竞争力，不能靠消耗资源和污染环境来实现增长。一个“根本转变”，就是要坚持走新型工业化道路，实现我国从钢铁大国向钢铁强国的根本转变。这就是我们中国钢铁界需要为之奋斗的共同任务！

能说钢铁工业产能不足吗?[1]

在中央连续几年加强宏观调控的情况下，钢铁工业固定资产投资增幅有所回落，产能过度扩张的势头在一定程度上得到遏制，不少钢铁企业都在探索如何按照科学发展观的思路，来做强钢铁工业。但是，钢铁工业产能过剩，仍然是各界人士密切关注的一个大问题，在今年的“两会”期间，温家宝总理又再一次强调：“解决产能过剩问题，要把钢铁行业放在重要位置。”

不过，最近在一些报刊上却出现了另一种论调，认为“钢铁产能过剩并不严重”，在一篇题为“我国钢铁行业运行分析及发展态势预测”的文中，明确提出：我国钢铁工业不仅没有过剩，而且是“超能力发挥，产能不足”；前两年所说的“产能过剩”只是一种“虚增”现象，是“权威机构夸大过剩，误导市场”。按这一说法，这几年钢铁界，以及国务院有关部门都是在庸人自扰，不仅是误导市场，而且是自误误人、误党误国了，国务院领导同志一再强调要解决好钢铁产能过剩的问题也就成为无的放矢了。

让我们的视线往回倒退几年吧。2002 年以来，由于中国经济的强劲增长和钢材市场的旺盛需求，引发了钢铁工业投资扩张的热潮。一时间，行业内外，国企民企，纷纷投资钢铁，铁本就是其中一个典型。为此，国务院办公厅在 2003 年 12 月转发国家发改委等 5 个部门《关于制止钢铁行业盲目投资的若干意见》，指出：钢铁行业的“在建项目生产能力大大超过了预期需求，必将导致生产能力过剩、市场无序竞争、浪费资源个污染环境，甚至造成金融风险和经济社会其他方面的隐患”；并要求近期内对已建、在建、拟建钢铁项目进行一次认真的清理。以后，中国钢铁工业协会组织了大量人力，于 2004 年、2005 年先后两次对全国钢铁产能进行了全面调查。其中，2005 年是协同国家发改委一起进行的。这次调查的结果，在 2005 年 7 月召开的中钢协常务理事（扩大）会议上作了公布：2004 年底的炼钢产能达到 4.19 亿吨，在建产能为 1.19 亿吨，而当年我国钢产量是 2.72 亿吨；以后发改委产业政策司领导也在报刊上公开了这组数据：到 2005 年底，钢铁产能达到了 4.7 亿吨，在建能力 8000 万吨，拟建能力 7000 万吨。这组数据同实际情况也许会有出入，但要看到这次调查是在国家对钢铁行业依然强调宏观调控的大环境下进行的。在这种情况下，一般来说，地方政府和企业不会有意去虚报产能，自找麻烦的。如果说是“权威机构夸大产能”，那我们又有什么理由相信这篇文章中的数据是正确的、权威的呢？更何况该文的数据并不是来自实际情况的调查，而是基于一种推论：“据对相关 3 省 2005 年粗钢产能与实际产钢分析，如设备利用率按国际正常值 79% ~83% 计算，相当于虚增产能 5000 万吨”。当然，该文中还提到：根据国家统计局和中国钢铁工业协会调研，到 2005 年末中国粗钢产能 4.14 亿吨，比有关部门公布的产能减少 5600 万吨。但据我了解，国家统计局

[1] 写于 2006 年 4 月 29 日。

并没有公布过钢铁产能的数据，那么，为什么这次中钢协的调查同上次竟然会有这么大的出入？我们希望能看到更为具体的资料。

那么，怎样又从“产能过剩”变为“产能不足”呢？文章认为：“目前，我国还没有建立起来对产能过剩定性、定量的科学评价标准，往往是受部门、领导或研究机构主观臆断而评定”，该文提出了一个评价指标，就是：“欧美等国一般用产能利用率或设备利用率为产能是否过剩的评价指标，正常值为设备利用率在79%～83%区间，超过90%则认为产能不够，有超设备能力发挥现象；明显低于79%，即设备开工不足，说明存在产能过剩现象。”而按照文中的计算：“中国钢铁产能利用率从2001年到2005年，按年末产能计算，基本处在国际标准的正常区间。按全年平均产能（年初+年末的平均数）计算，2001年到2005年产能利用率分别为94.29%、98.91%、96.43%、93.69%、93.46%，5年均超过90%以上”。根据这些数据，就自然会得出这样的结论：这5年钢铁工业连年都是“超能力发挥，产能不足”，那还需要什么宏观调控？

问题在于这几个百分比是怎样计算出来的？分子当然没有问题，年年有产量统计；但分母产能的数据又根据什么呢？分母不同，当然产能利用率就不会一样。先设定产能小了，自然产能利用率就高了，反过来又证明产能不大。这种计算方法又有什么说服力呢？在没有证明这一分母数据相对正确的情况下，又怎能使人认同这一组产能利用率数据的正确性呢？

即使再退一步讲，我们承认了这组数据，那么，紧跟着问题就来了：既然产能不足，现在提出“淘汰落后”的根据又何在呢？据中钢协多次宣称：钢铁工业的落后产能是：炼铁1亿吨、炼钢5500万吨、轧钢8000万吨，要求在2007年前全部淘汰。如果真的这样做了，那在产能不足的情况下，又怎样来填补这一空缺呢？出路只有两条：一是大量进口，这既不可能，也不应该；那就是进一步扩大产能，再掀起新一轮的“大办钢铁”的热潮。当然，这恐怕谁也不会接受的吧。因此，“产能不足”就成为一个“伪命题”了。

该文不仅谈到中国钢铁工业“产能不足”的问题，而且还论证了国际钢铁工业同样不存在“产能过剩”。文中提供了这样一组数据：从1994年到2004年各国钢铁平均产能利用率为：美国84.04%，韩国89.99%，德国86.43%，结论是这些国家的钢铁产能同样是处在正常发挥的区间。按此说法，也就不存在限产问题。但事实是：21世纪初期，国际钢铁界为了解决当时产能过剩的问题，从2001年4月到2002年2月，由世界经济合作与发展组织（OECD）主持，先后召开了3次国际钢铁业界峰会，近40个产钢国及地区的代表参加了会议，专门讨论了压缩生产设备能力问题，而当时世界钢铁设备利用率为77%。按该文的说法，77%这一数字，仅比设备正常利用率的下线低了2个百分点，但就是这2个点，竟然惊动了国际钢铁界的顶级人物，3次开会，商讨对策，并最终达成了2005年前限产1亿吨的协议。据说，从自由竞争走过来的世界钢铁企业，在世界钢铁峰会中专门研究并达成一项限产协议，在历史上还是第一次，可见形势的严峻。但现在这篇文章提出了这样一组数据，说明国际钢铁界根本不存在产能过剩问题，的确使人无法理解。尽管由于其他一些原因，国际钢铁业淘汰落后生产能力的计划搁浅，但至今主要钢铁生产国还是在限产保价。

这篇文章的观点，实际上只是把早已存在的对钢铁工业是不是要宏观调控的不同意见表面化罢了。而所以在这个时候发表，可能是同近期钢材市场价格有所回升有关。当然，市场形势不会是永远直线上升或下降的，我们需要密切注视市场变化的动向，及时调整我们的策略，制定有效的政策，但在大的方向上不能动摇。毕竟，“十五”期间，钢铁工业的固定资产投资高达6700多亿元，这无论在中国钢铁工业发展史还是世界钢铁工业发展史上都是空前的，这样巨额的投入，必然会形成产能的激增。如果在这关键时刻，在规模扩张上出现误导，无论是对行业、还是对整个国民经济的发展，恐怕都是“祸”而不是“福”。

实施人才强企战略　加速人才成长进程[1]

10年前、甚至5年前，谈起中国钢铁工业现状时，还离不了“装备落后、工艺陈旧”这些词。但今天对绝大多数国有大型钢铁企业来说，这句话就不合适了。单就装备水平而言，我国占相当比重的大型钢铁企业已经进入世界先进行列。在这种情况下，人才问题远远要比工艺装备问题更加突出。现在，恐怕谁也不会否认影响中国钢铁业由大变强的关键在于人才。随着钢铁企业转变经济增长方式，深入贯彻科学发展观，钢铁企业从量的扩张要转向质的提高（当然，不排除通过兼并整合实现规模的扩大），从以低附加值的大路货品种为主转向最大程度地提高钢铁产品的附加值，满足下游行业急速发展的需求；从高能耗行业要转向成为大幅度降低能耗的尖兵；从作为一个大的污染源行业转向实施循环经济，从源头抓起，尽最大可能减少各种废弃物的产生和排放，如此等等。这些都对钢铁行业提出了史无前例的新挑战，而能不能把挑战变为机遇，能不能把机遇转化为现实的竞争力，关键在于有没有足够的、配套的各种人才。人才问题是越来越紧迫地摆在各级领导的议程上，加快人才成长，是企业兴旺发达、强盛壮大的根本途径。如何加强人才培养的力度，加快人才培养的进度，提升人才培养的高度，很多企业都对此进行不懈地探索，也有颇多成功的经验。

一、新形势要求加快人才培养，现实也提供了人才培养加速度的可能

形势的发展，时代的需求，越来越紧迫地呼唤着人才的涌现。中国要跻身于世界强国之林，必须要有足够的优秀人才。什么时候中国的人才能够居于世界前列，什么时候中国就会成为世界强国之一。物质资源固然重要，资金也是国家发展不可或缺的重要因素，但有什么不如有人才，有了人才就会有一切。百余年前美国钢铁大王卡内基有句名言：“你可以夺走我的全部工厂、设备和资金，但只要留下我的机构和人才，几年以后，我仍是钢铁大王”，至今仍然有其现实意义。

国际竞争，说到底是人才的竞争。因此，必须要加速人才的培养。本文暂不讨论正规学校教育问题，重点探讨企业如何加速人才培养的问题。人才成长，当然有其自身的规律。加速培养人才，绝不意味着拔苗助长，而是要适应新形势，摸索新规律，探索新途径。我们既要借鉴以往的经验，又要突破过去的框框，更要重视新时期自身的实践。

新中国成立初期，百废待兴，百业待举，苏联援助的156项现代化建设项目，全面铺开，人才极端短缺。当时，国家采取多种方法，通过多种渠道，加速人才的培养。一方面充分利用原有人才；同时，连续两年将四年制的大学本科生提前1年毕业；开办工农速成中学，有条件的国家机关也举办干部班，像当时冶金工业部很多司局级、处级干部，每天早上7点到9点（占用1小时工作时间）都参加学习，坚持数年，后来都成为冶金战线上

[1] 原载于2007年第1期《冶金管理》。

的有真才实学的领导骨干，对冶金工业的发展作出了很大贡献。“文革”阻碍了一代人的成长，各种人才都出现断档现象，这当然是坏事，但却促进了80后的一代新人快速成长，在较短时间里挑起了大梁。

举这些例子，不是说要套用这些做法，今天的形势不同于新中国成立初期，也不同于改革开放初期，对人才各方面的要求会更高。但时势造英雄，只要客观上有这种需求，总会找到解决的办法。而且，还要看到，这些年，我们主要依靠自身的力量，驾驭起世界一流的先进装备，在局部上还有所改进，甚至解决了一些洋人所没有解决的问题，也破除了不少人为制造的迷信。在首秦，有些过去被视为“二流”的人才创造出了一流、甚至超一流的业绩，引起了同行的惊讶与尊敬。过去，年轻人进厂，头两年似乎只是见习培训，但宝钢热轧厂确定为代表成品形象的12项精度指标，其中一半新纪录的创造者却是进厂7个月到1年半的员工。这些，也都从实践上证明了：对大多数人来讲，自身的潜能远远没有发挥出来。因为，按照科学家的说法，人类的大脑就像一个沉睡的巨人，远远没有被开发。这也从理论上说明了人才成长完全可以加快速度。

二、高度重视、充分发挥实践这一最佳课堂的作用

在人才成长过程中，需要有中间的“加油站”，定期、不定期进行离岗学习（包括利用节假日的集中学习）。现在国内外很多知名企业都建立了自己的培训中心，并且花大力气来提高培训水平。这方面我们还有差距。但是，我们不能把工作和学习割裂开来，把岗位和培训对立起来。要按照学习型企业的要求，努力实现“工作学习化、学习工作化”，充分认识到：岗位是人才成长的起点和基点，要自觉地利用岗位实践这一伟大的课堂，来大力提升员工的素质。

要善于在岗位实践中发现问题。发现问题是推动前进的动力，是解决问题的前提。一个在岗位实践中发现不了问题、提不出问题的员工，是很难通过离岗的培训真正提高自己水平的。所谓“灵感”，所谓“豁然开朗”，就是因为在脑海中长期盘桓着问题，突然在外界的某种启迪下得到了解决的境界。没有问题，就难以提高。因此，我们要引导员工努力去发现问题。这就需要“有心”，只要“有心”，现场处处都是学问；需要“细心”，要关注细节，先进与落后、成与败，往往就在细节的差异；还需要“耐心”，因为发现问题不是目的，解决问题需要过程。这就要坚持不懈，持之以恒，把实践中的问题作为提升自己的课题，改革创新。现场提出的问题可能不怎么起眼，但万丈高楼平地起，小改小革的积累是创一流的前提。首钢矿业的“十小促十变”，就是一个很好的典型。

要善于在岗位实践中总结经验。解决问题。取得成果固然重要，但更重要的是通过这一过程，提高学习力、创新力。这就需要自觉地总结经验，把感性认识提升到理性的高度，使之具有更强的指导意义。现在不少企业都明确要求定期总结实践案例，撰写论文；有的要求各类“师”、“长”都要定期在一定范围内结合自身实践进行专题讲课，或者有计划地带好“徒弟”；有的则建立起传承机制，通过剖析典型案例，变间接经验为直接经验，实现经验共享，知识增值。

要善于在岗位实践中拓展视野，拓宽领域。高端人才一般都有较为宽厚的基础。我们也要充分利用现场的有利条件，努力培养一批专才和通才结合的新型人才。现在很多企业普遍开展“一专多能”活动，宝钢热轧厂有的职工取得了8个上岗证，能胜任整条生产线

各个岗位的操作，被誉为“一线通”、“万能工”。尽管他们主要还是在某个岗位上工作，但他们能够从全局的视角、系统的观点来发现、处理本岗位的问题，而不至于陷入“头痛医头、脚痛医脚”的被动局面；这也有利于从接合部创造新经验。在干部中实行挂职、轮岗，精一会二通三，也具有同样的意义。

三、机制可以造就人，“二流”人才可以创造出一流、甚至超一流的业绩

机制会造就人才，也会扼杀人才。可以说，“成也机制，败也机制”。这几年，很多企业打破了“官本位”制，把过去人才晋升千军万马都走“长”字号的独木桥，转变为建立管理、技术、技能三条晋升通道。同时，制定了各类专家（包括技能专家）、学科带头人等的津贴制度，在很大程度上改变了“师”不如“长”的局面，使得各类人才都能更好地发挥自己的专长，为企业作出自己的贡献。

还要引起重视的是要大力推行组织结构扁平化，这不仅是为了减少层次，提高效率，而且也十分有利于人才的成长。宝钢的作业长制在一些企业推广后，普遍尝到了甜头。首秦一号高炉投产两年多来，没有换过一个风口；焦比已经破三进二，在热风炉全部使用低热值的高炉煤气情况下，高炉风温始终保持在1250℃左右；容积1800立方米的二号高炉投产3天，利用系数就达到2.23t/(d·m^3)。主持首秦炼铁部工作的丁汝才部长，原先担任过首钢炼铁厂的副炉长和主持全面工作的副科长，他个人的体会是扁平化的机制造就了人，工作中的问题既无法上推，也不能下卸，逼着自己去摸索、去创造。事实证明，一个好的机制可以使过去被视为二流的人才创造出一流、甚至超一流的业绩。

人才成长，同所处单位的氛围分不开。首钢技术研究院的变化非常说明问题。2000年时，首钢技术研究院的6名博士全走了。为什么？就是对人不重视。那时，314个国家级技术研究中心评比，首钢排名184位，在冶金行业中位列20；但现在，首钢技术研究院有了40多位博士，还有100多位硕士（全公司现有博士60多名，硕士600多名），其中不少是在国外著名的冶金研究院所和高等学校任职多年的“海归派”。去年，首钢在全国382家技术研究中心中，排名跃居第三，在冶金行业里排名第二。变化怎么来的？他们有两句话：一句是“一切围绕人才转”，就是观念围绕人才转，制度围绕人才转，岗位围绕人才转，服务围绕人才转、荣誉围绕人才转。第二句是“平台比待遇更重要”，他们深知，没有舞台不见人才，不干事业难出人才；大力为科技人员搭设多种平台，包括人才培养国际化平台，一线锻炼的平台，创造实践的平台，转换交流的平台，更新知识的平台。现在，首钢上上下下形成了“尊重知识、尊重科学、尊重人才”浓厚氛围。近期前来首钢的一些高端人才都感到在首钢工作心情舒畅，能够尽其所长，充分体现自己的价值。这也引起了连锁反应，吸引了更多的专家学者前来加盟，加速了首钢科技进步的步伐。

四、培训工作既要坚持行之有效的传统做法，更要适应新形势不断创新

要加快人才成长的进程，培训工作也要适应形势的需要，在总结经验、发扬传统优势的基础上，在内容和方法上都要进行创新。既要进行知识的传授，还要注重理念的灌输，能力的培养；既要给“鱼”，更要给“渔”。在这方面，宝钢培训中心的一些做法，很有创意，又有实效，颇受学员以及有关方面的赞誉。

宝钢从2002年开始，举办了为期4个月的作业长综合研修班，推出了“4+1”的培

训模式。所谓“4+1”，即：管理新概念、技术创新思维、技能拓宽、前沿技术应用等4个单元的研修和1篇技术论文。第一批炼铁49位作业长，利用节假日的时间，每个单元大体上是一个月。内容涉及系统工程学、现代信息检索、管理系统思考与创新、“6σ”质量概念、专利法、知识产权以及技术创新等12个方面的内容；教学方法上采取理论讲座与案例分析、专家答疑相结合；考试则采取课堂和岗位考核相结合。全部课程结束后，利用学习的理论知识结合本人的工作实践，完成一项生产现场应用成果，并撰写论文，进行答辩。以后，宝钢培训中心又陆续举办其他专业作业长的培训，对全体作业长进行轮训。这样的培训，使学员更新了知识，开拓了视野，而且学以致用，既收立竿见影之效，又为今后结合岗位实践，进行自我提高打下了良好的基础，因此深受学员和各单位领导的欢迎。

此后，宝钢在培训内容和方法上不断创新，诸如“3Q”研修模式，它是以现场工程技术问题（question）为切入点，以提高产品质量（quality）为目标，以对现场生产实施快速（quick）响应为宗旨，改变了以往以专业为主线的课程设计模式，由课程培训转为问题培训。按照培训的专题，将有关的生产、销售、科研以及主要客户组织在一起，学员在开放式的环境中学习，发挥集体的智慧，共同来研究、解决问题。在“3Q”研修中，培训师的地位不再是单纯的“知识传授者”，而是培训全过程的设计者和组织者，他们根据研修课题做好教学方案的设计，明确研修目标，突出引导性问题，并组织学员对整个生产过程要素提出合理的技术建议。

最近，宝钢又启动了专业技术人员层级培训，宝钢教培中心与宝钢股份人力资源部针对不同层级专业技术人员提出了“3+α”能力培训模型，即每层级的专业技术人员培训中均包含现场问题解决能力、技术创新能力、国际化能力等共性培训模块及专业技术能力个性培训模块等。今年6月，首席师研修班率先开课，26名首席工程师、首席研究员、首席管理师汇集宝钢教培中心，参加为期一周的首席师研修。在研修中，首席师们将围绕“问题解决方法和决策技术”、“创新理论与研发技术”、“国际化能力提高”和“专业技术”4个模块进行听课、研讨交流。

这些研修班有几个共同的特点，一是十分注重事前的策划工作。像作业长的“4+1”模式，就是教培中心的领导和培训师们进行了大量的调查，了解各有关方面领导和基层作业长的要求，经过4个月的精心策划才推出的。二是注意讲授者与学员的互动，而不是单纯的灌输。三是重视培训最后阶段的实践性作业。

此外，还有适应不同需要的武钢二炼钢的“岗位点球滚动练兵法”，湘钢的“即时性培训”；水钢二轧厂每周一次、坚持数年的干部学习论坛，韶钢中板厂的“官教官”等自我教育等方式，都取得明显的效果。

五、发挥团队作用，实现知识共享

现在很多企业都在创建学习型企业，学习型企业的重要特点之一就是发挥团队的作用，实现知识共享。

知识共享，就是要使个体知识团队化，隐性知识显性化。这就自然会加速人才的成长。莱钢炼钢厂2号转炉曾经创造过顶吹转炉炉龄37212炉的世界纪录，他们最深刻的体会，就是按照学习型组织理论的要求，实施知识共享。班组坚持每周一次的团队学习，

“每个人都把自己肚子里的宝贝‘吐’出来，贡献一条经验，就得到10条经验，使溅渣护炉工艺整体水平迈上一个大台阶”，使2号转炉发生根本性的变化。

凌钢曾总结过“中宽带现象”。凌钢中宽带厂有580多名职工，他们并非个个都出类拔萃；在大型比武和竞赛活动中，“中宽带”的职工并非人人都能夺冠，但一旦“中宽带”以团队出现，金牌一定会拿到。关键就在于“中宽带人”的群体合力和群体互补，能很好地发挥团队作用。

发挥团队作用，还要跳出小集体的圈子，改变人才部门所有、小单位所有的旧观念，使人才通过协作交流，拓宽思路，增强系统思考的能力，在更广阔的天地中施展才能。宝钢的几家轧材厂针对一些生产、技术上的重点、难题，普遍成立了一批不同程度的跨部门、跨区域、跨专业的虚拟团队，相互取长补短，拓宽了解决问题的视角。像厚板厂在设备维护领域组建了自动化、传动、液压、喷印机等四大专业的虚拟团队，“战”时，团队成员迅速集结，针对设备故障展开讨论，积极寻求解决办法，及时总结经验；平时，大家定期针对案例或专业选题，开展技术交流，并请外部专家授课。像自动化专业一般是单兵作战，通过团队交流，一些以前认识不到的细节问题都得以化解。

还要充分利用信息化建设的成果，通过企业自身的局域网，拓展有关知识和实践经验总结传播的广度，并不断开掘其深度；还要学会运用人类知识的科学结晶——互联网，按照不同层次的需求，组织好信息的转载，形成世界范围内的知识共享。

六、加强对人力资源的投资力度，正确处理投入产出关系

人才作为一种资源，同其他资源一样，也要不断使其增值。而使资源增值，必须要有适当的投入。因此，对人才的投入，不能认为只是一种消费，也不仅是一种工资报酬，而且还是一种投资行为。现在越来越多的企业都很重视在人力资源开发上的投入，像首钢除了在按照规定提足教育经费的基础上，从2003年起，每年另外拔出资金1000万元作为人才资源开发培训基金，用于人才引进，人才培养、使用和发展，以及对优秀人才的资助与奖励。2005年，根据搬迁调整新需要，增加到2000万元。

但是，在对人力资源投入的问题上，当前仍然存在一些值得注意的倾向。

一是重硬轻软。不少企业的领导对花大钱投入硬件舍得，甚至对国产设备已经完全过关的设备，也宁可多花钱引进世界最先进设备，追求世界一流；但在软件开发上、特别是人才问题上，要多花些资金就觉得心疼。这类企业，恐怕很难有多强的市场竞争力。

二是怕投入越多，人才流失越快。这种情况确实存在，有些企业花了大钱进行培训的员工，但要不多久，就跳槽而去。可是我们不能因噎废食。原微软副总裁，现Google公司全球副总裁兼中国区总裁李开复说了这样一段话：“如果你是一个很短视的、很害怕员工流失的、怕不划算的公司，那么你雇来的那些员工确实也会走得快；如果你是很有诚意的、很长期的投入，有很好的培训计划，理解员工想得到什么学到什么，然后提供这些环境给他们；而且继续提供下去，让他们一直有成长的机会，那么也许你投入的更多、但是不会担心跳槽的问题。”这是他的经验之谈。

三是引进人才、外培与自培的关系问题。从资金投入来讲，引进人才总是要比现有人才花费大，外培也要比自培支出多。但考虑问题的出发点必须是立足于企业的长远发展。有时引进一位领军人物可以使企业绝处逢生，或者再次腾飞；但有时以高待遇引进的人才

也可能引发原有人才心态的不平衡而导致积极性下降。因此，必须根据本企业的实际情况作出决断。在外培与自培方面，也要从实际效果出发。既不要闭关自守，一切都企图自己来解决；也不要一味外送培养。宝钢继续工程教育学院提出“三化”，可以借鉴。一是强化，就是强化具有宝钢特色的、社会无法替代的、具有一流水准的，与宝钢技术装备、技术研发密切相关的继续工程教育培训项目的研发、组织、实施和管理。二是弱化，就是弱化那些社会代替性强，社会培训机构做更有效、更经济、更好的那部分培训项目，如通用类外语培训、通用类计算机软件培训、学历教育等。三是转化，其目的是为了更好地实现“弱化”，突出“强化”。将从事弱化类培训项目的部分教师、教研员，有组织地、有序地安排“转化”，实现人力资源向重点工作的战略转移。

人才强企，人才强国，这是颠扑不破的真理。让我们为人才的加速成长，使中国钢铁工业早日跻身强国之林而共同努力吧！

提升企业软实力的探讨[❶]

近几年来，我国钢铁工业的市场竞争力有了明显的增强，这不仅体现在数量的增长上，体现在从钢材净进口国转变为净出口国，还体现在产品结构的重大变化。过去，我国长期处于低水平的板管带比重2006年接近了50%，达到49.3%；即使在出口钢材中，板管带材的比重也高达62.3%。10年前，我国钢铁工业进入1亿吨钢时，国内外对钢铁工业总体评价的常用词是：设备陈旧、工艺落后。但是，现在，国际钢铁界对中国钢铁业的装备情况却是刮目相看，“看先进的设备到中国去”，我国一批大中型钢铁企业的装备已是世界一流，有的甚至是世界领先，这种情况在几年前还是难以想象的。可以毫不夸张地说，我国钢铁工业的硬实力已经跃升到一个较高的档次，在世界钢铁工业的坐标系中，位居前列。

与此同时，我国钢铁工业的软实力也有了长足的进步。我们已经能够独立自主地设计现代化的、千万吨级的大型钢铁企业，而且无论是新建、扩建，还是重大技术改造项目，都出现了世界少有的高速度、高质量。在生产运作上，已经有一批企业的技术经济指标居于世界前列。特别是以宝钢为代表的一批特大型企业，经历了引进—消化吸收—自主创新的历程，开始进入技术输出。虽然，目前还未形成主流，但这毕竟是一个十分可喜的趋势，标志着我国由钢铁大国向钢铁强国转变的进程中迈出了具有重大意义的一大步。

但是，相对于硬实力而言，钢铁企业的软实力还是处于滞后状态，同国际先进水平相比，尚有相当差距。而要真正成为钢铁强企、钢铁强国，必须在提升软实力上下大工夫。

一、要在提高队伍素质上下大工夫，尤其是要在四个“力”上下工夫

党中央早就制定了“人才强国”的发展战略，对企业也一样。目前，企业之间的竞争归根结底就是人才之间的竞争，强企必须要在提高人才综合素质上下工夫。

一是学习力。随着形势的发展、科技的进步以及企业技术改造的深化，对员工也会不断提出新要求。因此，队伍素质不是静态的，必须是发展的、动态的。员工不仅是知识的接收器，还必须能够适应形势的变化，自觉地进行学习，吸取新观念，学习新知识，掌握新技术。彼得·圣吉在《第五项修炼》中说过一句名言：“企业唯一持久的竞争优势在于比自己的对手学得更快更好”。韦尔奇也说过：“缺乏学习能力，对个人是悲惨的，对组织是致命的”。哈佛商学院的戴维斯教授说：现在的年轻人，更重要的是你是否具有学习的本领。由此可见，提高员工的学习能力对企业发展的极端重要性。我国企业的实践也充分证明了这一点。这就需要我们坚持走创建学习型企业的路子，把学习和工作更好地结合起来，使学习成为每个员工自觉的行为，注意从多方面、多渠道地吸取提升自己素质的营养。这是企业立于不败之地的有力保证。

---

❶ 原载于2007年第5期《冶金管理》。

二是执行力。一提执行力，似乎就是下面员工的事。这其实是一种误解。尽管具体的执行在基层，检验执行力强弱的往往也体现在基层。但实际上，一个单位执行力的强弱首先还是在决策者。因为，再好的决策如果得不到认真的执行，就会成为一纸空文。因此，肩负正确决策的领导层，还必须成为执行的管理者，成为执行决策的第一责任者。如果领导层不重视决策的执行情况，不重视决策执行的反馈情况，并据此来调整自己的工作重点，那就很难期望决策能够得到成功执行。至于中层干部，处于承上启下的地位，他们的一个重要责任就是要保证领导层的决策在基层员工中得到有效的贯彻。为此，他们要做大量的沟通工作，要创造有利于执行的氛围，要严格奖惩考核。而对基层员工来说，执行力的强弱关键还要体现在诸多细节上。细节，反映的是一种工作态度，反映的是责任心，反映的是整体观念，从细节上，还可以检验员工的诚信度。因为，大量事实告诉我们：一个细节的失误，可能导致整体的失败。但要保证整体的成功，却是众多细节正确执行的结果。

三是创新力。企业要在前进的征途中有所突破，特别是要超越领先，只有一条路，就是创新。在创新力上，同样要破除一个误区：就是认为创新力只是对少数高端人才的要求。当然，人才的层次越高，对创新力的要求也越高，创新的影响也越大。但是，创新力绝不仅仅限于高端人才，这应该是对广大员工的普遍要求。员工身上蕴藏着很大的创新力，问题在于我们如何去挖掘。美国 GE 公司的员工曾对韦尔奇说："25 年来，你们为我的双手支付工资，而实际上，你们本来还可以拥有我的大脑——而且不用支付任何工钱。"。其实，中国这种情况更多。宝钢在对作业长培训时，有一个内容是"技术创新思维"，包括专利常识。作业长听后，觉得在现场的实际工作中，类似的情况不少。于是就注意总结提炼，2005 年宝钢分公司申请专利 212 件，认定技术秘密 1050 项，和上年相比，分别增长 62.23% 和 10.31%，创历史最高水平。而这些专利和技术秘密有 90% 以上来自生产一线的技术和操作岗位。首钢矿业公司，员工们把生产实际中遇到的问题作为改革创新的出发点，广泛开展"十小促十变"活动，不仅促进了经济效益的提高，而且大大提高了队伍素质。

四是整合力。这个问题今后将显得越来越重要。因为它不只是检验个人的素质和能力，而是检验一个团队的整体素质和能力。大家都知道，现在企业之间的竞争已经不局限于单个企业同单个企业之间了，而是扩大到供应链和产业链之间的竞争。谁能够具有更强的整合力，谁就能在竞争中胜出。但是，在强调外部整合时，首先还是要重视内部的整合，重视内部各个环节之间的紧密相连，重视内部各团队之间的密切配合。一个企业中每个个体能力最强并不等同于整个企业能力的最强。因此，要改善组织的能力，就必须在提高个体素质的同时提高组织的沟通能力，整合能力，使每个人都能够协同起来，合作起来，形成最大的合力。这里的关键是要正确处理好两个关系：一个是局部利益和整体利益的关系，一个是近期利益和长远利益的关系。虽然，这些原则大家都会同意，但在实际运作时，由于局部利益和近期利益的现实性，往往会出现相反的结果。比如，同样在原料条件有所恶化的情况下，有的企业高炉能够保持稳定顺行，甚至一些关键指标还有所提升；有的却经常出现炉况不顺、指标下滑的情况。其中，一个重要原因是前者有关部门都能以全局为重，同心协力，密切配合；而后者往往是把责任外推。美国学者曾做过一个试验，他们组织了 8 个团队，每个团队 6 人。其中一个被命名为"阿波罗"队，人员都是经过心理测试，被认为是最聪明和最具商业头脑的人。这个实验被重复了25次，每次都使用不同的组合，不过每次的“阿波罗”队都由这群人中最聪明和最具有商业头脑的人组成。在不断的重复实验中，“阿波罗”队只赢了3次。原因就是谁都要在这个团队中充当老大的角色，谁也说服不了谁，结果这个队因为成员之间的相互指责而最终失败了。这个教训值得我们认真汲取。

二、加快企业现代化管理的进程，处理好六个关系

管理是企业永恒的主题，什么时候都不能放松。特别是我国正处于经济转型的关键时刻，无论是从科学发展观的贯彻落实，经济增长方式的转变，还是从钢铁工业的现状来看，都要求管理相应的跟上；要求从管理理念上、管理思路上、管理方法以及管理手段上，实施相应的转变。但千变万变，有一条基本原则不能变，就是管理的最终目的是要充分调动被管理人员的积极性、主动性，同心协力地为着企业的共同愿景、共同目标自觉地进行学习、工作和创新，在最大限度地提高企业价值的同时，也提高了自身的价值。为此，在管理中必须要处理好几个关系。

一是人与物的关系。企业管理最终要通过物的管理来体现，我们讲设备管理、质量管理、安全管理、物资管理、能源管理，营销管理，可以举出一大堆，但所有一切管理活动都是通过人来进行的。因此，讲管理，首先是要重视发挥人的积极因素。对人的管理，人事管理部门当然是责无旁贷，但这首先应该是企业主要领导摆在首位的大事情。美国GE公司前CEO韦尔奇在谈到该公司之所以能持续发展的经验时，一个重要原因就是：他把50%的精力用在人的问题上。

对人的管理，在选好人的基础上，最主要的是用好人、提高人。把合适的人放在合适的岗位上，并通过建立各种有效的机制，使他们充分意识到自己的使命、责任，有强烈的愿望去完成赋予他们的历史使命。只有把人的积极性充分发挥了，人的潜力充分挖掘出来了，才有可能使先进技术装备发挥更好的作用。同时，要把企业办成学习型组织，使员工树立终身学习的理念，适应不断变化的新形势。

二是集权与分权的关系。集权还是分权，这历来是困扰企业的难题。过分集权，会影响甚至扼杀基层员工的积极性和创造性；不恰当地分权，又会造成管理上的混乱状况。但从根本上来讲，领导者必须学会授权，特别是在管理基本走上轨道后，要下决心向基层分权。分权就是分担责任，就是要让最了解情况的人有权对发生的变化及时作出应对决策。一些企业学习宝钢作业长制后，作业长担当起“小厂长”的责任，单位的面貌有了很大改观，这些作业长自身素质也在管理实践中得到较快的提高。首秦的两座高炉主要技术指标都在行业中名列前茅，公司的炼铁部部长认为是扁平化的“机制造就人”。

分权要有范围，要有制约。该集中的一定要集中，像财务就必须高度集中；同时要建立相应的约束机制，防止越权行事，造成不该有的损失。

三是执行与创新的关系。管理强调制度，强调执行，强调严格，“进入工厂大门，请放弃一切自治”。管理层就是要坚定不移地执行现有的规章制度，执行决策层所作出的事关全局的重大决策，这是企业生产经营稳定有序、健康进行的有力保证。在这方面，我们还有很大差距。宝钢在推进标准化作业过程中，应该说是下了大工夫的。尽管如此，但有些单位还是发现在实施过程中，一些员工还各有各的理解，以致标准化作业不标准。因

此，严格执行各项规章制度依然是管理工作中首当其冲的大问题。

但是，任何规章制度，都是在一定环境条件下产生的，随着时空条件的变化，会失去其原有的作用。因此，也不能以僵化的观点来对待现有的规章制度。要从执行中找不足，这既是严格管理的要求，也是管理创新的源泉。管理创新，既要学习借鉴国内外行之有效的那些重大管理经验、并结合我国实际进行创新，更要从企业自身实际出发，善于发现现有管理中的问题，从不足处找差距，求改进。神舟工程倡导的：发现问题是能力，揭露问题是党性，正视问题是素质，解决问题是政绩的严格管理精神，就很好地体现了执行与创新的关系。

四是个体与群体的关系。随着世界经济一体化的进展，以及科学技术的发展，现在企业之间的竞争越来越深入，已经不再限于单个企业之间，而是形成新的各种相关“链”之间的竞争，也就是一个更大的团队之间的竞争。企业“链”之间的竞争其基础还在于企业内部。无数事实告诉我们，若干个最强个体的组合不等于整个组织就成为最强的组织，若干个单项的优势的组合也并不能成为系统的优势。我们常说要提高企业的核心竞争力，而企业核心竞争力最显著的特征是独特性和难以模仿性。竞争对手要模仿一整套紧密相连的活动，远比模仿一项工艺技术、某种产品特性或是一种销售方法来得困难。因此，我们必须要在发挥每个员工聪明才智、不断提高他们的综合素质的同时，更多地关注团队精神的发扬，在发挥群体优势和系统优势上下工夫。要防止并克服部门之间、单位之间、工序之间各自为战、追求小集体的利益而忽视协调合作和信息沟通，导致整体利益受损的现象。宝钢等企业重视发挥包括虚拟团队在内的各种团队的作用，倡导无界面管理，推进基层横向协作，淡化班组界限，实现知识共享，使员工们不仅要做好自身的工作，还要主动关心接合部的情况，主动和相关部门进行沟通，在开放交流中相互学习，相互借鉴，相互促进，共同提高。他们的经验值得重视。

五是奖与惩的关系。这是企业管理中的一个重要问题，也是企业管理人员时刻都会遇到的问题。奖惩既是一种职工行为的导向，也是为了实现企业既定目标的一种重要手段。管理能不能到位，很重要的一条就是能不能建立科学的评价体系和考核体系，并且严格地按此进行考核，执行奖惩；还要不断完善分配机制。一要处理好企业效益和职工收入的关系，既不要使职工收入不恰当地超过企业效益的增长，也不要使职工只看到企业效益的增长，而自己却得不到实惠；二是要处理好职工收入和个人业绩的关系，一定要使贡献大的能够多得；在推行收入分配多元化的同时，不要忘记对广大员工来说，关键还是要看业绩贡献。三是要处理好企业决策层、管理层和操作层的关系，要从我国的国情出发，采取恰当的系数。现在有的企业强调同国际接轨，片面地提高经营层的收入，但由于不能同步地使职工的收入也同国际接轨，结果自然会挫伤广大员工的积极性。奖励，主要当然体现在奖金以及工资的提升等方面，但不能忽视精神激励。精神激励不只是授予荣誉称号，大会表彰，而且还要帮助这些先进人物总结其成功的经验，这是体现其人生价值的一个重要方面，还可以促使他们在现有基础上进一步提高，并更好地带动其他员工向先进学习。

六是信息化与现代化的关系。提高企业现代化水平，必须要加强企业信息化建设。大量实践已经证明了：企业信息化对提高企业管理水平、促进管理现代化、转换经营机制、加快技术进步、提高经济效益、增强市场竞争力等方面都有着现实和深远的意义，是带动企业各项工作创新和升级的突破口。联想的总裁杨元庆曾经说过：如果今天联想没有信息化，我这个 CEO 早就下台了。可见信息化建设的极端重要性。

企业管理信息化建设，必然会同原有的观念、习惯势力、甚是同某些既得利益相冲撞；同时，信息化建设也不能建立在现有的落后的管理基础上。因此，推进企业信息化建设的过程绝不单纯是一个技术问题，必须要转变观念、首先是企业领导层和管理层的思想观念的转变，落后的管理理念是无法使信息化建设运作成功的。企业信息化工作要取得成功，还必须与企业的发展战略和经营目标有机结合起来，一些企业的信息化建设所以不成功，很重要的原因就是企业最高领导层自己不知道通过信息化要解决企业管理中的什么问题。再是要把信息化建设同强化和改善企业的基础管理相结合，特别是要强化数据管理，要确保数据采集的高效、真实、统一；否则，输入的是糟粕，输出的不可能是精华。

三、大力加强企业文化建设，搞好“五个结合”

企业文化建设现在已经为越来越多的企业所重视，有的把它作为“企业之魂”，有的把它比喻为“企业的宪法”，很多企业都在这方面进行了有益的探索，而且取得了很好的成效。

企业是由人组合而成，人的活动又是由思想支配的。要使企业健康成长，持续发展，必须要有一个企业所有成员共同认同的价值观、理念和企业精神。价值观不一致，理念不统一，企业再好的目标也很难实现。企业就是要在这些价值观和理念的指导下，凝聚各类人员的力量，形成强大的合力，在实现企业发展中不断提升员工自身的价值。

企业文化的生命力在于实践。评价一个企业的文化建设，不在于是不是提出了响亮的先进理念，最关键的是要将核心价值观及其理念等文化要素付诸实践、渗透于经营管理以及广大员工的实际行动中去，不能搞成“理念在天上飞，行动在地上爬”，要防止企业文化建设中的口号化、表面化的倾向。为了使企业文化落到实处，必须搞好几个“结合”：

一是领导与群众结合。我们常说，企业文化是一把手的工程。这不仅意味着一把手应该是企业文化的倡导者、组织者，而且还必须是带头践行企业文化的实践者。贯彻公司文化首先要由高层人员带头。用英特尔公司原总裁格罗夫的话来说，就是：要训练出忠于公司文化的高层管理者和总经理。作为企业领导人，如果在自己的决策过程中，在选人、用人中，以及在日常言行中不能体现自己所倡导的企业精神和经营理念，那所谓企业文化也就是一纸空文，仅仅是一些漂亮的辞藻而已。

但企业文化最终必须落实到企业全体员工日常生产、生活中去，落实到全体员工的行动中去，才能使企业文化真正发挥作用。这不仅要求企业各级领导通过各种途径、采取各种方法，使企业广大员工熟知、理解、认同企业精神和价值观，从而自觉地贯彻到自己的行动中去；而且还要引导员工，结合自己的岗位实践，来创造性地贯彻企业精神，使企业文化建设更具有广泛的群众性。

二是企业文化与企业发展战略相结合。企业文化建设不能孤立地去抓，必须要与企业的战略目标相适应，服务于企业的战略目标。同时，企业战略目标的实现，也要依赖相应的企业文化的实施。要防止企业文化与发展战略的背离，比如，一个企业所采取的战略必须依赖团队精神，而所采纳的文化却助长内部个人的竞争，其结果就是文化与战略相悖，必将妨碍战略的实现。特别是当企业处于转型期，企业的发展战略有重大变化的情况下，必然会产生原有的文化对战略的不适应，甚至原来倡导的某些理念有可能成为下一步发展的障碍。因此，必须要对原有文化进行适当的调整，使之同新的发展战略更好地匹配，这样既有助于塑造新文化，又能促进战略的实现。

三是文化理念与建立机制、制定规章制度相结合。要以理念来指导制度的制定，用制度来推进理念的实现；更不能文化是一回事，制度又是一回事。纽柯的CEO曾说过："纽柯大部分为其他企业所羡慕的东西，如团队精神、超常的生产效率、低成本、应用革新、高昂的士气、爱厂如家的员工，都扎根在我们的工资制度中。"没有通过制度的贯彻，理念也就落不到实处。宝钢在倡导诚信文化时，不仅大力宣扬诚信理念，同时制定了《员工诚信守则》、《诚信教育制度》、《诚信不良记录管理办法》，以及《诚信告诫问责制度》等内容，从而建立了以制度为支撑的诚信体系，这样就更有利于把诚信文化理念转化为具体的管理行为。这就是所谓"内化于心，固化于制，外化于行"，只有"固化于制"，才能更好地"内化于心"、"外化于行"。

四是形象教育与理念灌输相结合。宣传企业文化，既要有理性的诠释，不断的灌输；更要重视感性的熏染，自觉地实施。许多企业的经验告诉我们，通过具体事例来宣传企业文化，更生动、更形象、更易于为群众所接受，产生的影响会更大。先进人物、先进单位的先进思想、先进事迹就是体现企业文化的最好载体。这种先进典型的涌现，既可以体现企业精神的巨大力量，又可以使企业精神不断得到充实、提升。因此，各级领导都要善于运用各种载体来推进企业文化的建设。其中，一个重要方面就是要及时发现体现企业文化的各种闪光点，总结先进单位和先进人物的先进思想、先进事迹，编成各种案例，并以各种方式在员工中广为宣传，使企业精神随着这些生动感人的故事而深入人心，成为人们仿效、学习的榜样。这就要靠企业各级领导的精心培育，使企业文化之花能常开不败。

五是精神层面与物质层面的文化建设相结合。企业文化内涵较广。一般来说，可以分为3个层次：最表层的是物质文化，中间层是制度行为文化，最核心的是价值观，即精神文化。这几方面既是相互联系的，又在各自的领域里发挥其独特的作用，都应该予以足够的重视。虽然，企业文化建设的重点还是要放在精神文化方面，但我们同样不能忽视物质层面的内容，比如建立各种文化活动中心，举办文化艺术节、运动会，以及各类有益身心健康的文艺活动，不少企业组建了文艺团体，自编自演反映本企业的发展历程和员工的精神风貌，深受职工的欢迎。特别是钢铁企业多半都在市郊等偏离城市中心的地区，因此，如何用健康的文娱活动作为占领8小时以外时间的有效措施，就显得更为重要。

让我们更多地来关注软实力的提高，为加快实现钢铁强国而共同努力吧！

钢铁强国三题[1]

我国早就是名副其实的钢铁大国。从1996年起，钢产量已经连续11年位居世界第一，2006年的钢产量达到4.18亿吨，比世界第二到第七位6个国家的钢产量总和还多。这样的大国应该说就已经包含着某些“强”的因素，而且随着这几年钢铁工业结构的调整，一批大中型钢铁企业的硬件装备进入了世界先进水平的行列，一些技术经济指标也在向国际水平靠拢，新品开发的步子也在加快，具有自己知识产权的创新项目也日见增多。应该说，中国向钢铁强国迈进的步伐在不断加快，中国成为钢铁强国已是可望也可即了。

但是，怎样衡量、判定钢铁强国？钢铁强国是不是需要有一个标准？裴安遥同志分别提出了宏观层面以及微观层面的标准，相当全面，对我们大家都会有启发的。不过，是不是可以换一个思路，我们可以参照这些标准，又不一定拘泥于这些标准，而是抓住当前最影响中国钢铁工业变强的薄弱环节切切实实地加以解决，使中国离钢铁强国的目标越来越近。作为钢铁强国，特别是仍然处于社会主义初级阶段的中国，不可能、也不必要全国的所有钢铁企业都是属于“强企”之列，国际先进、国内领先以致少数相对落后的企业并存的局面恐怕在相当一个时期还会存在，在全国仍然处于初级阶段、相当一部分地区和老百姓依然要为生存权而拼搏时，以行政手段来淘汰所有“落后”产能在近期可能只是一个美好的愿望。但我们必须要有若干个在国内外具有举足轻重影响力的特大型钢铁巨头，然后辅之以一批各具特色的专业化中小型企业，这些企业都要具有较强的、能较快适应市场需求、甚至引领下游行业拓展市场的产品开发能力以及不断改进生产工艺技术的创新能力；要有能确保为市场提供价格合理、品质优良的产品所必须的现代化管理水平和手段；要有能确保持续健康发展、促进人和自然以及人群之间和谐相处的各种机制。基于这样的认识，我想谈以下几个观点，以就正于各位方家。

一、要解决好我国钢铁工业“大产业，小企业”的问题，提高钢铁行业的集中度，对国企来讲，关键在于各级政府的决心及采取有效的措施

从全球视野来看，我国钢铁工业是“大产业，小企业”。虽然，2006年钢产量超过千万吨的企业已有8家，但同全国4亿多吨的钢产量相比，同作为占世界钢产量三分之一的钢铁大国的地位相比，集中度还是太小了。中央早就提出企业联合重组问题，而且明确要求，在近期内，尽快组建成几个3000万～5000万吨、甚至规模更大的钢铁集团。所以，强调要组建若干个大钢铁集团，绝不是为大而大，而是为强而大，其中缘由已为大家所熟知，也已经为国际钢铁界的不少事例所证实，无须多言。但自1997年湖南组建华菱集团、1998年宝钢同上钢重组起，至今已经10个年头了，但进展迟缓。此后，真正有实质性意义并具有一定影响的只有攀钢先后重组成都无缝钢管公司、成都钢铁公司和长城特钢公

[1] 2007年7月3日《中国冶金报》发表时，题目为“实现强国应从薄弱环节开始”，内容作了大量删节。

司；东北大连、抚顺、齐齐哈尔三家特钢企业联合重组为东北特钢集团；武钢重组鄂钢（重组柳钢目前还无实质性的进展）；唐钢与宣钢、承钢共同组建新唐钢；中信泰富先后重组江阴兴澄、湖北新冶钢和石钢；通钢、建龙钢铁和吉林铁合金组建新通钢集团。

资产重组涉及方方面面的利益，既有认识问题，也存在不少实际问题；既有企业方面的问题，更涉及地方政府的问题。重组必然牵涉到领导人员的排位甚至去留问题，长期形成的鸡首、牛尾观念不能不影响到某些领导人员的心态。在现行体制下，重组还将影响地方政府的收益。此外，还有企业的人员安置问题、诸多历史遗留问题以相关企业的文化差异问题，等等。解决这些问题当然有一定的难度，更何况目前绝大多数钢铁企业日子过得还不错，对待重组缺少紧迫感。这种心情是可以理解的。但是，在今天世界兼并浪潮一浪高过一浪的情况下，中国要成为钢铁强国，没有几艘大型钢铁航母是绝对不行的。而且这不仅是钢铁业发展的需要，也是钢铁业以至国民经济安全运行的需要。去年，米塔尔收购安赛乐后，国际钢铁界掀起了一股兼并重组的浪潮。一些有实力的国际钢铁巨头把目光盯在中国这一世界级钢铁大国身上。这对我国钢铁工业的发展既是机遇，也是挑战；既有利，也有弊。我们必须采取应对措施。如果中国自己不积极推进联合重组，那就必然会被国外企业并购。特别是上市公司经过股改后，国外资本完全可以以较少的代价通过收购股权来实现其相对甚至绝对控股。个别企业被并购，自然无碍大局，但如果形成一股风，那对我国经济安全的影响就大了。企业都由外人控股了，又何谈什么钢铁强国？

要使资产重组能够顺利推行，在中国目前的体制下，关键还在于各级政府、特别是地方政府的态度和决心。有人认为，联合重组是企业行为，政府不要搞“拉郎配”。这种说法不无一定的道理，但有片面性。对国有企业来讲，政府是出资人，因此在形成以资产为纽带的企业重组过程中，必须要由出资人作出决策。没有出资人的决策以及坚定的决心，没有出资人制定的相应的政策以及必要的措施，重组是难以取得成功的。

拿宝钢同上钢的联合重组来说，现在无论是业内外，甚至国内外，都一致公认是联合重组的样板，体现了双赢的原则。但是，在当初并不是各方面都看好的。一个是装备先进、机构精简、人员精干、实行集中一贯体制的现代化大企业；一个则是由历史悠久、人员众多、装备落后的企业群体组成。双方当时迫切需要解决的问题不一样，关注的重点不一样，面对这种情况，出现一些不和谐之音是难免的。不仅内部有矛盾，外界也并不看好。就在双方联合后的第二年，标准普尔对宝钢的信用评级从 BBB + 级调减为 BB + 级，展望调整为负面，其中一个重要原因就是认为宝钢、上钢、梅山联合重组前景不明，风险过大。这一评级连续两年，以后才逐步升级，目前已评为 A – 级，展望稳定，在全球钢铁企业中，只有宝钢和浦项两家获得这一信用级别。

新宝钢的组建之所以能够成功，首先还是有赖于国务院的坚强领导。时任国务院副总理的吴邦国亲自挂帅，直接领导，明确了方向，制定了相应的政策，排除了种种障碍。在上海市和冶金工业部的共同努力下，以及有关企业领导都能以大局为重，随着企业的发展以及改革等各方面工作力度的加强，一些遗留问题也逐步得到解决，进一步促进了新宝钢的快速发展。东北特钢的 3 家企业，分属于两省一市，也是在有关省市的共同努力下，较好地解决了税收和利润分配等问题，使集团能较为顺利地组建成功。事实证明，只要大家都能从全局出发，以大局为重，问题都是可以找到解决途径的。

当然，在实际工作中，也确实存在“拉郎配”的现象。在一些地区，某些地方政府领导出于种种原因，不问具体情况，只是简单地把两个或多个企业硬凑在一起，只求表面上规模的扩大，既没有必要的政策支持，也没有帮助解决实际问题的措施，只要重组后的企业挂了牌，一切就全都推给企业了事。这样的结果，有的是“联而不合”，有的是“貌合神离”，还有的只是把年度报表合并而已，毫无实际意义。这种情况，在冶金企业里也不是个别的，有些已经彻底“分手”了。

因此，各级地方政府要在统一认识的基础上，根据各地的实际情况，主动采取积极措施，加快钢铁企业联合重组的步伐。这件事办好了，无论对哪一方来说，都是利大于弊的。

二、在“利用两种资源、开拓两个市场”上要适应新形势，树立新观念，提高自主创新能力，提高产品档次，提高资源有效利用率

这里所说的“两种资源”，包括技术资源、原材料资源和资金资源，本文主要谈前两种。改革开放以来，我国钢铁工业充分利用后发优势，利用国外的技术资源，大量学习、借鉴、引进国外先进技术装备，这对推动我国钢铁工业技术装备的升级换代和产品结构的优化起了至关重要的作用。正是在这个基础上，宝钢、鞍钢等企业进行了充分的消化、吸收和再创新，自主集成开发了一批拥有自主知识产权、具有国际先进水平的工艺技术装备，并成功地输出到国内外有关企业，像鞍钢1700中薄板坯连铸连轧带钢生产线（ASP），1780冷轧宽带钢生产线，以及2150宽带钢热轧生产线。这应该说是一个历史性的突破。宝钢的技术创新在行业里更是一个领头羊，三期工程，国产化的程度越来越高，自主创新的水平越来越高。仅在2006年，就有160多项自主集成装备及技术成功地输出到国内外钢铁企业，已形成了一定的市场规模，取得了用户的认同。今后，在提高自主创新力度的同时，我们还会有选择地引进国外的先进技术装备。

但是，要成为钢铁强国，就不能继续走依靠引进设备实现产品结构升级的发展模式。实践也证明了，单纯依靠引进装备，以市场换技术，买不来也换不来真正的关键技术，而且还会影响到企业自主创新能力的增强。还要看到，随着中国钢铁工业逐渐由“大”转“强”，外界形势也发生了变化。在这方面，宝钢的感受就更为深刻。过去，宝钢曾经是国外诸多设备制造企业和钢铁企业瞩目的重点大户。但是，现在许多国外企业对宝钢关上了技术交流的大门，今后，国际钢铁巨头对中国钢铁企业将实行更严格的技术封锁，控制技术转移。因此，拥有一批在世界钢铁行业具有一定影响力的重大专有技术和独创技术，必然要成为钢铁强国的追求目标。最近，宝钢决策层明确提出：“走自主创新之路，将产品结构优化的驱动力由设备引进、项目新建转移到技术创新上来。”这应该也是我国钢铁工业的共同发展方向。

在利用国外的原材料资源方面，从观念到实际，都有了明显的变化。改革开放初期，我国冶金行业主要是出口原材料等初级产品，进口的则是高附加值的制成品。当时，对是否通过进口铁矿石等原材料来发展我国钢铁工业，还引起一番争议。但现在我国钢铁工业所用的铁矿石（按所含铁金属量计算）一半以上靠进口。事实证明，打破了过去长期以来的闭关锁国、自给自足的思想桎梏，在资源上互通有无，促进了我国国民经济、也包括钢铁工业的加速发展。但是，从国际视野来看，同样是资源进口国，日本利用进口的资源，增加的附加值要大大高于我国。因此，今天企业的竞争力不仅仅是确保资源的持续稳定供

应，建设牢固的供应链，而且还要能够实现资源的有效运用，做到以较少的资源投入实现较大的经济效益。否则，随着进口的原材料价格继续上涨，出口产品如果还是停留在低端产品上，那恐怕很难说进入钢铁强国之林了。

今年，我国在国际贸易上，还有一件大事，就是在铁矿石价格谈判中，中国取得了话语权，这又是一个值得重视的进步。我国早已是世界铁矿石的进口大国。但在国际上，对铁矿石的贸易价格，中国却只是作为一个陪衬的小兄弟。2005 年国际铁矿石价格一下子猛涨 71.5%，接着第二年在此基础上又上升了 19%，面对一记又一记的“闷棍”，中国只能承受。今年中国终于取得了话语权，首次由中国主导，确定了铁矿石上涨幅度是 9.5%。但毕竟同事先报章上连篇累牍发表的观点还颇有出入。因此，我们不能满足于形式上取得的话语权，还要进一步提高话语权的真正含金量，这还有大量的工作要做。

在钢铁产品“开拓两个市场”方面，我们也有很大的进步。长期以来，就制成品钢材而言，始终是进大于出，甚至进出口不成比例。1990～2004 年的 15 年中，我国累计钢材进口为 2.6179 亿吨，锭坯累计进口约 4362 万吨；而同期出口钢材为 7111 万吨、钢坯约 3561 万吨；进出口坯材之比约为 2.86∶1。但是，从 2005 年开始，情况出现了变化，那一年，虽然进口钢材还是大于出口钢材，但坯材合计，则是出口大于进口了。到 2006 年，情况出现了质的变化，当年进口的钢材是 1851 万吨，而出口钢材高达 4300 万吨；同期，进出口的锭坯分别为 50.76 万吨和 907.6 万吨。我国从长期以来的钢材净进口国转变为净出口国，而且两者的比例倒过来成为 1∶2.74。这一历史性的变化，在几年前还是难以想象的，这也反映了我国钢铁工业的又一显著进步。

从钢铁行业自身来讲，钢材大量出口缓解了国内钢材市场供大于求的局面，使有关企业的增量产能得以释放，应该说是一件好事。但从国民经济全局来讲，却未见得是值得称道的事情。近两年，我国出口钢材均价每吨为 600 多美元，只有进口钢材均价的三分之二左右。正像吴敬琏所说的：“消耗了不可再生的资源，破坏了环境，还背负了倾销的恶名，最后还没赚到多少钱。”因此，从全局来说，大量出口钢材并不可取。其实，钢铁产品出口的现状也反映了我国钢铁工业在国际钢铁业这一大格局下的处境。在世界经济重组的新形势下，发达国家将低端产品向发展中国家转移，然后以低价从发展中国家取得自己所需要的物品，这已经成为当前国际贸易中屡见不鲜的现象。商务部部长关于“8 亿件衬衣换回一架波音 747”的感叹就道出了其中的无奈。钢材出口也存在同样的无奈和尴尬。不出口吧，过剩的产能无处释放，必然会引发国内钢材市场的无序竞争，导致钢材价格的不正常下跌；增加出口吧，又同国家的导向不符。但是，在现行的体制下，某些中央的政策只要影响到地方和基层企业的利益，两者之间的博弈往往胜者还在地方。前些年对钢铁工业的宏观调控就是一个例证。因此，也很难期望这种局面会在短时间内得到明显的改进。

出口产品的现状实际上也反映了我国钢铁工业产品结构和产品档次、产品质量的现状。因此，要调整出口钢材结构，从根本上说，必须要下大工夫来优化产品结构、提高产品档次、改进产品质量，这同我国要成为钢铁强国的目标是一致的。我们一方面要提升出口钢材的档次，使同样的资源获得更大的效益；同时，还要加强同下游行业的沟通和合作，努力为下游产业的升级换代提供所需要的钢材，将作为原料的钢材出口转变为高附加值的终端制成品出口，在帮助下游产业提高国际市场上的竞争力、增加市场份额、增加附加值的同时，也提升了自身的水平和效益。这需要有关企业、特别是行业协会多作横向沟通的工作，及早了解兄弟行业的发展趋势，增强前瞻性，像宝钢等一些企业对汽车行业在新品试制阶段就提前介入，取得双赢的良好效果，而且还为宝钢汽车板进入欧洲等发达国家市场打下了基础。

三、正确处理长远利益和近期利益的关系，把节能降耗、环境治理和承担社会道德责任摆在重要位置上来抓，确保钢铁工业的可持续发展

进入21世纪以来，我国钢产量的增长幅度可以说是惊天动地。在新千禧年开始的2000年，我国钢产量还只有12850万吨，但2001年比2000年增加了2253万吨，其增长幅度不仅在我国是破天荒的，而且在国际钢铁史上也是破纪录的（日本1973年产钢11932万吨，较上年增长了2242万吨，但以后几年钢产量却持续下跌）；此后增长幅度一年高过一年，每年分别以3000多万吨、4000万吨、5000万吨、8000万吨、6500万吨的幅度递增，近两年一年的增长量就同位居世界第四的俄罗斯的总产量不相上下。这种持续的大幅度增长状况，在国际钢铁史上更是绝无仅有的，尽管今后增长幅度会有所下降，但钢产量在今后一定时期内还将持续在一个高位上运行，恐怕是没有多大悬念的。规模的扩大、产量的增长，带来的效益是明显的，这又反过来促使更多的资金投入到钢铁行业中来，形成了产能的过度扩张。面对这种情况，我们要保持清醒头脑，要看到：一个时期的高速增长可能会给今后发展带来新的障碍，近期的效益也潜伏着今后的隐患。因此，今后我国钢铁业的发展，必须要跳出原有的思路，改弦更张，要按照中央领导的指示精神，坚持三个“重在”和实现一个“根本转变”。就是要重在增加高附加值的产品，提高质量，不能片面追求数量扩张；重在提高产业集中度，加强现有企业的改组改造，不能单纯依靠铺新摊子、上新项目；重在降低消耗，提高企业和产品竞争力，不能靠消耗资源和污染环境来实现增长。一个“根本转变”，就是要坚持走新型工业化道路，实现我国从钢铁大国向钢铁强国的根本转变。这样才能确保钢铁工业的持续增长。

谁都知道，钢铁工业是资源密集型的产业，也是耗能的大户。而这些资源和能源基本上都是不可再生的，并且在使用过程中大量排放污染物，对自然和社会环境都会产生不良的影响，对人类的健康和生存也都会带来一定的危害。要使钢铁工业持续发展，必须保护资源，保护环境，充分利用好这些不可再生的资源，使之尽最大可能为人类作出贡献，减少危害。

但是，由于治理环境所花的代价，是在明面的，是看得见摸得着的，是立刻需要投入的；而由于环境污染以及资源浪费带来的危害有些是隐性的，或者是不直接的；有的虽然已经触目惊心，但祸在下游，利在自身。短期效益的驱动促使一些地方政府和企业忽视环境保护，而违反环保法、资源法的成本又是如此的低，甚至还可以带来表面上可观的“政绩”和“繁荣”。

我们要建立的钢铁强国，不能建立在高能耗、高污染的基础上。因此，一方面要按照法律法规对那些严重污染源的企业严加惩处（而且还要加强对这方面立法），同时要使各级政府树立科学的、有利于持续发展的政绩观并建立相应的考核机制。如果按照正在试点的绿色GDP的概念，那么，钢铁工业产能的大幅增长所带来的效益肯定要打一个大大的折扣。去年年末，《世界是平的》的作者、《纽约时报》专栏作家托马斯·弗里德曼在北京接受采访时说：他希望中国成为一个“绿色国家”：“无论黑猫白猫，如果不是绿猫

(健康环保),即使抓住耗子也不是好猫”,值得我们重视。

现在,国际上也在研究相应的对策,2005 年国际钢铁协会发表一份《世界钢铁工业可持续发展报告》,将钢铁企业可持续发展指标概括为经济指标、环境指标和社会指标 3 大方面、11 项指标。其中,环境指标包括二氧化碳气体排放量、生产过程原燃料利用效率、单位能耗、产品投入市场后的回收利用率及管理情况等 5 项。这些,都给我们发出了信号:要确保钢铁工业的可持续发展,必须在环境治理、节能降耗上作出坚持不懈的努力,以期取得突破性的进展。

过去,人们往往将环境治理和发展经济对立起来。从近几年钢铁工业的实践来看,事实也并非如此。环保的高要求,逼得企业技术创新,强化、细化管理,从而提高了企业的竞争力。通过狠抓节能降耗,实施“循环经济”,2006 年列入重点统计范围的钢铁企业,吨钢能耗及新水用量分别比上年下降 7.06% 和 14.9%,各类污染物排放也都有程度不等的下降,在全国单位 GDP 能耗下降率没有完成计划指标的情况下,钢铁行业却超额完成了。看来还是事在人为,只要思想上重视了,措施跟上了,自然会有效果的。

还要提出的是,企业要持续发展,还必须承担社会道德责任。1997 年以来,国际社会推出了“社会道德责任标准 8000(简称 SA8000)”,这是世界上第一个规范企业道德行为的标准。这一标准要求生产企业不仅对产品质量负责,还要在员工健康安全、工作时间和报酬等方面达到一定标准。欧美一些跨国公司在其全球生产供应链上开始推行把“企业社会责任(CSR)”作为一项生产标准来对企业进行要求。近年来,国内陆续有企业因“道德认证”不过关,出口产品遭欧美大量退单。在钢铁行业中,总的来说,情况相对要好些,但某些民营企业在这方面还是存在不少问题的。2006 年,全行业实现利润 1699.5 亿元。其中,纳入统计的 81 户大中型钢铁企业钢产量 3.35 亿吨,占全国总产量的 80%,但利润为 903.83 亿元,占全国钢铁业利润总数的 53%;而占钢产量总数 20% 的小企业(主要是民营企业),利润居然占到 47%。其中,一个重要原因就是这些企业在履行环境治理责任和社会道德责任上的缺失。这类企业,近期固然得利多多,但如果继续这样下去,恐怕很难在社会上立足的。

要成为可持续发展的企业,既要重视硬件建设,更要着力于软件建设。在硬件建设上,目前我国的绝大多数大型钢铁企业的主体设备已经可以和发达国家媲美,但在科学技术飞速进步的时代,还必须紧跟时代的步伐,不断改进提升技术工艺装备水平。这既要依靠自身的努力,还要搞好横向协作,同设备制造部门鼎力合作,搞好新装备的研制。当然,要成为可持续发展的企业,最根本的还是要提高员工素质,人才是企业可持续发展的基本动力。人才兴,企业旺。特别是要培育和提高员工的创新力。创新才能使企业与时俱进,创新才能使企业持续发展。

构建和谐社会的三根支柱[1]

2004年9月，在中共十六届四中全会上，把“提高构建社会主义和谐社会的能力”作为“加强党的执政能力建设”的重要内容之一；以后在十六届五中全会上，又提出：“十一五”时期，要坚持“六个必须”的原则，其中一个就是“必须加强和谐社会建设”；一年以后，在十六届六中全会上，专门作出了《中共中央关于构建社会主义和谐社会若干重大问题的决定》。3年3次中央全会，对建设和谐社会的问题给予了极大的重视，内容一次比一次明确，阐述一次比一次深刻，需要我们认真学习，加深领会，在实践中切实贯彻执行。

社会的和谐，是建立在构成社会的基层单位和谐基础上的。因此，如何构建和谐企业，就成为构建和谐社会的题中应有之义。

构建和谐企业，需要多根强有力的支柱作为支撑，其中最关键的有3根。

第一根是物质基础的支柱。建设有中国特色的社会主义，根本任务就是集中力量发展生产力，不断提高人民生活水平，实现社会主义现代化。没有生产力的持久大发展，就不可能实现社会主义，更构筑不了社会主义和谐社会。为此，必须紧紧抓住发展这第一要务，按照科学发展观的要求，正确决策，把蛋糕做大，不断提高企业效益。在企业增加效益的同时，使职工得到更多的实惠。当前，钢铁工业在持续多年高速增长的情况下，必须适应新形势，调整发展思路，要从长期以来以规模效益为主转变到以品种质量效益为主的轨道上来；从资源消耗和污染环境大户转变到循环经济上来，建立资源节约型和环境友好型企业。真正走出一条新型工业化的持续发展之路来。

第二根支柱是法制支柱。就是要按照中央提出的“民主法治、公平正义、诚信友爱、充满活力、安定有序、人与自然和谐相处”6个方面的总要求，结合企业的实际，制订并完善相应的法规制度。宝钢分公司提出构建和谐企业的13个要素，包括公正公平、诚信建设、安全生产、团结互助、良好沟通、规范管理、环境保护、社会责任、厂情公开、部门协作等，每个方面都要不断完善相应的规章制度，这一做法可供参考。尤其是要通过不断完善分配制度和相应的考核制度，使各类人员都能按照自己的业绩取得相应的报酬。当前，对一些企业来讲，还要注意对企业经营层、管理层和操作层之间的收入，保持恰当的比例，防止扩大差距。要在以人为本原则指导下，不断健全选人、用人、育人制度，为各类人才的成长搭设坚实的平台。要完善民主管理机制，贯彻依靠广大员工办好企业的方针，使广大员工对有关企业发展的重大问题，不仅有知情权，还要有参与权、表达权、监督权。要通过这些制度的落实，来确保和谐企业的建成。

第三根支柱是文化支柱。要把建设和谐文化作为巩固社会和谐的思想道德基础。在企业里，和谐文化不是脱离其他文化独立存在的。事实上，很多企业的核心价值观中就包含

[1] 原载于2007年5月31日《中国冶金报》。

了体现和谐精神的理念。和谐必须建立在共同价值观和共同愿景的基础上。同时，还要大力营造有利于构建和谐企业的人文环境，形成促进和谐的风尚和人际关系的氛围。要在广大员工中进行和谐文化的教育，特别是要总结、表彰、宣传那些在弘扬和谐文化中起到积极作用的先进单位和先进人物，更好地发挥先进榜样的作用，这远比一般的理念上的宣讲、诠释实际得多，生动得多，影响也会大得多。在大力弘扬和谐风尚的同时，还要关注各种不和谐的因素，尽最大可能将其消除在萌芽之中。

建设和谐企业，关键在领导。企业领导不仅要成为建设和谐企业的倡导者、组织者，还要成为建设和谐企业的践行者，以自身的表率作用来带领广大员工共同为建设和谐社会作出应有的贡献！

从我国成为钢材第一出口大国看钢铁工业宏观调控问题[1]

2006年，我国钢铁工业发生一个重大的转变，由长期以来的钢材净进口国转变为净出口国。当年进口钢材1851万吨，坯锭51万吨；而同期出口钢材4301万吨，比上年增长110%。坯锭908万吨，比上年增长26%，出现了新中国成立以来首次钢铁制品出口大于进口的状况，当年净出口钢材加钢坯折合粗钢达到3446万吨，成为世界最大的钢铁出口国，这种情况在2007年得到持续的发展。今年上半年出口钢材3379万吨，同比增长97.7%；钢坯437万吨，增长40.9%；折合成粗钢净出口3064万吨。当期国内增量的80%都用于出口了。其中，4月份出口达到716万吨的历史最高。

怎样看待这问题？我觉得既要从我国国民经济和钢铁工业的现状来分析，同时也必须从世界经济的走向以及全球经济一体化所出现的新动向来考察。

一、钢材的大量出口是多种因素综合的必然结果

首先，全球经济出现持续升温，引发了国际上对钢材需求的急剧增长。包括美国在内的发达国家，近几年经济都在平稳增长，而一些发展中国家，特别是所谓的“金砖国家”（除中国外，还有巴西、俄罗斯、印度）和一些亚洲地区国家，发展速度更快。这就必然促使对钢材需求量的增加，也为我国钢材出口提供了比较广阔的市场。这是促使我国钢材大量出口的最基本的市场条件。

其次，是世界经济一体化的巨大冲击。经济全球化使全球经济发生了深刻变化，改变了全球经济的格局。在互联网的时代里，世界变得更平坦了。发达国家利用自己科学技术、经济实力、人才等各方面的优势，把一些亏损以及获利不多的行业和一些低端产品向发展中国家转移，再以低廉的价格购买自己所需要的产品，自己则在高科技领域以及金融等服务等行业依靠持续不断地创新，牢牢占领制高点，获取高额利润。尽管这种转移对发展中国家来说，带来了新的发展机遇，但也付出了相当沉重的代价，以大量艰苦劳动和物质资源，换来了一些蝇头微利，巨额利润都流向发达国家，“八亿件衬衣换取一架波音飞机”就是明证。但发展中国家也必须充分利用产业转移带来的新机遇，来进一步发展自己，并在此基础上不断提升自身的产业结构。过去，这种转移以轻纺工业最为明显，近几年已逐步向制造业发展，现在世界各国特别是发达国家人民的日常生活已经离不开“中国制造”的产品，其中包括各类以钢材为原材料的机械制品。因此，在各方面条件具备的情况下，我国钢铁业从净进口国向净出口国转变也是必然的规律。

第三，是我国钢铁工业近几年来持续增长的必然结果。进入新世纪以来，随着我国国

[1] 原载于2007年12月18日《中国冶金报》。

民经济的快速发展，钢铁工业也以前所未有的姿态迅猛发展；正是钢铁工业这种史无前例的增长速度以及增长的绝对量支撑了我国国民经济的高速发展。2006年，我国钢产量达到了4.22亿吨，超过世界产钢总量的三分之一，比2000年的1.28亿吨增长了近3亿吨，年均增长近5000万吨，增长率达到22%。这样增长势头目前还依然相当强劲，预计今年我国的钢产量还将比去年增长6000千万吨以上。但是，一年之内钢铁工业从净进口骤然转变为净出口，并且成为钢材出口的第一大国，也预示国内市场容纳量的增长已经低于产量的增长，国内市场将很快接近饱和点，今后增长速度不可能持续保持近几年的状态。这就促使已经建成以及在建的产能加快寻找新的出路，向国外市场进军自然就成为富余产能的必然选择。

第四，是对近几年来我国钢铁工业进行大规模的技术改造、调整结构和优化生产的回报。10年前，我国钢铁工业基本上还是处于“装备陈旧、工艺落后”的状况，一些企业的出口钢材质量不稳定，常常是将经过挑选，“两里挑一”、“三里挑一”甚至“五里挑一”的钢材才能出口。在这种情况下，即使产能有余，也很难增加出口量。这几年，几乎所有的大中型钢铁企业都经过了大规模的技术改造，装备水平有了明显提高，即使一大批新建的民营企业，装备水平也都不算低，这为大批量出口钢材提供了有力的装备保障。同时，钢铁工业在结构调整上，也取得了长足的进步。过去，我国钢材出口基本上是以长材为主，但去年和今年上半年出口钢材中，板管比例占到62%，其中板带就占47%强，这充分说明了近几年钢铁工业结构调整和优化所取得的成效。

二、要重视钢材大量出口的负面影响

总之，从净出口国到净进口国，对我国钢铁工业来说，是一个可喜的进步。在10年前，恐怕也是没人敢想象的。但是，时代在进步，形势在发展，特别是以中央提出的科学发展观的要求来衡量，钢材出口量的猛增也潜伏着一些值得重视的问题，需要我们认真思考，严肃对待。

首先，钢材大量出口不利于钢铁工业自身以及国民经济的可持续发展。我国是一个人均资源短缺（包括水资源、能源、矿山资源）、环保欠账严重的国家。作为高能耗、高污染的钢铁行业，必须在科学发展观的指引下，进一步坚持走资源节约型和环境友好型的道路，否则将难以得到持续发展。目前，我国钢铁工业的能耗占全国工业总能耗的15%左右，各类废弃物的排放量也占排放总量的10%～15%。如何使这些资源得到最有效的配置，既是确保我国国民经济持续发展的头等重要的大问题，也是钢铁工业自身求生存、图发展的根本举措。因此，钢铁工业节能减排就成为当务之急。近几年，虽然不少钢铁企业在发展循环经济上取得了比较明显的成效，单位产品的各种消耗在持续下降，但由于产能的过度扩张，总体的能耗以及各类废弃物的排放量却在不断增长。国务院从经济、社会发展的全局以及可持续发展的长远利益出发，提出了限制“两高一资”产品出口的原则，并在税收、信贷、价格等方面采取了一系列的相应措施。钢铁企业要自觉适应新形势，不仅在生产流程中贯彻减量化的原则，还要在总量发展中体现减量化的原则，控制数量上的盲目扩张。

其次，也不利于企业自身整体素质的提高。钢材出口数量上的急剧增长，从根本上反映了企业发展思路依然偏重于数量扩张型。应该看到，这几年不少企业在贯彻技术创新、强化内部管理、深化企业改革、提高队伍素质等方面都做了大量工作，整体素质也有了可喜的变化。但是，在数量扩张的推动下，特别是在市场情况较好的情况下，目前数量效益对某些企业来讲还是主要的来源。因此，也必然会减弱对提高自身素质的工作力度。很多企业在装备条件大大改善的同时，管理工作却显得不那么适应，一流装备不能生产出一流的产品、取得一流的效益、办成一流的企业，也是同这个分不开的。

第三，还要看到，国际市场也正在酝酿着一场大变化。过分地依赖通过出口来解决产能过剩问题，同样是不能持久的。一方面，我国钢材的大量出口引发了国际钢铁贸易上频繁的摩擦。例如：2006 年，美国、欧盟等共有 11 个国家对我国钢铁企业采取了 27 项反倾销、反补贴等措施进行调查。国际市场对中国钢材的抵制情绪正在蔓延。另一方面，有关国家也正在以前所未有的姿态建设一批钢铁企业，扩大钢铁产能。像巴西、澳大利亚、印度等矿产资源大国都在积极向钢铁大国转化。据报道，未来 3 年内巴西将对钢铁业投入 289 亿美元的资金，争取在 3 ~5 年内将把钢铁产量从 2006 年 3090 万吨提高到 6600 万吨。澳大利亚矿业企业也在开始研究投入巨额资金建立钢铁厂，计划规模达到 4400 万吨。此外，国际钢铁界也在频频投资海外建设大型钢铁企业。安赛乐米塔尔、新日铁、浦项、印度塔塔集团以及我国的宝钢都已开始或准备分别在印度、越南、巴西等地新建几个 400 万吨到 1200 万吨的钢铁企业。这一方面使对进口矿石依赖度很高的我国，带来了资源危机；同时，也必然缩小了我国国内生产的钢材在国际市场上的发展空间。因此，我们在发展钢铁工业时，也必须改弦更张，坚决摆脱数量扩张型的习惯思维模式。保持适量的出口是需要的，但不能把国际市场作为解决国内钢材增量的主要出路。否则，即使暂时出口了，国际市场空间一紧缩，国内大量产能将闲置，会造成更大的被动。

三、解决钢材过度出口问题必须深化宏观调控

对于钢材大量出口的问题，已经引起了国家高层领导的高度重视，也采取了一系列的措施来进行控制。但是，其效果远不如想象的那样明显。这如同计划生育一样，人丁既然出生了，就得给他一条生路。钢厂建起来了，产能形成了，企业也得活下去，国内市场容纳不了，向国际市场转移，对企业来讲，这也是顺理成章的事。何况现在国际市场钢材还很紧俏，效益甚至好于国内市场。因此，我们既要加强一些治标措施的力度，更要从治本着眼，从源头抓起。

要说国家没有抓源头控制，这也不客观，不实事求是的。从 20 世纪 90 年代末期，仅就钢铁工业而言，国家就先后采取了几次大动作。先是钢铁限产，当时的国家冶金局几乎是全力以赴抓限产，又是责任状，又是组织以局领导为首的多个检查组，分赴全国各地督促检查，但结果是“限大放小，限国放民，限内放外”，重点大中型企业的产量限住了，而一些地方企业则依然我行我素；国企的产量限住了，一大批民营企业却趁着国企限产的时机，大肆扩张；国内的钢产量限住了，但当年进口的钢产量却比原计划翻了一番。应该说，限产总体上是失败的。限产没多久，经济形势又出现了变化。进入 21 世纪后，钢铁需求猛增，钢铁企业顺应这一形势，持续高速增长。2003 年年底起，国家开始对钢铁行业进行宏观调控；2004 年初，国务院还严肃处理了江苏铁本钢铁公司违法建设的问题，但“杀一”并没有起到“儆百”的作用，反而是边调边增，越调越增（当然，如果不采取宏观调控的话，今天全国钢铁产能肯定还要比现在大得多），而增幅最大、增速最快的还是

地方中小企业和民营企业。前几年发生的“铁本”事件，实际上是在一再被复制，但是却再没听到哪些责任人受惩处。大批新产能起来了，供需形势发生了变化，淘汰落后产能自然而然就提到议程上来了，力度也在不断加大，但落后产能的淘汰仍然是步履维艰，而且淘汰落后的步伐远远比不上新增产能。

问题出在哪里？说白了，就是中央的决策在相当一些地方难以贯彻。现在企业里强调执行力，提高执行力几乎成为所有企业的共识。因为决策再好，如果得不到有效的执行，还是一纸空文。但当前各级地方政府的执行力，确实值得研究。当然，地方政府有地方政府的难处，但关键还是一个利益驱动和对各级政府官员的考核机制。在一些地方政府官员心目中，GDP才是最大的硬道理。拿河北省来说，去年钢产量就超过9000万吨，是钢铁工业宏观调控的重点省，也是淘汰落后的重点省，但是今年上半年，河北省的钢产量达到5470万吨，预计全年将超过1亿吨，比钢产量位居世界第三位的美国还要多。今年8月，迁安市市委扩大会议期间，安排与会代表参观一批观摩项目，其中钢铁项目就有4项。这些项目都是在国家加强对钢铁工业实施宏观调控的2005年甚至是2006年才开始建设的，目前有的已形成400万吨规模，总共已有近1200万吨的产能。恐怕在这次观摩后，还将激发当地建设钢铁企业的愿望。作为钢铁行业重点调控省的县级市，这样大规模的项目却轻易就能得到迅速实施，而且还作为方向来引导，这类情况还绝不是一个孤立的个案，这就必须要引起各级政府的高度关注，严肃对待了。

这种情况，直接影响到政府的公信力。我接触到的有些钢铁企业的领导就颇有感慨地说：老实人做不得，谁老实谁吃亏。限产时，我们老老实实限产，人家上去了，我们后退了；宏观调控，我们不追求规模扩张了，但人家一如既往地勇往直前，人家又登上一个新台阶，我们排位又往后退了。现在我们也学乖了，越不让你干的，你就越是要抓紧时机拼命干，否则恐怕要不多久，我们只能听任淘汰出局。听了这些话，我只能苦笑。恐怕这些问题不是光靠经济体制改革就能解决的，必然要涉及政治体制改革，这也是更带根本性的问题。相信随着“十七大”精神的贯彻，会得到进一步的解决。

还要正确对待民营企业的发展。任何歧视民营企业的思想和行为都是错误的，我们必须按照中央的指示精神：“毫不动摇地鼓励、支持和引导非公有制经济发展”。但从钢铁工业来看，当前需要注意的是另一种倾向：就是近10年来，国家对钢铁行业制定的好多政策，对民营企业没有约束力。从表面看，对民营企业发展有利。但事物都有一个“度”，超过了这一个“度”，也会走向反面。这里的关键，正如国家环保总局副局长潘岳所说的，是要防止“部分商业利益与错误政绩观的特殊利益结合”。

对企业来讲，还要认真学习领会国家的方针政策，正确处理企业的局部利益、短期利益和国家的整体利益、长远利益的关系。现在企业都在大力推进企业文化建设，把企业文化视作企业发展之魂，使员工都能自觉地按照企业的核心价值观、企业理念、企业精神来规范自己的行为。事实证明，凡是重视企业文化建设、而且真正能使“文化落地”贯彻在实际工作中的企业，发展就健康、事业就兴旺。对企业家来说，同样也要把自己的决策、行为纳入到科学发展观的轨道上来，这样才能使企业的发展同国家同步前进。

办公室再好也出不了钢[1]

——从办公楼钢材消费探讨钢材节约使用的问题

2007年我国钢产量有达到了破天荒的新高峰，达到了4.9亿吨，占世界钢产量总数超过37%，比钢产量排名第二到第八的总和还要多，是地地道道的钢铁大国。虽然去年钢材（坯）的出口总量折合粗钢约有7000万吨，但至少占我国钢材总量85%左右的还是国内消费的。这说明国内有钢铁产品的庞大市场。

是不是国内钢材消费就需要这么多？我的回答是否定的。特别是通过学习十七大文件，更坚定了我的这一观点。胡锦涛同志在十七大报告中提出“建设生态文明”时，不仅要求“基本形成节约能源资源和保护生态环境的产业结构、增长方式”，而且还要形成相应的“消费模式”。这是第一次在党代会的报告中，明确提出这个问题的，具有极其重要的现实意义和深远意义，我们要深刻领会，在实际工作中认真贯彻执行，切实地在改变消费模式上做文章，这必将极大地有助于节约钢材。

消费模式，是人们在某种消费观念指引下的消费行为。消费模式不仅对个人的生活起到重大影响，而且对一个国家的经济社会发展也会起到巨大的影响。长期以来，我国基本上是节俭型的消费模式。随着经济的发展，人们生活水平的提高，消费模式自然也会起变化。但是，当前要警惕的是，超越发展水平的高消费模式正在成为相当一部分人们追逐的目标，奢华之风盛行，节约意识淡薄。这反映在钢材使用上也很明显。虽然，在《钢铁产业发展政策》中，专门列出一章“钢材节约使用”，其中第一条就提出“全社会要树立节约使用钢材意识，科学使用，鼓励用可再生材料替代和废钢材回收，减少钢材使用数量”，其后的几条，分别从“修订和完善建筑钢材使用设计规范和标准”、“鼓励研究、开发和使用高性能、低成本、低消耗的新型材料”、“鼓励钢铁企业生产高强度钢材和耐腐蚀钢材，提高钢材强度和使用寿命”等方面提出原则意见。应该说，这几年来，后面几条都有不同程度的进展。但是，在全社会节约使用钢材的意识，远远没有树立起来。在一些人的心目中，我国已是世界第一产钢大国，5亿吨的钢产量，而且还在不断增长，似乎我国的钢材已经到了取之不尽的地步，只要有需求，就可以无限制地供应，不必再斤斤计较点滴的节约。虽然，胡锦涛同志就任总书记之初，就专程到西柏坡革命圣地，教导全党同志要始终牢记“两个务必”。但是，在实际行动中，在相当一部分干部对此已经相当淡漠，特别是对“继续保持艰苦奋斗的作风”，能够牢记于心、并付之行动的为数不多。反映在钢材使用上，浪费的事例比比皆是，甚至有人认为，中国已经成为最大的建筑浪费国。

---

[1] 本文原载于2008年第5期《冶金经济内参》，原先的题目是“改变消费模式，节约使用钢材”，在2008年1月29日《中国冶金报》发表时，改为现在这个题目，并稍作调整。

一、钢材使用上的浪费现象要引起重视

近几年来，我国生产的钢材，过半数是用于建筑业的，全国几乎都成了大工地，到处高楼林立，城市形象、居民居住条件大大改善，这既反映了我国国民经济实力的增强，也充分展现了钢材强有力的支撑作用。但是，有些现象，不能不引起人们的深思和担忧。

一些大企业，特别是金融、电信、石油、电力等垄断企业，中央一级的不用说，办公楼都是富丽堂皇，美轮美奂。这些单位有的是代表行业甚至国家的形象，适当豪华些，无可厚非。问题是层层仿效，现在无论在哪个城市，凡是最好的高层建筑，甚至是当地的标志性建筑，不要问，无非是那几家大银行、大公司的支行、分行、分公司。一个县级市的这些机构，有没有必要盖起这大的办公楼？究竟这些办公楼的使用率如何？需要认真作些调查。

还有一些地方政府，包括地级市的区级机关大楼，其建筑规模、豪华程度也使人惊叹不已。据报载，一些乡镇一级的办公楼，其建筑面积之大，装修程度之豪华也使人咂舌。我还见到有的贫困县的办公楼，除了县委、县政府、县人大、县政协等四大班子一个大楼外，其他县级机构是一个局一栋楼。我不知道这些局究竟有多少人在那里办公？盖起这些大楼究竟是干什么用的？我曾不识时务地将这些局级大楼的十几张照片，传到中纪委和省委、省政府，但结果是石沉大海。

我曾到过一些企业的办公楼。有的总经理和党委书记的办公室，都是大套间，每人除了一间大办公室外，还有专用的会议室、休息室、秘书室，洗浴间；有的整整一层楼就是为董事长、总经理两位主要领导服务的。真的有这样必要吗？

还有一些可以说是国家级的标志性建筑，像鸟巢、中央电视台新大楼、国家歌剧院等，由于其结构的特殊性，用钢量自然要大大超过一般建筑。中央电视台一座大楼就用了十几万吨钢材；鸟巢“瘦身”，就节省了好几万吨钢材。但毕竟它对钢铁新材料的开发利用，对建筑施工的技术进步，都起到了很好的推动作用。这些建筑，不能没有，像中国这样一个大国，有需要建设这样的高水平的建筑。但是，中国的“追风”行动，也使人担心，上行下效，北京有，各省省会也要有。于是等而下之，各地都会在种种借口之下，建起自己的标志性建筑，奢华之风愈益盛行，浪费也就越来越严重。

当然，还要看到另外一种浪费，就是反映在设计施工上两种倾向。一种是以次顶好，以劣充优，偷工减料，造成严重事故。近几年不断有报道，某地正在施工或竣工不久的建筑突然坍塌，其中很重要的一个原因恐怕是使用的钢材问题，结果必然是要多付出成倍的代价。另一种是盲目加大安全系数，以量胜质，这既增加了钢材的用量，也不利于提高有关各方面的技术水平。

这种在办公楼建设上以豪华、宽敞、新奇为特征的“消费模式”，自然要以使用更多的钢材作为支撑。特别是当作为一种模式、形成一种风气后，对钢材的需求会进一步膨胀。记得圣雄甘地讲过这样一句话：“地球能满足人类的需要，但满足不了人类的贪婪。”的确值得我们警惕！

二、提高认识，把节约钢材提到重要议程上来

从以上几方面来看，在使用钢材上，节约的潜力不小。但能不能把这种潜在的可能性

转化为现实，我认为难度同样是不小的。因为涉及的有关方面，主要是两类人：一是财大气粗的企业主，二是位高权重的政府官员。对前者来讲，在市场经济条件下，信奉的是交易原则，我有钱，我爱咋搞就咋搞；楼越高、越大，说明我的企业档次越高、地位越高；至于我怎样用，这是我内部的事，谁也管不着；而设计施工部门，你花钱越多，我赚钱越多，谁愿意把大主顾拒之门外？对地方政府来说，只要手里掌握土地审批权，可以无本盖楼，反正生财有道，自己只要大笔一挥，用不着从财政口袋里掏钱，大楼就起来了。能盖大楼何必还局促在小楼里呢？贫困县之所以能一局一楼，就是走这条道的。

因此，要节约使用钢材，首先还是要提高认识，转变观念。诚然，对企业而言，盖什么样的大楼，盖多高的大楼，是企业行为。但节约钢材的问题，不只是涉及经济，而且更主要的是直接涉及环保、涉及资源的保护和利用问题；钱是你的，但资源和环境是全民的，甚至与全体“球民”息息相关。我国钢铁行业的能耗占全国工业总能耗的15%左右；排放的废水、废气占工业排放量的14%，固体废弃物占工业废弃物总量的16%，是资源和能源的消耗大户，也是一个大污染源。固然，作为一个钢铁大国，我们的钢铁企业有责任、有义务通过采用新技术，以及实行循环经济，来节能减排；通过研制开发新产品，提高钢材性能，以降低钢材的使用数量；但钢材使用部门也要尽到一个大国企业公民的责任，大力节约使用钢材，现在都在提倡循环经济，但循环经济的“3R”原则，第一个就是减量化，从源头上减少资源的消耗和污染物的排放。使用数量减少了，各类资源和能源的消耗以及污染物的排放自然都相应降低了。

世界自然基金会发布的《2004年地球生态报告》就早已指出：人类每年的消耗量已经超出地球产出量的20%。“我们目前消耗自然资源的速度比大自然更新的速度要快”。而我国的情况更为严重。我国绝大部分资源（包括水）的人均占有量都不同程度地低于世界人均水平，但同时又是世界上自然资源消耗最大、损失最大的国家之一。正如有的学者指出的：中国正以历史上最脆弱的生态环境承载着历史上最多的人口，承受着历史上最空前的资源消耗和经济活动，面临着历史上最为突出的生态环境挑战。在这种情况下，我们全体公民都必须自觉转变“消费模式”，节约包括钢材在内的一切物质资源，这不仅是落实科学发展观的需要，也是建设和谐社会的需要。

三、要把节约使用钢材潜在的可能性转化为现实的可行性

节约使用钢材，转变观念、提高认识是第一位的。同时，还必须从制度建设和执行上下真工夫。这主要是针对各级国家机关，也包括国企。因为，这些单位使用的钱都同纳税人有关。在“主人”还处于贫困线、甚至居无屋的情况下，凭什么一个普通的“公仆”居然可以拥有人均几十平方米的办公室？过去，国家有过规定，部级、局级、处级干部每人办公室不得超过多少平方米。从中央国家机关看，绝大多数还是执行了，但越到下面，越是“和尚打伞——无法无天”。这种情况，媒体也曾有过报道，但除非是太出格了，否则是“法不责众”，而且钱又没进到个人口袋里，更何况现在贪污大案动辄几千万，几个亿、甚至几十、几百亿，相比之下，多盖一些楼、多消耗一些钢材又算得了什么？于是往往也就不了了之。这样，制度就成为一纸空文，此后就更无约束力了。因此，要抓住一批典型事件，严肃处理，不是“检讨一阵子，舒服一辈子”，而是使违规违纪者感到得不偿失。至于再发生的新案件，坚持有一件查处一件，相信会有较快好转的。

再有就是，要在文化上进行认同。中央提出“八荣八耻”，其中有一条就是“以艰苦奋斗为荣、以骄奢淫逸为耻”。这是在倡导一种价值观。但是现在确实存在“不以荣为荣，不以耻为耻”的种种现象，甚至“以荣为耻，以耻为荣”的反常现象。“艰苦奋斗、勤俭节约”成为“保守、小气”，“骄奢淫逸、铺张浪费”成为“时尚、潇洒”。因此，怎样使这一社会主义的荣辱观真正成为全体公民的共识，就成为需要认真研究解决的重大课题。从一些企业建设企业文化的经验看，要使企业的价值观、企业理念、企业精神真正成为全体员工行为的指针，必须在“文化落地”上下工夫，使之真正“内化于心，固化于制，外化于行”。在节约使用建筑钢材问题上，要注意改善工作条件，但切不可追求豪华奢侈；要满足正常的工作需要，但切不可追求舒适享受。这需要从宣传教育、制度建设以及激励机制上多方面配合，还要通过宣扬先进、鞭挞落后，逐渐形成社会风尚。

其实，在这方面，国内外的钢铁企业不乏先例。前几年出版的美国斯坦福大学吉姆·柯林斯教授著的《从优秀到卓越》一书里，曾就美国的纽柯钢铁公司和伯利恒钢铁公司做过对比。纽柯跻身《财富》500强时，公司总部成员，还挤在一个牙医诊所般大小的租来的办公室里。而伯利恒呢，它一度曾在美国钢铁业中名列前茅，它的办公楼就气派得多。它为主管们建了一幢21层的办公楼，为了要满足公司领导们对办公室要在两个方向开窗的要求，使用钢材及造价当然高得多；公司还有其他更豪华的设施，比如有自己的18洞的高尔夫球场。两种不同的作为，反映了两种不同的文化，也导致了两种不同的结果。纽柯简易的办公室并没有影响它的快速发展，相反，使公司的高层管理人员更加密切了同员工们的感情沟通；而伯利恒却最终走向了衰败。20世纪90年代，在国务院号召“学邯钢”时，前去邯钢参观学习的兄弟企业看到邯钢公司总部机关还在原先的平房里办公时，都十分惊奇，时任邯钢总经理的刘汉章却说：办公室再好，也出不了钢。当然，我们不是提倡苦行僧式的行为方式，但勤俭节约的作风始终不可丢。

调动员工积极性　提高企业竞争力[1]

当前，企业竞争力的核心问题是人才的竞争。体现人才水平的当然离不了学历的高低、知识的丰瘠、能力的强弱、经验的多少。但是，我们也经常发现，同样一个人，在甲厂被认为是一只“虫”，但到了乙厂却成为一条“龙”；有的单位，员工队伍基本没有变化，人还是那些人，只是换了一位领导，员工的面貌却发生了极大的变化，所创造的业绩也出乎意料；有的企业，虽然高学历员工的比重大大高于其他企业，但其经营成效反而不如兄弟企业。究其原因，就会发现，很重要的一条就是这些员工的积极性能不能得到很好的发挥，他们的主动性、创造性能不能得到有效的迸发。因为，今天的竞争力不再是依据所取得的资源，而是要有效地运用这些资源，最大限度地发挥这些资源的作用。

这些年，冶金企业普遍有了长足的进步，无论是在规模的扩张、结构的调整、质量的提升、资源的节约和综合治理，以及环保的改善等方面，都取得了令人瞩目的成就；一个重要原因也就是加强了队伍建设，较好地调动了员工们的积极性，以致一些过去认为办不成的事不仅办成了，而且有些还办得出奇的好；过去不能想象的事现在变成了现实。大量事实说明，一支优秀的、工作积极性高、自觉性强的员工队伍是企业最有价值的资产，也是企业可持续发展的最有力的保障，是企业不可替代的核心竞争力重要构成因素之一。

随着我国由钢铁大国向钢铁强国加速迈进，无论是外部环境和内部条件都发生了急剧的变化，对员工的要求也越来越高。

首先是外界形势的变化要求更好地发挥员工的积极性。对钢铁行业来讲，外界形势的变化主要表现在三方面：一是市场竞争越来越激烈；二是客户对产品的品种质量以及服务要求越来越高；三是资源和环保的制约越来越严峻。这些变化，对企业的各个方面都提出了新的更高的要求。重要的是要求企业领导层能够及时作出正确应对的决策，但要将决策化为实际的行动、转变为现实的竞争力，没有广大员工发挥高度的积极性、主动性，立足岗位，胸怀全局，加强协作，及时从岗位实践中发现问题，提出建议，加以改进，而是仅仅满足于做好一颗螺丝钉，就难以应对外界形势的迅速变化。

其次是企业装备的升级换代要求更好地发挥广大员工积极性。近几年，我国钢铁企业都实现了跨越式的发展，一方面是规模成倍增长，对人才需求自然要大量增加；更主要的是大中型钢铁企业基本上都实现了装备大型化、反应快捷化、运作自动化，这为我们应对国际市场的挑战，全面提升技术水平、产品档次，进一步改善技术经济指标提供了有利的物质条件。另一方面也暴露了现有员工素质在很大程度上不适应工艺技术装备升级换代的要求。在这种情况下，要缩短两者的差距，除了要强化培训外，还必须使广大员工以积极的心态进入角色，加快提高自身素质，否则再先进的装备也难以发挥其应有的作用，甚至还会造成更大的损失。

---

[1] 原载于2008年第6期《冶金管理》。

第三是企业组织结构的调整、扁平化组织的实施要求更好地发挥广大员工积极性。现代化的企业要求信息沟通及时，处理问题高效，在组织机构上就要求改变过去机构庞大、层次众多、设置重叠的弊端，正确处理集中和分权的关系。近几年，很多企业按照扁平化的原则改革现有组织机构，不少企业还学习借鉴宝钢的作业长制，普遍取得了明显成效。组织机构的扁平化，管理重心下移，实行权限委让，工序服从，横向联系，自我了结，既为员工积极性的发挥创造了组织条件，也加大了基层干部的责任，要求他们高度发挥自己的聪明才智。

这些变化，对钢铁企业来说，既有着良好的机遇和前景，也面临巨大的挑战和压力。我们只有依靠广大员工，充分发挥他们的主动性、积极性，创造性，来迎接挑战，变压力为动力，不断超越自我，才能走向新的胜利。因此，如何调动广大员工的积极性，是当前摆在企业各级领导面前一个十分紧迫而又具有长远影响的严峻课题。它也是企业的一个永恒主题，是决定企业能否永葆长存不衰的根本途径之一。近几年，很多企业在这方面进行了大量的尝试，取得了很好的经验。就我所见所闻所感，以下几点至关重要。

（1）要有一个能激励广大员工为之奋斗的战略目标。一个好的战略目标，就像一盏指路明灯，照亮了企业前进的方向；也为企业的发展立下了一根标杆，以此来衡量我们前进步伐的快慢；它还是一个试金石，用以检验我们的一切工作、一切行为，是否符合企业发展的要求；它更是推动企业全面持续奋进的强大动力，有助于调动并激发员工的积极性。没有战略目标的企业，就像一艘漂泊不定的航船，或者像德鲁克所说的，像个无家可归的流浪汉，既没有明确的前进方向，又缺乏前进的动力。

首钢近几年的前后对比，就很好地说明了这一点。21 世纪初，随着申奥的成功，北京地区的环保压力越来越大，随之而来的首钢大院限产停产的呼声越来越高，“要首都还是要首钢?”问题是如此尖锐！而新建大厂项目的批准却渺无音讯，十几万员工、近千万吨生产能力的设备向何处去？首钢人处于迷茫之中。苦苦地思索，反复地探讨，“一业三地”新的战略格局的提出，跳出北京大院，依托原有的迁安矿山基地和秦皇岛中板基地，分别向下延伸和向上拓展，建设迁钢和首秦公司。这一战略布局的实施，使首钢人的精神为之一振，极大地鼓舞了首钢人的士气，高速、优质地建成了两个新基地，而且在极短时间内在生产技术、品种开发等方面取得了新的突破，不仅弥补了由于北京地区减产带来的损失，而且作为曹妃甸大厂的试验场、练兵场，为曹妃甸的顺利投产和今后发展提供了十分宝贵的经验。

企业的战略目标，必须是既要立足现实，又要立志高远；既要实事求是，又要解放思想，体现两者的统一。目标平平塌塌，就不可能激发员工的积极性；目标高不可攀，也会挫伤群众的积极性。把握好这个“度”，就是对企业领导力的一个检验。像太钢虽然过去就是国内不锈钢生产的重要基地，但正像他们自己所说的：“说大不大，说特不特”，目标不明，因此进展不快。2003 年，太钢领导审时度势，果断决策，收缩产品战线，瞄准一流水平，集中发展不锈钢，并充分利用后发优势，提出了“建设全球最具竞争力的不锈钢企业”这一企业战略目标，一步把不锈钢规模扩大到300 万吨，还将其细化为“规模大、品种特、质量优、成本低、服务好、环保良、效率高和研发强”的 8 个方面，实现跨越发展。这一高目标的提出，极大地激励了太钢广大员工的积极性，太钢以前所未有的姿态迅速进入世界不锈钢行业的前列，在国内外不锈钢行业中都处于举足轻重的位置。

（2）必须大力加强企业文化建设，通过坚持不懈地工作使企业的核心价值观、核心理念深入人心，落地生根。战略目标是方向，目标明确，方向正确，这是到达胜利彼岸的必要条件。但实施战略目标的过程都会充满着艰辛，没有共同的信念，就会在困难前犹豫退却；就会满足于已有成就，停滞不前；甚至在短期利益的诱惑下，放弃最基本的企业行为准则。因此，要调动员工们的积极性，就必须使他们都认同企业的价值观和核心理念，并在此基础上努力在实践中予以体现。

要使这些理念深入人心，就必须将其渗透于经营管理之中，萍钢的巨变最关键的因素就是事事处处联系实际，并不断抓住正反面的典型事例，进行深入剖析，使“事在人为，志在超越”的企业精神、“转变观念，眼睛向内，把工夫下在自己身上”的企业理念和“永远的危机，不懈的追求”这一座右铭深入人心，各级干部真正以这些价值观和理念作为指导自己行为的准则，实现共同的目标。现在萍钢的各级干部和广大员工都已认同企业文化是萍钢的核心竞争力，“什么时候、什么地方贯彻了企业文化，什么时候、什么地方工作就上台阶；什么时候、什么地方丢失了企业文化，什么时候、什么地方就搞不好工作”，自觉地以企业文化来指导、衡量自己的行为，万众一心，何愁事业不成？

要使广大员工真心实意地饯行这些理念，企业领导必须率先垂范。比如，现在大家都说，尊重科学、尊重人才、尊重劳动。但怎样真正体现这“三个尊重”，各企业却大相径庭。有的企业申报科技进步奖，领衔的往往是企业的行政领导，真正的主创人员却排在后面。去年我到太钢，在同科技人员交谈时，很多人都谈到了这样一件事：2004 年，公司董事长收到了公司在科技大会上转授他的 1999 年至 2000 年国家科技进步奖三个奖项的获奖证书和 8000 元奖金。他认为，自己参与这些项目，只是尽了领导应该做到的组织协调工作，不应给他评奖。他不仅退回了证书和奖金，还在信中建议，“今后，公司中高层人员一般不要参加科技进步奖评选，对管理人员可以搞管理创新奖”。这件事使广大科技人员看到自己的劳动成果受到领导的尊重，大大提高了科技创新的积极性，促进了科技成果的加速涌现。

要调动广大员工积极性，还必须把有关的理念制度化，这样才能促使其转化为实际行动。宝钢不仅把“以人为本”这一基本理念具体化为“八个‘人’”，即尊重人、了解人、关心人、提高人、规范人、激励人、依靠人、凝聚人；并且按照“八个‘人’”的基本思路，以尊重人为出发点，建立健全了解人、关心人、提高人、规范人、激励人、依靠人等 6 个方面的工作制度，使各级干部在实际工作中有所遵循，从而达到凝聚人、促进员工与企业共同发展的目的。

（3）通过建立长效机制，制定科学的规章制度，来调动员工积极性。管理就是要通过建立制度，组织好各种资源，来调动人的积极性，实现既定的目的。可以说，企业所有的机制都是通过激励和制约的手段，引导并规范员工朝着既定的目标奋进。而这些机制的建立都会直接涉及广大员工的切身利益，在调动员工积极性方面有其不可替代的独特的作用。其中，最为关键的是：组织机制和分配机制。

要制定科学的组织机制。一个重要原则就是要正确处理集中和授权的关系，使得各级干部和广大员工都有充分施展其才能的空间。授权就是减少对上级领导的依赖，激励下属发挥主观能动性。在给予权力的同时明确责任，并给以必要的信息和支持。扁平化组织不仅是人员精简，更主要的是有利于信息的畅通，及时的沟通和反馈，责任的落实，有利于问题的及时解决，首秦炼铁在投产后很快就进入国内先进行列，他们最深的体会就是“组织机制造就人”。还有像宝钢建厂初期，就引进了新日铁的“以作业长制为中心的‘五制’配套的基础管理”，经过长期实践的检验，极大地调动了基层干部和员工的自主管理的积极性，取得了很好的效果。现在不少企业借鉴宝钢的经验，也都取得了很好的成效。

要特别重视建立科学、合理的分配制度，并保证随着企业效益的提升，员工收入能相应增长。一是要重视一次分配，在积累与分配之间的关系要处理得当。企业发展需要大量资金投入，但如果忽视了两者合理的关系，必然会影响职工的积极性，最终也会影响到投入的效益。我们一定要建立起职工工资正常增长机制，使职工能享受到企业发展带来的利益。有的企业前几年一度遇到困难，公司上下都减薪20%，职工们都能从大局出发，同舟共济；但随后企业走出了困境，企业效益也有了明显提高，但企业仍然维持较高的积累比例，而没有采取增加员工收入的措施，以致引起不少员工的意见，在一定程度上影响员工的积极性。二是岗位之间的合理差距，特别是管理人员与一线员工的差距，在不少企业呈扩大之势。管理人员的重要性，自然是有目共睹；适当增加他们的待遇，也无可厚非。但是一些管理人员往往把本层次的待遇同兄弟企业相比，感到自己收入偏低，但却有意无意地忽略了一线员工横向对比的更大差距。三是让那些真正为企业发展作出重大贡献的人得到应有的报酬。目前，相当多的企业已经改变了过去那种“官本位”的分配机制，确立了按管理、技术、技能不同岗位的分配体系，建立了首席师、企业专家等职务，这对推动广大员工奋发向上的积极性大有裨益。

（4）要高度重视员工素质的提高，使得员工们感到随着企业的发展，自身价值也得到提升。自身价值不仅体现在物质报酬上，更体现在自身能力的提高上。这就要为员工提供足够的培训和学习机会。培训，不仅要使员工能更好地适应当前岗位工作，而且要把它当作是提升员工才能、挖掘潜能的有效途径；要为员工提供能不断提高自身价值的思维方法和手段，“授人以鱼不如授人以渔”。宝钢作业长培训中，有一个单元是“创新型思维”，既介绍了创新型的思维规律，也介绍了专利的概念和特点，打破了对创新及申报专利的神秘感，现在宝钢的创新小组遍布所有厂矿，其成员都是一线员工，创新成果层出不穷，形成了浓厚的氛围，宝钢每年八九百项申报专利项目中，一半左右是基层一线的，一线员工有10项以上专利的已有近50人。他们以一线员工为主创人员的科技项目，曾连续两届获得国家科技进步二等奖，在行业里也是破天荒的。

首钢矿业把“岗位是最好的课堂，工作是最好的培训，实践是最好的学习”，作为推动员工自觉学习的一种理念。因为他们深知，对广大员工来说，最重要的学习就是在岗位实践中。工作无处不在，学习也就无处不在。工作中的难点就是学习的重点，创新的亮点。他们总结了“十小促十变”的经验，促使大量学习型车间、学习型班组、学习型员工的茁壮成长。工作实践中提出的问题，推动他们不断提升自己的水平。现在首钢矿业公司就是依靠普普通通的职工，在平凡的工作中创造出不平凡的业绩，他们在短短一年多的时间里取消了全部500多条皮带看管工，而皮带管理却迈向了一个新高峰；他们实现了“001工程”，球团、烧结矿的品位波动全月累计在±0.01%范围内；他们实施网络进班组，已有4000余名职工取得了计算机资质证书，没有通过计算机考试的就不能当班组长。水厂铁矿的“赵新民团队学习室”是由十几位点检工和矿车司机自动组成的，他们立足工作实践，发现问题，并以此为导向，有针对性地去学习、研究、攻关。成立近4年来，每年都取得了不少成果，深受现场职工的欢迎。

大量生动的事实，使我更深地领会到这句至理名言："群众是真正的英雄"。群众中蕴藏着极大的潜能，作为领导者的责任，就是如何把这些潜能挖掘出来，使他们迸发出来，让他们提升起来。我们常说：发展是硬道理，发展是第一要务。但发展的主体是人，发展必须依靠人，发展也是为了人。作为企业领导，必须时时刻刻地把"人"摆在首位，营造出一个良好的氛围，多渠道、全方位地提高队伍素质，调动每一个人的潜能，帮助员工不断取得成功，让员工们乐意奉献，同心同德，来把企业做强做大，不断攀登新的高峰！

深化改革开放　夺取新的胜利[1]

1978年12月23日，这一天，在中国历史上具有划时代的意义，中国共产党十一届三中全会胜利闭幕，发表了会议公报。从此，中国进入了一个改革开放的新时期。就是在这一天，我有幸参加了在上海宝山举行的宝钢建设开工典礼。这看似偶然的巧合，也意味着我国钢铁工业同样将迈进一个前所未有的新天地。

30年，在宇宙的历史长河中，真可谓是“弹指一挥间”。然而，在这1万多个日日夜夜里，13亿中国人民在中国共产党的正确领导下，演出了一场场威武雄壮的活剧，谱写了一曲曲壮丽的凯歌。拿钢铁行业来说，这30年，正是天翻地覆的30年。

回眸30年前，当时我国钢铁工业正从“四人帮”的破坏中恢复过来，广大员工意气风发，1978年钢产量较上年增长800多万吨，其增速之快、增幅之大，史无前例，但当年的钢产量也就是3178万吨；当时，再有远见卓识，也没人能想象30年后的今天，我国钢产量竟然登上令世人震惊的5亿吨的高峰。且不说当年“三打两千六”的噩梦，就是我国最大的钢铁企业，要一年增长几十万吨钢，似乎也是天大的难题；但如今一年增产四五千万吨、六七千万吨钢已经是家常便饭，想压也压不下来；宝钢建设可以说是全国大动员，国务院派驻代表，统筹协调，一期工程也就是300万吨的规模吧，投产前的半年多时间里，冶金工业部组织全国各方面一二百名的有关专家，进行了3次生产准备大检查，确保了顺利投产。目前，200万吨规模的钢铁厂，就是地方的一些民营企业，不显山，不露水，不用惊动各方人士，轻飘飘地不用两年就建成投产。这种发展的高速度不仅体现在规模、产量上，而且还体现在品种质量以及能源消耗、环保治理等各项指标上。

钢铁工业的这些可以说是翻天覆地的巨变，也是我国各行各业的一个缩影。而其深层次的原因就在于十一届三中全会吹响了改革开放的进军号。改革开放指引了人们思想解放的康庄大道，促进了人们思想观念的转变，视野的开拓，摆脱了长期束缚人们的思想桎梏，建立了有利于生产力发展的体制和机制。现在，人们少了一份自卑，多了几许自信；少了一些狂热，多了几分理智；少了几分浮躁，多了几分执着。过去认为这也做不到，那也做不成的事，甚至不敢做、更不敢想的事，这些年不仅敢想敢做，而且做成了，做好了。原来月亮不总是人家的圆，我们的月亮同样是那样皎洁明亮。

正像邓小平同志说的那样，搞了这么多年的社会主义，究竟什么是社会主义，在认识上还存在这样那样的误区。过去对民营企业视作禁区的钢铁业，现在民营企业已经快速进入，2007年民营企业的钢产量达到2亿吨，接近全国钢产量的40%；而且规模在200万吨以上的骨干企业，其产能约占民营钢铁企业的80%，很多企业的装备水平并不低于国有企业，它们已经成为我国钢铁工业一支举足轻重的力量。如果不打破“姓资姓社”的僵化思维模式，很难想象，这些年民营钢铁企业能够快速崛起，从而支撑了我国国民经济快速

[1] 写于2008年6月1日。是应国家发改委《改革开放30周年征文》而作，并获得二等奖。

发展。

诚然，人才问题仍然是制约我国钢铁工业由大变强的关键所在。但是，几年前我国钢铁行业除极少数企业外，基本上还是处在装备落后、工艺陈旧，产品以“面条裤腰带”建筑用的长材为主，现代化的板卷轧机屈指可数；而现在，先进的板卷轧机近几年每年就要投产几套甚至十几套。有人比喻长材轧机是小学水平，而板材连轧机则是大学水平。这种跨越式的发展，带来的人才压力可想而知。正是在改革开放方针的指引下，我们解放思想，破除迷信，一大批年轻人才脱颖而出，挑起了重担，填补了空白，确保了各类先进装备的顺利投产、高效达产。

30 年来的伟大实践及其巨大成就，雄辩地证明了改革开放是强国之路，是发展中国特色社会主义的强大动力，但是，我们还必须清醒地看到，随着时代的前进，社会的发展，科技的进步，诸多新的矛盾、新的问题也在不断涌现。我国钢铁工业在规模上已经成为无可争辩的绝对冠军，其拥有的世界先进水平的装备数量也超过了任何国家，我们在钢铁强国的征途上也在大步迈进，取得了可喜的成效。但是，我们毕竟仍然处于社会主义初级阶段，包括钢铁工业在内的我国国民经济的发展，仍然有许多不尽如人意之处。

出路何在？结论就是“改革开放”。十七大报告中提到“改革”两字的有 88 处，足见对改革的重视程度。并且明确指出，新时期最鲜明的特点是改革开放；改革开放是党在新的时代条件下带领人民进行的新的伟大革命。改革开放是决定当代中国命运的关键抉择，是发展中国特色社会主义、实现中华民族伟大复兴的必由之路；只有社会主义才能救中国，只有改革开放才能发展中国。因此，当前要深入贯彻落实科学发展观，就必须坚定不移地继续深化改革开放，毫不动摇地坚持改革方向，提高改革决策的科学性，增强改革措施的协调性；推进各方面体制改革创新，加快重要领域和关键环节改革步伐。

但是，正像十七大报告指出的那样，当前改革攻坚面临深层次矛盾和问题，改革开放未有尽期。而当前仍然存在种种因素，影响改革的深入。一是满足于改革开放的已有成就，小变即安。认为 30 年改革，各方面都已有规可循，无需再搞什么改革，对基层和广大干部、群众中的改革热情自觉不自觉地泼冷水，进行干扰和阻拦；二是在改革促进各行各业快速发展的同时，也形成了一批既得利益群体，他们借改革之名行谋取私利之实，从曾经是改革的动力演变成为深化改革的阻力，增加了改革的难度；三是有的虽然也支持改革，但当改革涉及本部门、本地区的利益时，就会不由自主地采取消极态度，妨碍甚至阻挠改革的深入；四是有些人对改革进程中出现的一些消极现象，不作具体深入分析，而简单地归罪于改革，否定改革的伟大成就，甚至企图走回头路，妄图把历史引向后退。

对冶金工业来说，这些问题在不同地区、不同企业，也都不同程度地存在着。当前，钢铁工业正面临由大转强的关键时刻。因此，进一步解放思想，转变观念，深化改革开放，是时代的要求，是发展的要求。无论是经济发展方式的转变，各类结构的调整，还是建设创新型企业、节能环保型企业、生态文明型企业；无论是行业集中度的提高，还是企业上下游产业链的巩固和扩大；无论是现代化管理的加强和改善，还是人力资源的加速培养和成长，以适应技术装备水平飞跃式的提高和企业规模的跨地区的扩展，都要求各级政府、行业协会和所有企业深化改革，以巩固已有成果，解决深层次的矛盾和问题。

让我们高举改革的旗帜，坚持改革的方向，把钢铁企业办得又好又强，为国民经济又好又快发展、加快夺取全面建设小康社会新胜利而作出应有的贡献！

喜看宝钢管理新发展[1]

30年前，1978年的12月23日，也就是中共十一届三中全会闭会的那天，我随同当时的冶金工业部唐克部长等领导参加了宝钢开工典礼，在“85.9”投产前夕，又曾三次参加了由冶金工业部组织全国冶金界专家组成的生产准备大检查活动以及此后的竣工投产典礼。在亲眼见证了宝钢从决策到建成投产的风风雨雨后，看到宝钢的顺利投产以及此后的发展壮大，在国际钢铁界中崭露头角，内心确实是异常兴奋，长期以来也一直关注着宝钢的发展变化。在1998年宝钢开工建设20周年时，我曾写过“宝钢——在改革开放中成长壮大”一文，以“改革开放的先驱”、“现代化管理的楷模”、“面向市场的典范”和“科技进步的榜样”为题，分别介绍了宝钢建成后在钢铁行业中所起到的历史性的功绩。现在又10年过去了，在全国迎来改革开放30周年之际，宝钢也将迎来建设30周年的节日。在这10年中，虽然我已离休，但始终还关注着冶金行业的发展与变化，也曾去宝钢做过一些调研，但为数不多。只是通过阅读每期《宝钢日报》和《宝钢经济与管理》，还是强烈地感受到宝钢与时俱进的变化，宝钢仍然是我国钢铁界的领头羊。

近10年来，宝钢通过联合重组，规模有了较大的扩展，经过多年的整合，从2006年起，实施了集团内部钢铁主业的一体化运作，把宝钢行之有效的管理推行到其他整合企业，促进了整体管理水平的提高。与此同时，以宝钢分公司为代表，在管理理念、管理思路、管理方法、管理手段等方面，不断进行创新。其范围之广，内涵之深，远超往昔，也非我能总结概括，我只就我感受较深的，做一些简介，供冶金企业参考。

一、不断强化服务意识，提高服务水平

企业是干什么的？怎样来衡量企业的成绩？过世不久的管理大师杜拉克曾说过：“仅有一个有效的定义来诠释企业的目的：‘创造顾客’”，“任何企业最应该记住的一件事是，企业的成绩仅存在于企业外部，一个企业的成绩是满意的顾客”。简言之，企业是为了用户而生存、而发展的。当初，中央在作出建设宝钢的重大决策时，就是要通过引进国外的先进技术和管理，并在此基础上进行创新，来满足国民经济发展对钢铁不断增长的新需求，这就是宝钢的历史使命。宝钢历届领导也深知宝钢肩负的重担，因此也始终把为用户服务，提高服务质量，改善服务水平，与用户结成利益共同体摆在重要议事日程上。

怎样提高服务水平？宝钢的一些做法给我们以很大启示，归结起来，可以说是从3个方面处理好“己”和“彼”的关系。“己”当然是指宝钢，“彼”就是客户。一是知己知彼，二是视彼为己，三是苛己厚彼。

（1）知己知彼。首先要知彼，要了解客户需要。不仅了解当前客户的需要，还要了解自己的产品是否满足其需要，并进一步了解其潜在的需要。而知己不仅要了解企业当前的

[1] 原载于2008年第10期《冶金管理》。

现实情况，自己的优势和强项，更要了解自己的不足和弱项，并采取积极措施，努力去适应客户要求，不断提升自己的水平和实力，从而更好地为用户服务。随着市场的变异，科技的发展，客户的需求也会随之而变化，宝钢除了通过营销部门及时了解各类客户的信息外，还设立了客户代表，深入了解客户的现实需求和潜在需求；对各类重点专用钢材建立了产销研一体化组织，通过产销研的结合，共同进行市场调研，积极开展用户技术研究。

（2）视彼为己。宝钢有个说法："钢厂不是单纯卖钢材，而是帮助用户买钢材；钢材要为客户找产品，而不是为产品找客户"。不仅要追求钢厂自身效益的最大化，还要追求客户价值的最大化。就是要换位思考，站在客户的立场上来思考问题。客户的要求主要就是质量、品种、价格、服务。在产品质量上，不只是满足于实现标准，即使是同一品种，也要根据不同用户的需要，采取不同的标准，就是所谓"标准＋α"；在品种上，不仅根据用户需要，积极开发新产品，而且对一些战略性客户，专门成立用户技术研究中心，遵照"先期介入"的理念，在客户开发新品的同时，同步进行新品所需新材料的研发，这样既可使宝钢自身技术得以延伸和提高，并可使客户缩短产品开发周期，降低开发费用；在价格上，不是一味求低，而是要在降低成本的基础上，合理地制定价格，真正做到物有所值，甚至物超所值；在服务上，不断缩短合同周期，从按季交货到双月交货到按月交货，相当一部分产品已经实现按周交货，极大地方便客户；并确保按时交货，既不能拖延，也不要提前，在保证对方生产顺利进行的同时，也为客户节约了费用。宝钢还把提高用户服务技术含量作为产销研一体化小组的职责，包括选材指导（重点用户用材国产化），首次使用的上门指导，帮助用户提高成材率，提出用户使用技术研究项目，协助开展产品咨询，产品使用跟踪，组织参与重大质量异议的处理，归口管理用户服务信息，统一管理对用户的技术走访等。通过各种措施，逐步建立起能够快速反应、为用户提供优质服务的用户服务体系，培养出一批用户服务专家和一支高素质的用户服务队伍，不断提高用户技术服务的能力和解决问题的速度，赢得了用户满意，形成核心竞争优势。

（3）苛己厚彼。宝钢从建厂以来，就遵照陈云同志的指示：严格苛求。20 世纪 90 年代初，宝钢发生过"3 亿元买信誉"的事，为了确保合同执行率，宁可全年少收入 3 亿元，但也由此赢得了信誉。在国内市场供不应求的情况下，宝钢坚持每年 10% 的比例出口钢材，而且要找最挑剔的用户。宝钢初期产品出口就是瞄准日本，一些在国内不成问题的钢材到日本后就是通不过，但正是经历了这样的严要求，促进了宝钢各方面工作的改进，提升了宝钢产品的档次，苦头转化为甜头。去年，宝钢又率先满足了船厂"整船订货，分段交货"的要求，就是在船板的供应上，按照船体不同段位所需要的品种、规格堆垛集批，集批完一个段位发运一个段位。像外高桥船厂承建的 30 万吨海上浮式生产储油轮的船体被分割成 280 个段位，每段都有多种材质、至少几十种规格，多则上百种，这对钢厂的生产组织和仓储物流都提出了极为苛刻的要求。宝钢为此成立了由有关分厂和职能部门组成的厚板出厂物流推进小组，从管理上寻找突破口。目前，在宝钢供应国内出厂的船板中约 70% 采用了这种"分段交货"的模式。外高桥船厂的材料利用率从过去的 85% 左右提高到现在 92% 的世界一流水平；由于工作效率大大提高，配板、仓储等工序的人员精减了一半，还降低船厂库存、提高资金周转、缩短造船周期。

提高服务水平，强化服务意识，不仅是对宝钢公司的客户，在宝钢内部也大力开展

“用户满意”活动，使职工的服务意识大大提高。有的单位由原来的单项服务延伸为多项服务，一般服务提升到承诺制服务，定时服务转变为24小时跟踪保驾服务；有的还加强对用户需求的前期跟踪，制定“为用户创造价值”的具体措施，还把曾经发生的用户投诉事件编成《用户投诉案例》，组织员工反思、分析、讨论，从中吸取教训，制定出一套“量体裁衣式”的跟踪配套服务，提出“不仅要使用户满意，更要使用户感动”的特色服务。

二、把群众性创新纳入管理范畴

宝钢建厂之初，邓小平同志就曾题词勉励：“掌握新技术，要善于学习，更要善于创新。”20多年来，历届领导正是遵循这一教导，坚持走学习创新之路，基层自主管理成果层出不穷。特别是近几年来，在贯彻科学发展观的进程中，明确提出，要以技术创新带动竞争力的提高，把自主创新，作为可持续发展的“发动机”，在实践中取得了巨大成就。不仅在新品开发上，成为我国钢铁业的领头羊，而且到2006年底止，已有200多项自主集成装备及技术成功地输出到国内外钢铁企业。

特别可喜的是，群众性的创新活动如火如荼，成果层出不穷，仅在2006年，宝钢专利申请量就达821件，其中发明专利271件；授权量403件，其中发明专利65件；在这些申请专利中，一线员工占50%左右，并有6位一线员工获得“上海市工人发明家”称号。宝钢分公司拥有10项以上专利的一线工人就有46人，率先荣获“上海工人发明家”称号的孔利民更是高达六七十项，宝钢还先后有70多件（次）专利技术在国内外发明博览会上摘金夺银。不仅数量多，质量也有明显提升。2006年和2007年，宝钢连续两年，以工人技师领衔的项目获得国家科技进步二等奖，这无论在冶金系统还是全国工业系统都是独一无二的。

对宝钢的创新成果，业界多投以钦佩的目光。有人认为，这主要是宝钢装备先进，人员素质高。当然，这些确实是宝钢的优势所在，但值得重视的是宝钢一线员工中的一批创新型的领军人物，其初始学历都并不高。他们成功的经验可以归结为“三个一样”：都有一样的习惯，把“持之以恒的学习”放在第一位；都有一样的脾气：敢啃硬骨头；都有一样的舞台：一线生产岗位，“岗位就是我们创新的舞台”。获得国家科技进步二等奖的炼铁厂高级技师韩明明参加工作时是初中文凭，至今最高学历仍是高中，但他对电气、计算机、光学、力学、材料、通讯、输送等知识都有相当的造诣，并能自如地阅读英语、日语专业杂志。像孔利民20世纪80年代进宝钢时，只是一个汽车修理的电瓶工，但他一直坚持参加教培中心组织的学习，经过多年锲而不舍的努力，孔利明共获得了15张不同专业的毕（结）业证书，成了上海职务发明第一人。他30岁学英语，40岁学打字，50岁学计算机，现在对宝钢各类设备的革新上，都作出了杰出的贡献。另一位获得国家科技进步二等奖的热轧厂的高级技师王军，进厂时是中专文化，经过8年的业余学习，先后取得了大专和大本的毕业证书；他还不断提升岗位技能，主动要求参加热轧厂举办的区域工培训，成为热轧厂首批拥有多个岗位操作证书的区域工，以后又顺利通过了钳工高级技师资格考试。正是这种好学不倦的学习精神，使他们不仅成为知识型的员工，而且还是创新型的先驱者。

当然，他们的成长也同宝钢各级领导重视建设学习型企业，重视对人才的培养，以及宝钢整体的浓厚的学习、创新氛围密不可分的。宝钢分公司每年有近50%的员工自觉地利用业余时间参加各类培训，年人均接受不含学历教育在内的培训在80个小时左右，接近世界优秀企业水平；员工平均受教育年限超过14.2年，生产操作岗位员工人均拥有国家鉴定的岗位证书2.5张，高级工及以上比例超过半数。在作业长培训中，实施“4+1”培训模式，即管理新概念、技术创新思维、技能拓宽、前沿技术等4个单元的研修和1篇技术论文，使作业长不断更新知识，开拓视野，更好地总结实际经验加以提升，形成专利和技术秘密。一些基层厂经常组织技能专家和高级工程师，对基层员工的科技创新活动进行手把手的指导，帮助整理和提炼一线员工提出的合理化建议。2005年，热轧厂每3项技术秘密有两项来自合理化建议；每两项专利中有1项是从合理化建议中提炼出来的。有的单位还要求高级工以上的技能人员每年必须开展一项课题攻关，把压力转化为动力，促使他们更好地发挥自己的潜能。

虽说宝钢人才济济，但各级领导对新人的培养还是不遗余力。从2005年起，炼钢厂、热轧厂等为每位新进厂的大学毕业生开“小灶”，推出了“三导师联合培养制”，为他们配备技能导师、技术导师和成长导师各一位，帮助他们尽快成长。取得了很好的效果。热轧厂确定代表成品形象的12项精度指标，其中一半新纪录的创造者是进厂7~18个月的员工。

在推动群众性的创新活动中，很多基层单位的“发明创新协会”起到了很好的作用。协会成员必须是创新骨干，90%的会员是一线操作维护人员，很多成员同时又是“孔利明式技术创新小组”的组长。这样就搭建起了“金字塔”结构，以点带面，营造全员创新的浓厚氛围。协会围绕创新活动，开展经验交流，举办多项培训，督促和跟进会员创新项目的具体落实，也促进了成员间的信息共享。2006年，宝钢分公司孔利民式技术创新小组已发展到354个，成员多达3880人。热轧厂共有孔利明式科技创新小组26个，创新骨干185人，2006年全年产生专利24项，其中发明专利9项，技术秘密63项。

正是这些群众性的科技创新活动的蓬勃开展，形成浓厚的氛围，极大地提高了一线员工的创造力，全面提升了广大员工的素质，也推动了宝钢高层次科技创新的深化。

三、大力加强团队建设

近几年来，宝钢竞争力不断得到加强，一个重要原因就是依靠团队取胜，依靠协同取胜。宝钢不仅较早地通过同上下游企业组成“供应链”和“产业链”来增强自己的竞争力；同时更要求企业内部各个环节紧密相连，协同作战。他们深知，现代企业分工越来越细，这就需要加速培养各方面的专才。但是，真正要发挥各类专才的作用，还必须通过协作，将这些资源整合起来，形成合力。因为，一个企业中每个个体能力最强并不等同于整个企业能力的最强。在有些情况下，n个1相加不一定等于n，更不一定会大于n，甚至还会小于n。只有树立协同意识，克服各自为政、相互推诿扯皮的思想和行为，建立密切协同关系，做到流程服从，使每个人和相关单位都能够协同起来，合作起来，形成最大的合力，才能取得高效率，产生最大效益，才能促进企业又好又快发展，从而不断提高企业核心竞争力。

（1）树立协同意识，不断强化沟通能力。多年来，宝钢在这方面做了大量工作，总结推广了不少行之有效的好经验。在2007年底召开的宝钢第三次党代会上，党委书记刘国胜进一步从文化的高度提出“要强化协同意识，发挥协同效应。协同是对现代企业及其员工提出的不同于小生产者的文化要求；服从流程，崇尚协同是必须遵循的内部工作规范。”他们认为，树立协同意识，实质上就是要摆正本单位和全局的关系，正确对待部门利益与整体利益，真正在思想上确立起效率优先的观念，把各自部门的目标统一到宝钢的整体战略上来。而要确保协同意识的强化，还必须加强各单位之间的沟通。实践证明，大多数冲突和误解的根源在于缺乏沟通，而沟通就是保持齿轮啮合并顺利旋转的润滑剂。提高沟通能力，既要转变观念，开展文化方面的培育，还要创新工作方式，建立各种有效机制，从而形成真正的管理合力。

（2）建立横向协作的机制，推进基层横向协作。在宝钢，很多生产厂内部上工序和下工序、生产方和设备方之间，基层单位与职能部门之间；不同生产厂基层作业区之间，都签订了横向合作协议书。像炼铁厂不仅与能源部、炼钢厂、电厂、化工公司等单位建立了稳定的横向协作，而且根据需要成立跨部门课题组，如高炉运转作业区与能源部高炉鼓风作业区联手开展“降低高炉鼓风机空转时间”的课题，进行联合攻关。对那些双方关系都很密切的工作，两个作业区推进了“无界面”管理，过去强调分工明确，各种各的“责任田”，彼此缺乏必要的沟通，常常造成衔接不畅；各自为政，各执己见，界面问题常常成为影响产线效益最大化的绊脚石。现在及时沟通信息，通报有关情况，适当参加对方活动，密切了双方管理者之间、班组之间、职工之间、工序之间的联系，各条产线形成了“接口问题跨前一步，主动服务更进一步，无缝协作不断进步”的良好氛围，使有界面的分工变成了无界面的合作，取得明显效果，一些管理难题就是通过这样的协作得到了妥善解决。实践证明了管理学家提出的：管理就是决策，决策需要执行，决策和执行都离不开沟通，沟通也是生产力。沟通，激发员工的工作热情；沟通，形成管理合力；沟通，营造和谐环境。

（3）组建虚拟团队。宝钢十分重视虚拟团队的作用。这种团队，是为了一个共同的目标，跨越原有的组织和机构而组建的。它不是一种固定的组织，但对发挥各类人员的积极性，挖掘他们的潜力，提高队伍素质，解决各类实际问题起到很好的作用。这种团队，大体有3类情况：一类是为开发新品组建的产销研一体化团队，本着“目标共同，责任共担，信息共享，荣誉共有”的原则，先后组建了汽车用钢组、镀锡板组、电工钢组、家电用钢组、彩涂板组、管线钢组等十几个产学研一体化小组。第二类是跨越部门界限，组建专业性的虚拟团队，如有的厂在设备维护领域组建了自动化、传动、液压、喷印机等四大专业的虚拟团队。平时，大家定期针对案例或专业选题，开展技术交流，并请外部专家授课。“战”时，团队成员迅速集结，针对设备故障展开讨论，积极寻求解决办法，及时总结经验。第三类是跨专业组成的团队。过去，电厂大多采取“谁管辖谁负责”的运作机制，由于专业分工的限制，使故障检修出现“头痛医头、脚痛医脚”的状况，推诿现象也时有发生。团队建立后，以“提高设备稳定性，减少设备故障停机”的目标，并打破专业界限，从设备车间、发电分厂等相关部门和单位集中技术骨干，通过跨部门、跨区域、跨专业等团队的组建，相互取长补短，拓宽了技术人员的知识面，扩展了思考问题的广度和深度，实现了知识和信息共享，在相互的融合中，体现的是视野的拓宽，是力量的汇聚。

实施一年来，缩短了停机时间，提高了故障检修效率，收到了比预期更好的效果。长期的实践，使他们深切地体会到：团队是攻克难关的突击队，团队是科技创新的孵化器，团队是培养人才的摇篮。

当然，宝钢管理上的变化，并不仅限于此。比如，在六西格玛精益运营方面，也有突出的成果。本文只是就我感受较深的写了几点。特别要提出的是，近几年，宝钢在信息管理上有了极大进展，没有这方面的技术支撑，很多管理成果就难以巩固和发展。但由于本人知识的局限性，只能暂付阙如，有待行家深入总结。

新中国60年大庆话钢铁[1]

60年，在中国干支纪年中称为一个甲子，此后又开始新的一轮。现在，新中国也走过了一个甲子。这60年，神州大地可以说是发生了一场翻天覆地、惊天动地的变化。我有幸亲身经历了这一巨大变革，忆往昔峥嵘岁月，禁不住心潮澎湃！

1949年，新中国成立的那年，我还是清华大学电机系的二年级学生，怀着极大的自豪感参加了开国典礼。从此，中国人民豪迈地站起来了。不到3年时光，我作为华北地区的毕业生代表，同华东地区的毕业生代表李岚清在东北人民政府的欢迎大会上致答词，在伟大祖国实施第一个五年计划前，光荣地成为东北工业部的一名工作人员。此后，各大区政府撤销，我又回到北京，转入中央重工业部；1956年，重工业部一分为三，我留在冶金工业部。因此，这一甲子，我始终是冶金战线的一员。虽然，前30年基本上还是在边缘行走（在部里的教育司），后十几年也因离休而远离决策中心，但却始终没有同冶金企业隔绝，冶金情结一直盘桓在心头。

2008年，我国钢产量突破5亿吨，超过了排名第二到第八的美国、日本等7国钢产量的总和！这一数字在10年前，世界上绝对没有任何人能作出这样的预测，哪怕是最富有远见的预测家；即使有人敢于如此预测，恐怕不是被认为神经有毛病，就会看作是在“白日做梦”。但是，新中国做到了，成为名副其实的钢铁大国了，在国际钢铁俱乐部中，中国已经具有不可动摇的地位了。作为冶金战线的一名老兵，能不为此感到自豪吗？

60年对冶金行业发展的感受，很难在一篇短文里畅叙。于是，想到能不能按照每十年大庆的年头，看看其中有哪些特点，甚至规律性的东西。于是，我就从20世纪70年代末改革开放以后的30周年大庆——1979年开始。

1979年，对冶金工业来讲，这是悲喜交集的一年。就是在上一年，冶金行业经历了扬眉吐气的一年。那一年全国钢产量达到3178万吨，一年增加了800多万吨，其增长幅度是中国钢铁史上前所未有的，钢铁战线几百万职工彻底从“三打两千六”的阴影中解脱出来，士气大振。党中央、国务院为此在人民大会堂举行庆祝大会，华国锋同志讲了话，邓小平也参加了。但是，正当冶金战线广大职工意气风发、厉兵秣马，准备进一步大干快上时，传来了中央政治局会议以及此后的中央工作会议的精神。3月份，陈云同志在中央政治局会议上发言提出：“今年钢不提3600万吨，也不提3400万吨，提出3200万到3300万吨。”还批评冶金工业部“一是把问题看简单了，二是看孤立了。……搞那么大的建设规模，那么高的速度，别的工业配合不上。”接着在4月份召开的中央工作会议上，李先念同志发言中分析了多年来造成的国民经济的重大比例失调问题，强调指出：“轻工生产所需要的煤、电和原材料要优先保证，在这个前提下再安排钢铁等重工业的生产……钢铁

[1] 此文是新中国成立60周年时，冶金离退休干部局组织纪念专栏而作。发表在2009年31期《冶金经济内参》，题目改为“从历史的角度看钢铁工业的规模扩张”。前几段删去了，但也没有点出“四个大庆年”的特点。

生产不仅不能挤轻工业，而且要为轻工业让点路”。那一年，主管生产的张益民副部长，每天一上班看头天的生产日报时，心情异常复杂。以前看到企业超产就高兴，现在一看到红字（超产），就得让值班室工作人员告知有关企业，不准超产。后来他同我谈起当时的心情，说自己是含着眼泪下达这一命令的。尽管如此，这一年的钢产量还是达到3448万吨。

1989年，这一年我国钢产量达到6158万吨，较上年增长3.6%，成为继美国、苏联、日本以后第4个年产钢超过6000万吨的国家。不少主流媒体纷纷发表评论，有的称之为“中华振兴史上的丰碑”，有的则称颂“钢铁工业是社会主义建设的脊梁”。这些年，不少钢铁企业坚持改革开放，稳步推行多种形式的承包经营责任制，经济效益取得明显增长，技术改造也使钢铁企业装备水平不断提高。但对冶金工业来说，当年的经济环境相当严峻，煤、电、运、资金十分紧张，生产组织遇到严重困难，出现了增产减效的情况，钢产量虽然比上年增长3.6%，但利润同比却下降4.2%，从105.4亿元下降到101亿元。

1999年，这是一个限产年。限产是为了保价，是为了更好的经济效益。鉴于近几年钢铁工业数量增长过快，不少品种严重过剩，经济效益严重下降，国家要求控制总量，减量保价，要求“钢产量在1998年1.1459亿吨的基础上减产10%，吨材价格上升50元，全行业实现利润50亿元”。当时，限产成了国家冶金局的中心任务，局领导分头下到各片，进行督战。但实际上限产的结果是“限大放小，限国（企）放民（企），限内放外”，重点大中型钢铁企业的产量基本上得到控制，但地方中小和民营企业却逆风飞扬，特别是民营企业乘虚而入，新建、扩建的层出不穷；当年要求进口钢材严格控制在700万吨以内，实际进口1400万吨，翻了一番。结果全年钢产量不降反升，达到1.2426亿吨，增长7.5%，全年实现利润只有25.39亿元。为此，当时的国家冶金局局长还受到国家经贸委领导的严厉批评。

2009年，这一年钢铁的发展形势又使人感到迷茫。是又一个“限产年”，还是又一个高速增长年？2008年钢产量虽然历史性地突破5亿吨，但从下半年起，受国际金融危机的影响，增速放缓，甚至呈现负增长。2009年2月中旬，在中钢协的理事扩大会议上，中钢协领导基于对国内外钢材市场需求的调查分析，预测全年钢产量要比上年大幅度下降，估计在4.3亿~4.6亿吨。但实际上，当年一季度，钢产量同比增长1.4%，4月份，增速更快。为此，国家工信部下发了《关于遏制钢铁行业产量过快增长的紧急通报》，要求钢铁企业能按照市场需求来组织生产，防止盲目扩张。但通报下发后，不仅没有遏制钢的增长势头，而且又出现新的高潮。上半年钢产量达到2.6658万吨，其中6月份，粗钢产量首次超过5000万吨，创历史新高，相当于全年产钢6亿吨。这又是完全出乎人们意料。下半年的走势如何，使人感到扑朔离迷。

这样一摆，自己也感到有些吃惊。虽然在这一个甲子中，特别是后30年，钢铁工业发展势头很好，产量大增；产品结构、地区结构也在逐步调整；主体装备达到世界先讲水平的产能至少有2亿吨，超过其他任何一个产钢大国；连续几年钢铁产品出大于进，一度成为世界钢铁出口大国。但在几个大庆年间，钢铁工业都不那么顺利，几乎每十年都来一个限产、压产，历经多次轮回。这是必然的规律呢，还是由于我们违背了事物发展的规律而导致的结果呢？这里有的固然有国际大环境的影响（比如这一次的限产），但也不能否认我们自己工作中的失误。恩格斯说：“伟大的阶级，正如伟大的民族一样，无论从哪方面学习都不如从自己所犯的错误中学习来得快。”几次限产，成效如何？问题在哪？一次次的限产，一次次的突破。至今未见有关部门总结经验教训，有所交代。我们既然不知道错误在哪里，甚至从不承认犯过错误？又怎样能够沿着正确的方向继续前进呢？

几次限产却都超产，是宏观调控不符合实际，还是企业行为干扰大局？如果说1999年那次限产，还带来了库存增长，而近几年的超产却基本上没有形成积压，这些钢材用到哪里去了？特别是今年，至今终端需求尚未恢复，为什么钢产量却如此猛涨？是在不需要用钢材的地方也用了钢材，造成浪费，还是确有需求？大规模扩张，为什么没有带来相应的规模效益？是因为产量供过于求，受价值规律的支配，导致在工业领域里出现“谷贱伤农”现象？究竟我们是要追求规模，还是要着眼于效益？

淘汰落后，方向当然正确。国内外企业，概莫能外。但国外主要是通过经常性的改造、革新，使落后装备不断提升其新价值。国内却总是运动式的，过几年再来一次。从1989年国家颁布第一个产业政策后，大张旗鼓地提出淘汰落后已经3次了，为什么一而再、再而三？而且落后的数量越来越大。按中钢协的说法，落后产能（含不符合产业政策的）至少超过2亿吨。这些落后产能主要是在21世纪建起来的。为什么宏观调控就不能从源头上进行控制？为什么不在计划生育上下工夫，而非得要孩子出生后再把他们扼杀？

淘汰落后，也有个思路问题。现在基本上是以新建现代化、大型化的企业来迫使落后产能退出。实际上所谓落后产能，也有其相对性。现在的所谓“落后产能”，大多数已同10年前的不可同日而语了，其中不少是应该可以通过改造，逐步提升其档次的。究竟是走“新建一批、淘汰一批”，把领导精力主要放在数量的扩张上，持续不断地走扩大外延之路；还是立足原有基础，把工夫下在研发和市场开发上，建立起具有自主知识产权的软硬件，实现经济增长方式的转变，从而加快实现从钢铁大国向钢铁强国的转变呢？

结构调整，也包括地区布局结构。现在钢铁企业都要向沿海转移，这当然对降低运输成本大有好处，对进出口贸易有利，但我国可供建设重工业基地的深水港也很有限，为什么都要在我们这一代将它开发殆尽，不给后人留下一些土地遗产，而非要让后人也在淘汰落后的旗帜下，对现在新建的企业再进行关停拆建呢？

新的一个甲子又将开始，前事不忘，后事之师。英特尔公司的创始人格鲁夫曾说过：“要想预见今后10年会发生什么，就要回顾过去10年中发生的事情。”让我们一起来认真总结经验教训，在科学发展观的指引下，迎接新挑战，应对世界金融危机，着力转变经济发展方式，提高经济增长的质量和效益，使钢铁工业实现平稳较快可持续发展，为全面建设小康社会作出更大的贡献！

对产能过剩的几点思考[1]

——参加国际钢铁大会有感

在刚刚闭幕的第六届中国国际钢铁大会上，一些国内外钢铁界的知名人士和经济界的学者们在“回顾与展望”的专题下，对中国钢铁业的当前形势，各抒己见，提出了很多颇有见地的建言。对中国钢铁业近些年的飞速发展，国际钢铁界人士无不表示了钦佩之情，国内各界人士则充满自豪之感，毕竟在全球经济仍受世界金融危机消极影响的情况下，我国钢产量在2009年达到了前所未有的高峰——5.678亿吨，相当于世界钢产量排名第二到第二十位的总和，占全球钢产量的比重达到42.78%！但在很多嘉宾的发言中，也流露出对中国钢铁业的今后发展的担忧之情，其中一个重要问题就是产能过剩。

一、对“产能过剩”问题的不同声音

几位国际钢协和国外知名钢铁企业的领导在发言中，都提到了中国钢铁业产能过剩的问题，建议“要消除过剩及低效产能”。国内钢铁界，以宝钢董事长徐乐江为代表在发言中，明确指出：“今天的中国钢铁产业面临着当年欧美钢铁产业相同的困局——产能出现严重过剩。”但是不能否认，在会上，也有另一种声音，就是认为中国钢铁工业当前并不存在产能过剩问题。

归纳这一观点的理由：

一是市场经济就是过剩经济。只有过剩，才能更好地促进竞争，增强企业的活力。一般来说，只要产量不低于产能的85%，就不能认为是过剩。目前，中国钢铁工业的综合产能虽然超过了7亿吨，但今年的产量也将超过6亿吨，属于正常状况。

二是虽然存在产能过剩现象，但只是结构性过剩，并不存在整体性过剩问题。

三是目前的过剩只是阶段性过剩。从长远来看，钢铁产能还存在着相当的发展空间。无论从钢铁蓄积量来说，还是从人均钢消费量来说，比发达国家都还有相当差距。

四是即使中国钢材消费量达到峰值，但世界钢材消费量还会增长，特别是发展中国家对钢材的需求量还在不断增长，我们可以进一步扩大国际市场来解决国内产能过剩问题。

值得注意的是，这一观点尽管在大会发言中是少数，但却是国务院经济发展研究中心的领导人，因此其影响不可忽视。这也提示人们，虽然国务院一再强调，并多次发布相关政策，加强对钢铁产业等部门产能过剩的宏观调控，但进展缓慢，收效不大，这是否同高层次上认识不统一有关。

何谓结构性过剩？也就是说，并不存在整体性过剩，而是在某些局部环节上出现过剩。比如，过剩的只是那些应该淘汰的落后产能，所以只要把这些落后产能淘汰了，就不

---

[1] 原载于2010年第4期《冶金经济与管理》。

存在过剩问题了；又如，过剩的只是某些品种。但实际上，目前的产能过剩绝不仅仅限于落后产能，也不是少数品种。现在产能过剩最为严重的，恰恰是以连轧板卷机为代表的“先进产能”。这都是近几年一些大型钢铁企业兴建的，而现在正在积极准备新建的钢铁厂，恰恰还是这些板带企业。据中钢协的调查，近两年先进板材轧机的能力就超过需求五六千万吨。长期以来，为板管比低下而困扰的中国钢铁工业现在却反因先进板管产能的快速增长而挠头。

我们不否认我国钢铁产业还存在一定的增长空间。但光从人均钢产量及消费量来对比，其实意义不大。拿2009年钢产量排名前10位的国家来说，人均钢产量超过中国的只有日本、韩国和乌克兰，美国近几年都还赶不上中国了。当然，发达国家钢的蓄积量是要比中国大得多，美国的资源消耗总体上更是中国不可比拟的。有的研究报告指出：如果全世界都像美国那样消耗资源的话，那就需要5个地球才能承担全人类的消耗量。这显然是不现实的。因此，这些数字可以作为一个参考，不能也不必攀比。

还要看到，我国钢铁工业数量增长，还受到严酷的资源约束。在近70%的铁矿石资源依赖进口、甚至煤炭也开始进口的情况下，在我国钢铁业二氧化碳排放占我国总排放量12%的情况下（据有关的统计数据显示，全球钢铁工业排放的二氧化碳占人类总排放量的5%，我国的这一比重要超过全球平均一倍以上），我们有没有必要在承受高价原材料价格、承担严重污染后果，在利润率极低的情况下去为国际市场提供钢材？更何况近些年发展中国家也在扩大其钢铁产能。我们有必要硬去挤占这些国家的民族工业吗？这样做，无论从经济上，还是政治上，究竟得失利弊如何？值得我们严肃对待。

二、淘汰落后是解决产能过剩的主要途径吗

产能过剩，解决之道何在？现在比较普遍的看法是淘汰落后。早在3年前，也就是2007年3月5日，温家宝总理在十届人大五次会议的政府工作报告中明确指出，在“十一五”期间，要“淘汰落后炼铁产能1亿吨，落后炼钢产能5500万吨，今年力争分别淘汰3000万吨和3500万吨”。现在是“十一五”的最后一年了，看来这一目标是完不成了。

为什么淘汰落后就这么艰难？首先还是认识不一。什么叫落后？

现在的概念就是以设备的大小为标准。应该承认，在钢铁业，无论从产品品种质量，还是节能降耗减排，大型装备就是比小型装备指标先进。但既然中国还是发展中国家，各地经济发展不平衡，有没有必要一刀切？西部地区整体落后，单独钢铁工业淘汰落后，也不现实。只要产品质量、环保符合国家标准，企业又有利润可得，就可以网开一面，给他们一个缓冲期，促使他们搞好改造，特别是要抓紧治理污染，这涉及当地居民生命健康的大事，一点不能放松。其实，中国落后的产能远去了，我们不可能一步登天，在短时间解决所有问题。大家知道，我国耗水大户是农业，农业灌溉效率极低，很多地方还是漫灌，即使是喷灌，比起滴灌来，效率也差得多。但我们不可能在现阶段普遍推行滴管技术，凡事总得有个过程。

按照现在的做法，是越淘汰，产能越增长。因为，属于要淘汰的这些企业，尽管在行业里属于小字辈，但往往是当地的支柱企业，地方财政来源的大户。因此，地方政府一般不会采取关停的措施，有些地方政府更是借着淘汰落后的名义，不顾企业周边环境及企业自身条件，以改造之名行新建之实，趁机大力扩张现有企业规模。先是以大代小，400立

方米级的高炉、30吨的转炉要淘汰，1000立方米以下的高炉、100公称吨以下的转炉也已进入“黑名单”，那就索性上2000立方米级高炉、100公称吨以上的转炉。单座高炉生产肯定不行，至少上2个炉子，产能就一下子就提到400万吨了。于是轧机又不配套了，结果是等于新建。规模大了，只生产长材又不合适了，于是又在结构调整的名义下，增加了板材生产线，在解决原有的结构性矛盾的同时，既大大扩张了产能，又产生了新的结构性矛盾，按下葫芦浮起瓢。总体来说，更扩大了产能过剩的矛盾。

还有地区性矛盾。我国原有钢铁企业布局存在很多不合理现象，大部分重点钢铁企业都分布在直辖市和省会城市，现在由于城市环保的严格要求，以及解决物流畅通合理、降低成本、提高效益的问题，一些企业要向沿海搬迁。这样布局合理了，但原有的基地又很难一下子被替代，因此布局的调整又是规模扩张的诱因之一。

解决产能过剩的另一条途径，就是兼并重组。通过兼并，淘汰落后产能，这在国际上是比较通行，也是行之有效的一个举措。但目前很多地方政府和企业所以乐于兼并重组，其目的主要还是在扩张规模，尽快进入千万吨级以上、甚至五六千万吨级以致亿吨级企业，特别是跨省区的兼并，不管被重组企业有无主客观条件，当地政府几乎无不以对原有企业规模扩张作为对重组方的要求。至今，还很少看到钢铁企业通过兼并重组压缩规模的。

三、多头并进，解决产能过剩

综上所述，要解决钢铁工业产能过剩问题，既要坚定不移地淘汰那些规模小、装备差、质量低、资源消耗大、污染严重的落后企业。同时，更要关注对落后工艺和落后产品的淘汰。但现在对后者显然重视不够。比如，现在发达国家基本上都已经不使用Ⅱ级螺纹钢，但我国生产的Ⅱ级螺纹钢却还占螺纹钢总量的60%左右，如果都改换为Ⅲ级螺纹钢，按目前的螺纹钢产量，每年可节约钢材千万吨，这在技术上是毫无问题的。又如在线材制品上，如大力推广使用PC棒、钢丝和钢绞线，即使增加使用量20%～40%，至少可减少线材消费量600万～1200万吨。两者合计一年可减少长材使用量近2000万吨。也就是说，在现有基础上，减产2000万吨钢，毫不影响到用户的使用。相反，还提高了钢材的使用寿命。这些事，在现有条件下，完全可以做到的。但却是步履维艰，这需要国家各部门通力配合，诸如在设计规范等方面作出硬性规定。如果因此而减少2000万吨钢，其节省的能源要比1亿吨小高炉所增加的能耗（相对于大高炉而言）还大。为什么不在这方面多花些力气呢？

当前，更重要的还是要严格控制新增产能，控制地方政府及有关企业对规模扩张的冲动。在GDP挂帅的情况下，作为影响地方GDP的重要支柱行业，钢铁工业必然会受到地方政府的高度重视，竞相扩大其产能。虽然，国务院曾经规定：“新增生产能力的炼铁、炼钢、轧钢项目由国务院主管部门核准”。但何谓新建生产能力？并无规范的解释。因此，很多地方政府一直在打擦边球，以技术改造为名，行新建产能之实；并采取“化整为零”的手法，自行审批，根本不经过国务院主管部门。因此，这一规定，除了对少数几家央企外，究竟有多大约束力？前几年发生的“铁本”事件，实际上是在一再被复制，但是却再没听到哪些责任人受惩处。即使是铁本的老板，最终定罪却是“偷漏税”！因此，还有谁会再理睬那些“禁令”？必须改变禁而不止，令出不行的状况，只要真正认真落实这些规定，对违规违纪的案件抓住典型，认真作出处理，而不是在“下不为例”的名义下，纵容地方政府和企业“一犯再犯”，问题是可以得到解决的。

工信部李毅中部长曾经表示：三年不建新厂。这是符合国务院精神的正确决策，这原则上还应包括不上新的生产线。这样做，会不会影响到我国钢铁工业的国际竞争力？我的回答是否定的。因为，经过这几年的大规模新建和脱胎换骨式的改造，我国钢铁工业的先进产能，工艺技术装备居于世界前列的至少已相当于美、日两国之和。可以说，我国钢铁工业的硬件，总体上已经居于世界前列。现在的问题是如何提高软实力，用好这些先进装备，更好地发挥这些先进产能的作用，这主要是靠提高队伍素质，进行技术创新，强化企业管理；如果在这些方面不能取得突破性进展，而是继续投入大量资金，再建设若干装备先进的企业，那只不过是多了几个同质化的企业，不会有质的变化。至于地区布局的调整，是完全必要的，但在产能过剩、而且先进技术装备已经占很大比例的情况下，也不必急于在沿海地区建设新厂。与其集中在同一时间，在沿海建设众多新的钢铁基地；不如有计划、分阶段地进行，使其能更好地采用各个时期的新工艺技术、新装备，更好地起到领头羊作用。

对企业来讲，现阶段要把工作重点放在转变发展方式上来，在适应市场、开拓市场、调整结构、提高品质、节能减排，以及提高队伍素质上下工夫。把精力更多地放在提高软实力上，用在强化研发和市场开发上来，放在品种质量、节能减排、提高效益上来，这些工作，要比扩大产能困难得多。但只有在这方面取得突破性的进展，我国才能由钢铁大国向钢铁强国转化。

从文化视角看对标挖潜❶

对标挖潜，国际上早有先例。在国内，就我所知，在20世纪90年代，冶金行业就开风气之先，在工业系统最早进行对标挖潜活动。在冶金行业，则是从唐钢开始的。1995年，王天义奉调自邯钢到唐钢任总经理。当时，钢铁行业正处于不景气的状况，全行业利润急剧下降，相当一批企业由盈转亏，唐钢也是增产减效，形势十分严峻。对比当时的邯钢，由于采取了“模拟市场核算，实行成本否决”，降本增效取得明显成效。那时两家的钢产量都是200万吨稍多一些，年销售收入都是45亿元略多一些，但唐钢的年利润只有2.16亿元，而邯钢却超过了7亿元，是唐钢的3倍多。鲜明的对比，强烈的反差，引起王天义的深入思考，如何找出自己的差距，有针对性地学习兄弟企业的长处，努力降本增效，提高唐钢的市场竞争力，是摆在唐钢全体员工面前的一项紧迫而严峻的任务。于是，从1996年起，一场“对标挖潜”活动就在唐钢轰轰烈烈又扎扎实实地开展起来了。

2007年，我曾到唐钢，重点调查了对标挖潜情况。感到唐钢10年对标路，取得了显著的成效。仅“九五”以来，通过对标累计取得直接经济效益19.0688亿元，主要技术经济指标和财务指标逐年攀升，企业抗风险能力明显增强。2005年确定的83项重点指标中，14项进入行业前3名，55项达到平均水平之上。虽然，这些进步不能全归之于对标挖潜，但对标挖潜功不可没。王天义对此感受很深，他说：“开展对标挖潜是增强企业竞争力的有效途径，没有坚持不懈地对标挖潜，就没有唐钢今天的成绩。”

其实，对任何一个企业来说，只要存在，就必定在不断挖潜。挖潜是一个企业求生存、谋发展的常态活动。时代在发展，科技在进步，装备等各种条件在改善，因此，挖潜是一个没有止境的持续性的活动。提出对标挖潜，就是要把挖潜活动进一步深化、优化。通过确定一个或几个先进的标杆，找出自己的不足，学习他们的长处，寻求改进之道，力求超越，使自己攀上一个新的高峰。过去所说的“比学赶帮超”，也是这个意思。通过这几年同企业的接触，我对对标挖潜又有一些新的感受。对标挖潜不仅是加强企业管理的一种方法，一种手段，一条途径，更是一种文化。

首先对标挖潜倡导的是一种找差文化。“找差文化”的提法，我最早是从宝钢设备部看到的。他们把对标提到文化的高度。一般来说，对标挖潜，必须要确立所对的标杆。目前，冶金系统的一些企业，都确定了自己的愿景，有的要成为世界一流的行业强企。对这些企业来讲，对标就是要瞄准世界级的顶级企业。这不仅体现在规模上，更主要的是体现在产品质量、市场占有率、企业效益、人员素质以及社会责任等方面。但目前还有一些企业，基本上都是纵向的自我比，极少有横向的同类型国内外企业的对比数据，指标也局限于某些技术经济指标。这当然有其客观原因：信息不畅，产品不一，具体指标可比性不强等。虽然，纵向比也是一种对标方式，但不易找出、找准真正的实质性的差距。在现实情

❶ 原载于2011年第5期《冶金管理》。

况下，即使找不到恰当的具体指标来比，能不能找出实物质量、找出市场售价来比。不仅要看到某些指标的差距，更要找到差距背后的深层次的原因。通过对标挖潜，促进企业全面提高管理水平、技术创新能力和人员素质。

所以讲对标挖潜是一种文化，因为认识不同，观念不同，态度就不同，自然措施就不同，效果也就不同。大体上看，有三种情况：一种是看不到差距。有些企业，自我比，年年有进步，产生盲目自满情绪，即使谈差距，也是轻飘飘的，大而化之；第二种是承认差距，但强调客观；把问题推之于客观，归之于外界因素，不敢或不愿触及自身的问题。当年学邯钢，我曾总结过几种现象：别别扭扭学邯钢，舒舒服服学邯钢，大大咧咧学邯钢，软软绵绵学邯钢。就是只看到人家经过努力后物质条件的优势，而不敢承认自己主观努力的不足。尽管这些企业领导也要在大小会议上强调学邯钢，甚至多次带队学邯钢，但成效微微。第三种是承认落后，不甘心落后，立足于自身，眼睛向内找差距，从自身工作上找原因，在此基础上，采取有针对性的措施，不断改进，取得明显成效。这类企业的员工们，真正从找差距的活动中尝到了甜头，认识到把问题向外推，就等于是剥夺了提高自己素质的机会，削弱了自己解决问题的能力。于是找差就由被动转为主动，从“要我找差距”到“我要找差距”；过去眼睛向外是为了推卸责任；现在眼睛向外则是从系统思考的角度，寻找事物相互之间的联系，从全局的观点来更好地解决自身局部的问题。过去是被动地去解决问题；现在是主动地发现问题，去解决问题；再高层次的则是提出问题，去解决问题。长期的找差、反思，使他们坚信：生产是有规律可循的，问题是可以被认识的，矛盾是可以转化的，失误事故是可以避免的，管理效能是可以提高的。于是，视野越来越宽，素质越来越高，能力越来越强，效果也就越来越显著。他们用找差来推动观念的转变，用找差来提出新目标，用找差来促进持续创新。

二是学习文化。找到了差距，如何缩小差距？差距的形成，有硬件的问题，装备的问题；但当前的情况更多的是，装备等硬件不比人差，甚至号称世界一流，但从产品的质量、企业的效益，却远远达不到一流水平。这就是软件问题，软实力不如人，集中体现在人才素质上。怎样改变这一局面，就是要向创建学习型企业的方向迈进。

一方面，要有计划、有组织地进行培训。这一工作很多企业都在做，如何使其更有针对性，更有实效。如宝钢前几年开展的作业长培训，经过4个月的策划，最后确定4+1的模式（即管理新概念、技术创新思维、技能拓宽、前沿技术等4个单元的研修和1篇技术论文)，使培训工作真正符合企业发展以及人才成长的需要。但更为量大面宽的是结合工作岗位的学习，把学习和工作紧密结合起来，真正实践“学习工作化、工作学习化”。首钢矿业公司提出的三句话：“岗位是最好的课堂，工作是最好的培训，实践是最好的学习”，已经成为首钢的一个理念。工作无处不在，学习也就无处不在。工作中的难点就是学习的重点，创新的亮点。学会在工作中找出差距，发现问题，并以此为导向，有针对性地去学习，达到解决问题，提升自我的目的，这就是最大的学习力。宝钢的一些技能尖子，都是结合岗位不断学习的典型。学习，有的可以较快见效，但更多的是在一种文化氛围的浸润下，长期的积淀，德国工业品的优质就是长期形成的。

创建学习型企业，不只是在业务上求提高，在工作上求创新，还要把做人和做事结合起来，求得人的全面发展。首钢矿业公司、炼铁厂、炼钢厂等好多单位还把文化品格、知识技能、创新思维培训作为创建学习型企业、打造一流队伍的三项基础工程，在全面提高员工素质上下工夫，推动企业各项工作的有效提升。

三是执行文化。为什么一些企业制订的发展战略看上去完美无缺，设备属于世界先进，企业内部规章制度也相当详尽，但效果却并不理想。原因固然很多，但一个重要因素就在于执行上。即使有了好的战略目标，但缺乏严格的执行，再好的战略也会成为一纸空文。“一位经理人的成功，5%在战略，95%在执行。”而战略制订后的执行过程，实际上就是一个个具体细节的严格实施过程。我们同国内外一些先进企业的差距往往差在这些执行的细节上。

前几年，我到贵钢听企业的同志们讲，他们曾到中国台湾地区的一家同类型的特钢企业进行考察。发现双方装备条件基本相近，产品品种规格也都类似。但是贵钢每批产品的质量却不像对方那样高度的一致性，质量的稳定性差了几个百分点。但就是这几个百分点，却硬邦邦地代表了企业的水平。现在人家的产品已是GE指定的供货商，产品的附加值比贵钢高得多，而贵钢当时却进不了国际市场。还有一个厂，设备是从韩国全套引进的，而且由于制造年代晚，要比韩国同类工厂更先进，还聘请了韩国人当厂长，但是劳动生产率却比韩国低不少。究其原因，那位韩国厂长很含蓄地说：中国人做事不到位。就是每个人那么一点点的“不到位”，造成了企业之间巨大的落差。由此可见，执行必须严格，细节不可忽视，细节决定成败。

当然，有些细节上的差距确实有其客观原因。但是，相当大的部分还要从主观工作上找原因。不要以为战略目标提出了，规章制度制定了，下面自然就该执行、会执行。要使每个细节执行得完美无缺，还要在建立相应的企业文化和机制；在人才培训上下大工夫。上面说到的那家台湾特钢厂，为了实施六西格玛，请GE公司进行了3年培训，而我们很多企业对六西格玛却还停留在一般的宣传上。在机制上，不仅要重建立，更要重执行，特别是要进行严格认真的考核。因为一般来讲，人们只会去做你检查的事，你要考核的事，而不是去做你期盼的事。

百分制中，99%当然应该说是非常优秀的。但是，如果有100道前后相连的工序，每道工序得分都是99，那么，100个99%下来，到最后一道的总评分居然只有36%。个体的“优秀”，最终竟然导致整体的“差劣”，可见每个细节作用之大。现在，我们常说六西格玛，这就不是百分比的概念了，而是误差率只允许百万分之3.4。这样的标准，如果没有每个细节的严格把关，是无法实现的。

执行力，绝不是靠强制能形成的，而是要体现在员工的自觉行为和主动的心态上。前几年，首冶同首建合并，在同首建的干部交谈时，都提到首建和首冶最大的差距是首冶人有激情。什么是激情？激情就是为了实现一个宏伟的目标愿意献出自己聪明才智的一种心态，是为了追求卓越而奋力拼搏的一种行为，是力求改变现状而不断自我超越的一种情感。有了激情，可以安于平凡，但却不能容忍平庸，他们在平凡的工作中，以顽强的执行力，作出不平凡的业绩，实现自我超越。

由此可见，提升执行力，首先还是一个观念的转变问题，特别是领导观念的更新问题，执行是战略一个内在组成部分；执行是组织文化的核心元素。要把执行力提高到文化层面上来对待，使执行成为广大员工的自觉行动。

四是协同文化，也可以说是整合文化。协同文化，就是把各种资源进行有效的整合，达到总体效益的最佳化。实质上就是要摆正本单位和全局的关系，正确对待部门利益与整体利益，把各自部门的目标统一到企业的整体战略上来。由于在市场经济条件下，各个单位都有其自身的利益所在，如果没有共同的文化意识，以及相应的激励和约束机制，再好的理念也会落空，得不到应有的效果。有的企业，提出了“协同经营”的理念，但在实际运作过程中，却受各自利益的驱动，没能达到应有的效果。

所以，在对标挖潜中，必须要重视系统性。固然，各个部门、各个单位都要结合自己的实际情况，进行对标活动，但单项指标的先进不等于总体效益的优化，若干个单项冠军不等于团体冠军。指标的细化必须要同系统优化相结合。南钢高线厂同我谈，他们到巴登钢厂学习，都特别强烈地感受到巴登员工的团队精神。每个人不仅能自觉地做好本职工作，而且积极地为别人工作创造好条件。巴登专家到南钢调查，几乎每个专家提出的第一个问题，就是同被调查的单位和员工同上下左右的关系。首钢炼铁厂的成就同团队精神分不开。2 座高炉超期服役，但指标一流，这同他们发扬协作精神分不开。过去，“七分原料，三分操作”往往成为炼铁厂推卸自身责任的经常性的借口，高炉运行不顺，立即归之于原料供应部门。现在，他们把抓精料的工作重点转向“打外围”，抓好料场、倒运、储存、供料、筛分各个环节，关口前移、触角延伸，精心平衡，严格把关，反应迅敏，真正实现了从源头抓精料管理，从而为高炉稳定顺行创造了良好的条件。

中国文化不大重视集体的力量，所谓“三个和尚没水吃”；又说是“麻将文化”，盯住上家，卡住下家；还有说是“象棋文化”，做蹩腿的马。我们要赶超先进，就要破除这些不适应时代发展的陈腐观念和思维模式，大力倡导协同文化。在外部，要发挥产业链的作用；在内部，要形成一股绳的团队精神，起到 $1+1>2$ 的作用。

第五，创新文化。我们要赶超先进，后来居上，必须走创新之路。特别是当前，我们面临的形势十分严峻。当你还是一个弱国、弱企的时候，双方的地位就像小学生和大学生那样，对方可以毫无顾虑地向你公开“技术秘密”，你可以简单地采取“拿来主义”。但一旦双方的水平越来越接近时，对方还能这样大方地对你进行“知识共享”吗？现在中国已是世界第二经济大国，国外的抵制、反倾销愈演愈烈。从国内来讲，很多企业，特别是央企，装备已是世界一流，规模更是世界领先，我国的钢产量是世界前 20 名的总和，但我们至今还不敢称自己是世界强国；又有多少企业敢称自己是世界强企？关键在于创新力的薄弱。如果再不通过创新，有所突破，那不仅难以持续发展，最终还会产生生存危机。上面说的学习文化，最终还要落到创新上，开始可以模仿，但最终必须走创新之路。否则，只能跟在别人后面爬行，最终的命运就是被淘汰出局。

对企业领导来说，必须要高举创新旗帜，建立有利于推动创新的激励机制，在企业内形成浓厚的创新氛围，要带领员工走创新之路。首先自己就要转变观念，克服、肃清种种影响创新的思想观念和精神状态，破除浮躁的心态，急功近利的精神状态，以及短期行为的思想。一些企业的领导在日子好过时，想不到创新；日子难过时，则顾不得创新；结果大好时机就在蹉跎岁月中流逝；有的企业领导只求当前自己的业绩，没有一个远景的追求，自然就不会在意创新；有的对创新抱有不切实际的想法，只许成功，不准失败。而创新既意味着可攀越新高峰，也意味着承担一定的风险，承受一定的压力。因此，创新首先要在思想上有个突破，否定昨日之自我，超越自我。思想上不跳出旧框框，行动上就不可能迈出新步伐。

提高自主创新能力，还要营造适宜的文化氛围。致力于创新的企业都要形成学习的氛围，努力把企业办成学习型组织，在良好的学习氛围中培植创新的活力。需要形成良好的知识共享、相互促进的氛围。创新必须要发挥每个人的创造性思维劳动，这是创新活动的基础；但创新更需要围绕组织的战略目标，发挥团队的共同智慧。使员工们在开放交流中相互学习，相互借鉴，相互促进，共同提高。前些年，宝钢下属的热轧厂等好多单位都成立了“发明创新协会”，90%的会员是一线操作维护人员，协会围绕创新活动，开展经验交流，举办多项培训，督促和跟进会员创新项目的具体落实，也促进了成员间的信息共享，取得了很好的效果。创新还要形成一种宽容的氛围。创新是做前人未曾做过的事，是一种探索活动，无常规可言。因此，出现失败可以说是题中应有之义，甚至可以这样说，不允许失败就不会有创新。因此，要“鼓励创新、宽容失败；鼓励思考，宽容失言；鼓励实践，宽容失误”。

提高自主创新能力，必须牢牢抓住“两个第一”。一是充分发挥“科学技术是第一生产力”的作用，一是发挥“人力资源是第一资源”的作用。这两者也是相互联系的。运用科学技术的是人，创新的主体是人。因此，我们必须加大人力资源开发的力度。要努力调动各类人员在创新上的积极性。要通过建立各种有效的激励机制，营造各种有利于自主创新的氛围，来充分发掘这个“第一资源”的潜能，优化配置“第一资源”，并通过多种途径，培养提高，使“第一资源”不断得到增值，使各种人才都能在自主创新的舞台上大显身手，使企业在可持续发展的大道上稳步前进！

企业文化，是企业之魂。但文化不是虚无缥缈的东西，魂必须附体，企业文化必须落地生根，成为人们行动的指针。否则，企业文化就成为无根之木，无源之水。因此，要使对标挖潜持续进行，不断深化、优化，还必须要高度重视全员性，使广大员工深切认识到当前形势的严峻性、对标挖潜的必要性，激发其参与活动的自觉性，在实践中提高员工们的学习力、执行力、创造力。以对标为抓手，促进企业管理水平、技术革新和技术攻关以及队伍素质的全面提高。

对标过程是一个促使持续进步的过程，对标无止境。一个矛盾解决了，新的矛盾又会产生，赶上了一个目标，还有新的学赶目标在前面。对标的过程要成为不断发现矛盾、解决矛盾，不断超越兄弟企业、超越自我的过程。一般来说，“对标挖潜”初期主要是抓住“成本”这一企业生产经营的牛鼻子，以后逐步拓展到其他方面。当前，要在强手如林的国内外市场稳固地占有一席之地，产品质量和服务的竞争就更加激烈，特别是对以建设世界一流强企为己任的企业来讲，更要重视这方面的对标工作。总之，对标挖潜要根据不同时期的需求，有所侧重，并逐步建立和完善对标挖潜的工作体系。

现在，不少企业对标挖潜工作，已经取得可喜的成绩，但要使对标挖潜工作继续深入，持续开展下去，一方面要适应新形势，不断创新，与时俱进。要把企业的对标挖潜微观行为同中央提出的“十二五”规划中提出的“以科学发展为主题”，“以加快转变经济发展方式为主线”的宏观指向结合起来，推进企业的转型、提升。同时，还必须防止几种思想倾向：一种是前面提到的“外因论”的影响，把自己同先进企业的差距归之于外部条件，放松自我努力；二是自满情绪，小进即满、小变即安的思想；而自满必然导致保守、自大，这就是国外称之为“3C”（即自满、保守、自大，这三个词的英语都是C打头）的现象，满招损，必然导致后退，这是千古不变的规律；三是畏难情绪。对标越深入，越会涉及到深层次的问题，前进的难度会增大。这同登山一样，海拔越高，攀登同样的垂直高度，要比爬低海拔的山坡困难得多。面对新的困难，如果止步不前、知难而退，就会使自己在激烈的市场竞争面前处于被动局面。因此，我衷心祝愿企业的对标活动能在克服这些消极思想、不断转变观念的过程中胜利前进，不断夺取新的胜利！

学宝钢　把人才作为企业发展的第一资源[1]

今年，中钢协发出了行业学宝钢的号召，很重要，很必要。宝钢确实是我国钢铁企业中的佼佼者，是我国钢铁界的领头羊，无论在企业管理和改革上，还是技术创新上，都有很多东西值得业内学习。

近几年，我虽然很少到宝钢学习考察，但却通过《宝钢日报》和宝钢的一些刊物，依然关注着宝钢的发展变化。给我印象最深的是宝钢各级领导身体力行，真正把人才作为第一资源，贯彻“以人为本”的理念，高度重视发挥广大员工的积极性和主动性，千方百计挖掘他们的潜能，使广大员工随着宝钢的发展，不断提高自身素质，体现自身的价值，成为与宝钢共命运的共同体。我认为，这是宝钢所以能成为我国钢铁工业领头羊的关键所在，也是我们要向宝钢学习的重点所在。

一、从宝钢一线员工拥有大量专利谈起

先看一组数字。2010 年宝钢申报专利 1400 多项，平均每天 4 项专利。此外，平均每天还产生企业技术秘密 6 件，这两项数字都是冶金行业之冠。从 2004 年提出两天一个专利，到以后的一天一个专利，到再后的一天两个专利，到现在的一天四个专利，宝钢只用了 7 年时间。更令人敬佩的是，在这些专利和技术秘密中，有半数左右是一线员工申报的。目前，一线员工拥有 10 个以上专利的不下 100 人。其中，孔利民、王军等人已拥有 100 个以上专利。更值得称道的是近几年已有 3 位由一线员工领衔的科技创新项目，获得了国家科技进步二等奖，这不仅在冶金系统是绝无仅有的，在全国其他行业也是罕见的。

这些数字，主要是想说明宝钢在技术创新上，发动员工的广度和深度。其实宝钢各项工作无不倾注着广大员工的辛勤劳动和智慧。

对宝钢的创新成果，业界多投以钦佩的目光。有人认为，这主要是宝钢装备先进，人员素质高。当然，这些确实是宝钢的优势所在，但值得重视的是宝钢一线员工中的一批创新型的领军人物，其初始学历都并不高，但现在不仅成为宝钢具有杰出贡献的人物，而且也是上海市和冶金界的知名人士。我们可以看看其中几位领军人物的简历。

孔利民，这是宝钢无人不知无人不晓的工人发明家，现在是宝钢股份公司运输部的技能专家。宝钢员工可能有人不知道副总经理的名字，但却不会不知道孔利民的大名。他原先是上海一家汽车修理厂的充电工，宝钢建设时进入宝钢。1986 年，宝钢从日本引进的载重车使用一年后，几乎同时不制冷了，检查发现是空调控制器坏了，可一个备件要 2000 元，孔利民只花了 8 毛钱解决了问题，因此升级为汽车电工。以后他关注的领域越来越广，创新发明也越来越多，对宝钢各类设备的革新上，都作出了杰出的贡献。2004 年 4 月，宝钢集团公司党委和行政联合作出《关于深入开展向孔利民同志学习活动的通知》。

---

[1] 原载于 2011 年 10 月 20 日《中国冶金报》。

目前，他拥有的个人职务发明就有200项，是上海个人职务发明最多的人，被上海市授予“当代发明家”称号。

孔利民原先只有初中文化程度，进入宝钢以来，一直坚持参加教培中心组织的学习，系统学习相关理论知识。他不仅完成了大专学历，而且累计获得了汽车构造、汽车电器、机械制图、电子技术、钳工、工程机械驾驶、气割、起重、电焊、交流电工、Autocad、Photoshop、专利工程师、创造力开发、自主管理、班组长上岗、作业长上岗、培训师上岗等各类证书20多张。他30岁学英语，40岁学打字，50岁学计算机，在学CAD制图时，全班60个人中，他是年纪最大的，同学都是20多岁的年轻人。在几个月的学习时间里，只有2/3的学员上完了全部课程。到考试时，只有一半的学员参加了考试，其中一半不及格，他却是其中学成者之一。

再说王军，1987年从宝钢技校钳工班毕业，分到热轧厂精整分厂，当了一名剪刃组装工。20世纪90年代初，他利用业余时间，在宝钢职工大学进行了2年半的进修；同时，在宝山区电视大学报名学习英语。1996年，参加成人高考，考取了同济大学夜大学，开始了在同济8年的夜读生活。为了不耽误学习，他说服家人，贷款购买了私家车，往返于宝钢、同济大学之间，并于2004年取得大本学历。与此同时，也不放松职业技能的系统提高。在厂内，他主动参加了作业线的区域工培训，取得了热轧线全部8个岗位的上岗证。2002年，又顺利通过了钳工高级技师资格考试。他的专利数也超过了100项。他颇有感慨地说：小岗位也有大舞台。

1951年出生的宝钢炼铁厂技能专家韩明明，参加工作时是初中文凭，至今最高学历仍是高中。他认为，知识是不能用文凭来测量的。30多年来，他结合工作，自学了电气、计算机、光学、力学、材料、通信、输送等方面知识，并能自如地阅读英语、日语专业杂志。荣获国家科技进步二等奖的“金属检测与自动除铁新技术”，是他经过10多年的积累，从消化掌握引进技术，到发现原有技术的缺陷，然后不断改进，进行创新，从1989年完成第一个专利，到2005年完成第七项专利，融合了多项首创技术而形成的。与传统的除铁技术相比，具有技术可靠、节约能源、生产效率高等特点，优于目前国际同类技术水平。自2003年试用该技术以来，到2007年，仅此一项，累计产生的经济效益就已超过7000万元。

正是这些拔尖人才，不仅自己立足岗位搞创新，为宝钢创造了大量财富，更可贵的是，他们带领大家搞创新。现在宝钢已经建立起几百个孔利民式的创新小组，活跃在宝钢的各个角落，带领着宝钢广大员工在创新的大道上阔步前进。

二、宝钢是如何提高人才素质的

这些人才的成长，固然是与其自身的努力分不开的，宝钢曾总结过这些工人发明家的成功之路。都有一样的习惯，把“持之以恒的学习”放在第一位。他们认为，“知识的积累需要学习，创新的起点在于学习，环境的适应依赖学习，应变的能力来自学习”，“终身学习”成为他们的理念；都有一样的舞台：一线生产岗位。“现场是创新的源泉，岗位就是我们创新的舞台”；都有一样的脾气：敢啃硬骨头。但是，宝钢各级组织和领导为他们所搭设的极好的平台，创造的良好的氛围，是他们成长过程中不可或缺的重要因素。

（一）宝钢在各项工作中，无不体现“以人为本”的理念

“以人为本”。现在没有一家企业不这样说，宝钢的可贵之处，在于以机制来保证这一理念的实现。他们把“以人为本”具体化为“八个‘人’”，即尊重人、了解人、关心人、提高人、规范人、激励人、依靠人、凝聚人。并以尊重人为出发点，建立健全了解人、关心人、提高人、规范人、激励人、依靠人等6个方面的工作制度。

首先是把了解人作为整个工作的前提和基础，建立健全了解人的工作制度，主动、及时、准确、全面、动态地了解员工的共性需求和个性需求，并对员工的需求，进行快速传递、正确分析和妥善处理。在了解人的基础上，建立健全关心人的工作制度，从物质和文化两个方面对不同类型员工的不同需求，予以全方位的关心。并着眼于人的思想道德素质、身心素质和能力素质的全面提高，建立健全提高人的制度。在加强规则意识教育的前提下，用道德、纪律和法律规范员工，实行严格管理。激励人，是开发人的潜能的关键。建立激励人的工作制度，就要以物质利益为基础，同时高度重视精神因素，重点是激励创新。最重要的是遵循公开、公平、公正的原则，为员工提供平等的竞争机会、成才机会和发展机会。现在宝钢人才晋升的三条渠道畅通无阻，提高了专业人员和技能人才的地位，彻底改变了都挤向经营管理岗位一条独木桥的状况。宝钢还把依靠职工办企业和依法经营管理有机统一起来，推进员工自主管理，加强基层民主管理，建立健全依靠人的制度。所有做好这些“人”的工作的目的是凝聚人，实现员工和企业的共同发展。

正因为宝钢建立了落实“八个人”的有效机制，不是把“以人为本”的理念停留在口头上、会议上，而是真正落实到行动中。因此，能充分调动广大员工的积极性，发挥他们的创造性，挖掘他们的潜能，从而出现了人人创新，万马奔腾的大好局面。

（二）他们的成长也同宝钢各级领导重视建设学习型企业，从多方面提高人才素质分不开的

宝钢从建厂开始，就把自主管理作为“五制配套”的重要一环，建立了以生产一线工人组成的现场小组为主的自主管理小组，鼓励员工进行自主管理活动。这一活动的主要特点是“五小”：小切入大主题，小文章大课题，小活动大影响，小投入大效益，小人物大舞台，以此来提高职工素质，实现岗位成才，取得了良好的经济效益和社会效益。历届宝钢公司自主管理委员会都由公司党委书记担任主任委员，并每年召开一次自主管理成果的发布会，不断提高自主管理水平。

宝钢已经形成良好的学习风气。每年有近半数的员工自觉地利用业余时间参加各类培训，年人均接受不含学历教育在内的培训在80个小时左右，接近世界优秀企业水平；员工平均受教育年限超过14.2年，宝钢热轧厂目前员工平均受教育年限达15.47年，接近大本水平；生产操作岗位员工人均拥有国家鉴定的岗位证书2.5张以上，高级工及以上比例超过半数。他们建立并实施“五层三进”管理人员培训体系。即按照宝钢岗位层级图，对从作业管理层到高级决策层五个层级全面进行培训；并对每一个层级都含有任职基础培训、任职资格培训和在职研修三个递进的阶段，每一“进”都有与之配套的为数不等的子模块。这样就使每个管理人员在其职业生涯的不同阶段，都能有机会得到不同档次的培训机会，使管理人员的职业生涯发展与终身教育联系在一起。

关键不在于学习时间的多少，而在于学习内容是否真正为员工所接受、所欢迎，并能用之于实践。比如，宝钢深受作业长欢迎的作业长综合研修班，就是宝钢教培中心的领导

和培训师们尊崇“以人为本，需求导向”的培训工作基本原则，着力加强针对性和有效性，进行了大量的调查，了解各有关方面领导和基层作业长的要求，经过4个月的精心策划才推出的。他们利用双休日和节假日，进行为期4个月的“4+1”培训模式的研修。“4”就是：管理新概念、技术创新思维、技能拓宽（相关专业知识拓宽）、前沿技术应用等4个单元的研修，“1”就是在全部课程结束后，完成一项生产现场应用成果，并撰写一篇论文，进行答辩。研修班课程设置包括系统工程学、现代信息检索、管理系统思考与创新、6σ质量概念、专利法、知识产权以及技术创新等12个方面的内容，就是在这一研修班中，作业长们知道了什么是专利，如何申报专利。指导老师帮助他们整理基础资料，总结实际经验加以提升，形成专利和技术秘密，获得了成功，从而带动了一批一线员工总结、申报专利的热潮，终于开创了新局面。

虽说宝钢人才济济，但各级领导对新人的培养也不遗余力。从2005年起，炼钢厂、热轧厂等为每位新进厂的大学毕业生和研究生开“小灶”，推出了“三导师联合培养制”，为他们配备技能导师、技术导师和成长导师各一位，帮助他们尽快成长。取得了很好的效果。工夫不负有心人，宝钢热轧厂确定为代表成品形象的12项精度指标，其中一半新纪录的创造者就是进厂7个月到1年半的员工。一些基层厂经常组织技能专家和高级工程师，对基层员工的科技创新活动进行手把手的指导，帮助整理和提炼一线员工提出的合理化建议，一些基层厂的技术秘密和专利多半是从合理化建议中提炼出来的。有的单位还要求高级工以上的技能人员每年必须开展一项课题攻关，把压力转化为动力，促使他们更好地发挥自己的潜能。

正是这些群众性的科技创新活动的蓬勃开展，形成浓厚的氛围，极大地提高了一线员工的创造力，全面提升了广大员工的素质，也推动了宝钢高层次科技创新的深化。

（三）宝钢善于营造学习、创新的氛围

氛围就是一种气场，就是一种使生活、工作在其中的人们会自觉不自觉地学习仿效周边先进人物的思想、行为的大环境。这种氛围是靠领导的倡导、机制的激励，先进人物的带动，逐步形成并不断扩展、不断强化的。

宝钢搭设了众多平台，诸如创新小组，创新协会，创新沙龙，为一线员工提供学习交流、知识共享、创新实践的舞台。宝钢热轧厂等一批单位成立的“发明创新协会”，90%的会员是一线操作维护人员，协会成员必须是创新骨干，每一名成员同时又是“孔利明式科技创新小组”的组长。这样就搭建起了“金字塔”结构，以点带面，营造全员创新的浓厚氛围。协会围绕创新活动，开展经验交流，举办多项培训，督促和跟进会员创新项目的具体落实，协会成员不搞终身制，采用流动、竞争、排行和无创新成果淘汰的管理办法，对两年不出创新成果的会员予以除名，促使协会成员始终保持创新激情。创新沙龙，则是把一批志同道合者拢聚在一起，在开放交流中相互学习，相互借鉴，相互促进，启发思路，激发灵感，互通有无，从而实现知识共创，知识共享，共同提高。宝钢钢管厂每天午餐后，食堂旁的小小咖啡室内总是有许多人，其中包括管理者、首席师、工程师等技术人员，大家在此交流技术、探讨业务，这样的活动已经延续了十多年，就是在这个咖啡室里，每年都能解决一大批生产上的难题，形成了一批创新成果。许多技术人员称它为攻坚破难的“午间俱乐部”。这里是学习交流的平台，技术创新的舞台，是人才培养的摇篮。

还有各种联谊会，如作业长联谊会、厂长联谊会、技师联谊会等，既是沟通信息，增强感情的场所，也是交流技术业务的阵地。宝检公司技师联谊会组织技师撰写技术论文，促使他们进一步提高理论水平，这也是挖掘专利和技术秘密，提高企业自主创新能力的有力举措。以往由于不善于总结，使许多技术创新成果失去了形成自主知识产权的机会。他们体会到，创新成果需要实践，更需要及时总结。孔利民总结出了12字创新法："加、减、扩、缩、联、学、变、改、代、反、搬、定"，对大家很有启发。

宝钢还开设了"首席师论坛"，为首席师们提供了回顾经历、梳理经验、探讨专业发展的机会，营造钻技术、讲知识、谈感悟的浓厚氛围。通过交流，加快人才的培养，有助于进一步提高现场的竞争力和改善力。一些首席师还开设了博客，与广大员工进行互动式交流。

至于各种技能比武擂台赛，更是各类工种高手们显示技艺、交流技能的好场所，激励参与者精益求精、好上加好，不断奔向新高峰，并带动广大一线技能人员勤学习、钻技术的良好风尚。

宝钢还十分重视形成一种宽容的氛围。"鼓励创新、宽容失败；鼓励思考，宽容失言；鼓励实践，宽容失误"。宝钢认为，创新不同于正常的生产，而是一种探索活动，无常规可言，因此出现失败可以说是题中应有之义，甚至可以这样说，不允许失败就不会有创新。因此，没有这后面3个"宽容"，前面3个"鼓励"也很难落到实处。作为领导者，对创新中出现的问题，要多一分理解，少一分冷漠；多一分支持，少一分指责。领导者的责任就是要鼓励他们实事求是地总结经验教训，坚定信心，从而使失败真正成为成功之母。

三、关于学宝钢的几个认识问题

宝钢的先进无人可以否认。但说到学宝钢，常会听到一些企业的领导和员工说：宝钢好是好，就是学不了。这反映了相当一部分冶金企业对学宝钢的一种无奈感，也反映了在学宝钢问题上确实存在一些误区和认识问题。

"宝钢装备先进，实力强大，我们可望而不可即"。确实，宝钢是我国20世纪80年代第一家全套引进的现代化钢铁企业，其装备居世界一流。但20多年过去了，特别是近10年来，我国新建的钢铁企业或新建的属于当代世界一流的生产线比比皆是，而且很多企业的新建生产线要优于当时的宝钢，以致国际上流传一句话：要看钢铁工业的先进装备到中国去。在物质条件基本相当的情况下，应该说不存在学宝钢高不可攀的问题。关键是要有赶超的志气和信心，要有赶超的具体措施，要善于对照学习，找出差距，发挥后发优势，力争后来居上。

"宝钢太保密了，学不到我们想学的东西"。宝钢在技术创新上有强大的优势，有的已形成专利，我们可以按照专利法的规定，名正言顺地学习；有的是属于技术秘密，是具有自主知识产权的，在高度重视知识产权保护的宝钢，自然不会轻易外泄的。因此，很多企业去宝钢学习，往往感叹：乘兴而去，败兴而归。其实，我们也该为宝钢设身处地想一想，如果宝钢无限制地公开接受众多兄弟企业的来访，在中国什么都会形成"一窝蜂"的情况下，必然会有数不尽的企业向宝钢涌去，会给宝钢带来很多无效的额外负担。有的企业，开始宝钢并不看好，但以后这家企业凭着自身的努力，在某些方面也形成了自己独特的技术优势，这样就同宝钢有了共同探讨的话语权，受到宝钢的重视，双方互动式地进行了技术交流。因此，学宝钢也需要发扬自力更生的精神，以增加自己的话语权。更要看到，宝钢的很多做法和经验已经在各种报章刊物上发表过，有的还在国内外各种研讨会等会议上宣讲过，如果打开互联网，百度一下“宝钢管理经验”，居然有845000条之多，点击“宝钢技术创新经验”，则更高达190万条。如果我们有选择地阅读这些公开材料，恐怕会受益匪浅的。但遗憾的是我们很多企业光想走捷径，寄希望于亲历宝钢、参观访问的几个小时，以为这样就能取得真经，而不愿花工夫去认真选择、研究这些公开资料。这样即使亲自到了宝钢，恐怕也会像蜻蜓点水，浮光掠影，不得要领。

学宝钢，重点在于学习其提高软实力。硬件，很多企业已不亚于宝钢，当然，驾驭这些设备，需要有一个过程，这更多的是要靠提高软实力来弥补。讲到软实力，有个理念、机制和执行力的关系问题。有的企业提出的发展理念和核心价值观都不错，问题是缺乏机制的保障，即使建立了相应的机制，又不具备高度的执行力去贯彻。因此，理念就只是在空中飞，落不到实处。比如，宝钢“以人为本”，就落实到建立“六个人”的机制，并早就采用对各类人员的激励机制，多渠道的晋升机制。还在十几年前，优秀的工程技术人员可以拿到总经理的工资系数，工人中被评为技能专家的，可享受局级干部的住房、出差待遇，人称“局级工人”。现在更是建立了首席师等制度，各类专业人员（包括技能人员）都可以享受同级行政管理人员的工资待遇。宝钢一线员工创造性的迸发不能不说同此有关。现在很多企业也都建立了多渠道晋升机制，但“官本位”的习惯势力仍然存在，非行政管理人员的待遇仍然远低于管理人员，这样如何能调动起广大员工的积极性呢?

学宝钢，就真正领会宝钢经验的精神实质，防止断章取义，顾名思义，一知半解，自以为是。比如，现在很多企业都设立了作业长，但这与宝钢的作业长却有很大差别，名同实异。因此，起不到如同宝钢作业长那种作用。马钢引进宝钢作业长制时，是下了工夫的。当时，马钢花巨资建设了年产300万吨的CSP机组和150万吨的冷连轧板机组，同时对一炼钢厂进行相应的改造。怎样实现“新系统、新体制、新机制”，经过调查，最后决定在新系统的3个厂全面引进宝钢以作业长制为中心的基层管理模式，并与宝钢正式签订了《管理咨询服务合同》。宝钢派出人员对马钢进行了系统调研，建立了三厂的组织构架，编写了一套适应作业长制的管理制度，突出地抓了培训工作，共有700人参加。实施以后，取得了很大效果。当然，这不是无偿提供的。而我们现在有些企业的作业长只不过是更换了名称，起不到实质的作用。

对宝钢来说，如何响应中钢协关于行业学宝钢的号召，作出自己的贡献，并带领全国钢铁企业加快由大变强的步伐，也是需要进一步研究的大事。建议中钢协要如同当初冶金工业部组织学首钢搞承包制，以及学邯钢搞“模拟市场核算，实行成本否决”的经验那样，组织一系列专题经验介绍会，或举办专题学习班，由宝钢领导及有关部门进行经验介绍，这样要比各单位自行组织学习要有效得多。

立足现实　志存高远[1]

首秦建设之初，就以“生态环保型、能源循环型、经济高效型”作为建厂方针；不仅采取了众多新技术，而且还有不少独创性的设计，新厂环境优美，环保优秀，投产后一些主要技术经济指标位居行业前列，立即吸引了国内外业界人士的广泛关注，好评如潮，成为一些新建企业的样板。以后虽然由于外部大环境带来的严重不利因素以及一度放松了内部管理和改革，对企业发展产生了不利影响。但令人高兴的是，首秦人终于摆脱了阻碍前进的种种思想桎梏，再次解放思想，正视严峻现实，面对同行业的挑战，响亮地提出了“打造首选之板”的宏伟目标，使人精神为之一振！

“打造客户首选之板”，这既是首秦人鼓舞自己不断前进的愿景，也是为自己树立了一座指引前进方向的明亮的灯塔；这体现了首秦人胸怀大局，志存高远的伟大抱负，也反映了首秦人贯彻落实“三创”精神的新发展；既充分表达了首秦人豪迈的革命激情，也展现了首秦人敢于自我加压，负重前进、立足现实、脚踏实地的坚忍不拔精神。首秦人把“打造首选之板”作为自己的历史使命，是需要极大的勇气的。在此，我向首秦人致以崇高的敬意；并祝愿首秦人在实现这一宏伟目标的进程中能团结拼搏，上下同欲，创字当头，协同高效，克服外部困难以及自身的种种弱点，扬长补短，不断取得新的胜利！

打造首选之板，首先要有明确的定位。首秦目前的规模就是200多万吨，不可能在中厚板的所有领域都占领制高点，要根据自己的工装条件以及综合考虑各种优势所在，扬长避短，确定自己的主攻方向，实施专业化。首秦又是一个高投入的企业，200多万吨的规模已经投入100多亿元。因此，首秦必须实现高产出，产品必须高档化，占领高端市场，获取高产值。目前，首秦在管线钢领域已经取得很好的业绩，有了很好的声誉，国内市场占有率达到了30%以上，实现了系列化。近年来，又开发了抗酸钢、大变形钢、海底管线钢等高端新产品，获得市场青睐。这一优势地位我们要继续着力去巩固、发展。对新的主攻领域，首秦已有初步考虑，但在内部尚未取得共识，建议集思广益，在广泛听取厂内外专家意见的基础上，谨慎决策，以便集中力量，实现新的突破。

首选之板的主导权在客户，我们要成为客户的首选之板，就必须把客户的需求放在首位。要时刻想到，首秦的钢板如何为客户创造更大的效益，带来更大的增值，提升更大的价值。要诚心诚意地听取客户的意见，真心实意地接受客户提出的要求、哪怕有的甚至是苛求，自觉地把这种压力转化为推动我们前进的动力。其实，客户的要求无非是品种、质量、服务、价格。要真正做到在一定的领域内人无我有、人有我优、人优我廉，那就自然会在市场上站稳脚跟，路子越走越开阔。还要时刻关注国内外同类型企业的动向，以先进企业为标杆，学先进，找差距，定措施，抓落实。既要看到某些硬件上的不足，特别是过去不太重视的辅助设施以及检验设备上的差距，采取切实措施，加以改进；更要正视管理

[1] 2012年6月13日为首秦《首选之板》而作。

等软件上的差距，进一步夯实基础，不浮躁，不侥幸，扎扎实实、一步一个脚印，实现新的跨越。

实现首选之板，关键在人。一流的企业、一流的产品，必须有一流的人才为依托；而一流的人才正是在打造一流企业、一流产品的伟大实践中得到锤炼成长。近年来，首秦在队伍建设上有了长足的进步，公司制定的“三像”、“四不”、“五气”、“六让”等理念，正在逐步成为员工们行动的指南，各级干部和广大员工的精神面貌有了很大的改观，人心齐，人气旺，各类人员的积极性空前高涨，人员潜能得到较好的发挥，各级干部在认真总结、吸取历史经验教训的基础上，敢于面对现实，适应新形势，创造性地进行工作，领导力不断加强，一批80后的年轻人已茁壮成长，成为一些关键岗位的主要骨干，群众性的创新活动不断向广度和深度拓展，团结协作的氛围日益浓厚，正在成为推动企业三创的新动力、新源泉。我们要万分珍惜这些成果，将其发扬光大；并建立相应的机制，使这些理念真正能落到实处；同时，要防止自满，力戒浮躁，向迪林根和宝钢等先进企业学习，全面提升自身素质，提高学习力、创新力、协同力、执行力，为“打造首选之板”做出自己应有的贡献，也为“三个首钢”的建设提供新的经验！

要成为客户的首选之板，固然主要依靠首秦人自己的努力，真正成为全员的共同目标，并为之进行坚持不懈的奋斗，改革某些不利于实现这一目标的旧机制，建立起适应这种新要求的相应机制。同时，还要以首钢总公司作为强大的后盾，在研究开发新产品、拓展市场、引进人才等方面，取得总公司领导和各有关部门的充分理解和大力支持。事实上，在首秦提出打造客户首选之板时，首钢总公司领导就予以充分肯定，并已经创造了很多有利条件。对此，首秦人一定会备加珍惜，并以加倍的努力，立足自身，争取外援，主动配合，在总公司的领导下，开创美好的未来！

总结经验教训　寻求解决产能过剩之道❶

2012 年，我国年产钢 7.1654 万吨，较上年增长 3.1%。其中，80 家重点大中型企业的钢产量为 57620 万吨，占全国总产量的 80%，实现利润 15.81 亿元，同比陡降 98.22%，平均吨钢利润只有 2.74 元，还不够买两瓶矿泉水。如果不算一些钢铁企业中矿山以及多种经营的利润，那就是负数了。一个 200 万人的大行业，员工们辛辛苦苦干了一年，竟然是这样一个结局，不免令人唏嘘不已。但更为严重的是，如果这一走势继续发展，不仅钢铁行业将面临新的灾难，还将带来严重的社会问题。

为何会出现这种情况？原因很多：国际国内市场大环境的影响，受制于外人的高扬的铁矿石价格，由于大规模扩张的财务费用的增长，等等。但有一点绝对不能忽视的是，我们对价值规律的不够尊重。价值规律是商品经济的基本规律，它告诉我们：一般情况下，影响价格变动的最主要因素是商品的供求关系。在市场上，当某种商品供不应求时，其价格就可能上涨到价值以上，因此也触发了新产能的增长；而当商品供过于求时，其价格就会下降到价值以下，因此也会自然调节产量的下降。但是，我们在明知钢材供大于求的情况下，却还在不停歇地扩张规模，加大供需失衡。这种明显违反价值规律的行动怎能不受客观规律的惩罚！

为了替这种违背规律的行为找借口，对目前这种已经严重过剩的情况称之为“阶段性、结构性”过剩，似乎只是暂时的、部分品种的过剩，无碍大局。这种说法，不免有大事化小、自欺欺人之嫌。无论什么危机，总会有解决之时，岂能以“阶段性”来粉饰连续多年产能过剩带来的严重恶果；把绝大多数产品供大于求、只有极少部分品种由于技术原因不能满足国内市场而称之为“结构性”过剩，也是在把问题的严重性轻淡化，只能削弱人们的危机意识；有的列举中外钢铁工业设备开动率的数据，证明中国的情况并不比国外严重，但由于各自所引用的我国产能数据源出多头，再加上统计数据的不严肃，不准确，去年中钢协名誉会长吴溪淳就曾公开批评河北钢铁统计至少隐瞒了 5000 万吨钢产量，因此就我所见到的设备开动率就大小不等，难以说明问题；有的虽然也承认产能过剩，但认为这是市场经济的必然现象，有利于市场竞争，只要争取笑到最后，“剩者就能为王”；他们却忽略了万事都有个“度”，必要的竞争会推动行业的发展，过度的无序竞争也将给行业发展带来致命打击；通过竞争，物竞天择，优胜劣汰，能生存下来的自然炼出了一身好筋骨，但为什么要人为地加剧这种恶性竞争，再争取“剩者为王”呢；再有人质疑“过剩”一说，认为“年年喊过剩，年年都过来了”，如果前几年就因为“过剩”而停止发展，那这几年进口钢材将达到破天荒的新纪录。的确，对我国国民经济持续高速发展所引发的对钢铁产品的需求之旺，包括我在内的绝大多数人估计不足，但看到连年产能增长远超过需求增长，规模型扩张成为很多地方政府和企业的自然冲动，转型发展往往停留在口

---

❶ 原载于 2013 年第 4 期《冶金经济内参》，2013 年 4 月 11 日《中国冶金报》刊登时有删减。

头上，就不能不令人担忧。

不能否认，这些年在解决产能过剩上，有关方面也作了大量工作，传统的十八般武艺全都用上了，也取得了一定成效，但仍然抑制不了规模扩张的冲动，规模扩张已经成为一种痼疾。但物极必反，如不痛下决心，实行转型，必然遗患无穷。现状也说明了，我们还没有找到一条解决产能过剩的治本之道。下面笔者想回顾一下这些年在这方面所采取的一系列措施及其后果，希望共同来探索有效的路子。

（1）淘汰落后。这是多年来着力最多的一招，也确实起到了一些作用。但至今仍强调这一条，意义不大。按有关部门历年公布的淘汰落后设备数字，少说也超过一亿吨了吧。2003 年，我国钢产量突破 2 亿吨，即使其中一半是属于淘汰之列的，那原先的落后装备也该淘汰得差不多了吧。此后新建的恐怕属于落后设备的比重就很小了。特别是目前产能过剩最严重的板材轧机，绝对同落后设备这一称号无缘。事实上，现在所谓的落后设备，其内涵带有相当的随意性，像高炉就是按容积来划分的，前些年这条杠定在 300 立方米，过几年就变为 400 立方米，究竟 300 同 400 落后的差异在哪里？我看即使制定标准的人也未见得说得清。这样的淘汰法，缺乏足够的科学依据；结果是逼着大家长个儿；越淘汰，规模越扩张，产能越过剩。而真正该淘汰的却没有认真管起来。最近听说一些地方，地条钢仍旧在生产，在销售，这种违法的事为什么喊了几十年，居然还能够有生存空间，岂非咄咄怪事，这对淘汰落后的说法是一个莫大的讽刺！

我这样说，并不是否定淘汰落后的必要性，而是要进一步检讨，为什么淘汰落后说了这么多年，还会有这样多？老的淘汰了，为什么新的“春风吹又生”？究竟是谁在保护落后？体制上出了什么问题？

（2）增加消费和厉行节约。我们当然应该积极开拓市场，钢材用得多了，就等于过剩少了。要使需要用钢的地方都能够得到充分供应，这方面应该问题不大，毕竟我国钢产量已占世界钢产量的 46% 以上；另一方面则是要使过去依靠进口的钢材能由国内供应，2012 年进口钢材 1365 万吨，可见减少进口量还有一定空间，尽管不是很大。当前，需要注意的倒是节约钢材。节约钢材，就是节约能源，就是节约不可再生的铁矿石等各种宝贵资源，就是减少污染。正像有的学者指出的那样：我国正以历史上最脆弱的生态环境承载着历史上最多的人口，承受着历史上最空前的资源消耗和经济活动，面临着历史上最为突出的生态环境挑战。在这种情况下，我们所有机构和全体公民都必须自觉转变“消费模式”，节约包括钢材在内的一切物质资源，这不仅是落实科学发展观的需要，也是建设和谐社会的需要。现在舌尖下的严重浪费开始引起重视，原来这方面的浪费居然相当于 2 亿人口的口粮。但是，钢材等生产资料的浪费还远远没有得到应有的重视。7 亿多吨钢材，其中浪费有多少，很少有人关心。这主要体现在两方面，一是在标准制定和执行上。最明显的是Ⅲ级螺纹钢替代Ⅱ级螺纹钢的问题，谁都知道可以节省 15% 左右的钢材，发达国家早已停止使用Ⅱ级螺纹钢，淘汰落后，理所当然地包括淘汰这种落后工艺，但恰恰在这方面却进展迟缓。20 多年前，我还在职时，有关各方就大力呼吁，但至今Ⅱ级螺纹钢还占多数。如果能够全部淘汰，每年就可少生产 1000 多万吨钢材。这里有个利益驱动和政策引导问题。二是使用上的浪费。犹如公款吃喝一样，一些公家用房浪费极大。甚至有人认为，中国已经成为最大的建筑浪费国。有些地方在办公楼建设上以豪华、宽敞、新奇为特征的“消费模式”，出奇制胜，夺人眼球，成为某些领导的政绩工程；乡政府机关大楼可以比美白宫，其建筑面积之大，装修程度之豪华程度也使人咂舌。我还见到有的贫困县的办公楼，除了县委、县政府、县人大、县政协等四大班子一座大楼外，其他县级机构是一个局一栋楼。我不知道这些局究竟有多少人在那里办公？盖起这些大楼究竟是干什么用的？有的基层机关干部人均占有办公室面积五六十平方米。这些自然都要以使用更多的钢材作为支撑。如果本着厉行节约的原则，那么，钢材消费量肯定不是增加，而是还会减少，产能过剩的问题将更为突出。也许正因为这个原因，现在很少听到节约钢材的呼声。圣雄甘地讲过："地球能满足人类的需要，但满足不了人类的贪婪。"长此以往，我们会过早耗尽本该留给后代的宝贵资源，成为历史的罪人。

（3）限制产量。这不是解决产能过剩之道，但如果真正做到了，可以缓解价格低迷之痛。这种做法，以前也曾采用过，特别是 1999 年的限产，应该说是国家采取减产力度最大的一次，但结果却很不理想。那年，国家要求控制总量，减量保价，"钢产量在 1998 年 1.1459 亿吨的基础上减产 10%，吨材价格上升 50 元，全行业实现利润 50 亿元"。当时，限产成了国家冶金局的中心任务，局领导分头下到各片，进行督战，抓得不可谓不力。但结果是"限大放小，限国（企）放民（企），限内放外"，重点大中型企业的产量限住了，而一些地方企业则依然我行我素；国企的产量限住了，一大批民营企业却趁着国企限产的时机，大肆扩张，逆风上扬；国内的钢产量限住了，但当年进口的钢产量却比原计划（700 万吨）翻了一番。全年钢产量不降反升，达到 1.2426 亿吨，增长 7.5%，实现利润只有 25.39 亿元，是原计划指标的一半。2009 年 4 月，工信部又发出了"限产令"。但言犹在耳，钢产量又出现前所未有的增长幅度，2008 年钢产量为 51233 万吨，"限产"的 2009 年，却增长到 57707 万吨，真是"越限越多"，又重蹈 1999 年限产的覆辙。再拿 2012 年来说，全国粗钢产量比上年增长 3.1%，其中重点大中型企业减少 0.55%，而除此之外的中小企业的增幅竟然达到 24.52%，而增长幅度最大的多为民营企业，再次出现"国退民进"的局面。几次限产没有一次成功的。

无可否认的是，这几年钢铁工业利润的下降，是同国际铁矿价格的上扬分不开的。但国际矿石价格的升降很大程度上又同我国钢产量的持续猛增有关。2008 年下半年，受国际金融危机的影响，钢产量涨幅有所下降。2009 年年初，中钢协曾公开宣布当年钢产量预计将从上年的 5.12 亿吨下降到 4.3 亿～4.6 亿吨，国际矿价闻风下跌。但消息公布不久，钢产量又急速上涨，国际矿价立即应声上扬。这一年，钢产量猛增 6474 万吨，是历史上第二个钢产量增加最多的年份。这些国际矿业巨头就是抓住了我们的软肋，看准了我们所谓调整结构是虚，大力扩张是实，在原料上必须有求于他，价格也只能受制于人。因此，如果真正实现减产，居高不下的矿价也必然会下降。也就会减少钢铁工业原料成本支出，从而增加了利润空间。

（4）增加出口。当然也是缩小供需差的一个方面。像 2008 年和去年我国净出口钢材折合粗钢都有 4000 多万吨，虽然在一定程度上缓解了产能过剩的矛盾，但从国际国内情况看，大量增加出口钢材，不是方向。国际上一些发展中国家正在大批建设钢铁厂，提高钢材自给比例；发达国家的市场，近几年贸易保护主义盛行，动辄进行反倾销、反补贴。因此，国际环境不利于钢材出口。从国内情况看，钢铁工业是高能耗行业，也是污染环境的主要源头之一，我国又是铁矿石资源不足的国家，现在 70% 左右的铁矿石原料来自进口。因此，钢材是属于"两高一低"限制出口的产品。出口钢材就是出口能源，就是自己承担高价原料，承担污染，再以低价出售产成品。因此，作为国际贸易的调节措施，可以少量出口钢材，但不宜作为解决供需平衡的一种举措；从国家长远利益和实施可持续发展战略来看，都不宜大量扩大钢材出口。即使要增加出口，也要努力提高产品档次，以及通过高附加值的制成品出口。这几年我国进出口钢材价差虽然有所缩小，但依然没有改变低价出口，高价进口的局面，进口钢材价格要比出口低50%以上。

（5）兼并重组。是优化结构的一条重要途径。目前，国内几家最大的钢铁企业，无一不是通过重组形成的。最近，工信部、国家发改委、财政部等12家单位联合印发了《关于加快推进重点行业企业兼并重组的指导意见》，要求到2015年，前10家钢铁企业集团产业集中度达到60%左右。对此我不持乐观态度。一是做不到，二是没必要。即使形式上实现了，也只是停留在报表上。目前，企业重组虽说要以企业为主体，实际上都是地方政府为主导，而地方政府同意外地企业来重组，都是看上了对方的实力。因此，也都提出了要保证本地企业重组后规模扩大的刚性要求。国外企业重组，有的就是为了削减、甚至消除原本是竞争对手的产能，使其停产、关闭，以保证市场供需平衡，保证获得一定的利润。由于国情的不同，现行体制机制的不同，以及社会保障程度的差异，这些年钢铁企业的重组，几乎极少看到因重组而实现减量化、缩减规模的。因为减量就意味着GDP的减少，意味着地方政府税收的减少，以及就业岗位的缩减等。这种直接触犯地方政府利益的事，又有几家地方政府会乐意干？特别是进入21世纪以来，非公有制钢铁企业增长势头很猛，目前已占半壁江山。民营企业的兼并重组，问题更为复杂。一些民营企业虽已挂牌联合，很多是停留在统计数字上。至于想通过提高集中度来解决国内市场的宏观调控，和国际市场的话语权问题，恐怕也是一厢情愿的事。即使前10名的集中度达到了60%，剩下的40%还有3亿吨的产能，分散在至少几百家企业中，只要有几家自行其是，就会连带一大片，铁矿石谈判的前车之鉴，记忆犹新，教训深刻。

（6）严禁新增产能。在供大于求的情况下，产能却依然在持续增长，这也算是中国特色吧。近几年来，淘汰的落后产能远远比不上新增产能，这也是钢材价格所以持续下降的重要原因之一。现在有个说法，这几年新增钢铁产能多半都是未经批准的“黑户”。这个说法不准确，甚至可以说，这是有关部门在推卸责任。偌大的钢铁厂，不可能像假烟厂那样找个山洞隐蔽起来生产。当年的铁本，在长江边上竖起了几座大高炉，能瞒得了吗？只能说是有关部门不想管，不愿管，甚至是默认、纵容下进行建设的，是有关部门的失职，不能把责任推之于企业。2009年8月，在国新办召开的新闻发布会上，时任工信部长的李毅中公开表示“钢铁产能过剩是最明显的”，“三年之内不要再新建项目”。作为主管领导，如此旗帜鲜明地表明态度的，他是第一人。三年不建新厂，无疑是正确的决策。但从工信部的职责来讲，只能是表明一种态度，进行一种呼吁而已。即使国家正式作出决策，实施起来也会是阻力重重。这里主要是全局和局部的矛盾，贯穿其中的是中央和地方政府及有关企业的博弈。其结果，往往是地方胜过中央。因此，我专门写了一封信给李毅中部长，表示坚决支持他的态度。“但是恕我直言，恐怕这一目标难以实现”，并阐述了理由，提出了建议。结果我的话不幸而言中，不到3年，2个千万吨级大厂经国家发改委批准放行，如今重钢早已通过搬迁使规模扩大一倍多，近年又陆续批准了青岛、石家庄等几家搬迁企业另建新厂，据说还有几家新建企业在等待批准中。有的虽说是去旧建新，事实上，新厂规模都要大于老厂。当然，这些新厂的建设，都有种种冠冕堂皇的理由，诸如地区布局，物流顺畅，城市钢厂的迁移，再是建设沿江沿海钢铁企业的合理性等。而最根本的就是带动当地经济的发展，就业的增长，政府财政收入的增加。

不建新厂，这恐怕是当前最现实、最切实可行的控制产能过剩的有效措施，严格控制增量总要比在存量上动手涉及面小些。要从源头上堵住新增产能的通道，不管是搬迁也罢，还是产能置换；对已经批准易地建设的搬迁企业，一律冻结，或者干脆撤销。既然都认定是产能过剩，又何必劳师动众，拆了这里，又去外地重建。而且，一般情况下，新建企业必然采取大型化的方针，规模还会有所扩张。这件事，要从中央各部委带头做起，否则上行下效，扩张势头更难遏制。还要看到，这几年增长最快的是民营钢铁企业，他们凭借机制的灵活，较少承担社会责任，没有历史负担，以及地方政府给予的特殊优惠政策等，生产成本要低于国有企业，在很多国企亏损时，一批民企却依然有利可图。这也促使民营钢铁企业更有底气逆势而上。因此，如何控制民营钢铁企业的发展，要认真研究对策。这不是要“国进民退”，而是要按照中央的方针，在“毫不动摇地鼓励、支持”民营企业发展的同时，别忘了还要加以“引导”。前几年发生的“铁本”事件，最终铁本老板定罪却是“偷漏税”，因此“杀一”未能“儆百”，如今铁本现象一再被复制，却再没听到哪些责任人受惩处。这不是在变相支持任意扩张产能吗？因此，还有谁会再理睬那些“禁令”？

不建新厂，不是消极被动地维持原状，而是要从外延扩大再生产转到以内涵为主扩大再生产，把精力放在品种质量、节能减排、提高效益上来，用在强化研发和市场营销上来，这将使中国从钢铁大国转向钢铁强国的必由之路。

后记一

老而有为　离而不休[1]

今年是我们级友毕业50周年。毕业时，大家都满怀激情，决心要为新中国的建设添砖加瓦，为祖国健康工作50年。现在，我们可以自豪地说，我们问心无愧地实现了这个诺言。对我来说，这50年又可分成在职和离职两大阶段。在职40年，离职10年。就我自己的感受，后10年，特别是1997年以后的几年中，要比前40年过得更充实些。当然，没有前40年的基础，也不会有后10年的变化。

一、离休前的经历

上网后，瑞骥很快传来了几篇同学的回忆录，我看后十分感慨。四年同窗，各奔西东，几多坎坷，林桂的中年伤逝，亦榴、希仁、建国、生光（近日又传来生光病逝的噩耗）的诸多不平遭遇，令人扼腕。作为这一代的知识分子，特别是出身于非红五类家庭，在那“七八年再来一次”的年代里，是难以逃脱这种噩运的。对我来说，所幸的是，两次触及“灵魂”、甚至皮肤的“革命”，都因某种机缘而未受多大折腾。一次是1957年伟大领袖号召“大鸣大放”，帮助党整风。按我的思想状况，必然是积极响应，针砭时弊。但在鸣放高潮时，我出差个把月，因此，最多只有“腹非罪”，没有成为“阳谋”的“囊中物”。至于在“史无前例”的时期，正好在酒钢搞“四清”，北京机关消息传来，北京钢院红卫兵进入冶金工业部大楼，又是大字报，又是大辩论；去医院看病先问是什么出身，顿感心惊肉跳。不久，部里派出的“四清工作团”都就地解散，各回原单位，酒钢的工作团只留下我所在的“镜铁山分团”的4位部机关的干部，帮助矿山“抓革命、促生产”，这样就一直待到年底，部里来电让速回，这就又一次躲过了最狂热的高峰时期。不久，部军代表举办“大联合”、“三结合”的学习班，要选几名“派性”少、又有一定工作水平的干部参与工作，我被选中。接着又参加“8.15”会议（即全国冶金系统“抓革命、促生产”会议），在等待毛主席接见时，突然发配我到安定门家属宿舍区烧锅炉，取暖期还未结束，又通过传呼电话通知我第一批去云南草坝“五七干校”。这种突变，还是由于我的出身，大约是通过外调，取得了我是什么“资本家”的证据。尽管我在入党前，就已对此交代清楚，反正处于“有理无处讲”的年代，也只能认命了。干校一年，体质倒有较大改善，从“手不能提，肩不能挑”的文弱书生到能自由自在地挑140斤担子，体重增加了七八斤，破了自己的纪录。1970年5月，分配到宝鸡902厂，一待就是近6年，虽然小有曲折，但总体还算平稳。1975年底，调回冶金工业部，在政治部直属工作部，赶上“反

[1] 刊载于清华大学电机系1952级《同窗寄语》第四期（2002年11月）毕业五十周年纪念专刊《五十寒暑抒衷情》。

击右倾翻案风”，很不理解。在宝鸡，就是靠小平提出的“三项指示为纲”把生产搞上去的，怎么又错了？这些话，也只能在几个谈得来的朋友中说说，工作中还得去了解各单位“反击右倾翻案风”的情况，总结他们的经验。以后到周总理逝世，天安门“四五”事件，更增加了对江青一伙的不满。

粉碎“四人帮”，对全国人民是又一次解放，对我也是一生中又一个转折点。我毕业以后，除了“文化大革命”中去干校，再分配到工厂近7年外，在部里基本上是在教育部门工作。从1952年~1964年一直在教育司，1964年学习解放军，成立政治部，我被调至政治部的院校部（以后又与宣传部合并）。因此，长期以来，我对冶金系统的全局工作根本没有什么接触。粉碎“四人帮”后，也是阴错阳差，把我推到后来的政策研究部门来了。当时，唐克同志主持冶金工业部工作，他抓揭批“四人帮”的运动十分得力，受到中央领导的赞扬，并要求将运动情况及时上报中央。由于当时原任部长是沈阳军区的副政委，“四人帮”垮台后，也受到审查；而作为部党组“秀才班子”的研究室自然也受到牵连，全部“靠边站”了。在这种情况下，以唐克为首的新党组把我和研究室的一位副处长调去写运动的“简报”。不久，那位副处长又受什么事的牵连，随一位副部长下去蹲点了。整个文字工作就落到我一个人的头上。那时，文字工作量不小，往往不到一个月，就是一次全系统的电话会议，还经常召开在京直属单位的万人大会。到1977年下半年，“揭批查”运动告一段落，唐部长就让我转到业务方面，列席部党组会议。当时，不是党组成员而能列席党组会议的一个是《冶金报》的总编，另一个就是我。唐部长常说，在苏联，能列席苏共中央政治局会议的，一个是《真理报》总编，一个是《消息报》总编。其实，当时我只是一个不带兵的副处长（因那时调研室还没有恢复）。就这样，我开始慢慢地往业务工作方面转了。由于我参加工作以来，始终没有接触过冶金工业的主体部门，因此，列席党组会时，今天讨论冶金生产情况，明天又讨论地质资源情况，过几天长远规划列入了党组会议的议程，对我来说，全是新鲜事，有的还听不明白，像堕入“五里雾”中。唐部长还经常出些题目，要我搜集有关资料，我只能请一些司局的同志帮忙。这些，当然对我压力很大，但好处是信息高度集中，大大开阔了我的视野，也使我和部内各司局的关系更加密切，因此，还算较快地进入角色。那时，我岳母已有老年痴呆症的迹象，我夫人不放心，把她从上海接到北京，家里就雇了一位保姆，从而也解脱了我的家务负担，除了三顿饭在家里吃，一天到晚都在部机关，白天参加会议（当时有20位部领导，会议特多），晚上不是看资料，就是写材料。有时，唐部长晚上参加外事活动，走前要我等他回来，有事要谈。其实，他不说，我也很少回家，有一个月竟然有27天住在办公室里。

1982年，唐克部长调回石油部，李东冶同志接任部长，我被任命为政策研究室副主任，主持全面工作（当时就我一个副主任）。1985年戚元靖同志接任部长，直到1992年。自1982年起，到1992年我因年龄到点在政策法规司司长的岗位上离职止，我一直在政策研究部门工作（1988年政策研究室更名为政策法规司）。刘淇同志就任冶金工业部长时，我已不担任司长职务了。

下面我想重点向学长们汇报一下离开行政岗位后的情况。

1992年刚到点时，按照部领导的要求，仍在原单位帮助工作，大家戏称为“帮办”，有事就帮着办，人家不说，你也不宜主动去办。过去，长期忙忙碌碌，现在一下子显得悠闲起来，确实有些不习惯，一度产生“失落感”。后来，部领导建议我去冶金经济研究中心，而时任中国冶金企业管理协会理事长的钱传钧副部长则请我去他那儿。我权衡后，决定去企业管理协会。1994 年 5 月，我去协会报到。在去前，我先办了离休手续，这样，就把人事关系留在部机关了。

到企管协会后，也有个适应过程。在部机关时，虽然我也经常去企业作调研，每年多则 4 个月，少则两个半月。但当时下基层，调查了解情况，主要是为部领导服务；而现在，则主要是为企业的改革、管理等方面出主意。这种角色的转换，起初也很不适应。记得我第一次以企协副理事长的身份去企业时，在调查结束后，准备同企业领导交换意见，就颇费考虑，不知说些什么才好，因为我毕竟缺乏企业工作的直接经验。这种状况，随着我不断深入企业，虚心向企业同志学习而逐渐有所变化。

在《同窗寄语》第三期上，我曾简要地介绍过自己 1997 年以来的经历。那一年，我受冶金工业部刘淇部长的委派，作为省、部联合工作组的先头部队，带领调查组奔赴水钢，调查水钢巨额亏损的原因。在此后的两三年里，我基本上是同钢铁行业里的“穷哥儿们”打交道，先后担任了 4 个扭亏调查组的组长，而且不断进行跟踪调查，帮助企业出主意、转观念，传播兄弟企业的一些好经验。近五六年，每年我都有五六个月在企业，所见所闻，感人至深。凡是打动我的，我就想把它介绍给兄弟企业，有的是通过文章，更多的是通过在其他企业调查咨询时，在干部会议上讲话时向大家介绍。仅从我 1999 年下半年以电脑起草讲话提纲开始，已经有五十多次，绝大多数都是在这些单位处级以上干部会议上的讲话，时间最短的是 2 小时，最长的 4 小时。据企业同志反映，这样长时间的会议，而能始终保持良好的会场秩序的，并不多见。其实，这不是我有什么水平，而是我所讲的不是一般的大道理，都是我亲身经历的发生在其他企业里的活生生的事实，很多又是这些企业想解决而没能解决的问题，因此颇受企业欢迎。其实，我只是充当一个“二传手”的角色罢了，把甲的好经验向乙作传播，再将乙的新经验帮助解决丙的困惑，如此连锁反应，迸发出的力量也就越来越大。1996 年、1997 年去企业，一般来说，心情比较沉重，看到企业一片亏损，有的企业几个月发不出工资，年轻工人的工资还不够付饭钱，有的从农村老家带了土豆，在炉子上烤烤蘸点盐巴当饭吃，看了真让人心酸。现在，到企业，每去一次，都有不小的变化，看了令人振奋。我深为企业有这样一批好领导、好干部、好职工而自豪。下面就我亲身感受的一些人和事向学长做些介绍，同大家一起分享。

二、省长说：这件事我来办

1997 年初，贵州省省长吴亦侠鉴于水钢的巨额亏损，请刘淇部长为水钢选派一位一把手，同时派出一个调查组，帮助水钢搞清亏损原因，提出改进建议。我就是在这种情况下，受刘淇部长委派，和新任总经理朱继民一起去的。我们是 2 月 14 日（正月初八）凌晨到水钢的，当天就开始工作。20 日，刘淇部长在莫时仁副省长及省里有关部委、厅局的负责同志陪同下，来到水钢。下午省、部领导听取了调查组的汇报。吴亦侠省长因参加省委常委会，晚上才到。第二天早上，刘淇部长通知我，吴省长要单独听我的汇报。我按时到他的住处，交谈了近两个小时。汇报中，他不时提出一些问题，汇报结束时，他问我：你估计下一步还有什么问题？我说：新来的总经理朱继民同志只身前来，人生地不熟，特别是改革进一步深入，可能会遇到一些阻力，现在贵州的省市领导都有从水钢出去的，希望他们都能支持继民同志的工作。他立刻说：这件事，我来办。明天我在大会上宣布，水钢出去的干部一律不要干预水钢的改革，特别是人事安排；回去后，我再个别打招呼。说着就拿出一张名片，在上面写了3个电话号码：一个是他在贵阳住处的，一个是他秘书在贵阳住处的，再一个是他北京家里的，并在名片上端写了几个字："早7点前，晚10点后"，让我有事在这一时间直接同他通话。以后，我用这条热线，通过两次话。一次是我从水钢回去后，他正在北京参加人代会，我向他汇报了他们走后水钢的变化，相信在不长的时间内会有比较明显的转变；另一次是同年6月，我再次去水钢时，看到水钢在短短3个多月的时间里，变化之大、变化之快，令人吃惊，也涌现了一批很优秀的年轻干部。但当时水钢上报省委组织部的新一届党委人选，除朱继民外，全部是原有人马，基本上是同一年龄段，没有吸收新鲜血液，因此没能形成党委班子的梯形结构。那天晚上，我10点钟给吴省长去的电话，他听后，表示完全同意我的意见，并问我：什么时候开党代会，还来得及来不及。我回答后，他又立刻说，这件事我来办，我通知组织部和冶金厅。第二天，我离开水钢去贵阳，见到省冶金厅长时，同他谈起这事。他说，昨晚吴省长给他来电话了，时间大约离我给省长的电话仅10分钟。省长这样认真地把企业的事放在心上，这样的办事效率，无怪乎深受贵州老百姓的拥戴。但令人万分惋惜的是，1998年9月，吴亦侠同志因肺癌，医治无效，在北京逝世，享年54岁。当时，我正在水钢参加省部联合主持的现场会，闻听此事，一下子都说不出话来。我不能相信，这样一个壮实的汉子，怎么这样早就走了。贵州人民正期盼省长能带领大家建设新贵州呢！当天中午，我放弃了午休的习惯，匆匆写了一篇悼念文章交给了《中国冶金报》来参加回忆的记者和《水钢报》的编辑，以表示我的哀思。

三、从外面调入一把手到内部成长五个一把手

上面说过，水钢连续两年巨额亏损，考虑到水钢内部没有合适人才来接替，因此，省委请冶金工业部从钢铁企业中选派一位领导干部接任水钢总经理。当时，王万宾副部长亲自去鞍钢选定总经理助理朱继民，他也是我在扭亏工作中的第一个搭档。由于当时水钢原领导还没有免职，因此，朱继民就以部里调查组副组长身份出现。本来，贵州省的意见是过了正月十五元宵节再去，后来，邯钢总经理刘汉章同志建议：宜早不宜迟，过了春节就走（因当时贵州省还请邯钢派几名基层领导，组成咨询组，同省部联合调查组一起前往）。那时，春节连续放5天假，于是确定，初六上班，处理一下杂务，初七出发。但是，快要过年了，却没有朱继民的消息。一直到腊月二十七中午，我们在部里小食堂吃饭时，朱继民进来了，刘部长立刻招呼他，并且向我作了介绍，还问他，怎么现在才来。他说了一段话，使我很感动。他说：部里确定调他去水钢后，消息很快在鞍钢传开了。水钢是20世纪60年代建设大三线时鞍钢援建的，水钢很多干部都是从鞍钢过去的，因此，鞍钢的干部对水钢的情况都很清楚，对他去水钢，没有一个人支持，甚至说，你犯不着去跳这个火坑。家里也都反对，说我在东北待了三十多年，这么大年纪了，再从东北到西南，身体很难适应，我夫人明确表示，她不会随我去贵州的，因此我要去贵州，总得先做好家里的工作。过去我对干部讲，组织的需要就是自己的志愿。现在，轮到我头上了，我就找个借口，打退堂鼓，那以后朱继民的话还算话吗？我怎样面对组织、面对同志们、面对自己的部下？这些天，我主要是在做说服工作，所以拖了些天。我听了，确实很感动。我想，能和这样的同志在一起工作，也是我的缘分。我一定要尽力协助他，尽可能为他创造较好的

工作环境。以后，我每年都去水钢，最多时，一年三次，每次至少住一周。在工作接触中，我们的友谊也越来越深。他为水钢的振兴，起到了旁人无可替代的作用。我认为，他对水钢最大的贡献不仅是在较短期间使水钢扭亏为盈，更重要的是他在带领水钢广大职工转变观念的基础上，带出了一个好班子、一支好队伍。他在水钢整3年，他走时，水钢成长了五个一把手。原来水钢的副总经理王黎明和党委副书记赵松桓分别担任水钢总经理和党委书记，他们在朱继民打下的基础上，继续前进，各项工作又有新的进展，各项指标又有新进步。这几年，还是这些主体设备，1996年产钢37.8万吨；朱继民走时，1999年的钢产量为113万吨；2002年达173万吨。2001年水钢被授予“全国五一劳动奖状”，2002年王黎明同志也被授予“全国五一劳动奖章”。还有三位副手，也都被省里调到省内其他大型企业担任董事长和党委书记，工作都不错，其中一位也被授予“全国五一劳动奖章”。朱继民调到首钢担任总经理，和原有的公司领导班子一起，工作很有起色，受到首钢广大职工的赞誉，最近，被选为中共北京市委委员。水钢的变化，使我深受触动。过去，我们有些同志往往抱怨没有人才。事实上，却有大批人才被埋没，在浪费。几年前，有谁能相信水钢一下子出了这么多一把手。而今，水钢成了“干部培养所”了。不仅公司级领导快速成长，而且我接触的二级单位领导，也都变了样。他们领导的单位，每年都有新思路，都有新进展。相互间你追我赶，使水钢各项工作不断出现新局面。

四、要做平原地区的好木匠

说起三明钢铁公司，倒不是一个亏损企业，但相当一个时期，却停滞不前。“八五”期间，连续5年，钢产量就在“5”字头上徘徊。1995年末，我曾去三明，那时，前任厂长因经济问题被判刑，同案的还有好几位处长。新厂长还没任命，暂由党委书记兼任厂长。我去时，党委书记外出开会，不在家。在中层干部座谈会上，相当一部分干部士气低沉，埋怨情绪较重。一说学邯钢，总强调三明地区少（铁）矿无（炼焦）煤，资源条件无法同邯钢相比；至于交通运输条件，过去是“小三线”，离沿海远，交通不便，也无法同邯钢比。因此，生产成本高，产量上不去，似乎是理所当然的事。在这种思想影响下，学邯钢步履维艰，降成本进展甚慢，即使口头上也说学邯钢，实际上只是纸上谈兵。座谈会上，针对中层干部这种思想情绪，我有意提了两个问题：能不能请有关部门再来进行一次勘探，找出一个大铁矿、大煤田来？能不能像有的三线企业那样，外迁到交通条件等较好的城市？其实，他们都知道，我国铁矿、煤矿的普查工作已经做得相当深了，一般情况下，不大可能再发现什么大矿；至于这么大的一家钢厂搬迁，也是不可能的。因此，对这两个问题的回答，都是否定的。于是，我说，既然大家认为这也不行，那也不行，那就“死心塌地”把立足点放在三明这块土地上，自立自强，创出业绩来。当时，有的同志听了，有所触动，要我多留几天，同中层干部好好讲一讲。由于主要领导不在家，我觉得不便贸然行事，就加以推托了。

第二年，省委、省政府派来了龙岩地区副专员欧阳元和任厂长，他是上海交大毕业的，曾担任过龙岩钢铁厂的厂长。欧阳元和来厂后，针对这种思想，就给大家提了一个问题，为什么技术精湛的高级木匠，绝大多数不出在林木资源丰富的林区，而出自木材资源贫乏的平原？这个问题，给大家很大的触动，使大家认识到，资源丰富，表面看是好事，但却往往不懂得爱惜，干活大手大脚，干坏了无所谓，反正有的是木材；而平原的木匠，深感木材资源来之不易，是环境迫使他们必须精心加工，精益求精，在有限的资源上做出大文章，否则就难以在市场上生存，这也造就了平原地区一批木匠身怀绝技。这个故事，在三钢广为流传，使大家从过去的埋怨情绪中摆脱出来，立志做平原地区的好木匠，从而推动了学邯钢活动的深入。他还带领全厂职工，自立自强，坚定不移地依靠自身的力量，“跳出生死圈，远离盈亏线”，把生产搞上去。结果当年就突破了60万吨，1997、1998两年，每年又以20万吨的幅度增长，1998年突破了百万吨大关，达到107.4万吨，2001年又增长到146万吨。特别是炼铁、炼钢的一些主要技术经济指标名列行业的前三名、甚至居于首位，产品成本大幅度下降，吨钢综合能耗可以同宝钢并驾齐驱，企业效益显著增长，成为兄弟企业自觉学习的榜样。干部们在同我谈起欧阳厂长（改制后，任总经理，现任董事长兼党委书记）时，深情地说：“我们感谢省委给三明派来了一位好厂长，感谢老区人民给我们送来了一位好干部”。

五、事在人为，志在超越，把工夫下在自己身上

萍乡钢铁公司又是一种类型。1996年我曾去过，萍钢当时已是连年亏损，资不抵债，濒临破产边缘了。1997年3月，企业实在难以为继，于是他们同省长约好了前去汇报。汇报的头天下午，厂里三位主要领导同车去省城，车快到南昌时，不幸发生车祸，正副厂长当即死亡，党委书记重伤。这一重大恶性事故，对萍钢更是雪上加霜。在这种情况下，生产副厂长涂建民受命于危难之际。面对当时的严峻形势，他首先带领各级干部转变观念，强调“我们两级领导干部思想解放之日，就是萍钢翻身之时”，要求大家“摒弃等靠要，改革闯出路，管理求生存”，并且提出了三年扭亏的方案。尽管当时有些人认为这一方案是“天方夜谭”，但经过一年的艰苦奋斗，除个别指标外，大部分都提前两年实现了。1998年元旦，江西省省长舒圣佑视察萍钢，高度评价了萍钢的业绩，接着《江西日报》连发4篇有关萍钢的专题报道，江西冶金行业还开展了“远学邯钢，近学萍钢”的活动。

1998年8月，我去萍钢，开了3个座谈会，有40多人参加，从机关处室、二级厂领导，直至一线工人，都异口同声称赞厂领导作风正、工作实、干劲足。大家最满意的是厂领导身体力行他们提出的“廉洁、高效、团结、开拓”的八字方针。在下岗分流中，8个厂级领导的妻子有6人带头下了岗，其中包括涂建民厂长的妻子。在查处1起进厂原燃料弄虚作假案件时，涉及一位厂领导的亲属，这位厂领导不徇私情，表示要依法处理，在讨论处理意见时，他主动回避。宣布处理结果时，这位厂领导的父亲骂他“六亲不认”，但员工们却再一次伸出大拇指。后来我问过涂厂长的夫人：你是一个注册师，又不是吃闲饭的，而且离退休年龄还早着呢（当时是43岁），为什么就下来了？她说：厂里当时很艰难，不搞下岗分流过不下去，老涂当了一把手，担子更重，我退下来，一方面是对他工作的支持，同时也使他无须再为家务分心。这种为了企业发展的全局而自觉地牺牲个人利益的高尚品格令人钦佩。

萍钢的巨变，给我以很大触动。他们的这些业绩是在完全没有政策支持下取得的。我觉得自己有责任把他们的这种精神、他们的业绩向有关领导部门反映，在可能范围内给他们以必要的支持。由于我当时要去水钢参加省部联合召开的第二次扭亏增盈现场会，一拖恐怕就耽搁十天半个月。临走那天早晨，我2点多钟醒了，躺在床上想萍钢的事，睡不着，就索性起来，起草萍钢的调查报告，早餐时交给办公室同志打印，再请厂里核对事实

后，传给国家冶金局和省冶金总公司。后来，局领导还专程前来调查，《中国冶金报》在头版头条发表了这篇题为“关键在于有个好班子”的调查报告全文，在行业里引起了普遍重视。

这几年，萍钢不断在前进。1996 年，萍钢的钢产量只有 35.2 万吨，全厂只有一套老式轧机，设计能力为 10 万吨，当年产量只有 6 万多吨。2000 年，这套轧机产量达到 23 万吨后退役了，现在先后上了三套新轧机。2002 年钢产量超过了 170 万吨。在实践中，“事在人为，志在超越”的企业理念和“转变观念，眼睛向内，把工夫下在自己身上”的萍钢精神在广大职工中深深扎根，激励着他们不断攀登新的高峰。

六、基层干部和职工的创新精神

上面谈到的多半是企业领导的事。正是在这样一批好带头人的带领下，职工队伍的素质也有了显著的提高，从而创造了不少奇迹。这样的事例数不胜数，下面我只能举几个例子。

武钢二炼钢厂是武钢三个转炉炼钢厂中历史最久的一个，也是武钢的精品名牌钢生产基地。20 世纪 90 年代后期，一炼钢平炉改转炉，接着是比利时政府贷款的引进项目三炼钢投产，他们的炼钢技术骨干都要二炼钢厂输送，二炼钢先后向一炼钢和三炼钢支援了 200 多名优秀的技术、管理和操作人员，自己陆续补充的青工占到炼钢车间职工总人数的 70% 以上。虽然对这批青工，都进行了岗位培训，但毕竟上岗时间短，部分职工个人技术操作水平不过硬，也出现了一些问题。2000 年 5 月，炼钢车间提出以“知识型人才、智能型岗位、学习型班组”为方向，突破了传统的岗位培训方式，实施“岗位点球滚动练兵法”，仿照足球比赛的“点球”，轮流由班组工人出题，指定下个班组工人答题，并定期评选最佳、最差出题员（答题员）。实施一年多来，就取得显著效果，极大地提高了职工的学习热情和参与意识，解决了一批生产难题，推动了车间管理和技术进步。他们还响亮地提出：拒绝“兵马俑”，消灭“仪仗队”。意思是不能像兵马俑似的木头呆脑，要积极开动自己的脑子，创造性地工作；也不能只是培养出少数几个标兵，在场面上充当仪仗队的角色。现在，谁也不甘心落后，人人奋力争先，车间整体素质有了很大提高。全厂历年来共总结推广了 8 个先进工作法，其中 6 个是在推行“练兵法”后评出的；先后 3 次突破世界转炉复吹炉龄纪录，最高的达到 22766 炉；成功地冶炼了核潜艇、新 HiB 等一批顶级钢；重点品种炼成率达 99.80%、硅钢合格率 99.95%，均创历史最好水平。

还有像水钢二轧厂三年三创新：1999 年他们推出了“干部离线检验法”，就是在关键时刻（如大修开始的当天），把车间主任和厂部有关科室领导调离现场，以检验其工作的落实情况。这样搞了两次，干部的工作更落实了，工人们也知道在关键时刻，很可能找不到领导，因此，工作也更认真细致了，从而使工厂的管理水平提高一大步。2000 年，他们又推出了“生产总值班制（又称代理厂长制）”，让 5 个车间的主任轮流当一周厂长，在这期间，凡是生产调度、经济责任考核、事故处理，都由见习厂长定夺。5 周下来，进行总结，普遍感到全局观念强了，协作精神好了，感到自己知识不足了。热轧车间主任 48 岁了，下来后立刻报名参加“电大”企业管理班了。2001 年，全厂进行大规模的技术改造，厂领导又针对大修中的问题，让每个中层干部每周都填写一张表，回答 6 个问题：“三个不满意，三个为什么”，就是本周职工不满意的事，自己不满意的事，领导不满意的事；为什么存在重复发生的问题，为什么领导安排了才动，为什么结果与计划总有偏差。促使各个单位都来认真找差距，加以改进，负责二轧厂改造的北京钢铁设计总院的专家对双方的合作十分满意。其他各厂也都有创新，像一轧厂的“变看得惯为看不惯”，要求职工从习以为常、看惯了的事物中找出看不惯的问题来，再加以改进；焦化厂的“24小时前知道管理结果”，对管理人员提出更高的要求，这些都不断推动水钢各项工作日新月异，创新求变。

莱钢炼钢厂也是一个短期内取得突破性进展的单位。这个厂在1999年3月，曾发生一起转炉爆炸事故，死亡3人。当时，他们的主要技术经济指标在行业里位居30名左右，只是中等水平。事故发生后，莱钢领导把公司技术中心的副主任（原炼钢厂副厂长）调回炼钢厂任厂长。新领导认为，要建设好炼钢厂，关键在于提高职工的整体素质。他们从整顿劳动纪律着手，请部队同志当教官，把全厂2000多人分4班轮流军训一周，效果很好。在此基础上，他们借鉴国外先进管理经验，提出创建“学习型工厂”的设想，并且要在一二年内进入国内同行业的先进水平。尽管当时很多人对此并不理解，甚至认为他们是在吹牛，但他们却信心十足。1999年5月，开始创办“炼钢厂新世纪大学”，把全体员工都按不同层次分别纳入到不同的班级。这些班级，都不是仅仅为了获得知识和信息，而是重在激发职工的学习力，重在学习习惯、学习能力的培养上。而且无论在什么班上，他们都结合实际，教育职工树立一些新的理念，诸如“慎防青蛙现象”、“警惕蝴蝶效应”、“不能归罪于外”、“超越自我，挑战极限”等；并掌握一些新的思想方法和工作方法，如用系统思考的方法分析和解决问题，用建立愿景体系的方法凝聚职工的心力，用深度会谈的方法共享学习成果，按“工作学习化，学习工作化”的要求来学习、工作。结果，仅仅一年多时间，炼钢厂大变样，有20多项技术经济指标进入全国前三位，转炉炉龄、氧枪枪龄、连铸的连拉炉数均为全国第一；工厂环境也焕然一新，道路宽阔整洁，两侧绿草如茵，鲜花盛开，中有假山石点缀其间，使人心旷神怡。在道路、草坪、花园、建筑的命名上，也别具新意，富有思想性、哲理性，如学习力大道、创新路、拓荒园、天启坪、勤政楼等。特别是职工的精神面貌有了根本性的变化，人气旺盛，凝聚力强，呈现了蓬勃的生机和活力。现在，莱钢炼钢厂也成为行业里“学习型组织”的先进单位。

这样的事例还很多很多，而且这些基本上都是我亲身经历的。能经常生活在这样的环境中，特别是在已经脱离工作岗位的情况下，仍然有这样好的机会，参与这种变革现实的活动，我自己也感到十分欣慰。虽然我在班上是个小弟弟（只有周骞比我小），毕竟也是年逾古稀的人了。但无论从生理状况还是心理状态来讲，自己觉得还并无“老”意，这同我这些年的工作、生活环境有很大关系。既然，企业的同志这样信任我，给我创造了很好的条件，自己健康状况又许可，为什么不为企业多做点事呢？这也是我为什么这些年还继续不倦地每年到企业跟踪调查的动力所在。当然，我不是说，现在国企都没有问题了，对有些问题，我自己觉得还能帮助做些工作，就尽力而为；有些，我认为自己起不到作用的，也只能听之任之，毕竟还有更多的在职同志，他们应该会更多地关心、并且加以解决的。

七、几点体会

这几年，我之所以还能继续发挥一些余热，企业的同志还欢迎我去，我自己认为，大约有这样几个原因：

（1）动真情。对企业的事情，我是怀着真情来对待的。过去在职时，对企业的问题，当然是职责所在，尽力帮助企业解决。但由于我所处的岗位，也很难直接帮助企业解决问题，较多的是帮助呼吁，敲敲边鼓。离职后，更是无权无势，因此，我更多的是着力于帮助企业认清自身的潜力，依靠自身的努力，来解决问题。特别是水钢、萍钢等企业的重大变化，更增强了我这样做的信心。对企业一些好的经验，我会认真地去挖掘、帮助他们一起总结，并且在行业里宣传、推广；对企业存在的问题，我更多的是介绍兄弟企业对类似情况的一些做法，着重帮助他们在观念上转变，调动他们自己的积极性。

我这个人，比较容易动感情，1997 年初在水钢向省部领导汇报的会议上，我谈到一些职工由于几个月拿不到工资、生活相当困难时，我激动得说不下去了，出现了短时间空当。后来再去水钢，在干部会上我谈起水钢的变化，自然是喜形于色。不料《水钢报》把我前后两张不同表情的照片，加了说明，登在《水钢报》上，作为水钢巨变的一个佐证。

1999 年在三明调查时，对照 3 年多前的情况，感到确有很多值得总结推广的好经验，我就以人民来信的方式给福建省委、省政府主要领导呈送了调查报告，并提出几点建议。后来，省委、省政府的有关部门，专门去三明作调查，在省报、省电视台作了连续报道。

有次，我去某企业时，发现干部情绪浮动，原因是这家企业的一个上级主管部门的个别领导，出于个人恩怨，对该企业的主要领导进行了不恰当的调整，并不断干预企业的生产经营工作。很多干部对此既不满，又无奈，为企业的前景担忧。由于这是一家省属企业，省里我又无人认识，最终我还是以人民来信的形式，向有关部门作了反映，终于制止住了这种不恰当的干预，使企业得以正常运作，一步步向前进展。类似的事情还有好几起。

有人说我，何必多管闲事，我觉得作为冶金战线的一位老同志，有责任、也有义务为冶金企业的发展尽自己的一份力量。在实践中，我还总结了自己正反面的经验教训，对自己提出了“五不”的要求，这就是：“为上不唯上，读书不唯书，识风不随风，贵和不调和，助企不扰企”。虽然，我并没能完全做到，但有了这样的自我要求，才能更好地帮助企业。有次，我去一家企业，企业领导和我说了这样一段话：“现在有的领导下来，讲的没有一句错话，但也没有一句有用的话”，这话对我印象十分深刻。我也经常以此鞭策自己，使自己能为企业服务得更为有效。

现在，我到一些企业，确实有一种回家的感觉，基层干部和职工同志们对我的那种亲近感、信任感使我十分感动，这对我来说，是任何金钱都买不到的最高的褒奖。

（2）平常心。这几年，和企业的同志一起，做了一些工作，企业同志给我很高的评价，感谢我对他们的帮助。但我总是这样想，这些成绩既有大环境的作用，更主要是企业同志自身的努力；要说帮助，也是双向的，在我帮助企业的同时，我也从企业吸收了很多营养。我是学电机的，毕业后，长期搞工业教育，一直到 1976 年粉碎“四人帮”前，基本上没有接触什么企业；即使在 1977 年以后，我开始接触冶金工业的全局情况，但也从未经过一天关于经济管理等的学习班。现在所以能在企业有些发言权，主要是向实际学习。

而且，还要承认，在我离休以后，所以还能做出一些成绩，很重要的一条，是由于我碰到了一些好机遇。如果没有刘淇部长让我参加水钢调查组，或者即使我参加水钢调查组，而不担任组长，恐怕就没有以后一系列的事情。因此，在部里表彰我后，有的同志以开玩笑的口气说：我们怎么向你学习，我们有你这样的机遇吗？这话不无道理。当然，“机遇总是青睐有准备的人”，我也不否认自己的努力。但我很同意原冶金工业部副部长、现任宝钢董事长徐大铨在接受中央电视台“东方之子”采访时说的：对我而言，成功70%是靠机遇。但什么是机遇？面对机遇怎么办？说实话，我根本没有考虑过。我去水钢前，我并没有想这可是一个机遇啊，我要抓住这个机遇，我只觉得责任重大，我要和组内同志一起，全力以赴，完成这一任务。以后，大队人马离开水钢后，我所以主动留下，只是因为我觉得新任的总经理刚来水钢，人生地不熟，我作为调查组的组长，有责任帮助他，也从来没有想到：这可又是一个机遇，要好好抓住它。我觉得一个人就要以这种平常心来对待发生的一切事情。你越是想找什么机遇，想通过什么机遇来表现自己，很可能是适得其反。

这些年来，我先后到过六七十家企业作调查咨询，其中不少是多次进行跟踪调查的。这些企业中有相当一部分，当初处境比较困难，后来都有不同程度、甚至明显的好转。有的同志就过高地估计我的作用，给我戴上好几顶“桂冠”。应该承认，在冶金企业的扭亏工作中，我是尽了自己一份绵薄之力的。但是，如果没有冶金行业整个大形势的好转，国家政策以及地方政府的支持，没有企业领导的表率作用，没有广大职工的奋发图强，我又能起什么作用呢？而且，正是这些企业的变化，使我受到深刻的教育，甚至是强烈的震撼。如果说我对企业有过一些帮助，那我得益于企业的就更多，是企业的同志们给我以信心，给我以智慧，给我以力量。没有他们作出的惊人的业绩，我到企业又能说出一些什么能打动人的道道来呢？

（3）勤为先。回顾一生，我自认为比较得益于一个“勤”字。从小学二年级起，一直到中学毕业，我始终在班级里考第一名，这主要也是靠一个“勤”字。在中学，自己买参考书，大量作习题，因此，考大学时，没有费多大劲。但这种学习方法，到清华大学后，就碰壁了，相当一段时间不适应，竟然出现考试不及格的情况。应该说，清华大学的学风，对自己有很大的帮助，虽然以后注意改进学习方法，但思考问题的深度总比不上班上的好多同学。参加工作后，我始终保持“勤”的作风，深信“勤能补拙”，在工作中，奉行“四勤”：即勤学、勤跑、勤记、勤写。所谓“勤学”，就是我比较重视学习，除了在家利用业余时间看一些报刊书籍外，在外期间，看到一些什么有用的或者是有兴趣的资料，往往就记下来，但我学习是杂而不专，好处是往往能触类旁通，缺点是缺乏系统性。“勤跑”，就是我比较重视深入实际，即使在职时，我也尽量抽空下基层，每年少则两个半月，多则4个月。这几年，就更多了。这对我的帮助很大，很多书本上学不到的东西，在现场给我以深刻的启示，使我深深感受到人民群众是真正的英雄，他们有无穷的创造力。特别是现在，我基本上没有什么挂靠单位，除了报刊上公开刊登的信息外，很少接触什么内部材料，但我最大的优势就是通过企业的调查，掌握了大量第一手材料。“勤记”，我自己觉得我记性不好，所以，我信奉徐老（特立）还是谢老（觉哉）说的“不动笔墨不读书”。特别是记忆力随着年龄的增长呈反比，往往读书后过不多久，就毫无印象，读了等于白读。因此，更得采取笨办法，宁可慢些，但要牢些，记笔记一是可以加深印象，二是必要时便于翻阅。这两年又进了一步，一些重要的资料都输入电脑。这样，表面看，效率低了，但经过分类归纳整理，更便于应用，特别是出差时，优越性就更明显了。“勤记”，还包括到企业的调查，认真记录座谈会的发言、个别交谈的记录，甚至在生产现场的板报、宣传栏，也会有不少新鲜的内容，我都会记下来。“勤写”，到企业调查，凡是打动我的，我都会把它写出来。过一段时间，积少成多，归纳成一些专题，另行成文。改革开放以来，大约总共发表的有200多万字，其中影响比较大的是“扭亏十谈”，除了在冶金系统一些报刊发表外，《经济日报》、《经济管理》也都刊登了。季崇威同志看到后，建议我压缩成一篇文章，经他转呈朱镕基总理。朱镕基将这篇题为“企业扭亏，路在脚下”的文章批给《人民日报》发表了。1999年，我先后选编了90万字，出版了两本书：《管理——工业发展的永恒主题》、《国有企业扭亏的实践和思考》。这几年平均每年公开发表的大约还有七八万字。我之所以没有说“勤思”，因为我觉得这还是我的一个弱点。但是，通过写逼得我要思考，只是我的思考，往往是建筑于大量资料的基础上，深度不够。

我这样做，也有些人觉得不理解，说我是工作狂。其实，这对我来说，也是一种乐趣。这几年，我自己感到比在职时更充实。而且，去企业时，企业同志都很照顾，常要我在休息时间到周围一些景点去走走，既是休闲，也饱览了祖国大好山河，还增长了见识。从1999年起，在我夫人的积极鼓励和安排下，每年约几位老同学，参加旅行社，到国外去看看，先后去了俄罗斯、澳大利亚和新西兰，北欧四国（丹麦、挪威、瑞典、芬兰）和德国，很开眼界，回来后结合所见所闻，再查阅一些有关资料，整理成文，以资备忘，对自己也是一个提高，三次一共整理了6万多字。以后，只要健康状况允许，准备每年出去一次，同学们如感兴趣，可以约伴同行。至于工作，我想，只要身体状况可以，我还会继续为企业做些事。但现在国内外市场的情况在变化，企业的情况在好转，过去我为企业所做的一些工作，今后是否还能适用，还需要做一些什么改进，对我来说，也是一个新课题。在这方面，我想，也要与时俱进，以适应形势的新发展。

后记二

我这五年[1]

在毕业50周年之际，我曾在《同窗寄语》上写了“老而有为，离而不休”一文，记叙了我毕业以来的经历，一转眼，5年又过去了。2008年是我们“37”学号的级友入校60周年，联络组要求大家写写自己想说的话。其实，这5年来，对我来说，变化不大，基本上还是老样子，身体还不错，因此还是企业走走，各处游游，身体健康，心情舒畅，走得动，吃得下，睡得着。

这几年，我一直没有闲着。主要是两大活动。一是继续到企业做些调查咨询活动，每年4个月左右。多数是在企业待个把星期，有的企业还要多些。调查结束后，一般会应企业领导之邀，在企业领导班子及中层干部会议上讲话，有的还会写出调查报告或者某些专题论文。这5年，在企业讲话65次，写出调查报告、专论等77篇，约30万字。

当然，我也明白，作为一个已经离职多年、而且又没有任何机构作支撑、仅靠自己单枪匹马的人员来讲，在企业继续调查咨询有着很多不利条件。我的优势则是对企业的历史状况比较熟悉，现在又有比较充裕的时间，而且有条件接触企业各个层次，获取较多的感性认知，但是要真正搞好咨询工作，我还必须经常接受新思想、新观念、新事物。因此，不外出的时候，我就阅读有关书刊资料，其中有十余种企业和行业的报刊，对有用的资料一点点敲入电脑，在家的时间基本上就是干这些活了。

另一个大活动就是外出旅游。这里主要是指出国旅游。至于国内旅游，基本上就是出差到企业时，到所在地周边的景点走走。从2000年开始，每年都出国旅游1~2次，至今已经有11次。近5年，出行8次。每次回来，都把所见所闻所感随手写来，累计已有20余万字了，再加国内旅游，总计超过50万字。

对这样的生活，我自己感到很充实，而且劳逸结合，有张有弛，也是体劳结合。

这几年，由于我基本上没有脱离钢铁行业，整天还是同钢铁企业打交道，到企业不仅接触高层领导，而且更多的是各级领导甚至基层职工，既看到我国钢铁行业的迅猛发展以及正在由弱转强的过程，也看到高速发展背后潜在的隐患。因此，这次我想先谈谈自己在这方面的一些感受。

一、钢铁业的高速发展，有喜有忧

在写第四期《同窗寄语》的文章时，那一年2002年的钢产量是1.82亿吨，比上年增长3122万吨，以后每年分别增长5046万吨、7810万吨、7290万吨、6533万吨，2007年

[1] 本文刊载于清华大学电机系1952级《同窗寄语》第五期（2008年9月）入学六十周年专刊《轻舟已过万重山》。

将较上年增长达到破天荒的8000万吨，总量达到5亿吨，连续12年钢产量位居世界第一，而且同第二名的差距不是像奥运会上冠亚军那样就差那么一点点，我们的第一是超过了世界第二到第七的产量之和。现在一年钢的增长量超过位居第四的俄罗斯全年钢产量。这样持续地高速增长在世界钢铁史上可以说是空前绝后的。这么多钢材，却并没有积压在仓库里，说明至少到目前，国内外客观上存在这样的需求。

钢铁工业的这种快速发展，说明了我国钢铁工业的发展进入了一个新阶段，说明了我们国家已经具有相当强大的经济实力，值得我们自豪！但也引起各方面人士的担忧，担心供求失衡将会带来的严重后果，我也是其中之一。江苏“铁本事件”发生前，我曾去当地做过调查，很担心这些民营企业在当地政府的支持下，以“空手套白狼”的做法，以巨额投资建设钢铁厂的做法所带来的恶果。为此，我曾先后以“铁本”为例（但文内没有点出“铁本”的名字）在报刊上以及上书中央及有关部门领导，呼吁要切实加强宏观调控。

令人担忧的是，钢铁工业数量增长的势头还在继续。尽管国家从2003年后期起，就对钢铁工业实施宏观调控，对这种非理性的增长速度在一定程度上起到了遏制作用，2008年更是加强了淘汰落后的力度，还对重点省市签订了责任书。从现在看，收效甚微。以河北省为例，是重点调控省份，2007年全省产钢近9100万吨，而2008年上半年却产钢5470万吨，全年将达1.1亿吨，增长近21%，这种势头目前丝毫未见减弱。2008年8月，我在一个偶然的机会，看到唐山市下辖的迁安市一份资料，该市在当时召开的市委扩大会议上，全体代表观摩的项目中就有4个新建的钢铁项目，都是在2005年上马的，其中3个是钢铁联合企业，总规模达到1000万吨，现在已经形成800万吨的产能。按规定，这种规模的新建企业，必须国家发改委批准，但是，在省市有关部门的支持、甚至纵容下，这些企业可以顶风而上。前几年发生的“铁本”事件，实际上是在一再被复制，但是却再没听到哪些责任人受到追究和处理。

是不是我国经济发展确实需要钢铁工业继续加快发展呢？从2008年出口钢材的急剧增长也可以看出一些端倪。2008年前8个月，我国出口钢材、钢坯折合粗钢为5539万吨，超过同期国内粗钢的增长量。而从国民经济的全局来看，在我国铁矿资源、能源以及环境制约因素进一步加剧的情况下，钢材大量出口并不是一个方向，国家已经在调整出口税等方面进行调节；同时，国外对我国钢材的反倾销也在加强；而且一些发展中国家也正在建设新厂，扩大钢铁产能。如果一旦外销受阻，即使将10%的出口钢材转向国内市场，也将会给国内市场带来巨大的震荡，给钢铁工业以致国民经济的加快发展带来巨大的危害。

从钢铁业近几年发展情况来看，以中央政府为一方，某些地方政府和有关企业为另一方的博弈中，中央政府是处于被动的劣势地位。有人说：现在是“政令不出中南海”，虽然有些夸大，但也说出了某些实情。长此以往，中国共产党领导下的中华人民共和国将出现一种什么局面，不能不令人担忧！看来，在经济体制改革进行到一定程度后，如果政治体制改革不能相应地跟上，经济体制改革的成果也难以保住！

从我自己来说，我也进行了反思，我认为，我的一些观点有其正确的一面，但是也有落后于形势发展的一面。我较多地从国内外钢铁工业历史经验出发，但对我国这样一个十几亿人口的大国，又是工业化、城镇化、现代化同时并举，在建设上必然会出现新的情况、新的特点认识不足。我强调要从数量扩张型向质量品种效益型转变，把工夫下在品种质量、节能降耗上是对的。但是，对钢材需求仍有较大空间却估计不足。这说明了在我国现代化建设进程中，确实有许多需要我们再学习、再认识之处，“活到老、学到老”是永远不会过时的。

二、老有所为，在为企业服务的过程中也改变了自己

这5年来，我每年都有4~5个月时间到企业做些调查咨询，自己感到过得很充实。我在职时，是比较注意经常到企业进行调查研究的，以后从行政岗位上退下来、转到中国冶金企业管理协会，去基层的时间就更多些。但真正以服务企业为主的调查研究活动，1997年是个转折点。从1997年初到1998年，我受当时冶金工业部部长刘淇的委托，先后担任了4个钢铁企业的扭亏调查组组长，这几年，我主要是同“穷哥儿们”打交道，不断进行跟踪调查，帮助企业领导转观念、出主意，以后又扩展到其他企业。1999年中国冶金企业管理协会更名为中国钢铁工业协会，企管协会撤销，我就不再隶属于任何组织。但是由于这些年长时间的在企业进行调查咨询，经常发表一些调查报告以及专题论文，在企业里还是有一定影响，因此，很多企业还经常约请我继续去他们那儿做些调查，并就企业内部管理和改革等一些当前的热点问题进行探讨。这些年，我在企业的活动大体可以用3句话来概括，就是——转观念，传经验，作诤友。

转观念。通过对企业的深入调查，给我最强烈的感受是：一个企业的兴衰成败，关键在于企业主要领导的思想观念，所谓，“观念决定思路，思路决定出路”。这种事例比比皆是。1999年春节期间，我把前两年帮助企业扭亏的体会写了一组文章：“扭亏十谈”，先后在中央和冶金系统的一些报刊上发表，其中我自己认为最主要的两篇是：“千条万条，转变观念是第一条”和“关键在于企业一把手”。尽管当时有一种舆论，认为国企亏损是势所必然，是个体制问题。我不否认国企的现行体制阻碍国企的发展，需要努力创造条件，深化改革，但把国企的问题统统归之于体制，实质上是放松了作为国企领导者的责任，使自己陷于不作为的境地。像水钢、萍钢、三明等一些严重亏损或长期停滞不前的企业，就是换了主要领导，带去了新观念、新作风，很快改变了面貌的。过去有问题就推客观、找借口，现在则从自身工作上找原因，求解决。观念转，面貌新。队伍还是这支队伍，装备暂时还是这些装备，但情况却很快得到扭转，甚至出现不少意想不到的结果。因此，我对自己的工作定位就是以兄弟企业的实际来帮助企业的两级领导转变观念。我坚信，只要领导观念转变了，再带动广大员工转观念，在新的观念指引下，一定能够创造出无数前所未有的奇迹。事实也完全证明了这一点。这就更坚定了我的信念：“千条万条，转变观念是第一条”。

传经验。我觉得，很少有人有我这样的条件，企业为你创造这样好的条件，让你可以自由自在地进行调查，可以接触到从主要领导一直到基层的员工，他们信任你，愿意同你谈些心里话，使你能够掌握一些真实情况，从而得出比较符合实际的观点。我还想，既然有那么多的事例打动了我，我也有责任，要尽我所能，把我的感受和大家分享。而且，我觉得自己这些年虽然说是搞企业管理，但我既不是学管理的，也没有经过任何这方面的正规培训，甚至没有经过超过一天的学习班，理论根底很浅，要说我的长处就在于深入实际，接触大量冶金企业的生动事例，而这些往往更容易引起企业的共鸣。因此，当我在企业调查后，只要企业领导请我讲话，我都会结合调查感观，介绍一些兄弟企业的情况，包括成功的经验和失败的教训，其主要目的也是借此引发企业各级干部进一步解放思想，转

变观念。所以，我把自己比作“二传手”，只是在企业之间传播一些先进思想、先进经验。有时，我看到我的一些文章被企业报转载（转载时，一般都有该企业领导推荐的按语），我会感到很欣慰。

作诤友。有些企业，我是跟踪调查的，隔两三年或者稍长一些时间去一次，个别的每年都去。对这些企业，每次一般都待一周左右或更长一些。因此，同这些企业的各级干部和员工之间建立起了比较密切的关系，他们对我也有高度的信任感。我觉得要不辜负大家的信任，既要对他们的经验认真学习、总结、推介，也要不回避发生的问题，对出现的问题通过恰当的方式提出自己的看法，做一个真正的诤友。比如，有的企业在扭亏以后，随着形势的好转，在一些基层单位逐渐滋生了铺张浪费的风气，有的则滋长了盲目自满的情绪，我就从“两个务必”谈起，介绍魏征的两篇名著：《谏太宗十思疏》和《十渐不克终疏》，以及《从优秀到卓越》一书中的第一章第一节的第一句话：“优秀是卓越的大敌”，促使大家增强危机感。在企业发展问题上，有的企业往往强调规模的扩张，一度这种潮流简直难以抵挡。当然，企业会有自身的考虑，我则从发展的全局谈谈自己的想法，起码使企业能听到一些不同的意见，从而更好地决策。

在长时间与企业同志接触的过程中，我自己的观念也在不断转变，思想也在不断提高。我接触到一些离退休的老同志，有时谈起国有企业，就是满肚子牢骚、怨气，总认为国企由于体制的弊端，没法搞好；一说国企领导，似乎都是借着体制弊端为借口来中饱自己私囊的贪污腐败分子。当然，不能否认国企的体制确实还存在不少问题，必须进一步深化改革。在国有企业领导层中，也确实存在一批国家的蛀虫，但是从我这 10 年来比较深入地从多方面、多层次地同国企接触，我更多地看到的是一些国企领导，尽管他们处境不尽相同，有的是掌舵艨艟巨舰，挑战世界顶级企业；有的是平稳接班，面临市场竞争的新的严峻挑战；有的是在企业濒临破产的情况下，受命于危难之际，带领广大员工走出困境。面对新形势，各人的领导风格不一，但是他们都有一些共同的特点，就是以企业和国家的利益为重，在内外部条件十分困难的情况下，敢于正视现实，勇挑重担，率先垂范，以自己的智慧、胆略和魅力，带领广大员工，历尽艰辛、艰难、艰苦，终于闯过一个个险滩，到达胜利的彼岸。他们不愧是共和国的钢铁脊梁。

在同企业广大员工接触中，我更为我们共和国有这样一支钢铁队伍而自豪。我曾看到他们在企业处境十分困难、连续几个月发不出工资的情况下，不叫苦、不埋怨，从农村老家拿来土豆，在炉子上烤熟了蘸着盐巴当饭吃；体内热量不够，就在休息时，靠着暖气站一会儿，从外部增加热量来坚守岗位；有的自己带米做饭，用防暑降温的盐汽水泡饭当菜。当然，对我们各级政府和企业的领导来说，应该说是一种鞭策，是一种警示。但是，就是依靠这样一批员工，企业终于走出困境，迎来了春天。在近几年冶金企业形势普遍有所好转的情况下，广大员工的积极性更为高涨。宝钢近两年来申请的专利一半来自基层员工，目前普通工人拥有 10 项以上专利的就有近 50 人，最多的达到六七十项；首钢矿业公司就是一些中专学历的基层员工，却在较大范围内开展了建立数学模型活动，尽管目前还处于较低层次，但毕竟已经有了良好的开端。在钢铁工业规模持续扩张、人力资源极端紧缺的情况下，很多职工自觉提高自身素质，迎接新的飞跃。一批“80 后”在各级领导和老同志的热心带领下，迅速成长，挑起了现代化装备的生产一线的重担，做出了卓越的成绩。

每次到企业，看到、听到这些情况，都使我十分感动，备受鼓舞。这也是我在奔八之年，仍然坚持每年去企业的动力所在。每当有的企业朋友表示对我感谢之意时，我总是说：是你们以自己的行动在教育我，没有你们的业绩，也就没有我的工作。我为你们所做的远不如你们所给予我的。而且，企业的这些变化也在潜移默化地影响我的思想和行为，譬如，以前遇到一些不如意的事，有时情绪会有较大波动，现在，再遇到类似的情况，就会想到企业碰到那么大的困难，都过来了，自己这些事同企业相比，简直算不得什么，心态就平静多了。一些企业经常开展的“找差”、“反思”活动，也会促使我更好地改进自己的工作和生活。只要我健康允许，我还会继续为企业尽自己绵薄之力的。

当然，这不是说现在这些企业就没有问题了，我们也不能因为企业的巨大成就而掩盖了当前存在的问题，特别是直接涉及广大职工利益的分配机制的改革，还未有尽期。企业领导同基层员工收入（这还是指完全合法的正当收入）上的过大差距，相当程度上影响到员工积极性的发挥。这不是单个企业的问题，而是全国性的带有普遍性的问题。如果将国企领导的收入下降过多，在民营经济、合资企业及外资企业的包围中，也会在一定程度上影响国企领导层的稳定性，直接影响到企业的发展，但如果继续保持这样过大的差距，必将造成社会的不稳定。这需要各级领导运用聪明智慧，稳妥而又果断地来加以解决。

三、老有所乐，旅游给了我新的生活乐趣

现在，我确实没有多少空余时间，有朋友说我，何必活得这样累。但我自己却觉得过得比我在职时充实。而且每年我总会抽出一些时间去旅游。过去在职时，即使国内一些著名景点，也很少有机会去。两次到了峨眉山下的企业，却因时间紧迫而未能登山一游；在酒钢待了半年，以后又两次去过嘉峪关，就没想到敦煌石窟去观赏。以后到了企业管理协会，开会就要选择有旅游景点的地方，否则就没有吸引力，这样国内旅游的机会就多了些；现在基本上是结合到企业调查之便，在假日期间去附近景点走走。至于出国旅游，虽然也曾因公出国 6 次，到过 7 个国家、10 个国次。但从没有公费旅游过。像 1980 年，在美国待了 35 天，从西海岸的旧金山开始，一直到东海岸的纽约，但只是按原定的日程，沿着美钢联的企业进行参观访问。什么拉斯维加斯、尼亚加拉大瀑布，想都没有想过。就是迪斯尼乐园，也是我在美国的舅舅利用休息日陪我去的。有时，接待方也在假日安排到当地一些景点游览，这就很满足了。从 2000 年开始，在几位老同学的提议下，开始了出国旅行。每年都和一些老同学、老朋友自费去国外旅游 1 ~ 2 次，至今已有 11 次，30 个国家。除了美洲，在职时曾经到过美国和巴西，没有自费旅游过，其他各洲都去过了。从 2004 年起，基本上都是和同学们以及老同事（熟人）自己组团，找一家旅行社安排。像 2004 年去埃及，全团 19 人，平均年龄 75 岁，最长者 79 岁，最小者也有 70 岁；2006 年去中欧四国，全团 20 人，平均年龄 73 岁，最长者 78 岁，年龄最小的也有 66 岁。最近的一次希腊、西班牙和葡萄牙三国游，22 人，平均年龄是 71 岁。这些老同志精神都很不错，全程都没发生什么问题。

有朋友问我，这么多次国外旅游，你最喜欢的是哪里？我觉得一两句话很难说清。我自问自答了八个问题：你最得意的是什么？你最感到震撼的是哪里？你最感到惬意的是什么？你最感慨的是什么？你感到反差最大的是哪里？你印象最深的是什么？在国外你感到最汗颜的是什么？你感到旅游有什么好处？（略）

像我们这样的老人出国旅游，就我体会，要有3个条件：第一，身体健康。当然，年岁大了，健康的标准也不一样。毕竟是七八十岁的老人了，身体这部机器的零部件总多少会有毛病，我们几次出国旅游，平均年龄都在70岁以上，最高的一次平均年龄75岁。有一次全团22人中，2位是癌症患者，3位腿部动过手术，但一路下来，没有一人病倒。因此，只要对自己健康情况心中有数，带上常用的药品，一般问题不大，当然还是要注意量力而行。第二，要有一定的经济实力，但也不要过于夸大经济费用。（现在参加旅行社组织的旅游，近处几千元，一般也就是万把元，像近期西欧十国双周游，也就是15000元左右。）现在像我们这一代人，房子一般解决了，汽车也不需要，只要没有意外情况的大笔支出，只是日常生活所需，用不了太多钱，偶尔出国旅游，经济上应该说问题不会太大。第三，家庭的支持。旅游费用，虽然不少家庭能够承受，但是同样一笔开支，投入到哪里，家庭成员需要取得共识。拿我来说，我能够每年都出外旅游，首先要感谢夫人李璀明，她的健康状况不宜于长途旅行，她喜欢休闲式的到自然风光好的地方度假，因此这些年我们两人只有新马泰一次是一起去的，但是她十分支持我国外游，每年都催我与同学联系，甚至还为我安排旅行社。没有她的大力支持，我恐怕就不可能出去这么多次。

我自费出国旅游的首发站是俄罗斯。在职时，位列世界前八位的钢铁大国，只有俄罗斯没有去过，尽管这些年中苏之间恩恩怨怨，但我们这一代人对苏俄还是有着一种特殊情结，因此从俄罗斯回来后，觉得很有必要把自己的所见所闻所感记录下来，作为备忘之用。此后，每次出国旅游，都整理一篇“游记”，8年下来，居然有20多万字。除了供自己备忘外，还发给一些旅友作参考，有些对旅游有兴趣的朋友也向我索要，只要给我电子邮箱，我都会发给他们。2007年年末，中国电力出版社的一位编辑在我朋友处看到了我的这些“游记”，找上门来，要帮我出书。我认为这些文字主要是供备忘之用，写时根本没有想到要出版，而且文章都是平铺直叙，缺乏文采，因此不一定符合读者需要。这位编辑说，这些我们出版社会考虑的，您如果同意，只需要帮助配上照片就行了。因此，这本书的结集出版，我只是在整理照片上花了不少工夫，文字部分基本上没有修改。书名几经斟酌，最后由责任编辑定名为《亲历世界——一位七旬老人的旅行笔记》，已于2008年4月出版。这次聚会，我将分赠各位学长。

这里，我没有谈到国内旅游，其实我在国内，也到了不少地方，同样也有一些感受，本文已经太长了，就此打住。有机会以后再谈吧。

后记三

看着眼前这厚厚一摞的稿样，不禁感慨系之。自己也想不到居然在七老八十之年，还能敲出这近170万的文字来。应该说，这是机遇和勤奋的结合的产物。在此，我要感谢所有为我提供机遇的有关领导、企业朋友，以及和我合作共事的同事们。没有你们的支持，就没有这本书的诞生。

我还要感谢冶金工业出版社的领导和责任编辑。任静波总编辑同十多年前卿启云老社长鼓励我出版前两本书一样，亲自审阅稿件，安排得力干将，使这本书得以顺利出版。责任编辑姜晓辉克服家中巨大困难坚持工作，张熙莹编辑积极协助，使本书的编辑工作得以善始善终。在此，我对晓辉、熙莹，特别是晓辉表示由衷地感谢！并衷心祝愿晓辉夫人早日康复！

听说这本书要出版，首钢及其下属企业、马钢、太钢、河（北）钢、中信泰富、萍钢、达钢、安钢、中钢邢机等很多企业都积极预订。你们的预订，为本书的顺利出版提供了经济基础；实际上，企业的朋友也是本书的作者，没有你们的支持，我不可能写出这些文章来。因此，我在这里要向企业的各位老朋友致以双重的感谢！

董贻正

2015年1月